U0101833

———————— 国家自然科学基金项目

———————— 云南省"万人计划"教学名师潘玉君工作室

———————— 国家本科一流课程、云南省博士生优质课程

# 地理学思想史

## 以中国为中心的
## 地理学大事年表长表

上卷

潘玉君　郑　度　杨勤业　　等著

中国社会科学出版社

**图书在版编目（CIP）数据**

地理学思想史：以中国为中心的地理学大事年表长表：全3册/潘玉君等著.
—北京：中国社会科学出版社，2023.5
ISBN 978 – 7 – 5227 – 1687 – 9

Ⅰ.①地…　Ⅱ.①潘…　Ⅲ.①地理学史—思想史　Ⅳ.①K90 – 09

中国国家版本馆 CIP 数据核字（2023）第 068096 号

| | | |
|---|---|---|
| 出 版 人 | 赵剑英 |
| 责任编辑 | 孔继萍 |
| 责任校对 | 杨　林 |
| 责任印制 | 郝美娜 |

| | | |
|---|---|---|
| 出　　版 | 中国社会科学出版社 |
| 社　　址 | 北京鼓楼西大街甲 158 号 |
| 邮　　编 | 100720 |
| 网　　址 | http：//www. csspw. cn |
| 发 行 部 | 010 – 84083685 |
| 门 市 部 | 010 – 84029450 |
| 经　　销 | 新华书店及其他书店 |

| | | |
|---|---|---|
| 印　　刷 | 北京君升印刷有限公司 |
| 装　　订 | 廊坊市广阳区广增装订厂 |
| 版　　次 | 2023 年 5 月第 1 版 |
| 印　　次 | 2023 年 5 月第 1 次印刷 |

| | | |
|---|---|---|
| 开　　本 | 710×1000　1/16 |
| 印　　张 | 45 |
| 插　　页 | 6 |
| 字　　数 | 710 千字 |
| 定　　价 | 268. 00 元（全 3 册） |

凡购买中国社会科学出版社图书，如有质量问题请与本社营销中心联系调换
电话：010 – 84083683

一个民族想要站在科学的最高峰，就一刻也不能没有理论的思维。

　　每一个时代的理论思维（我们这一时代的理论思维也是如此）都是一种历史的产物，在不同的时代具有非常不同的形式，并且具有非常不同的内容。

　　　　　　　　　　　　　　　　　　　　——恩格斯

# 总目录

## 上 册

# 中　册

# 下　册

# 上册目录

# 第 *1* 章
# 地理学年表：公元前 25 世纪之前

## 第一节　地理学年表：中国

·腊玛古猿在亚洲的印度、土耳其、巴基斯坦和中国，非洲的肯尼亚，欧洲的匈牙利、希腊等地生存和生活。形成和具有最原始的经验的地方地理知识。

·南方古猿在非洲东部和南部等地生存和生活。形成和具有最原始的经验的地方地理知识。

·直立人在亚洲南部和中部、非洲东部和西北部、欧洲西部等地生存和生活。中国的周口店北京人、云南元谋人、陕西蓝田人、安徽和县人等都属于直立人。形成和具有最原始的经验的地方地理知识。

·早期智人在亚洲、非洲、欧洲等地生存和生活。中国的陕西大荔人、广东马坝人、山西丁村人、湖北长阳人、辽宁金牛山人等都属于早期智人。形成和具有最原始的经验的地方地理知识。

·晚期智人在亚洲、非洲、欧洲、大洋洲、美洲等地生存和生活。中国的广西柳江人、四川资阳人、北京周口店山顶洞人、内蒙古河套人等都属于晚期智人。形成和具有最原始的经验的地方地理知识。

·原始人类在猿人阶段依靠群体或集体力量开始走出热带森林自然地理环境，向温带自然地理环境拓展生存空间。开始人地关系新阶段。

·中国的中华文明在诸多地区起源。这些文明具有鲜明的地域特征。均形成和具有最原始的经验的地理知识。

· 中国安徽繁昌人字洞古人类居住于天然洞穴。

· 全球约在公元前 8000 年出现了人口和技术革新的爆炸性发展。

· 中国原始聚落 8000 年前开始出现。原始聚落包括居住功能区、手工作坊功能区、墓地功能区、周边壕沟功能区等。形成和具有一定的地理环境整体性、空间秩序、人地关系等原始地理观念。

· 中国原始聚落 5000 年前开始蓬勃发展，出现聚落群。形成一个以大型聚落为中心，中型聚落环绕，每一个中型聚落又有若干小型聚落环绕的空间秩序。形成和具有一定的地理环境整体性、空间秩序、人地关系等原始地理观念。

· 中国 5500 年前原始聚落群中的中心聚落开始演变为城堡。形成和具有一定的地理环境整体性、空间秩序、人地关系等原始地理观念。

· 中国新石器时代农业生产活动广泛。从岭南到漠北，从东海之滨到青藏高原均有分布。黄河流域和长江流域是中国农业活动中心地区。处于人地原始协调时代。

· 中国黄河流域在距今 8000—7000 年前形成分布在河南中部的裴李岗文化区和河南中南部的磁山文化区。该文化以种植业为主、采猎业和养畜业为辅的经济活动，过着相对定居的生活。该地区形成萌芽地理知识。

· 中国黄河流域在距今 8000—7000 年前形成分布在陇东和关中地区的大地湾文化区和分布在陕南汉水上游地区的李家村文化区。该地区形成萌芽地理知识。

· 中国黄河流域在距今 7000—5000 年前形成以关中、豫西、晋南一带为中心的仰韶文化区。形成达百万平方米的大型聚落。经济活动多样。该地区形成萌芽地理知识。

· 中国黄河流域在距今 5000—4000 年前形成西起陕西，东到海滨，北达辽东半岛，南到江苏北部的龙山文化区。该地区形成萌芽地理知识。

· 中国黄河流域出现文化交流融合。促进萌芽地理知识发展。

· 中国长江流域在中原仰韶文化期形成河姆渡文化区和马家浜文化区。该地区形成萌芽地理知识。

·中国长江流域下游地区在公元前 3300—前 2200 年形成良渚文化区。该地区形成萌芽地理知识。

·中国华南和西南地区在新石器时代出现人类活动。该地区形成萌芽地理知识。

·中国北方地区在新石器时代形成辽河上游的前红山文化区、红山文化区和富河文化区等。该地区形成萌芽地理知识。

·在中国农业已开始成为基本经济部门。北方的农作物主要是旱地作物，南方的农作物主要是水稻。蔬菜种植开始。

·中国西侯度人有动物地理知识。

·中国元谋人熟悉采集和狩猎的地理环境。具有一定的地理知识。

·中国古人类距今 80 万—75 万年前在今陕西蓝田公王岭活动。

·中国蓝田人按不同时期在不同地点采集浆果、坚果和根茎，具有植物地理知识和时间地理知识。

·中国北京人选择洞穴居住，在周口店形成聚落，掌握动、植物采集狩猎等，表明具有生物地理知识和聚落地理知识。

·中国山顶洞人知道其东面有海洋。

·中国河姆渡人等栽培水稻、饲养牲畜、开沟挖井和木构建筑，知道生存地区的气候、土壤、水文、生物、住所及聚落等地理知识。

·中国西安半坡遗址等原始聚落多分布在河流阶地或依山傍水，房屋门多南向，具有聚落地理知识和空间规划地理知识。

·中国仰韶文化和龙山文化中有土壤分布的知识。

·中国大汶口新石器文化遗址出土陶器的图像符号，是由太阳、大气和云、山体组成，表明当时已有自然地理综合思想萌芽。

·中国开始出现畜牧生产并发展。

·中国以涿鹿为中心开始三皇五帝时期（公元前 3500 年至前 21 世纪）。深远影响人地关系地域系统。

·中国古人类多聚居在河流阶地和湖岸阶地。具有地理环境整体性、地理环境分异性的萌芽知识。

·中国出现干栏式建筑。这一建筑型式和生活型式反映了人地关系的进步。

·中国原始社会的基本单元是氏族公社。具有地理环境人地性、地理环境尺度性萌芽知识。

·中国黄土高原地区距今6000年前出现锄耕农业地区，形成农业聚落，已有人地关系意识和思想萌芽。

·中国公元前26世纪至前21世纪处于五帝时期。在自然地理格局基础上形成人文地理格局。

·中国商周时期已出现"聚落等级系统"。该系统即第一等级聚落统辖若干第二等级聚落，第二等级聚落统辖若干第三等级聚落，第三等级聚落统辖若干第四等级聚落。

## 第二节　地理学年表：外国

·美洲大陆出现人类定居。开始人地关系过程。

·古埃及和美索不达米亚已有纸草和黏土制成的地图。

·古埃及约在公元前5700年城镇开始发展。

·印度河河谷地区约在公元前4600年城市和村镇开始发展。

·古埃及巴达里文化期（前4500—前3600年），出现农业和畜牧业，开始第一次社会大分工。深远影响人地关系。

·苏美尔埃利都·欧贝德文化期（前4300—前3500年）兴建最原始的城市。开始人地关系新阶段。

·古埃及涅伽达文化早期（前3600—前3500年）发生第二次社会大分工。深远影响人地关系进程。

·苏美尔出现文字。深远影响当时文化地理。

·巴勒斯坦在公元前27世纪至前22世纪出现许多小城邦。形成当时的城市地理格局。

·古巴勒斯坦在公元前27世纪至前22世纪使用图形文字。深远影响当时文化地理。

·古埃及约在公元前3500—前3100年进入以文字的创造和王权的产

生为标志的文明时代。深远影响人文地理格局。

·古埃及约在公元前 3500 年至前 3100 年出现城市国家。深远影响人文地理格局和人地关系。

·古埃及约在公元前 3100 年开始统一。深远影响历史进程和人地关系。

·古埃及约在前 3000 年出现象形文字。深远影响当时文化地理。

·罗马进入铜石并用时代，开始畜牧。深远影响人地关系。

·希腊进入青铜时代。深远影响人地关系。

·苏美尔约在公元前 2900 年出现灌溉农业。深远影响人地关系。

·西亚新月形地带约在公元前 9000 年至前 8000 年出现原始农业地区和最早的农业聚落地区，已有人地关系意识和思想萌芽。

·城市规划的思想萌芽在公元前 30 世纪开始产生。

·底格里斯河东岸约公元前 20 世纪的尼微城已有高大城墙。

·古埃及约在公元前 4229 年至前 4226 年已采用一年 365 日的太阳历。

·西亚巴勒斯坦的耶利哥修建有城堡。

·公元前 28 世纪稍后开始出现测量观念和方法。

# 第 2 章

# 地理学年表：公元前 25—前 11 世纪

## 第一节　地理学年表：中国

·中国出现后来被冠名"大禹治水"的大规模的、以水文要素和地貌要素为核心的地理工程。具有鲜明的地理环境整体性意识和地理环境人地关系意识。

·中国黄河流域在公元前 9 世纪出现水利工程意义的堤防工程。具有鲜明的地理环境整体性意识和地理环境人地关系意识。

·中国黄河流域在战国时期是堤防工程发展的第一个高潮。具有鲜明的地理环境整体性意识、地理环境分异性意识和地理环境人地关系意识。

·中国黄河流域在秦汉时期是堤防工程发展的第二个高潮。完成了黄河的系统堤防工程。具有鲜明的地理环境整体性意识、地理环境分异性意识、地理环境尺度性意识和地理环境人地关系意识。

·中国形成完整的六十干支表。掌握地理环境周期过程性规律，属于时间地理学知识。

·中国江苏南部及上海地区建设海塘地理工程。

·中国粟的栽培及其技术已从黄河流域传播到云南省剑川地区。

·中国出现晴、雨、日出、阴云蔽日、阴、云、雨、雪、雹、雷、雾、霾、风向、风的大小、天气预报、气象日变化、气象旬变化等气象气候方面的地理知识。

·中国出现"以水平地"进行水平测量和"以绳测垂"进行垂直测量等成熟测量知识。

·中国夏朝（前 2070 年至前 1600 年）形成以帝丘、阳城为中心的人文地理格局。

·中国夏朝出现"四海观"即东方观。是夏朝向往东部滨海地区，着力于自西向东发展的观念。

·中国箕子率数千人赴朝鲜，向朝鲜传播科学技术。为重要文化地理现象。

·中国黑龙江流域少数民族与中原交往。

·中国栽培稻分布界线达北纬 35°15′。

·中国新疆孔雀河下游种植小麦。种植业和渔猎业并存。

·中国商朝（前 1600—前 1046 年）形成以殷墟、朝歌为首都的地理格局。

·中国出现 40 个以上方国边疆地理知识。

·中国出现包括邦、土、田、石、井、泉、水、川、州、邑、丘、麓、鄙、国等地理专名在内的 500 个以上地名和水文、地貌、领土、土地规划等方面的地理知识。

·中国出现打井、灌溉、河流整治、防洪与排涝水利工程等方面的水文地理和农业地理知识。

·中国开始出现以"刀耕火种"生产方式和生活形式为特征的人地关系态势。

·中国在公元前 1217 年有连续 10 天的天气记录。

·中国在战国末期开始使用作为哲学的重要概念的"理"。理一般指事物的特殊规律，与代表事物的普遍规律的"道"相区别。

·中国在夏代开始使用干支纪日法。干支为天干和地支的合称。具有时间地理方面的时间地理学知识。

·中国二里头遗址、二里岗遗址和殷墟遗址等已有关于城市布局、职能分区等城市地理方面的地理学知识。

·中国在商周时期已出现血缘关系被地缘关系所取代的现象。

· "中国"概念出现。"中国"一词最早出现在《诗经》中。"中国"当时指西周王朝的京师或西周王朝直接统治地区"京畿"。"中国"所指的区域的范围后来不断扩大。其含义主要有"国中""京师""帝王都城之地""夏""中华""春秋齐、宋之地""战国时关东六国""三国时魏国"等地理范围意义、民族意义和文化意义。直接与统一的政权相联系的国体意义的"中国"概念及其术语出现晚。至1689年开始出现与使用具有国体意义的"中国"概念及其术语（但尚无汉语术语），1842年开始出现和使用具有国体意义的"中国"概念的汉语术语。

· 中国《诗经》记述中国当时的政治经济地理格局。汉民族的奴隶社会地区主要分布在黄河流域的中部，其他广大地区是牧畜民族的氏族社会。

· 中国殷商约在公元前13世纪开始使用阴阳历。具有时间地理方面的时间地理学知识。

· 中国西周颁布《伐崇令》。为中国最早的地理环境保护法令。

· 中国甲骨文中有东、南、西、北等方位概念。这是以商为中心的方位观念。

· 中国殷商时期的人口清查统计已制度化和定期化。

· 中国西周时期形成以镐京和洛邑为都的地理格局。

· 中国《竹年纪书》记载连年旱灾。

· 中国已有"旬"的概念。具有时间地理方面的时间地理学知识。

· 中国云南省沧源地区的岩画，反映当时人群的综合地理实况和地理观念。

· 中国使用测量风向仪器"相风鸟"。

## 第二节　地理学年表：外国

· 地图及其知识。古巴比伦人在陶片上刻画的地图是世界上发现最早的地图，约在公元前23世纪之前。

· 印度河流域文明（前2300—前1750年）形成以最大城市摩亨佐·

达罗和哈拉巴为中心的地理格局。

·意大利公元前 2000 年进入青铜时代，形成北部的特拉玛尔文化和南部的亚平宁文化的人文地理格局。

·古埃及约在公元前 20 世纪时已利用尼罗河涨落，涨水时使用蓄水池，进行灌溉。

·古巴比伦公元前 2000 年制定和使用太阳历，并设置闰月。形成时间地理知识。

·古巴比伦成为两河流域最主要国家，经济和文化都有较大发展。深远影响两河流域地理格局。

·古希腊远征小亚细亚特洛伊城。传播和形成一些地理知识。

·腓尼基人发明字母。为欧洲文字基础。深远影响文化地理和人文地理。

·腓尼基人约公元前 13 世纪在地中海东岸建立人工港。

# 第 3 章

# 地理学年表：公元前 10—前 1 世纪

## 第一节　地理学年表：中国

·中文"地理"词汇出现。中国《周易》之《易传·系词上》"仰以观于天文，俯以察于地理"，为中文"地理"词汇的最早出现。

·中国《周易》提出和主张"观乎天文以察时变，观乎人文以化成天下"。这是中国对于"人文"的最早的提出。深远影响中国的人文地理学和人文地理学家，深远影响"新人文主义"进而深远影响新人文主义地理学和人文地理学家。

·中国《周易》中蕴含丰富的事物分类知识。包括地理知识分类。

·中国《周易》中蕴含丰富的地理知识。运用天、地、雷、风、水、火、山和泽等自然现象比喻卦象，体现自然地理知识。

·中国《周易》在爻辞中也有丰富的人文地理乃至综合地理知识。如坎卦爻辞的阐述：随着人们由渔猎生计转向农业生计，生产方式和生产环境均发生变化，原来为渔猎而设的坎坑，在农业生产中便显得很不方便，为了农耕方便，必须把坎坑填平。

·中国《周易》爻辞中有田、野、郊、国、邑等地域概念。

·中国《周易》中有大川、高陵、穴、平、陂、渊、西山、幽谷、岐山、九陵、干、磐、陆、陵等地貌概念。

·中国《周易》中有东、南、西、东北、西南等地理方位概念。

·中国《周易》中有石、泥、沙等土壤或地面组成物质方面的概念。

·中国《周易》中有井和高埠等工程地理概念。

·中国《周易》提出"地道变盈则流谦"等地理环境变迁思想。

·中国《周易》提出和阐释天人合一的人地关系或人与自然关系。

·中国《周易》提出和阐释阴阳学说。具有科学方法论意义。深远影响中国古代地理学及地理学家与中国近代地理学及地理学家的思维、方法和发展。

·中国完成《中庸》。阐述了"博学之，审问之，慎思之，明辨之，笃行之"的科学方法论。深远影响中国古代地理学家及其地理学和近代地理学家及其地理学的发展。

·中国逐渐形成后来被冠名的《老子》。

·中国老子提出和阐述"道法自然"的思想。深远影响中国的人地关系论。

·中国《大学》提出和阐述"格物致知"的思想和理论。具有科学方法论意义。深远影响中国古代地理学及地理学家和中国近代地理学及地理学家的发展。

·中国《诗经》把泉分为寒泉、肥泉和槛泉，为中国最早的泉分类。

·中国《诗经》中描述和阐述流水侵蚀、搬运和堆积作用现象与原理。

·中国《诗经》中详细阐述地貌分类知识。

·中国《诗经》中记载与描述滑坡。

·中国《诗经》记载和描述四季气候知识。

·中国《诗经》记载和描述物候。

·中国《诗经》提出和阐述"高岸为谷，深谷为陵"的地理环境变迁思想。

·中国《诗经》提出和阐述江河的归宿是大海的地理观念。

·中国孟子论述山脉斜坡上森林被砍伐之后，如果依然在那里放牧的话，森林就很难自然恢复。蕴含地理学核心概念人地关系、人地关系论和人地关系论知识。

·中国《孙子兵法》之《地形篇》《行军篇》《计篇》《军争篇》

《虚实篇》等阐述地理环境对军事的影响，为中国最早的军事地理思想和理论。

· 中国《孙子兵法》之《势篇》阐述流水侵蚀强弱原理。为中国最早。

· 中国韩非提出和阐述人口与社会财富的多寡是决定历史变动的原因的人地关系思想。

· 中国《考工记》提出和阐述中国南北植物和动物分布的界线。为中国最早。

· 中国开始编纂后来被冠名为《穆天子传》的著作。也称《周穆王西游记》。具有区域地理性质的著作。

· 中国《夏小正》按月记述全年的物候，是世界上现存最早的物候专篇。

· 中国《礼记》提出和阐述"格物致知"思想和方法。深远影响中国古代和近代地理学发展和地理学家。

· 中国《礼记》最早系统阐述和规定生物资源保护与开发。《王制》《月令》最早阐述和规定按时序利用生物资源。最早记录某地全年各月物候。最早提出国土规划思想。

· 中国《礼记》提出和阐述人体的生理特点是由地理环境决定的观点。

· 中国开始编纂后来被冠名《管子》的著作。其中，地员、地图、度地、水地、地数、乘马等为地理著作或具有地理知识的著作。

· 中国《管子》提出和阐述治理国家必先治理五大自然灾害思想。

· 中国《管子》提出国都选址的地理条件和地理位置条件。为城市地理学重要思想。

· 中国《管子》提出和阐述地图性质、用途、地理事物类型等。为地图学重要思想。

· 中国《管子》提出和阐述河流水系的分级、水流和曲流的特性、坡降公式等。为水文地理学重要思想。

· 中国《管子》提出和阐述水文、土壤条件决定人群善恶的地理环境决定论的人地关系思想。

·中国《管子》提出和阐述土壤、植物、地下水等自然地理要素之间的关系。具有自然地理环境要素整体性思想。

·中国《管子》提出和阐述植物分布格局。具有植物地理学思想。

·中国《管子》提出和阐述植物、高度、地下水等自然地理要素之间关系。具有自然地理环境要素整体性思想。

·中国氾胜完成《氾胜之书》。是综合性农学著作。

·中国氾胜《氾胜之书》包括人地关系思想、农业地理思想、时间地理学思想。是地理著作。

·中国《左传》出现"地名"术语。

·中国开始建设齐淄运河。为以水利为主的地理工程。具有地理环境整体性思想萌芽。

·中国建成人工运河鸿沟渠。形成了黄、淮平原水运交通。具有地理环境整体性思想萌芽。

·中国建设引期思水灌溉零娄的以渠系为核心的地理工程。具有地理环境整体性、人地协调共生的思想萌芽。

·中国于公元前 4 世纪 40 年代开始建设后来被称为战国大堤的以水利工程为主的地理工程，实现人地系统协调—控制共生。该地理工程使黄河安流一百余年。具有地理环境整体性、分异性、人地性、尺度性等思想萌芽。

·中国修建后来被称为"芍陂"（也称为"安丰塘"）的实现人地共生的地理工程。2015 年被国际灌溉排水委员会（ICID）评定为世界灌溉工程遗产。

·中国已有城市建设的地理条件方面的知识。

·中国已出现把天象和人事分开的世界观。

·中国设置负责地理环境方面的机关和官员。

·中国开始编纂后来被称为《尚书》的著作。

·中国《尚书》之《夏书》《周书》记述和阐述五行学说。具有科学方法意义和作用。深远影响中国古代地理学及地理学家和中国近代地理学及地理学家的思维和发展。

·中国《尚书》其中之一为《禹贡》。包括九州、导山、导水、五服四个部分。是综合性的地理著作。

·中国《禹贡》提出和阐述土壤类型、土壤分布、土壤分等方面知识。是土壤地理著作。

·中国《禹贡》提出和阐述植被水平地带性变化。是植物地理著作。

·中国《禹贡》提出和阐述有关水体、水系、流域等。是陆地水文地理著作。

·中国《禹贡》提出和阐述山脉并加以描述等。是地理著作。

·中国《禹贡》提出和阐述五服制度。是政治地理和政区地理著作。

·中国《禹贡》提出和阐述九州。是具有自然地理意义和人文地理意义的地理区划方案，是区域地理著作和地理区划著作。

·中国《春秋》记述民族。为中国最早民族地理知识著作。

·中国《春秋》阐述根据自然条件和自然资源确定和规定经济开发。为中国最早的可持续发展思想。

·中国《春秋》出现"地名"术语。

·中国墨子系统阐述道的逻辑。深远影响中国古代地理学和地理学家的逻辑思维与表述。

·中国墨子提出和阐述自然界的整体性观念和思想。深远影响中国古代地理学和地理学家。

·中国墨子提出和阐述探讨自然界运动、变化规律的科学方法论。深远影响中国古代地理学和地理学家。

·中国李悝提出和阐述"尽地力之教"的农业经济和农业地理思想。

·中国开始编纂《淮南子》。为管理和治理国家而编纂。为综合性地理著作。

·中国《淮南子》明确阐述中国古代研究地理的目的。在于根据不同的地理环境因地制宜发展生产，以解决最根本的衣食问题。

·中国《淮南子》提出和阐述不同地区人群体质的差别，强调地理环境的重要作用。

·中国《淮南子》完整阐述二十四时。即二十四节气。是对自然地理环境周期性过程的认识，属于时间地理学知识范畴。

·中国《淮南子》指出和阐述生物资源持续利用原则。

·中国《淮南子》记述利用木炭重量变化测量空气湿度。

·中国《淮南子》阐述宇宙概念。时间叫作宙，空间叫作宇。

·中国《淮南子》记述和阐述以 12 年为周期的长期天气预报。

·中国《周书》系统阐述"七十二候"。是对自然地理环境周期性过程的认识，属于时间地理学知识范畴。

·中国出现理想的政区地理和政治地理格局的"畿服制"。

·中国北魏时期将七十二候正式载入国家历法。

·中国开辟形成后来被称为"丝绸之路"的中西交通大道。

·中国出现百家争鸣态势。深远影响当时地理知识的交流和中国古代地理学的发展。

·中国编纂完成后来冠名为《周礼》的著作。

·中国《周礼》记述中国山脉、地表水体等。为自然地理著作。

·中国《周礼》记述农业及其灌溉、人口、家畜、特产、民族等。为人文地理著作。

·中国《周礼》体现人地关系、地理环境整体性、地理环境对国计民生有重要作用等地理意识。为地理学著作。

·中国职方氏是掌管全国的地图和九大行政区的资源和经济情况以及邦国、都鄙、四夷、八蛮、七闽、九貉、五戎、六狄等诸多地理知识的官员。

·中国的地理学成为直接服务于君王的王官的学问。主要包括地慝和方慝，前者主要指自然地理特别是不利于国计民生的自然地理特征，后者主要指人文地理特别是不利于国计民生的人文地理特征。

·中国李陵在出击匈奴过程中编绘地图。并复制一份呈汉武帝。

·中国西周开始设内外服制度和分封制度。为政治地理和政区地理重要制度。

·中国出现负责地学环境方面的官职。

· 中国提出和施行区域规划的九服概念。

· 中国出现自然土壤和农业土壤概念。

· 中国形成地理区域范围的"四极"观念和概念。

· 中国形成地理环境差异性、分异性概念。

· 中国在春秋战国时代盛行游说之风。促进文化地理交流。

· 中国邹衍提出后来被称为"大九州"的世界地理模型。他认为全世界分为九个大州，大九州的中心的大州是赤县神州即"中国"，赤县神州中有九州即中国的九州。具有一定的世界地理观念和地域系统观念。

· 中国沿海各诸侯国大力发展航海事业。促进海洋地理知识形成。

· 民族地理学萌芽在西方和中国出现。古希腊《伊利亚特》和《奥德赛》记叙了以爱琴海为中心的不同族群分布及其关系。中国《周礼》阐述了四夷、八蛮、七闽、九貉、五戎、六狄等民族地理。

· 中国《山海经》和《尚书》等以"五方格局论"思想为核心阐述中华民族不同族群分布及其关系。是中国出现民族地理学的萌芽。

· 中国《尚书·尧典》记述二十四节气中的部分节气。《淮南子》完整阐述。

· 中国《尚书·尧典》提出和阐述季节概念。称为"时"。

· 中国荀况在其《天论》中阐述"天有其时，地有其财富，人有其用，夫是之谓能参"的地理环境或然论的人地关系理论。

· 中国记载海市蜃楼。

· 中国扬雄完成《輶轩使者绝代语释别国方言》。为最早较系统阐述语言地理的文献。

· 中国约公元前310年随葬于河北平山的"兆域图"，为中国已发现的最早地图。

· 中国邹衍提出区域范围的大、小九州说。

· 中国《吕氏春秋》提出和阐述天时、地利、人力的广义的人地关系思想。该思想首先强调人力作用。

· 中国《吕氏春秋》记载了从鲁隐公元年（公元前722）到鲁哀公十六年（公元前479）共200多年的水、旱记录。为水文地理、气候、灾害地理著作。

·中国司马迁著《史记》。包括丰富的自然地理和人文地理知识。是地理著作。

·中国司马迁《史记·大宛列传》记述大宛等国家和地区的地理和历史，包括距离、物产、人口、分水岭、水系等地理要素。是边疆地理著作和域外地理著作。

·中国司马迁《史记·货殖列传》将中国划分为十几个经济地理区，记述当时西北地区牧业，记述中国当时 30 余个城市的发展及分布，记述当时全国各个地区的资源。是经济地理著作、城市地理著作、资源地理著作。

·中国司马迁《史记·河渠书》系统记述中国水利发展及其地理环境条件。是水文地理著作和水资源著作。

·中国司马迁《史记·河渠书》专篇记述河渠工程。开创了中国正史撰述以水利为主的地理工程先例。之后历朝历代正史中多有河渠志一类专篇，撰述以水利工程为主的地理工程。

·中国司马迁《史记·河渠书》开始系统阐释沿革地理方面内容。是历史地理著作。

·中国司马迁《史记·商君列传》提出和阐述经济发展的"本末"思想。深远影响中国古代经济地理。

·中国司马迁《史记·天官书》记述用碳的重量变化测量湿度的方法，测量从冬至到夏至期间的空气湿度变化。

·中国司马迁《史记·天官书》记述预测从冬至到夏至期间天气概况。

·中国开始编纂《尔雅》。包括释地、释丘、释山、释水等，这些是自然地理学著作。

·中国贾让完成《治河三策》。为以水利工程为主的地理工程著作。具有地理环境整体性、分异性、人地性、尺度性等地理思想萌芽。

·中国贾让提出和阐述治理黄河的"治河三策"。指出人们不合理开发是导致黄河水灾的重要原因之一。是对人地关系的认识。

·中国西汉远征西域军事活动。加深了对西域、中亚一带的区域地理知识。

·中国的"西戎"攻占镐京，西周亡。深远影响中国人文地理格局。

·中国从公元前770年至前476年为春秋时期。深远影响中国人文地理格局。

·中国公元前475年开始战国时期，为中国封建社会开始阶段。形成多国及其争霸地理格局。深远影响中国地理格局及历史进程。

·中国张骞在公元前139年至前115年两次出使西域。为中国系统认识西域地理的开端。

·中国苏武出使匈奴。为匈奴区域地理提供基础。

·中国秦朝完成秦国地图。包括地貌、水文、森林、政区、居民点、距离、方位等自然地理要素和人文地理要素。

·中国刘向、刘歆在公元前1世纪完成《七略》，不仅是图书分类法巨著，而且是知识分类系统巨著。其中《数术略》包括地理学方面文献，主要包括在五行中。表明当时的地理学知识已有重要地位。

·越南纳入中国中央王朝版图。

·中国源于先秦盛于宋明后来被称为"紫鹊界梯田"的地理工程。2014年被国际灌溉排水委员会（ICID）评定为世界灌溉工程遗产，2018年被联合国粮农组织将包括紫鹊界梯田在内的中国南方稻作梯田评定为全球重要农业文化遗产。

·中国修建（公元前246年开始修建、公元前236年竣工）后来被称为"郑国渠"的实现人地共生的地理工程。2016年被国际灌溉排水委员会（ICID）评定为世界灌溉工程遗产。

·中国李冰（约公元前256至前251年）主持修建后来被称为"都江堰"的水利工程，逐渐形成都江堰灌区。为人地共生的大型地理工程。2000年被联合国教科文组织评定为世界文化遗产，2018年被国际灌溉排水委员会（ICID）评定为世界灌溉工程遗产。

·中国在春秋战国时期始建京杭大运河地理工程。

·中国的秦国统一全国。建立一个以咸阳为首都的幅员辽阔的、多民族的、统一的国家。深远影响中国的历史进程和地理格局，深远影响中国古代地理学发展。

·中国秦朝中央政府设立管理少数民族事务的机构和官吏。深远影响民族地理格局和民族地理学发展。

·中国的秦国统一全国。建立一个以咸阳为首都的幅员辽阔的、多民族的、统一的国家。深远影响中国的历史进程和地理格局，深远影响中国古代地理学发展。

·中国秦朝中央政府设立管理少数民族事务的机构和官吏。深远影响民族地理格局和民族地理学发展。

·中国施行郡县制行政区划制度。把中国划分为 36 个郡，每个郡下面划分为若干县。深远影响中国政区地理格局和政区地理学发展。

·中国建设全国性交通网络。以咸阳为中心、以驰道为骨干的交通网络。深远影响中国地理格局和交通地理学发展。

·中国修筑中国第一条万里长城。深远影响中国地理格局。

·中国修筑直道约 800 千米。用于加强北方防务。深远影响中国地理格局和交通地理学发展。

·中国开始修筑五尺道。包括僰道和莋道。沟通中原和西南地区交通。深远影响中国地理格局和交通地理学发展。

·中国秦国讨伐匈奴。深刻影响政治地理格局、军事地理格局。

·中国为保护水体和山林等自然地理环境和自然资源而制定《田律》。

·中国秦始皇东巡封禅泰山。促进地理知识交流和集成。

·中国出现后来被称为马王堆地图的《地形图》《驻军图》《城邑图》。其中，《地形图》是世界上现存最早以实测为基础的地图，包括山脉、河流、道路、居民点等地理要素。该图为公元前 168 年以前成图。

·中国晁错完成《论守边备塞疏》。为边疆地理著作和军事地理著作。

·中国刘歆编定《山海经》。为管理和治理国家而编纂。包括山经、海经、大荒经三部分。为具有真实性和臆想性的综合地理著作。

·中国《山海经》记载河流和湖泊以及水系。为水文地理著作。

·中国《山海经》记载山脉及其走向、分布等。为地貌著作。

·中国《山海经》记载黄河流域、长江中下游地区和珠江三角洲地区等的自然地理和人文地理知识。是区域地理著作。

·中国《山海经》根据山脉等将其所描述的地区划分为五个地区。是地理区划著作。

·中国《山海经》描述植物分布和动物分布等。为生物地理著作。

·中国《山海经》描述多种矿物及其分类。为自然资源著作。

·中国朱赣编纂《风俗》。为综合性地理著作。

·中国朱赣《风俗》记述经济、物产、交通、风俗习惯等。为人文地理著作。

·中国朱赣《风俗》记述有关区域的综合地理情况。为区域地理著作。

·中国朱赣《风俗》记述海南岛部分地理。为海南岛区域地理著作。

·中国修建成后来被称为"灵渠"的实现人地共生的地理工程。2018年被国际灌溉排水委员会（ICID）评定为世界灌溉工程遗产。

·中国修建后来被称为"长渠"的实现人地共生的地理工程。2018年被国际灌溉排水委员会（ICID）评定为世界灌溉工程遗产。

·中国约在公元前2世纪开始逐渐开辟古代交通道路即"丝绸之路"。较大规模的远距离的区域联系开始。

·中国开始修建（始于秦汉、唐贞观年间修建大型渠道、清末建成八大十渠）后来被称为"河套罐区"的实现人地共生的地理工程。2019年被国际灌溉排水委员会（ICID）评定为世界灌溉工程遗产。

·中国公元前214年修建成后来被称为"灵渠"的实现人地共生的地理工程。2018年被国际灌溉排水委员会（ICID）评定为世界灌溉工程遗产。

·中国修建成后来被称为"宁夏古灌区"的实现人地共生的地理工程。2017年被国际灌溉排水委员会（ICID）评定为世界灌溉工程遗产。

·印度形成种姓制度。深远影响印度人文地理格局。

## 第二节　地理学年表：外国

·希腊欧几里得《几何原本》提出和使用"公理"概念，使用"公理方法"。19 世纪末德国戴维·希尔伯特《几何基础》提出和阐述"公理方法"。公理和公理方法深远影响地理学和地理学家。

·荷马整理、创作《伊利亚特》《奥德赛》等。包括丰富的地理知识。

·古希腊阿纳克西曼德提出和阐释生物进化思想，编纂地图，提出大地为球体。深远影响地理学。

·古希腊波里比阿完成历史巨著《历史》。其中第 34 卷为地理卷，阐述了地理学问题和区域地理，其中包括地理区划思想。

·古希腊阿加塔尔齐德斯完成《红海》。他的主导思想是"人和环境的统一"。该思想贯穿全书。其中系统阐述了人地关系的相互作用。具有人地关系论思想。

·古罗马的阿尔提米多尔完成地理学巨著《有人居住世界的地理学》，共 11 卷。他被称为罗马地理学的先驱。

·叙利亚波西顿尼乌斯（约公元前 135—前 50 年）在其普通地理学著作《海洋》和历史学巨著《续波里比阿》等，阐述了他关于地理学特别是综合自然地理学方面的理论认识。

·叙利亚波西顿尼乌斯的地理学思想和理论基础是自然地理环境整体性：把所有自然现象纳入一个统一的体系，这些自然现象各具特点，又相互联系、相互影响和相互制约并结合成一定的结构。具有自然地理环境整体性乃至地理环境整体性思想。

·叙利亚波西顿尼乌斯提出和阐述自然地理环境的两个基本因素，即后来所谓太阳辐射能因素和地球内能因素。这两个基本因素决定了自然地理环境的整体性和分异性。

·叙利亚波西顿尼乌斯提出和阐述自然地理区划及其系统。第一级区划单位是自然地带，第二级区划单位是大陆，第三级区划单位是地区，第四级区划单位是省，第五级区划单位是比省小的区划单位，最低级单位是城市即最小的空间单元。

·古希腊德谟克利特在其《宇宙大系统》《宇宙小系统》等著作中提出和阐述了还原论思想。17 世纪勒内·笛卡尔《方法论》系统阐述还原论基本原则和范式。还原论思想深远影响近代地理学和现代地理学早期的地理学家的思维，也深远影响着现代地理学和未来的地理学时期的地理学家的思维。

·古希腊的智者运动促进西方人文主义思想的最初发展。其主张是"人是万物的尺度""美德即知识""贤人治国"等。深远影响地理学和地理学家。

·古希腊亚里士多德（公元前 384—前 322 年）提出和系统阐述生物进化思想和理论。在《动物志》中阐述"自然界由无生物进展到动物是一个积微渐进的过程，因而由于其连续性，我们难以觉察这些事物间的界限及中间物隶属于哪一边。在无生物之后首先是植物类……从这类事物变为动物的过程是连续的……"他在《论植物》中阐述，"这个世界是一个完整而连续的整体，它一刻也不停顿地创造出动物、植物和一切其他的种类"。他认为生命的演化应该是这样的途径：非生命→植物→动物（这被后人称为"伟大的存在之链"）。深远影响地理学和地理学家的逻辑思维和表述。

·古希腊亚里士多德提出和阐述自然界的整体性思想，蕴含自然地理环境要素整体性思想萌芽。深远影响地理学和地理学家的逻辑思维和表述。

·古希腊亚里士多德完成后来被冠以《工具论》的逻辑学著作。系统阐述了演绎的方法和演绎的逻辑。深远影响地理学和地理学家的逻辑思维和逻辑表述。

·古希腊亚里士多德建立了"归纳—演绎"型的科学方法论，以归纳的终点为演绎的起点。深远影响科学方法论，当然包括地理学方法论。

·古希腊亚里士多德提出和阐述理论学科和实践学科。深远影响科学的类别认识，当然包括地理学学科的知识分类。

· 以色列 · 犹太国建立。深远影响世界地理格局。

· 古希腊《荷马史诗》含有许多地理记述。其中对小亚细亚沿岸地带地理的描述较为详细。

· 古希腊生活在公元前 7 世纪到公元前 6 世纪的泰勒斯最先在地球表面进行测量和定位。他和阿那克西德曼被有些学者尊为地理学数学传统的祖师。

· 古希腊生活在公元前 7 世纪到公元前 6 世纪的阿那克西德曼（被希腊历史学家认为）是第一个绘制世界地图的人。他和泰勒斯被有些学者尊为地理学数学传统的祖师。

· 古希腊克塞诺芬尼（出生于公元前 565 年）提出，是人创造了神，而不是神创造了人。深远影响地理学发展。

· 毕达哥拉斯学派（公元前 6 世纪至公元前 5 世纪）明确提出、阐述、坚持和运用地心说。之后托勒密进一步用均轮和本轮的组合完善地心说，第谷从地心说角度调和地心说和日心说。

· 赫卡泰奥斯在公元前 6 世纪至公元前 5 世纪完成《地志》《世界周游记》。主要包括亚洲和欧洲部分。是区域地理著作。

· 赫卡泰奥斯在公元前 6 世纪至公元前 5 世纪系统整理了当时因波黑帝国的建立而获得的大量的东西方的地理知识使其开始形成系统化知识。

· 古希腊阿耶克西曼德、恩培多克勒等系统表述"进化"观念。之后在《物种起源》《动物哲学》《判断力批判》等著作中丰富和发展。深远影响地理环境过程性观念、概念和理论的形成与发展。

· 米利都学派诞生。该学派认为自然界不是一些紊乱的现象，而是具有本来的秩序和条理，必须从自然本身去寻求自然的解释，多样性的自然现象实质上都遵从极简单的秩序，用人类理性可以把握这一秩序。

· 古希腊生活在公元前 5 世纪的赫卡特撰写《地球的描述》。他被有些学者尊为地理学文学传统的祖师。提出"新地理学"一词。

· 古希腊希罗多德撰写关于世界历史和世界地理的著作。他指出地理学是一个以空间差异为基础的综合科学。

· 古希腊柏拉图完成《理想国》。所提出和阐述的部分知识成为地理学基础。

·古希腊柏拉图阐述地理环境古今变化及其人类活动原因。蕴含人地关系思想。

·古希腊柏拉图阐述劳动分工或职业专业化及其社会价值。

·古希腊柏拉图提出和阐述国家和地理环境之间关系。蕴含国家地理和政治地理学思想。

·古希腊柏拉图提出和运用"充满"概念和观念。深远影响欧洲中世纪、文艺复兴的各类思想,是"大存在链"思想观念的源头之一。"大存在链"是指从无极的非生命物质到具有最高度组织状态的生物,所有的自然"存在"构成不间断的系列。深远影响地理环境整体性、地理环境过程性思想。

·古希腊亚里士多德形成建立理论的最好途径就是去实地观察,同时检验理论的最好方法同样也是实地观察的思想;形成了四种基本的科学解释原理即回答"什么使事物成为这种样子"的思想。这些研究范式或学术范式的思想深远地影响地理学和地理学家。

·古希腊亚里士多德著有《气象学》。提出和阐述自然界所有现象发生的首要原因是太阳特别是它距离远近的影响。

·古希腊亚里士多德著有《政治学》。提出和阐述气候对社会关系的作用。

·古希腊亚里士多德提出和阐述"国家"概念。

·古希腊亚里士多德提出和运用"连续性"概念和观念。深远影响欧洲中世纪、文艺复兴的各类思想,是"大存在链"思想观念的源头之一。深远影响地理环境整体性、地理环境过程性思想。

·古希腊普遍认为自然界所有现象发生的首要原因是太阳特别是它距离远近的影响。

·古希腊希罗多德在《历史》(共9卷)一书中提出和阐述地理与历史的关系:必须用地理观点研究全部历史,用历史观点研究所有地理。

·古希腊形成地理环境"五带"概念和观念。这是地球表层空间系统分区及分异的最早理性认识。这里的"带"不仅具有天文意义,而且具有自然地理意义以及人文地理意义。

·古希腊希波克拉底完成《论空气、水和地方》。为系统研究人地关系的著作。但未使用"人地关系"术语。

·古希腊德谟克利特提出将整个地球与某国家联系起来和人类社会与自然在发展中相互制约等地理学思想。其中，包括人地关系思想。

·古希腊普遍存在用自然条件的直接影响来解释社会现象的思想和意思。

·毕达哥拉斯学派处于活跃（从公元前 6 世纪后半叶到公元前 4 世纪）。认为大地是球形的，在地球中心有中心火，地球是宇宙的中心。

·古希腊建立亚历山大图书馆。古希腊地理学家埃拉托色尼曾出任馆长。图书馆收藏地理学著作。

·"地理学"科学概念（包括术语和内涵）出现。来源于埃拉托色尼所著《地理学》一书的书名：*Geographica*。其内涵是：关于地球的人的描述。既有地球客观含义又有人对地球的主观认识含义。蕴含着"人地关系"观念。

·古希腊埃拉托色尼使用本初子午线。

·西方首次出现对"地理学研究对象"的界定。之后，克劳迪乌斯·托勒密和斯特拉波等阐述地理学的研究对象，认为地理学是研究整个地球表层上各地方的位置及其相互关系。蕴含着"空间视角"观念。

·"地理位置"概念（包括术语和内涵）在西方形成。可能是公元前 3 世纪之前。

·"地域"和"地域系统"概念在古希腊形成。包括地表、地区和地方。

·开始重视地域或区域描述和研究。奠定地理学区域传统和经验方法论基础。

·古希腊亚里士多德推演出并阐述地球表面的各种可居住程度和纬度的有关思想。

·古希腊亚里士多德约公元前 350 年证明大地是个球体，并将南北半球划分为若干对称的温度带。

·古希腊亚里士多德提出和阐述科学知识分类思想，并从当时人类混合知识中划分出哲学、逻辑学、数学、无机界学说、有机界学说。深远影响地理学发展和地理学学科体系研究。

·古希腊柏拉图创建柏拉图学园。深远影响西方地理学研究。

·埃及在法尤姆绿洲兴修大规模以水利为主的地理工程。

·古希腊的马萨利亚的毕特阿斯公元前4世纪在航海记录中记录了潮汐。

·古希腊亚历山大军事征服的目的之一是扩大希腊世界地理视野，其结果之一是传播地理知识。

·古希腊计划有直接地理目的的地理探险或地理考察。亚历山大生前计划派出两支探险考察队伍去寻找地理问题的答案。

·古希腊希波克拉底约公元前5世纪完成《论空气、水和环境》医药地理学著作。

·古罗马马库斯·泰伦提乌斯·瓦罗在一部关于地理学纲要性质的著作中提出和阐述"文化阶段性"理论。

·古希腊阿特米德罗斯著有多部地理（学）著作，提出和阐述关于地理（学）的系统观点。这些著作曾被古希腊斯特拉波多次引用。

·古希腊希帕卡斯最早提出太阳中心论。

·古罗马波里比阿完成《通史》（共40卷）。重视和阐述地理环境对历史的影响。

·沟通尼罗河和红海之间的运河开始动工。深远影响地理格局的地理工程。

·腓尼基人完成环绕非洲的航行。深远影响地理格局和地理研究。

# 第 4 章
# 地理学年表：公元 1—11 世纪

## 第一节　地理学年表：公元 1 世纪

·古罗马斯特拉波在约公元 10—20 年编纂《地理学》（共 17 卷）。其中，第一、第二卷系统阐述了地理学的研究对象和研究方法等元地理学问题，第三至第十七卷系统阐述了当时已知区域的区域地理。该书的编纂目的是为罗马行政长官和军事将领们提供情报，是世界上最早的"行政人员手册"。《地理学》湮灭在历史长河中，公元 6 世纪被重新发现。还被称为"基督时代开启之后，有关人类居住世界广泛区域的信息百科全书"。

·古罗马斯特拉波阐述地理学研究对象与研究范式。认为地理学是对人类居住世界的描述，不仅要研究一个地方的自然属性，还要研究它们之间的相互关系。

·中国贡禹（西汉末年一位朝廷大臣）指出，过度砍伐森林势必导致水灾进而导致旱灾。这一思想反映了人类改造自然和自然反作用于人类社会的科学的理性的认识。是人地关系理论。

·古罗马斯特拉波提出和阐述国家的特征。

·古罗马彭波尼斯·米拉公元 43 年完成一部地理学著作。被后来的普林里尼百科全书式作家普林尼大量使用。

·古罗马普林尼（盖乌斯·普林尼·塞孔都斯）编著《博物志》（也译为《自然史》）37 卷。依据 473 位作者的文献，把 34707 项条目编纂成巨著。包括丰富的地理学和区域地理知识。

·古罗马普林尼观察火山爆发等。在观察中中毒。

·古罗马出现很多直接服务于航海的地理著作，如《厄立特里亚海航行记》。

·古希腊喜帕恰斯提出和使用将圆周分为三百六十度的经纬线网（也称经纬圈）。

·古罗马辛尼加在其《自然科学诸问题》中，描述了多种自然地理现象。

·罗马帝国的不断扩张，促进了地理交流和古希腊地理学的发展。

·中国王莽编纂《地理图簿》。记述9州125郡2203县的地理情况。

·中国王莽时期（公元3年）召开了中国历史上第一次科学家大会。会上讨论了天文、历算、度量衡等问题。

·中国班固著《汉书·地理志》。有文献称《汉志》。为管理和治理国家而编纂。自此中国二十四史中十六史有地理志。

·中国班固《汉书·地理志》记述103个郡国1314个县、邑、道、侯国。为中国第一部用"地理"命名的中国区域地理著作。

·中国班固《汉书·地理志》有丰富的自然地理知识。是自然地理著作。

·中国班固《汉书·地理志》有丰富的经济地理知识。是经济地理著作。

·中国班固《汉书·地理志》有丰富的人文地理知识。是人文地理著作。

·中国班固《汉书·地理志》有丰富的边疆地理知识。是边疆地理著作。

·中国班固《汉书·地理志》有丰富的历史地理知识。是历史地理著作。

·中国班固著《汉书·五行志》记述各种自然现象，特别是自然灾害和异常现象。为自然灾害地理著作、中国自然国学著作。

·中国班固著《汉书·西域传》描述了汉朝甘英出使大秦（罗马帝

国）时，一路西行到达波斯湾一带所见所闻。记录了沿途国家的位置、军事边防、人口、土地、气候、物产和民俗等，对中国人域外知识的扩展有重要影响。为区域地理或外国地理著作。

·中国班固在《汉书》中撰写了《沟洫志》，专篇撰述以水利工程为主的地理工程。具有地理环境整体性和以人地共生为核心的人地关系思想萌芽。

·中国张戎指出黄河多沙的特点。

·中国东汉王充科学地指出了潮汐运动和月球运行的对应关系。

·中国东汉王充阐述雷电现象的季节性、云雨和雷电的关系等。

·中国东汉王充阐述云、雨、雾、霜、雪都是水汽形成的。

·中国东汉王充指出人的活动和地理环境各有规律，反对人地关系绝对化思想。

·中国王充完成《论衡》。深远影响中国古代和近代地理学和地理学家。

·中国班超出使西域。为西域地理编纂提供基础。

·中国完成《南阳风俗记》。

·中国在公元 69—70 年大规模治理黄河。

·中国修建成后来被称为"汉中三堰"的水利工程。为实现人地共生的地理工程。2017 年被国际灌溉排水委员会（ICID）评定为世界灌溉工程遗产。

·中国皇帝命王景主持黄河治理工程。完成的该项以洪灾治理为核心的水利地理工程，实现人地协调—控制共生，使黄河安流八百年。具有地理环境整体性、分异性、人地性、尺度性等思想萌芽。

·印度兴起大乘佛教。后影响亚洲文化地理格局。

## 第二节　地理学年表：公元 2 世纪

·古罗马克劳迪乌斯·托勒密完成《地理学指南》（共 8 卷）。之后，该著在传播中被多次再版，并不断增加新的内容。其中，第一卷地图投影，第二至第七卷为经纬度表，第八卷为地名。反映了当时地中海地区人民对世界已知地理情况的总结。1409 年被翻译成拉丁文，1932 年被翻译成英文。

· 古罗马克劳迪乌斯·托勒密阐述地理学特别是地理学的研究对象、学科体系和研究范式。他认为地理学是对地球整个已知地区及与其有关的一切事物进行描述。

· 古罗马克劳迪乌斯·托勒密在其有关著作中提出和使用建立地理信息数据库概念（但没提出和使用术语）并建立和提供有关地区的地理信息数据库。其《地理学指南》中有约 8000 个地点的地理坐标。

· 古罗马克劳迪乌斯·托勒密完成《地理学指南》中 27 幅世界地图。是世界地图集的鼻祖。

· 古罗马克劳迪乌斯·托勒密在 2 世纪中叶完成的《托勒密地图》绘有海洋。他指出大西洋和印度洋同地中海一样，是闭合的大洋，并认为地球东西两点彼此十分接近，如果向西航行，则可以抵达东端。这一观念在 1300 多年后，启发了意大利航海家 C. 哥伦布的向西远航的设想。

· 中国司马彪完成《续汉书》。包括郡国志、五行志等，是地理著作。

· 中国班勇完成《西域记》。记述西域诸国的距离、位置、气候、地貌、风俗、物产等。为西域区域地理著作。

· 中国王逸完成《广陵郡图经》《巴郡图经》。

· 中国许慎完成《说文解字》。包括丰富的水文地理、地貌、植物地理等知识。是地理学著作。

· 古希腊喜帕恰斯提出用经纬网在地球表面确定地物的位置，并发明极投影和正投影。

· 中国在东汉末年进行人口普查。普查信息包括郡、县、姓名、年龄、身高和肤色等方面信息。

· 中国浙江建成水库鉴湖。该水库一直到北宋时期都是当地社会经济发展的重要保障。北宋中期到南宋初期在江南一带普遍出现围湖造田的做法，鉴湖也被地方官员陆续围垦，水灾和旱灾分别增加 4 倍和 11 倍。

这表明，人们违反自然地理规律过度改造自然地理环境遭到报复。

·罗马帝国皇帝派遣使者几经周转到达洛阳。赠中国礼品。这是中国和欧洲国家直接交流之始。深远影响世界地理格局及其研究。

# 第三节　地理学年表：公元 3 世纪

·中国傅玄认为人类社会及历史是自然过程。

·中国《尚书纬》提出地有升降、四游说。为中国古代地动思想的重要表述之一。

·中国裴秀在 271 年创立平面测量绘制地图理论"制图六法"。包括分率、准望、道里、高下、方斜、迂直。

·中国裴秀等在 268—271 年编制完成地图集《禹贡地域图》。为国家管理和治理而编纂。为历史地图集。

·中国刘熙完成《释名》。包括《释天》《释地》《释山》《释水》《释丘》《释州国》。是重要的地理学著作。

·中国刘熙《释名》记述和阐述气候、地貌、水文、土壤等自然地理知识。是自然地理著作。

·中国刘熙《释名》记述和阐述州、诸侯国、郡等的历史和地理。是历史地理著作和区域地理著作。

·中国京相璠等编纂《春秋土地名》。也称《春秋地名》。为沿革地理著作和地名著作。之后郦道元《水经注》使用该书资料。

·中国《水经》问世。按 137 条河流从发源、流经、归宿、水系等描述全国水系。最早系统记述河流水系的地理著作。

·中国挚虞完成《畿服经》170 卷。为中国最早的地理总志，也是最早的中国地理著作。

·中国这一时期的地理志，形成了重视地理沿革的传统。为后世所继承。

·中国京相璠完成《春秋地名考》。为注释《春秋》中地名的地名著作。被称为中国古代的第一部地名辞典。

· 中国杜预完成《春秋左氏经传集解》。其中诠释春秋列国的地理。为历史地理著作。

· 中国杜预完成《春秋释例·土地名》。按诸侯国、四夷、山川等分类记述。为沿革地理著作。

· 中国杜预约在 282 年完成《春秋盟会图》。为春秋时代的政治地图。

· 中国应劭在其《风俗通义》中指出伏天日期全国各地不同，具有鲜明的区域分异思想。记述梅雨和季风。

· 中国曹操大规模建设新都——邺城。邺城是一个功能区划分清楚、布局严谨的城市。表明当时的城市地理学水平。

· 中国《易纬》表述二十四节气晷影长度值表。

· 中国完成《三辅黄图》。记述城市地理和生物地理。首次使用"沿革"术语。

· 中国诸葛亮完成《隆中对》。对中国的军事地理、政治地理、经济地理等进行系统分析和阐述。是重要的战略地理著作。

· 中国严畯完成《潮水论》。

· 中国顾启期完成《娄地记》。首次使用"记"作为地理志名称。为岩溶地貌学著作。

· 中国周处在《风土记》中全面描述东南信风的时间和特征。

· 中国朱应完成《扶南异物志》。为中国南海地区区域地理著作。

· 中国康泰完成《吴时外国传》。也称《扶南记》。为中国南海地区区域地理著作。

· 中国杨泉完成《物理论》。其中包括土壤形态分类等地理学内容。

· 中国《晋太康三年地记》记述当时的中国行政区划及有关地区的地理。

· 中国儒学传入日本。深远影响文化地理及人文地理格局。

· 中国魏晋南北朝（220—589 年）出现多种大地观或理论。

## 第四节 地理学年表：公元 4 世纪

· 中国法显经陆路到达印度并由海路归国（399—412 年）。416 年著《法显传》。

· 中国开始（4—6 世纪后期）出现"地理大交流"。地理大交流的重要原因是人口大流动。

· 中国姜岌发现大气折射阳光现象并加以解释。

· 中国张华完成《博物志》。其中包括地理知识。同期有较多的博物著作完成。

· 中国嵇含完成《南方草木状》。为中国最早的区域植物地理著作。提出南岭为中国植物地理的一条界线。

· 中国葛洪完成《抱朴子》。其中，表述了海陆变迁、植物在不同自然地理环境中形态变异、河曲地貌、岩溶地貌等自然地理方面的内容。

· 中国常璩著《华阳国志》12 卷。记述中国西南地区远古以来的地理和历史等方面事物。是中国现存最早以"志"命名的方志。

· 中国《华阳国志》记载民族地理知识。为区域民族地理著作。

· 中国郭璞完成《山海经传》。考证诸多山体。

· 中国郭璞完成《尔雅传》。考证诸多地理区域及其界线。

## 第五节 地理学年表：公元 5 世纪

· 古希腊人的地理世界观念和古罗马人的地理世界观念基本形成。

· 中国陈澄完成《地理书》150 卷。

· 中国沈约完成《太康地理志》。包括历史地理、人口地理、政区地理、交通地理等方面内容。

· 中国完成《宋书》。包括《州郡志》《五行志》，是地理著作。

· 中国法显完成后来被冠名的《佛国记》。为区域地理著作。

· 中国法显在《佛国记》中记述信风。

· 中国法显在《佛国记》中记述今天的帕米尔高原地区的地貌、植物地理等自然地理。

· 中国法显在《佛国记》中记述斯里兰卡地理。

· 中国谢庄完成地理模型。该地理模型可以拆分或组合。

· 印度陈那开始（至公元 6 世纪）系统阐述后来被冠以《因轮抉择论》的因明学著作。深远影响印度古代地理学及地理学家的逻辑思维和表述。

· 中国盛弘之完成《荆州记》。其中，记述和阐述了洞穴和地貌等自然地理，用温泉种稻等经济地理和资源地理。

# 第六节　地理学年表：公元 6 世纪

· 斯特拉波因其巨著《地理学》而被拜占庭学者斯特芬称为地理学权威。《地理学》在文艺复兴时代被重视。

· 中国郦道元著成《水经注》40 卷。为综合性地理著作。

· 中国郦道元《水经注》记述 137 条干流的水文地理特征，总结中国的温泉及其分布。是水文地理著作。

· 中国郦道元《水经注》记述郡建置、诸侯国、县等发展变化情况。为历史地理著作。

· 中国郦道元《水经注》记述植物及其分布，包括纬度分异性、经度分异性、垂直分异性等。记述一些动物及其分布和活动季节性。是生物地理著作。

· 中国郦道元《水经注》记述河流所及之地的地理特征。是区域地理著作。

· 中国完成《南齐书》。包括《州郡志》《五行志》，为地理著作。

· 科斯马斯著《基督世界地形》。以地平说代替球形说。

· 中国贾思勰完成《齐民要术》。出于挽救北魏政权覆亡的目的而撰写。

· 中国贾思勰《齐民要术》包括丰富的农业地理知识。是农业地理著作。

·中国贾思勰《齐民要术》包括丰富的人地关系知识，提出和阐释"顺天时，量地利，则用力少而成功多"的广义的人地关系思想和理论，具有人地关系协调—控制科学内涵。是人文地理著作。

·中国贾思勰《齐民要术》包括丰富的农业经济地理知识。是经济地理著作。

·中国李播完成《方志图》。隋唐时期完成的还有李该的《地志图》、吕才的《方域图》、尚献甫的《方域图》等。这些地图与天文、历（法）互相渗透。

·中国完成《魏书》。包括《地形志》《食货志》，为地理著作。

·中国魏收完成《魏书·地形志》3 卷。记述每一州及其所辖郡县的自然地理、经济地理和人文地理特征。为区域地理著作。

·阿拉伯语《古兰经》开始编撰。其中，记述了伊斯兰世界当时的主要地理知识。

·中国杨衒之完成《洛阳伽蓝记》5 卷。为早期的城市地理著作和经济地理著作。

·中国历史《正广历》开始正式使用中国先秦时期系统阐述的"七十二候"。

·中国开始修建后来被称为"通济堰"的实现人地共生的地理工程。2014 年被国际灌溉排水委员会（ICID）评定为世界灌溉工程遗产。

·中国出现"物候"术语。在此之前中国已有物候概念，但无物候术语。

·中国有关文献中记录和解释降雨和霜。

·中国出现对寒冬气候变化的冬九歌的记述。

·中国中医典籍传到日本。为医学地理和文化地理的重要事件。

·中国蚕种被传教士运至罗马君士坦丁堡。为中国蚕种西传之始。是重要的文化地理和经济地理事件。

·中国梁元帝投降前焚烧大量地图。

# 第七节　地理学年表：公元7世纪

· 中国唐朝于627年对中国行政区进行调整。中国划分为十道、358州、1551县。

· 中国政府规定地图编绘呈送。规定各州郡每三年编绘和向中央呈送地图一次。

· 中国完成《晋书》。包括《地理志》《五行志》，是地理著作。

· 中国完成《隋书》。包括《地理志》《五行志》等，是地理著作。

· 西班牙伊西多尔编纂完成百科全书式著作《语源》（也译《词源》）。用分门别类方法表述当时已知全部知识。包括地理知识。之后印制。

· 中国的京杭大运河工程取得巨大发展。在605—610年共有二三百万人进行开凿。

· 中国玄奘于627年去天竺（印度）取经，645年回到长安。是中国了解域外地理的重要事件。

· 中国常骏完成《赤土国记》。有丰富的马来半岛南部的区域地理知识。

· 中国王玄策完成《中天竺国行记》。有丰富的印度有关地区的区域地理知识。

· 中国玄奘于646年编纂《大唐西域记》。该书12卷约10万余字，为重要域外地理著作。包括中国新疆、中亚地区、阿富汗、伊朗、巴基斯坦、印度、尼泊尔、孟加拉国、斯里兰卡等地。

· 中国王玄策多次出使印度后，编纂《中天竺国行记》10卷和图3卷。

· 中国李泰主持、萧德言等编纂，于642年完成区域地理巨著《括地志》550卷。又称《括地象》等。1980年中华书局《括地志辑校》为目前最完整版本。

· 中国郎茂完成《诸州图经集》100卷。时任尚书左丞的郎茂根据各州郡上报的图经汇总而成。

·中国郎茂完成《诸郡特产土俗记》151 卷。为以经济地理和人文地理为主的区域地理著作。

·中国虞世南等多位修志专家编纂完成《区宇图志》巨著 1200 卷。包括州郡沿革、山川险易、风俗物产、郡国图、山川图等在内的综合性大型图志。为中国第一部《一统志》。

·中国许敬宗（658—666 年）编纂完成《西域图志》60 卷。为中亚地理著作。

·中国裴矩编纂完成《西域图记》3 卷。为记述西域情况的地理和地图巨著。

·中国编纂《诸蕃国记》17 卷。

·中国侯君集、李道宗等于 635 年对黄河河源进行实地考察。到达星宿海、扎陵湖、鄂陵湖一带。

·中国江融编纂《九州设险图》。为中国的全国军事地图。

·中国虞世南完成《北堂书钞》。其中《地部》具有地理价值。

·日本开始颁布使用中国的《元嘉历》。为文化地理重要事件。

·日本派遣使团到中国隋都洛阳。为日本学习中国文化的重要的文化地理事件。

·中国开始在东、西和中亚地区建立以唐朝为中心的国际关系和国际秩序。深远影响世界地理格局和世界地理研究。

·中国隋炀帝开始派遣官员率船队到台湾。

·中国宇文恺主持洛阳城的规划、设计和建设。表明当时已有城市规划理论和城市地理学知识。

·中国孔颖达解释虹的成因。

·中国文成公主入西藏与吐蕃松赞干布成婚。中原汉文化开始大量传入西藏。

# 第八节  地理学年表：公元 8 世纪

·中国中央政府编绘全国总图《长安四年十道图》《开元三年》《元和十道图》等。是根据各州郡呈送的地图编绘。

·中国中央政府规定各州郡每三年或五年修编一次图经，并上呈中央政府。

·中国颁布国家水利法规《水部式》。以水管理为中心的地理环境管理，对于水资源的利用、分配、节水等内容有着较为详细的规定。蕴含地理环境整体性、人地性等思想。

·中国杜环著《经行记》。记述了当时的西亚、中亚诸国的山川地理、气候物产、政治经济和风土人情。是现知中国最早记述北非的地理著作。1963 年中华书局出版《经行记笺注》。

·中国杜环《经行记》记述天山地区的积雪盆和冰瀑地貌。为冰川地貌方面著作。

·中国贾耽完成《吐蕃黄河录》十卷。

·中国窦叔蒙著《海涛志》（又称《海峤志》《海山齐志》）和《说潮》。是中国现存最早关于潮汐的著作。所编制的潮汐表比欧洲最早的潮汐表即不列颠博物馆所藏《13 世纪伦敦桥涨潮表》要早 4 个世纪。

·中国僧一行（原名张遂）和南宫说于 724 年开始大规模实测地球子午线长度和纬度。这也是世界上首次实测子午线。这项工作主要为编制《大衍历》而做。

·中国僧一行对中国山脉分布系列进行论述。

·中国四川涪陵城北长江南岸河床中的白鹤梁上刻有作为水位标志的鱼形图案。是水位观测的重要工作。

·巴格达城修建。巴格达在此后一个多世纪中成为学术中心。

·阿拉伯学者将古希腊著作翻译成阿拉伯文。

·中国颜真卿于 771 年在今江西省南城县的麻姑山顶发现螺蚌化石，认为这是沧海桑田变迁的遗迹。

·中国李淳风完成候风法。提出和阐述风速等。

·中国《大唐六典》中规定地理环境保护等制度。唐朝的一些重要文献中均包括地理环境保护思想和制度。

·中国陆羽完成《茶经》。包括茶的分布和水质等自然地理环境方面知识。为茶叶地理著作和水质地理著作。

·日本舍人亲王编纂《日本书纪》。为日本第一部编年体史书，包括一些地理知识。

·阿拉伯开始在巴格达修建新宫以为国都，历时 4 年竣工。

·圣地亚哥成为欧洲基督教徒朝拜圣地。深远影响基督教文化地理格局。

·长江沿岸涪陵白鹤梁石鱼枯水题刻始于 764 年。

·日本修筑南海道新驿路，编纂地图。

# 第九节　地理学年表：公元 9 世纪

·中国刘元鼎在去吐蕃路上考察黄河源，提出黄河源的新认识。

·阿拉伯学者开始获得了比基督教学者更为详细的地理知识。

·阿拉伯阿尔·花剌子模以克劳迪乌斯·托勒密《地理学指南》为范本编纂《世界的形象》。

·阿拉伯伊本·胡尔达兹卜约在 846 年编纂《道里邦国志》（也译《道路与国家志》）。有称该著作为地理百科全书。1991 年中译本出版。

·中国贾耽于 801 年完成《海内华夷图》。该地图的编绘是中国皇帝命令贾耽所为。在图中首创以朱墨两色分注古今地名的方法。

·中国贾耽完成《海内华夷图》。该图明确表示出中原地区和夷狄地区约 100 个国家。是当时以中国为中心的世界地图。

·中国贾耽完成《古今郡国县道四夷述》40 卷。包括图、经等部分。

·中国贾耽完成《皇华四达记》。为交通地理著作。

·中国李吉甫编纂完成《元和郡县图志》40 卷。也称《元和郡县志》。为国家治理和管理而编纂。全书以十道为纲，为中国现存最早的全国地理总志。是区域地理著作。

· 中国《元和郡县图志》记述有关地方的距离和方位。是交通地理著作。

· 中国《元和郡县图志》等典籍中包括丰富的手工业地理知识。是经济地理著作。

· 中国李吉甫阐述地图对治国的重要作用，强调图志和地图必须高度重视"当下"和军事地理。

· 中国樊绰于869年编纂完成《蛮书》10卷。也称《云南志》《云南记》《南夷志》《南蛮志》等。为重要区域历史地理著作、民族地理著作、区域地理著作。自宋元以来刻本很多。1963年中国向达《蛮书校注》由中华书局出版。

· 阿拉伯伊本·胡尔达兹比赫编撰《列国志》。也称《道里邦国志》。

· 中国张大庆完成《沙州都督府图经》。也称《沙州图经》。

· 中国张大庆指出沙漠地区雪山脚下河流依靠冰雪融水补给，并有季节性变化。为重要水文地理观点。

· 中国张大庆对流动沙丘有较系统的认识和阐述。

· 挪威人于874年到达冰岛。建立殖民点。

· 中国833年开始修建后来被称为"它山堰"的实现人地共生的地理工程。2015年被国际灌溉排水委员会（ICID）评定为世界灌溉工程遗产。

· 中国868年开始修建后来被称为"千金陂"的实现人地共生的地理工程。2019年被国际灌溉排水委员会（ICID）评定为世界灌溉工程遗产。

· 中国唐朝有50多个州编纂完图经。

· 中国杜佑801年完成《通典》200卷。包括食货典、选举典、职官典、礼典、乐典、兵典、刑典、州郡典、边防典。为政区地理和历史地理著作。

· 中国杜佑《通典》中阐述军事地理知识。

· 意大利巴努斯·莫鲁斯编纂完成《论宇宙》。1467年出版，书名为

《自然本源或宇宙万物》。为百科全书，22 卷。

·中国刘禹锡完成《天论》。提出和阐述天人相交胜学说，用天理和人理把自然界的规律和人类社会的规律区别开来。具有科学方法论意义和作用。深远影响中国古代地理学及地理学家思维和发展。

·保加利亚在大普列斯拉夫建新都。深远影响该国人文地理格局。

·英格兰王国建立。统一英格兰岛各部。深远影响该地区的人文地理格局。

# 第十节　地理学年表：公元 10 世纪

·中国《旧唐书》完成。其中，提出和阐述地理学是研究地球表面现象、行政区划等情况的科学的思想。

·阿拉伯阿勒·巴尔基在 921 年编绘成世界上第一部《世界气候图集》。

·中国完成《旧唐书》。包括《地理志》《五行志》，为地理著作。

·中国完成《旧五代史》。包括《郡县志》《五行志》，为地理著作。

·中国邱光廷《海潮论》认为地壳存在垂直运动。

·中国黄子发完成《相雨书》。记述预报降雨，为天气学著作。

·中国中央政府实行各地方政府闰年呈送图经制度。

·中国中央政府设置掌管全国地图的官职。

·阿拉伯伊本·胡卡勒在 943—973 年到访过非洲和亚洲。通过实地考察推翻古希腊关于赤道带无人居住的既有认识。

·阿拉伯阿勒·麦斯欧迪（912—956 年，又译为马苏第）阐述季风、蒸发和降水。

·阿拉伯阿勒·麦斯欧迪在《最好的气候带划分方法研究》将世界划分为十四个气候带。认识到气候与纬度，与大陆位置关系。

·阿拉伯阿勒·麦斯欧迪旅行西亚、南亚、南欧、东非。著《黄金草原》一书。为区域地理著作。

·中国王延德完成《高昌行记》。为高昌地区（今吐鲁番东部地区）

的区域地理著作。

·埃及（972 年）开始修建艾孜哈尔清真寺。后成为世界上古老的大学之一。深远影响文化地理格局。

·法国采用阿拉伯数字和符号。这是阿拉伯文化地理的重要事件之一。

·中国的北宋灭南唐，基本完成国家的统一。深远影响中国的地理格局。

·中国宋太祖诏地方政府向中央呈送地图。

·中国两宋时期编纂边疆地图《幽燕地图》《契丹地图》《契丹图志》《西域图》《河西陇右图》《交广图》《海外诸域图》《海外诸藩地理图》。

·中国的真宗皇帝处理朝政时经常使用地图。

·中国中央根据各地方呈送的地图编绘完成《淳化天下图》。在各地报送的州、府、军、监等地图 400 余幅基础上编绘。于 993 年完成。

·中国中央根据各地方呈送的地图，编绘完成《十七路图》《十七路运转图》《十八路图》等。

·中国乐史在 976—984 年完成《太平寰宇记》200 卷。为中国宋代大型全国性的区域地理著作。也是人口地理著作。

·中国编纂完成《太平御览》。其中包括丰富的地理内容。

·中国自 937 年开始修建、明嘉靖年重修的后来被称为"搓滩陂"的实现人地共生的地理工程。2016 年被国际灌溉排水委员会（ICID）评定为世界灌溉工程遗产。

·中国 977 年开始建设后来被称为"南安陂"的实现人地共生的地理工程。

·中国开始建立黄河岁修制度。为地理工程管理制度。

# 第十一节　地理学年表：公元 11 世纪

·英国牛津大学于 1096 年成立。之后发展地理学科或地理专业。

· "十字军"（1096—1279 年）八次东征。促进地理知识交流，深远影响地理格局。

· 中国开始大规模引种水稻。促进中国稻作地理发展，深远影响中国农业地理格局。

· 中国单锷观察和研究太湖水位。指出湖水水位高低与气候情况和人类活动有关。具有人地关系思想和地理要素综合作用思想。

· 阿拉伯阿勒·比鲁尼（约 973—1048 年或 1050 年）在 1030 年撰写关于印度地理的著作《印度的历史与地理》（也称《印度志》）。

· 阿拉伯学者认识和阐述河流侵蚀。

· 阿拉伯伊本·西纳以河流侵蚀解释山脉形成。

· 中国朝廷（1107—1110 年）设立修九域志局。组织领导全国修纂地图工作。

· 中国在政府重视和支持下，地图编纂呈现政府和民间共同发展繁盛态势。

· 中国税安礼编绘《历代地理指掌图》。是中国现存最早的历史地图集。

· 中国宋敏求于 1076 年完成《长安志》。是中国现存最早的城市地理著作。后人不断完善充实。清代版本的《长安志》包括《长安志》和《长安志图》。

· 中国王存、曾肇、李德刍等人奉敕于 1080 年撰成《元丰九域志》，共 10 卷。也称《元丰九域图志》。

· 中国李宗谔、王曾奉敕编纂完成《祥符州县图经》。之后不断补充。

· 中国完成《新唐书》。包括《地理志》《五行志》，为地理著作。

· 中国欧阳修完成《新五代史》。包括《职方考》《四夷》等，为地理著作。

· 中国完成《景德山川形势图》。

· 中国沈括著《梦溪笔谈》。为综合性科学著作。包括丰富的地理科学知识。

·中国沈括论述了河流侵蚀、搬运和堆积作用等。

·中国沈括阐述编绘地图方法。

·中国沈括提出和阐述中国华北平原形成原因。

·中国沈括提出和阐述用化石推断古气候原理。

·中国沈括提出和阐述中国浙东地区和西部黄土地区的地貌形成的流水侵蚀作用机制。

·中国沈括创"十二节气历"。为自然地理环境节律性基本认识之一，为时间地理学知识。

·中国沈括提出和阐释气温随高度增加而降低的观念和结论。是自然地理环境垂直分异（化）的萌芽观念。

·中国沈括提出和阐述磁偏角。

·中国朝廷下令各路编制地图并上报。当时中国十八路一府编绘图经1400余卷。

·中国完成《禹跻图》。为中国最早采用计里画方法编绘的全国政区地图。包括多种自然地理要素、人文地理要素。

·中国《新唐书·地理志》完成。

·中国完成《水利图经》。为水资源地理著作。

·中国自1064年开始修建（1083年竣工）后来被称为"木兰陂"的实现人地共生的地理工程。2014年被国际灌溉排水委员会（ICID）评定为世界灌溉工程遗产。

·中国已有以物候描述黄河12个月每个月水位情况。为水文地理重要事件。

·中国李垂提出和阐述某河段人为分流的治河方略。

·中国已有河流的流量概念。

·中国江南一带大兴围湖造田，建成于140年并很好地服务当地社会经济发展的水库鉴湖被围垦，致使当地水灾和旱灾分别增加4倍和11倍，严重制约社会经济发展。这是不合理过度改造地理环境遭到报复的例证。

·中国毕昇发明活字印刷。深远影响文化传播进而深远影响文化地理格局。

# 第 5 章
# 地理学年表：公元 12—18 世纪

## 第一节 地理学年表：公元 12 世纪

**公元 1107 年**

·中国宋代开始设立第一个官方修志机构"九域图志局"。从此大规模进行方志、地图纂修工作。

**公元 1111 年**

·中国欧阳忞开始（至 1118 年）编纂《舆地广记》，共 38 卷。该书注重行政区划变迁。是历史政区地理著作。

**公元 1114 年**

·法国法兰西岛方言开始在法国全境流行。深远影响法国语言地理格局。

**公元 1117 年**

·中国开始根据《海内华夷图》编绘《华夷图》。

**公元 1121 年**

·中国《九域守令图》问世。是中国现存最早以县为基本单位的全国行政区划图。

**公元 1123 年**

·中国徐兢完成《高丽图经》（也称《宣和奉使高丽图经》）。

**公元 1131 年**

·中国杨甲开始（至 1162 年）编纂《六经图》。之后，其他人增补编辑，之后刊印。其中包括《十五国风地理之图》。《十五国风地理之图》是世界上最早刊印的地图。

**公元 1136 年**

·中国《禹跡图》和《华夷图》石版地图问世。是中国现存最早用于印刷的石版地图。其中，《华夷图》编绘于 11 世纪 80 年代初期。

**公元 1149 年**

·中国陈旉著《农书》3 卷。为国家发展和人民生计而编纂。为以农学为主的综合性著作。

·中国陈旉在其《农书》等提出和阐述根据自然规律适度发挥人的积极作用的人地关系思想理论。是人文地理著作。

·中国陈旉在其《农书》等提出和阐述农业地理知识。是农业地理著作。

·中国陈旉在其《农书》等提出和阐述土地利用和土地规划方面内容。是综合自然地理著作。

·中国陈旉在其《农书》等提出和阐述"地力常新壮"土壤肥力学说。是土壤地理著作。

**公元 1150 年**

·法国巴黎大学开始建设。深远影响文化地理格局。

·法兰德斯围海造田。法兰德斯是西欧的一个历史地名，泛指位于西欧低地西南部、北海沿岸的古代尼德兰南部地区，包括今比利时的东弗兰德省和西弗兰德省、法国的加来海峡省和诺尔省、荷兰的泽兰省。

### 公元 1153 年

·中国金朝迁都燕京。深远影响中国的人文地理格局。

### 公元 1154 年

·阿拉伯伊德里斯著《一个想周游世界者的愉快旅行》（又译为《罗杰之书》）。修正一些既有定论。绘制赤道以北地区有 70 个区域的世界地图。

### 公元 1160 年

·纳瓦拉王国（控制比利牛斯山脉大西洋沿岸地区的欧洲王国。1620 年被并入法国）本杰明到波斯、中亚及中国西部旅行，历经 13 年回国。是西欧来东方的第一位旅行家。

### 公元 1161 年

·中国郑樵完成《通志》200 卷。其中，《地理略》《都邑略》《食货略》《四裔略》等的地理价值最大。

### 公元 1175 年

·中国范成大著《桂海虞衡志》。较详细地介绍了喀斯特洞穴地貌、气候、生物、风俗、民族等。是综合性地理著作。1984 年广西民族出版社出版《桂海虞衡志校补》。他在有关著述中特别注意自然地理现象和记录。

·中国赵不悔、罗愿完成《新安志》。

### 公元 1177 年

·中国大规模修建军事防御工程——界壕。也称"成吉思汗边墙"。为军事地理工程。

**公元 1178 年**

· 中国周去非《岭外代答》刊行。为外国地理著作。

**公元 1180 年**

· 中国吕祖谦开始观测和记录物候。至 1181 年完成《庚子·辛丑日记》。是世界上现存最早的实测物候记录。

**公元 1181 年**

· 中国泉州刻印《禹贡山川地理图》。为印刷地图。

**公元 1190 年**

· 中国黄裳作《地理图》等。

**公元 1192 年**

· 中国茶叶传入日本。深远影响茶文化地理格局。

**12 世纪期间**

· 科学技术史中称"十二世纪文艺复兴"在欧洲特别是西欧出现。古希腊的一流学术著作和阿拉伯的优秀科学书籍一起被翻译成拉丁语，开始人翻译运动，为欧洲文化起飞提供条件。形成了西班牙、西西里岛、北意大利三个中心。深远影响地理学和地理学家。

· 巴黎大学世纪初建立。之后发展地理学科或地理专业。

· 中国朱熹完成《四书章句集注》。提出和阐述用"理"来诠释世界的思想和方法。他的"理"包括自然规律、道德标准、世界本原。深远影响中国古代地理学及地理学家和中国近代地理学及地理学家的思维、研究方法和发展。

# 第二节　地理学年表：公元 13 世纪

### 公元 1200 年

·意大利波伦亚大学建立。深远影响文化地理格局。

### 公元 1209 年

·英国剑桥大学开始建立。深远影响文化地理以及人文地理格局。1903 年开始设置地理学系。

### 公元 1219 年

·中国耶律楚材随成吉思汗西征期间发现和提出"里差"概念。该概念即"地方时""经差"概念。

### 公元 1225 年

·中国赵汝适《诸蕃志》刊行。为外国地域地理著作。

·中国赵汝适《诸蕃志·序》记载他编绘有南海诸岛的海图。是中国见于最早的南海诸岛地图。

·中国祝穆开始编纂（至 1239 年）《方舆胜览》70 卷。包括建置沿革、疆域、关塞、风俗等。为全国地理总志。是中国人文地理著作。

·中国火药及其武器等开始传入伊斯兰教国家。

### 公元 1227 年

·中国王象之《舆地纪胜》刊行，共 200 卷。1233 年定稿。在此前后，完成《舆地图》16 卷。

### 公元 1228 年

·中国耶律楚材完成《西游录》。为天山以北等地区的综合性地理著作。

·中国丘处机完成《长春真人西游记》。提出和阐述山地垂直分异、坡向分异、山地垂直分异的坡向差异等，是自然地域分异规律的萌芽认识。

**公元 1230 年**

·中国范成大完成《吴郡志》刊行。

**公元 1231 年**

·阿拉伯伊本·艾西尔完成《历史大全》，也称《全史》，共 12 卷。包括丰富的地理资料。1850—1874 年荷兰用英文出版，1884 年开罗再版阿拉伯文版。

**公元 1242 年**

·中国开始建设后来被称为官杜陂的实现人地共生的地理工程。

**公元 1245 年**

·中国开始记述滥伐山林造成水土流失事件，并进行一定理论分析。

**公元 1247 年**

·法国学者、教育家樊尚·德·博韦编纂完成《大宝鉴》。为中世纪规模最大、涉猎最广泛的百科全书。后不断修订和出版。1642 年版包括32 卷。其中包括地理知识。

**公元 1261 年**

·中国马祖光和周应合完成《景定建康志》。

**公元 1262 年**

·中国郭守敬明确提出"海拔""海平面"概念。

**公元 1268 年**

·中国潜说友完成《咸亨临安志》。该书与《乾道临安志》《淳祐临安志》合称"临安三志"。

**公元 1270 年**

·中国古代最大的城市平面图《静江府城图》绘成。

**公元 1271 年**

·意大利马可·波罗从意大利威尼斯出发，到中国居住、旅行 17 年。1295 年回到威尼斯。1298 年由其口述记成具有区域地理性质的《马可·波罗游记》。《马可·波罗游记》对西方世界的中国地理观的形成和完善具有重要意义。

·中国开始土司制度。在各少数民族聚居的府、州、县设立土官。深远影响中国政治地理格局。

**公元 1273 年**

·中国中央政府编撰《农桑辑要》7 卷。

·中国《农桑辑要》提出和阐述播种与地理纬度、地貌诸因素有关等重要的农业地理知识。

**公元 1279 年**

·中国在元开始统一全国，基本奠定了中华民族版图。各族人民广泛地迁徙、交流，促进更大规模的民族融合和文化融合。深远影响中国地理格局和地理学发展。

·中国因编制《授时历》的需要，在全国进行纬度测量。建立 27 个观测站。

**公元 1280 年**

· 中国都实和阔阔奉忽必烈之命考察黄河源。为中国中央组织第一次官方黄河河源考察，为较早科学考察之一。1315 年编纂成《河源志》。

· 中国编绘黄河源区实测地图。

· 中国王应麟完成《通鉴地理通释》14 卷。在此先后完成《通鉴地理考》《玉海·地理》。

· 中国郭守敬等开始编制《授时历》。为自然地理过程节律性规律认识，为时间地理学知识。

**公元 1284 年**

· 中国马端临开始编纂《文献通考》。包括田赋考、钱币考、户口考、职役考、征榷考、市籴考、土贡考、国用考、选举考、学校考、职官考、郊社考、宗庙考、王礼考、乐考、兵考、刑考、经籍考、帝系考、封建考、象纬考、物异考、舆地考、四裔考等。其中的《舆地考》《四裔考》等地理价值最大。《四裔考》为邻国的地理。

**公元 1294 年**

· 中国扎马剌丁、虞应龙、孛兰肹、岳铉等主持编纂完成《大元大一统志》775 卷。1303 年续修。简称《元一统志》。为《元史·地理志》的基础。

**公元 1297 年**

· 中国周达观、汪大渊完成《真腊风土记》。为柬埔寨区域地理著作。

**公元 1298 年**

· 意大利马可·波罗著《东方见闻录》。也称《马可·波罗游记》。

· 中国郭守敬发现山洪流量与河谷截面积之间的关系，并用于测量。

### 13 世纪期间

· 德国大阿尔伯特撰地理著作《地区的性质》。

· 中国在元代初提出经度概念。很早就有纬度概念。

· 中国在元代提出海拔高度概念。

· 中国周密阐述四季划分与地理环境之间的关系即有别于王文四季的气候四季。

# 第三节　地理学年表：公元 14 世纪

### 公元 1303 年

· 中国政府编纂地理总志《大元大一统志》1300 卷。为中国的全国区域地理著作。附彩色地图。

### 公元 1304 年

· 中国陈达震等编纂《大德南海志》。为海洋交通地理著作。

### 公元 1305 年

· 法国皮埃尔·杜布瓦《收付圣地》中提出建立国家之间联盟思想。深远影响后来成立的国际组织。

### 公元 1311 年

· 中国朱思本开始绘制《舆地图》。至 1320 年完成。该地图既包括国内疆域又包括域外地区，由各个分幅小图合并成一幅大图。

· 地中海地区出现最早有年代可考的航海地图。

### 公元 1313 年

· 中国王祯编纂《农书》。为国家发展和人民生计而编纂。是以农学为主的综合性著作。

·中国王祯编纂《农书》包括农业地理思想和理论。是农业地理著作。

**公元 1315 年**

·中国潘昂宵编纂成黄河河源地区的著作《河源志》。

**公元 1322 年**

·中国马端临《文献通考》刊印。包括《舆地考》《四夷考》等。

·中国马端临《文献通考》出现"日本"国名。

**公元 1330 年**

·中国开始修建（1333 年竣工）后来被称为"姜席堰"的实现人地共生的地理工程。2018 年被国际灌溉排水委员会（ICID）评定为世界灌溉工程遗产。

**公元 1331 年**

·中国赵世延、虞集等完成《皇朝经世大典》。其中附地图，称《元世经大典地理图》。

**公元 1333 年**

·中国朱思本完成《九域志》80 卷。

**公元 1342 年**

·中国李好文完成《长安图志》。

**公元 1344 年**

·中国完成《辽史》。包括《地理志》等，为地理著作。

·中国完成《金史》。包括《地理志》《食货志》等，为地理著作。

**公元 1345 年**

·中国完成《宋史》。包括《地理志》《五行志》《河渠志》《兵志》等，为地理著作。

**公元 1349 年**

·中国汪大渊完成《夷岛志略》。

·中国汪大渊《夷岛志略》提出和使用"东洋""西洋"的地理概念。

**公元 1365 年**

·奥地利维也纳大学成立。成为维也纳文化中心，深远影响文化地理格局。1851 年创设地理学讲座。之后，分为自然地理学讲座和历史地理学讲座。

**公元 1368 年**

·中国建立明朝。其间大规模修筑明代长城，成为影响中国人文地理格局的重要界线。

**公元 1370 年**

·中国朱元璋下令收集和编纂全国各个地方的地图。后完成《大明志书》。

·中国完成《元史》。包括《地理志》《河渠志》《五行志》《食货志》等，为地理著作。1920 年中国完成《新元史》。

·中国完成《元史·地理志》。记述了元代辽阔的疆域和中书省、行中书省设置的情况，翻印了中国历史上区域建置上的重大变化。

**公元 1373 年**

·中国朱元璋下令全国各地方进献地图。

**公元 1374 年**

·中国明朝《大明律》颁布施行。其中包括地理环境保护和地理环境建设方面的法律。

**公元 1375 年**

·卡普兰《世界地图》开始编制。

**公元 1377 年**

·阿拉伯伊本·哈勒敦完成《普世历史》。系统阐述了人地关系、社会组织发展阶段、城市及其选址、产业发展、国家发展等。

**公元 1386 年**

·中国明都南京城建成。反映城市地理和城市规划知识。

**公元 1389 年**

·中国完成《大明混一图》。包括中国明朝地域和外国地域。对明代寰宇图和天下图的编绘影响深远。反映当时对世界格局的认识。

**公元 1394 年**

·中国完成朱元璋下令编纂的全国交通地理著作《寰宇通衢书》。

**公元 1395 年**

·中国完成《洪武志书》。包括丰富地理知识。

**14 世纪期间**

·"文艺复兴"（也称"古典学术的再生"）思想解放运动开始（至16 世纪）在欧洲发生。主张人文主义。深远影响地理学和地理学家。

·意大利 A. 但丁提出"人类统一体"概念。深远影响地理格局和地理学及地理学家。

·中国詹思完成《西国图经》。为西亚和欧洲地理著作。

·阿拉伯伊本·卡尔敦在其《世界史》中阐述人们的活动与自然地理环境、人文地理环境的关系，认为人们的特征与他们的人文地理环境（文化与生活方式）有关而不是与自然地理环境有关，系统分析了灌溉区和游牧区两类不同地区的人们的生活方式。

·人文主义开始形成思潮。深远影响人文地理学和人文地理学家。

·意大利人为十字军编绘实用的地中海海图。

# 第四节　地理学年表：公元 15 世纪

## 公元 1402 年

·朝鲜权近、金士衡、李茂、李荟等根据中国元朝李泽民等的地图和地理资料，编绘朝鲜地图《混一疆理历代国都之图》《混一疆理图》。

## 公元 1403 年

·中国批量生产雨量器。供全国各州县使用。

## 公元 1405 年

·中国郑和率船队（至 1433 年）七下西洋。首创中国船队横渡印度洋的记录。其间完成《郑和航海图》。

## 公元 1406 年

·雅各布·丹杰洛在意大利佛罗伦萨完成托勒密《地理学指南》的第一个拉丁语译本。

·多位人文主义者聚集意大利佛罗伦萨的天使修道院讨论地理学问题。

·中国开始建设北京城。

**公元 1408 年**

· 中国编成《永乐大典》。为中国古代大百科全书，辑录中国明永乐年之前的保存下来的全部地理著作。

**公元 1410 年**

· 欧洲开始进入大航海时代。导致欧洲人对世界的想象和理解开始发生巨变，地理学发生巨大变化。

**公元 1414 年**

· 中国陈诚奉命开始出使阿富汗赫拉特等中亚 18 国。后著《西域行程记》《西域藩国志》。为中亚区域地理著作，也是交通地理著作。

**公元 1416 年**

· 中国马欢著《瀛寰胜览》。记述中非地区的自然地理、经济地理和人文地理事物。为中非地区区域地理著作，也是交通地理著作。

**公元 1417 年**

· 中国明朝开始在北京修建承天门、太庙、天坛等。体现城市地理思想和理论。1421 年迁都到此。南京成为"留都"。深远影响中国人文—经济地理格局。

**公元 1418 年**

· 葡萄牙亨利亲王创设包括地理和地图在内的研究机构。

· 中国郑和船队在第五次下西洋中，横渡印度洋到达南纬 4°以南的东非地区。

**公元 1424 年**

· 中国明朝政府制作雨量器，并要求全国各州县观测降水（雨）使用。这是世界最早由国家统一规定使用雨量器。

**公元 1431 年**

·中国郑和开始（至 1433 年）第七次下西洋活动。

**公元 1433 年**

·中国郑和七下西洋结束。郑和七下西洋是以东方世界为中心的地理大发现。

**公元 1434 年**

·中国巩珍著《西洋藩国志》。为亚非区域地理著作，也是交通地理著作。

**公元 1436 年**

·中国费信著《星搓胜览》。为亚非区域地理著作，也是交通地理著作。

**公元 1456 年**

·中国陈循和高谷等完成的《寰宇通志》119 卷刻印。按一级政区和外夷分区。

**公元 1461 年**

·中国李贤等奉敕完成《大明一统志》。后有多个版本。以行政区划为纲，分卷立目。包括丰富的区域地理知识。

**公元 1467 年**

·日本开始战国时代。记载各国自然与人类活动的文献风行。

**公元 1472 年**

·德国慕尼黑大学建立。之后发展地理学科或地理专业。

**公元 1477 年**

·具有区域地理性质的《马可·波罗游记》（1298 年撰著）出版。

**公元 1479 年**

·俄国《莫斯科公国领地图》刊印。

·丹麦哥本哈根大学建立。之后发展地理学科或地理专业。

**公元 1485 年**

·《马可·波罗游记》拉丁文版出版。

**公元 1492 年**

·西班牙 C. 哥伦布开始（至 1504 年）4 次横渡大西洋，发现美洲大陆。

·德国贝海姆研制成现存最早的地球仪"纽伦堡地球仪"。

**公元 1493 年**

·哈特曼·舍德尔完成《世界编年史》。其中，包括十余部地理学著作。

**公元 1494 年**

·西班牙和葡萄牙签订"托德西利亚条约"。对非洲及西半球新发现的土地进行划分，形成这一地区的人文地理特别是政治地理格局。

**公元 1496 年**

·中国王琼编纂《漕河图志》8 卷。其基础是《漕运通志》。

**公元 1497 年**

·葡萄牙 V. 达·伽马（至 1498 年）发现绕过好望角通往印度的航线。

**15 世纪期间**

·德国亨利库斯—马特鲁斯绘制了一幅世界地图。后来被称为《亨利库斯—马特鲁斯世界地图》。反映了当时关于世界的地理空间秩序的最新认识。该地图表明，通过海路欧洲和中国相距并不遥远。哥伦布就是用这张地图或类似的地图，说服政府支持他的航海计划。该图还首次记录了葡萄牙航海家在 1488 年发现的南非好望角，证明在南面没有陆地与亚洲相连，欧洲人可以通过海上抵达东印度。

·开始至 1700 年期间，经验和实验始终成为统治欧洲学术的自然知识观念的核心。经验和实验成为反对和检讨亚里士多德主义的总要工具。深远影响地理学。

·狭义的地理大发现活动盛行。从 15 世纪开始到 17 世纪欧洲航海者开辟新航路和"发现"新大陆的通称，是地理学发展史中的重大事件。任何一个文明民族的代表人物首次到达地球表面某个前所未知的部分，或者确定了地表各已知部分之间的空间联系，因而加深了人类对地球地理特征的科学认识，促进了地理学的发展，均可以称为地理发现。规模大的地理发现成为地理大发现。地理大发现有广、狭义之别，这里的地理大发现仅指狭义的地理大发现。

·意大利成为 15 世纪宇宙志的首要中心。这一时期的宇宙志主要包括定居地的地图表示、某地方或某地区的文字描述、对天体宇宙的自然哲学注释等知识领域及其传统。

# 第五节 地理学年表：公元 16 世纪

**公元 1502 年**

·意大利亚美利哥·韦斯普奇航行到南美洲，并向世界发布发现"新大陆"的消息。

**公元 1506 年**

·中国唐胄开始编撰《琼台志》。为海南岛区域地理著作和人口地理著作。

**公元 1507 年**

·德国马丁·瓦尔德塞米勒《宇宙学入门》一书发行。该书也译《宇宙志概论》。附最新版世界地图。这成为 1990 年创办国际地理节的历史基础。

·德国马丁·瓦尔德塞米勒编绘了后来被称为的《瓦尔德塞米勒世界地图》。将新世界描绘成一个独特的陆地，其西侧是太平洋。为了纪念意大利航海家阿梅里戈，他首先提出了独立的大陆理论，瓦尔德塞米勒将这些新的西半球领土称为"美国"。

**公元 1512 年**

·中国杨子器开始编绘《杨子器跋舆地图》。

**公元 1513 年**

·西班牙德·莱昂等发现墨西哥暖流。

·地图上首次出现"美洲"术语。

**公元 1514 年**

·波兰尼古拉·哥白尼首次表达"日心说"。他 1543 年在其《天体运行论》系统阐述日心说。其实，古希腊阿里斯塔克曾提出过日心说。

### 公元 1516 年

·阿里·阿克巴尔著《中国纪行》。是现知唯一记述中国地理情况的波斯文古籍。1988 年中文本出版。

·英国托马斯·莫尔《乌托邦》出版。全称《关于最完美的国家制度和乌托邦新岛的既有益又有趣的全书》。

### 公元 1517 年

·德国马丁·路德提出《九十五条论纲》。欧洲开始宗教改革运动。宗教改革运动深远影响地理学和地理学家。

### 公元 1519 年

·葡萄牙 F. 麦哲伦率领船队开始（至 1522 年）完成人类历史上第一次环球航行。证实了"大地是球形"的论断。

### 公元 1520 年

·中国黄省曾编纂《西洋朝贡典录》3 卷。记述西洋 23 个国家的自然地理、经济地理、人文地理和朝贡等。为外国区域地理著作。

·罗马彼得·阿皮尔完成的现代世界地图《世界的形状》。这幅地图是在瓦尔德塞米勒的地图基础上编绘出来的，美洲被绘制出来。他是 16 世纪杰出的制图师之一。

### 公元 1522 年

·罗马彼得·阿皮尔开始开办地图制图坊，制作地图和地球仪。

·中国传入玉米。当时名为御麦。

### 公元 1523 年

·英国安东尼·菲斯赫伯特完成《耕作之书》。为英格兰第一部农业指导手册。

· 西班牙开始建筑牙买加城。深远影响地理格局。

### 公元 1524 年

· 德国彼得·阿皮安《宇宙志》出版。之后也译《世界志》。叙述了地球的经线、纬线、地图测量、气候等。在此前后出版全欧洲地图。

· 德国彼得·阿皮安在其《宇宙志》分别定义了"宇宙志""地理学""地志学"。在此前后很多作者完成的《宇宙志》的内容很丰富，包括丰富的地理知识。

### 公元 1525 年

· 荷兰鲁汶出现了尼德兰地区最早的地图制图学校。大约在 1550 年的时候，随着安特卫普崛起，那里成为阿尔卑斯山脉以北的一个制图学的中心。在 1600 年前后，阿姆斯特丹又成为尼德兰地区地图制图学的中心。

### 公元 1526 年

· "飞地"概念首次出现在《马德里条约》中。后成为政治地理学概念。

### 公元 1529 年

· 法国法兰西学院创办。后逐渐成为法国及欧洲学术中心。

### 公元 1533 年

· 荷兰鹿特丹伊拉斯谟翻译的托勒密《地理学指南》希腊文版出版。

### 公元 1534 年

· "耶稣会"成立。作为天主教教会下的自治组织活动，不臣服于任何单一欧洲国家。耶稣会会士在中国和西方地理知识传播中发挥重要作用。

　　·中国许论编纂《九边图论》《九边图》。为边疆地理著作，也是军事地理著作。

## 公元 1536 年

　　·德国 P. 拉莫斯提出"亚里士多德所说的一切都是假的"观点。在此前后，出现了怀疑和反思古代知识的思潮。深远影响地理学发展。

## 公元 1537 年

　　·罗马彼得·阿皮尔受聘对公爵的儿子进行宇宙志、地理学等方面课程教育。1541 年后，他被授予骑士爵位和贵族称号。

## 公元 1538 年

　　·荷兰杰尔哈斯·墨卡托绘制《巴勒斯坦地图》。
　　·荷兰杰尔哈斯·墨卡托绘制世界地图。

## 公元 1539 年

　　·法国开始禁止使用拉丁语文，以法兰西岛方言为国家语言。

## 公元 1540 年

　　·德国塞巴斯蒂安·明斯特尔整理审定和出版克劳迪乌斯·托勒密著作《地理学入门》的拉丁语版。之后多次再版。

## 公元 1541 年

　　·中国罗洪先编绘成中国最早刊印的大型综合地图集《广舆图》。该地图集由朱思本《舆地图》转绘而成。首次刊印于 1555 年，之后多次刻印，并衍生出很多地图集。多位耶稣会士所编绘的中国地图都以该地图集为基础，形成"东图西传"态势。

**公元 1543 年**

·曾在意大利帕多瓦大学学习的波兰尼古拉·哥白尼的《天体运行论》出版，系统阐述日心说。意大利帕多瓦大学安德烈亚斯·维萨里的《人体构造》出版，提出和阐述研究要以实验数据为基础。这是第一次科学革命开始的重大标志。该著作被恩格斯称为近代科学的独立宣言。

·第一次科学革命促进科学思维发展，开始改变世界本身的运行方式。深远影响地理学和地理学家。

·第一次科学革命促成确定、统一、普及和使用学术术语的方法的形成，开始使用标准的学术术语。深远影响地理学和地理学家。

**公元 1544 年**

·德国塞巴斯蒂安·明斯特尔《宇宙通志》出版，也称《宇宙志》《宇宙形态》。地理大发现早期最重要的地理著作，是标准教科书。有多种文字译本，印刷出版近 50 次。

·荷兰杰尔哈斯·墨卡托《欧洲地图》出版。

·英国赛巴斯蒂安·卡博托编绘出《世界地图》。他的父亲约翰·卡博托获得英格兰亨利七世授权，开始"探索、寻找、发现"新土地的行动。他也是这一行动的主要参加者。

**公元 1545 年**

·瑞士 C. 格斯纳（从 1541 年开始）编纂成《世界书目：拉丁文、希腊文、希伯来文全部书籍目录》。包括部分地理著作。

**公元 1546 年**

·比利时拉尔杜斯·梅尔卡托声明地球具有磁极。

**公元 1547 年**

·世界上第一个经济特区即意大利在里窝纳湾创立的免税自由港出

现。第二次世界大战前世界上已有 26 个国家建立了 75 个以自由贸易为主的经济特区。

·葡萄牙开始设置首席皇家宇宙志家职位。

### 公元 1550 年

·阿拉伯速檀·穆罕默德开始编纂《奇迹集》。其中包括中亚地区的城市地理和自然地理情况。

·荷兰安特卫普成为阿尔卑斯山脉以北的一个地图制图学的中心。

·罗马学院开始教授地理学。

### 公元 1555 年

·中国第一次刊印《广舆图》地图集。刊印时，有少许修改。之后多次刊印。

### 公元 1557 年

·中国澳门有耶稣会士进入。向当地中国人传布天主教。深远影响中国宗教地理格局。

### 公元 1559 年

·德国保罗·斯科利赫《百科全书》出版。全称《百科全书或神学和世俗科学纲要》。首次使用"百科全书"术语。

### 公元 1560 年

·荷兰杰尔哈德·墨卡托被杜伊斯堡公爵威廉五世任命为宫廷的宇宙学家。在杜伊斯堡的 20 年中，他出版了一些欧洲地图（1554）、英格兰诸岛屿地图（1564）以及在墙上挂的航海图。

### 公元 1561 年

·中国郑若曾完成《万里海防图》72 幅。为系列地图。

·中国胡宗宪、郑若曾完成《筹海图编》13 卷。为海防地理著作和军事地理著作。

·中国《筹海图编》《万里海防图》明确表述钓鱼岛列岛，属于中国。

### 公元 1562 年

·中国章潢开始编纂《图书编》，1577 年完成，共 127 卷。其中第 29—67 卷为地理部分，约占全书 1/3，包括总论、历史地理、都邑地理、省区地理、军事地理、自然地理（水文、地貌）、民族地理、域外地理、交通运输地理等。

·中国郑若曾所撰抗倭海防全书《筹海图编》刊印。

### 公元 1566 年

·法国让·波丹出版《易于理解历史的方法》。阐述人类与地理环境的关系，提出地理环境是决定人类多样性的原因。他是地理环境决定论的先驱，极大影响了孟德斯鸠的思想。

·法国让·波丹将事物划分为自然事物、人的事物、神的事物。深远影响知识分类，影响地理学划分为自然地理和人文地理的思想。

### 公元 1567 年

·意大利 M. 利玛窦开始在耶稣会的罗马学校学习。其间师从德籍学者克拉维斯学习数学和地理学。

### 公元 1569 年

·荷兰杰尔哈斯·墨卡托首次采用所发明的正轴等角圆柱投影（又称墨卡托投影）绘制世界航海地图。

·中国孙应元撰成《九边图说》。为军事地理著作和边疆地理著作。

**公元 1570 年**

·荷兰亚伯拉罕·奥特柳斯主持绘制完欧洲最早最完备的用拉丁文注记的世界地图集《地球全景》出版。也称《地球的舞台》或《世界剧场》。该地图集包括 50 余幅地图。这些地图由 80 余位制图学家以及蚀刻画家完成。

**公元 1571 年**

·荷兰亚伯拉罕·奥特柳斯世界地图集《地球全景》荷兰文版出版。之后法文版、德文版、英文版出版。

·荷兰亚伯拉罕·奥特柳斯《寰宇概观》（第一版）在安特卫普出版即首次印刷成册。有称其为第一部系统的世界地图集。也译《寰宇图志》《地球大观》《寰宇大观》等。之后多次再版并在多国流传。是利玛窦编绘《坤舆万国全图》的重要基础。

·荷兰亚伯拉罕·奥特柳斯《寰宇概观》中出现单独的亚洲地图等亚洲地区的地图。

**公元 1572 年**

·荷兰法朗兹·洪根贝格和乔治·布老《世界城市概览》世界城市地图集开始出版。至 1617 年出版 6 卷。

·中国地图《古今形胜之图》流传到西班牙。使欧洲加深了对中国的了解。

**公元 1574 年**

·中国刘效祖编纂《四镇三关志》。为军事地理著作。

**公元 1575 年**

·荷兰亚伯拉罕·奥特柳斯被任命为西班牙国王的地理学家、地图制图师。次年其《地理学》出版。

·英国《英格兰和威尔士地区地图集》问世。

**公元 1576 年**

·丹麦第谷建立天文观测站。最早进行有规划的天体观测和气象观测。

**公元 1577 年**

·中国章潢《图书编》成书。在前人研究的基础上，提出和系统阐述判断河源的基本原则。

·西班牙首席宇宙志家开始（至 1584 年）征集地理和地图资料。他给各殖民地分发了印刷版的资料，要求各殖民地完成当地的地理、地图等方面的资料汇编。

**公元 1578 年**

·中国开始在全国清丈田地。

·中国李时珍完成《本草纲目》。包括丰富的生物地理知识。

**公元 1582 年**

·意大利 M. 利玛窦作为耶稣会士进入中国并开始长期居住。为耶稣会在中国传教实业的开端。之后他逐渐放弃了欧洲中心主义观念和态度。

**公元 1583 年**

·意大利 M. 利玛窦（耶稣会士）等编绘一幅将欧洲放在地图中央的世界地图，并挂在教堂，引起中国不满。为西方传入中国的第一幅世界地图。

·意大利安德烈亚·切萨尔《论植物》出版。系统阐述了分类模型。深远影响地理学中的分类思想及其分类体系。

**公元 1584 年**

·意大利 M. 利玛窦按中国官员要求把他带来的世界地图中的注释完全译成中文并重绘。这幅中文版的世界地图名为《山海舆地图》。这是中国第一幅中文版世界地图。在这幅地图上欧洲位于中央位置，中国人仍然不满。该地图在中国有十余版本，深刻影响当时中国对中国与世界关系的认识。

·荷兰东印度公司的卢卡斯·杨松·瓦格涅尔的地图集《航海明镜》（共 2 卷）开始出版。第二卷出版于 1585 年。

**公元 1585 年**

·荷兰杰尔哈德·墨卡托《高卢铜版画地志图》（内含 16 幅地图）、《下比利时地志图》（内含 9 幅地图）、《日耳曼铜版画地志图》（内含 26 幅地图）出版。

·罗马出版西班牙门多萨的西班牙文的《中华大帝国史》。为最早介绍中国历史和地理的西文著作。之后译成多种文字出版。

**公元 1586 年**

·意大利 M. 利玛窦第一次将欧洲人绘制的《寰宇概观》（第一版）等世界地图带到中国，并带来了地理大发现的信息。

**公元 1587 年**

·中国《大明会典》完成。包括丰富的地理知识。

·中国仇俊卿完成《海塘录》。为海塘地理工程著作。

**公元 1588 年**

·阿拉伯阿咱·艾哈迈德·拉兹开始编纂《七气象带》。这是一部地理、传记百科全书。

**公元 1591 年**

·中国王士性提出和阐述中国东南部的 14 个自然区域。为中国的综合自然地理区划方案萌芽。

·中国王士性提出和阐述中国山脉的三大分布系列。

**公元 1593 年**

·意大利安东尼奥·波塞维诺完成了"地理学的教法"。之后以意大利义和拉丁文重新印刷。

**公元 1595 年**

·荷兰杰尔哈斯·墨卡托等《墨卡托地图集》由德国杜伊斯堡出版社出版。为包括 107 幅地图的世界地图集。

**公元 1597 年**

·中国王士性完成《广志绎》。有丰富的自然地理和人文地理知识。1644 年初刊。

·中国王士性在《广志绎》以及前后的论著中，始终围绕人地关系主线，具有一定的地理环境决定论萌芽思想。

**公元 1599 年**

·具有数学意义地图投影即"墨卡托投影"出现在由荷兰人墨卡托编制的世界地图上。

**16 世纪期间**

·公元 16 世纪至 17 世纪社会学中产生地理流派。力图用地理环境对社会生活的影响解释社会问题。又深远影响地理学和地理学家。

·现代地图学中的尼德兰地图制图学派也在此时兴起，包括奥特柳斯、洪迪乌斯和布劳家族等。尼德兰制图学派的兴起是多重条件的机缘巧合：包括印刷业的普及、地图消费市场的兴起（地图的审美性功用发展和东印度公司的需求增加）、墨卡托新型投影法的出现等。

· 公元 16 世纪中期法国让·博登形成用地理环境对社会生活影响的思想和理论。他的思想和理论的核心是自然地理环境对人类社会有深刻影响。

· "宗教改革"思想解放运动在欧洲发生。深远影响地理学和地理学家。

· 中国和西方科学在世纪末或下世纪初开始对接。之后在对待西方科学是否接受和如何接受上出现全盘拒绝、全盘接受、批判接受三种态度。深远影响西方近代地理学传入中国和中国对西方近代地理学的接受。

· 现代意义上的科学概念的内涵开始出现。具有现代意义的科学概念的术语或名词出现在 1867 年莫雷编纂的《新英语辞典》中。深远影响地理学的近代化和现代化。

# 第六节　地理学年表：公元 17 世纪

**公元 1600 年**

· 荷兰莱顿大学的数学系设立了相关的课程，以培养测绘员和地图制作员。用荷兰语文授课。

· 荷兰阿姆斯特丹开始成为尼德兰地区地图制图学的中心。

· 意大利 M. 利玛窦编绘完成《山海舆地全图》。这幅地图将中国放在地图中央即中央子午线，欧洲等放在地图边缘。地图上尽量使用中国的旧地名。

**公元 1601 年**

· 意大利 M. 利玛窦晋谒中国皇帝并进献《万国地图册》。引起中国皇帝的关注。

· 中国冯应京、李之藻与意大利 M. 利玛窦结识。

· 中国创建"旗制"，包括黄、白、红、蓝四旗。1615 年扩充为八旗。建成"八旗制度"。深远影响中国政治地理格局。

### 公元 1602 年

·意大利 M. 利玛窦编绘完成《坤舆万国全图》6 幅。中国李之藻刊刻。附有《图解》。在《图解》中介绍地圆学说、天文五带、五大洲等西方地理学知识。分主图和辅图。在这幅地图中，中国位于中央，这不同于以前欧洲人绘制的以欧洲位于中央的地图。该地图雕版印刷，供不应求。梵蒂冈教皇图书馆和日本京都大学图书馆均有收藏。

### 公元 1603 年

·德国地理学家巴塞洛莫斯·凯尔曼提出和使用"专门地理"和"普通地理"术语并阐述这两类地理学。

·法国亨利四世提出"伟大计划"即将欧洲划分为 15 国，共同组成联邦。深远影响欧洲地理格局。

·意大利山猫学会成立。后开始编纂包括丰富地理知识的《墨西哥词典》。

### 公元 1605 年

·西方新版本的托勒密《地理学》出版。

·中国刊印由意大利 M. 利玛窦和中国李之藻译编的《乾坤体义》。为地理学基本理论著作。

·中国刊印由意大利 M. 利玛窦和中国李之藻译编的《乾坤体义》系统介绍了天文五带。

·中国徐必达编绘《乾坤一统海防全图》。

### 公元 1606 年

·意大利传教士 A. 罗明坚在中国绘制了一部《中国地图集》。迄今仅有一部手稿保存在罗马国家档案馆。

·比利时奥泰利乌斯世界地图集《地球全景》英文版出版。

·中国徐光启和意大利 M. 利玛窦开始把拉丁文《几何原本》翻译成中文的工作。《几何原本》中的思想、方法和逻辑深远影响地理学的理论思维。

### 公元 1607 年

·中国徐霞客开始旅行考察，撰写《徐霞客游记》。1776 年刊印。

### 公元 1615 年

·中国完成由葡萄牙 D. 阳玛诺和中国周希岭、孔贞时等合著《天问略》。为数理地理著作。

·中国张燮著《东西洋考》12 卷。为海洋交通地理著作。

### 公元 1616 年

·中国谢肇淛《五杂俎》刊印。包括天部、地部、人部、物部、事部。现主要有中华书局 1959 年、上海书店出版社 2001 年、台湾伟文出版社 1977 年等版本。

### 公元 1619 年

·作为尼德兰地图制图学派之一的洪迪乌斯家族完成的世界地图中已明确表示出中国的辽东半岛和山东半岛。

·西方传教士金尼阁来中国，携带图书 7000 余部。包括地理学著作。

### 公元 1620 年

·英国弗朗西斯·培根《新工具论》（也称《新工具或解释自然的一些指导》）出版。阐述归纳法和归纳的逻辑，提出"知识就是力量"，高度重视经验和阐述经验主义。深远地影响地理学和地理学家。

·英国弗朗西斯·培根《新工具论》提出和阐述"决定性例子"即后来的"决定性试验"。深远影响地理学家和地理学。

**公元 1621 年**

·中国谢肇淛编纂《滇略》10 卷。其中，卷一《版略》、卷二《胜略》、卷三《产略》、卷四《俗略》为云南区域地理著作。中国台湾商务印书馆出版《滇略》。

**公元 1623 年**

·意大利传教士 G. 艾儒略编纂、中国杨廷筠润色加工的在中国用中文著《职方外纪》（共 5 卷）开始刊印。是最早用中文系统描述世界、主要是欧洲的地理著作。这是中国政府 1618 年要求 G. 艾儒略完成的著作，向中国人展示了一个前所未闻的新世界。

·意大利传教士 G. 艾儒略和中国杨廷筠编纂世界地图集《万国全图》。该地图上有赤道线、两条回归线和两个极地圈。

·意大利传教士 N. 龙华民、阳玛诺制作了一个大的地球仪。

**公元 1624 年**

·德国菲利普·克卢费尔的遗著《普通地理学导论》（有文献称《世界地理导论》）出版。菲利普·克卢费尔从古典文学和历史学进入地理学。是一部具有教科书性质的著作。包括通论地理和区域地理两个部分。其中，在通论地理上仍然把地球当作宇宙的中心，在区域地理上形成包括区域的名称、范围、土地及其产品、古代和现代的政治区划、民族和地貌等在内的区域描述的规范。1639 年翻译成法文，1678 年翻译成德文。

**公元 1629 年**

·中国皇帝批准设立"历局"，授权徐光启负责领导，吸收借鉴世界先进的天文和地理知识，开展科学研究。该历局是中国的科学院的雏形。

·中国徐光启受命开始组织耶稣会传教士等编纂《崇祯历书》。1634 年完成。该历书引入了地球概念、地理经纬度概念、球面天文学、视差等概念。

**公元 1632 年**

·意大利 G. 伽利略《关于两大世界体系的对话》出版。他提出、阐述和践行人们必须通过实验进行自然研究。深远影响地理学和地理学家。

·作为尼德兰地图制图学派之一的洪迪乌斯家族出版亚洲地图。该地图代表了 16—17 世纪欧洲对亚洲地理的标注认识。

·作为尼德兰地图制图学派之一的洪迪乌斯家族出版亚洲地图中包含大量民族地理信息。是民族地理专题地图的先驱。

**公元 1634 年**

·中国《崇祯历法》编纂完成。为自然地理环境节律性过程的认识，为时间地理学知识。

**公元 1635 年**

·法兰西学术院成立。由法国国王批准。是法国的科学院的雏形。

**公元 1636 年**

·哈佛大学成立。之后发展地理学科或地理专业。

**公元 1637 年**

·法国勒内·笛卡尔《方法论》出版。全名《正确思维和发现科学真理的方法论》。笛卡尔在《方法论》中指出，研究问题的方法分四个步骤。(1) 永远不接受任何我自己不清楚的真理，就是说要尽量避免鲁莽和偏见，只能是根据自己的判断非常清楚和确定，没有任何值得怀疑的地方的真理。就是说只要没有经过自己切身体会的问题，不管有什么权威的结论，都可以怀疑。这就是著名的"怀疑一切"理论。例如亚里士多德曾下结论说，女人比男人少两颗牙齿。但事实并非如此。(2) 可以将要研究的复杂问题，尽量分解为多个比较简单的小问题，一个一个地分开解决。(3) 将这些小问题从简单到复杂排列，先从容易解决的问题着手。(4) 将所有问题解决后，再综合起来检验，看是否完全，是否将问题彻底解决了。后《哲学原理》1644 年出版。逐渐形成笛卡尔主义，是还原论的根本。高度重视理性，深远影响地理学和地理学家特别是近代地理学和现代地理学早期的地理学和地理学家。

· 意大利 G. 艾儒略《西方答问》刊行。为西方的区域人文地理著作。

· 中国宋应星《天工开物》刻本出版。强调人类要和自然协调、人力要与自然力相配合，包括丰富的产业地理知识。

**公元 1638 年**

· 意大利 G. 伽利略《关于两种新科学的数学对话和论证》出版。体现了"演绎和归纳的高度统一"。深远影响地理学理论思维和科学方法论发展。

· 中国耿荫楼著《国脉民天》。研究中国人地关系——人多地少——问题。

**公元 1639 年**

· 中国顾炎武开始编纂《天下郡国利病书》。在诸多地区阐述该地区的人地关系问题。为综合性地理著作。全书首先阐述中国的舆地山川总论。这是对全国地理条件的概述，是全书的总纲。它从山脉及其分布格局、地势地貌、气候、地表水系等阐述中国的自然地理总体特征。这里已蕴含着地貌、气候和水文等自然地理要素概念和部门自然地理学思想和理论。其次以绝大部分篇幅，分别阐述中国各个行政地区等的综合地理情况。对每一地区的阐述的总体框架是自然地理、政区地理、经济地理和军事地理。这里已蕴含着区域地理学和人地关系等方面的思想和理论。最后扼要阐述中国跟有关国家或地区的地理关系、贸易关系。这里已蕴含着地缘政治、地缘经济和区际联系等地理学思想和理论。

· 中国顾炎武开始编纂《肇域志》。也称《肇域记》。1662 年完成。为综合性地理著作。中国明代地理总志。此书原稿包括两京十三布政司，共 15 部分；每部分包含沿革、形势、城郭、山川、自然资源、物产、农业、水利、商业、贸易、兵防、赋役、道路、漕运、民风习俗、寺庙陵墓等自然地理和人文地理方面情况。1982 年国务院古籍整理出版小组组织力量进行整理，2002 年由上海古籍出版社出版点校本。

·中国顾炎武开始编纂《日知录》。其中有《论地理》。1659 年首次刻印。为综合性地理著作。

·中国徐光启 1628 年编成的《农政全书》刊印。在农业是国家富强之源和人民生存之源的思想指导下写成。

·中国徐光启《农政全书》阐述人地关系问题。是人文地理著作。

·中国徐光启《农政全书》阐述农业地理问题。是农业地理著作。

·中国徐光启《农政全书》阐述灾害地理问题。是灾害地理著作。

## 公元 1640 年

·德国伯恩哈德·瓦伦纽斯开始学习哲学、数学、物理学和医学。之后编著出版《通论地理学》等。

## 公元 1641 年

·中国徐霞客完成《徐霞客游记》。为重要的地理著作。

## 公元 1642 年

·法国曾德伦《大中国志》在巴黎出版。将中国分为南北两大区，系统准确列出中国明朝 15 省的省会城市的纬度。

·荷兰塔斯曼"发现"新西兰岛。

## 公元 1643 年

·中国方以智完成《物理小识》。全书十二卷，分十五类，用"西学"术语概括西方的自然科学知识。其中包括地理学知识。

**公元 1645 年**

·中国修订完善古老的"二十四节气"。沿用至今。这是对自然地理
环境周期性过程规律的科学认识，属于时间地理学范畴。2016 年成为世
界非物质文化遗产。

**公元 1648 年**

·欧洲第一次国际会议"威斯特伐利亚大会"召开。完成开创用国
际会议形式解决国际争端的先例，为影响世界的国际组织建立的开始。
深远影响世界地理和地区的地理格局以及区域地理研究。

·威斯特伐利亚大会完成《威斯特伐利亚和约》。划定了欧洲大陆各
国的国界，改变了欧洲政治力量对比及其世界地理格局。

·阿拉伯毛拉赛义德·穆罕默德·塔赫尔完成《大地类别的奇迹》。
内容包括 16—17 世纪中亚地区的地理知识的著作。

**公元 1649 年**

·德国伯恩哈德·瓦伦纽斯开始出版关于日本的著作。其中，第一
卷是关于日本地理和历史的著作，第二卷是关于日本宗教的著作。

·法国克莱蒙 – 费朗开始（至 1651 年）在巴黎和斯德哥尔摩进行气
压等气象观测，以书信方式通报。

**公元 1650 年**

·德国伯恩哈德·瓦伦纽斯《通论地理学》拉丁文版出版。也称
《普通地理学》。后被译成多种欧洲文字，影响欧洲地理学一个多世纪。
该书包括数理地理、气象学、水文地理学和地貌学等部分。数理地理方
面，按日心说，论述了地球的分带，并按最长日的日照时间划分气候区，
还讲了经纬度的确定方法和地图投影法。气象学方面，指出由于赤道地
带和高纬度地带接受太阳热量不同，极地冷而重的空气必然向赤道流动。
这是走向解释世界风系的第一步。认为风是空气的水平运动，由于太阳

自东向西移动，风也来自东方。还详述了印度洋的季风，指出热带一年分干湿两季。水文地理学方面，认识到墨西哥湾流的存在，地中海水面低于大西洋。主张地中海和红海之间开凿运河。地貌学方面，认为大山是和地球共生的，小山则由风蚀形成。

·德国伯恩哈德·瓦伦纽斯提出"地球表面（层）"概念，包括居民等人文地理含义，提出和阐述地理学集中研究地球表面（层）观点。

·德国伯恩哈德·瓦伦纽斯把地理学分成专区地理学和通论地理学。

·德国伯恩哈德·瓦伦纽斯提出和阐述区域地理研究范式。

### 公元 1651 年

·意大利山猫学会《墨西哥词典》由西班牙王室资助出版。包括地理知识。

### 公元 1653 年

·意大利出现由 7 个站点组成的气象观测网。

### 公元 1654 年

·意大利传教士马尔蒂诺·马尔蒂尼（中文名字卫匡国）在中国完成《中华帝国图》。共 8 幅大型挂图。由奥德堡出版。

### 公元 1655 年

·意大利传教士马尔蒂诺·马尔蒂尼（中文名字卫匡国）《中国新地图集》（有文献称《新编中国地图志》）拉丁文版在阿姆斯特丹出版。之后，被译为法文、西班牙文、荷兰文和德文出版。他因在中国地理地方的研究和成就，被称为"西方研究中国地理之父"。该地图集深受中国《广舆图》地图集影响并大量使用。

### 公元 1657 年

·意大利佛罗伦萨成立奇门托科学院，1667 年结束。是世界上最早的学术机构。

**公元 1658 年**

·意大利传教士马尔蒂诺·马尔蒂尼（中文名字卫匡国）拉丁文《中国李四十卷》在慕尼黑出版。包括中国地理知识，中国地理知识西传。

**公元 1659 年**

·中国顾祖禹开始编纂《读史方舆纪要》。1679 年完成。全书 130 卷，其中《舆图要览》4 卷。1937 年中国商务印书馆出版。

·比利时 V. 南怀仁来到中国。之后编纂天文测量、气象学、地理学著作多部，制造多种天文仪器。

·中国方以智《通雅》开始计划刊印。该书编纂始于 1640 年，是百科全书，包括地理知识。之后，在朝鲜和日本等国流传。

**公元 1660 年**

·英国伦敦皇家学会成立。具有英国科学院功能。之后多位地理学家任会员。至 2019 年设立奖项 20 余项。

·捷克 T. A. 夸美纽斯最先提出在学校教育中把地理作为独立科目进行教学的思想。

**公元 1661 年**

·日本编绘的《亚细亚小东洋图》出版。该图表明日本当时已知道日本的地理位置。

**公元 1662 年**

·荷兰布勒家族的世界地图集《布勒地图大全》开始出版。全称《地理学：布勒宇宙学第一部分，眼睛可见的和以描述所解释的世界》。至 1672 年已出版十余卷。该巨型地图集包括拉丁文、法文、西班牙文、荷兰文以及德文等多种不同的语言版本。

·英国约翰·格朗特和威廉·配弟《关于死亡率的自然观察和政治观察》出版。这部统计学开山之作深远影响地理学特别是计算地理学。

·中国开始修建后来被称为"东风堰"的实现人地共生的地理工程。2014 年被国际灌溉排水委员会（ICID）评定为世界灌溉工程遗产。

·中国从荷兰殖民者手中收复台湾。深远影响中国地理格局和世界地理格局。

·中国顾炎武完成《天下郡国利病书》120 卷。为中国区域地理著作，是中国应用地理著作。

·中国顾炎武完成《肇域志》100 卷。为中国区域地理著作。

·中国洞庭湖地区开始出现大面积围垦情况。

·法国成立皇家学会。学会制度深远影响后来逐渐成立的地理学会。

### 公元 1663 年

·荷兰琼·布罗洛开始（至 1672 年）出版《世界地图集》系列地图集。该地图集成为欧洲走向世界的参考依据。

·中国开始使用"西藏"称谓。

### 公元 1664 年

·中国黄宗羲完成《今水经》。为水文地理著作。

### 公元 1665 年

·英国皇家学会创办《哲学学报》（又译《哲学会刊》）。开创科学学会创办科学期刊先列。该学报是科学成果交流的重要平台。

·法国《学者杂志》创刊。

### 公元 1666 年

·法国皇家科学院成立。1835 年创办《法国科学院报告》。

**公元 1667 年**

·中国陈芳绩编纂完成《历代地理沿革表》。1883 年刊印，共 47 卷。以地为经，以朝代为纬。

**公元 1668 年**

·中国编纂刊行由意大利南怀仁等编纂的《御览西方纪要》出版。

**公元 1670 年**

·英国艾萨克·牛顿编辑审定、由伯恩哈德·瓦伦纽斯于 1650 年完成《通论地理学》出版。

**公元 1671 年**

·比利时 V. 南怀仁在中国完成中文版《验气说》。

**公元 1672 年**

·比利时 V. 南怀仁在中国完成中文版《坤舆图说》。1672 年开始编纂。上卷主要是自然地理，下卷主要是人文地理。

·中国国家（朝廷）下诏各地编纂通志。知识分子群体把编纂通志（含地理志）当作著述大业，其中有多位地理学家。

**公元 1674 年**

·法国 P. 佩罗《泉水之源》出版。提出水量平衡概念及理论。

·比利时南怀仁在中国完成中文版地图《坤舆全图》，木板印制。地图上将东西两半球分开并列。

**公元 1679 年**

·中国顾祖禹完成《读史方舆纪要》。也称《二十一史方舆纪要》。在诸多地区阐述人地关系问题。全书参考"二十一史"、历代总志及部分地方志书达百余种，集明代以前历史地理学之大成，共 130 卷。第一阐述历代州域形势、历代王朝的盛衰兴亡和地理大势；第二阐述明代两京十三布政使司，包括名山、大川、重险，所属府、州、县及境内部分都司卫所的疆域、沿革、古迹、山川、关津、镇堡等，并记载有关历史事件，考订其变迁，分析其战守利害；第三阐述河流或流域地理；第四专设有关地图即《舆图要览》，主要有两京十三布政使司、九边、黄河、海运、漕运及朝鲜、安南、海夷、沙漠等图。中华书局 2005 年出版了点校本。

·中国任命传教士南怀仁担任钦天监副监。颁行历书《时宪书》。

### 公元 1682 年

·俄罗斯彼得大帝开始（至 1725 年）认识和重视地理信息对于帝国继续向东扩展的重要性。

·德国第一本科学杂志《学术纪事》创刊，使用拉丁文在莱比锡出版。后发表与地理学及其发展有关的论文。

### 公元 1683 年

·中国皇帝康熙下令各省地方官编绘地图送兵部。清代初、中期兵部职方司职掌地理测编。

### 公元 1684 年

·法国 F. 贝尼埃等开始对世界人类进行人种分类。并与地理分布联系。

### 公元 1685 年

·德国戈特弗里德·莱布尼茨提出和阐释"符号思维""思想数学化"等哲学方法论和科学方法论。深远影响地理学和地理学家。

### 公元 1686 年

·中国开始编纂《大清一统志》。俗称"康熙《大清一统志》"。之后 1743 年成书 342 卷、1784 年成书 500 卷、1842 年成书 560 卷。为中国政区地理著作。注：由 1668 年调整到此。

· 英国 H. 哈雷发现和提出后来被命名的信风和季风。

· 英国 H. 哈雷开始进行季风科学研究。之后研究季风指数的有：1908 年奥地利 J. F. 汉恩，1957 年苏联 C. Π. 赫罗莫夫，1962 年中国高由禧。

· 法国让·勒克莱尔开始编纂《百科与历史丛书》。共 25 卷，1693 年完成。包括地理知识。

**公元 1687 年**

· 英国艾萨克·牛顿《自然哲学数学原理》出版。奠定了研究"宏观世界"科学基础，对地理学和地理学家有深远影响。

· 英国艾萨克·牛顿《自然哲学数学原理》系统阐释万有引力定律。之后成为潮汐研究的科学基础，被引入地理学中，成为地理模型的理论或工具基础。

**公元 1688 年**

· 中国陈淏提出南北气温差异引起南北植物分布差异。具有鲜明的自然地理环境要素整体性思想。

**公元 1689 年**

· 英国伦敦《地理消息》创刊。后地理学期刊陆续创刊。

· 开始出现和使用国体意义上的"中国"概念及其术语，但尚无汉语，1842 年有汉语。

· 中国皇帝康熙高度重视疆界地图，认为疆界地图是防御外敌侵略、维护国家主权和统一的一项重要工作。

· 中国靳辅完成《治河方略》。这是他在长期河流研究和河流治理实践基础上完成的水文地理著作和水利工程著作。

· 中国靳辅完成《治河方略》中明确阐述河流的流量概念。

**公元 1691 年**

·英国 L. 艾卡德《地理学书目》出版。

·英国威廉·配第发表"献给英明人士——英国的财富与支出及赋税征收的方法"。完成了人类历史上第一次国民经济核算，提出和使用流量和存量，提出和论证劳动的价值。成为亚当·斯密和卡尔·马克思的理论思想支柱。深远影响地理学特别是计算人文地理学。

·中国梁份完成《秦边纪略》（也称《西陲今略》）主体部分。1987年中国青海人民出版社出版。他是清代最早最系统研究西北地理的地理学家。

**公元 1692 年**

·德国莱布尼斯首先使用函数概念。之后深远影响地理学和地理学家。

**公元 1694 年**

·法国学术院编纂完成《法兰西辞典》。其中包括地理方面的词汇。

**公元 1697 年**

·法国 J. 白晋《中国现状》在巴黎出版。

·中国胡渭完成《禹贡锥指》。为区域地理和历史地理著作。曾参加《大清一统志》编纂工作。

**公元 1699 年**

·法国《法兰西科学院章程》开始施行。深远影响地理学发展。

**17 世纪期间**

·自然（地理）综合体思想萌芽开始形成。关注与研究自然地理要素之间、自然地理要素与自然地理环境之间和自然地域之间的联系。

·德国克吕弗尔完成《古今地理学引论》。

·"启蒙运动"思想解放运动开始（至18世纪）在欧洲发生。核心思想是倡导理性。深远影响地理学和地理学家的发展。

·近代形而上学唯物主义（也称机械唯物主义）开始（至18世纪）在欧洲盛行。当时的科学家们将自然界划分为不同的部分进行分门别类的研究。这样的研究是科学发展的必经阶段，对早期科学的发展起了重要作用。深刻深远影响地理学和地理学家的发展。

·英国古典政治经济学开始（至19世纪30年代）出现。这一学派深刻深远影响地理学和地理学家的发展，特别是经济地理学和经济地理学家的发展。

·形成近现代科学的核心概念"自然规律"。

·中国孙兰著《柳庭舆地隅说》。论述流水作用和地貌形成过程、人地相关论、水患治理、社会发展等地理问题。

·中国孙兰著《大地山河图说》。以图文并茂形式直观地传播西方地圆说，使用地理纬度、南极、北极、赤道、地心等地理学术语。

·中国刘献廷著《广阳杂记》。提倡地理学应探讨"天地之故"。

·中国开始（至清末）西学东渐潮流。深远影响西方近代地理学传入中国。

·英国和法国开展了全国性地理调查，通过地图表述调查结果。

·欧洲出现"17世纪的科学革命"。因哥白尼的日心说是最重大的事件，因此也称"哥白尼革命"。深远影响地理学和地理学家。

# 第七节　地理学年表：公元18世纪

**公元1700年**

·德国科学院成立。

**公元1701年**

·美国耶鲁大学成立。之后发展地理学科或地理专业。

·中国政府开始编辑《古今图书集成》，1725 年完成。辑录了大量地理著作。

·俄罗斯第一所数学和航海学校在莫斯科创立。

### 公元 1703 年

·冰岛首次进行人口普查，为世界现代意义人口普查肇始。1749 年瑞典成为第一个定期进行人口普查的国家。1769 年丹麦首次人口普查，1790 年美国首次人口普查。1801 年英国和法国第一次人口普查，开始定期人口普查肇始。

### 公元 1704 年

·中国拉锡和舒兰率队考察黄河河源。

·中国拉锡和舒兰指出星宿海以西黄河有三条河源。

### 公元 1707 年

·英格兰王国和苏格兰王国合并为大不列颠王国。深远影响世界地理格局。

### 公元 1708 年

·中国开始全国范围实地测量工程。中国皇帝康熙主持，多位来华传教士参加，采用三角测量法对清朝时期全国进行大规模的大地测量，测得数据 600 多对（每对包括经度和纬度）。为中欧合作的重要工作。

·中国皇帝规定地球子午线上 1 度是 200 里。

·俄罗斯领土划分为八个省。具有现代意义的行政区划。

### 公元 1710 年

·英国乔治·贝克莱完成《人类知识原理》。为经验主义重要著作。经验主义深远地影响地理学和地理学家。

**公元 1711 年**

·中国张廷玉、陈敬廷开始主编《康熙字典》。为中国皇帝批准的国家知识工程。1716 年完成。包括丰富地理知识。

**公元 1714 年**

·中国在西藏测绘地图时发现珠穆朗玛峰。之后命此名。

**公元 1716 年**

·中国中央政府命令全国各州县观测雨雪起止时间、降水量、水入土深度等。

·日本新井白石开始系统编纂有关著作，包括《西洋纪闻》《采览异言》等世界地理著作。其中，《采览异言》共五卷分述欧洲、亚洲、非洲、南美洲、北美洲 82 个国家的自然地理和人文地理，《西洋纪闻》共三卷分述五大洲的自然地理和人文地理。

**公元 1717 年**

·英国艾萨克·牛顿在其《光学》第三版中，系统阐述了"科学程序的著名宣言"。深远影响地理学思维和方法论。

·中国在西藏地区进行大地测量。其中，大地测量队队员胜柱、楚儿泌藏布和兰本占巴等发现和命名珠穆朗玛峰并测量其海拔高度。

·中国在大地测量基础上完成 21 幅分幅地图。

**公元 1718 年**

·中国首次在实测基础上采用经纬网编绘成《皇舆全览图》。中国皇帝康熙主持。使用正弦等积伪圆柱投影，比例尺 1∶140 万，关内部分使用汉文、关外部分使用满文，有多种图幅的刻本和绘本传世。为中欧合作编绘地图的重要工作。该地图又称《康熙八排图》。该地图运用于国家管理。民国重印时称《清内府一统舆地秘图》。

·俄国翻译出版由荷兰伯恩哈德·瓦伦纽斯于 1650 年完成《通论地理》。俄译本书名为《普通地理：天体圈和水圈及其性质和作用》。

·中国通过考察实测，认识到金沙江是长江正源。

### 公元 1719 年

·珠穆朗玛峰第一次以满文出现在铜版《皇舆全览图》上。1721 年第一次以汉文出现在木版《皇舆全览图》上。清康熙年间的《皇舆全览图》就标出了朱母郎马阿林（即珠穆朗玛峰），1858 年被英国人篡改为埃佛勒斯峰（Mount Everest）。1951 年王勤堉首先提出应恢复珠穆朗玛峰的名称，1952 年中国政府正式恢复珠穆朗玛峰的名称。1958 年，林超发表《珠穆朗玛的发现与名称》论文明确提出："把此山峰用科学的方法记录在地图上的，则是 1715 年至 1717 年到西藏测量的中国测量队员胜住、楚儿泌藏布和兰本占巴。" 1975 年，国测一队首次对珠穆朗玛峰进行精确测量，通过 6000 米以上的 6 个测绘点，测得海拔高程为 8848.13 米，先后被世界各国使用；2005 年国家测绘局应用 3S 及现代地球物理技术，测得珠穆朗玛峰最新高程为 8844.43 米。这项结果获得联合国教科文组织和世界各国的承认（1975 年数据停止使用）。

### 公元 1721 年

·日本禁止出版学术思想书籍。深远影响地理学和地理学家。

### 公元 1723 年

·中国皇帝康熙命刊行图理琛著《异域录》。为图里深 1712 年至 1715 年对欧亚北部地区实地考察基础上的区域地理著作。

·意大利洛多维克·安东尼奥·穆拉托里开始（至 1751 年）编纂中世纪《意大利政务》，共 28 卷。包括丰富历史政区地理知识。

### 公元 1724 年

·英国（大不列颠）丹尼尔·笛福编纂《大不列颠诸岛》。包括丰富地理知识。

·法国巴黎证券交易所开业。资本直接影响经济地理格局。

### 公元 1725 年

·俄罗斯科学院成立。当时名称为科学艺术院。也称彼得堡科学院。外籍院士很多。之后，俄罗斯籍院士比例不断提高，多位地理学家当选院士，设立地理局。1917 年开始称俄罗斯科学院。1925 年发展为苏联科学院。

·中国完成《雍正十排皇舆全图》。为中国皇帝雍正命人在康熙《皇舆全览图》的基础上，扩大区域范围，增加政区变化和内政外交等最新信息的皇舆全图。该地图的地域范围比康熙《皇舆全览图》辽阔很多，北起北冰洋，南达海南岛，东北至日本海，东南到台湾地区，西抵黑海与地中海一带。之后有多种版本。开始正式用于国家管理。

·中国傅泽洪、郑元庆编纂完成《行水金鉴》175 卷。为基础水文地理著作和应用水文地理著作。卷首为流域或水系图 1 卷。

### 公元 1726 年

·德国 P. 雷色尔阐述区域基本问题。

### 公元 1727 年

·俄国 И. К. 基里洛夫《俄罗斯国家的繁荣》出版。为第一部俄国经济地理著作。

### 公元 1728 年

·俄罗斯开始对堪察加半岛、白令海峡岛屿、阿拉斯加北海岸等地区进行探险考察。后确定亚洲和北美洲的地理界线。

·英国 E. 钱伯斯编纂《钱伯斯百科辞书》出版。包括地理知识。

·荷兰维·白令（当时服役在俄国海军）率海上探险队抵达白令海峡。该海峡因此得名。

·古巴哈瓦那大学建立。成为古巴科学研究及教育中心。深远影响古巴文化地理格局。之后开展高等地理教育，设置地理专业。

·英国 J. 布雷德利发现地球公转的证据。

包括上、下两卷。上卷主要包括天下沿海形势录、东洋记等。下卷包括四海总图、沿海全图、台湾图、澎湖图、琼州图等。收入四库全书。1985 年中州古籍出版社出版由李长傅和陈代光校注、整理的《海国闻见录》。

### 公元 1730 年

·中国海洋地理学家陈伦炯完成《海国闻见录》。包括上、下两卷。上卷主要包括天下沿海形势录、东洋记、南洋记等。下卷包括四海总图、沿海全图、台湾图、澎湖图、琼州图等。收入四库全书。1985 年中州古籍出版社出版由李长傅和陈代光校注、整理的《海国闻见录》。

### 公元 1732 年

·德国约翰·海因里希策德勒开始出版《百典大全》。至 1750 年出齐，共 64 卷。包括丰富地理知识。

·俄罗斯开始（至 1743 年）勘测整个西伯利亚海岸线。积累丰富西伯利亚沿海地区的地理知识。

### 公元 1733 年

·俄罗斯科学院组织开展远北地区的综合探险考察。

·瑞典 C. 林耐著《自然的体系》。对动物、植物、矿物进行分类。对植物进行分类的思想和方法深远影响地理学和地理学家。

·中国编纂完成雍正《大清会典》。包括丰富地理知识。

·英国（大不列颠）开始产业革命。之后，产业革命浪潮迅猛扩展。深远影响世界地理格局和地理学及地理学家。

**公元 1734 年**

·德国伯恩哈德·瓦伦纽斯《通论地理学》英文版出版。英文版书名为《一般地理学的综合体系——解释地球的性质和特征》。为牛顿编辑后的版本的英文版。

·俄国 И. К. 基里洛夫《俄罗斯帝国地图集》出版。为第一部俄国地图集。之后俄罗斯科学院再版。

·法国 J. B. 唐维尔编绘完成《中国地图集》。1739 年出版。

·德国哥廷根大学建立。之后发展地理学科或地理专业。

**公元 1735 年**

·瑞典卡尔·冯·林奈《自然系统》出版。系统阐述他所提出和构建的科学分类法。深远影响地理学和地理学家。

·法国让·巴普蒂斯特·杜赫德《中华帝国及其鞑靼地区地理、历史、编年、政治、自然之描述》（也称《中华帝国全志》）法文版在巴黎出版。共 4 卷。为关于中国的大百科全书。其中，第一卷和第四卷收入地图 50 幅，第四卷描述民族地理。其中的地图由唐维尔主要根据中国清朝三大皇舆地图编辑而成。之后，英译本出版。

·德国编绘中国康熙初年的《中国地图》。该地图中国版图面积约 1350 万平方公里。

**公元 1737 年**

·俄国瓦西里·塔吉谢夫被任命为俄罗斯专门负责俄罗斯地图扩展和校正负责人。他高度重视和坚持地图语言和文字语言在描述地理时互补。

·俄国瓦西里·塔吉谢夫向俄国科学院提交"关于编写俄国历史和地理著作的建议"。之后《论一般地理学与俄国地理学》出版。他论述地理学的研究对象、任务、学科体系和意义等地理学基本问题，特别强调地理学对国家发展的意义。

·中国乾隆皇帝亲自召集编纂大型综合性农书《授时通考》。包括农业地理和时间地理知识。

·俄国留清学生窃走一份详尽的《中国全图》。

### 公元 1739 年

·俄国科学院开始设地理学部。也称地理局。1799 年撤销。

·俄国 B. H. 塔吉谢夫向俄国参议院提交的报告中，提出和阐述外国人编写的俄国地理教科书的缺点及其危害，称彼得一世最先提出的编写俄国地理的任务尚未完成，他将编纂俄国地理等方面内容。

·法国 J. B. 唐维尔完成《中国地图集》开始出版。使用传教士带回欧洲的《皇舆全览图》资料完成。同期还有其他地图集编制。深远影响欧洲对中国地理认识和中国地理观。

·中国刊行《明史》。包括《地理志》《五行志》《土司传》《外国传》等，为地理著作。

### 公元 1740 年

·在厄瓜多尔建立第一个赤道标志。1744 年和 1982 年在同地建立第二、第三个赤道标志。

·中国清朝《大清律》颁布施行。包括地理环境保护和地理环境建设方面内容。

·美国宾夕法尼亚大学建立。之后发展地理学科或地理专业。

### 公元 1741 年

·日本荷田在满著《本朝之都略考》。具有城市地理、政治地理属性。

·中国清廷在理藩院下设俄罗斯学堂。聘请驻京俄罗斯人教授满汉贵族子弟俄文。

**公元 1742 年**

·瑞典安德斯·舍尔修斯制作成摄氏温度表。

**公元 1743 年**

·中国康熙《大清一统志》首次成书，共 342 卷。地理学家顾祖禹、齐召南等参加。后中国分别完成乾隆《钦定大清一统志》、嘉庆《重修大清一统志》。

·法国 A. 克勒罗著《地球形状理论》。

·中国首座测候所（气象观测站）由法国耶稣会传教士宋君荣在北京建立。

·中国阎若璩完成刻印《四书释地》。

**公元 1745 年**

·俄罗斯科学院《俄罗斯地图集》出版。也称《帝俄地图集》。该图集有俄文和拉丁文两个版本。

·法国孟德斯鸠《论法的精神》出版。系统阐述人地关系即以"自然地理环境及其区域差异对社会发展作用"，用五章巨大篇幅系统提出和系统阐述自然地理环境及其分异对人类社会诸多方面具有决定性或重要影响这个重要命题。他认为自然地理环境特别是气候要素、土壤要素、地貌要素和区域面积等自然地理要素或自然地理条件及其综合对某区域社会发展及其地域分异有重要影响。他的这些论述只是强调了自然地理要素及其综合的重要作用，而没有论述自然地理环境整体的重要作用。他的这些论述在地理学中逐渐被转换成"地理环境决定论"的典型代表，深刻影响地理学人地关系论的研究与发展。被后人称为"地理环境决定论"。是"地理环境决定论"的主要推动者。1968 年 K. M. 克里塞尔提出孟德斯鸠不是地理环境决定论者而是地理环境或然论者的观点。

**公元 1746 年**

·美国普林斯顿大学成立。之后发展地理学科或地理专业。

**公元 1747 年**

·法国布丰记载森林植被演替。他于 1753 年开始任法国科学院院士。之后当选英国皇家学会会士、德国科学院院士、俄国科学院院士，被路易十四授予伯爵。

·英国 J. 布雷德利说明地轴的章动。

**公元 1748 年**

·瑞士欧勒著《空间及时间论》。

**公元 1749 年**

·法国布丰等著《自然史》（共 44 卷）开始陆续出版。有译为《自然的时代》《一般及特殊博物志》。之后布丰被选为法国皇家科学院院士、英国皇家学会会员、德国科学院院士、俄国科学院院士，被路易十四授予伯爵。

·法国布丰阐述了多种类型的人地关系（特别阐述了人群活动对地理环境的影响）、地理环境整体性、自然地理环境分异性、自然条件和自然资源的异同。

·瑞典开始开展人口定期普查。

·法国布丰发表"地球论"。运用水成说。

**公元 1750 年**

·德国托哥特发表阐述地理与政治过程的论文。首次提出"政治地理学"概念及术语。

·瑞典林耐著《植物哲学》。系统阐述后来被冠名的林耐分类法。深远影响地理研究。

· 中国编绘成《京城全图》。

## 公元 1751 年

· 瑞典 C. 林耐阐述物候学的任务、观测和分析方法。

· 法国丹尼·狄德罗主编《百科全书》开始出版。全称《百科全书，或科学、艺术和手工艺分类字典》。全书于 1772 年问世，包括正文 17 卷，图 11 卷，共 28 卷。后增至 35 卷。包括丰富的区域地理知识。1991 年以英文选译本为基础出版中文选译本。

· 法国丹尼·狄德罗为首的法国百科全书学派遵照培根科学分类方法，阐述科学分类思想。深远影响地理学和地理学家关于地理的分类。

· 法国丹尼·狄德罗主张人与自然协调的思想开始成熟。

· 法国百科全书学派开始逐渐形成。

· 美国弗兰克林著《人类的增长：各国人口考察》。具有鲜明的人地关系思想和人口地理学思想。

## 公元 1752 年

· 法国菲利普·布歇反对过于使用行政区划单位作为地理分区框架，提出和阐述以自然地理线特别是流域界线作为地理分区界线的观点。

· 英国（大不列颠）开始使用格里高利历。将 1 月 1 日定位为岁首。

· 英国休谟著多卷本《大不列颠史》。包括地理与历史关系思想。

· 美国哥伦比亚大学建立。之后发展地理学科或地理专业。

## 公元 1755 年

· 俄罗斯的大学的地理学开始发展。之后开始出版第一批俄文版地理教材。

· 法国 R. 康褆伦在其《关于商业本质的一般论述》中提出和阐述城市谷价决定农民的土地用途、谷物运费和距离城市远近等影响农业部门的区位。蕴含农业区位论萌芽。

·爱尔兰 R. 坎特龙论述了运费、距离和原料等对工业区位的影响。蕴含工业区位论思想萌芽。

·俄国 C. 克拉森宁尼科夫《堪察加地方记》出版。为区域地理著作，包括区域地理学理论方面内容。俄国米哈伊尔·罗蒙诺索夫给予高度评价。

·俄国 П. И. 雷奇科夫完成《奥良堡地貌》。为区域地理著作，包括区域地理学理论方面内容。俄国米哈伊尔·罗蒙诺索夫给予高度评价。1762 年出版。

·中国开始绘制《乾隆内府舆图》。中国皇帝乾隆主持，中外测绘人员合作，在康熙《皇舆全览图》和《雍正十排皇舆全图》基础上完成。该图地域范围比《雍正十排皇舆全图》更为辽阔，东北始于俄罗斯萨哈林岛（库页岛），东至东海，西至波罗的海、地中海、红海，北到北冰洋，南至印度洋。也称《乾隆十三排图》。乾隆末年中国完成《皇舆全图》地图集三卷。

·德国伊曼努尔·康德《自然通史和天体论》出版。所阐述的思想深远影响地理学和地理学家。

·美国本杰明·富兰克林发表《对人类生殖、人口稠密国家的考察》。具有鲜明的人地关系思想和人口地理学思想。

## 公元 1756 年

·瑞典卡尔·布伦克曼研究 18 世纪城镇规模和间隔以及近于六边形腹地研究。具有中心地理论思想萌芽。

·欧洲开始重视与研究自然区划及其在区域地理分区中的地位。

·法国菲利普·比阿什《论自然地理学》出版。

·法国伏尔泰（原名弗朗索瓦·马里·阿鲁埃）完成《风俗论》。该书全名《自查理曼大帝至路易十三时代的通史和世界各国的民族精神、礼仪、风俗习惯》，也简称《论世界各国的风俗与精神》。与后来的《历史哲学》等提出和阐述了在相同自然地理环境条件下发展出不同社会文化，进而自然地理环境对人类社会发展作用不大的观点。

·德国伊曼努尔·康德发表"1755 年的地震中的诸多值得注意的事件的历史和自然描述"。

## 公元 1757 年

·德国伊曼努尔·康德开始（至 1797 年）在德国柯尼斯堡大学讲授自然地理学。所讲授的内容已不仅包括自然地理学，还包括人文地理学、区域地理、地理学理论等。在此期间，他认为地理学提供自然的系统知识，地理学研究特定的具体的事物之间的关系，而不是事物的抽象的一般的特性，集中注意自然之间的差异性而不是相似性，关注人的活动与自然地理环境的密切联系即深受自然地理环境的影响。

·德国伊曼努尔·康德开始阐述和构建地理学的知识体系和学科体系。之后他将普通地理学和区域地理（学）看成地理学学科内两个相互制约的部分，他所讲授的自然地理学包括若干人文地理学。

·俄国莫斯科大学开始出现用俄语讲授地理学课程的情况。

·法国布切尔编绘的北太平洋地图出版。

## 公元 1758 年

·中国皇帝就黄河流域发展中的水土之争下了一道谕旨。指出要退田还河。这反映了中国政府对人地关系的决策。

·俄国米哈伊尔·罗蒙诺索夫开始任俄国科学院地理部主任。他在他许多科学著作中指出和阐述自然界的各个组成要素和各个组成部分之间的联系性、变化性，具有自然地理环境整体性思想乃至地理环境整体性思想。这一思想是自然地理综合体乃至地理综合体的思想萌芽。他开始制订一系列地理考察方案。这些方案在 1768—1774 年陆续实施。

·俄国米哈伊尔·罗蒙诺索夫开始组织和领导一系列地理考察，获得了关于西伯利亚、堪察加半岛等地区的资料。

·瑞典 C. 林耐等对世界人类进行人种分类。

·中国周煌撰《琉球国志略》。为区域地理著作。

## 公元 1759 年

·法国禁止刊印《百科全书》。

## 18 世纪 50 年代

·日本面对俄国强迫通商而开始重视和出现多部阐述国防的地理著作。

## 公元 1760 年

·俄国米哈伊尔·罗蒙诺索夫提出和使用"经济地理"概念及其术语。之后他组织俄罗斯经济地图编制。1882 年德国 W. 戈策提出和使用"经济地理学"概念及其术语。

·中国清朝乾隆皇帝收到法国传教士蒋友仁进呈的《坤舆全图》。

·法国传教士蒋友仁进献《坤舆全图》，向乾隆皇帝表达东西两半球形势，并介绍了哥白尼的日心地动说。

## 公元 1761 年

·中国制作完成《乾隆内府舆图》的铜版 100 余块。这些地图铜版可以组合成亚洲大陆地图。

·中国齐召南著《水道提纲》。该著作为水文地理和区域地理著作。齐召南曾参加《大清一统志》编纂。1776 年刊印 28 卷。

## 公元 1762 年

·俄国 П. И. 雷奇科夫 1755 年完成的《奥良堡的地势》出版。为区域地理学著作，包括区域地理学理论方面内容。

·中国刘统勋、何国干等完成《西域图志》并提交军机处方略馆。之后中国皇帝乾隆派人员对该志修改充实，于1782年编纂成《钦定皇舆西域图志》52卷。为新疆及西北区域地理重要著作。

**公元 1763 年**

·俄国米哈伊尔·罗蒙诺索夫《地球的表层》（也称《论地层》）出版。其中，阐述地理研究要重视因果关系的科学思想方法和人类应该尊重地球资源的思想。在此前后他在有关论著中提出和阐述地理学是"统一"中研究自然、人口和经济及它们的地区差异，地理环境各要素间存在规律性相互联系的地理环境整体性、分异性思想。

·俄国米哈伊尔·罗蒙诺索夫指出自然地理学应该以地球表面为研究对象。

·俄国米哈伊尔·罗蒙诺索夫指出地球表层的形态是由内力和外力相互作用而形成。首次明确提出和阐述地理现象和地理过程是内外营力综合作用的思想。

·中国《钦定西域同文志》24卷完成。简称《西域同文志》《同文志》。为中国新疆地名、地理辞典。每一名称均用满、汉、蒙、藏、维等多种文字表达。

·中国乾隆《大清会典》纂成100卷。包括丰富地理知识。

**公元 1764 年**

·意大利 G. R. 卡利提出和使用指数。之后不断发展并成为地理分析工具。

**公元 1765 年**

·法国伏尔泰完成《历史哲学》。该著作与在此前后完成《风俗论》（全名《自查理曼大帝至路易十三时代的通史和世界各国的民族精神、礼仪、风俗习惯》，也简称《论世界各国的风俗与精神》）等提出和阐述了

在相同自然地理环境条件下发展出不同社会文化，进而自然地理环境对
人类社会发展作用不大的观点。

### 公元 1766 年

·德国安东·弗雷德里希·比兴《新地理学》被翻译成俄文。该著
作第一个把俄罗斯欧洲部分按照自然条件划分为北、中、南三个纬度带。

### 公元 1767 年

·英国 J. 斯秋阿特发表"政治经济基本原则"。提出和阐述劳动地
域分工、手工业工业区位问题。蕴含劳动地域分工思想萌芽和工业区位
论思想萌芽。

·中国黄证编绘《大清万年一统天下全图》。系作者根据大量地图编
绘而成，运用中国传统地图表达方法。为当时众多地图中的代表、学者
独立编绘地图的典型代表，对普及地理知识有重要作用。

·中国嵇璜、刘墉等奉敕开始编纂《清朝通典》。原名《皇朝通典》。
包括食货典、选举典、职官典、礼典、乐典、兵典、刑典、州郡典、边
防典等。州郡典、边防典为区域地理著作。

### 公元 1768 年

·英国《不列颠百科全书》（也称《大英百科全书》或《英国百科
全书》）在苏格兰爱丁堡开始编纂。1771 年出版。后陆续出版多个版本。
包含丰富地理学和区域地理知识。1974 年改名为《新不列颠百科全书》。

·俄罗斯科学院开始（至 1774 年）组织"科学院考察队"，开展系
统的综合地理考察，取得丰富成果。为之后逐渐创立一系列理论假设的
科学基础，用地理考察事实证实罗蒙诺索夫的以自然界的各个组成要素
和各个组成部分之间的联系性和变化性为核心的自然地理环境整体性
思想。

·俄罗斯科学院派出（至 1774 年）一系列以收集国家有关地区的自

然地理和人文地理信息的探险考察队。也称科学院考察队。

·英国人 J. 库克在 1768—1779 年海洋探险中最早进行科学考察。取得了第一批关于大洋表层水温、海流和海深以及珊瑚礁等资料。

### 公元 1769 年

·法国 C. A. 爱尔维休完成著作《关于人——论人及其智力和教育》。1773 年出版。其中，批判孟德斯鸠等气候因素决定论即地理环境决定论，察觉出孟德斯鸠的地理环境决定论可能会得出反动的结论。

### 公元 1770 年

·德国伊曼努尔·康德在"感觉和智能世界的形式和原则"提出和阐述空间与时间问题。后来引申出地理学是关于空间的科学，只是研究地域关系的科学的观点。这一观点深远影响德国卡尔·李特尔。

·德国伊曼努尔·康德在此期间指出和阐述，事物有两种根本的分类或分组方式即时间方式和空间方式，以此形成了两门系统知识或科学，按照时间对事物的描述或者分类是历史学，按照空间进行分类就是地理学。深远影响地理学，也有负面效应。

·法国霍尔巴赫《自然的体系》（或《论物理世界和精神世界的法则》）在荷兰的阿姆斯特丹匿名出版。其中，明确提出和阐述了地理环境对人类（群）的作用的人地关系理论：人受自然支配，他存在于自然之中，服从于自然法则，他不可能超越自然，甚至他的思维也不能脱离自然。

·美国本杰明·富兰克林制作并出版了墨西哥湾流图。之后被引入自然地理学。

### 公元 1773 年

·英国 J. 库克率领船队于 1 月 17 日首次到达南极圈。
·俄国编纂出版第一本《俄国地理辞典》。

**公元 1774 年**

·瑞典弗里德里希·马莱特《一般地理学或者数学地理学》德文译本出版。

**公元 1775 年**

·德国伊曼努尔·康德的地理学思想形成。他从 1756 年开始讲授自然地理学。1802 年出版《自然地理学》，奠定了地理研究方法论中理论方法论的基础。关于空间和时间的二分及学科任务的观点，对地理学发展有不利影响。

·德国伊曼努尔·康德提出和使用事物的"地理分类"体系。

·德国约翰·克里斯多夫·加特雷的《地理学纲要》出版。阐述地理学是"地球的描述即地球表面的画像"，使用"地球表面"概念。

·德国 A. G. 维尔纳开始任德国费顿堡矿山学校的教授。之后创立系统的水成论。

·德国 J. E. 布鲁门巴哈发表"人种的自然起源"。提出人种分类系统。包括高加索人种、蒙古利亚人种、埃塞俄比亚人种、亚美利加人种、马来亚人种。为民族地理学基础工作。

·日本长久保赤水著《日本舆地路程全图》。

**公元 1776 年**

·俄罗斯 X. A. 契列巴诺夫《俄罗斯帝国地理描述方法》出版。为第一批俄文版地理教材之一。

·俄罗斯 X. A. 契列巴诺夫提出俄罗斯自然经济地理区划概念及其初步方案。

·中国齐召南著《水道提纲》28 卷刊行。1761 年完成。

·英国亚当·斯密《国民财富的性质和原因的研究》（简称《国富论》）出版。对地理学特别是经济地理学、政治地理学和社会地理学的发展具有重要意义。他的某些观点在传播中被曲解。1902 年中国严复翻译中译本名为《原富》出版。

·英国亚当·斯密在研究经济增长时将劳动分工置于首要地位。之后许多学者研究和阐述他的理论和方法论，逐渐成为地理分析工具。

·英国亚当·斯密系统提出和阐述了竞争。之后纳索·W. 西尼尔（1836 年）、《彭尼百科全书》（1839 年）、克乐夫·莫斯利（1888 年）、奥古斯丁·古诺（1838 年、1927 年）、威廉·斯坦利·杰文斯（1871年）、埃奇沃思《数学心理学》（1881 年）、约翰·贝茨·克拉克（1899年）和弗兰克·H. 奈特（1921 年）等不断发展。逐渐成为地理分析工具。

·英国亚当·斯密阐述城乡一体化概念内涵，但未提出和使用城乡一体化术语。深远影响地理学和地理学家。

·英国亚当·斯密提出和阐述人类发展或经济发展的四个阶段，即狩猎、游牧、农耕和商业四个阶段。深远影响地理学和地理学家。

·法国 A. R. J. 多哥尔在其《关于财富形成研究》中提出和阐述劳动地域和农业区位问题。蕴含较系统的区位论理论萌芽。

·美国《美国独立宣言》施行，宣布独立。深远影响世界地理格局和地理研究。

·美国独立。之后美国西部大开发开始，也称西进运动。主要经历了农业开发期、工业开发期和高新技术开发期。在农业开发期和工业开发期在人地关系上表现为地理环境决定论、地理环境或然论和地理环境协调论等特征。深远影响世界及其地理格局以及世界地理研究。

## 公元 1777 年

·法国冯秉正遗著《中国通史》12 卷开始陆续出版。包括中国地理知识，中国地理知识西传。

## 公元 1778 年

·德国伽特勒《地理学概论》出版。

·英国 J. R. 福斯特《世界环航中的观察》在伦敦出版。包括地球与陆地、水和海洋、大气、地球的变化、有机界、人种共六个部分，重视和阐述人类活动与自然地理环境之间的关系。该著作形成区域地理研究范式雏形，具有地理方法论意义。

·英国 J. G. 福斯特将其父亲 J. R. 福斯特著的《世界环航中的观察》翻译成德文出版。

### 公元 1779 年

·俄罗斯莫斯科成立疆界学院。

·美国詹姆斯编绘《孟加拉地图集》由英国出版。

·法国布丰发表"自然的形态"。运用火成说。

### 公元 1781 年

·德国伊曼努尔·康德《纯粹理性批判》出版。之后《实践理性批判》（1788 年）和《判断力批判》（1790 年）出版。合称"三大批判"。深远影响地理学家理论思维和地理学哲学。

·德国伊曼努尔·康德对人类的理性进行系统考察，终结了经验论和唯理论之争，研究人类如何认识外部世界。为地理学理论、知识生产奠定了哲学基础。

·中国纪昀等撰成《四库全书总目提要》。包括地理著作。

### 公元 1782 年

·美国托马斯·杰斐逊（后任美国总统，《独立宣言》主要起草人）自费在法国用笔名出版《弗吉尼亚笔记》。之后陆续在英国、美国和德国出版。对 18 世纪地理学有影响。

·德国丹维尔《古代和中古的地理学》出版。1800 年再版。

·中国完成《四库全书》初稿。为中国古代百科全书，辑录大量地理著作。

·英国外交人员绘制后来被称为"红线地图"的地图。其中的红线是历史上一系列条约所建立的美国和加拿大边界。美国提出的要求低于英国的预期。

### 公元 1783 年

·法国吉罗·苏拉威提出基于气候和地面岩石的自然区域概念。具有自然地理要素综合思想萌芽。

·德国福斯特尔《关于自然地理学对象的说明》出版。

·德国施普伦格《地理发现的历史》出版。

·法国开始用热气球成功载人探测大气圈。

### 公元 1784 年

·英国瓦特蒸汽机开始使用。这是第一次工业革命（也称产业革命）的标志。第一次工业革命深刻改变了人类对自然资源利用的形式——从改造性利用向掠夺性利用飞速改变，深远影响地理格局、地理学和地理学家。

·中国乾隆《钦定大清一统志》完成。也称乾隆《大清一统志》。1789 年正式上呈。

·中国于忠敏、窦光鼐、朱筠等奉旨完成《日下旧闻考》。为北京历史地理著作。

### 公元 1785 年

·美国颁布土地测量法。深远影响土地研究。

·地貌学开始从地质学中分化出来。

·法国蒙特尔《比较地理学》德文译本出版。

·日本林子平著《三国通览图说》。次年出版。为军事地理和政治地理著作。他提倡日本知识分子要放眼世界，对不断出现在日本海附近的俄国要加以防范的政治地理观念。

·中国洪亮吉完成《十六国疆域志》。首刊于 1798 年。作者精通舆地学，前后还撰有《乾隆府厅州县图志》《补三国疆域志》《东晋疆域志》等区域地理著作。

·中国洪亮吉完成《东晋疆域志》。首刊于 1796 年。

### 公元 1786 年

·日本林子平著《海国兵谈》。为军事地理和政治地理著作。1791 年刊印。该著作附有 5 张地图，覆盖了环日本外围地区的岛屿和邻国，蕴含防守和以这些岛屿为扩张目标的扩张观念。

### 公元 1787 年

·俄罗斯 Л. М. 马克西维奇编纂成《俄罗斯帝国辞典》。包括地理知识。

·俄罗斯 С. И. 普列耶夫《现今新形势下的俄罗斯帝国概观》出版。作者是地理学家和海军将领。

·中国在此前后完成《清朝通典》《清朝通志》《清朝文献通考》。包括区域地理方面内容，具体含区域自然地理、区域人文地理、区域经济地理等。

### 公元 1788 年

·英国杰姆斯·赫顿《地球理论》巨著开始出版。共三卷。系统阐述以陆地地貌过程的火成论为中心的"赫顿学说"。之后再版。他曾于 1785 年提出和发表均变说。在此之前，A. G. 维纳尔提出陆地地貌过程的水成论。

·英国杰姆斯·赫顿在其《地球理论》中指出"今天是过去的钥匙"。

·德国伊曼努尔·康德《实践理性批判》出版。提出和阐述了人的实践准则。深远影响地理学家理论思维和地理学哲学，势将深远影响人文地理学家。

**公元 1789 年**

·德国亚历山大·冯·洪堡进入哥廷根大学学习。次年开始对地理学发生兴趣。之后他进入弗赖堡矿业学院学习。后在普鲁士矿产部门任职，从事植物学、地质学、气象学等方面工作。

·俄国 Л. M. 马克西维奇《俄国地理辞典》出版。

**公元 1790 年**

·法国实施新行政区划。

**公元 1791 年**

·法国奥普兰·德古热发表《女权宣言》。后女权主义不断发展。女权主义是 20 世纪六七十年代女权主义地理学的基础和核心。

·英国成立陆军测量局。

**公元 1792 年**

·德国 L. L. 芬克首先提出"医学地理"概念及其术语。

·中国钱坫完成《新斠注地理志》。之后，徐松完成《新斠注地理志集释》。

·俄国 H. A. 契列巴诺夫编纂出版俄文版教科书《俄罗斯帝国描述方法》。

**公元 1793 年**

·德国亚历山大·冯·洪堡发表第一篇科学论文。论文的研究基础是不同岩石对磁偏角的效应和矿区植物试验等方面内容。

·俄罗斯 H. E. 契列巴诺夫《地理—历史学说》出版。为第一批俄文版地理教材之一。

·英国 J. 道尔顿《气象观察与论述》出版。

**公元 1794 年**

·德国冯·布赖滕鲍赫《世界最主要民族的起源、分布和语言概述》出版。附一张地图。

·德国胡博《自然学说讲义》出版。

·德国冯·布赖滕鲍赫《古代和近代世界各国的宗教状态》出版。附一张地图。

·德国瓦尔西《详尽数学地理学》第二版出版。康德《自然地理学》中引用。

**公元 1795 年**

·德国亚历山大·冯·洪堡开始（至 1796 年）到意大利进行地理考察。他形成了植被与气候的联系性、植被和气候的垂直变化等科学经验，具有"植被—气候"要素的自然地理环境要素整体性思想和分异性思想。

·德国凯斯特纳《数学地理学的进一步阐述》出版。康德《自然地理学》中引用。

·美国哥伦比亚大学聘请苏格兰阿伯丁大学的 J. 坎普为地理学教授。也是美国的第一位地理学教授。

·英国舰队司令部成立水文地理办公室。为英国皇家海军提供必要的地图。促进水文学和地图学发展。

·英国 C. 布劳顿抵达今日本北海道时索求日本北方地图，日本幕府认为该地图是国家机密不容外泄。

·中国祁韵士完成《皇朝藩部要略》。为边疆地理著作。最早刊于1846 年。

**公元 1796 年**

·德国路德维希《人类自然历史大纲》出版。康德《自然地理学》中引用。

·法国拉普拉斯《宇宙体系阐释》出版。康德《自然地理学》中引用。

·中国陕西、四川、湖北、安徽、浙江等地开始出现开垦山地种植风潮。当时对此有很大争议，分为支持派和反对派。

**公元 1797 年**

·德国亚历山大·冯·洪堡辞掉政府官职，筹划外出旅行。开始独立科学家生涯。

·德国亚历山大·冯·洪堡和歌德在耶纳相见并交流。后一起在德累斯顿进行地质、地磁和天文观测。

·德国亚历山大·冯·洪堡完成《世界的机理》一书。该书阐述了地理综合体、地理环境整体性和区域联系等思想和概念。

·德国亚历山大·冯·洪堡开始形成以经验和归纳为主的科学方法论。之后，开始逐渐形成灵活运用归纳法和演绎法研究科学和发现知识的科学方法论。

·德国卡斯帕里《最新地理学手册》出版。

**公元 1798 年**

·德国冯·扎赫《一般地理现象》出版。次年再版。康德《自然地理学》（1802 年）引用。

·英国托马斯·罗伯特·马尔萨斯的《人口学原理》（也称《人口论》）出版。系统阐述人口增长与食物增长之间的关系；人口增长过快导致食物短缺、导致饥荒和战争，进而又导致人口锐减。为人口地理学和综合地理学重要文献。1803 年修订思想。

·中国清代驻藏大臣松筠完成《西招图略》。为西藏自然地理和人文地理著作。

**公元 1799 年**

·德国亚历山大·冯·洪堡和法国植物学家艾梅·邦普朗开始（至1804 年）到美洲考察奥里诺特河流域和安第斯山等地区。所取得成果成为《新大陆热带地区旅行记》的科学事实基础。

·德国亚历山大·冯·洪堡开始撰写他的 30 卷巨著《新大陆热带地区旅行记》。其中，前 8 卷是对美洲植物区系的研究，第 9~24 卷包括考古学、历史地理学、地图学、天文学、测绘学等，最后 6 卷分别是《植物地理学论文集》等。

·德国亚历山大·冯·洪堡从地貌要素对气候要素的影响，科学解释西班牙沿岸的地中海式气候和其中部的大陆性气候。具有"地貌—气候"要素的自然地理环境要素整体性思想。

·德国亚历山大·冯·洪堡在加那利群岛考察，并对其中的特内夫岛的植被随海拔高度变化进行系统研究，划分出不同的植被垂直带，形成植被垂直分异和植被垂直带两个科学概念。具有"植被—地貌"要素的自然地理环境要素整体性思想。

·德国亚历山大·冯·洪堡找到玄武岩是火山活动产物的证据，形成和阐述玄武岩火成论。

·德国亚历山大·冯·洪堡在委内瑞拉的库马纳考察。形成气候和土壤对植被影响的"气候—土壤—植被"三自然地理要素的自然地理环境要素整体性思想。

·德国马奈特《希腊人和罗马人的地理学》出版。

·德国哈特曼《非洲的地理和历史》出版。

·俄国科学院撤销地理学部。

·德国 J. 孙南菲尔在"贸易财政基础"中，比较不同地理环境的区位因子。蕴含一般区位论思想萌芽。

## 18 世纪期间

·德国古典哲学开始（至 19 世纪上半叶）发展，是马克思主义哲学的直接理论来源。这一哲学深刻深远影响着地理学和地理学家的发展。

·"自然哲学"开始成为重要的学科门类。广义的自然哲学还包括后来被称为的自然科学。自然哲学研究自然界和人的关系、原生自然—次生自然—人为自然的关系、自然界的最基本规律等。深远影响地理学理论思维和地理学家理论思维。

·18 世纪前半叶欧洲中、小学开始设置地理课程。

·18 世纪前半期俄国瓦西里·塔吉谢夫阐述地理学的内容、任务和价值等方面问题，将地理学划分为普通地理学和区域地理学。

·18 世纪中叶俄国瓦西里·塔吉谢夫在俄国系统传播伯恩哈德·瓦伦纽斯地理学思想和理论。

·18 世纪中叶法国 C. A. 爱尔维休批判地理环境决定论，并阐述用地理环境决定论研究社会问题可能会得出反动结论的思想。

·英国开始施行诺福克轮作制。四年循环一次：第一年种植块根作物，第二年种植大麦，第三年种植苜蓿等，第四年种植小麦。这是人地关系地域系统协同共生系统。

·俄罗斯 C. И. 克拉申宁科夫《堪察加半岛的描述》出版。被苏联地理学界认为是综合自然地理专著的典范。

·日本在 18 世纪中期开始大量引进和学习西方先进的学科，包括地理学。

·作为科学观念和信条的"决定论"，由来已久，从 18 世纪开始统治科学界。它认为一切都是有"因果关系"联系起来的，一切世界的运动都是由确定的规律决定的；知道了原因以后就一定能知道结果。在这一基础上，科学得到了巨大的发展，包括地理学。

# 第6章
# 地理学年表：公元 19 世纪

## 第一节 地理学年表：公元 1800—1809 年

**公元 1800 年**

·法国 G. 居维叶将世界人类分为高加索人种、蒙古人种、尼格罗人种。

·德国奥托《一般地表水文地理体系》出版。

·日本山片蟠桃开始编纂《梦之代》。20 年完成，共 12 卷。包括地理知识。是日本"脱亚入欧"时代重要著作。

**公元 1801 年**

·德国亚历山大·冯·洪堡《自然景观》出版。也称《自然界的景象》。系统阐述地理景观与地理地带等基本问题。其中《植物形态》一章，是专门的植物地理学著作。之后重印。

·英国开始第一次人口普查。

·法国开始第一次人口普查。

·法国尚·拉马克提出云的分类。

·中国包世臣完成《郡县农政》。提出和阐述山地开发逐级利用模式，以防止水土流失。

·中国阮元在杭州创办诂经精舍。所讲授内容包括地理。

**公元 1802 年**

·美国成立西点军校。之后所开设的地理专业，注重地理环境对军事行动的影响和军事战略制定中如何运用区域知识等方面教学及训练。

·德国伊曼努尔·康德著《自然地理学》出版。是他在德国柯尼斯堡大学（1757—1797 年）讲授自然地理学的讲稿基础上编纂的著作。中文译本见《康德著作全集》中译本第 9 卷。该著作的内容包括地理学基本问题、自然地理学、人文地理学、区域地理等。

·英国 J. 普莱费尔以其好友英国杰姆斯·赫顿的著作《地球理论》为基础，撰写出通俗易懂的著作《赫顿地学理论的说明》。该著作中有首创方面的成果，如后来被称为的"普莱费尔定律"。

·德国戈特弗里德·特雷维拉努斯提出和使用"生态学"名词。

·中国新疆开始（至 1820 年）修筑通惠渠。

**公元 1803 年**

·美国开始西部地区大调查，主要包括自然资源和人口等。

·英国路克·霍华德根据云的外观对云进行分类。

**公元 1804 年**

·德国亚历山大·冯·洪堡被选为法国科学院通讯院士。

·加拿大第一部法语区地理教科书出版。1835 年魁北克中小学开设地理课。

·德国 A. 佐恩编绘世界地形图。使用等高线符号。

·德国亚历山大·冯·洪堡与美国总统托马斯·杰斐逊会见，并进行讨论。为美国总统研究新西班牙领土诉求提供科学咨询。之后一年多保持通信。

·德国亚历山大·冯·洪堡提出美洲综合地理类型划分方案。

·六幅附有文字说明的欧洲地图开始编绘。

·英国 S. F 蒲福提出风级分类系统。

**公元 1805 年**

·德国 H. G. 霍迈尔系统阐述自然地理区划及其分级系统。他认为区域划分的基本单位有四个级别即大区域、区域、地区和小区，并分别定义。

·德国亚历山大·冯·洪堡和法国 A. J. A. 邦普朗《新大陆热带地区旅行记》（法文版，共 30 卷）开始陆续出版。也称《1799—1804 年新大陆热带地区旅行记》。

·德国亚历山大·冯·洪堡和法国 A. J. A. 邦普朗合著《植物地理学论文集》出版。创立植物地理学。

·德国亚历山大·冯·洪堡形成"自然地理环境要素整体性"概念或思想，但没有提出这个术语或名词。

·德国亚历山大·冯·洪堡指出欧洲和美国为了纺织业发展而抽干湿地和砍伐森林，阐述不合理的人群活动导致地理环境破坏的人地冲突的人地关系思想。

·中国禁止外国传教士刻书传教。

**公元 1806 年**

·德国亚历山大·冯·洪堡定义"景观"概念。之后，很多学者（包括德国 C. 特罗尔 1939 年，德国 B. 赫瓦尔德 1968 年，以色列 N. 纳沃和美国 A. S. 利伯曼 1984 年，美国 R. T. T. 福曼和法国 M. 戈德龙 1986 年，中国景贵和 1990 年，中国肖笃宁等 1997 年）先后从不同角度定义景观。

·德国卡尔·李特尔提出和阐释地理单元有机统一体概念和理论。他认为"每一个具有自然边界的区域，在气候、生产、文化、人口和开始风靡，都是一个统一体"。具有鲜明的区域综合的地理综合思想。

·德国亚历山大·冯·洪堡提出高层大气中温度递降规律。

**公元 1807 年**

·德国亚历山大·冯·洪堡和德国卡尔·李特尔会面。

·德国亚历山大·冯·洪堡《自然景观》再版。系统阐述地理景观与地理地带等基本问题。俄国 1853 年出版俄文版。

·德国亚历山大·冯·洪堡分析和阐述人类活动与地理环境之间关系，特别是人类活动对自然地理环境的依赖关系。

·日本首次编绘世界地图。

**公元 1808 年**

·德国约翰·奥古斯特·措伊内《科学地理学的尝试》出版。该书强调区域的划分要以自然单元为准，提出和阐述自然地理及其界线对人类的深刻影响，体现了地理环境决定论和自然地理与人文地理统一的意识。

·"人文主义"术语出现。也称"人本主义"。人文主义思想在古罗马和中国先秦时期已有。20 世纪 70 年代强调"理解"的人文主义地理学出现。

·英国罗伯特·托伦斯提出和阐述劳动地域分工及其自然地理基础。1911 年陶西格称其为劳动地理分工。

·法国将全国划分为 27 个大学区。

·法国政府下令排干沼泽，扩大耕地面积。

**公元 1809 年**

·法国巴黎大学设置地理教习。1898 年地理学家开始担任地理教习。

·德国创建柏林大学。实现了从重视和运用 18 世纪的有用知识转变到自觉扩大和发现新知识，进而重视研究，形成"科学"的概念和观念。深远影响地理学的科学发展。

# 第二节　地理学年表：公元 1810—1819 年

**公元 1810 年**

·德国卡尔·李特尔完成书稿《科学地理学的基础》，也称《普通地球学手册》。该书稿提出和阐述了地理学研究对象是地球表面、地理学性质和方法论是经验性和描述性、地理学对地方研究的基本范式等地理学若干基本命题。

·德国卡尔·李特尔认为地理学是一门经验的科学，不应该接受先验成分。之后，不断构建基于归纳的逻辑的人类活动和地理环境之间关系的区域体系，具有人地关系地域系统，也是地理学研究核心的萌芽思想。

·法国孔拉·马尔特－布伦《通论地理学概要》8 卷本开始出版。

·法国孔拉·马尔特－布伦《简明世界地理》法文版（共 6 卷）开始出版。其中，第一卷主要阐述地理学的一般理论，后五卷主要阐述世界主要区域的区域地理。1827 年英文版名称为《世界地理：按照大的自然区划对全世界各部分的新型的描述，附有分析性、纲要性和基础性表格》。

·法国孔拉·马尔特－布伦阐述区域地理的描述的方法论即首先是自然地理，其次是人文地理，最后是分区的研究范式。

·中国编绘《大清万年一统地理全图》。为"大清一统天下全图"系列舆图的典型代表，运用中国传统地图绘制方法编绘，体现民间编绘和传播中国疆域政区地图的特征。

·德国柏林洪堡大学建立。之后发展地理学科或地理专业。李希霍芬、李特尔等曾任教。

**公元 1811 年**

·德国亚历山大·冯·洪堡《新西班牙王国的政治》出版。该书为《新大陆热带地区旅行记》（共 30 卷）中的第 25—26 卷。在 1826 年新版中提出在古巴取消奴隶制度的方案。为世界上第一部区域人文—经济地理著作或广义人文地理著作。

·德国亚历山大·冯·洪堡提出在美洲巴拿马地区开掘运河的地理工程科学设想。

·德国卡尔·李特尔编撰两卷本的欧洲地理教科书。

·俄罗斯 И. C. 帕拉斯巨著《俄国动物学》出版。该著作阐述俄国动物区系。他在此前后有关论著中，非常重视阐明气候、植物和动物之间、自然界与人类之间的相互联系，具有地理要素整体性思想。

·日本绘成《新订万国全图》（世界地图）。

·日本高桥景保绘成的《日本边界略图》出版。

### 公元 1812 年

·德国 A. L. 布赫《论地理学及其与历史学和统计学的关系》出版。提出和阐述地理学的研究对象即地理学描述国家、居民（民族）、土地（即区域自然地理），提出和阐述大洲、自然大区（即大洲的较大部分）、自然地区、亚自然地区四个区域尺度，阐述人地关系。

·德国 A. L. 布赫提出和阐述地理环境整体性。

·德国 A. 米勒在《农业书札》中提出和阐述以城市为中心的农业业态分布格局。蕴含农业区位论和城市中心地理论思想萌芽，是杜能提出和构建农业区位论的直接基础。

·俄罗斯的大学中开始（至1835年）将地理学课程转属人文系。沙皇政府要求地理教学要歌颂当时的政治制度。地理课程开始具有人文学科属性。

### 公元 1814 年

·德国卡尔·李特尔进入哥廷根大学学习。学习地理、历史和教学法等课程。

**公元 1815 年**

·瑞士依《维也纳宣言》确定版图，并成为永久中立国。深远影响世界地理格局。

**公元 1816 年**

·德国黑格尔开始（至 1917 年）在德国海德堡大学讲授哲学课程。包括《自然哲学》。1817 年《自然哲学》出版。之后出版《自然哲学》的第二版、第三版。深远影响地理学和地理学家。

**公元 1817 年**

·德国卡尔·李特尔《地学通论》（共 19 卷，全称为《地学通论：它同自然和人类历史的关系》）第一卷出版。该书英译全称为《地球科学——它同自然和人类历史的关系》或《普通比较地理学——自然和历史科学研究与教学的坚实基础》，也称《地球学》。该书提出和回答了地理学的中心原理即地理学的研究对象与研究核心问题是"自然的一切现象和形态对人类的关系"、如何研究即地理研究范式——地理学是通过地表上面空间结合现象的区域差异来研究地球表面等地理学元科学问题，阐述了人地关系、人地关系论和人地关系理论等地理学问题。他始终主张地理学应该以经验为依据，从观察中寻找一般法则，强调野外考察对于地理科学研究的重要性。

·德国卡尔·李特尔开始形成地理学的中心原理是"自然的一切现象和形态对人类的关系"观念。这是后来形成人地关系概念和人地关系论概念及其理论命题的思想基础。

·德国卡尔·李特尔明确提出和系统阐述区域等级系统。包括第一级区域是大地理单元即大洲、第二级区域是根据山脉走向和水系或流域划分出来的区域、第三级区域是根据各地详细的物质外貌和内容而构成的地表镶嵌结构划分出来的区域。

·德国卡尔·李特尔明确提出和系统阐述区域的差异性中的一致性

的地理观念。

·德国亚历山大·冯·洪堡首次表述世界年平均气温分布。使用等温线，编绘出平均气温分布地图。

·英国大卫·李嘉图《政治经济学和赋税原理》出版。1819 年和 1821 年出版第二版和第三版。对经济地理学发展影响深远。

·英国大卫·李嘉图系统提出和阐述比较优势原理。之后成为地理分析工具。

·英国大卫·李嘉图阐述劳动地域分工。之后成为地理分析工具。

·德国黑格尔《自然哲学》出版。其中阐述了他所认识到的世界地理空间秩序。深远影响地理学和地理学家。

**公元 1818 年**

·俄国 К. И. 阿尔森耶夫《简明通论地理》出版。强调经济发展问题，阐述如何改善农民生活质量。到 1948 年该书已发行了 20 版。

·俄国 К. И. 阿尔森耶夫提出根据地带性与区域性性结合的俄罗斯自然—经济地理区划方案。划分出 10 个具有自然—经济综合属性的地理地区。1948 年完成修订方案。

·俄国卡拉姆辛著《俄国通史》。1829 年完成。具有历史的地理基础思想观念。

**公元 1819 年**

·德国卡尔·李特尔成为法兰克福大学的历史学教授。

## 第三节 地理学年表：公元 1820—1829 年

**公元 1820 年**

·德国柏林大学在世界上最早开设地理学讲座，标志着大学地理教育的开始。1827 年洪堡在柏林皇家科学院做地理学讲演；1874 年普鲁士政府决定在各大学设置地理学教授席；1880 年德国有 10 所大学设置地理教授席；19 世纪末俄罗斯的 Д. Н. 阿努钦在莫斯科大学开设地理课；1899 年英国的牛津大学建立地理系；1903 年美国芝加哥大学建立地理系，剑桥大学建立地理系；1921 年德国的大学有地理系 23 个；20 世纪 50 年代苏联综合性大学有地理系 18 个，师范院校有地理系 18 个；第二次世界大战，地理学硕士和博士培养增多。1897 年中国的上海公学设立地理课；1913 年中国北平高等师范学堂建立史地系；1921 年中国东南大学建立地学系。之后清华大学、中山大学等十余所大学先后建立地理系。1979 年年末中国有十余所综合性大学和 30 多所师范院校设有地理系。20 世纪 80 年代中国大学地理教育形成学士—硕士—博士学位制度。

·德国卡尔·李特尔开始在柏林大学讲授地理学，直至逝世。在此期间，他在每年夏季率野外考察队到欧洲各部分地区进行考察。他开始形成和阐述了包括自然地理要素和人文地理要素的地理环境整体性概念和地理综合思想、自下而上的区域地理综合思想和方法、从区域角度研究人地关系思想等地理学思想。

·德国卡尔·李特尔在柏林大学发表演讲。阐述各洲的大小、形状、自然地理结构、气候等以及在不同历史阶段中对各大陆民族的发展。

·中国谢清高、杨炳南完成的《海录》在广东刻印。为介绍世界诸国概况的世界国家地理。之后，徐继畬撰《瀛寰志略》、魏源撰《海国图志》等都大量使用了《海录》中的有关材料。

·英国托马斯·罗伯特·马尔萨斯《政治经济学原理》出版。他去世后 1836 年修订再版。该著作提出和阐述反映经济状况的"国家收入""国家财富""国民收入""国民产值"等重要经济概念。深远影响地理学和地理学家特别是经济地理学和经济地理学家。

·美国学术团体协会（ACLS）人文科学电子图书开始出版。所收入的著作均由专家精心挑选，具有很高的学术价值，许多是"普利策奖"（Pulitzer）与"国家图书奖"（National Book Award）的获奖著作。

**公元 1821 年**

·法国巴黎地理学会（SGP）成立。之后也称法国地理学会。此后很多国家或地区的地理学会陆续成立。

·中国徐松撰《西域水道记》。徐松通过实地考察和参阅文献完成。该书为西域水文地理和区域地理著作。

·中国龚自珍著《蒙古图志》。

·中国李兆洛著《海国记闻序》。

·日本伊能忠敬著《大日本沿海实测图》。

## 公元1822年

·丹麦斯考《普通植物地理学基础》出版。这一基础理论著作吸收了有关植物地理学家关于俄罗斯北方和堪察加半岛、俄罗斯植物区系、西伯利亚植物区系等前期重要研究成果。

·德国黑格尔在《历史哲学》的《绪论·历史的地理基础》中通过阐述地理环境对历史发展的影响表达他的人地关系思想。他的高度重视地理环境对人群的决定作用的人地关系思想，以当时的人的集团活动与地理环境之间关系的事实为基础，是"黑格尔人地关系理论"的重要著作。之后，卡尔·马克思提出和阐述了地理环境对人类历史发展的重大影响；普列汉诺夫提出和阐述了地理环境通过对生产力的影响而作用于人类社会，这种影响是一种可变的量，阐述"历史的地理基础"概念，阐释地理环境对社会发展作用的人地关系思想。

·德国黑格尔提出和阐述"原始的历史""反思的历史""哲学的历史"等历史学观念。深远影响地理学思想史和地理学思想史学家。

·德国黑格尔提出和阐述后来所称的"欧洲中心主义"。"欧洲中心主义"导致"远东""中东""近东"地理概念产生。

·中国刊印《旧约全书》。深远影响中国的宗教地理格局。

## 公元1823年

·法国马多利·达卢瓦阐述地质对地貌、土壤和地下水的影响。具有地理因果论和自然地理环境要素整体性思想萌芽。

**公元 1825 年**

·朝鲜李书九著《舆地考》。

**公元 1826 年**

·德国冯·杜能《孤立国》德文版第一版出版，全称《孤立国对于农业及国民经济之关系》。最早明确提出和系统阐述农业区位论。该著作及之前发表的有关论文的出发点是对当时盛行的特尔合理主义农业论的批判。他的理论深远影响德国农业布局和农业发展。他因该理论贡献 1830 年被授予罗斯托克大学名誉博士学位。1842—1850 年出版第二版，共 2 卷。1863 年第三版，共 3 卷。1916 年译为日文，1966 年译为英文。

·德国卡尔·李特尔发表"各大洲的地理位置及其水平扩展"。

·德国医生菲利普·弗朗茨·冯·西博尔德长期在日本长崎居留，在前往东京途中获得数张日本地方和日本与朝鲜的地图，被幕府官员发觉，后被拘禁和被迫离开日本。之后，西博尔德将这些地图携回欧洲，德国据此编绘东北亚地图，对当时的欧洲文化界产生影响。

·法国 G. 居维叶发表"地球表面的革命"。提出和阐述地球表层的包括突变现象和突变过程的突变论。历史上有人称其为"灾变论"。其实，突变和渐变都是客观事实和科学事实。

·英国伦敦大学学院成立。之后发展地理学科或地理专业。

**公元 1827 年**

·德国亚历山大·冯·洪堡回到柏林。之后，开始在柏林皇家科学院和多所大学讲授自然地理（也称"宇宙"）。这些讲稿就是后来完成的《宇宙》的基础。他始终主张地理学应该以经验为依据，从观察中寻找一般法则，强调野外考察对于地理科学研究的重要性。

·美国出版孔拉·马尔特 – 布伦《简明世界地理》的英文版。英文版名称为《世界地理或按照大的自然区划对全世界各部分的新型的描述，附有分析性、纲要性和基础性表格》。深远影响世界地理研究。

·德国 A. L. 布黑《论改进地理学讲授中所遇到的困难》出版。提出和阐述地理学的主要任务。

·俄国 И. К. 基里洛夫完成《俄罗斯国家繁荣状况》。为俄国经济地理著作。

## 公元 1828 年

·德国亚历山大·冯·洪堡发表计划编撰《宇宙》的构想。

·德国亚历山大·冯·洪堡在柏林主持全德自然科学家代表大会。这个会议也称柏林科学会议。与有关科学家拟订建立全欧地磁观测网计划，数年后这个观测网建立起来。

·德国卡尔·李特尔发表"形式和数字的陈述作为地理空间关系的辅助方法"。阐述地理空间秩序的地理语言内涵，首次提出"地理空间"概念。

·柏林地理学会成立。由卡尔·李特尔和亚历山大·冯·洪堡等当时世界上数位著名地理学家发起成立。1853 年创刊《地球》。

## 公元 1829 年

·美国综合性大型百科全书《美国百科全书》开始编纂出版。后多次再版。包括地理学和区域地理知识。初版是德国移民 F. 李勃于 1829—1833 年以德国《布罗克豪斯社交词典》第 7 版为范本编成，共 13 卷。1903—1904 年经过改编增为 16 卷。后又经多次修订，1912 年修订版为 22 卷。1918—1920 年再经重编改版，共 30 卷，遂成为后来历次修订版的基础，并从此采取了连续修订制。全书采取狭主题、小条目的编法。但对重大主题也设置大条目。全书约有插图 2 万幅，另有许多彩色插页。条目之间建有严谨的参见系统，采取集中参见和随释文参见相结合的方式。该书内容偏重美国和加拿大的历史、人物和地理资料，人物条目和科技条目篇幅较大，前者约占 40%，后者占 30% 多。

·德国亚历山大·冯·洪堡在俄国西伯利亚考察，直达中国边境。观察到温度的经度变化，这是自然地理环境随经度变化规律的初步科学认识，是后来形成经度地带性概念及观念的基础。1920 年正式出现经度地带性概念。

·德国亚历山大·冯·洪堡向俄国沙皇提出建立气候观测站网的建议。

## 第四节 地理学年表：公元 1830—1839 年

### 公元 1830 年

·英国皇家地理学会（RGS）成立。最初名称为英国伦敦地理学会。1859 年由英国伦敦地理学会改为现称。设有十余个奖项。

·德国冯·杜能因《孤立国》理论贡献被授予罗斯托克大学名誉博士学位。

·英国 C. 莱伊尔《地质学原理》开始出版。之后多次再版。

·法国奥古斯特·孔德四卷本《实证哲学教程》开始陆续出版。系统阐述实证主义。以真实、有用、肯定和精确为内涵的实证主义对地理学和地理学家有深远影响。

·法国奥古斯特·孔德开始使用"科学"术语。

·美国萨沃带领一来自西方的团体开始聚居被日本称为小笠原群岛中的父岛。

### 公元 1831 年

·德国《施蒂勒地图集》初版完成。从 1817 年开始编制。

·德国尤利乌斯·弗勒贝尔提出地理学的研究对象的二元论，即一方面把地球作为自然体来研究，另一方面又把地球作为人的家园来研究。是地理学二分为自然地理学和人文地理学的基础。

·英国詹姆斯·克拉克·罗斯测定地球北极位置。

·英国查理·达尔文乘贝格尔号探险船开始（至 1836 年）环球航行。

·英国科学促进会阐述现代意义的"科学"概念。深远影响作为科学含义的地理学。

·中国潘锡恩完成《续金水行鉴》。共 156 卷。

## 公元 1832 年

·英国 J. 赫歇尔提出气候及其变化与地球轨道有关的想法。

·中国董立方、李兆洛编绘地图集《皇朝一统舆地全图》刊行。该地图综合使用经纬网和方里网。是中国清代大型疆域政区地图。分幅编绘，装订成册。之后有多种版本。

·俄国阿尔森耶夫提出和论述城市经济功能及其分类。

·德国开始出版卡·冯·克劳塞维茨《战争论》（共 3 卷）。包括军事地理。1964 年中国人民解放军军事科学院翻译总参谋部出版局 1964—1965 年出版，1978 年商务印书馆出版，1986 年解放军出版社出版。

## 公元 1833 年

·德国亚历山大·冯·洪堡开始撰写巨著《宇宙》。

·法国朱利斯·米什莱《法国概况》出版。为 17 卷《法国通史》的首卷。提出和阐明地理环境对历史的重要性的人地关系思想。

·德国卡尔·李特尔发表"地理科学的历史因素"。

·英国 C. 莱伊尔《地质学原理》4 卷本出版。又名《可以作为地质学例证的地球与它的生物的近代变化》。系统阐述他所提出和构建的渐变说。1959 年《地质学原理》中译本出版。深远影响地理学和地理学家。

·英国 C. 莱伊尔《地质学原理》中提出和阐述后来被界定为地貌形成和发展的两大因素即内营力和外营力。这一思想深远影响和奠定了自然地域分异基本因素即地带性自然地域分异因素和非地带性自然地域分异因素的思想观念基础。

·英国 C. 莱伊尔《地质学原理》中提出和阐述"将今论古"即"现在是认识过去的钥匙"的原则和观念以及认识论、方法论、知识论。

·墨西哥地理学会成立。

**公元 1834 年**

·德国亚历山大·冯·洪堡提出和阐述"在差异性中找出一致性"的将地理环境整体性和地理环境分异性统一起来考虑的地理环境整一差性问题。

·中国广州成立由外国传教士组成的益智会，开始进行科学技术名词中文名词统一工作。包括地理学。

·德国克拉普罗特（旅居法国）在柏林地理学会讲演《大唐西域记》。

·法国雷慕莎所译《佛国记》出版。

·德意志关税同盟提出和使用"负面清单"概念和工具。


**公元 1835 年**

·俄国建立起从圣彼得堡到阿拉斯加沿海的气候观测站网。后来，德国亚历山大·冯·洪堡利用资料编绘第一幅世界平均温度地图，使用等温线。建立气候大陆性概念。

·法国科里奥利发现、提出和阐述后来被称为的科里奥利力。

·中国人口突破 4 亿。主要分布在东部地区。

·加拿大魁北克中小学开始开设地理课。


**公元 1836 年**

·德国卡尔·李特尔发表"自然和历史作为自然史的因素，或论地球资源"。

·德国 G. B. 门德尔佐恩《日耳曼的欧洲》出版。他是李特尔的学生，该著是从自然结构与居民及其关系进行阐释的历史地理著作。

·德国约翰·爱德华·瓦帕奥伊斯获得哥廷根大学博士学位。1838年开始在哥廷根大学任教。创建哥廷根大学地理学传统。

·德国法兰克福地理学会成立。

**公元 1837 年**

·德国海因里希·贝格豪斯《德国的土地和人民》（共 6 卷）开始出版。

·瑞士 A. 阿加西发现阿尔卑斯山曾有过大冰期，向瑞士科学院提出报告，遭到反对。

·英国迈·法拉第提出"场"的概念并使用。之后，地理学家在理论分析时使用。

·中国徐鸿磐完成《方舆考证》。为历史军事地理巨著。

·中国李兆洛《历代地理志韵编今释》刊印。

**公元 1838 年**

·英国托马斯·阿诺德《罗马史》出版。该书重视历史的地理基础。

·中国林则徐（时任钦差大臣）组织开始翻译英国 H. 幕瑞《世界地理大全》。也称《四洲志》。为世界地理著作。

**公元 1839 年**

·德国《贝格豪斯自然图集》开始出版。后多次再版。1945 年英文版出版。包括地质和地形图、气象和气候图、水文和水文地理图、地磁图、植物地理图、动物地理图、人种和民族图等。

·中国最早的教会学校马礼逊学堂在中国澳门开办。开设课程之一是地理课程。

·法国成立巴黎民族学会。法国 E. 爱德华兹创建。

**19 世纪 30 年代**

·开始采用世界统一的时间。

# 第五节 地理学年表：公元 1840—1849 年

**公元 1840 年**

·德国海因里希·贝格豪斯《地理学基础》（共 5 卷）开始出版。

·瑞士 J. L. R. 阿加西提出气候史上曾出现冰期或间冰期的气候演变学说。

·瑞士 J. L. R. 阿加西建立世界上第一个冰川研究站，发表《冰川研究》，系统地提出和构建冰川理论。

·美国进行第一次全国农业普查。1920 年之前为人口普查的重要组成部分，之后开始独立进行。至 2017 年已进行 29 次农业普查。

·鸦片战争爆发。中国战败的基础原因之一是中国从皇帝到指挥官缺少地理知识。

**公元 1841 年**

·法国 A. 苏雷尔阐述河流纵剖面趋向均衡的地貌学学术思想。

·美国 G. K. 吉尔伯特阐述地貌发育中的均衡概念及其思想。

·德国 J. G. 科尔发表"人类交通居住与地形"。他是李特尔的追随者，该文是较早遵循演绎法系统阐述聚落地理的著作。之后，不同国家或学派对聚落地理研究各有侧重。

·德国弗里德里希·李斯特提出经济发展"五阶段说"。1949 年美国胡佛和费雪也提出"五阶段说"，1960 年美国罗托斯提出经济发展"六阶段说"，1966 年美国弗里德曼提出经济发展"四阶段说"，20 世纪 70 年代埃及阿明提出经济发展"三阶段说"。之后成为地理分析工具。

·德国海因里西·吉佩特《希腊语希腊殖民地》地图集出版。1871 年出版第二版。后多次印刷。之后，他编辑出版多种地图和地图集。

·俄罗斯开始（至 1848 年）出版什图根·贝尔格的 6 卷本的《俄国水文地理》。

·中国林则徐会见魏源并请他编撰后来被称为《海国图志》的地理

著作。为中国第一部世界地理巨著。

·中国北京设立测候所。由俄国东正教会设立。1850 年改称北京地磁气象台，1867 年归属彼得堡科学院。

·美国埃斯皮《暴风雨的基本原理》出版。

### 公元 1842 年

·法国 J. 阿德马尔也提出气候及其变化与地球轨道有关的科学假设。

·俄国财政部《欧俄工业地图集》出版。这是最早的工业地图集之一。把欧俄划分为森林的、工业的、黑钙土的、牧场的等多个"地理国"。

·开始出现和使用国体意义上的"中国"概念及其汉语术语。

·中国魏源《海国图志》开始印制。为中国自编的第一部世界地图集和世界地理巨著。主要有 1843 年 50 卷本、1847 年 60 卷本、1852 年 100 卷本 80 多万字。是中国近代文化思想的最早形态。在中国政界并未产生太大影响。不久后传入日本，在日本政界和民间产生巨大影响，几年之内有数十余个日文译本刊行。

·中国嘉庆《重修大清一统志》560 卷完成。也称《嘉庆重修大清一统志》。历时 30 余年。

·中国编绘的中国地图中包括今日中国与蒙古国。同期英国编绘中国地图主要是长城以南地区。

·英国卢米斯印制带有等温线和等压线的天气地图。

·能量转换与守恒定律开始由德国 J. 迈尔、英国 P. 焦耳等发现和提出。第二次科学革命开始。第二次科学革命的重要标志还包括细胞学说和生物进化论等。科学开始成为专门的职业。深远影响地理学和地理学家。

·中国王蕴香编辑《域外丛书》。为外国地理方面丛书。

### 公元 1843 年

·英国洛桑建立罗萨姆斯特试验站。为世界最早的综合定位试验站。

·德国亚历山大·冯·洪堡开始（至 1844 年）撰写完《中亚细亚——关于山脉和比较气候的研究》。之后出版。

·英国传教士 W. H. 麦都思等在中国上海创建墨海书馆。主要向中国传播西学。出版《地理全志》《大英国志》《大美联邦志略》《六合论丛》等西方地理译著和编著。

·德国弗里德里希·恩格斯在"英国状况——评托马斯·卡莱尔的'过去和现在'"中提出和阐述"人和自然的统一"。深远影响地理学和地理学家关于人地关系论研究。

·中国林则徐著《俄罗斯国纪要》。

**公元 1844 年**

·德国 J. S. 穆勒提出和初步阐述"平衡增长"概念和理论，为平衡增长理论的开始。之后保罗·罗森斯坦·罗丹（1943 年）、R. 纳克斯（1953 年）等系统阐述平衡增长理论。之后成为地理特别是经济地理分析工具。

·德国卡尔·马克思著《1844 年经济学—哲学手稿》。20 世纪 20 年代开始以不同版本出版。深远影响地理学和地理学家。

·德国卡尔·马克思提出和阐述"人化自然"概念和思想。他阐述"在人类历史中即在人类社会的形成过程中生成的自然界，是人的现实的自然界；因此，通过工业——尽管以异化的形式——形成的自然界，是真正的、人本学的自然界"。深远影响地理学人地关系理论研究以及地理学和地理学家。

·法国 E. 爱德华兹《关于凯尔特语的考察》出版。为语言地理学著作和民族学著作。

·法国奥古斯特·孔德《论实证精神》出版。实证主义深远影响现代地理学和地理学家。

**公元 1845 年**

·德国亚历山大·冯·洪堡《宇宙：物质世界概要》（共 5 卷）开始

陆续出版。至 1859 年他去世前已出版 4 卷。第五卷 1862 年出版。全书系统阐述了地理学的研究对象、地理学的研究目的、自然地理学基本原理、区域地理研究法则等地理学元问题。曾被译成多种文字出版，几乎包括所有欧洲语言。

·德国亚历山大·冯·洪堡在有关论著中提出"地球总物理学"概念和思想。认为全球的大气、海洋、地质和生物有着相互联系，应该连接起来观测和研究。是地球系统科学的近代科学萌芽，是广义的自然地理环境要素整体性思想。

·德国亚历山大·冯·洪堡阐述自然地理环境概念，是多种多样的统一体，是在空间上和构成上多种多样的有机结合，是各种自然现象和自然力的总体作为活的整体。蕴含着自然地理环境整体性、分异性、过程性等思想，蕴含着因素与要素的地理学思想。

·德国亚历山大·冯·洪堡阐述"自然地理学的最终目的是……认识多种多样的统一体，研究地球上各种现象的一般规律和内部联系"。

·俄罗斯地理学会（RGS）在彼得堡成立。尼古拉一世 8 月批准成立俄罗斯地理学会。之前海军上将 Ф. П. 李特契倡议成立俄罗斯地理学会。并在俄国科学院会议厅举行第一届会员全体大会。在建立过程中起领导作用的是科学院和海军部。学会中的各个专业合称"地理科学"。学会设置四个部：普通地理学部、俄国地理部、人种学部、俄国统计部。1917 年以前名称为俄罗斯帝国地理学会。1926 年更名为（苏联）国家地理学会。1938 年改为苏联地理学会。1991 年苏联解体后恢复原来的名称俄罗斯地理学会。

·德国埃尔恩斯特·卡普《比较地球学》出版。他是李特尔的追随者，该著系统阐述普通地理学与特殊地理学及其区别。

·德国卡尔·马克思和弗里德里希·恩格斯在开始撰写（至 1846年）的《德意志意识形态》中提出和阐述"自然史和人类史相互制约""人创造环境，环境也创造人"的思想。建立了历史唯物主义。深远影响地理学和地理学家关于人地关系论研究，是马克思主义人地关系理论的核心思想。

·德国卡尔·马克思开始提出和阐述从生产力、生产关系和人的发展等不同角度的社会发展历史阶段的理论。深远影响地理学和地理学家。

·德国 W. 劳舍《国民经济体系》出版。运用 J. H. 杜能的农业区位论系统研究了农业业态的分布格局。

·俄国瓦西里耶夫完成《大唐西域记》俄译本。

·日本箕作省吾《坤舆图识》出版。根据荷兰地理著作编纂，介绍世界最新情况。

### 公元 1846 年

·英国 W. J. 汤姆斯提出和使用"民俗"科学概念（包括术语和内涵）。为民俗地理学重要概念。

·西方捕鲸船霍华德送一批殖民者聚居被日本称为小笠原群岛中的南岛。

### 公元 1847 年

·德国亚历山大·冯·洪堡《宇宙》开始陆续出版。也称《宇宙：物质世界概论》。第一、第二卷 1847 年出版，第三、第四卷 1858 年出版，第五卷 1861 年出版。销售数万套。

·德国亚历山大·冯·洪堡在《宇宙》中将空间分布的研究定义为地理学与其他科学之间的重要区别。这一思想深受康德关于历史学与地理学的区别的思想。

·德国亚历山大·冯·洪堡《宇宙》中主张和阐释各类人种平等的人道主义思想。

·美国乔治·帕金斯·马什阐述"人地关系"。把人类对自然景观的改变划分为自觉的和不自觉的、适当的和危险的等类型（这属于科学维度），并进行价值维度和伦理维度的评述。形成人地关系研究范式萌芽。

·德国约翰·爱德华·瓦帕奥伊斯《地理学与统计手册》（多卷本）开始陆续出版。

·德国卡尔·尼古拉·弗赖斯《各个时代气候和植物界——二者的历史》出版。论述了人类活动影响植物界和气候的变化等，具有自然地理环境要素整体性思想萌芽、人地关系思想萌芽。

·俄国地理学会组织第一次规模巨大的考察队，历时三年考察亚洲和欧洲在整个北乌拉尔山脉上的界线。

·德国卡尔·马克思《哲学的贫困》在巴黎和布鲁塞尔出版。全称为《哲学的贫困——答蒲鲁东先生的〈贫困的哲学〉》。为第一版，也是法文版。之后出版德文版等，有多种语言译本。深远影响地理学特别是马克思主义地理学和地理学家的发展。

·法国儒莲在《亚洲学报》发表文章阐述翻译中国僧人西行著作。

·葡萄牙人玛吉士辑译《新释地理备考全书》中文本刊行。扉页印书名《外国地理备考》。玛吉士阐述地理学的定义，认为地理为"地之理也，盖讲释天下各国之地式、山川、河海之名目。分为文、质、政三等。为地理学著作和世界地理著作。

·葡萄牙人玛吉士在其《新释地理备考全书》中文本中，用两卷的篇幅介绍和阐述了西方自然地理学理论知识。其中，一卷介绍和阐述了地圆学说、哥白尼的日心说、地球天文五带说、经纬线与地方时间关系说等；另一卷介绍和阐述了气候要素、水文要素、地貌要素等方面的地理现象及其成因方面的理论知识。

·德国开始在所有大学设立地理学讲座。

## 公元 1848 年

·俄国 K. M. 贝尔发表"外部自然环境对各民族社会关系和人类历史的影响"。其中，提出和阐述了"各族人民的命运似乎不可避免地预先决定于他们所在的自然条件""各族人民和整个人类的命运似乎预先决定于当地的自然特征……当然，世界历史进程更是由外部的自然条件决定"的自然地理环境对人类或人群影响的人地关系理论。

·英国玛丽·萨默维尔《自然地理学》出版。她是自学的地理学者，在该书中阐述地貌、海洋、大气、生物、人类活动等。共出版印刷 7 次，不断丰富内容和更新内容。

·俄罗斯 К. И. 阿尔谢尼耶夫《俄国统计概论》出版。该著作划分出一、二级经济区域，并对每一个经济区域的自然地理和经济地理进行描述。

·中国徐继畬《瀛寰志略》在福建雕版印行。该著为世界地理著作，约 15 万字，以地图为纲依图述论，全面阐述世界各大洲数十个国家和地区的情况。初定名为《舆地考略》，后改名为《瀛寰考略》，最后定为此名。1844 年完稿。1867 年清朝政府重新刊印此著，后列为京师同文馆教科书。书中有 40 幅地图，卷首有地球（东、西两半球）图，每洲的介绍之前有洲图，重要的国家还附有分国的地图。

·美国科学促进会（AAAS）成立。包括地理学学科。是《科学》杂志主办者。

·德国卡尔·马克思《共产党宣言》（也称《共产主义宣言》）出版。阐述问题之一是发展问题。深远影响地理学特别是马克思主义地理学。

·德国冯·杜能被选为法兰克福议会议员。

## 公元 1849 年

·美国阿德诺·盖约阐述"地理学研究范式"问题："新地理学"不仅要描述，而且应该进行比较和解释，"提高到解释所描述的现象是什么以及为什么的高度"。

·英国麦考利《英格兰历史》出版。提出和运用剖面法研究 1685 年英格兰地理景观。剖面法于 1931 年英国克利福德·达比完成的博士论文"芬兰区在英国历史中的地位"中得到很好应用。逐渐成为历史地理研究范式和研究方法。

·英国史密斯提出"地方自治"概念。

# 第六节 地理学年表：公元 1850—1859 年

**公元 1850 年**

·美国 M. F. 莫里编绘出"全球陆地风向概要图"，阐述地球有关"风带"。之后，系统阐述全球大气环流模式即后来被称为的"莫里大气环流模式"。

·德国卡尔·李特尔发表"地球外形对历史的影响"（也译作"地理环境对历史的影响"）。宏观阐述地理条件对历史进程的作用。

·英国 T. 米纳尔《自然地理图集》出版。

·英国皇家气象学会创立。

**公元 1851 年**

·奥地利维也纳大学创设地理学讲座。之后，分为自然地理学讲座和历史地理学讲座。

·俄罗斯特拉乌特菲杰尔《论欧洲俄罗斯植物地理区》出版。该著作给出俄罗斯平原植物地理区划方案。

·俄罗斯 Э. X. 楞茨编著教材《自然地理》出版。作者原来的职业是物理学家。这一时期俄罗斯的自然地理学课程属于物理教研室。

·法国莱昂·傅科通过"傅科摆"证明地球自转。

·中国魏源《海国图志》传入日本。稍后日本开始出现《海国图志》热，有十余个日文译本刊行。深远影响日本的世界观和发展。

·美国明尼苏达大学成立。之后发展地理学科或地理专业。

·英国 H. 斯宾塞《发展假说》出版。之后《进步及其规律和原因》于 1857 年出版。他明确提出和系统阐述了进步或发展是世界的普遍规律的进化论。深远影响地理学和地理学家。

·日本箕作阮甫《八纮通志》出版。根据荷兰的新地理著作撰写，介绍世界最新情况。为世界地理著作。

## 公元 1852 年

· 美国地理学会（AGS）成立。成立时名称为美国地理学与统计学会（AGSS），为美国地理学会（AGS）前身。1871 年更名为美国地理学会（AGS）。1910 年创刊《地理评论》。后设立克拉姆奖、乔治·戴维森勋章等。

## 公元 1853 年

· 俄国 П. П. 谢苗诺夫 – 天山斯基（至 1854 年期间）在柏林听过德国卡尔·李特尔的地理课。他在此前后将卡尔·李特尔的《亚洲地理》由德文翻译成俄文。他认为卡尔·李特尔"主要是以历史学及人文学为基础的地理学家"。

· 俄国 П. П. 谢苗诺夫 – 天山斯基（至 1854 年期间）认识了德国亚历山大·冯·洪堡。

· 俄国 П. П. 谢苗诺夫 – 天山斯基（至 1854 年期间）与德国斐迪南·冯·李希霍芬一起进行过中亚地区探险准备工作。

· 德国亚历山大·冯·洪堡发表"我的自然观"。阐述"自然环境对道德结构和人类命运有经常不断的影响"的人地关系理论。

· 德国卡尔·李特尔在其"比较地理学的思想"中，阐述英国"处于海峡环绕的中央，它自然就成为大海的统治者"的人地关系理论。

· 俄国地理学会开始（至 1857 年）考察里海地区。这次考察的科学成果之一是发现和提出河岸相对不对称定律。

· 俄罗斯列杰巨著《俄国植物区系》出版。该著作给出包括 16 个植物区的俄国地植物区划方案。

· 英国传教士 W. 慕维廉编纂《地理全志》中文版开始（至 1854年）在中国墨海书馆刊行。1880 年、1883 年等多次修订刊行。该著参考《瀛寰志略》《新释地理通考》《世界地理导论》等。有学者称该著作为"中文版西方地理百科全书"。其中，1883 年版本流传广泛，影响深远。

· 英国传教士 W. 慕维廉在其《地理全志》中文版中阐述地理学定义，认为"夫地理者，乃地之理也""地理者，言地面形势"。

·英国传教士 W. 慕维廉在其《地理全志》中文版中用 8 卷的巨大篇幅阐述了西方的自然地理学理论知识，特别是成因方面的理论知识。这些知识主要反映在《地势论》《气论》《光论》《草木总论》《生物总论》《人类总论》《地文论》等中。另外还有《地图论》。

·柏林地理学会《地球》创刊。

### 公元 1854 年

·美国亨利·戴维·梭罗《瓦尔登湖》出版。反映与述说工业革命导致自然地理环境变坏即不合理工业经济活动导致自然地理环境破坏的以人地冲突为特征的人地关系。深远影响地理学和地理学家的环境伦理思维。

·瑞士苏黎世联邦理工学院成立。之后发展地理学科或地理专业。

·英国约翰·斯诺完成《霍乱地图》。用编绘地图研究霍乱源地及扩散规律。这是早期最重要的医学地理研究成果。

### 公元 1855 年

·俄国地理学会组织大西伯利亚考察。

·美国 M. F. 莫里《海洋自然地理学》出版。

·中国墨海书馆出版一部介绍西方科学知识的有重要影响的著作《博物新编》。

·中国出版的《博物新编》介绍气压概念和气压表等。

·地理学期刊《彼得曼通报》创刊。曾介绍《彼得曼地图集》。

·美国 H. P. 塔潘研究美国城市增长。

·俄罗斯动物地理学奠基人 H. A. 谢维尔佐夫开始（至 1873 年）发表一系列动物地理学论著。

·俄国 Π. Π. 谢苗诺夫－天山斯基等《俄罗斯帝国的地理—统计词典》（共 5 卷）开始（至 1885 年）出版。

**公元 1856 年**

·俄国 Π. Π. 谢苗诺夫 – 天山斯基开始（至 1857 年）开始天山考察。

·俄国 Π. Π. 谢苗诺夫 – 天山斯基在《亚洲地理》第一卷中阐述地理学是一门独立学科。

·英国传教士 W. 慕维廉译著《大英国志》共 8 卷由中国墨海书馆刊行。

·德国斐迪南·冯·李希霍芬获柏林大学地学方面博士学位。他一生在地理学理论、自然地理学、人文地理学、地理学人才培养等方面开展研究，均有成绩。

·奥地利维也纳地理学会成立。

·法国达西提出"达西定律"。

**公元 1857 年**

·美国 J. W. 威尔逊提出"河流基准面"概念。

·英国亨利·托马斯·巴克尔《英国文明史》开始出版。其中阐述了自然规律对人类（群）活动的影响，即"人类不过是自然的一部分，人类历史同样受自然规律的支配"。1903 年开始翻译为中文。

·法国儒莲《大唐西域记》法译本出版。

·美国布鲁杰特·洛林完成《美国气候和北美大陆的温度带》。

·英国 P. L. 斯科莱特根据鸟类分布将世界大陆划分为生物地理六界即古北界、埃塞俄比亚界、印度界、澳洲界、新北界和新热带界。奠定了生物地理学基础。

·德国卡尔·马克思和弗里德里希·恩格斯在《1857—1858 年经济学手稿》中提出和阐述"自然联系占优势的社会和社会、历史因素占优势的社会"。深远影响地理学和地理学家。

·德国恩斯特·恩格尔开始提出和阐述后来被称为"恩格尔定律""恩格尔系数"的关于经济和社会发展的有关理论和方法。之后成为地理学特别是人文地理学分析工具。

·中国上海的墨海书馆创办中文期刊《六合丛论》。刊载过"地球形势""水陆分界""洲岛论""地震火山论""山原论""平原论""海洋论""河湖论"等。

## 公元 1858 年

·德国亚历山大·冯·洪堡《宇宙》第四卷出版。系统总结他对地理学的认识并系统阐述地理学。他称地理学为地球描述，目的是研究现象的空间分布、空间关系和相互依存。

·德国奥斯卡·佩舍尔《发现时代史》出版。提出东西方贸易活动对地理发现有重要作用的观点。

·俄国 П. П. 谢苗诺夫 – 天山斯基考察中国新疆。

·英国 A. R. 华莱士提出"生物进化的自然选择学说"。深远影响地理学和地理学家。

## 公元 1859 年

·德国亚历山大·冯·洪堡逝世。因科学成就而享受国葬，柏林全市服丧。

·中国何秋涛完成《朔方备乘》。该书名为中国皇帝咸丰所赐。1881年刊印。为重要的历史地理和区域地理著作，中国李鸿章为此书作序。

·英国约翰·廷德尔提出"温室效应"概念。之后逐渐形成术语。

·英国皇家地理学会由 1830 年成立的英国伦敦地理学会改为现名。

·德国卡尔·马克思《〈政治经济学批判〉序言》简要系统地表述历史唯物主义的科学内涵。深远影响地理学和地理学家特别是马克思主义地理学和马克思主义地理学家。

·英国 C. 达尔文《物种起源》出版。系统提出和阐述生物进化论。这是第二次科学革命的重大标志之一，深远影响地理学和地理学家，如直接影响德国弗雷德里希·拉采尔人文地理学思想、英国哈尔福德·麦金德的人文地理学思想。

# 第七节　地理学年表：公元 1860—1869 年

**公元 1860 年**

·英国 A. R. 华莱士确立"华莱士线"。1876 年发表《动物的地理分布》。

·美国成立商务分析机构。之后所核算数据支持地理研究特别是区域经济地理研究。

·第一批世界气候图开始（至 1870 年）编制。深受洪堡始于 1817 年使用等值线图的影响。

·俄罗斯地理学会开始（至 1880 年）集中进行地理考察。

·德国科学院设立洪堡基金会。开始资助包括地理研究在内的科学研究。

·德国斐迪南·冯·李希霍芬首次到中国考察。

**公元 1861 年**

·德国弗里德里希·恩格斯致卡尔·马克思的信中，使用《彼得曼地理通报》（也称彼得曼《地理研究所通报》）中的信息。

·德国卡尔·马克思开始（至 1863 年）撰写后来被称为《政治经济学手稿（1861—1863）》的著作。其中的"剩余价值理论"深远影响马克思主义地理学及其地理学家。

·美国艾德温·赫格斯海默根据美国 1860 年人口调查数据编绘出《美国南方各州奴隶人口图》。之后成为林肯用于呼吁废除奴隶制的主要支撑文献。

·英国伦敦开始每日广播天气预报。

·中国开始"洋务运动"。促进国外地理学思想、地理学著作的引入与翻译。

·麻省理工学院建立。之后发展与地理学科或地理专业有关的学科或专业。

**公元 1863 年**

·美国索罗提出森林演替概念。19 世纪末发展为"植被演替"概念。

·德国冯·杜能《孤立国》德文版第三版出版，共 3 卷。1937 年中国正中书局出版《孤立国》中译本，1986 年中国商务印书馆出版《孤立国》中译本，均为第一卷和第二卷第一章。

·美国国家科学院（NAS）成立。根据林肯总统签署的国会法案成立国家科学院。是由美国著名科学家组成的科学组织，其成员在任期内无偿地作为"全国科学、工程和医药的顾问"，是美国科学界荣誉性及政府咨询机构。成立时分设 11 门类，没有地理学。之后，开展地理研究，支持国家成立美国地理调查会和美国地理调查部。多位地理学家当选院士。

·中国《大清一统舆图》刊行。

·中国江苏省舆图总局成立。之后中国十余省成立舆图局。这些舆图局负责本省地图测量与编制。

·俄国 П. П. 谢苗诺夫－天山斯基开始（至 1885 年）阐述和重视地理学对于减少贫困等社会发展问题的解决的重要作用。

·法国维维昂·德圣马丁开始（至 1875 年）编纂出版《地理年刊》。其间提出"地理学研究薄弱，对于民众教育来说是一种可悲征兆"。该刊物为《国际地理学文献》前身。

·俄罗斯莫斯科大学成立自然地理教研室。之后设置自然地理学硕士和博士学位制度。为地理学的莫斯科大学学派肇始。

·英国托马斯·赫胥黎《人类在自然界中的位置》出版。深远影响地理学家的理论思维特别是在人地关系方面的理论思维。

**公元 1864 年**

·美国乔治·帕金斯·马什《人与自然》（全称《人与自然：人类活动所改变的自然地理》）出版。1866 年俄国出版俄译本。20 世纪 50 年代出版的《人类在地表改变中所扮演的角色》《被人类行为所改变的地球：

过去三百年中全球和区域变化》等深受其影响。

·美国乔治·帕金斯·马什提出和阐述要合理规划人的活动进而实现与自然地理环境协调的思想和理论，即人地关系论中的人地协调理论。

·美国乔治·帕金斯·马什提出和阐述"两个自然"。他将自然分为"第一自然"和"第二自然"，"第一自然"是指从不曾为人类所踏足的原初自然，"第二自然"是指已被人类留下痕迹再也无法回到从前的自然。

·美国建立以保护红杉为目的的约西迈特山谷自然保护区。

·英国 J. 克罗尔提出黄道偏心率变化可以引起冰期的假说。

**公元 1865 年**

·德国奥斯卡·佩舍尔《地理学史》出版。1877 年第二版出版。

·英国阿·盖基系统阐述自然地理环境对人类的影响。包括对种族（民族）、对历史、对经济活动和对民族性格等的影响。

·苏联地理学会《全苏地理学会通报》创刊。20 世纪 20 年代改为现在这个名称。

·俄罗斯亚历山大·伊凡诺维奇·沃耶科夫博士论文被德国哥廷根大学接受被授予博士学位。

·美国康奈尔大学成立。之后发展与地理学科或地理专业有关的学科或专业。

·日本加藤弘之编纂《西洋各国盛衰强弱一栏表》。

·法国教会在上海董家渡建立气象观测台。

·英国 E. G. 拉文斯坦开始在社会科学领域运用物理学中的万有引力模型开展研究。

**公元 1866 年**

·美国乔治·帕金斯·马什《人与自然》在俄国出版俄译本。

·法国保罗·维达尔·白兰士毕业于巴黎高等师范学校史地系。当时的史地系的历史学课程占压倒优势。他于 1872 年完成博士学位论文。

·法国皮埃尔·拉鲁斯主编具有一定大百科全书性质和功能的工具书《十九世纪万有大辞典》（共17卷）开始陆续出版。包括丰富地理学和区域地理知识。

·R. 庞培利提出黄土形成的湖积水（黄土水成水说的一种）。他是黄土成因论的倡导者。他观察了中国北方的黄土，追究黄土的成因，打开了黄土近代科学研究的大门。他认为黄土是湖泊沉积物，并使用了Huangtu这个英文名称。这个词后来由李四光先生建议，被刘东生、张宗枯"中国黄土"一文所采用。

·日本福泽谕吉《西洋事情》出版。为西洋地理著作。

·德国海克尔《一般生物形态学》中提出作为生物学分支的生态学。

·德国海克尔《一般生物形态学》中阐述了1872年被命名的"生物发生律"。

## 公元1867年

·法国埃利兹·雷克吕出版《地球》，至1868年共出版两卷，是系统地理学特别是系统自然地理学著作。

·"城市化"术语出现在与地理学有关的文献中。

·德国卡尔·马克思《资本论》开始出版。是马克思主义地理学的最重要的理论基础著作。提出和阐述人类活动与地理环境关系问题。是马克思主义人地关系理论的重要著作。

·德国卡尔·马克思明确提出和系统阐述社会分工和生产过程分工及其本质差别。之后成为地理分析工具和地理学方法论。

·意大利地理学会成立。

·中国杨守敬和邓承修编绘完成《历代舆地图》初稿，包括44个图组34册。也称《历代舆地沿革图》。未刊印。

·美国伊利诺伊大学厄巴纳—香槟分校成立。之后发展地理学科或地理专业。

·具有现代意义的"科学"概念的术语或名词出现在莫雷编纂的《新英语辞典》中。具有现代意义的科学概念的内涵出现于16世纪。深远影响地理学发展。

### 公元 1868 年

·俄罗斯开始出现长达约 20 年的气候学之争即以 Т. И. 维特尔为首的气候的地球物理方向与以 А. И. 沃耶科夫为首的气候的地理方向之间的争论。

·中国江南制造总局翻译馆在上海成立。翻译刊行《地学浅说》《中西名目字汇》《西国近事汇编》等。

·中国江南制造总局翻译馆在上海成立。之后开始进行科学技术名词英译汉的标准统一问题。包括地理学。

·德国 W. G. F. 罗舍尔从定性角度明确阐述"区位"概念。

·美国加州大学建立。之后发展地理学科或地理专业。

·德国斐迪南·冯·李希霍芬（至 1872 年）先后沿 7 条路线对中国的沿海和内地进行地学综合考察。这些成果是他 1877—1912 年完成的巨著《中国：个人旅行的成果和在这个基础上的研究》的重要基础。

·俄国派遣布耶科夫进入中国新疆天山观测气象。

·美国第一条横贯北美大陆的铁路即太平洋铁路竣工通车。

·中国《万国公报》创刊。原名《教会新报》，1874 年改称现名，由在中国的传教士、外国领事和商人等组成的团体"广学会"创办。是介绍西学的主要刊物之一，包括西方近代地理学理论知识和许多国家地理学会方面知识。

·日本开始后来被称为的明治维新运动。地理学和地理学家提供间接支持。

### 公元 1869 年

·德国奥斯卡·佩舍尔《比较地球学》（全称《作为地表形态学探索的比较地球学的新问题》）出版。该著讨论和阐述的核心问题之一是洪堡和李特尔的地理学观念。

·著名期刊《自然》创刊。其办刊宗旨是"将科学发现的重要结果介绍给公众，让公众尽早知道全世界自然知识的每一分支中取得的所有进展"。自创刊以来发表不少地理学方面文章。

· 《自然》发表两篇同一题目"利文斯通博士的探险"的论文。

· 《自然》发表英国托马斯·洛金"苏伊士运河"。

· 《自然》发表"通向印度的运河之路"。

· 《自然》发表"达尔文学说与国民生活"。

· 德国厄恩斯特·卡普《普通比较地理学》出版。

· 苏伊士运河开始通航。它是亚洲与非洲之间的分界线，也是亚非与欧洲之间最直接的水道。

· 美国基督教新教北长老会传教士丁韪良开始（至1894年）任同文馆总教习。1898—1900年任京师大学堂总教习。1882年后编纂完成《西学考略》，包括地理知识。

· 日本福泽谕吉完成一部西洋地理著作。

· 日本成立民部省地理寮。1876年改为内务省地理局。

# 第八节　地理学年表：公元 1870—1879 年

## 公元 1870 年

· 俄罗斯地理学会组织亚洲中部和中国北部的探险队，开始进行探险。

· 法国大学开始设立独立的地理讲座和地理系。

· 英国 T. H. 赫胥黎将世界人类分为高加索人种、蒙古人种、尼格罗人种、澳大利亚人种。

· 德国奥斯卡·佩舍尔《比较地理学的新问题》出版。为地理学理论著作。其中，系统阐述他早年提出的地理学的研究对象是不包括人类活动的地球表面形态的观点。

· 德国 W. P. 柯本以植物与气候之间关系研究论文获莱比锡大学博士学位。

· 俄国 H. M. 普尔热瓦斯基开始（至1873年）对亚洲中部地区即中

国西北地区的第一次考察。后在俄国地理学会资助下出版巨著《蒙古与唐古特人地区》。

·英国爱德华·温珀在《自然》发表"冰川的纹理构造"。

·英国查尔斯·比克在《自然》发表"尼罗河问题的答案"。

·日本内田正雄《舆地志略》出版。

## 公元 1871 年

·第 1 届国际地理大会在比利时安特卫普召开。会议召集了所有对"地理科学"感兴趣的专家，涉及地理学和宇宙学等方面的问题 89 个。之后于 1922 年成立国际地理联合会（IGU）。

·一些国家开始召开全国性的地理学大会。

·美国地理学会（AGS）由地理学与统计学会（AGSS）更名为此名。

·俄国 П. П. 谢苗诺夫 – 天山斯基提出俄罗斯欧洲部分的综合地理区划方案。该方案将其划分为 12 个区域或地区。

·英国爱德华·泰勒《原始文化》出版。影响文化地理学和人文地理学研究。

·中国李兆洛《历代地理志韵编今释》刊印。同期完成历史地图集《历代地理沿革图》。1931 年商务印书馆出版《历代地理志韵编今释》，为王云五主编《国学基本丛书》之一种。

·中国华蘅芳和美国高温译编《地学浅说》在中国江南制造总局翻译馆刊行。该书译编自英国 C. 莱伊尔《地质学纲要》。

·德国奥斯卡·佩舍尔被任命为莱比锡大学地理学首席教授。他早年学习法学，从 1858 年开始出版地理学史、地理学方法论、人文地理学、自然地理学方面著作。

·美国颁布《鼓励西部草原植树法》。之后颁布《沙漠土地法》《森林保护法》等。深远影响美国人地关系发展，促使美国人地关系协调发展。

·美国实用主义最早的学术团体"形而上学俱乐部（Metaphysical

Club)"在马萨诸塞州的坎布里奇成立。1907 年美国哲学家威廉·詹姆斯《实用主义：一些旧思想方法的新名称》出版。实用主义深远影响美国主流哲学、地理学和地理学家。

### 公元 1872 年

·法国保罗·维达尔·白兰士完成史学博士学位论文。

·法国保罗·维达尔·白兰士开始在南锡大学任地理系讲师。

·中国出版由美国公理会传教士卢公明主编的《英华荟萃》。其中包括科学技术术语（英汉对照）部分。其中的地理学术语部分由美国公理会传教士山嘉力编纂。

·瑞士 J. J. 埃格利《地名学》出版。为现代地名学诞生主要标志之一。

·美国亨特使用"古地理学"术语。

·德国学者提出"大地水准面"术语。

·美国批准建立第一个国家公园"黄石公园"。

·法国儒勒·凡尔纳著《八十天环游地球》。

·日本维新政府为在国民中确立国民意思，开始编纂皇国地志。1873 年出版《日本地志提要》，1874 年出版《日本地志提要》（修订）。

### 公元 1873 年

·德国圣·马丁《地理学史》出版。

·德国奥斯卡·佩舍尔《民族学》（也称《人种及其地理分布》）在德国出版。1879 年英译本在伦敦出版。是重要的人种地理学和民族地理学著作。

·德国弗里德里希·恩格斯开始撰写后来被命名的著作《自然辩证法》。首次出版于 1925 年，由苏联国家出版社出版。深远影响地理学思维、理论、学科和地理学家的发展，特别是马克思主义地理学和地理学家。

·德国弗里德里希·恩格斯开始系统阐述科学的分类思想，逐渐确立了辩证唯物主义的科学分类原则与发展原则。深远影响地理学的学科位置和学科体系的认识。

·受邀到日本工作的德国学者在日本成立德国东亚学会。该学会成为日本学习和接受德国地理学的主要平台。

·日本维新政府组织编纂的《日本地志提要》出版。

## 公元 1874 年

·德国奥斯卡·佩舍尔《民族学》出版。阐述人文地理学、民族地理学和文化地理学等理论问题和区域问题。

·德国弗雷德里希·拉采尔开始（至 1875 年）到北美洲长途旅行。这些经历成为他以后很多思想的经验基础。

·普鲁士政府决定在每一所普鲁士大学中设立地理学教习。要求由具有教授头衔的学者担任。

·美国出版《美国统计图集》。该图集是将统计资料叠加在地图上的地图集。

·德国弗里德里希·恩格斯使用动物地理学、植物地理学、普通自然地理学等术语。

·德国弗里德里希·恩格斯提出和阐述"科学的产生与发展一开始早就被生产所决定"的思想。深远影响地理学和地理学家。

·天气气候学开始建立。

·经济学界开始系统研究将竞争作为判断实际市场效率的标准问题，如莱昂·瓦尔拉斯（1874 年）、阿尔弗雷德·马歇尔（1890 年）、帕累托（1895—1896 年，1907 年）、A. C. 庇古（1912 年）等。之后成为地理分析工具。

·法国埃米尔·布鲁特发表"论自然法则的或然性"。使"或然性"成为多学科重要术语。之前法国伏尔泰等已使用"或然性"概念。

·日本维新政府组织编纂的《日本地志提要（修订）》出版。

**公元 1875 年**

·第 2 届国际地理大会在法国巴黎召开。大会的地理学学科有数理地理学、水文学、自然地理学、历史地理学、经济地理学、地理教学和探险。

·第 2 届国际地理大会的地理教育组提出和阐述地理学定义。认为地理学认识和研究地表自然形态和人地关系。

·德国弗里德里希·恩格斯使用"比较自然地理学"术语，并阐述其价值。

·俄国 B. B. 道库恰耶夫提出和阐述不要用直接经济利益等对待自然地理综合体的重要观点并系统阐述。他阐述道，直到最近，主要还是用功利的观点——从它对人类利害方面去研究沼泽，而对沼泽的实质却很少研究。

·奥地利 E. 休斯巨著《地球的面貌》出版。

·奥地利 E. 休斯提出"地球生物圈"概念。是指岩石圈上所有生物的总和。之后被称为"生物圈"。该概念之后多有变化。之后生态学家称其为生态圈。

·意大利罗马大学聘请意大利近代地理学创建人季乌塞佩·达拉·韦多瓦担任首席地理学教授。

·英国詹·克罗尔《气候和年代以及它们的地质关系：地球气候世纪变化的理论》出版。蕴含地理研究中的时间序列思想萌芽。同年有学者在著名期刊《自然》上发表评论文章。

·《自然》发表"风暴定律"。阐述和解释龙卷风。

·日本福泽谕吉《文明论》出版。为政治地理和军事地理著作。明确提出和阐述要侵占中国东北以及东亚地区的思想观念。

·埃及地理学会成立。

**公元 1876 年**

·德国弗里德里希·恩格斯在"劳动在从猿到人转变过程中的作用"

中提出和阐述"我们不要过分陶醉于我们人类对自然界的胜利。对于这样的胜利，自然界都对我们进行报复"的人地关系思想和发展与环境协调思想。该文于1896年正式发表。

·法国艾利兹·雷克吕著《新世界地理》（或译作《新世界地理：土地和人类》）开始陆续出版。至1894年共出19卷。也译作《地理大全》。体现以区域为基础的地理研究范式。

·俄国B. B.道库恰耶夫开始（至1881年）对俄罗斯大草原进行土壤及自然地理环境系统的综合科学考察。行程约12000千米。这次系统的科学考察，是他1883年《俄国黑钙土》和提出创建自然地带性理论、土壤形成因素学说（或理论）、植树造林生态环境修复思想等的科学考察基础。100余年后的1993年俄国沿着考察路线进行考察。

·英国A. R.华莱士《动物的地理分布》出版。修补了英国P. L.斯科莱特1857年根据鸟类分布将世界大陆划分为生物地理六界即古北界、埃塞俄比亚界、印度界、澳洲界、新北界和新热带界的方案。提出了生物地理六界即古北界、埃塞俄比亚界、东洋界、澳洲界、新北界和新热带界的方案。奠定了生物地理学的基础。

·德国弗雷德里希·拉采尔撰写了一部关于中国移民特别是中国移民到美国西部并参与开发的著作。这是第一部协调阐述这方面问题的著作。

·俄国H. M.普尔热瓦斯基开始（至1878年）对亚洲中部即中国西北地区的第二次地理考察。

·中国杨守敬和饶敦秩等完成《历代舆地沿革险要图》。该图后与《历代舆地图》初稿合编。

·丹麦皇家地理学会成立。

·国际地理联合会在布鲁塞尔举行会议，成立"考察与开发中非国际协会"。

·中国《格致汇编》创刊。其前身是《中西见闻录》。

·美国约翰·霍普金斯大学成立。之后发展地理学科或地理专业。

## 公元 1877 年

·法国保罗·维达尔·白兰士开始在巴黎高等师范学校任教。后创建地理系。他在这里吸引和培养了包括白吕纳、德芒戎、德马东等在内的一批地理学家。之后，逐渐提出和创建以及使用地理综合法。维达尔地理学派开始孕育。

·德国斐迪南·冯·李希霍芬系统阐述了诸如研究对象、研究核心、研究范式和学科价值等地理学元问题；地理学注意观察地球表面各种存在联系的现象的分布；地理学最高目标是研究人与自然以及生物特征之间的关系。

·德国斐迪南·冯·李希霍芬提出和阐述人地关系问题。他研究中亚山脉对居民及其移动的影响。具有鲜明的人地关系，特别是宏观尺度上的自然地理环境对人类活动的决定性作用的思想。

·德国斐迪南·冯·李希霍芬提出黄土形成说，明确区分出原生黄土和次生黄土，是黄土形成的风成—水成说，其中原生黄土是风成的。他的这一观点之后被冠以黄土风成说。之后苏联 B. A. 奥勃鲁契夫阐述了黄土形成说，并区分出黄土和黄土状土，完善了黄土风成说。20 世纪 20 年代后，中国地学界开始对黄土成因问题开展科学研究。1944 年中国马溶之发表"中国黄土之生成"，阐述黄土风成说。

·德国佩舍尔等《地理学史——直至亚历山大·冯·洪堡和卡尔·李特尔》出版。

·在中国成立由在中国的新教传教士发起的"学校教科书委员会"。也称"益智书会"。之后开始科学技术术语标准译名工作。

·中国益智书会开始（至 1889 年）因编译教科书需要科学技术术语统一翻译工作。其中，地理学术语由美国林乐知编纂。

·德国 K. A. 库比乌斯基提出"生物群落"概念。

·德国斐迪南·冯·李希霍芬《中国：个人旅行的成果和在这个基础上的研究》开始（至 1912 年）陆续出版。简称《中国》。共 5 卷和 2 卷地图集。其中，他亲自执笔第一、第二卷和地图集第一卷，后三卷和地图集第二卷为其友人和学生根据他留下的资料编纂出版。这项编纂工作得到德国政府资助。

·德国斐迪南·冯·李希霍芬创立中国黄土高原风成理论。之后，他提出和阐述地貌形成的内营力和外营力综合作用的思想，被尊为"地貌学之父"。

·德国斐迪南·冯·李希霍芬提出和阐述后来被称为地球系统科学的有关思想。

·德国斐迪南·冯·李希霍芬提出"丝绸之路"和"震旦纪"概念及其术语。

·德国斐迪南·冯·李希霍芬在《中国》中指出要重视胶州湾战略的地位重要性。这一阐述后来成为德国侵占胶州湾的科学根据。

·俄国 H. M. 普尔热瓦斯基《蒙古与唐古特人地区》（计划分为三部）部分出版。该著作为他第一次对亚洲中部地区即中国西北地区进行考察的成果。俄国地理学会资助。

·美国路易斯·亨·摩尔根《古代社会》出版。对于研究史前地理有重要价值。对于研究人地关系及其进程和类型也具有重要价值。

·英国牛津大学设立地理学教授。

·荷兰阿姆斯特丹大学设立荷兰第一个地理系。

·瑞典人类学和地理学学会成立。后设立"维加奖"。

·英国托马斯·亨利·赫胥黎《地文学》出版。

·英国厄恩斯特·乔治·拉文斯坦提出地球人口极限是 60 亿的假说。

·中国古代地理著作《尚书·禹贡》被德国斐迪南·冯·李希霍芬《中国》第一卷中全面引用。

### 公元 1878 年

·美国威廉·莫里斯·戴维斯开始担任哈佛大学地质系自然地理学讲师，并制订地理教学计划。1885 年成为全职教授。为 1904 年创建的哈佛大学地理系的主要创建人。培养出强大的地理学学生群体。

·德国阿尔布雷希特·彭克（也称老彭克）毕业于莱比锡大学地质系。之后受李希霍芬影响专攻地理学。

·美国开始出版《美国统计要览》。之后不断再版。包括地理和环境。

·德国弗里德里希·恩格斯完成《反杜林论》。全名为《欧根·杜林先生在科学中实行的变革·哲学·政治经济学·社会主义》。其中，提出和阐述自然规律和社会规律及其自然历史统一性、时间和空间是物质存在的基本形式等。深远影响地理学理论发展和地理学家理论思维。

·中国杨守敬等编纂编绘《历代舆地图》历史地图集（共70幅）开始在中国上海、湖北、四川等地刊印发行。

·德国 R. 海尔纳斯将地震分为火山地震、塌陷地震和构造地震。

**公元 1879 年**

·俄国 H. M. 普尔热瓦斯基开始对亚洲中部即中国西北地区的第三次地理考察。

·德国奥斯卡·佩舍尔的遗著《自然地球学》出版。之后发行第 2 版。该著研究和阐述的问题之一是人类的种族和文化地理问题。这样的阐述在当时被称为民族学。

·俄国 B. B. 道库恰耶夫指出，一系列成土因子之间，有不可分割的联系，土壤的存在决定于它们的相互作用。具有自然地理环境要素整体性思想、自然地理综合作用思想。深远影响自然地理学乃至地理学的理论思维。

·美国地质调查局（USGS）成立。地理环境、自然资源和自然灾害等属于其工作。其工作及成果促进地理学发展。

·巴拿马运河国际会议决定开凿巴拿马运河。1904 年破土动工。深远影响地理格局。

·日本东京地理学会成立。之后《东京地理学杂志》创刊。

·加拿大政府任命第一位地理学家。

**19 世纪 70 年代**

·"科学主义"思潮开始出现。也称"唯科学主义"。之后发展出强科学主义、弱科学主义、认知科学主义、社会科学主义等多重形态。《韦伯斯特新世界词典》的定义是"认为科学方法能够也应该应用于所有研究领域的原则"。被某些人文地理学家或工作者批判。深远影响地理学和地理学家特别是认识论、方法论和知识论。

# 第九节　地理学年表：公元 1880—1889 年

**公元 1880 年**

·德国贝尔格《埃拉托色尼的地理学片段》出版。也称《地理学概论》。

·德国新地理学开始（至 1914 年）系统引入俄罗斯。俄罗斯许多地理学家都曾在德国学习过。

·著名期刊《科学》（*Science*）创刊。20 世纪上半叶刊发一些地理学学科方面文章。

·德国黑格尔《逻辑学》阐述分析与综合的辩证关系。他阐述道"（分解）仅是一个方面，而主要是分解（基础上）的综合"。深远影响地理学家。

·俄国 П. П. 谢苗诺夫-天山斯基完成俄罗斯经济区划。这一区划主要考虑自然条件、人口和农业。

·中国成立天津水师学堂。后开设地舆图说课程。

**公元 1881 年**

·第 3 届国际地理大会在意大利威尼斯召开。

·第 3 届国际地理大会地理教育组提出和阐述地理学的科学观念是什么、地理学与其他学科关系等地理学基本问题。

·德国阿福雷德·赫特纳因气候研究获得博士学位。出版区域气候研究著作。在此前后，他关注、学习和研究哲学，这成为他以后地理哲学的基础。

·瑞典人类学和地理学学会设立"维加奖"。由瑞典国王颁奖。该奖项有人称为"诺贝尔地理学奖"。已奖励约 70 位地理学家和地学家，包括四次考察青藏高原以及周边地区并写出《从极地到极地》巨著的斯文·赫定、创造了"地理循环理论"的戴维斯、创造了"阿尔斯冰期理论"的彭克、证实了"米兰科维奇理论"的英柏瑞、"古海洋学之父"埃米利亚尼、创造了"稳定同位素温度理论"的丹斯果、开拓了山地冰芯气候研究的汤姆森、系统研究青藏高原冰川和环境的姚檀栋。

·中国的《格致汇编》连载发表"地球养民关系"一文。之后汇集成书出版。较系统地介绍和阐述人地关系论方面的有关理论知识。

·葡萄牙在中国澳门设立气象观测站。

## 公元 1882 年

·德国弗雷德里希·拉采尔著《人类地理学》第一卷《地理学在历史学上的应用导论》德文版出版。1891 年《人类地理学》第二卷《人类的地理分布》德文版出版。该著作系统阐述了各种自然地理要素和自然地理环境对历史发展的影响。这些论述因其学生艾伦·丘吉尔·森普尔及其再传学生埃尔斯沃斯·亨廷顿等的渲染，而被有的学者冠以自然地理环境决定论。现有德文版、英文版、法文版和俄文版等。该著作尝试构建社会发展与自然地理环境相互关系即人地关系的理论或学科范式。他的理论被他人称为自然地理环境决定论。

·德国弗雷德里希·拉采尔开始系统阐述人地关系。他认为地理环境对人类的影响包括对人类直接的生理影响、对心理的影响、对人类社会组织和经济发展的影响、对人类迁移及其最后分布的影响等多重直接或间接的影响。他的这一系统阐述，后来被冠名为自然地理环境决定论。他及其有关著作被确定为地理环境决定论典型代表。他及其弟子在地理环境决定论方面，只提出和阐述到生存空间和国家有机体，从未提出、阐述和赞同民族优劣思想。他的人地关系理论在传播过程中被扭曲。

· 德国 W. 劳恩哈德从定量角度阐述"区位"概念，提出若干公式。

· 德国弗雷德里希·拉采尔创建"德国科学区域地理学中央委员会"。发起创办《德国地理学与民族地理学》研究丛书。1946 年开始改称为《德国地理学》研究丛书。

· 德国 W. 戈策发表"经济地理学概论"。首次提出和使用"经济地理学"概念和术语。

· 俄国 B. B. 道库恰耶夫从 1882—1886 年、1887—1891 年分别对俄罗斯平原进行以土壤为主的自然地理综合考察。这是他明确提出和阐释自然地带性学说的科学实证基础之一。

· 德国弗里德里希·恩格斯将其"1873—1882 年手稿"称谓为"自然辩证法"。1925 年苏联首次出版《自然辩证法》。

· 第一次国际极地年，为国际合作考察极地的开始。

· 瑞典卡尔·阿勒纽斯第一次向瑞典民众介绍弗雷德里希·拉采尔的思想，并将其解释为人文分布学。在这一时期，人文地理分布界线的思想在瑞典盛行。

· 美国威廉·莫里斯·戴维斯开始承担蒙大拿州煤矿资源调查等考察工作，开始产生"侵蚀循环"思想、高度重视地理野外考察的观念。

· 中国的益智书会开始（至 1898 年）出版《格致须知》丛书共 28 本，为系列教科书。其中包括《地志须知》《地理须知》等地理学方面教科书。

## 公元 1883 年

· 德国斐迪南·冯·李希霍芬阐述地理学研究对象即地理学是研究地球表面以及与其有成因关系的事物与现象的科学；提出"地球表层"概念即岩石圈、水圈、大气圈和生物圈相互接触的地方；提出和阐述地理学必须限于研究地球表层观点；提出和使用"地域分异"概念及术语。

· 俄国 B. B. 道库恰耶夫《俄国黑钙土》出版。也译《俄罗斯黑钙土》。在此前后提出和阐述"自然地带"概念，创立土壤形成因素学说，阐述自然地带理论，蕴含自然地理综合体、自然地理环境要素整体性和地理综合研究思想。他的这些思想和理论，1914 年从俄文翻译为德文，1927 年从德文翻译为英文。

· 德国斐迪南·冯·李希霍芬明确提出"自然综合体"概念。之后"自然综合体"术语开始出现。

· 俄国 B. B. 道库恰耶夫提出"自然综合体"概念。之后逐渐形成术语。

· 德国斐迪南·冯·李希霍芬受聘担任莱比锡大学地理学首席教授。

· 德国斐迪南·冯·李希霍芬在德国莱比锡大学发表就职演说"当前地理学的任务和方法"。其中之一，阐述"地理学不能抛弃人类"的思想。

· 俄国 H. M. 普尔热瓦斯基开始（至 1885 年）对亚洲中部即中国西北地区的第四次地理考察。他因四次考察获得 24 个俄国和欧洲主要国家的最高学术团体和大学授予他博士学位、会员、荣誉会员和名誉会员等称号。

· 法国泰斯朗·德·博尔发现、提出和阐述后来被称为的大气活动中心概念。

· 奥地利 J. F. 汉恩《气候学手册》出版。该巨著提出较完整的气候学研究的方法体系。

· 瑞典哥本哈根大学成立地理系。

· 英国在中国香港设立皇家气象台。

· 日本发行天气图。开始天气预报业务。

· 美国亨利·奥古斯特·罗兰发表"为纯科学呼吁"。被誉为"美国科学的独立宣言"。8 月 15 日在美国科学促进会（AAAS）上的演讲，8 月 24 日发表在《科学》上。深远影响地理学（家）学术自觉。

**公元 1884 年**

· 俄国 Д. H. 阿努钦开始（至 1919 年）任莫斯科大学第一任自然地理教研室主任。在此期间他认为，自然地理学分为普通自然地理学和区域自然地理（学）；普通自然地理学包括数理地理（学）、自然地理

（学）、生物地理（学）、人类地理（学）；区域地理（学）的任务是综合一个国家或一个大洲的所有地理资料，这些资料构成严整的统一的整体。他培养出多位著名的地理学家，如贝尔格等。形成了莫斯科学派或阿努钦学派。

·美国威廉·莫里斯·戴维斯创立"侵蚀基准面和侵蚀循环学说"。1889 年将"侵蚀循环"修正为"地理循环"。这一思想和理论对地理过程和地理研究时间序列有重要影响。

·美国完成从 1871 年开始的西部地区地貌调查。

·德国 W. P. 柯本完成气候分类。之后不断完善。

·国际子午线会议决定，通过英国伦敦格林尼治天文台旧址的子午线为本初子午线（也称首子午线）。

·国际子午线会议决定，全球按经度分为 24 个时区，每区各占经度 15 度。

·俄国亚历山大·伊凡诺维奇·沃耶科夫《地球的气候》出版。全称《地球的气候——特别是俄罗斯的气候》。也称《世界气候》。为气候学地理学方向、综合自然地理的最重要著作。他高度重视和阐述地理环境各个要素之间相互作用及其过程，具有自然地理环境要素整体性、自然地理环境过程整体性、自然地理尺度性和地理综合思想。1887 年德国出版德文版。1948 年苏联再次出版。

·英国《牛津词典》开始陆续出版。对许多地理名词有语源和词意解释。

·德国弗里德里希·恩格斯《家庭、私有制和国家的起源》出版。系统阐述辩证唯物主义历史观。深远影响地理学研究。

·德国弗里德里希·恩格斯《家庭、私有制和国家的起源》提出和阐述三次社会大分工理论。对于研究区域发展阶段及其类型、人地关系发展阶段及其类型和本质具有重要地理学理论意义。

·德国弗里德里希·恩格斯阐述两种生产即生活资料的生产和人类自身的生产。深远影响人地关系研究和人地关系论研究。

·英国迈克尔·乔治·马尔霍尔在其《统计学字典》中提出和阐述

后来被称为购买力平价的概念的内涵。购买力平价是区域比较的重要计量工具。

· 苏格兰皇家地理学会成立。

· 中国王同春开始（至 1899 年）集中绥远河套地区以水利为中心的开发。为协调—控制型人地共生的地理工程。

· 美国成立劳工部统计局。统计数据支持社会经济地理研究。

## 公元 1885 年

· 德国弗雷德里希·拉采尔《民族学》（共 3 卷）第一卷出版。第二卷 1886 年出版，第三卷 1888 年出版。1896 年英译本出版，名为《人类的历史》。为民族地理学重要著作。

· 德国弗雷德里希·拉采尔开始明确提出、阐述地理事物的起源和扩散，并运用于研究。之后，形成包括位置、空间和界限在内的系统理论。

· 德国斐迪南·冯·李希霍芬《中国地图集》第一卷出版。他去世后，1912 年《中国地图集》第二卷出版。

· 俄国 B. B. 道库恰耶夫成为圣彼得堡大学第一任地理学教授。

· 俄国莫斯科大学创建地理教研室。为地理学的莫斯科大学学派奠定基础。该学派主要包括自然地理学的景观学派和经济地理学的区域学派。

· 俄国 Д. Н. 阿努钦开始在莫斯科大学的历史—语学系和物理—数学系讲授地理课程。

· 德国 J. 温默《历史景观学》出版。

· 中国康有为提出"知万国之故，地球之理"。地理学成为中国近代化的现行学科。

· 英国 A. 亨利（至 1897 年）先后四次来华，雇用中国人在湖北、四川、云南、海南、台湾等地采集了数万件标本。著有《中国植物名录》（1887 年）、《中国经济植物笔记》（1893 年）。

· 瑞典斯文·赫定开始到中国考察。之后多次到中国考察。在西北和西藏等地从事考察并收集大量资料。后出版《穿过亚洲》《丝绸之路》《1899—1902 年中亚科学考察成果》《南西藏》《游移的湖》等。

·日本福泽谕吉《脱亚论》出版。为政治地理著作。是日本扩张侵略的理论根据。

·澳大利亚皇家地理学会成立。

·哈佛大学成立地质地理系。1904 年哈佛大学成立地理学系。


**公元 1886 年**

·德国弗里德里希·恩格斯发表《路德维希·费尔巴哈和德国古典哲学的终结》。1888 年出版单行本。提出和阐述"自然"概念和理论。恩格斯阐述道"在自然界中（如果我们把人对自然界的反作用姑且不论），全是没有意识的、盲目的动力。这些动力彼此发生作用，而一般规律就表现在这些动力的相互作用中"。另外，他在《运动的基本形式》中，阐述"我们所接触到的整个自然界构成一个体系，即各种物体联系的总体"。深远影响地理学理论和地理学家论思维特别是人地关系论。

·德国弗里德里希·恩格斯在《路德维希·费尔巴哈和德国古典哲学的终结》中，阐述了科学发展。他阐述道，随着自然科学系统地研究自然界本身所发生的变化的时候，自然科学将成为关于过程，关于事物的发展以及把这些自然过程结合为一个伟大的整体的联系的科学。深远影响地理科学重视地理事物的时间序列研究和综合地理学创建。

·德国弗雷德里希·拉采尔开始（至 1904 年）任莱比锡大学地理学首席教授。在此期间，赫特纳曾做过他的助教。他毕生研究极为重要的主题之一是人地关系，所构建的人地关系理论被曲解为自然地理环境决定论。

·德国斐迪南·冯·李希霍芬受聘担任柏林大学地理学教授，开始主持自然地理学讲座。其间他讲授的问题之一是殖民地理、交通地理等，1908 年由奥托·施吕特尔审定，以《移民与贸易地理》为书名出版。

·德国阿尔弗雷德·吉尔希霍夫主编《欧洲区域地理》系列著作开始出版。

·美国 R. E. 彼利开始到格陵兰当地探险。后来证明格陵兰岛为第一大岛。

·俄国 П. А. 科斯特切夫发表对道库恰耶夫地带性规律学说的疑义。

·中国政府成立会典馆。负责组织编撰《光绪会典》。1890 年在会典馆中设画图处。

·中国曹廷杰完成《东北边防辑要》。之后，完成《西伯利东偏纪要》《东三省舆地图说》等著作。

·中国黄沛翘编纂完成《西藏图考》。为西藏区域地理著作。

·俄国国民教育部提出了将地理教研室从历史—哲学系移至物理—数学系。表明地理教学及课程性质在大学中的转变。

·法国《法国大百科全书》开始（至 1902 年）编纂并陆续出版。全称《伟大的百科全书——科学、文字及艺术的系统库存》。全书共分 31 册。1971—1978 年法国出版新的《法国大百科全书》（也称《大百科全书》），共 21 卷。均为法语版。

·日本国务省地理局组织完成的《大日本国志》开始出版。

## 公元 1887 年

·德国出版俄国亚历山大·伊凡诺维奇·沃耶科夫俄文著作《世界气候》的德译本。

·英国哈尔福特·麦金德发表"地理学的范围与方法"。

·英国哈尔福特·麦金德认为"地理学定义为主要描述社会中的人与其环境相互作用的学科"。

·英国哈尔福特·麦金德阐述地理学的价值。他认为地理学必须满足政治家和商人的实际需求，历史学家和科学家的理论要求和教师的智力要求。

·奥地利 J. F. 汉恩编制全世界等温线气候地图。

·英国巴康和海尔巴森特编绘世界等温线气候地图。

·英国乔治·格尔兰阐述地理学的研究对象的二元论即一方面把地球作为自然体来研究，另一方面又把地球作为人的家园来研究的问题，并对其进行批评。

·德国阿尔布雷希特·彭克《德意志帝国》出版。为典型区域地理著作。

·英国哈尔福特·麦金德受聘开始任牛津大学地理学教授。促成 1889 年牛津大学地理学系建立。

·中国黄遵宪著成《日本国志》（40 卷）。

·德国伊曼努尔·康德《纯粹理性批判》出版第二版。深远影响地理学家理论思维和地理学哲学。

·中国上海成立了广学会（也称同文学台）。之后刊印很多教科书，包括《地理志略》《地文学教本》等地理教科书。

·连接北海与波罗的海的基尔运河开始动工。


**公元 1888 年**

·德国阿尔多夫·巴斯蒂昂《地理区域论》出版。

·美国国家地理学会（NGS）成立。后设立"研究与探索委员会主席奖"。2001 年授予中国侯仁之。

·美国国家地理学会创办《国家地理》杂志。最初为学术性科学杂志，后为大众科普杂志。迄今有近 40 种文字版本。

·芬兰地理学会和地理学家协会成立。

·俄国 П. П. 谢苗诺夫 – 天山斯基考察土耳其斯坦荒漠。

·美国地理学会《国家地理杂志》创刊。


**公元 1889 年**

·第 4 届国际地理大会在法国巴黎召开。

·美国威廉·莫里斯·戴维斯将其 1880 年创立的"侵蚀基准面和侵蚀循环学说"修改为"地理循环学说"。这一思想和理论对地理过程、地理时间和地理研究时间序列有重要影响。

·俄罗斯 B. B. 道库恰耶夫发表阐述土壤形成过程以及根据气候影响划分自然土壤地带的思想。

· 美国威廉 · 莫里斯 · 戴维斯开始逐渐提出地貌成因三要素。

· 英国 G. G. 奇泽母《商业地理手册》第一版出版，后多次再版。

· 英国 A. H. 基恩完成《人：过去和现在》。为人种地理学和民族地理学重要著作。

· 德国 A. 苏潘《奥匈帝国》出版。为典型区域地理著作。

· 法国让 · 白吕纳开始（至 1892 年）在法国巴黎高等师范学校学习，是保罗 · 维达尔 · 白兰士的学生。

· 英国牛津大学成立地理系。

· 中国薛福成至 1894 年受命出使英、法、意、比四国。阐述气候与人文的关系的地理环境决定论及自然资源枯竭危机思想。

· 法国伊曼纽尔 · 德 · 马东（保罗 · 维达尔 · 白兰士的女婿）从法国巴黎高等师范学校毕业。

· 美国总统威尔逊发表《国家论》，提出应当使国家和世界民主化，国与国之间的关系应实现道德理想。是理想主义的代表。影响地理学中的价值研究和伦理研究。

· 挪威地理学会成立。

## 第十节 地理学年表：公元 1890—1899 年

**公元 1890 年**

· 第 5 届国际地理大会在瑞士伯尔尼召开。

· 德国阿尔布雷希特 · 彭克在第 5 届国际地理大会上提出编制 1：100 万世界地图建议。得到大会通过。成立国际地图委员会，共有 20 位委员。

· 第 5 届国际地理大会的地理教育组归纳和阐述地理研究对象等问题。

· "应用地理学"概念出现。后不断变化发展。

· 英国 J. 斯科特 · 凯尔蒂《应用地理学：初步的描绘》出版。1908 年出版第二版。

·瑞典斯文·赫定开始对亚洲中部即中国西部地区的第一次地理考察。

·美国阿尔弗雷德·塞耶·马汉《海权对历史的影响（1660—1783年)》出版。为政治地理学著作和地缘政治学中海权论代表性著作。他主要从英国发展历史角度，提出和阐述地缘政治学中的海权论，认为海上力量对一个国家的发展、繁荣和安全至关重要，充分控制公海就能控制世界的贸易和财富，就能控制全世界。

·美国阿尔弗雷德·塞耶·马汉系统阐述国家海上力量的六要素理论。包括地理位置、陆地形状、领土范围、人口、民族特征、政府政策。

·中国政府在会典馆下设立画图处。主持全国测绘工作和编绘全国总图工作。同期，全国十余省成立了舆图局，负责本省的测绘和编绘地图工作，并向会典馆画图处提供资料。

·美国成立地名委员会。1902 年瑞典成立地名委员会，1919 年英国成立地名常设委员会，1997 年中国成立地名委员会。

·德国弗里德里希·恩格斯提出"历史唯物主义"术语。1892 年在《社会主义从空想到科学的发展》英文版序言中系统阐述"历史唯物主义"概念。深远影响地理学特别是马克思主义地理学和地理学家特别是马克思主义地理学家。

·德国弗里德里希·恩格斯提出"历史合力理论"。对于地理环境的性质、概念、理论、原理的构建和地理学思想史研究具有重要意义。

·国际组织"美洲共和国国际联盟"成立。1948 年改为美洲国家组织。深远影响美洲地区政治经济地理格局及其研究。

·美国芝加哥大学建立。之后发展地理学科或地理专业。

**公元 1891 年**

·德国弗雷德里希·拉采尔《人类地理学》第二卷《人类的地理分布》德文版出版。系统阐述地理位置、空间和界线是影响人类分布与迁徙的三组地理要素等地理综合思想，同时认识和深刻蕴含因为有人文因素而自然地理因素的控制是有限的人地关系思想。他曾竭力主张的确存在着协调的人地关系。这一人地关系思想并非绝对的自然地理环境决定论。

·俄罗斯 И. К. 帕乔斯基发表《植物区系发育阶段》。他提出和阐述植物地理学的研究对象是植物群系。

·瑞典杰勒德·德·耶尔到美国介绍主要通过冰川覆盖范围变化建立起来的地质年代学特别是时间尺度。

·美国艾伦·丘吉尔·森普尔开始师从德国弗雷德里希·拉采尔。后来将弗雷德里希·拉采尔的地理环境决定论引入美国，对其发扬光大。1911年她的《地理环境的影响》出版。

·法国巴黎地理学会《地理学年鉴》创刊。为年鉴学派建立的重要标志。主要创办人维达尔·白兰士致力于地理学与历史学相结合的研究，否定地理环境决定论，认为人类生活方式是多重因素相互作用的结果，而非自然地理环境的单一因素所致。他的这一人地关系思想或理论，被称为地理环境或然论，也称人地相关论。

·俄国亚历山大·伊凡诺维奇·沃耶科夫批评一些地理学家以及相关学科的科学家关于气候决定人类生活的论点和论述。之后进一步阐述，决定居民分布的要素，不仅是环绕着人类社会的自然界，而且更重要的是人类本身。这是人地关系论中的一种人地关系理论。

·美国斯坦福大学成立。之后发展与地理学科或地理专业有关的学科或专业。

·中国益智书会确定开展科学技术名词标准化统一化是重要工作。其中，地理学术语和地质学术语由美国李德安负责，气象学术语和矿物学术语由英国傅雅兰负责。

·美国加州大学圣塔芭芭拉分校成立。20世纪80年代成立地理系。

**公元1892年**

·日本农业科学家横井时敬应用冯·杜能的理论。为日本首次引用。

·美国成立研究中学教学课程和大学入学标准的"十人委员会"。之后，有一次专门讨论中学地理课程内容和标准的会议。

·比利时布鲁塞尔大学邀请法国艾莉兹·雷克吕任教。

·俄国自然科学爱好者学会下成立地理学分会。Д. Н. 阿努钦任地理学分会主席。1894 年创办杂志《地理》。

·俄国 Д. Н. 阿努钦阐述地理学的研究对象、学科性质和学科体系等地理学基本理论问题或元问题。

·俄国沙皇三世亚历山大命令俄国 В. В. 道库恰耶夫调查考察 1891 年俄国旱灾成因。道库恰耶夫经过调查认为，原来大草原的气候是十分稳定的，只是由于一个世纪以来断断续续的农业生产活动才破坏了原来生态环境的稳定性。他建议采取包括建设从北到南的防护林带、改良土壤、修建水利工程等一系列的措施，恢复大草原地区的生态环境，提高土地的粮食生产力。沙皇接受了道库恰耶夫的建议，随后派出农业、牧业和林业专家前往大草原地区进行进一步的调查，探讨防护林带工程建设的可能性。同时，一些文学家、艺术家也纷纷前往大草原地区，了解那里的自然风情与文化。

·俄国 В. В. 道库恰耶夫《俄罗斯草原今昔》出版。也称《我国草原的过去和现在》。是高水平的综合自然地理著作乃至自然地理综合著作、综合地理著作。

·俄国 В. В. 道库恰耶夫提出和阐述了自然地带内在非地带性自然地域分异因素作用下的非地带性自然地域分异的思想。

·美国组成以美国威斯康星大学校长 T. C. 钱伯林为主席的地理教育国家委员会，开始调查美国全国的学校地理教育，完成调查报告。调查报告建议从小学、中学到大学都要进行地理教育。

·中国屠寄中进士。后完成《广东舆地图》《黑龙江舆地图》《黑龙江舆图说》《黑龙江水道记》等。曾任京师大学堂正教习。为清末民初著名地理学家。

## 公元 1893 年

·挪威 F. 南森开始在北极地区探险至 1896 年，1895 年 4 月 7 日到达当时人类所到的最高纬度（北纬 86°14′）。

·瑞典斯文·赫定开始对亚洲中部即中国西部地区的第二次地理考察。

·南斯拉夫约万·茨维伊奇被任命为塞尔维亚贝尔格莱德大学的地理学教授。其基本学术思想受弗雷德里希·拉采尔、让·白吕纳和伊曼努尔·德·马东影响。

·南斯拉夫约万·茨维伊奇《喀斯特现象》出版。

·芬兰赫尔辛基大学设立芬兰第一个地理系。

·俄罗斯 Д. И. 门捷列夫开始（至 1896 年）进行俄国及其工业发展可能远景的经济区划。他原来的职业是化学家。

## 公元 1894 年

·俄国 В. В. 道库恰耶夫系统阐述自然地理环境整体性及其对农业生产的综合性作用。他阐述道，把自然界当作统一的综合体区研究，这是发展俄国农业所必须的，要在一切因子的相互作用中研究各个因子。

·德国阿尔布雷希特·彭克《地表形态学》（共两卷）出版。先后有法、英、德、意等多种译本出版。提出和使用"地形学"概念及其术语，后来也称地貌学。19 世纪中德国普遍使用"地表形态的科学"概念及其术语。他在此前后阐述了地理学和地质学的关系即地理学是目标、地质学是方法。

·德国阿尔布雷希特·彭克提出地貌分类系统。之后，美国威廉·莫里斯·戴维斯于 1884 年和 1899 年，苏联 К. К. 马尔克夫于 1929 年，中国沈玉昌于 1958 年都提出了各自的地貌分类系统。

·开始出现"地貌学"科学术语。

·法国保罗·维达尔·白兰士《维达尔普通地图集》出版。也称《普通地图集：历史与地理》《历史与地理大图集》。该地图集运用地理要素相关表示法，体现地理环境整体性和地理综合思想。后多次再版。

·俄国 В. В. 道库恰耶夫（至 1903 年）组织了俄国最主要河源考察队。

·中国益智书会的傅雅兰编纂完成中英对照的《地理学术语表》。

·中国邹代钧主持完成《湖北全省地图》。

·德国威廉·文德尔班《历史和自然科学》出版。

·俄国自然科学爱好者学会下属的地理学分会开始出版杂志《地理》。

## 公元 1895 年

·第 6 届国际地理大会在英国伦敦召开。

·英国《泰晤士世界地图集》第一版出版。至今经历了四代发展，2011 年出版第 13 版。

·俄国 П. П. 谢苗诺夫 – 天山斯基完成《俄罗斯地理学会半世纪活动史》（共三卷）。后出版。

·俄国亚历山大·伊凡诺维奇·沃耶科夫阐述和定义气候概念。

·中国邹代钧创办"舆地学会"。这是中国第一个民间地图学术团体，主要任务是编译西方地图的原本。1908 年停办。这 12 年间共出版《中外舆地全图》《中华分省图》等中外地图 700 余幅。

·俄国普列汉诺夫《论一元论历史观之发展》出版。注意并阐释地理环境对社会发展作用的人地关系理论。

·俄国 H. M. 西比尔泽夫系统阐述俄国和世界的土壤地带系统。

·瑞典斯文·赫定开始对亚洲中部即中国西部地区的第三次地理考察。

·《殖民事业和农业经济》出版。为社会地理著作。

·英国亨利·波克尔《英国文明史》出版。对发展地理环境决定论的人地关系理论有重要作用。

·美国奥提斯·梅森提出文化区概念及其术语，提出和阐述三种形式即功能文化区、形式文化区和饮食文化区。

·德国阿福雷德·赫特纳创办《地理杂志》。该杂志关注和发表地理学范式和方法论问题。该杂志 1943 年停刊，1963 年复刊。

·中国练兵处在北京成立测量科。之后中国成立若干测量机构。

·中国张謇在南通实验"模范社会"。为综合地理工程。

·英国伦敦政治经济学院成立地理系。应用地理学是其主要传统。

·中国的北洋大学设置地理课程。

## 公元 1896 年

·俄国地理学家阐述"区域"概念。认为区域是以某些指标与其他部分相区别的、在地图上准确地标志出来的地表的一部分。

·奥地利 J. F. 汉恩和 E. 吕克勒（至 1897 年）完成《普通地理学》（共三卷）。

·德国恩格斯·海克尔提出生态学概念并定义。之后，生态学与地理学之间交叉融合。德国戈特弗里德·特雷维拉努斯于 1802 年首创生态学名词。

·瑞典 A. 斯万特提出二氧化碳排放量增加可能会导致全球变暖的科学认识。是温室气体升温效应的最初的科学研究。

·德国弗雷德里希·拉采尔《土地与生活》出版。系统阐述地理环境对人们生活影响的人地关系理论。

·美国鲍威尔提出和完成美国地文区划，把美国划分为 16 个地文区，部分地文区进一步划分为地文副区。

·中国严复发表"救亡抉论"。提出"科学为本"的著名观点。批判在此之前的"中学为体，西学为用"观点。深远影响中国近代科学发展，当然也包括地理学。

·中国益智书会成立科学技术术语委员会。傅雅兰负责统一术语中文译名工作。

·中国《西学富强丛书》开始出版。包括地理学、天文学、矿政等。

·中国邹代钧等在武昌组建成立"译印西文地图公会"。

·法国让·白吕纳（至 1912 年）在瑞士弗里堡大学教授地理学。1912—1930 年在巴黎大学担任研究教授。其间，1925—1927 年在加拿大蒙特利尔大学开设地理学课程。

·瑞典斯文·赫定开始对亚洲中部即中国西部地区的第四次地理考察。

·德国索瓦编纂《古典学百科全书》。包括地理知识。

**公元 1897 年**

·德国弗雷德里希·拉采尔《政治地理学》出版。全称《政治地理学：国家、贸易和战争地理学》。提出和阐述"国家有机体""生存空间"概念和学说，深受达尔文进化论影响。后经他人被德国纳粹利用为侵略的理论根据。"生存空间"逐渐成为地理学中的重要的概念和观念以及理论。

·俄国 Г. И. 唐菲里耶夫完成《欧俄综合自然地理区划》。

·俄国 Д. Н. 阿努钦《上伏尔加河的湖泊及西德纳河的上游》出版。

·瑞典卡尔·阿勒纽斯根据皮肤颜色等生理指标进行人种分类。

·瑞典许贡德·冯·什未林为瑞典第一位地理学教授。他从奥斯卡·佩舍尔著作中认识到人类依赖于自然的观点，批评弗雷德里希·拉采尔过于教条的地理环境决定论。

·俄罗斯开始第一次人口普查。

·中国《时务通考》刊行。为中国最早的现代百科全书。1901 年刊行《续编》。共 31 卷，其中第 1 卷为天算，第 2 卷为地舆，第 30 卷为测绘。在卷下再分细目。包括丰富的地理学和地理知识。1902 年刊行《分类时务通考》。

·中国陶葆廉《侍行记》刊印。

·中国王锡棋完成《小方壶舆地丛钞》。为地理类丛书。1985 年中国杭州古籍书店出版影印本。

·中国创办上海南洋公学。在师范部设置地理课程。成为当时的中国地理中心。

·中国商务印书馆在上海建立。之后成立史地部和编译所等。出版大量地理学译著。促进外国的地理学传入中国和中国地理学发展。

·中国黑龙江舆图局兼通志局成立。之后在屠寄主持下完成黑龙江舆图及图说。

·英国建立污水处理厂。

**公元 1898 年**

·德国弗雷德里希·拉采尔《德国区域地理》出版。阐述文化地理差异比自然地理差异对景观有更重要和更鲜明的影响思想。

·俄国 B. B. 道库恰耶夫在有关文献中开始系统阐述自然地带学说。之后逐渐完善并形成自然地带理论。

·俄国 B. B. 道库恰耶夫提出自然地理环境对人类的精神生活（道德和宗教）以直接影响。

·俄国 B. B. 道库恰耶夫开始（至 1900 年）系统阐述地理综合体。

·俄国 B. B. 道库恰耶夫提出构建综合研究自然地理环境的新学科。这个新学科就是"关于错综复杂的、多种多样的相互联系和相互作用的科学……有机自然和无机自然之间的长期变化规律"的科学。他曾计划写一部著作，专门阐述这一学科基本原理。关于这一学科的原理的最初阐述，他在 1898 年、1899 年的几篇文章中进行论述。这些文章中阐述了自然地带学说。这些文章发表在影响不大的刊物上。这个新学科即后来诞生的综合自然地理学或狭义的自然地理学。

·法国埃里兹·雷克吕提出"地理环境"术语。该术语首先出现在哲学和社会科学中，后出现在地理学中。

·法国保罗·维达尔·白兰士开始在巴黎大学任教。是巴黎大学地理教习的第一位地理学家。

·美国威廉·莫里斯·戴维斯《自然地理学》出版。其中表述人地关系思想，戴维斯阐述道：要描述和解释地球的自然属性、地球的自然属性如何影响人类生活方式，要关注人类的生存条件与决定它们的环境之间的关系，地球的特征主导着人类的发展。

·英国 A. C. 哈东《对人的研究》出版。为人种地理学和民族地理学著作。

·苏联（俄国）B. И. 列宁《俄国资本主义的发展》出版。1908 年再版。提出和阐述综合考虑生产力与生产关系之间关系的"经济区""经济区划"的概念和理论。成为十月革命后苏联经济区划方法论的理论基础。阐述了地理环境特别是自然地理环境和社会发展之间的相互作用。同时，该著作是将地理和历史资料综合运用的历史地理著作和政治经济地理著作。

·法国巴黎科学院授予苏联 B. A. 奥勃鲁契夫奖金。他于 1925 年第二次获该奖金。

·法国保罗·维达尔·白兰士开始在法国索尔蓬大学任地理学教授。之后创设三年一贯大学地理课程体系。

·德国勒克留《大地：地球生命的描述》（共 6 卷）开始陆续出版。其中，第一卷行星地球、山和平原，第二卷地球水循环，第三卷地下营力，第四卷海洋，第五卷大气和空气，第六卷生物地理。其中，首次明确提出和阐述内营力。

·美国阿尔弗雷德·塞耶·马汉因海权论特别是《海权对历史的影响》进入西奥多·罗斯福任职的美国海军部。海权论直接服务于美国政府。

·德国在中国青岛建立气象台。三年后定名为气象观天所。

·瑞典斯文·赫定开始（至 1901 年）在中国西藏进行考察。测绘地图 1000 余幅。之后完成《中亚与西藏》《中亚考察的科学成就》等。

·美国《国家地理》的总编辑吉伯特·格罗夫纳对杂志进行了一系列的大胆改革，就此确立了《国家地理》"人性化的地理学"理念。

·中国的京师同文馆规定开设各国地理课程。

·中国康有为《日本书目志》出版。开始使用汉语"科学"术语翻译英文 science 一词。之前，中国使用"格致"翻译。

·中国张之洞著《劝学篇》。全面阐述"中学为体，西学为用"思想。深远影响中国地理学发展和地理学家。

**公元 1899 年**

·第 6 届国际地理大会在德国柏林召开。

·第 6 届国际地理大会的分组之一是历史地理、方法学、地理教育、目录学。地理学方法（论）得到重视。

·俄罗斯 П. П. 谢苗诺夫·天山斯基开始出版 19 卷俄罗斯区域地理著作，特别注意到"人地关系"。

·俄国 В. В. 道库恰耶夫发表"论自然地带学说"。也译为"关于自然地带的学说"。在此前后系统阐述"自然地域分异"理论特别是"地带性自然地域分异"理论，并提出和阐述了自然地带理论。他在后来的有关著作中，重视和阐述人类活动是地理环境变化的主要原因。在他同时代的一些地理学家已从不同角度、不同要素等方面提出和阐述"自然地理要素的地理地带规律"和"部分自然地理要素相互联系的地理地带规律"。

·俄国 В. В. 道库恰耶夫在其"关于自然地带学说"（也译为"关于自然地带的学说"）中提出"地带性就是世界法则"著名论断。

·俄国 В. В. 道库恰耶夫编绘世界北半球土壤地图。

·芬兰《芬兰国家地图集》出版。这是世界第一部现代地图集意义的国家地图集，包括芬兰文、瑞典文和法文版。该地图集包括序图、气候、植被、人口、教育、农业、工业及其他、历史等图组。至今已有近百个国家出版国家地图集。

·法国保罗·维达尔·白兰士首次提出和阐述作为人地关系论的一种理论的"地理环境可能论"，很多文献简略地表述为"可能论"。他当时没有使用"地理环境可能论"或"可能论"术语。他根据弗雷德里希·拉采尔《人类地理学》第二卷认为：自然（地理环境）对于人类居住规定了界限，并提供了可能，但是人们对这些给予条件的反应或适应，则按照他自己的传统的生活方式而不同；同样的地理环境对于不同的生活方式的人民具有不同的意义，生活方式是决定某一特定的人类集团将选择由自然提供的那种可能性的基本因素。

·法国保罗·维达尔·白兰士提出和阐述的"人地关系"中的"地"不仅具有自然地理环境，而且具有人文地理环境含义。之后很长一段时间"人地关系"中的"地"被定义为自然地理环境。20 世纪 90 年代"地"重新被正确地理解为包括自然地理环境和人文地理环境的地理环境。

·法国保罗·维达尔·白兰士提出和使用"生活方式类型"概念。这是他的地理学思想和理论以及研究方法的核心概念和基础。

·法国保罗·维达尔·白兰士提出和阐述地域整体性思想或概念，认为地表的各个部分相互联系，但没有使用地域整体性术语。具有地理环境的地域整体性思想萌芽。

·俄国 Л. C. 贝尔格开始（至 1902 年）对咸海地区进行考察和研究。

·中国完成《光绪会典》。其中《会典舆图》105 卷，为一部大型综合地图集，包括总图《皇舆全图》和分省图。在这一过程中，形成邹代钧测绘理论和邹代钧为首的地图学派。

·中国开始在官书局石印《会典舆图》。同期中国一些省区完成省区地图集。

·美国开始编制全国土壤地图。

·中国邹永煊在武昌创办武昌亚新地学社。是中国最早出现的专营地图出版的出版社。1908 年刊印邹代钧编绘的《五洲总图》。

·中国白雅雨（即白毓昆）进入中国的南洋公学学习。次年开始任教于此。为张相文等的老师。之前形成"地理学救国"思想观念。之后编纂地理教科书由上海震旦书局出版。是中国地学会创建人之一。

·英国牛津大学建立地理系。哈尔福特·麦金德任系主任。

·英国 L. 达德利·斯坦普等《世界地理》出版。

·美国 H. R. 米尔《国际地理学》出版。

·美国威廉·莫里斯·戴维斯提出和阐释以"构造、过程和阶段"为核心的"解释性描述"研究范式，提出和阐述包括青年期、壮年期、老年期等若干地貌发育阶段理论。之后，"解释性描述"研究范式成为地理学研究圭臬。

·中国梁启超发表"饮冰室自由书"。其中包括专门介绍孟德斯鸠地理环境决定论。

·中国李鸿章以钦差大臣身份率比利时工程师到济南考察黄河。

·瑞典斯文·赫定开始对亚洲中部即中国西部地区的第五次地理考察。

·美国 H. C. 考尔斯发表"密欧根湖的沙丘植被"。提出和阐述植被演替思想和理论。

·中国杨守敬受湖广总督张之洞邀请开始出任两湖书院教司，主讲地理课程。

·中国南洋公学创办译书院。之后翻译《地理课本》等。

·中国张相文进入上海南洋公学师范部学习史地。

·德国戴维·希尔伯特《几何基础》出版。系统阐述"公理方法"。深远影响地理学和地理学家。

·海牙和平会议第一次会议召开。与 1907 年海牙会议促进海牙体系形成。深远影响世界地理格局。

·中国在安阳发现大量甲骨文文献。其中包括地理知识文献。

## 19 世纪期间

·19 世纪末开始（至 20 世纪初）地理学不断分化，并由一门学科变成一个科学体系，而地理学本身的研究对象、工作方法、学科界限反而模糊不清，出现地理学的学科危机——什么是地理学。

·自然科学三大发现即细胞学说、能量守恒与转换定律、进化论诞生。自然科学的一些主要领域相继由经验层次进入理论层次。这些认识从不同方面揭示了自然界的历史发展和普遍联系、自然界物质运动形式的多样性及其相互联系相互转化，理性地展示了自然界的客观辩证法，为辩证唯物主义世界观提供了自然科学依据。这深远影响地理学及地理学家的发展。

·马克思主义哲学诞生。马克思主义哲学是认识自然界、人类社会和人的思维发展的规律的科学的理论体系，也称辩证唯物主义和历史唯物主义。深刻深远影响着地理学和地理学家的发展。

·作为马克思主义重要组成部分的马克思主义政治经济学诞生。深刻深远影响经济地理学和经济地理学家的发展。

·19 世纪的区域人口普查、贸易统计、民族研究等为人文地理研究奠定了较好基础。

·19 世纪后期欧洲已建立 28 个地理学会。这些地理学会召开的会议和出版的刊物，都与世界各地的科学考察有关。

·19 世纪末地理学已成为整个欧洲和世界其他地区的大学中的一个独特而受到重视的学科。

·19 世纪六七十年代，科学主义开始出现。属于弱科学主义。深远影响地理科学和地理学家。

·美国地理协会在 19 世纪 80 年代几乎每年都组织几十个相当规模的考察队到中美、南美和非洲的一些国家或地区进行考察研究，为美国国家提供各种资料和标本。

·中国某些教会学校开设"舆地"课程，19 世纪末叶开设"地理"课程。

·俄罗斯地理学的重视区域基础研究和区域应用研究以及广纳有关学科于地理学之中的三个特征基本形成。

·美国在 19 世纪中叶开始西部地区开拓殖民。

·美国在 19 世纪中叶开始大规模地学考察。

·世界第一个冰川研究站于 19 世纪三四十年代建立。

·19 世纪末叶俄国列夫·梅奇尼科夫在其《文明和伟大的历史河流》中，提出和阐述地理环境对文明影响的人地关系理论。他的理论曾被误解为地理环境决定论。

·19 世纪 90 年代德国 H. 霍夫曼开始组织物候观测网络，开展物候观测。

·19 世纪中叶俄国 П. П. 谢苗诺夫 – 天山斯基在他所译卡尔·李特尔《亚洲地理》俄文版的序言中阐述地理学的广义概念和狭义概念。

·中国清末翻译出版自然地理著作 38 部、人文地理著作 43 部。

·中国清末引进、翻译和使用"地文学""地势学""气象学""人生地理学""经济地理学""政治地理学"等学科术语。

·中国源于明朝末年"西学东源"思潮盛行。促进了西方地理知识的引入。

·19 世纪初专门从事科学研究的职业——科学家——开始出现。深远影响地理学发展。

· 19 世纪后期，地理学的知识体系和学科体系开始形成区域地理学和普通地理学（系统地理学）的框架，普通地理学包括自然地理学和人文地理学。

· 19 世纪中叶，英、日等国使用"无人岛"概念并借此扩张领土。

· 19 世纪中叶俄国很多社会活动家通过使用地理资料及其出版开展社会活动。地理学也因此得到重视。

———————————— 国家自然科学基金项目

———————————— 云南省"万人计划"教学名师潘玉君工作室

———————————— 国家本科一流课程、云南省博士生优质课程

# 地理学思想史

以中国为中心的
地理学大事年表长表

中卷

潘玉君　郑　度　杨勤业　等著

中国社会科学出版社

# 中册目录

# 第 7 章

# 地理学年表：公元 20 世纪（上）

## 第一节　地理学年表：公元 1900—1909 年

**公元 1900 年**

·俄罗斯出版《俄国气候图集》。为世界上第一部国家气候图集。

·德国 W. P. 柯本发表"按世界植被的一种气候分类"，具有气候要素和植被要素之间整体性思想。开始发表气候分类方案。至 1936 年定稿。

·俄国西比尔特采夫阐述地带性土壤和非地带性土壤的概念。前者反映了土壤和气候类型之间的关系，后者反映了土壤和母质、地下水条件之间的关系。

·中国邹代钧使用"横断山脉"概念。

·美国阿尔弗雷德·塞耶·马汉《亚洲问题》出版。提出和阐述欧亚中心论。他提出欧亚大陆是获得世界实力的关键，预言美、英、德、日形成联盟共同对付俄国和中国。

·中国邹代钧著《京师大学堂中国地理讲义》。

·英国马克·阿弗勒尔·斯坦因（原为匈牙利人，1940 年加入英国国籍）开始（至 1901 年）对亚洲中部地区即我国西北地区进行第一次地理考察。后完成世界声誉著作《古和阗》。

·奥地利阿尔布雷希特·胡塞尔完成《逻辑研究》（上、下卷）。其中下卷是现象学的奠基之作。之后，现象学不断发展，深远影响人文地理学和人文地理学家。

**公元 1901 年**

·俄国亚历山大·伊凡诺维奇·沃耶科夫发表"人类对环境影响"。关注和阐述过度放牧引起草地破坏进而引起气候变化,通过灌溉改良干旱半干旱地区土地生产力等的人地关系思想和地理环境要素整体性思想。在此前后他发表几十篇关于自然和社会及人地关系方面的论文,很多译为德文和法文。

·俄罗斯亚历山大·伊凡诺维奇·沃耶科夫提出和警示过度快速城市化。

·德国弗雷德里希·拉采尔《地球与生命:比较地理学》第一卷出版。次年出版第二卷。明确提出和阐述地理学需要自然科学基础。

·德国阿尔布雷希特·彭克和爱德华·布吕克纳合著《冰川时期的阿尔卑斯山》(3 卷)开始出版。至 1909 年完成。形态阐述阿尔卑斯山冰期等基本科学问题。

·德国弗雷德里希·拉采尔明确提出和阐述"生存空间"概念及术语。

·瑞典鲁道夫·克伦《科学的政治学》出版。首次提出和使用"地缘政治学"概念及术语。

·俄国 N. M. 西比尔采夫发展了 B. B. 道库恰耶夫提出的土壤地带性概念。他是 B. B. 道库恰耶夫的学生。

·中国张相文《初等地理教科书》和《中等本国地理教科书》出版。为中国最早的地理教科书。

·中国玉涛阐述地理学是专门研究地球表面特别是人地关系的科学。

·德国 L. 狄尔斯完成《中国中部地区植物志》。

·美国马克·杰斐逊(师从威廉·莫里斯·戴维斯)开始在师范学校从事地理教学,直至 1939 年以 76 岁退休。他坚持认为地理学和地理教育的重点不是"地球和人"而是"地球上的人",高度重视区域地理的教学。

·德国埃德蒙德·古斯塔夫·阿尔布雷希特·胡塞尔完成《现象学

的观念》。现象学是 20 世纪六七十年代现象学的地理学的基础和核心。

·英国地理协会《地理学》创刊。

·奥地利 E. 休斯《地球的面貌》出版。曾被译成法文销售 18000 册。

·奥地利 E. 休斯提出和使用生物圈概念。在此期间有学者提出和使用生物圈术语。

·中国出版日本智和重昂《地理学讲义》中译本。

·中国出版日本顿野广太郎《世界地理志》中译本。

·瑞典皇家科学院设立诺贝尔奖。之后获诺贝尔经济学奖的成果深远影响经济地理学和经济地理学家。

## 公元 1902 年

·俄国 Д. Н. 阿努钦阐述地理学的研究对象是地球表面。他在此前后阐述蕴含自然地理过程、自然地理变化的营力即动因机制、自然地理环境要素整体性、自然地理综合等的自然地理思想，建立自然地理学学科体系。

·美国威廉·莫里斯·戴维斯将地理学分为两大部门，一个是自然地理环境，另一个是生物乃至人类对自然地理环境所作出的响应。

·奥地利 J. F. 汉恩和 E. 吕克勒（至 1903 年）完成《自然地理教程》。

·中国益智书会科技术语委员会编纂完成《术语词汇》。为中英文科学技术名词标准统一的重要工作及成果。为中国最早的综合性科学技术术语辞典。英汉对照，收录词条 12000 余个，50 余类。其中，地理学、地质学、矿物学、天文学等各为一类。1904 年出版，1910 年再版。

·中国陈昌绅编纂《分类时务通纂》刊行。共 300 卷。包括丰富的地理学和地理知识。

·中国刊行《西学三通》。包括《西政通典》《西史通志》《西艺通考》。是西学东渐的重要著作。其中，《西政通典》包括亚洲志、美洲志、日本志、印度志、欧洲罗马志、法国志、英国志、欧洲各国志、非洲各国志等诸洲诸国情况。《西艺通考》包括天学考、地学考、矿学考等，介绍了地理学知识和地理知识。

·英国哈尔福特·麦金德《不列颠与不列颠海洋》出版。为一部从全球着眼某一个区域的区域地理著作。

·法国伊曼纽尔·德·马东在其博士论文中提出和阐述区域研究范式。

·中国梁启超在《新民丛报》发表"地理与文明之关系"。其中包括介绍黑格尔的地理环境决定论。

·法国 J. 吉列伦开始（至 1910 年）研编《法兰西语言地图集》。从分布格局层面表达语言地理空间秩序。

·中国京师大学堂师范馆设置历史地理类。师范馆为北京师范大学前身。为中国高等地理教育开端。1928 年独立成系。

·英国科学院（BA）成立。

·瑞典成立地名委员会。

·美国成立商务部普查局。有关数据支持地理研究。

·中国商务印书馆成立编译所。之后出版包括地理学和区域地理等在内的地理著作。

·中国颁布《钦定蒙学堂章程》。规定开设舆地（地理）课程。

·中国颁布《钦定小学堂章程》。规定开设舆地（地理）课程。

·中国颁布《钦定中学堂章程》。规定开设舆地（地理）课程。

·中国颁布《钦定高等学堂章程》。规定开设地理课程。

·中国颁布《钦定京师大学堂章程》。规定"大学分科""仕学馆""师范馆"开设"史学""舆地"课程。"舆地"课程内容包括地理和地质等学科内容。

·中国成立文明书局。开始编辑出版地理类书籍。

·法国昂利·彭加勒《科学与假说》出版。深远影响地理学和地理学家。

·中国梁启超发表"近世文明初祖两大家之学说"。介绍培根和笛卡尔的学说。为科学哲学引进中国的开端。深远影响中国地理学和地理学家。

・中国丁谦《蓬莱轩地理学丛书》石印本完成。

・中国罗振玉《铁云藏龟》出版。为甲骨文字合集。之后不断出版甲骨文及其研究方面的著作或论文。甲骨文中蕴含中国古代的地理信息，是研究中国古代的地理学的文献载体。

・中国罗汝楠开始在广东教忠学堂教授地理。次年官派日本入弘文学院留学。在此前后开始历经多年编纂完成《历代地理志汇编》《中国近世舆地图说》《地理学总论》等。

・英国社会科学院（The British Academy）成立。之后多位地理学或与地理学有关的学者如中国林珲、黎夏、何深静等当选为院士。


## 公元 1903 年

・美国威廉·莫里斯·戴维斯发表"地理学纲要"。其中阐述了人地关系和地理环境决定论。

・美国威廉·莫里斯·戴维斯开始提出被后来称为的戴维斯地貌发育理论。他的地貌发育理论形成的客观地理基础是欧洲和美洲的湿润气候的自然地理环境。是经典地貌发育理论。

・法国埃利兹·雷克吕《人类和地球》开始出版，共 6 卷，也译《人类与土地》。

・法国埃利兹·雷克吕系统阐述"地理环境"概念（包括术语和定义）的人。他认为地理环境是环绕人类周围的社会发展条件，地理环境是自然地理环境和人文地理环境的总和，人文地理环境在人类社会发展过程中形成并不断变化。

・法国埃利兹·雷克吕提出和阐述作为外在的地理环境条件和内在的历史规律共同决定人类历史的综合性的地理环境决定论。

・法国埃利兹·雷克吕在其《人类和地球》中，在阐述俄罗斯地理环境特别是自然地理环境的基础上，从人地关系角度预见俄罗斯将有光辉的未来。

・德国阿福雷德·赫特纳发表"关于地理学的基本概念和基本原则"。

·德国斐迪南·冯·李希霍芬发表"19世纪地理学的发展的动力和方向"。其中之一提出和阐述地理学发展的动力因素及其作用机制。

·中国翻译出版日本野口保一郎著《经济地理学大纲》。中文首次出现经济地理学名词。

·日本山崎直方和佐藤傅藏《大日本地志》开始编纂出版。

·日本浮田和民《史学通论》之第五章历史与地理阐述人地关系思想。

·中国谢洪绖阐述什么是地理学。

·日本山崎直方和佐藤傅藏《日本的区域地理》（共10卷）开始出版。

·美国艾伦·丘吉尔·森普尔《美国历史及其地理环境》（又译为《美国历史及其条件》）出版。宣称可以从地理学角度诠释所有的历史。

·美国A. P. 布里根《美国历史的地理影响》出版。

·奥地利J. W. 维格尔《地名学》出版。为现代地名学诞生的主要标志之一。

·美国罗琳·D. 索尔兹伯里（至1919年）任芝加哥大学地理学主任。他反对人地关系之间单一因果论思想，具有人地关系多样性思想。

·中国陶懋立开始在上海文明书局任编纂员。编纂地理著作《世界读本》，当时影响很大。之后编纂《中国地理学》。1906年开始任淮阴江北师范学堂地理教师。

·美国芝加哥大学建立地理系。

·英国剑桥大学建立地理系。

·中国颁布《钦定高等小学堂章程》规定开设舆地课程。

·中国颁布《奏定中学堂章程》规定开设地理课程。包括地理总论、亚洲总论、中国地理、外国地理、地文学、地图编绘等。

·中国范迪吉（留学日本）等主持翻译《普通百科全书》，由上海会文学社出版。

**公元 1904 年**

· 第 8 届国际地理大会在美国华盛顿召开。

· 美国地理学家协会（AAG）开始形成离任主席大会报告传统。

· 美国地理学家协会（AAG）第一届主席威廉·莫里斯·戴维斯发表"美国地理学家协会的机会"演讲。

· 第 8 届国际地理大会的论文分类之一是地理学史。地理学史及其研究得到重视。

· 美国哈佛大学地理系建立。在此前后威廉·莫里斯·戴维斯等认识到美国地学研究要在科学事实基础上发展和提升理论。

· 美国地理学家协会（AAG）在美国费城成立。为职业地理学家组织。威廉·莫里斯·戴维斯担任主席。1948 年与 1943 年成立的美国职业地理学家协会（ASPG）合并为新的美国地理学家协会（AAG）。出版物有《美国地理学家协会年鉴》《职业地理学家月刊》。至 2019 年已陆续设立"荣誉地理学家"（HG）等奖项 30 余项。

· 中国政府颁布《奏定学堂章程》。规定在全国中小学开设地理课。

· 中国政府颁布《奏定学堂章程》之《大学堂意识》给出中国高校地理学系的第一个方案。

· 中国政府颁布《奏定大学堂章程》规定有关科别开设地理课程。其中，在中国史学门开设"中国历代地理沿革略""中外今地理"课程，在外国史学门开设"万国地理"课程。

· 中国杨守敬、熊会贞完成《水经注疏》初稿。1935 年熊会贞完成定稿。1989 年中国江苏古籍出版社出版《水经注疏》。

· 中国杨守敬在《水经注疏》等中提出地理建设思想。他阐述了要重视植被，植树造林，防止水土流失。

· 中国杨守敬在《水经注疏》等中提出地理过程思想和人地关系思想。他阐述道，古代长江两岸均有树木，近代砍伐将尽、居民不知种树，时间长了造成水土流失，堵塞河道，造成洪水。

· 英国哈尔福特·麦金德在英国皇家地理学会上发表"历史的地理

枢纽"。该文提出"枢纽地区"（后来替换为"心脏地带"）概念。他在世界政治地图不断变化的情况下，在 1919 年和 1943 年修改完善他的理论。

· 英国哈尔福特·麦金德提出地缘政治学的"大陆腹地说"。

· 美国刘易斯和克拉克考察队开始考察密苏里河及其支流等包括地理位置、区域特征等在内的综合考察。

· 美国埃尔斯沃斯·亨廷顿到中国开始进行考察。

· 美国威廉·莫里斯·戴维斯到中国开始进行考察。

· 法国保罗·维达尔·白兰士阐述地理学价值。认为地理学（者）的最重要工作和贡献是识别和划分出自然区域或自然地区。体现自然地理区划思想。

· 中国舆地学会邹代钧完成《中外舆地全图》。共 68 幅。

· 中国商务印书馆开始编制出版教学地图。包括高等小学使用的《中国简要新地图》《世界简要新地图》和中学使用的《中华形势一览图》《世界形势一览图》等数十种。

· 德国 L. 狄尔斯发表"东亚高山植物区系"。

· 德国 L. 狄尔斯首次提出和阐述中国的植物区系的成分。

· 中国开设京师陆军测绘学堂。

## 公元 1905 年

· 美国威廉·莫里斯·戴维斯在美国地理学家协会上发表"地理学内容的归纳研究"的主席演说。阐述地理学是研究无机控制和有机反应之间关系的学科等地理学的研究对象、基本性质。

· 法国保罗·维达尔·白兰士提出撰写《人生地理学原理》计划并开始撰写。该著作于 1922 年出版。

· 法国若阿纳《法国地理学词典》出版。

· 法国埃利兹·雷克吕发表"法国地理学导论"。

· 法国阿尔伯特·德芒戎重视和强调构造因素在地貌中的作用。至 1930 年构造因素的作用重新被重视。

·英国安德鲁·J. 赫伯森完成"世界自然区域划分方案"。将地球表层空间系统主要根据热量条件划分为 5 带 1 区 6 个一级自然地理区划单位即极带、寒温带、暖温带、热带、赤道带、热带或副热带高山区（即西藏高原）。在诸多一级自然地理区划单位下主要根据水分条件划分为 15 个二级自然地理区划单位。如大陆西岸型大自然区、大陆东岸型大自然区、内陆低地型大自然区、内地高地型大自然区等。

·英国安德鲁·J. 赫伯森提出和阐释综合了地貌要素、气候要素和植被要素及其关联的主要自然区域、主要自然区域系统等概念和理论，具有自然地理环境要素整体性、分异性、共轭性思想。

·德国阿福雷德·赫特纳阐述地理因果关系及其分析框架。

·德国阿福雷德·赫特纳指出地理学关注的现象间的联系包括同一地方内部的和不同地方之间的联系。具有地理环境地域整体性思想。

·法国保罗·维达尔·白兰士明确提出和阐述"注重各种现象之间的相互联系乃地理学的科学性之所在"。

·中国杨守敬《水经注图》刊行。为中国专门历史地图中最重要的一种。

·中国王先谦开始编纂《五洲地理志》。

·英国马克·阿弗勒尔·斯坦因（原为匈牙利人，1940 年加入英国国籍）开始（至 1908 年）对亚洲中部地区即我国西北地区进行第二次地理考察。

·西班牙百科全书《插图本欧美大百科全书》开始陆续出版。之后不断修编扩充，迄今已出版一百余卷。该书通称《伊斯帕莎》。包括地理和地图等。

·中国屠寄《中国地理教科书》出版。上卷为总论和自然地理，下卷为人文地理。

·中国商务印书馆编制出版 8 开本《大清帝国全图》地图集。之后重印。

·中国张謇在南通建立南通博物苑。包括测候所。

·中国开始出现较大范围的乡土地理编修工作。至 1911 年总计

463 种。

### 公元 1906 年

·德国阿尔布雷希特·彭克开始出任柏林大学地理学教授，接替斐迪南·冯·李希霍芬，发表就职演说。

·德国阿尔布雷希特·彭克提出和阐述"观察是地理学的基础"。其中，野外观察是他开展研究和培养训练地理学家的主要方法。在此前后他接受弗雷德里希·拉采尔的生存空间思想。

·德国奥托·施吕特尔明确将作为普通术语的景观引入地理学，并作为地理学基本概念之一。

·德国奥托·施吕特尔提出和阐述作为人地关系论的一种理论和文化地理学理论的"文化景观论"。

·德国奥托·施吕特尔发表"对聚落地理学的意见"。首次提出和使用"聚落地理"术语，进一步阐述"聚落地理"概念的内涵。

·俄国亚历山大·伊凡诺维奇·沃耶科夫用俄文发表"地球上人口分布与自然条件和人类活动的依存关系"。阐述的核心问题包括主要重视人类对环境影响及其研究和决定居民分布的主要因素不是自然地理环境而是人类本身等在内的以人地相互作用为核心的人地关系论。他的人地关系思想不同于现有文献中所阐述的那些人地关系理论。德文摘要发表。

·德国奥托·施吕特尔发表"人文地理学的目的"。提出文化景观形态学和作为地理学的概念的景观概念。

·法国 R. 布朗夏尔完成《弗兰德：关于法国、比利时和荷兰的弗兰德平原地理研究》。

·中国的科学书局出版《地文学表解》。1907—1910 年多次重印。为地学基本工具书。

·中国顾琅、鲁迅编撰中国近代第一部矿产资源地理著作《中国矿产志》。

·加拿大出版国家地图集《加拿大地图集》，之后多次再版。

·中国谢洪赉《瀛寰全志》出版。1924 年《瀛寰全志（重订版）》

出版。

·中国周世堂、孙海环编印 8 开本《二十世纪中外大地图》。包括一些专题地图。

·中国蒋志由编纂完成《中国人种考》。

·俄国沙皇授予俄国 П. П. 谢苗诺夫 – 天山斯基及其家族在名字后面加上"天山斯基"作为后缀的殊荣。

·中国北洋法政专门学堂成立。后多次更换校名。1910 年前后白雅雨（即白毓昆）在此任史地教员，他的思想对学生时代的李大钊产生过重要影响。

·中国政府通令各省开办测绘学堂。

·中国清政府学部设立编译图书局。

·日本成立南满铁路株式会社。之后对中国东北地区的资源和地理开展调查。


**公元 1907 年**

·美国埃尔斯沃斯·亨廷顿《亚洲的脉搏》出版。提出和阐述以气候波动与农牧冲突之间关系为核心的人地关系思想，以及包括自然地理要素和人文地理要素在内的地理环境整体性思想。后陆续出版《文明与气候》（1915 年）、《脉搏的过程》（1926 年）等。他的思想曾被曲解为地理环境决定论。

·德国 C. 劳恩凯尔提出植物生活型系统。之后有多种观点。《中国植被》（1980 年）提出和阐释植物生活型系统。

·德国 K. 哈塞尔特《城市地理观察》出版。

·德国阿弗雷德·赫特纳《区域地理学基础》（共 2 卷）第一卷出版。1924 年出版第二卷。

·俄罗斯 Г. И. 唐菲里耶夫《欧俄自然地理区》出版。

·德国奥托·施吕特尔发表"人文地理学中的人地关系"。

·上海浸会大学堂开始筹建。其课程规划中有地理课程。1910 年增设自然地理课程。

·日本京都帝国大学小川琢治开始开设地理学讲座。

·瑞士费迪南·德·索绪尔开始系统教授"普通语言学"。在其授课笔记的基础上，其学生整理成《普通语言学教程》1916 年出版。他最早提出和构建了结构主义。深远影响地理学和地理学家。之后的结构主义地理学深受结构主义影响。

## 公元 1908 年

·第 9 届国际地理大会在瑞士日内瓦召开。

·第 9 届国际地理大会提出和阐述地理学。认为地理学旨在对地球表面多样化的物质生活等事项进行描述——这些元素的整合及相互作用形成了全球面貌，地理学应该明确无机界和有机界之间的关系即地球表层的人地关系。蕴含人地关系地域系统思想的萌芽。

·第 9 届国际地理大会提出地理是教育的组成部分的公开声明。多位地理学家签名。

·俄国亚历山大·伊凡诺维奇·沃耶科夫发表"从地理学和气候学的观点看外里海地区的灌溉"。该论文蕴含丰富而系统的自然地理环境要素整体性思想。

·外国人 L. 夏之时在其《中国坤舆详志》中运用自然区划法。

·法国吕西安·加卢瓦继承保罗·维达尔·白兰士传统，发表（法国）"自然区和地区的名称"。

·德国阿尔布雷希特·彭克完成《国际世界地图》。也称百万分之一世界地图。

·德国阿尔弗雷德·赫特纳发表"地表的地理区划"。

·中国臧励龢编纂《新体中国地理》由上海商务印书馆出版。提出和阐述地理学研究对象即"地理学者，研究地球表面自然之现象，与关于人生之种种现象之科学也"。也包括人地关系思想。

·中国张相文首次明确提出并阐述"秦岭—淮河线"为中国南北地理界线。中国地理环境复杂而多样，科学发现和系统识别重要地理界线是中国地理学的重大任务之一。秦岭—淮河线是中国南北之间的重要地

理界线。该线初始由张相文提出。他在《新撰地文学》（1908 年）中写
道 "北带：南界北岭淮水，北抵阴山长城"。所谓的 "南界"，就是南北
分界线。"北带" 就在长城与秦岭—淮河之间。秦岭—淮河线的提出，首
次正确界定了中国南北方的自然地理分界线。20 世纪 50 年代以来，竺可
桢、黄秉维等都进一步阐释了这条界线，对于认识中国自然地理规律和
指导农业生产与生态建设具有重要意义。

·中国张相文《新撰地文学》出版。也称《地文学》。为中国第一部
近代自然地理学著作。阐述内容还包括生物地理要素。包括生物地理要
素这一思想和体例比西方同期自然地理学著作先进。

·中国语境下，"地文" 是指 "地理"。

·阿尔布雷希特·彭克邀请美国威廉·莫里斯·戴维斯到柏林大学
讲学。讲学的主题是威廉·莫里斯·戴维斯 1903 年提出和逐渐创立的地
形解释性描述。

·德国阿尔弗雷德·韦伯开始在海德堡大学任教授，讲授区位论等
课程。1933 年受法西斯压迫辞去教授。战后重回海德堡大学，专门研究
文化社会学。

·中国胡思敬辑录《问影楼舆地丛书》开始刊印。共 15 种，44 卷。
主要有《黑鞑事略》《峒溪纤志》《云缅山水记》《长河志籍考》《黔记》
《东三省舆地图说》《陕西南山谷口考》《缅述》《三省山内风土杂识》
《万里行程记》《关中水道记》《水地记》《游历记考》《滇海虞衡志》
《东三省韩俄交界道里表》。

·中国华南女子文理学院成立，开设地理课程。

·美国国会批准向中国退还部分 "庚子赔款"。之后，中国留美学潮
出现，包括地学留学生。深远影响中国地理学发展。

·德国赫尔曼·闵可夫斯基《空间和时间》出版。深远影响地理学
思维。


**公元 1909 年**

·法国伊曼努尔·德·马东《自然地理学专论》出版。也称《自然

地理学原理（第一版）》。后多次再版。该著作的四部分的标题为：气候、水文地理、大地形态、生物地理。有英、德、意、中、日等多种译本。1939 年中译本以《自然地理学》为书名出版。

·法国伊曼努尔·德·马东已形成从原因到结果和从结果到原因的因果反馈概念。他没有提出和使用因果反馈术语。

·德国阿尔弗雷德·韦伯《工业区位论——区位的纯理论》德文版出版。1922 年英译本出版。系统阐述工业区位。他提出和阐述区位因子即一般区位因子与特殊区位因子，地域的区位因子与聚集、分散因子，自然的、技术的区位因子与社会的、文化的区位因子。苏联 H. H. 巴朗斯基将该著作翻译成俄文，认为韦伯的该理论对于经济地理学有着非常重大的意义。

·法国伊曼努尔·德·马东评述德国亚历山大·冯·洪堡关于人地关系的思想和观点。

·美国马克·杰斐逊开始在很多论文中对很多地理学的概念作出了重要贡献。如提出和阐述城市核心区、首位城市、人类地理分布学等。

·法国伊曼纽尔·德·马东清晰、系统地表述威廉·莫里斯·戴维斯的侵蚀循环理论。

·中国地学会在天津成立。地理学是中国地学会的主要学科。张相文、白雅雨（即白毓昆）、陶懋立、韩怀礼、张伯苓等 27 人发起。张相文为会长。次年创办《地学杂志》。在英文介绍时，中国地学会的译名为中国地理学会。1950 年与原中国地理学会（1934 年成立于南京）合并为新的中国地理学会。新的中国地理学会的建立时间追溯为 1909 年。

·中国地学会发表"中国地学会启"。提出和阐述以地理学及其教育对国家的重要性、地理隔阂是西方列强瓜分中国的原因等为核心的"地理学救国"主张和观念。

·中国白眉初从北洋师范学堂毕业。1917 年开始任北京师范大学史地系地理学教授，1922 年开始任史地系主任。后成长为著名地理学家、地理教育家。

·中国姚明辉开始任南京两江优级师范学校地理部主任、教授。是

与张相文齐名的地理学家和地理教育家。曾编著多种中外地理教科书和
《中国近三百年国界图志》等著作。

　　·中国王树枏完成《新疆国界图志》。之后多家出版社出版，名为
《光绪新疆图志》。

　　·中国罗汝楠《中国近世舆地图说》刊印。在此前后罗汝楠著有
《地理学总论》《历代地理志汇编》等。

　　·中国台湾建立北回归线标志，1968 年重建。中国广东 1984 年、
1985 年、1986 年先后建立多座北回归线标志。

　　·中国东北满洲里等地建 9 处测候所。由沙俄建立。

　　·中国张相文开始任北洋女子高等学校校长，兼在北洋师范学校讲
授地理。

　　·美国艾赛亚·鲍曼获耶鲁大学博士学位。1905 年毕业于哈佛大学。

　　·中国张星烺在《地学杂志》发表"地轴移动说"。介绍国外地学
理论。

　　·美国罗伯特·彼利成功到达北极点。

　　·中国商务印书馆编制出版 8 开本《世界新舆图》地图集。

　　·中国商务印书馆开始出版各级师范课本及参考书。包括地理类。

　　·中国学部奏请成立编订名词馆。

　　·英国利物浦大学开始设立城市规划专业。

　　·美国哈佛大学提出城市规划研究生培养计划。

　　·日本京都帝国大学创建地理学系。继而东京文理科大学设置地理学系。

## 20 世纪初

　　·商业地理学萌芽。20 世纪初形成。

　　·中国开始学习和引进城市规划学科。

## 公元 1909 年

　　·中国张星烺开始在德国留学。其间他阅读到德国李希霍芬的巨著
《中国》。

# 第二节 地理学年表：公元1910—1919年

**公元 1910 年**

·俄国 П. И. 布罗乌诺夫《自然地理学教程》出版。他是 В. В. 道库恰耶夫学术的直接继承者。他阐述了自然地理学就是道库恰耶夫晚年所构想的那门综合各种自然地理要素之间相互联系的学科，地理学研究围绕人类的自然界，自然地理学是自然科学的基本学科之一。

·俄国 П. И. 布罗乌诺夫提出和阐述地球表壳及其是自然地理学研究对象的思想。地球表壳由几个同心圆壳即固壳或岩石圈、液壳或水圈、气壳或大气圈、生物壳或生物圈之间相互渗透相互作用。

·法国让·白吕纳《人地学原理》（又译《人文地理学》《人生地理学》）第一版（法文）出版。该书主要包括何为人地学、人地学事物分类法、人地学的基本事实、小区域研究案例、地理学精神等。为法国地理学派展露于世界地理学界的开始。后多次再版。1920 年英文版出版。1929 年日文版出版。1935 年李旭旦和任美锷将英文版译成中文出版，胡焕庸作译序。1933 年谌亚达将 1915 年出版的第二版译编成中文出版。

·法国让·白吕纳把人文地理学现象分为三纲六目：地面上建设事业的非生产性占用即房屋和道路、动植物的利用事实即耕种和畜牧、经济上的破坏事实即动植物的滥伐滥杀和矿物的采掘。

·法国让·白吕纳开始在其有关著作中系统阐述人文地理学基本原则。中国胡焕庸在 1935 年将其归纳为解释原则、一体原则、演化原则、适应原则。

·法国让·白吕纳开始在其有关著作中系统阐述人文地理学基本方法。中国胡焕庸在 1935 年将其归纳为分布与绘图法、全景与摄影法、汇集与举样法。

·法国让·白吕纳开始在其有关著作中提出和阐述地理环境可能论即人地关系论中的可能论。

·俄国 V. P. 谢苗诺夫 - 天山斯基提出按经济功能进行城市分类的

思想。

·德国阿尔布雷希特·彭克开始研究气候分类和世界气候分类。20世纪 30 年代开始研究区域和地球的人口承载能力问题。

·英国哈尔福特·麦金德开始（至 1918 年）任英国国会议员。他是政治地理学中的心脏地带学说的创立者和政治地理学家，也被认为是"英国地理学之父"，在英国强盛时期开始研究并系统阐述英国发展的致命弱点。之后，美国遵循该理论研究地缘政治。

·德国亚历山大·苏潘开始任布雷劳斯大学地理学教授。1870 年获得文学或史学博士学位。

·中国卢彤编制的《中国历代战争形势全图》地图集由同伦学社印行。后多次再版。之后完成《中华民国分省形势全图》《最新大中华帝国道县形势全图》《欧洲战争形势全图》等。为清末民初著名地理学家。

·中国湖南学务公所刊印《五洲地理志略》。共 36 卷。包括亚洲、欧洲、非洲、美洲、大洋洲的"综合地理"。将中国放于各国之首，用四卷阐述"中国的综合地理"。为世界地理著作。该著开始编纂于 1905 年。

·中国商务印书馆编制出版 8 开本《中国新舆图》地图集。

·中国竺可桢考取第二批留美"庚款生"赴美留学。1913 年获得伊利斯诺大学农学学士学位后，考入哈佛大学研究院地学系，师从迪西·瓦尔特学习气象学气候学。迪西·瓦尔特是戴维斯的学生。竺可桢在学习期间深受戴维斯及其弟子亨廷顿的人地关系思想影响，回国后发表多篇关于人地关系方面的论文。1918 年在哈佛大学获得博士学位后回国。

·美国地理学会《地理评论》创刊。为世界著名地理刊物之一。

·中国地学会《地学杂志》创刊。为中国第一个地理学专业期刊。至 1937 年停刊。总共刊行 181 期，刊载约 1700 篇论文。曾系统登载《大英百科全书》第十一版的地理学条目等。

·中国《地学杂志》创刊号刊首论文"论地质之构造与地表之变动"，提出研究地理学需首先研究与其关系最密切的地质学的观点。

·德国 F. 丹尼曼《大自然科学史》开始出版。

**公元 1911 年**

·中国"中华民国"建立。在国体意义上使用"中国",称"中国"为"中华民国"。中国开始以中华民国为国体地理空间的中国地理研究。

·美国艾伦·丘吉尔·森普尔《地理环境的影响》在美国出版。全书包括历史上地理要素的作用、地理环境影响的类型、社会及国家与土地之间的关系、民族移动、地理位置、政治疆域、地理边界、海洋民族、人与水的关系、岛屿居民、山地环境及其影响、气候的影响等。阐述地理环境对人类活动的影响及其机制。被认为是人地关系论中的地理环境决定论的代表作和代表人物。其实,该著具有鲜明的地理环境可能论和地理环境或然论思想特征。1936 年中国商务印书馆出版陈建民中译本。

·美国威廉·莫里斯·戴维斯等组织"利物浦—罗马朝圣"国际田野考察。

·法国保罗·维达尔·白兰士《法国地理总论》出版。为《法国历史》的《导论》卷。表达"自然创造了地区,而人再加以改造"的观点。在此前后,他提出"人在地域之中",之后人们将地域概念扩展为空间概念。

·法国卡·瓦洛《土地和国家》出版。对空间概念加以明确和定义。

·中国杨守敬、熊会贞修订、增补、重校本《历代舆地图》历史地图集 34 册 358 卷刻印刊行。毛泽东主席高度重视这部地图集。中国台湾省 1975 年出版《历代舆地图》影印版。是《中国历史地图集》《中华人民共和国历史地图集》的重要基础。

·中国孙中山《实业计划》部分发表。为国土空间产业规划,体现人地关系思想。后收入《建国方略》。

·埃里西·爱迪克斯出版一部关于"康德自然地理思想"的著作。

·日本野口《地理学纲要:人文研究》出版。

·日本吉田主编的《日本地理词典》开始出版。

·美国艾赛亚·鲍曼《森林地文学》出版。他以地理学家身份参加耶鲁大学秘鲁考察队。

·美国埃尔斯沃斯·亨廷顿开始（至1912年）测量了450棵加州巨杉年轮，建立加州气候变化曲线。

·中国竺可桢的硕士论文以"1900—1911年中国之雨量"为题发表在《每月天气评论》上。

·波兰尤琴纽什·罗梅尔（被尊为波兰地理学开山大师）受聘波兰李我福大学。在波兰第一个开设大学地理课程。他反对河流作为国界的观点。

·美国《美国地理学家联合会会刊》创刊。

·中国地学会委派王桐龄为驻日外交员。外交员负责收集所在国资料，并与所在国地学界交换资料。

·大陆冰盖研究开始。

·日本东京帝国大学地质系开始设置地理学讲座。由山崎直方开设，他毕业于东京帝国大学地质学系，后留学德国，师从阿尔布雷希特·彭克。

·中国丁文江从英国格拉斯哥大学留学回国。

·挪威 R. 阿蒙森到达南极。

·中国辞典公司出版《普通百科新大辞典》。包括地理知识。

·中国"实业救国"开始逐渐成为一种潮流。深远影响中国近代地理学发展。


## 公元1912年

·德国阿尔弗雷德·赫特纳发表"地理观"。强调和阐述地理学的包括自然和人文统一起来的区域观点和区域综合。这一观点有别于卡尔·李特尔把人放在地理学研究的中心位置的观点，有别于弗雷德里希·拉采尔把地理学看成分布的科学的空间观点。

·美国威廉·莫里斯·戴维斯组织"美国地理学会横穿大陆"国际田野考察。

·美国威廉·莫里斯·戴维斯《地形的解释性描述》德文版在莱比锡出版。系统阐述后来被称为的戴维斯地貌发育理论，也称地理轮回说、侵蚀轮回说。这是他 1908 年受德国阿尔布雷希特·彭克邀请到柏林大学讲学的德文文稿。

· 英国马里恩·纽比金提出和阐述体现人地关系的区域分类思想。

· 法国 E. 勒贝尔和德国贾古希提出"理想大陆"模式。在这个模式中，包括海陆分布对气候和植物地理地带分布的影响的思想。

· 中国陈月熙发表"中国地理学家派"。

· 中国《中华历史地理大词典》出版。

· 法国让·白吕纳（至 1930 年）在巴黎大学担任研究教授。此前曾于 1896—1912 年在瑞士弗里堡大学教授地理学。

· 意大利科拉多·基尼提出基尼系数并给出最初算法。之后基尼系数算法不断发展，逐渐成为地理分析工具。

· 英国珀西·莫得·罗士培开始系统研究中国。

· 德国阿尔弗雷德·魏格纳提出大陆漂移说。深远影响地理学和地理学家。之前 E. 居斯（1856 年）、A. 斯奈德（1858 年）、F. B. 泰勒（1908 年）提出和论述过，之后 A. 霍姆斯（1927 年）、A. L. 迪图瓦（1937 年）、C. H. 哈母古德（1958 年）、J. T. 威尔逊（1963 年）提出和论述过，均对大陆漂移理论的形成和发展有所贡献。

· 中国翁文灏获比利时鲁汶大学理学博士学位。次年回国并发表论文。

· 中国的北京高等师范学校、武昌高等师范学校、南京高等师范学校等开始（至 1919 年）成立史地部或文史地部。

· 中国中央观象台在北京设立，开始气象观测。

· 中国出版（至 1940 年）地理译著。主要是英国、日本、法国、德国、美国和苏联的著作。

· 中国北洋政府开始关注和资助有关学术社团，包括地理学有关社团。

· 中国地学会开始接受中国北洋政府教育部提供的每月 200 元补助。

· 美国威廉·莫里斯·戴维斯离开哈佛大学地理系。其学术传统由 W. W. 阿特伍德等传承。阿特伍德十分重视野外考察和中小学地理教育。

·中国地学会委派魏耀庭为驻法外交员。外交员负责收集所在国资料，并与所在国地学界交换资料。

·中国商务印书馆组织编纂新式教科书。包括地理类。促进近代地理学知识传播和近代地理学发展。

·中国的中华书局创办。

**公元 1913 年**

·第 10 届国际地理大会在意大利罗马召开。大会决定成立"世界地理组织"即后来的"国际地理联合会"。第一次世界大战之后的 1922 年成立。

·第 10 届国际地理大会分组之一是历史地理和地理学史。地理学史及其研究得到重视。

·俄国完成俄国自然地理大区区划。

·俄国 Л. С. 贝尔格提出和阐述地理景观学说和自然综合体概念。

·俄国 Л. С. 贝尔格完成俄国亚洲部分的自然地理区划。

·法国保罗·维达尔·白兰士在《地理年鉴》发表"地理学的独特特性"。

·法国保罗·维达尔·白兰士阐述地理学方法论：研究在地区内联系在一起的事物，他们相互作用，决定地球表层空间的一个特定地段的特征。体现了地理环境整体性思想和区域地理研究范式思想。

·法国保罗·维达尔·白兰士阐述地理学的特殊使命即"发现那些统辖世界的自然法则与生物学法则在其适用于地表不同地区之时是如何结合并发生变化的"。

·美国埃尔斯沃斯·亨廷顿开始约请 200 人帮助绘制一张世界文明地图。这些人包括历史学家、外交官、殖民地官员、旅行者、传教士、编辑、教育家、商人等职业的不同种族、被不同思想教育的人员。完成了包括很高、高、中、低、很低五个文明等级的世界文明地图。

·德国奥尔巴克发表城市规模及其排序方面文章。

·德国卡尔·豪斯霍弗以一篇关于太平洋政治地理论文获慕尼黑大

学博士学位。他曾在 1908—1911 年期间任德国驻日本大使馆武官，研究并逐渐成为太平洋与远东问题专家。他于 1934 年出任德国科学院院长。

·德国诺尔伯特·克雷布斯《奥地利阿尔卑斯山地理》出版。该著作重视地貌及其地质基础，重视地理要素之间的相互关系，具有地理环境要素整体性思想。

·中国《各省区域沿革一览表》出版。

·瑞典黑格尔·纳尔逊《地理景观》出版。深受德国区域研究影响。

·中国中央地质调查所成立。1950 年撤销。该所对中国地学的诸多方面开展研究。

·中国丁文江（至 1914 年）在云南从事野外工作。撰写云南锡矿资源、少数民族分布及其自然环境等方面报告。生前研究和阐述人类对自然资源利用问题。

·英国马克·阿弗勒尔·斯坦因（原为匈牙利人，1940 年加入英国国籍）开始（至 1916 年）对亚洲中部地区即我国西北地区进行第三次地理考察。

·美国 J. 拉塞尔·史密斯《工商业地理学》出版。

·德国阿尔布雷希特·彭克完成了按 1890 年设想的 1∶100 万六幅欧洲地图。之后不久，美国政府独立绘制自己的 1∶100 万地图。

·中国的北京高等师范学堂建立史地系。

·中国教育部颁布《大学规程》。地理学门设置在文科之下。地理学门开设地理研究法、中国地理、世界各国地理、历史地理学、海洋学、博物学、殖民学及殖民史、人类及人种学、统计学、测地绘图法、地文学概论、地质学、史学概论等课程。

·中国的优级师范学堂改称为高等师范学校。

·中国的师范教育中的公共科改称为预科，分类科改称为本科，加系科改称为研究科。预科学制 1 年，本科学制 3 年。本科的专业分类中包括历史地理部。

·中国教育部颁布《高等师范学校规程》。设置历史地理部。在数学物理部开设气象学等课程，在博物部开设矿物学和地质学等课程。

·中国袁世凯图谋解散国会，危及中国地学会的生存。中国地学会评议员、时任中国教育部普通教育司司长袁希涛为了中学地理教育而帮助中国地学会解决经费问题，促成教育部和农商部每月各资助 100 元。

·中国竺可桢进入哈佛大学研究院地学系攻读硕士和博士学位。其间跟阿特伍德学习自然地理学，跟罗伯特·华德学习气候学。罗伯特·华德著作《气候与人类的关系》为气象学专业教材，对竺可桢影响很大。

·连接太平洋和大西洋的巴拿马运河开通。

### 公元 1914 年

·R. D. 沃德提出和阐述用多年平均值定义气候的思想和方法。

·美国宾夕法尼亚大学罗尔巴赫发出一份调查表，征求当时世界各国著名地理学家对地理学性质的见解。在"什么是地理学"这一问题的 29 份答案中，反映出惊人的一致性。全都认为地理学是研究地球与人类生活的关系的科学。

·俄国 B. B. 道库恰耶夫关于自然地理学方面著作德文版在德国出版。

·俄国 P. И. 阿波林提出和阐述"表成层"概念和术语。表成层一方面主要依赖于气候而成为表层地带，另一方面主要依赖于地质过程而成为表层地区。

·美国地理学家协会成立区域问题委员会。主要进行自然区域划分方法论研究等。

·美国艾伯特·佩里·布里格姆（时任美国地理学家协会主席），阐述和强调"科学细致地描述自然环境是地理学家的任务"。他反对人地关系之间单一因果论思想，而具有人地关系多样性思想。

·俄国 K. D. 格林卡《土壤类型的形成、分类和地理分布》出版。他强调土壤地理、土壤形成、成土过程。他是 B. B. 道库恰耶夫的学生。

·中国杨守敬因其在地理学方面的成就出任中华民国政府顾问、参政院参事。

·中国地学会张相文受农商部委托调查西北农田水利。途中考察华北和西北地理环境。发表"河套与治河之关系"。

·中国孔廷彰等《中华地理全志》由中华书局出版。

·中国《全国行政区划表》出版。

·中国《民国行政区划要览》出版。

·中国傅运森《人文地理》出版。

·德国阿尔弗雷德·韦伯《工业区位论——区位的一般理论和资本主义理论》出版。在其《工业区位论——区位的纯理论》（1909年出版）基础上系统分析德国自19世纪中叶以来的工业布局，为应用基础理论著作。

·英国罗伯特·普拉特（至1915年）率队在中国湖南开展野外考察。注意地质基础与居民和土地利用模式的相互关系。这促使他从地质学转向地理学。

·美国古登堡发现后来被称为"古登堡面"的地幔和地核界面。

·法国桑志华来华，长期在天津北疆博物馆工作，长期进行对中国北方自然地理的资料收集和考察。

·中国黎锦熙（后任民国时期部聘教授、中国科学院学部委员）在湖南第一师范学校任职，指导毛泽东（后任中共中央主席、国家主席等）学习时特别强调学习自然地理和社会地理的重要性。他认为，自然地理和社会文化地理是研究历史甚至所有学问的基础。

·美国约翰·布鲁德斯·华生《行为：比较心理学导论》出版。为行为主义著作，标志行为主义的诞生。之后他出版《行为主义》等。深远影响地理学家特别是人文地理学家。

·中国沪江大学成立（由上海浸会大学改称）。在宗教科开设社会地理和东亚地理课程。

·中国留美学生在美国康奈尔大学成立"科学社"。1915年改组为"中国科学社"。

·第一次世界大战开始。深远影响世界政治经济军事格局和美国地理学发展，在地理学的地球科学传统和范式基础上逐渐出现社会科学传统和范式。

**公元 1915 年**

· 俄国 Л. C. 贝尔格发表 "地理学的对象和任务"。阐述 "地理学从分布观点出发研究的并不是个别的、单独的对象，而始终是相互关联的各种对象和现象的总体" 和 "地理学的特别重要任务是按自然特征把整个地表或其各部分划分为区域"。

· 美国埃尔斯沃斯·亨廷顿《气候与文明》出版。阐述气候条件与文明类型之间的关系。之前 1907 年曾出版《亚洲的脉动》。认为气候对社会发展、国家强弱、种族优劣、经济盛衰等的具有决定性作用。被认为是以气候要素为主、阐述自然地理环境决定论的代表作。

· 俄国科学院成立俄罗斯自然生产力研究委员会。主要通过组织有关大学开展考察研究。

· 英国 P. 格迪斯提出 "城市群" 概念。

· 美国 C. R. 德赖尔提出和运用 "自然经济区" 这一 "综合区域" 概念，进行美国自然经济区划工作。他认为通过自然条件和经济功能的综合是识别和划分自然区域的最好方法。

· 英国 P. 莱克《自然地理学》出版。

· 美国卡尔·奥特温·索尔从美国芝加哥大学毕业，获理学博士学位。后获多所大学荣誉博士学位。

· 中国科学社成立。其前身为 1914 年中国留美学生在美国康奈尔大学成立 "科学社"。仿英国皇家学会运作机制和功能。之后，地理学家、气象学家竺可桢曾为主要领导者之一。

· 中国科学社《科学》杂志首期在上海出版。是 "以传播世界最新科学知识为帜志" 和 "求真致用两方面同时并重" 的刊物，分设科学通论、各科知识、科学史与科学家、科教事业发展、科学新闻与知识小品等栏目。之后，发表地理学和区域地理论文。

· 美国威廉·莫里斯·戴维发表关于地理学写作原则方面的长篇论文。

· 德国阿尔弗雷德·魏格纳《海陆的起源》出版。首次系统而明确地阐述他所提出和构建的大陆漂移说。深远影响地理学和地理学家。1964 年中译本出版。

· 英国霍尔姆斯提出地幔对流概念及其对大陆运动影响的见解。

· 美国成立国家地理教育委员会。

· 中国的南京高等师范学校开始设立地理系。是 1921 年东南大学设立的地理系前身。

· 中国柳诒徵开始任教于南京高等师范学校。多年任史地部主任和历史系主任。

· 中国丁谦开始（至 1919 年）在《地学杂志》上连续发表其《蓬莱轩地理学丛书》中的有关内容。

## 公元 1916 年

· 美国国家科学院国家研究理事会（NRC）成立。也称美国国家研究理事会。主要任务是联系广泛的科学和技术团体，服务于科学院目标"增进知识"以及为联邦政府提供咨询。支持和开展地理研究，编纂出版《理解正在变化的星球——地理科学的战略方向》《重新发现地理学》等地理科学发展战略报告。

· 美国地理学会地文区划委员会完成美国地文区划及其区划图。

· 美国 F. E. 克莱门茨开始创立植被演替学说和演替顶级理论。

· 英国约翰·昂斯特德提出"将自然要素和人文要素同等对待"的区域地理分类方法和系统。这个系统是"自下而上"合并的系统。

· 瑞典鲁道夫·克伦《作为有机体的国家》出版。有译《生存形态的国家》。阐述国家有机体学说，阐述地缘政治学。地缘政治学是最为极端的地理环境决定论的典型。1917 年被翻译成德文。

· 瑞典鲁道夫·克伦系统阐述地缘政治学概念及其术语。多年之后引起重视。

· 中国陶履恭、杨文洵《中外地理大全》（上、下卷）出版。

· 俄国 Л. C. 贝尔格动物地理学巨著《俄国的淡水鱼类》出版。该著作提出、阐述和解决了一系列动物地理学问题。

· 日本出版冯·杜能《孤立国》日文版。

· 美国艾赛亚·鲍曼提出和使用"区域图表"作为区域地理研究方法。

· 美国地理学会《地理评论》创刊。

· 中国地学会联合中华书局发起编纂《大中华地理志》。中国地学会为宣扬共和观念，增进国民地理知识，联合中华书局发起编纂《大中华地理志》。计划编纂 3000 册。至 1919 年完成了《甲编·省地理志》和《乙编·县地理志》部分卷。

· 中国地学会林传甲开始出任《大中华地理志》总纂。他在湖南从政期间著《图史通义》一卷（又名《普通舆地法十二讲》），由长沙督学署刊行。

· 中国地学会《地学杂志》因中国地理学会会长张相文参与反袁活动而受波及被要求停止活动。

· 中国卢丹完成《最新大中华帝国道县形势全图》地图集，为手绘本。1917 年北京同伦学社出版。此后，地图及其编印开始进入民间。

· 俄国 Д. Н. 阿努钦提出研究国家生产力的思想。十月革命后他参加国家计划局和其他苏维埃机关工作。

· 中国竺可桢发表"地理与文化的关系"。为中国近代地理学时期较早的文化地理学论文之一。他在哈佛大学留学期间，通过导师迪西·瓦尔特而深受戴维斯及其弟子亨廷顿人地关系思想影响。

· 中国竺可桢发表"中国之雨量及风暴说"。

· 美国乔治·萨顿在哈佛大学开设科学史课程。竺可桢旁听并接受新人文主义思想和科学史研究意识。

· 英国 F. K. 瓦尔德开始发表研究中国的喜马拉雅山、青藏高原、滇西等地区的植物地理。

· 英国 F. K. 瓦尔德提出中国—喜马拉雅植物区系的概念。

· 中国国立沈阳高等师范学校成立。1918 年成立国文史地部。

**公元** 1917 **年**

·瑞典鲁道夫·克伦《作为有机体的国家》被翻译成德文。"地缘政治学"术语和思想进入德国的思想界和政治界。他的地缘政治学深刻影响德国、意大利和日本等国政治及其扩张。这是地理学思想对人类社会及其进程的最直接、最重大的影响。

·苏联列宁《帝国主义是资本主义的最高阶段》出版。阐述了地理环境特别是自然地理环境与社会发展之间的相互作用。深远影响地理学和地理学家理论思维。

·美国 V. C. 芬奇和 O. E. 贝克的《世界农业地理》出版。

·俄国 P. И. 阿波林发表"试论表层学说"。提出和阐述要综合考察与研究各种地表过程和地表现象的思想。

·德国阿尔布雷希特·彭克出任（至 1918 年）柏林大学校长。

·中国张相文开始任北京大学国史馆编纂，并在历史系开设中国地理沿革史课程。后著有《中国地理沿革史》33 章。

·中国第一部军事地理专门著作《兵要地理》刊行。

·英国 H. J. 弗勒完成全球范围内的（人文地理）区域类型方案。包括饥饿区、困难区、虚弱区、流浪区、增殖区、工业化区、成就区。

·第一幅垂直航空摄影照片（巴黎的一部分）发表在《地理评论》上。

·中国《最新全国行政区划表》出版。

·美国维诺尔·芬奇和奥利弗·E. 贝克尔《世界农业地图集》出版。

·美国总统指示建立为巴黎和会做准备的顾问团。其中包括地理学家开展的大量详细的地理工作。

·美国地理学会接纳中国竺可桢为会员。

·苏联十月革命进行。深远影响世界政治经济军事格局和美国地理学发展，在地理学的地球科学传统和范式基础上出现社会科学传统和范式。

·英国利物浦大学成立地理系。中国多位地理学家曾在此求学。

·中国多所大学的历史专业开始开设地理类课程。史地结合是中国历史专业的传统之一。

## 公元 1918 年

·苏联 B. И. 列宁指示苏联科学院要开展苏联自然资源考察，成立专门开展苏联经济发展计划（包括工业合理布局）工作的一系列专家委员会。为苏联地理发展提供条件。深远影响新中国成立初期的总体工作安排和工业地理乃至经济地理研究。

·苏联成立俄国科学院"自然生产力研究委员会"。组成部门之一的地理部下设从工业地理角度研究苏联工业化条件的专门机构。该委员会后来发展为苏联科学院自然生产力研究委员会。深远影响苏联经济地理发展。

·苏联 B. И. 列宁《科学技术工作计划草案》向苏联科学院提出一系列科学问题。其中包括若干地理学问题。这成为苏联地理学得到进一步发展的强大动力。

·苏联 B. И. 列宁提出和阐述工业布局思想，要"合理地分布俄国工业，使工业接近原料产地，尽量减少原料加工、半成品加工一直到出产成品的各个阶段的劳动损耗"。向经济地理学等提出国家任务，经济地理学也因此得到发展。

·法国保罗·维达尔·白兰士《法国东部地志》出版。其中包括了他三十年的地理学思想。

·法国保罗·维达尔·白兰士提出和阐述区域地理学需要更多的动态方法。

·苏联 C. C. 涅乌斯特鲁耶夫完成《奥良堡省自然分区》。为综合自然地理及自然区划著作。其中，高度重视由于人类活动所形成的文化景观和为发展经济而研究自然景观的重要性等人地关系思想。

·德国 W. P. 柯本发表了"按温度、降水及其年变化的气候分类"。完成其后来被称为柯本气候分类的气候分类。以后又不断修正分类指标。

1936 年完成最终方案。

·美国 A. D. 霍普金斯提出 1938 年被正式定名的生物气候定律。为地区性经验规律。中国龚高法提出中国的生物气候规律与霍氏定律不同，是中国东亚季风气候所致。

·南斯拉夫约万·斯维伊奇发表关于巴尔干半岛区域论文，勾画出南斯拉夫的边界。该论文的理论和方法以及研究范式遵循法国白兰士传统。

·美国艾赛亚·鲍曼在第一次世界大战后的巴黎和会（1918—1919年）中担任美国代表团的领土问题首席顾问。

·美国马克·杰斐逊担任美国参加巴黎和会代表团首席地图专家。

·美国地理学家为巴黎和会提供的高质量详细地图成为巴黎和会上的重要语言。

·美国 W. 托马斯等四卷本《欧洲与美国的波兰农民》出版。提出和系统研究入境移民文化维持力与入境地文化张力主题。是芝加哥学派的重要著作。

·德国亚历山大·苏潘《论政治地理学》出版。他提出政治地理要弱化自然地理的影响。

·第一次世界大战结束。瑞典鲁道夫·克伦"国家有机体学说"被德国一些政治学家、地理学家和民族学家所接受，代表人物是卡尔·豪斯霍弗。这一思想开始影响意大利和日本。

·第一次世界大战改变了世界政治地图和世界经济地图。深远影响世界地理研究。

·法国铎尔孟在北京大学历史系开设"人地学"课程。

·苏联列宁格勒大学地理研究所成立。

·苏联列宁格勒成立了苏联第一所地理学校。培养了格拉西莫夫、卡列斯尼克、马尔科夫等多位著名地理学家。后合并到列宁格勒大学地理系。

·中国国立沈阳高等师范学校成立国文史地部。开始地理科学研究和地理科学教育。

·中国竺可桢以"远东台风的新分类"获得哈佛大学博士学位。后回国，在武昌高等师范学校教授地理学和气象学。

·中国蔡元培提出"中国古代的学术从没有编成系统的记载"。他在为胡适的《中国哲学史大纲》作序中提出和阐释了此观点。同样适合地理学。

·中国《地学杂志》开始集中刊登有关乡土地理方面成果。《大中华地理志》编纂以来，有关高校鼓励学生研究和编纂乡土地理。

·英国劳伦斯编绘出关于中东地区的第一次世界大战后的应有的新国界地图，并提交给英国战时内阁在伦敦召开的关于阿拉伯地区主权问题的讨论会。用于世界空间秩序的划分。

·中国刊出《征集全国近世歌谣简章》。深远影响中国民俗地理以及民俗地理学。

## 公元 1919 年

·德国西格弗里德·帕萨尔格《景观学基础》（共 4 卷）开始陆续出版。开始提出和阐述主要的世界区域"景观带"主要有气候要素决定的思想和理论。

·美国埃尔斯沃斯·亨廷顿《人文地理学原理》出版。该著作按人类活动来描述世界。之后，其中的自然地理环境决定论观点受到 H. H. 巴罗斯的猛烈批评。中国王海初中译本出版。

·美国弗尔德里夫·詹姆斯《地理学与世界强权》出版。

·美国赖德尔发表"地理学的起源：地理学感知和概念的发展"。

·瑞典 T. H. P. 伯杰龙提出气旋锢囚阶段学说。

·中国孙中山发表"实业计划"。是中国有史以来第一部宏伟的国土开发整治和工业化建设战略，其思想反映了人文地理和地缘经济基本观点。中译文后收入《建国方略》。

·中国孙中山完成《建国方略》。首发在《建设》杂志上，主要包括《孙文学说》《实业计划》《民权初步》三部分。

·中国地学会和中华书局组织编纂《大中华地理志》。拟计划包括县、省和全国的地理志。后陆续完成京师、京兆和直隶、江苏、浙江、江西、福建、安徽、湖北、山西、山东等地地理志。

· 中国科学社成立科学名词审查委员会。之后开展科学技术名词审查审定工作。

· 中国部批准中国科学社成立的科学名词审查委员会。

· 中国《建设》创刊。中国孙中山委派胡汉民、朱执民、廖仲恺等在上海创办。

· 中国孙科在《建设》发表"都市规划论"。

· 中国李大钊和毛泽东拜访白眉初。三人热烈长谈。

· 日本东京帝国大学开始设置地理学系。山崎直方为首任教授，他毕业于东京帝国大学地质学系，后留学德国，师从阿尔布雷希特·彭克。

· 英国哈尔福特·麦金德发表"民主的理想与现实"。他根据政治地图的变化实际情况，提出"心脏地带"概念并替代"枢纽地区"概念，提出和阐述"陆心说"。还阐述了，作为对英国的警示，他解释了德国地缘政治地位的实力，指出它何以将能够征服世界。英国忽视了麦金德的提示，德国却高度重视——成为其极度扩张的战略。

· 美国艾赛亚·鲍曼、英国哈尔福德·麦金德等作为顾问，出席凡尔赛世界和平会议。

· 英国查尔斯·福西特编制地理功能区地图。

· 瑞典斯特恩·德·耶尔发表瑞典人口地理研究成果。包括 12 张地图和数百页文字说明。

· 中国成立科学名词编订馆。专门从事科学名词的审订和规范工作。包括地理学和区域地理方面的工作。

· 美国地理学家协会在第一次世界大战后为美国发展作出一定贡献。

· 美国地理学会组织危地马拉和洪都拉斯之间的边界野外调查。

· 中国南京高等师范学校成立文史地部。之后因南京高等师范学校并入东南大学、中央大学，而并入地学系。

· 中国胡焕庸开始就读南京高等师范学校文史地部，师从地理学家竺可桢。

·中国张其昀开始就读南京高等师范学校文史地部，师从哲学史家刘经庶、历史学家柳诒徵和地理学家竺可桢等。

·中国王庸考入两江师范学校史地部。1925 年考入清华大学国学研究所。

·瑞典皇家地理学会《地理学纪事》创刊。

·英国成立地名常设委员会。

·国际大地测量与地球物理学联合会（IUGG）成立。包括多个国际协会。2013 年开始设立 IUGG 会士，以表彰在该领域作出突出贡献的科学家。中国叶笃正、陈俊勇、陈运泰和夏军等在不同时期担任过执行局委员。

·中国燕京大学历史系开始开设历史地理特别是沿革地理、世界地理等方面课程。这些课程均体现人地关系思想观念。

·中国翁文灏完成《中国矿产志略》。为矿产资源地理著作。

·英国规划设计第二个田园城市韦林时，使用卫星城镇概念。

·中国的北京女子高等师范学校成立。文科包括史地部。

## 第三节　地理学年表：公元 1920—1929 年

**公元 1920 年**

·苏联 E. E. 费奥多罗夫开始（至 1925 年）创立综合气候学。

·英国珀西·莫得·罗士培提出自然区的概念。

·有关文献中出现非地带性分异因素、非地带性自然地域分异、经度地带性等思想和概念。后逐渐形成概念及其术语。

·中国翁文灏率队赴现场考察 8.5 级海原地震。1920 年 12 月 16 日今宁夏海原地区（原属甘肃）发生 8.5 级大地震，翁文灏率队赴现场考察，之后撰写了"甘肃地震考"，揭开了中国近代地震考察的序幕。1923 年他在《科学》第 8 卷第 8 期上发表"中国地震分布简说"一文，并绘制出第一幅《中国地震区分布图》，揭示了中国境内四类地震带的位置及其与大地构造、活动大断裂的密切关系。这是中国首张地震区划图，首次用地理空间的方式直观地表达了中国地震灾害的分布。

·苏联成立"苏维埃国家电气化委员会"。列宁组织和领导全国的电气化计划的研究与编制。次年完成《全俄电气化计划》（也称《全俄电气化委员会计划》）。该计划和苏联第一个五年计划，成为苏联地理学发展的强大动力。

·苏联 В. И. 列宁支持具有鲜明认识世界和改造世界目的巴朗斯基经济地理学。

·苏联 Н. Н. 巴朗斯基开始提出和阐述人地关系在区域上的统一性、自然地理学与经济地理学的结合等。

·法国亨利·贝尔开始主编百卷本的《人类的演进》。主张"大地与人类成为必要的研究目标"。其中的一卷为法国吕西安·费布夫尔的《地理学视野下的史学引论》。

·法国让·白吕纳《法国人生地理》（共 2 卷）开始陆续出版。为《法国历史》中的一部分。第一卷为通论地理和区域地理，第二卷为政治地理和社会经济地理。

·法国让·白吕纳开始在有关论著中明确提出和阐述地理环境要素整体性和地域整体性思想、人文地理学的演化原则和相关原则、地理环境适应的人地关系论。

·美国地理学家埃尔斯沃斯·亨廷顿和 S. W. 库欣《人文地理学原理》出版。高度重视自然地理环境特别是气候要素对人类活动的深远深刻影响。

·美国人口普查局提出和使用人口普查区。

·中国梁启超完成《清代学术概论》。论及地理学学术，包括地理学家和地理学著作。

·中国竺可桢转入南京高等师范学校，讲授地学。

·中国竺可桢编纂《地理学通论》。在此先后，他提出、阐述和贯彻地理学三原则即因果原则、综合原则和范围原则。曾开始文理科各系一年级共同必修课程"地学通论"。"地学通论"课程高度重视每一个自然地理要素对人类活动的影响及其相互关系，具有鲜明的人地关系思想特别是地理环境相关论思想。

·中国王星拱《科学方法论》出版。为科学哲学著作。深远影响中国近代地理学和地理学家。

·英国阿·马歇尔《经济学原理》出版。提出和阐述经济区位问题。

·苏联《世界改造分国地图》出版。

·中国白眉初发表"地理之科学观"。

·中国白眉初《国界小志》发表。

·中国蒙文通发表"中国古代北方气候考略"。为中国近代气候变迁研究的最早论文。

·中国白眉初《最新物质建设精解》（上、下卷）出版。为建设地理学著作。

·中国《地学杂志》11 卷 5 期发表"人地关系论"。为中文中较早出现和使用"人地关系论"概念及其术语。

·中国叶良辅开展中国的地貌成因、发展规律、地文期等研究。

·澳大利亚格里菲斯·泰勒开始担任澳大利亚悉尼大学地理系主任。

·瑞典杰勒德·德·耶尔将在瑞典从事的考察理论与方法带到美国，以检验在瑞典资料基础上所建立的时间尺度的国际通用性。

·美国 W. W. 阿特伍德开始任美国克拉克大学校长。任校长期间创建克拉克大学地理研究院。该院成为美国地理学研究中心。

·美国 W. 戴维斯在克拉克大学演讲。演讲文稿同年发表在《科学》上。1933 年中国竺可桢在所编译的《新地理学》中收入。

·匈牙利保尔·泰莱基第一次出任匈牙利首相。曾编制"匈牙利民族地图"。他是巴黎和会上匈牙利的新国界线确定根据的提出者。

·中国南京高等师范学校史地研究会成立。之后因学校变更而更名为南高东大史地研究会、东南大学史地研究会等。

·日本进行第一次全国人口普查。

·国际联盟建立。深远影响世界地理格局及其研究。

·中国徐世昌《欧战后的中国》英文版博士论文出版。他曾任中国北洋政府大总统。

·美国自然历史博物馆开始组织中亚远征队。开始对中国进行长期科学考察。

·国际组织"国际联盟"成立，简称国联。1940 年解散。该组织的目的是维持和平与安全、促进国际合作。为联合国前身。深远影响世界政治地理格局及研究。

### 公元 1921 年

·中国东南大学（中央大学和南京大学前身）开始设地理系。其前身为 1915 年成立的南京高等师范学校地理学。1924 年改为地学系，包括地理气象专业和地质矿物专业。1930 年改组设地理学系。标志着中国近代地理学的开端。在此期间竺可桢编纂《地学通论》。

·苏联 B. Л. 科马罗夫明确提出和阐述"经度地带性"概念。之后，有人提出"水平地带性"概念。他的这个概念是对植被在大陆西岸、大陆内部、大陆东岸不同的科学事实的反映。蕴含自然地带段性思想。

·美国艾赛亚·鲍曼《新世界：政治地理学若干问题》出版。简称《新世界》。该书从地理学角度论述了第一次世界大战后的国际关系、战争责任与赔款、土地分配、少数民族和国界等问题。1928 年增补版出版。

·美国亚历山大·史蒂文斯《应用地理学导论》出版。

·苏联国家领导开始系统性地高度重视地理和地图在国家发展中的重要作用。地理学成为苏联国家发展研究的重要支持学科之一。

·苏联国家计划委员会成立进行苏联经济区划的专门委员会即"经济区划委员会"。该委员会制定了苏联经济区划的基本理论并提出了苏联经济区划提纲。

·苏联国家计划委员会"经济区划委员会"阐述将国土划分为"功能单元"的思想，提出"经济区域"概念，将全国划分为 21 个经济区域。地理学提供科学支持，也因此得到发展。

·美国国务院地理办公室开始主要由职业地理学家负责。美国国务院运用地理学思想和方法解决若干问题。

·美国艾赛亚·鲍曼 1921 年分析和阐述中欧人口区域差异。瑞典 S.

德·耶尔 1922 年阐述和研究瑞典人口地理分布问题。同期的 A. 赫特纳和 P. 白兰士也非常重视人口地理分布问题。

·法国法布里发现、提出和阐述后来被称为的"大气臭氧层"概念。

·英国 F. K. 瓦尔德发现并指出湄公河—萨尔温江（中国境内称澜沧江—怒江）分水岭是地理阻隔界线。

·美国 M. 奥鲁索提出城市职能分类概念。美国乔治·哈里斯于 1943 年、美国 H. J. 纳尔逊于 1955 年均提出城市职能分类。

·中国竺可桢在《科学》等发表"我国地学家之责任"。阐述地理学基本价值和地理学家的责任。

·法国让·白吕纳等著《历史地理学》出版。

·法国伊曼纽尔·德·马东《法国的地理区》出版。提出和阐述注意那些能够解释相邻地区之间的主要差异的自然地理基础。

·中国白眉初《民国地志（总论）》（上、下卷）出版。

·澳大利亚格里菲斯·泰勒在《美国地理评论》发表"人种、文化、语言的发展与分布"。

·中国《中华全国名胜古迹大观》（共 6 册）出版。1924 年中国《中华名胜古迹大观续》（共 6 册）出版。

·中国王国维《观堂集林》出版，共 20 卷。其中《史林》部分包括多篇中国古代历史地理研究成果。

·美国总统富兰克林·D. 罗斯福当选美国地理学会理事。

·苏联成立国家计划委员会。后设置区划工作委员会，地理学是主要支撑学科之一。

·苏联 В. И. 列宁指示所有中小学都要开设地理课程。曾阐述地理学的应用科学性质。

·法国多所大学成立地理系。教师多是保罗·维达尔·白兰士的学生。

·中国南京高等师范学校史地研究会《史地学报》创刊。是南京高等师范学校史地学派的代表性出版物。竺可桢、张其昀、胡焕庸等发表地理学术论文。

·中国沪江大学邀请美国乔治·葛德石来校执教地质学。乔治·葛德石表示要在沪江大学建立地质与地理学系。

·中国王云五进入商务印书馆工作。之后成立百科全书编委会。

·中国孙中山提出《十年国防计划》大纲。之后称《总理国防十年计划书》。包括地理方面内容。

·中国徐世昌（曾任北洋政府大总统）《欧战后的中国》中文版由上海中华书局出版。该著作的主要协助者黄郛曾留学日本并进入日本陆军测量局地形科，之后完成《欧战之教训与中国之将来》《战后之世界》等政治地理著作。

·奥地利路德维希·维特根斯坦《逻辑哲学》出版。深远影响地理学哲学和地理学家，是结构主义地理学的哲学基础。

·美国弗兰克·H. 奈特博士论文《风险·不确定性和利润》详细阐述完全竞争。之后成为地理分析工具。

·英国 J. M. 凯恩斯《概率论》出版。提出和阐述"未必数量化就准确"。深远影响地理学和地理学家对数量方法的认识。

### 公元 1922 年

·国际地理联合会（International Geographical Union，IGU）在比利时布鲁塞尔成立。1913 年第十次世界地理大会曾提出成立"世界地理组织"即"国际地理联合会"。其宗旨是促进地理学问题的研究；创议和协调需要国际合作的研究，并为它们提供科学讨论和出版的条件；推动地理学家参与有关国际组织的工作；促进地理资料和有关文件在成员国之间的交流；发起组织国际地理大会、区域性会议和与联合会有关的专业学术会议；参与各种形式的国际合作，促进地理学的研究与应用；推动地理学中所使用的方法、术语和符号的国际标准化与统一。主要刊物有在法国出版的《国际地理学文献目录》和在德国出版的《全球地理学》。下设若干委员会和特别组，会员组织截至 2022 年有 105 个。1984 年中国地理学会正式恢复在国际地理联合会的合法席位。

·苏联国家计划委员会完成《苏联经济区划》巨大工作。地理学提供学科支持，也因此得到发展。

·法国保罗·维达尔·德·拉·白兰士遗著《人文地理学原理》出版。该书稿于 1905 年计划并陆续撰写，其学生整理补充后出版。全书包括引言、人在地球上的分布、文化模式（包括人地关系、文明演化、聚落等）、流通（包括交通方式、道路、陆路、海运等）等。1926 年英译本出版。

·法国保罗·维达尔·德·拉·白兰士《人文地理学原理》提出和阐述了"地域统一性"原理。即地球表层是一个整体，其各个部分即地域之间相互联系，反映地理环境地域整体性思想；明确提出和系统阐述作为人地关系论的一种理论——"（地理环境）可能论"。

·法国吕西安·费布夫尔《历史的地理学导言》出版。1925 年英译本出版。系统阐述"地理环境'可能论'"和批判"地理环境'决定论'"。

·美国 H. H. 巴罗斯提出和阐述"自然地理学人文化"和"地理学就是人类生态学"的观点，从而引起地理学界高度重视人文地理学和人地关系研究。

·英国珀西·莫得·罗士培开始中国综合自然区划研究。将中国自然地理环境划分为 15 个区。

·法国 A. 多扎特《语言地理学》出版。

·法国吕西安·费布夫尔《地理学视野下的史学引论》出版。为亨利·贝尔主编百卷本《人类的演进》中的一卷。阐述包括在历史的发展过程中起决定作用的是人类自身而非地理环境，在人类与地理环境相互作用中要高度重视地理环境的重要作用，人类是地理环境的主宰者和改变者等等在内的人地关系思想，提醒地理学家不要陷入地理环境决定论，告诫历史学家谨防有人把地理环境决定论引用到历史学中。英译本 1925 年出版。中译本 2012 年出版。

·苏联国家计划委员会区划工作委员会提出和系统阐述"经济区域"概念。

·中国竺可桢阐述地理学研究对象和研究核心："地理学乃研究地面

上各种事物之分配及其对于人类影响之一种科学。"

·中国竺可桢发表"地理对于人生之影响"。竺可桢在哈佛大学留学期间，通过导师迪西·瓦尔特而深受戴维斯及其弟子亨廷顿人地关系思想的影响。

·瑞典海克尔·安特夫斯发表用多种方法研究气候记录和冰川消退时间序列以及不同地区是否同步等方面成果。

·瑞典杰勒德·德·耶尔发表"关于地理学的定义、方法和分类"。

·瑞典 J. G. 安特生应中国政府之聘来中国作为矿业方面的顾问。之后，关注与研究黄土高原和黄河流域的人类文化和它的起源，开始研究黄土高原人地关系地域系统问题。

·日本十村《地形学》出版。将威廉·莫里斯·戴维斯的思想引入日本。

·德国 W. 克勒脱纳在阿弗雷德·赫特纳指导下获得博士学位，属于德国近代地理学第三代。1929—1931 年出任中国中山大学地理系主任。

·瑞典经济学家古斯塔夫·卡塞尔《1914 年以后的货币与外汇》出版，系统阐述购买力平价理论。购买力平价（PPP）成为研究不同国家或地区之间发展水平的重要工具之一。

·中国竺可桢请求东南大学校长，向欧美派遣地理学留学生，以充实中国的地理教学与研究。

·苏联莫斯科大学开始开设气候学课程。之后气候学课程成为博士考试的基础课程。

·中国北平高等师范学校设史地系。为北京师范大学前身。

·中国海军成立海道测量局。开始进行近海测量和海洋调查。

·中国商务印书馆成立史地部。

·中国"世界舆地学社"在上海成立。从事地图编绘出版工作，成为我国近代上海民间第一家专门从事公开编绘、出版、印刷和发行中小比例尺地图的专业机构。

·中国曾鄗《商业地理》出版。明确提出商业地理学是经济地理学分支学科。

**公元 1923 年**

·美国 H. H. 巴罗斯发表"人类生态学"。他认为地理学就是人类生态学。

·美国 H. H. 巴罗斯提出和阐述作为人地关系论的一种理论的生态调节论。有学者认为生态调节论为地理环境适应论的代表之一。

·美国 H. H. 巴罗斯提出和阐述现场是地理学者的实验室。之后，重视现场即实地考察的研究方法，被称为"现场方法"。

·法兰克福学派的重要载体法兰克福社会研究所成立。

·美国普雷斯顿·詹姆斯获克拉克大学地理学博士学位。受业于森普尔，深受地理环境决定论影响。

·苏联 A. 克鲁伯阐述"人地关系论"。他阐述道：像地球上所有生命一样，人类同样也受到自然力的制约，自然力以其不可抗拒的必然性，决定了居住条件和人类的生活方式。

·俄国地理学会开始（至 1926 年）进行大规模的蒙古和中国西藏考察。

·俄国地理学会和苏联科学院组织西西伯利亚考察队。

·中国开始展开"科学与人生观"的大论战。也称科学与玄学的大论战。科学派主力之一为丁文江。深远影响中国地理学和地理学家。

·中国蔡元培提出和使用"民俗学"科学概念。为民俗地理学重要文献。

·中国刊出《风俗调查表》。深远影响中国民俗地理以及民俗地理学。

·中国胡朴安《中华全国风俗志》由上海广益书局出版。为中国风俗地理著作。

·中国白眉初《地理哲学》由新共和印刷局出版。1936 年再版。竺可桢曾评述。系统阐述若干元地理学问题，特别阐述地理学的人地关系视角。该书主要观点包括：（1）地理学的学科属性为自然科学，具有"理体文用"的特点；（2）地理学"涵盖百科下，却有划界自存之风"，人地关系视角这一具有独特性的研究视角是地理学与其他相邻学科最本质的区别，同时也是地理学的趣味所在；（3）地理学是一门具有宏观性、变化性、时效性和很强教育功能的学科。

·中国翁文灏明确揭示和系统阐述中国地震空间秩序。在《科学》第8卷第8期上发表"中国地震分布简说"并绘制出第一幅《中国地震区分布图》，揭示了中国境内四类地震带的位置及其与大地构造、活动大断裂的密切关系。这是中国首张地震区划图，首次用地理空间的方式直观地表达了中国地震灾害的分布。1920年12月16日今宁夏海原地区（原属甘肃）发生8.5级大地震，翁文灏率队赴现场考察，之后撰写了"甘肃地震考"，揭开了中国近代地震考察的序幕。

·德国克·克雷奇莫尔《地理学史大纲》出版。

·中国丁文江发表"关于中国人文地理"。

·中文首次出现"人文地理"术语。

·中国张其昀在《史地学报》发表"历史地理学"。介绍法国人文地理学思想。

·中国张其昀提出并阐述地理学的实地研究、解释、批评和致用等科学精神。

·法国《国际地理文献》创刊。

·瑞典斯特恩·德·耶尔《大斯德哥尔摩地区：地理学的解释》出版。

·中国商务印书馆出版英国J. A. 汤姆森著中译本《科学大纲》（共四卷）。为高级科普著作，包括丰富的地理知识。

·日本关东大地震引起国家对地球科学的关注，包括对地理学的关注。

·美国乔治·葛德石开始（至1929年）任教于中国沪江大学。后任地质与地理学系系主任。对中国很多地方进行野外考察。很多著作关注和阐述人们对自然资源的利用和压力问题。

·中国张相文为中国地学会在北京购置到新会址。

·中国地学会向全国各界发出通电，要求收回旅大，警示要防备日本强占。

·中国苏甲荣编绘成《中日战争地理图》。

·中国王国维完成自选集《观堂集林》。其中包括中国古代（夏、商、周）的区域地理、西北史地。

·中国的北京高等师范学校改为北京师范大学，设立史地系。北京女子高等师范学校改为北京女子师范大学，设立史地系。之后两校合并，继续进行地理专业教育。

**公元 1924 年**

·第 11 届国际地理大会在埃及开罗召开。

·德国瓦尔特·彭克（也称小彭克）遗著《地貌分析》出版。也译为《形态学分析》。提出和阐述山坡平行后退理论、山麓阶梯等概念及其术语。是经典地貌学理论。1953 年有英译本，影响远大于德文本。

·中国袁复礼率先在中国高等学校讲授地貌学。

·德国卡尔·豪斯霍弗创办《地缘政治学杂志》在德国创刊。之后开始利用和歪曲国家有机体学说和生存空间论等地理学概念、思想和理论。逐渐成为德国纳粹侵略扩展的思想和理论基础。也表明地理学的力量。

·中国白眉初《中华民国省区全志》（共 5 卷）开始出版。

·中国张相文完成中国自然区划方案。该方案将中国划分为六部十八区。

·美国卡尔·奥特温·索尔主张进行人类活动地区的野外调查，从观察的事实中得出人地关系及其人地关系理论的地理科学哲学思想。

·美国德莱尔提出和阐述有工作假设的野外考察。

·中国的东方舆地学社在上海成立。从事地图编绘出版工作。

·中国梁启超完成《中国近三百年学术史》。为他在清华大学的讲义。论及地理学史，主要包括地理学著作和地理学家。

·美国科学史学会成立。

·中国的中国科学社、中国天文学会、远东生物学会、考古学会、中国地学会、中国地质学会、中国气象学会等七学术团体在 6 月 9—10 日两度开会讨论庚款用途及管理方式。深远影响中国到国外学习地理学。著名期刊《自然》也发表这方面文章。

·中国"中国文化基金会"成立。曾资助与地理有关的调查研究。

·英国哈尔福特·麦金德提出和阐述"大西洋共同体"概念。成为后来成立并深远影响世界的"北大西洋公约组织"的思想理论基础，深远影响世界地理格局和世界地理研究以及世界地理学家思维。

**公元 1925 年**

·德国弗里德里希·恩格斯《自然辩证法》在苏联出版。为德、俄对照形式。之后世界诸多国家出版很多版本。1932 年中文版出版。深远影响包括地理学在内的一系列学科的理论思维，特别是马克思主义地理学。

·德国弗里德里希·恩格斯《自然辩证法》阐述了辩证法的三个基本规律。"辩证法的规律是从自然界以及人类社会的历史中被概括出来的。辩证法的规律不是别的，正是历史发展的两个方面和思维本身的最一般的规律。他们可以简化为下面三个规律：量转化为质和质转化为量的规律，对立的相互渗透的规律，否定之否定的规律。"这些规律是地理规律研究、阐述的理论基础。

·法国伊曼纽尔·德·马东《自然地理学原理》（第三版）出版，共三卷。《自然地理学原理》（第一版）于 1909 年出版。苏联 1939 年翻译出版俄文版。

·苏联 A. A. 格里高利耶夫提出和阐述决定自然地理综合体的两类因素即日照—行星因素和地理因素。包含自然地域分异的地带性地域分异因素和自然地域分异的非地带性因素的这两种基本自然地域分异因素的思想。

·苏联尼古拉·康德拉季耶夫发表"经济生活中的长波"。提出和阐述了后来被称为"康德拉季耶夫周期理论"的理论。是地理科学研究维度之时间序列研究维度的工具之一。

·美国卡尔·奥特温·索尔《景观的形态》（也译为《景观形态学》）出版。之后，他和有关同人工作特别是研究范式构建，形成了地理学伯克利学派。主张地理学应该研究人类文化与景观之间的关系。

·美国卡尔·奥特温·索尔发表"文化景观形态学"。系统阐述文化景观论。提出和阐述文化景观是人文地理学的研究核心观点，提出、阐述和使用文化区、文化源地等概念及其术语。

·苏联 H. H. 巴朗斯基完成《苏联区域经济地理教程》。该著作中的区域划分是苏联国家计划局认同了的由苏联经济地理学家所完成的区域划分。区域划分运用了列宁的社会主义工业化学说和全面发展苏联经济学说。

·美国《经济地理》开始连载（至 1943 年）"大洲农业地理"研究成果。

·美国卡尔·奥特温·索尔给出文化景观概念的经典定义。文化景观是某一文化群体利用自然景观的产物，即文化是驱动力，自然区是媒介，而文化景观则是结果，同时文化景观具有变迁或变化属性。

·美国卡尔·奥特温·索尔系统阐述和使用"地域差异"概念。

·美国德文特·惠特尔西提出"人类占据说"，阐述"相继占据"。也称"文化史层说"。1929 年系统阐述该理论。

·英国 J. R. 史密斯《工业和商业地理学》出版。

·法国 L. 费伯《历史学的地理学引论》出版。

·苏联威廉斯根据气候因素进行土壤分类。反映自然地理要素整体性思想。

·苏联 Л. C. 贝尔格发表"地球的气候带"。提出和阐述以景观地带为根据的地球气候分类法。

·苏联 Л. C. 贝尔格根据气候型及其分布格局与地理景观及其分布格局进行气候区划。反映自然地理要素整体性、自然地理环境尺度性思想。

·德国阿尔布雷希特·彭克从国家、语言、民族、文化等阐述德国和德意志概念及其区别等政治地理学和区域政治地理问题。深刻影响他的学生特别是埃米尔·麦男的政治地理观念。

·德国阿尔布雷希特·彭克提出和使用国家领域、语言领域、民族领域、文化领域等概念及其术语。发展了德国弗雷德里希·拉采尔的生存空间概念和理论。

·中国翁文灏发表《中国山脉考》。之后发表《中国地理学中的几个错误的原则》。阐述中国的地势和山脉的成因。

·中国竺可桢发表"中国历史上气候之变迁"。为中国较早的历史自然地理学论文。

·美国 E. W. 伯吉斯提出城市地域结构的同心带学或同心圆模型、城市地域的侵入和演替概念。他的这一思想反映在大多数北美城市的城镇规划方案中。这是芝加哥学派的代表之一。

·瑞典约翰·弗勒丁发表"西连湖周围的兽棚区"。阐述高地牧场系统随着自然地理条件分异和人类活动而变化。具有自然地理和人文地理综合思想、地理环境变化思想。

·苏联瓦维洛夫《栽培植物的起源中心》出版。提出作物起源中心学说。

·中国张其昀《人生地理》（上、中、下三卷）出版。

·中国王华隆《人文地理学》出版。1929 年出版第四版。

·法国让·白吕纳（至 1927 年）在加拿大蒙特利尔大学开设地理学课程。

·德国卡尔·豪斯霍弗《历史与地理相互关系的研究》出版。后有日本翻译出版日文版。

·中国翁文灏发表介绍大陆漂移说的论文"惠氏大陆漂移说"。

·中国竺可桢到上海任商务印书馆编译所史地部部长。

·苏联莫斯科大学设立地理系。俄国 Д. Н. 阿努钦等创建莫斯科大学地理学派。这个学派造就了 Л. С. 贝尔格等著名地理学家。

·苏联列宁格勒地理研究所改为列宁格勒国立大学地理系。

·法国巴黎大学成立地理学院。主要课程有自然地理、经济地理、区域地理等。

· 日本地理学会成立。当时会员 50 名。

· 埃及开罗大学设立埃及第一个地理系。

· 美国克拉克大学创刊《经济地理》。该刊主要发表经济地理学领域涉及经济、社会、发展和环境等问题，致力于深化地理驱动因素和经济过程的理解。

· 美国地理学会研制的地图用于智利和秘鲁边界纠纷的政治地理问题。

· 美国艾赛亚·鲍曼开始计划研究拓荒带问题。1931 年得到批准和资助。之后出版《拓荒边区》等著作。

· 苏联科学院成立。其前身为 1724 年成立的俄罗斯科学院。多位地理学家当选苏联科学院院士。

· 苏联决定开始工业国建设。深远影响苏联地理学特别是经济地理学发展和经济地理学家成长。之后逐渐形成了经济地理学的统计学派和区域学派。

· 中国王同春完成《复兴后套计划渠图》。为以水利工程为主的地理工程设计纲要。

· 太平洋学会（IPR）在美国檀香山成立。该学会注重学术型和研究性工作。

· 日本成立地理学家协会。后发行《日本地理学评论》。

· 英国 A. 怀海特《科学与近代世界》出版。批判了近代科学的机械论宇宙观，提出和阐述有机世界观。之后，出版《符号论》。深远影响地理学和地理学家。

· 中国王庸考入北京清华学校国学研究所研究生，师从梁启超等。之后，曾任北平图书馆舆图部主任，后著《中国地理学史》。

## 公元 1926 年

· 苏联 B. И. 维尔纳茨基发表"生物圈"演讲。系统阐述生物圈的概念和思想，开创现代生物圈学说。之后，提出"智慧圈"概念及思想。

· 苏联 B. И. 维尔纳茨基《生物圈》出版。

·美国学者提出后来被称为"深部生物圈"概念的思想萌芽。

·美国埃尔斯沃斯·亨廷顿《脉搏的过程》出版。系统阐述大地域空间尺度的自然地理环境变化与大地域空间尺度的人类活动之间的关系。

·中国毛泽东（后来是中共中央主席、国家主席等）在广州农民运动讲习所讲授地理课程。

·中国竺可桢提出和阐述中国地质历史时期的气候脉动说。

·中国竺可桢在《史学与地学》发表"何谓地理学"。阐述地理学研究对象、研究核心、基本价值和研究范式等地理学基本问题。

·中国开始使用"人生地理学""人文地理学"术语。

·法国伊曼纽尔·德·马东提出干燥指数，并使用干燥指数识别出干燥区。反映将热量和水分综合考虑的地理综合思想。

·中国的中国史地学会成立。同年创刊《史学与地学》，梁启超题写刊名。

·中国张其昀《本国地理》出版。

·中国张其昀在其《人生地理教科书》中提出和阐述中国综合地理区划方案。该方案应用自然地理要素和人文地理要素的综合。

·中国张其昀提出"按自然—人文综合分区"的地理综合区划思想和方法，并对中国进行综合地理区划。

·中国张其昀阐述人生地理学（即人文地理学）"研究范式"："人生地理学乃从空间、时间两方面，解释地理环境与人类生活之相互的关系与变迁的关系者也。"

·中国张其昀完成中国地理区划。将中国地理环境特别是自然地理环境划分为23个（地理）区。1935年修改为60个（地理）区。

·苏联 H. H. 巴朗斯基《苏联经济地理——国家计委划定的各州区概述》出版。提出区域的地理综合思想和地理综合研究方法。巴朗斯基经济地理学思想和方法深远影响中国。

·苏联 H. H. 巴朗斯基为首的经济地理学的区域学派的思想开始形成。该学派主要研究生产力的区域研究、经济区的综合研究，与自然环境有联系的生产综合体的研究、各地区的生产综合体和生产关系的研究、生产综合体与社会主要生产力关系的研究、区域联系的研究、区域和积极改造关系的研究、区域发展历史的研究、对地区与小区之间关系的研究等。

·苏联 B. И. 维尔纳茨基《生物圈》出版。系统阐述"生物圈"概念的科学内涵和科学思想，强调人类在地球化学变化中的作用，为地球系统科学先驱和生物地球化学创始人。

·英国 A. G. 坦斯利创立植被演替的多元演替顶极理论。

·中国翁文灏发表"中国东部的地壳活动"。之后陆续发表多篇同类论文。首次提出和阐述燕山运动及其学说，为世界所公认。

·中国张其昀在《史学与地学》发表"人生地理学之态度与方法"。系统阐释人文地理学的若干基本理论问题。

·瑞典黑格尔·纳尔逊《北美和瑞典人》出版。成功运用地理考察和访谈等方法开展研究。

·法国维达尔·白兰士、伊曼努尔·德·马东等在《经济地理》上发表"人文地理学原理"。

·瑞典杰勒德·德·耶尔发表"北欧挪威人种的核心区域"。高度重视"地理综合"的"区域综合"研究。

·瑞典澳洛夫·强纳森发表"世界的农业区域"。是北美地理学第一次注意到德国冯·杜能模型。

·中国顾颉刚《古史辨》开始出版。创立影响很大的"疑古学派"。之后培养了侯仁之、史念海、谭其骧等历史地理学家。

·美国艾赛亚·鲍曼提出和阐述德国和美国之间多年来地理学学术争论的原因——概念理解的差别和文化观念的差别。

·德国柏林开始（至 1938 年）出版《地形学报》。1957 年复刊至今。

·中国竺可桢发表"论江浙两省人口之密度"。

·中国胡焕庸开始（至 1928 年）留学巴黎大学和法兰西学院等，师从 J. 白吕纳、伊曼努尔·德·马东和阿尔伯特·德芒戎。其间赴英国和德国考察。

·中国黄国璋开始在美国学习地理学。师从埃尔斯沃斯·亨廷顿学习人文地理，选修了埃尔斯沃斯·亨廷顿的"气候学""地理学问题"课程。1928 年获得硕士学位后回国。

·中国凌纯声赴法国巴黎大学民族学学院学习，师从 M. 莫斯等。之后从事民族地理学和边疆地理学研究，发表"苗族的地理分布""云南民族地理"等民族地理学论文。

·苏联《苏联大百科全书》第一版开始陆续出版。至 1947 年出版 66 卷。约 65000 个条目，多为大条和特大条。包括丰富的地理学和区域地理知识。

·俄罗斯地理学会更名为国家地理学会。

·中国史地学会《史学与地学》创刊。竺可桢发表"何谓地理学"，张其昀发表"人生地理学之态度与方法"。之后成为地理学成果发表的主要期刊之一。

·德国马丁·海德格尔《存在与时间》发表。首次提出和使用存在主义术语并阐述存在主义原理。为存在主义重要著作。深远影响地理学特别是人文地理学和人文地理学家。

## 公元 1927 年

·美国地理学家协会年会第二十四届主席马里乌斯·坎贝尔发表"地理术语"的演讲。

·俄国 B. B. 道库恰耶夫关于地理学方面的著作和思想开始从德文翻译为英文。

·法国维达尔·白兰士和吕西安·加鲁瓦主编的《世界地理丛书》（也称《地理大全》或《世界地理》）开始陆续出版。全书共 15 册 23 卷。各卷的编纂大纲具有严格区域地理性质，对每个地区都同时从自然地理和人文地理进行研究和阐述。自然地理部分主要从地貌要素和气候要素进行阐述，人文地理部分主要从农业和农村聚落及其相关的生活方式进行研究和阐述。

·德国阿弗雷德·赫特纳《地理学：它的历史、性质和方法》出版。

系统阐述"地理时间"和"地理空间"，指出"区域是自然和人类现象相互结合的具体体现"，提出和阐述"地理学是一门关于区域分异的科学即研究地表现象分布的地区差异"。1930 年苏联出版俄译本。1983 年中国出版中译本。

　·中国毛泽东（后来是中共中央主席、国家主席等）完成《湖南农民运动考察报告》。该著作的重要基础之一是毛泽东深入湖南五县的专题地理考察。

　·德国阿弗雷德·赫特纳阐述地理空间划分的路径和方法论。地理空间的划分包括类型划分和区划划分。

　·中国完成《清史稿》。次年刊印。包括《地理志》《河渠志》《交通志》《邦交志》《食货志》《灾异志》等，为地理著作。

　·中国完成《清史稿》之《地理志》。共 28 卷。为历代正史中卷数最多、内容最翔实的地理志。

　·法国阿尔伯特·德芒戎著《农村聚落》出版。是世界农业地区各种中心聚落分布研究先驱。

　·法国阿尔伯特·德芒戎著《大不列颠群岛》出版。提出和阐述区域地理学需要更多动态方法。

　·苏联 В. И. 维尔纳茨基在法国进行关于生物圈的演讲。

　·苏联 Л. С. 贝尔格《气候学原理》第一版出版。1938 年第二版出版。系统阐述气候及其影响因素等基本理论问题。

　·苏联 Н. Н. 巴朗斯基《苏联经济地理》出版。

　·美国德·弗里斯阐述经济和土地类型之间的关系，反映自然地理要素与经济地理要素的地理环境整体性思想。

　·美国从德文转译 В. В. 道库恰耶夫地带性土壤方面的英文著作出版。

　·澳大利亚格里菲斯·泰勒《环境和人种：发展、移民、人种定居状态研究》出版。为民族地理学基础著作。中文曾译《人种地理学》。

　·中国商务印书馆出版译著《世界史纲》。其中，包括地理环境演化史。中国梁启超、竺可桢等为校订者。

·中国中央大学成立地学系。下设地质学组和气象学组。1930 年地学系分成地质学系和地理学系。

·中国第四中山大学在自然科学院下设立地学系，在社会科学院下设立史地系。

·中国和瑞典合作组织中瑞西北科学考察团。这是中国第一个组建的大规模中外合作考察团。考察内容涉及自然地理、自然资源、考古、民族等。斯文·赫定和中国北京大学教务长、哲学系教授徐炳昶共同率领一支空前规模的现代化科学考察队对中国西部地理等进行了考察，1935 年结束。之后瑞典方面将成果汇集成包括 11 大类的 55 卷《中瑞西北科学考察团报告集》。

·苏联制订第聂伯河流域开发计划，其基础是 H. H. 科洛索夫斯基起草的乌拉尔—库兹聂茨工业联合计划。

·苏联 M. Б. 沃尔夫《俄国工业地理分布》出版。

·中国蒙文通完成《古史甄微》。之后完成《古族甄微》《古地甄微》。研究和阐述中国的古代地理学、民族地理学、地理学学史等。2015 年《蒙文通全集》出版。

·中国张其昀等译，竺可桢等校的《战后新世界》由商务印书馆出版。该书译自美国艾赛亚·鲍曼的《新世界：政治地理学若干问题》。

·德国马丁·海德格尔《存在与时间》出版。是存在主义重要著作。存在主义成为 20 世纪 70 年代地理学的基础和核心。

·德国沃纳·海森堡提出物理学中的测不准原理。这一思想深远影响地理学和地理学家。

·中国张其昀开始任教于中央大学，提出和践行"教学式研究与研究式教学有机结合"。

·美国查尔斯·柯布和美国保罗·道格拉斯明确提出柯布—道格拉斯函数。之后不断发展，成为地理分析工具。

·美国《国家地理杂志》刊出世界上第一张彩色照片。

·中国成立"中国自然科学社"（原名为"华西自然科学社"。1928 年改为此名）。设有包括地理学在内的地学组等学科组。

·中国成立"中国学术团体协会"。并开始与来华考察的外国考察团共同组成联合科学考察团合作考察。这是中国学者群体保护中国科学资源的行动。

·中国徐近之考入东南大学地学系。次年东南大学改为中央大学，他开始直接受教于胡焕庸、张其昀、黄国璋。

## 公元 1928 年

·第 12 届国际地理大会在英国剑桥召开。大会决议为"区域地理的目的在于描述国家的现实地区，并探讨形成这些地区的原因"。

·中国毛泽东发表"中国的红色政权为什么能够存在"。之后发表"井冈山的斗争""中国革命战争的战略问题"等。在系统分析中国的历史背景和地理环境的基础上，全面分析了政治、经济、人口、交通、自然资源、自然条件等组合的地域结构及其对中国道路的影响，发现了对中国政治经济发展的区域不平衡规律，提出和系统阐述"农村包围城市"的政治地理和军事地理思想。

·瑞典 T. H. P. 伯杰龙开始创立气团学说。

·中国竺可桢在《地理杂志》发表"地理教学法"。该文为作者于 1922 年发表的"地理教学法之商榷"的修改稿。指出高中要开设地理课程。

·中国张其昀发表"中国山岳之分类"。从人文地理学角度将中国划分为八大系统：西南大山系、南岭系、秦岭系、东北新断层系、满洲山系、漠南山系、漠北山系、天山山系。对每一系统阐述其地形、水道、气候、物产、交通、文化等地理要素，并注重自然地理对人文地理的影响。

·中国郭沫若在《东方杂志》发表"中国社会之历史的发展阶段"。其中包括中国古代的区域地理。

·中国郭沫若撰写"卜辞中的古代社会"一文。其中包括中国古代的区域地理。

·中国陆一远译、德国弗里德里希·恩格斯著《劳动在从猿到人转变过程中的作用》由中国的春潮出版社出版。深远影响地理学。

·美国普拉特提出各级中心地点概念。

·英国霍尔姆斯提出地幔对流学说。1915 年提出后来被命名的"地幔对流"概念。

·中国翁文灏发表"中国地理学中之几个原则错误"。

·AAG 第二十五届主席道格拉斯·W. 约翰逊发表"地理前景"。

·中国冯景兰在粤北仁化县发现"丹霞地貌"。当时定名为"丹霞层"。此后陈国达、吴尚时、曾昭璇、李见贤(黄进)等考察研究,命名为"丹霞地貌"。现今定义"有陡崖的陆相红层地貌称为丹霞地貌",广东省韶关市东北的丹霞山以赤色丹霞为特色,由红色沙砾陆相沉积岩构成,是世界"丹霞地貌"命名地,2004 年经联合国教科文组织批准成为中国首批世界地质公园之一。

·中国中央研究院组建广西科学考察团,对广西进行基础考察。

·加拿大地理学家、经济学家和历史学家以及社会学家开展"边缘带"研究。之后出版《加拿大边缘带的殖民》丛书(八卷)。

·德国 B. 伦施提出地理人种概念。后提出区域性人种和小种族概念。为民族地理学基础工作。

·德国卡尔·豪斯霍弗《地缘政治学的构成》出版。1939 年日本翻译出版日文版。

·瑞典 R. M. 黑格《纽约及其周边地区》多卷本出版。

·中国张其昀《中国民族志》出版。为民族地理学著作,后多次重印。

·中国白眉初《中国人文地理》出版。

·埃及出版埃及国家地图集。

·中国武同举《淮系年表》(共 4 册)出版。该著作还阐述了淮河流域的自然地理和人文地理。

·中国张印堂开始(至 1933 年)在《地学杂志》上发表"中国古代文化发展及其地理背景"。

·中国大学院成立了译名统一委员会。王云五为主任。之后所开展工作包括地理学和区域地理译名工作。

·德国地理学会成立。

·中国地学会派员参加德国柏林地学会百年纪念大会。

·中国的清华大学成立地理学系。主任翁文灏。1932 年易名为地学系，下设地理组、地质组和气象组。1952 年并入北京大学。

·苏联科学院联合考察委员会成立。其前身为 1926 年成立的苏联科学院"联盟和各共和国专门研究委员会"。

·苏联编制施行第一个五年计划。其中，专门设置地域章节。地理学提供科学支持。中国开始翻译出版《苏联五年计划》。

·中国中央研究院在南京成立。之后成立若干研究所，包括地理学工作。20 年后推举出第一批院士。

·澳大利亚格里菲斯·泰勒开始在美国芝加哥大学任教。

·中国顾颉刚在中山大学开设"古代地理研究"课程。主要以文献为基础阐述和讲授古代疆域观念和疆域变迁等方面内容。这是中国"禹贡学会"创立的思想理论基础。

·美国地理学会研制地图用于玻利维亚和巴拉圭边界纠纷。

·中国黄国璋参加美国农业部关于世界农业地图编绘的中国部分的数据检验等工作。

·中国黄国璋毕业于美国芝加哥大学，获地理学硕士学位。论文题目是"上海港"。曾就读于耶鲁大学。师从美国埃尔斯沃斯·亨廷顿。在美国留学期间参加美国地理学会。

·中国黄国璋在《地理杂志》发表"美国加州葡萄干产区之位置与地理环境之关系"。为中国最早系统介绍农业地理的论文。

·中国的北平师范大学地理系成立。系主任王谟。

·中国的东南大学改为中央大学。中央大学设置地理系。

·中国《地理杂志》创刊。1932 年更名为《方志月刊》。

·中国黄国璋受聘任中央大学地理系副教授、教授，讲授"人生地理""北美地理"等课程。1930 年受翁文灏邀请任清华大学地学系主任，1931 年返回中央大学任教。

·国际语言学者会议开始考虑设置语言地理调查机构。

·国际科学史学会成立。包括地理学史。

·中国丁骕开始在燕京大学地学系学习。1933 年毕业，撰写《云南地理》。后发表在《新亚洲》上。

·中国青岛观象台成立海洋科。

·哈佛燕京学社成立。由哈佛大学和燕京大学合作创办。致力于发展亚洲地区的高等教育和以文化为主的人文学和社会科学的发展。资助出版《燕京学报》38 册、《哈佛亚洲学报》等。

·中国洪业创建"中国字庋撷法"。之后著"引得说"，哈佛燕京学社按此说完成一系列古代著作的"引得"。


## 公元 1929 年

·德国 L. 狄更斯《植物地理学》出版。第一次对地球表层植物区系进行划分。之后，H. G. A. 恩勒（1936 年）、R. 古德（1974 年）、A. Л. 塔赫塔江（1978 年）、中国吴征镒（1979 年）、中国张宏达（1980 年）等均进行过植物区系划分。

·德国 B. 伦什提出"地理人种"和"地域人种"概念。1961 年美国 S. M. 加恩给出科学定义并使用推广。

·苏联 K. K. 马尔科夫提出完整的地貌图编制思想与方法。

·美国赖利提出两个城市之间的人口移动与他们的居民乘积成正比，而与他们之间的距离平方成反比的数学模型。

·德国阿福雷德·赫特纳绘制 1450 年的世界文化区地图。

·国际气象组织根据云的形状、组成和原因等建立云的分类系统。包括三大云族十大云属。

·中国张其昀著《中国经济地理》出版。其中的地理区划是综合考虑自然要素和人文要素的综合地理区划。

·美国德文特·惠特尔西在《美国地理学家协会年鉴》发表"相继占用"。提出"相继占用"概念和作为人地关系论的一种理论的、与地理环境决定论对立的"连续居住论"。"连续居住论"具有文化决定论思想特征。

· 中国翁文灏在《清华大学校刊》发表"中国地理区域及其人生意义"。阐述中国人口过多、耕地不足的人地关系问题。为早期从实证角度系统阐述中国的人地关系问题的文献之一。

· 中国王勤堉《西藏问题》出版。在此前后谢彬《西藏问题》（1926 年）、华企云《西藏问题》（1930 年）、秦墨哂《西藏问题》（1930 年）、陈健夫《西藏问题》（1935 年）等出版西藏问题著作。这些著作阐明西藏是中国不可分割的一部分。

· 中国郭沫若完成"卜辞中的古代社会"。包括中国古代的区域地理。

· 中国北平研究院在北平成立。

· 中国燕京大学在自然科学院中设立地理地质学系。其中，地理课程主要由中国张印堂和外国达伟德讲授。其中一门课程为"地理对于历史之关系"。同时在有关课程中涉及人地关系。

· 中国的中山大学为贯彻孙中山《建国方略》在理学院设地理系。之前有史地系。之后多所大学的理学院设置地理系。

· 苏联莫斯科大学为了国家任务特别是第一个五年计划，在地理系建立经济地理专业和经济地理教研室。促进了苏联经济地理学快速发展。这是地理学的莫斯科大学学派的重要组成部分。

· 中国胡焕庸发表《地理学与大学教育》。系统阐述高等地理教育和教学。

· 中国胡焕庸阐述自然地理学和人文地理学之间关系。

· 奥地利维也纳大学的维也纳小组《科学的世界观：维也纳学术圈》发表。是维也纳小组的重要文献。标志着逻辑实证主义的诞生。1931 年逻辑实证主义术语出现。逻辑实证主义深远影响地理学和地理学家。

· "强科学主义"产生。《科学的世界观：维也纳学术圈》、纽拉特和卡尔纳普倡导的物理主义语言，以及纽拉特发起的统一科学运动等都是这种强科学主义的典型表现。深远影响地理学特别是科学主义的地理学和地理学家。

· 苏联 C. B. 卡列斯尼克从列宁格勒大学毕业。1965 年当选为苏联科学院院士。

· 中国张印堂从英国利物浦大学地理系毕业。师从 P. M. 罗士培获地理学硕士学位。

· 中国吴尚时开始留学法国里昂大学等，师从阿里克斯和白朗霞等。

· 中国刘恩兰开始留学美国克拉克大学地理系攻读硕士。1931 年获硕士学位。1939 年留学英国牛津大学攻读自然地理学，于 1940 年获博士学位。

· 中国孙宕越开始（至 1934 年）赴法国里昂大学留学，获地质学硕士学位和地理学博士学位。博士论文《罗尼河谷黄土之研究》由法国罗尼河地区研究所出版，1934 年列入法国里昂大学地理丛书。回国后在中山大学开授"土壤地理学"课程。

· 法国《经济与社会史年鉴》创刊。改名为《经济社会文化年鉴》。是年鉴学派即特别关注环境与社会问题的学派的期刊。

· 中国中山大学聘请德国 W. 克勒脱纳为地理系主任。

· 苏联成立水文气象局。

· 日本东京文理科大学成立。后设置地理系。

· 中国张其昀在中央大学《地理杂志》的地理教育专刊上发表"初级中学地理课程标准草案"。

· 中国的国民政府颁布《初级中学地理课程暂行课程标准》。指出"中学地理课为实现三民主义教育最重要之一科目"。

· 中国的国民政府颁布《高级中学地理课程暂行课程标准》。竺可桢、胡焕庸等为主要研究、编制、审查人员。

· 中国商务印书馆开始编辑出版《万有文库》。包括《汉译世界名著系列》和《新时代史地丛书》。其中的《汉译世界名著系列》中包括地理学名著汉译。

· 中国李长傅开始在日本早稻田大学史地系学习。1931 年学成回国。

· 中国和缅甸边界争端。

**20 世纪 20 年代**

·德国格拉夫《地理哲学》出版。20 世纪 30 年代中国商务印书馆出版中译本。

·地理学包括自然地理学和人文地理学受分析思潮影响和具体问题研究精细化影响，一系列不同级别的研究主题或研究领域开始（至 20 世纪 50 年代）逐渐发展为不同级别的分支学科。这是历史的进步，成为后来的地理综合即分析基础上的综合的坚实基础。

·地理学的一系列学说、科学概念、科学理论开始（至 20 世纪 50 年代）形成。

·一批著名地理学家开始（至 20 世纪 30 年代）被聘请来中国，讲授自然地理学、地貌学、区域地理学等。

·中国钱崇澍、刘慎锷、李继侗等开始（至 20 世纪 40 年代）对中国植物区系和植被类型等进行开创性系统性研究。

·中国竺可桢开展对中国历史气候变化研究。

·形成中国黄土成因的假说 20 余种。其中，代表性的有风成说、水成说、冰成说。

·德国卡尔·豪斯霍弗负责的慕尼黑研究所开始（至 20 世纪 30 年代）对有关地区进行地缘政治要素和因素综合考察。所获得的大量数据及信息，由大约千名专业人员进行处理，其中大部分刊登在《地缘政治学杂志》上。

·在地缘政治学及其影响下，一批具有地缘特点的学科如地缘法学、地缘医学、地缘心理学等开始产生。

## 第四节　地理学年表：公元 1930—1939 年

**公元 1930 年**

·英国珀西·莫得·罗士培提出和阐述作为人地关系论的一种理论的地理环境适应论。也称地理环境协调论或协调论。适应包括主动适应和被动适应。同时代的美国 H. H. 巴罗斯 1923 年提出和阐述的地理环境调节论为地理环境适应论的另一种形态。

· 英国珀西·莫得·罗士培认为人文地理学包括两个方向即人地适应关系和区域联系。蕴含着人地关系地域系统概念或思想的萌芽。

· 德国 P. S. 什米特在《地理杂志》发表"空间和场所——地理学的基本概念"。提出和阐述区位是地理学的基本概念，提出和阐述"最小要求法则"。

· 德国西格弗里德·帕萨尔格《比较景观学》（共 5 卷）出版。其中，系统阐述空间、人类、文化、历史的观念及其在景观特别是文化景观形成和变化中的重要作用。

· 法国让·白吕纳《人文地理学史》（也称《人生地理学史》）出版。该书包括人文地理学目标、人文地理学发展与拉采尔学说、法国对人文地理学的贡献、美国与其他国家人文地理学、人文地理学的出版与评论、人文地理学与政治地理学等。1935 年张其昀译、竺可桢校中文本出版。

· 南斯拉夫米卢廷·米兰科维奇开始提出阐述第四纪冰期成因假说即后来被称谓的米兰科维奇假说。该假说在他 1958 年去世前一直受到冷遇。

· 中国翻译出版苏联于 1928 年编制施行的《苏联五年计划》。

· 中国白眉初编绘《中国国耻图》出版。同期中国编绘同类地图多幅。表达中国爱国情怀。

· 中国中山大学组织"云南地理调查团"。德国 W. 克勒脱纳和中国林超等考察云南和横断山，在大理点苍山考察后提出、确定并命名"大理冰期"。

· 加拿大科尔曼在《自然》发表"地球的年龄"。提出地球年龄为46 亿年。

· 中国黄国璋《社会的地理基础》出版。系统阐述人地关系和人地关系理论：人类对于自然，不仅要消极地适应，而且要积极地改变，以适应人类的需要。

·中国王星拱《科学概论》出版。为科学哲学著作。深远影响中国近代地理学和地理学家。

·苏联共产党第 16 次代表大会上斯大林的总结报告，成为苏联地理学发展的主要动力之一。

·苏联科学院成立生产力研究委员会。在原来的自然生产力委员会、民族自治共和国与民族自治省研究委员会、考察研究委员会基础上成立。地理学是主要支撑学科之一。该委员会先后组织了数十个大型综合考察队开展综合考察，为苏联积累大量丰富地理科学资料，深远影响苏联的地理研究和地理科学发展。

·中国源于气候概念的"干旱区"概念出现。1956 年出现源于综合区域概念的"干旱区"。

·英国 F. K. 瓦尔德发现并提出中国—喜马拉雅结植物地理概念。

·中国地学会派员参加英国皇家地理学会（原名英国伦敦地理学会）百年纪念大会。

·中国竺可桢在《气象集刊》发表"中国气候区域论"。高度重视和反映非地带性自然地域分异因素在中国气候分异中的作用，具有中国三大自然区的雏形，将中国划分为 8 个以气候要素为主的自然地理区。该区划方案系统性较强，简便易懂，常为地学家所依据，传播到国外。是中国现代综合自然地理区划萌芽。

·美国乔治·葛德石提出中国地理分区即将中国分为 15 个区域。并详细阐述区域划分的依据和区域特征。之后，反映在其《中国的地理特征》中。

·美国开始出版《国际社会科学百科全书》，共 17 卷。包括地理学。

·中国民国政府内政部提出各省筹设通志馆要求。之后，诸省区成立通志馆，编纂本省通志。

·中华教育文化基金会通过了一项全国土壤调查计划。委托中央地质调查所开展全国范围的土壤调查。

·中国臧励龢《中国古今地名大辞典》出版。

·中国张星烺《中西交通史料汇编》出版。后多次再版。

· 中国《申报》馆总经理史量才采用丁文江关于编纂一部中国地图集的建议，由丁文江、翁文灏和曾世英负责编纂《中华民国新地图》。

· 加拿大皇家地理学会成立。出版物为《加拿大地理杂志》。

· 中国《亚细亚月刊》创刊。为边疆研究刊物。为中国"亚细亚学会"会刊。

· 中美联合科学考察团组建。20 世纪 20 年代初期美国自然历史博物馆组织"中亚远征队"，在 R. C. 安德斯带领下每年春来秋返对中国有关地区进行科学考察。1930 年远征队再次来华时，改由中美学者共同组团。

· 中国"中国文化基金会"通过了一项土壤调查计划，之后开始进行中国土壤调查。这次土壤调查形成了丰富的土壤基础资料。

· 中国"中国西部科学院"成立。为民办科学院。开展包括地学在内的科学调查研究。

· 中国中央大学地理系开设建设地理学课程。该门课程以时任国民党总理孙中山所著的《建国方略·实业计》为总纲和核心内容。

· 中国郭沫若《中国古代社会研究》出版。之后多次再版。包括中国古代的区域地理。

· 苏联成立莫斯科水文气象学院。

· 中国地学会开始挂靠中国北平研究院，并接受经费支持。

· 中国中央气象研究所开始发布气象预报。

· 中国中央大学地学系分成地质学系和地理学系。胡焕庸为地理系主任。

· 中国李旭旦被保送到中央大学地理系学习。

· 中国中山大学将地理系由文学院改属理学院。

· 中国中央地质调查所内成立建立土壤研究室。

· 中国广东成立土壤调查所。

· 中国的新亚细亚学会在南京成立。1935 年在教育部备案。

### 公元 1931 年

· 德国 C. 特罗尔阐明安第斯山植被、高度和气候的关系。具有自然地理环境要素整体性思想。

· 美国艾伦·丘吉尔·森普尔《地中海地区地理及其与历史的关系》出版。

· 美国威利特明确提出和使用动力气候学概念，指出动力气候学是长期天气预报研究的基础。

· 中国王益崖《地学辞书》出版。

· 中国卢龙、白眉初编著《中华民国建设全图》地图集由北京的建设图书馆出版。包括 32 幅地图和 34 份说明。在该地图中使用环南海的 U 形线。之后多次重印。

· 英国牛津大学 C. F. 赫德逊《欧洲与中国：从古代到 1800 年的双方关系》由英国伦敦的爱德华·阿诺德公司出版。1995 年中国的中华书局出版中译本。其中第十章是耶稣会士在北京。

· 苏联 K. D. 格林卡《土壤科学专论》出版。他强调土壤地理、土壤形成、成土过程。他是 B. B. 道库恰耶夫的学生。之后被译成德文等，广泛传播 B. B. 道库恰耶夫土壤形成因素学说。

· 英国克利福德·达比完成博士论文"芬兰区在英国历史中的地位"，获剑桥大学地理学博士学位。之后提出并不断完善"剖面法"即"采用横剖面和纵剖面的方法复原过去的地理条件"的理论和方法。

· 第 13 届国际地理大会在巴黎召开。

· 中国"中华地学会"在上海成立。葛绥成等发起创办。次年创办刊物《地学季刊》开始发行。

· 英国 L. 达德利·斯坦普开始领导英国第一次土地利用调查，1935 年完成，特别是完成制图工作。这些地图于 1939—1945 年完成印刷。

· 英国约 2.2 万名中小学生参加由 L. 达德利·斯坦普领导的英国第一次土地利用调查。

· 英国阿德诺·汤因比《历史研究》（共 12 卷）开始陆续出版。高度重视和系统阐述人类（群）与地理环境的关系。

· 英国阿德诺·汤因比提出和构建"挑战—应战"理论及其模式。这里的"挑战—应战"是指地理环境的挑战及不同社会文明的适应过程及模式。

· 德国 W. P. 柯本在自然区划中提出生物气候分类方法。

· 美国桑斯威特根据降水和蒸发指数进行气候分类。

· 美国肖查理在《土壤专报》第 1 号上发表 "中国土壤"。其研究方法是美国加利福尼亚的调查研究方法。给出了 "中国土壤区域略图"。

· 德国 W. G. 霍夫曼在其《工业化的阶段和类型》中提出和阐述后来被称为 "霍夫曼定理" 的工业化理论。之后成为地理特别是经济地理分析工具。

· 中国商务印书馆出版《中国古今地名大辞典》。

· 中国傅角今《世界地志》出版。为蔡元培主编的《新时代史地丛书》中的一册。

· 苏联 Л. C. 贝尔格《苏联景观地理地带》出版。也译为《苏联自然地理（景观）地带》。1936 年再版。系统发展了自然地带学说或理论，提出和构建自然景观学说，高度重视和系统阐述地理环境特别是自然地理环境对社会发展的作用。

· 苏联 Л. C. 贝尔格指出和阐述 "区划是区域地理的中心问题。这个问题……是真正的地理工作的开始和结束"。

· 德国 W. 卞沙出任中国中山大学地理系主任。

· 中国王益崖《地理学》出版。

· 中国盛叙功《农业地理》出版。为中国最早系统介绍农业地理学及其在地理学科中位置的农业地理学著作。

· 中国盛叙功介绍和阐述地理学的学科体系。指出地理学分为自然地理学和人生地理学。人生地理学主要研究产业地理。

· 国际科学理事会（ICSU）在布鲁塞尔成立。也称国际科学联合会。由国际研究理事会发展而来，1998 年更新为现在的名称。国际地理联合会积极参加活动。2018 年国际科学理事会（ICSU）与国际社会科学理事会（ISSC）合并组建新的国际科学理事会（ISC）。

· 德国沃尔特·克里斯泰勒从德国爱尔兰根大学获得经济学学位。经济学的学术训练，是他之后提出和创建中心地理论的学科基础。

·德国 K. A. 威特弗尔格《中国的经济和社会》上卷出版。介绍和阐述了中国的地理环境以及生产力和亚细亚生产方式。具有人地关系思想。

·中国刘恩兰完成硕士论文《气候：中国的一个独裁者》。论述了气候在中国历史上的影响、在中国文化中的表现、中国的气候分区、气候对农业以及人类生活的影响。具有地理环境对人类活动影响思想。

·中国"亚细亚学会"成立。为边疆研究学术团体。蒋介石、戴季陶、陈立夫、于右任等曾为该学会的名誉理事、会长、理事、监察委员和评议员。

·中国张一心发现和提出中国长城是中国冬小麦和春小麦的种植分界线。

·科学史研究的"外史论"方向开始出现。

·第二届国际科学史大会在伦敦召开。苏联布哈林正式提出和阐述"计划科学"概念和思想。"计划科学"在苏联实施，促进和影响了苏联的地理学发展。中国的地理学乃至科学受其影响深远。

·中国华南女子文理学院成立史地系。由原来的地理系改成。

·德国 W. 勒脱纳著、林超译《民国十九年云南地理考察报告》发表。其中，第一篇为总论，第二篇为地质及地形。

·中国罗开富从中山大学地理系毕业。

·中国开始在拉萨设立气象站。

·中法联合科学考察团成立。法方 19 人，中方 9 人。

·远东军事平衡体系逐渐遭受破坏。影响中国地缘关系，中国开始全面考虑广义国防建设问题，中国国民政府于 1932 年成立国防设计委员会。

·英联邦成立。深远影响世界地理格局。

## 公元 1932 年

·苏联全国报刊登载由斯大林和莫洛托夫签署的一道关于消灭伏尔加河地区旱灾的命令。为大改造论的开始和斯大林改造计划的序曲。自然地理学在其中发挥了一定的作用。

· 美国卡尔·奥特温·索尔开始就任伯克利大学地理系主任。他在就职演说中，阐述地理科学研究对象，提出"地理学是研究地球表面按地区联系的各种事物（包括自然事物和人文事物）及其在各地区间的差异的科学"。

· 美国卡尔·奥特温·索尔及其同仁开始逐渐形成地理学的伯克利学派。

· 苏联 A. A. 格里高利耶夫《地理学新论》出版。1935 年由中国沈因明翻译的中文本出版。

· 苏联 A. A. 格里高利耶夫提出和使用"自然地理壳"概念及其术语，并定义自然地理壳。他认为，自然地理壳是空气、水和矿物壳相互渗透的圈层，有机界发生和发展在其中，人类社会的经济活动也是在其中进行的。1940 年经 C. B. 卡列斯尼克提议"自然地理壳"概念及其术语改为"地理壳"概念及其术语。

· 苏联 A. A. 格里高利耶夫提出统一的自然地理过程概念，并阐述统一的自然地理过程是在自然地理壳中进行着的各种相互作用着的复杂过程（如气候过程、地貌过程）。具有自然地理环境要素整体性、自然地理环境过程整体性思想。之后，1934 年他阐述自然地理过程的结构和过程等方面问题。

· 苏联 Б. Б. 波雷诺夫提出要重新考察自然地带性规律。是"纬度地带性理论危机论"的重要组成部分。

· 中国"中华地学会"会刊《地学季刊》开始发行。"发刊词"阐述地理学的研究对象、研究核心、研究方法、基本价值等基本认识："地学之宗旨，在于研究人地相互关系……能详释其因果关系，寻求其系统，以明今后应如何改造之途径。"

· 中国张其昀在南京创办"中国人地学会"。会刊为《人地学论丛》。

· 中国《地理杂志》（1928 年创刊）更名为《方志月刊》。张其昀任主编，共发行 3 卷 20 期。

· 中国张其昀主编中国人地学会丛书《人地学论丛》开始陆续出版。

·中国国民党中央组建西北考察团，组织在中央工作的专家学者赴陕西、甘肃、新疆等地考察。

·法国吕西安·费布夫尔《莱茵河：历史·神话·现实》出版。高度重视历史学与地理学、历史与地理的结合。2010 年中国商务印书馆出版中译本。

·中国张其昀首次明确提出和阐述秦岭—淮河为我国重要农业地理界线，并将农业地理界线与气候界线吻合起来。

·中国出版《自然辩证法》中文编译本。

·中国竺可桢发表"抗战建国与地理"。

·中国胡焕庸编著《国防地理》。

·美国 K. C. 麦克默里首次采用航空摄影相片绘制小区域植被与土地利用图。

·苏联 Л. С. 贝尔格提出黄土形成的土壤残积说。

·中国华企云《中国边疆》出版。为中国边疆地理系统著作。

·中国张一心《中国农业概况估计》出版。该著作出现了中国最早的成套的农业地图。通过搜集中国各县农业统计，编制成各种农产品分布地图。

·中国张其昀发现和提出，秦岭—淮河线是中国栽培作物的重要分界线，也即农业地理界线，并将气候界线与农业地理界线对应。

·中国教育部成立国立编译馆。包括地理学和区域地理等方面的编译工作。

·中国清华大学地理学系（1928 年建立）易名为地学系，下设地理组、地质组和气象组。1952 年并入北京大学。

·中国国民政府成立国防设计委员会。隶属国民政府军事委员会参谋部。中国翁文灏任国防设计委员会秘书长，竺可桢后增补为边疆研究专门委员，张其昀等参加有关工作。1935 年改组为国民政府资源委员会，隶属国民政府军事委员会。开展中国国情系统研究，致力于国防建设、工矿业发展、经济建设方案等，形成较系统的成果。

·中国翁文灏在《独立评论》上发表"中国之人口分布与土地利

用"。在 1929 年"中国地理区域及人生意义"基础上从实证角度系统阐述中国的人地关系问题。

·中国民国政府关注并借鉴苏联五年计划，形成"计划"方针。

·美国地理学会研制地图用于哥伦比亚和秘鲁边界纠纷。

·苏联 H. H. 巴朗斯基关于韦伯工业区位论对经济地理学有重要理论意义、对苏联工业布局有重要实际意义的观点开始受到批判。苏联经济地理学界再无人敢提及区位论。

·苏联完成第一个五年计划。从农业国变成为工业国。

·日本辻村太《地形学》《新考地形学》出版。

·中国成立"土地问题讨论会"。次年，更名为"中国地政学会"，创办《地政月刊》。1940 年发行《人与地》，1945 年发行《地政学报》。

·中国开始全国范围毕业会考制度。地理均列入初中和高中的考试科目。

·中国周廷儒从中山大学毕业。之后成长为中国科学院院士。

## 公元 1933 年

·英国地理学家协会成立。

·德国阿福雷德·赫特纳《比较区域地理学》（共 4 卷）开始（至 1935 年）出版。也译《比较地理学》。

·德国沃尔特·克里斯泰勒《德国南部的中心地》出版。明确提出和系统阐述关于城市的中心地学说或中心地理论。他是阿尔弗雷德·韦伯的学生。他在该著作及其他论著中，高度重视和阐述地理学的目标应该是发展理论、建立理性系统，进行预测和干预。1940 年他开始运用他自己的中心地理论和方法思考和研究德国东部地区的空间规划。

·德国阿福雷德·赫特纳发表"区域地理学模式"。

·苏联 Б. Б. 波雷诺夫认为随着风化壳的改变，土壤形成过程发生相应变化，提出土壤的历史发生学分类思想。

·德国 J. F. 翁斯台提出区域地理单位系统。

·苏联政府文件明确提出和开始施行地域专门组织。向地理学提出国家任务。地理学开始在完成国家任务过程中发展。

·关于城市规划《雅典宪章》通过。

·瑞士保罗·戈茨等在《自然》发表"大气中臭氧层的垂直分布"。

·德国齐默曼·埃里西《世界资源和工业概要》出版。后修订再版。

·德国莱奥·威贝尔《农业地理问题》出版。其中之一，阐述了主要继承赫特纳、施吕特尔和彭克的思想观念的，主要包括经济结构和生存形式的威贝尔系统。

·中国商务印书馆开始出版《大学丛书》。王云五主持，是"国化教科书"的一大创举。并成立了 55 人的大学丛书审查委员会，李四光、竺可桢、顾颉刚为委员。

·中国洪绂（洪思齐）获法国里昂大学地理学博士学位。曾师从伊曼努尔·德·马东。他的博士论文《茶叶地理》被列为里昂大学地理学院丛书，在法国出版。

·中国《中华民国新地图（集）》《中国分省地图（集）》出版。两地图集因由《申报》组织编纂，也称《申报地图》。英国皇家地理学会《地理杂志》和美国纽约地理学会《地理评论》多次刊登书评，给予高度评价。

·中国《中华民国新地图（集）》表示中国三大地势阶梯。中国三大地势阶梯观念和概念确立。沿用至今。

·中国《中华民国新地图》地图集，首次采用等高线分层设色法，第一次形象地表达中国地势西高东低的特征，从而形成中国地貌划分为三级阶梯的科学概念。推翻千余年来堪舆家们提出和形成以及使用的"龙脉说"。

·中国竺可桢等编译的《新地学》由钟山书店出版。收入 15 篇西方重要地理学文献，系统介绍西方近代地理学的发展概况。

·中国胡焕庸《英国地志》出版。

·美国 F. F. 埃里奥特开始研究农业类型。

·中国翁文灏在《方志月报》发表"中国人口分布与土地利用"。其中，从人地关系角度对中国人口与土地资源的空间秩序进行阐述。

·中国《中国经济年鉴》中的一章是"中国地理"。中国翁文灏撰写。该章对中国的地理条件和资源条件进行了科学评价。

·中国竺可桢《我们的地球》出版。为小学生文库之一。

·美国开始施行田纳西规划。也称"田纳西流域规划""田纳西工程"。为重要的地理工程。田纳西流域工程管理局,利用美国政府提供的资金,招收大批失业工人,兴建水坝、水电站,发展航运,结果建成了大型的水电站和完整的航运系统,促进了这一地区工业和农业的发展。罗斯福政府以工代赈的计划,不仅缓解了失业问题,而且通过这一办法所建设的公共工程,如公路、机场、电力、水库等,都带来近期和长期的效益。

·法国强行占领中国南海部分岛屿。中国"禹贡学会"会员许道龄发表"法占南海九岛问题",从历史、地理角度系统阐述南海九岛是中国领土,希望政府收回南海九岛。

·中国谭其骧在辅仁大学开始"中国历史时期的地理"课程。他之后成长为中国科学院院士。

·美国设立科学咨询局。其任务为国家经济发展提供咨询。之后,该局聘请美国地理学会理事长艾赛亚·鲍曼为该局委员,聘请 C. 沙欧草拟美国土地利用报告(于 1934 年出版),美国地理学会编辑 W. L. G. 赵格也曾参加该局工作。

·德国开始施行第一个四年计划。

·美国奥多尔·利奥波德发表"资源保护伦理"。开始创立大地伦理学。他于 1947 年完成的《沙乡年鉴》完整阐述以"大地共同体"为核心概念的大地伦理学。深远影响地理学和地理学家。

·危地马拉和洪都拉斯国境线协议完成。其主要根据是美国地理学会 1919 年完成的关于这一地区的地理研究报告。

·美国地理学会研制地图用于哥伦比亚和委内瑞拉边界纠纷。

·中国南京政府对法国在今西沙群岛内部分岛屿升挂法国国旗行为严重抗议。

·中国南京政府成立"水陆地图审查委员会"。

· 中国卢龙、白眉初编绘《最新世界建设新图》地图集由建设图书馆出版。

· 中国的上海大夏史地学会《史地丛刊》创刊。

· 中国盛叙功《史地丛刊》第一期上发表"论所谓'人地相关之理'"。文后附卡尔·马克思关于人地关系的有关论述。

· 中国马逸情《史地丛刊》第一期上发表"关于人文地理学"。其中专门阐述辩证唯物主义地理学。

· 中国的《史地丛刊》以专栏形式介绍马克思本人的有关论述。

· 中国的《史地丛刊》以专栏形式介绍恩格斯本人的有关论述。

· 中国的《史地丛刊》以专栏形式介绍普列汉诺夫本人的有关论述。

· 中国葛绥成发表"现代地理教育的考察与批评"。高度重视自然地理与人文地理的综合以及人地关系。

· 中国孙特夫指出地理学是研究地球表面与人类生存活动及自然环境之间相互影响的一种科学。

· 中国北平图书馆《国立北平图书馆方志目录》出版。

· 中国金陵女子文理学院设地理系。刘恩兰任系主任。后并入南京大学地理系。

· 中国勷勤大学开始设立博地系。开展地理学教学工作。

· 英国地理学研究所成立。

· 中国黄秉维从中山大学地理学毕业。

· 国际语言学会会议《语言地理文集》出版。


## 公元 1934 年

· 中国地理学会（GSC）在南京成立。由竺可桢、翁文灏、丁文江、李四光、张其昀、胡焕庸、谢家荣等发起。会长翁文灏，理事竺可桢、张其昀、胡焕庸、黄国璋、王益崖、张印堂、张兴烺、黄绍良、翁文灏。1950 年与中国地学会（1909 年成立于天津）合并为新的中国地理学会。新的中国地理学会的建立时间追溯为 1909 年。

· 第 14 届国际地理大会在波兰华沙召开。首次有中国学者（当时在德国留学的吕炯）参加。

·中国中央红军开始长征。毛泽东等运用地理知识，规划和不断修订路线。深远影响中国历史进程和地理格局。

·中国胡焕庸首次系统论证了南海诸岛属于中国。胡焕庸的分析报告"法日觊觎之南海诸岛"梳理了法国侵占南海诸岛的历史，预见到日本侵略者要在南海取代法国侵略者。胡焕庸首次绘制了南海诸岛地图，首次提出用"南沙群岛"这一名称代替"团沙群岛"。中国地理学家为中国国家领土完整提供地理科学根据的典型案例之一。

·中国侯光炯、马溶之提出了"土域"概念，即后来的"土壤复区"概念。之后，熊毅编绘中国土壤图使用土壤复区并把其作为制图单位，朱显谟编绘土壤图使用土壤复区作为制图单位。

·美国约三分之二陆地发生沙尘暴。16万农民倾家荡产，逃离西部大平原。深刻影响美国在人地关系方面科学决策。

·美国"罗斯福大草原林业工程"开始进行。也称美国"防护林工程""罗斯福防护林工程"。是最大的以植树造林为主的综合地理工程，是人地关系地域系统协调共生的巨型工程。美国总统罗斯福主持该工程的决策、规划和实施。

·美国艾赛亚·鲍曼《地理学与社会科学的关系》（也译为《与社会科学有关的地理学》）出版。阐述地理学的若干基本问题，提出现代地理学应坚决离开地理环境决定论。

·苏联 C. B. 伯恩施坦-科冈《交通运输地理学概论》出版。

·德国西格弗里德·帕萨尔格完成地理学观点的《地理学人种志》。为民族地理学重要著作。

·美国乔治·葛德石《中国的地理基础：土地及其民族概论》（英文）在纽约出版。突出和表现人地关系主线。后成为美国很多大学的主要教材。中文本多个版本陆续出版。

·美国乔治·葛德石完成中国地理区划。将中国地理环境特别是自然地理环境划分为3大区15区。

·中国李长傅完成中国自然地理区划，将中国自然地理环境划分为

26 个（自然地理）区。

·中国黄秉维开始研究与编纂《中国地理》《中国地理长编》。其中，包括地理区划理论和中国地理区划的分区。

·中国凌纯声等《中国今日之边疆问题》出版。为边疆地理和政治地理著作。包括新疆问题、西藏问题、云南问题、南海诸岛问题。

·美国科学咨询局聘请 C. 沙欧草拟的美国土地利用报告出版。

·中国金陵大学刘继宝和束世征《中华民族拓殖南洋史》出版。后多次重印。也是民族地理或人口地理著作。

·中国张印堂发表"中国人口问题之严重"。从实证角度提出和阐述中国要施行移民垦荒和实行计划生育。

·中国洪思齐在《地理学报》发表"划分中国地理区域的初步研究"。

·中国翁文灏发表"中国土壤相关的人生问题"。

·中国张心一编绘成套的中国农业地图。

·中国中央大学组织"云南边疆地理考察团"对云南进行考察。考察团成员有黄国璋和澳籍费思孟两位教授、滇籍外交专家张凤岐、助手王德基和严德一。主要考察了西双版纳热带资源、滇缅边界、滇越边界、澜沧江河谷等。其成果为滇缅通道开通等提供了重要地理科学基础，支持抗战。

·苏联全国人民委员会和联共中央委员会颁布在中小学中开设地理课程的法令即"关于苏联初等学校和中学开展地理教学的决议"。这一决议对大学地理教育和地理科研起了推动作用，大批师范院校成立了地理系，科学院自然地理研究所改组为地理研究所，经济地理学中的区域学派成为官方学派。这是苏联地理学发展的主要动力。

·苏联中央行政委员会高等技术教育委员会规定了在学院和大学中所教授的地理学的基本核心内容。

·苏联成立自然地理研究所。由地貌研究所发展而来。

·苏联《真理报》发表社论"了解你的地理"。

·中国林超留学英国利物浦大学，师从珀西·莫得·罗士培。1938

年获地理学博士学位。之前，林超曾在中国中山大学师从德籍地理学教授 W. 克勒脱纳和 W. 卞莎。

·中国近代物候观测网在竺可桢组织主持下开始建立。开始中国物候的系统观测，积累物候观测资料。

·苏联 Б. Б. 波雷诺夫《风化壳》出版。提出和阐述景观地球化学概念。之后，形成包括残积单元景观、平亢地单元景观、水上单元景观、水下单元景观的系统理论。

·中国傅角今《地理学通论》出版。

·中国刘君穆《战后世界政治地理》出版。

·中国胡焕庸《俄国地志》《德国地志》《法国地志》出版。

·中国葛绥成《中国近代边疆沿革考》由中华书局出版。

·英国出版了德国埃瓦尔德·班斯《世界大战中的太空和人类》的英译本《德国准备战争》。这部著作阐述了纳粹的战争目标、详细计划等。英译本中增加了"这个不可一世的侵略国家迟早会战败"的预言。

·德国埃瓦尔德·班斯《世界大战中的太空和人类》出版。之后，作者被任命为德军总参谋部技术部门负责人。

·美国格伦·特里瓦萨《日本地理调查》出版。

·巴西圣保罗大学聘请法国皮埃尔·德方丹担任地理学教授。第二次世界大战后，法国伊曼努尔·德·马东访问巴西，传播法国地理学，开展研究和教学。

·中国地理学会《地理学报》创刊。主编张其昀。提出"与气象、地质鼎足而立，以共肩中国地理研究之大任"。

·中国禹贡学会成立。1936 年召开成立大会。同年会刊《禹贡》创刊，其英译名为《中国历史地理》。

·中国张印堂因《西北经济地理》学术影响，被美国地理学会聘请为"特别会员"。

·中国黄秉维发现中国山东海岸发育证据，质疑李希霍芬的观点。

·中国黄秉维开始（至 1935 年）在北平地质调查所师从翁文灏做研究生。

·美国国家资源局由原来的国家设计局改为现称。之后，芝加哥大学地理系主任 H. H. 巴罗斯受聘担任委员。

·英国卡尔·波普尔《科学发现的逻辑》出版。原称《探求的逻辑》。1959 年被译成英文。主张假说演绎法。

·英国卡尔·波普尔提出和阐述科学的证伪原则和科学定律产生程序等原理。深远影响地理学和地理学家。

·中国竺可桢开始任 1932 年成立的中国国民政府国防设计委员会边疆研究专门委员。

·中国燕京大学决定撤销地理地质学系。

·苏联开始在各个师范学院设立地理系。

·中国《大公报》专业副刊《史地周刊》创刊。顾颉刚任主编。之后在地理学观念改造方面，发表"关于地理学几个错误观念"，指出地理学是"探讨地球表面上物质、生物与人生现象分布规律"的一门基础性学科。

## 公元 1935 年

·英国 A. G. 坦斯利提出"生态系统"概念。明确地把有机体与其生存环境视为一个不可分割的自然整体，并引入热力学的能量循环思想对生态系统进行研究。

·美国 J. 梭颇识别出黄土中的古土壤层。古土壤层以及古气候信息的全球可比性，具有重要科学意义。在此前后，他关注与研究中国黄土高原地区的地方病以及黄土高原的生态条件。

·美国气象局开始建立长期预报项目。

·中国沈因明译著《地理学批判》（德国威特弗尔格著）由辛垦书店出版。翻译者根据日文版并参考德文原文翻译。作者阐述地理环境特别是自然地理环境对社会发展的深远影响，继承俄国普列汉诺夫地理环境对社会发展作用理论。

·中国谭廉编绘《最新世界地图集》由商务印书馆出版。1939 年当日本侵占中国的海南岛和西沙群岛，再侵占南沙群岛时，商务印书馆重印该地图集，以宣示海南岛、西沙群岛、南沙群岛为中国所有。中国地理学家为中国国家领土完整提供科学根据的典型案例之一。

·中国张其昀开始在《地理学报》发表"近二十年来中国的地理学之进步"系列论文。该论文和1948年任美锷在《科学》上发表的"最近三十年来中国地理学之进步"等，暗含和提出竺可桢在中国近现代地理学中的宗师地位。

·中国竺可桢中国近现代地理学中的宗师地位开始逐渐形成。

·瑞典T. 帕兰德完成《区位论研究》。提出和阐述后来被称为的"帕兰德区位理论"。该理论把不完全竞争概念引入区位论研究，以价格为变量研究经济发展的空间秩序。

·英国 W. G. 伊斯特《欧洲历史地理》出版。

·中国葛绥成《近代地理发见史》出版。

·德国埃米尔·麦男《德国与德意志》出版。他是阿尔布雷希特·彭克的学生，深受后者的政治地理学和区域政治地理观念的影响。该书深刻影响当时的德国意识形态。

·中国胡焕庸在《地理学报》发表"中国人口之分布"。提出中国"人口地理"的"瑷珲—腾冲线"。之后被国际上称为"胡焕庸线"。美国地理学会英译全文和全图，发表在《地理学评论》上。英国和德国等国家一些著名杂志介绍或转载该文。之后，中国张印堂和涂长望等对该文中所论及的中国人口问题症结提出不同看法，展开学术争论。

·中国陈铎编绘《中国人口密度图》由商务印书馆出版。

·中国陈铎编绘《中国地势图》由商务印书馆出版。

·中国魏建新《日本在华势力史地图》由中国文化馆出版。

·中国魏建新《帝国主义侵略中国史图》由中国文化馆出版。

·中国魏建新《中国历代疆域形势史图》由中国文化馆出版。

·中国胡焕庸在《人地学原理》中译本的序言中，系统阐述解释原则、一体原则、演化原则、适应原则等人文地理学基本原则，系统阐述分布与绘图法、全景与摄影法、汇集与举例法等人文地理学基本研究和表述方法。

·中国曾世英、翁文灏发表"中国自然之地势"。进一步阐述中国三大地势阶梯的科学概念。在 1933 年《中华民国新地图》中明确表述中国三大地势阶梯。

·中国竺可桢系统阐述"中国的季风的海陆分布形成说"。

·中国朱士嘉《中国地方志综录》出版。引起美国国会图书馆的注意，该馆东方部主任于 1939 年邀请朱士嘉赴美。他为《中国大百科全书》第一版《地理学》卷之《方志学》分支主编。

·《自然》发表"大陆的形成、漂移及节律"长篇论文。

·《自然》发表"地磁场的成因"。

·中国中央研究院首届评议会成立。张其昀当选评议会委员。

·中国李长傅《转型期的地理学》由东方舆地出版社出版。

·中国朱士嘉《中国地方志综录》出版。1958 年出版《中国地方志综录（增补本）》。为全国性地方志目录。

·中国李长傅发表"地理学本质论"。

·中国任美锷、李旭旦翻译的《人地学原理》由钟山书店出版。根据英文版译出。

·中国张其昀在《地理学报》发表"中华民族之地理分布"。阐述了中华民族分布与地势的关系，将全国分为平原、丘陵、高原、高山四类民族地理区。

·中国陈叔实《世界史之地理因素》出版。

·中国葛绥成《中国地理新志》出版。

·中国黄秉维完成《中国植物地理大纲》。

·捷克斯洛伐克出版捷克斯洛伐克国家地图集。

·中国政府"水陆地图审查委员会"公布了《中国南海各岛屿华英地名对照一览表》。

·中国政府"水陆地图审查委员会"审定《中国南海各岛屿图》并刊印。确定中国南海最南的疆域界线为北纬 4°，公布 132 个岛屿名称，明确完整地标识东沙群岛、西沙群岛、中沙群岛、南沙群岛的位置及名称。1948 年正式出版的地图中，确定中国国界最南端为曾母暗沙。

· 在此前后中国民间出版的地图中，中国的断续线已包括当时名为东沙、西沙、南沙等岛屿，直至曾母暗沙，向各国宣示中国拥有南海主权。

· 中国涂长望发表"与张印堂先生商榷中国人口问题之严重"。从中国天灾人祸与中国经济政治关系等，提出反对控制人口的观点。

· 美国《新哥伦比亚百科全书》出版。后不断再版。最初名称为《哥伦比亚百科全书》，1975 年改为现名。

· 葡萄牙和巴西在里斯本和里约热内卢开始陆续出版《葡萄牙和巴西大百科全书》。

· AAG 第三十二届主席查尔斯·科尔比发表"美国地理思想的变化趋势"。

· 新西兰费歇尔在其《安全与进步的冲突》中提出和阐述三次产业即第一、二、三产业概念。

· 澳大利亚格里菲斯·泰勒开始在加拿大多伦多大学任教。多伦多大学地理系成立。

· 中国国民政府成立资源委员会。由 1932 年成立的国防设计委员会改组而来。其工作关系和影响中国人地关系和区域发展。主要刊物《资源委员会季刊》，其《西北专号》发表西北人文地理调查报告。

· 巴西政府在人口调查局设立国家地理理事会。1970 年改为巴西地理研究处。聘用很多专业地理工作者。

· 英国政治经济学会开始组织英国工业区位调查。1939 年出版《工业区位报告》。

· 中国胡焕庸讲授、李旭旦整理完成《气候学》书稿。为中国第一部气候学著作。1938 年商务印书馆香港分部出版。

· 中国韩镜明《世界地理》由华北科学社出版。

· 中国陈湜译著《人文地理学概论》出版。

· 中国中央研究院海洋调查团开展中国海洋调查。

### 公元 1936 年

·苏联 A. B. 普罗佐夫提出和阐述了自然地域分异的理想大陆图式。他阐述了存在三种范畴的独立地带形成中心即极地中心、海洋中心、大陆中心。极地中心影响的主要因素是热量（力）及其分布，大陆中心是干旱中心。这一自然地域分异的理想大陆图式，反映了两个气候分异规律即纬度地带性规律和经度地带性规律。

·中国毛泽东发表"中国革命战争的战略问题"。阐述"战争情况的不同，决定着不同的战争指导规律，有时间、地域和性质的差别……从地域的条件看，各个国家各个民族特别是大国家大民族均有其特点，因而战争规律也各有其特点，同样不能呆板地移用"。为政治军事地理著作。1949 年由新华书店印刷出版。

·德国 W. P. 柯本、R. 盖格尔《气候学手册》（共 5 卷）出版。

·德国 W. P. 柯本发表系统的"柯本气候分类"。之后不断完善。该气候分类系统，以气温和降水为指标将全球气候区划成五个气候型，再按降水的季节分配、夏热情况或干旱程度分别分成若干副型，共 11 种基本气候类型。

·苏联 Б. П. 阿里索夫提出"阿里索夫气候分类系统"即以气团地理型为基础的气候分类法。这种分类法首先根据气团地理型的主要特征，在每一半球上划分出赤道带、热带、温带和北（南）极带四个基本气候带，每一气候带盛行一种气团。其次，考虑主要气候锋的季节位移，在基本气候带间划分出三个过渡带，即副赤道带、副热带和副北（南）极带，其盛行气团因季节而改变。最后，在气候带内根据下垫面性质和大气环流条件的差异，分为大陆型、海洋型、西岸型和东岸型四个主要气候型。在气候型内按地形对气候的影响，可分为低地气候与高山气候两个副型。

·英国克利福德·达比《1800 年以前的英格兰历史地理》出版。阐述了历史地理学的性质、特点和方法等历史地理学基本问题。他在序言中明确指出历史地理学利用的资料是历史的，但它的观点却是地理的。

同时，该著作是运用"剖面法"即"采用横剖面和纵剖面的方法复原过去的地理条件"的经典。

· 苏联 A. B. 普罗佐夫斯基提出和使用"理想大陆"模式。在这个模式中有三个中心即极地中心、海洋中心和大陆中心，围绕每一个中心形成彼此独立的地域分异格局。

· 英国维尔·戈登·柴尔德《人类创造了自身》出版。系统提出和阐述人类历史上的"三次大革命"。对人地关系地域系统的历史及其类型的逻辑实证主义研究有重要意义。1954 年中译本以《远古文化史》为名出版。

· 中国陈铎编绘《中国疆域变迁图》由商务印书馆出版。同期中国编绘多种中国疆域变迁地图。均反映中国爱国热情和抗议外国列强行为。

· 中国涂长望在《地理学报》发表"中国气候区域"。

· 中国顾俶南提出，地理学研究对象是人生与地理环境之关系，地理环境对人生有重要影响，区划或自然区划是地理学最重要的研究方法。

· 中国胡焕庸发表"中国之农业区域"。是中国第一个近现代地理意义的农业区划方案。根据中国的农业气候资源和地貌等自然地理条件与农作物集中分布程度将全国划分为 9 个农业区域。

· 中国胡焕庸发表"中国商业地理大纲"。附专题地图 12 幅。

· 中国胡焕庸发表"国内交通与等时线图"。

· 德国辛格提出城市规模及其排序方程。

· 中国盛叙功《中国人生地理》出版。

· 德国马尔库斯《地理因果论》出版。

· 英国 J. 凯恩斯《就业、利息和货币通论》出版。在此前后出版多部著作。他提出决定就业和生产量的理论，被称为"凯恩斯革命"。深远影响区域经济地理学理论思维。

· 中国的全国经济委员会水利处组织编纂《再续金水行鉴》。

· 中国的南京中央大学地理系成立"中国地理教育研究会"。会刊为《地理教育》。

· 中国的北京师范大学地理系成立"地理教学研究会"。会刊《地理教学》杂志。

　　·中国禹贡学会成立。

　　·中国的浙江中华史地学会成立。

　　·中国王德基留学德国。师从 H. 费思孟。

　　·中国西北农学院利用航空相片进行森林调查。

　　·中国李旭旦听从李四光意见而进入英国剑桥大学攻读硕士学位研究生。1939 年获硕士学位后回国。

　　·中国沙学浚获德国柏林大学地理学博士学位。

　　·中国任美锷留学英国格拉斯哥大学。1939 年获博士学位后回国。

　　·美国 R. 贝蒂《山岳地理》出版，系统分析了地貌与人文关系；反映自然地理要素与人文地理要素的地理环境整体性思想。中译本 1958 年出版。

　　·中国凌纯声发表"云南民族的地理分布"。

　　·中国孙宕越在广州市政府无线电台广播"地理与作战"。

　　·中国傅泽洪《行水金鉴》（共 22 册）出版。1937 年中国黎世序《续金水行鉴》（共 10 册）出版。1939 年完成《再续金水行鉴》。

　　·美国 L. 怀特《地理学——人类生态学导论》出版。

　　·中国胡焕庸发表《改进大学地理教育刍议》。其中，阐述大学地理教育的价值——"以大学地理系为专门研究之中心；训练专门人才，以从事地理考察与研究；培养中等学校之地理师资；予一般大学生，以普通应用之地理基本知识"。

　　·中国洪业（洪煨莲）发表长篇论文"考利玛窦的世界地图"。

　　·美国 J. 梭颇《中国之土壤地理》出版。给出"中国土壤概图"。他所谓土壤地理具有区域地理概念和意义。他在来华工作期间传播马伯特的土壤学思想和理论，也传播苏联土壤地理学思想和理论。

　　·加拿大多伦多大学地理系成立。

　　·印度阿利加尔大学成立印度第一个地理系。

　　·中国浙江大学设史地系。分史、地二组。

　　·英、美科学家协会成立。影响地理学合作研究。

·法国斯多依科发现地球自转速率的季节性变化。

·苏联肖斯塔科维奇从湖泊堆积物微层研究古气候。

·中国当年的国内日报中有史地专刊的日报有《天津益世报·史学双周刊》《天津大公报·史地周刊》《南京中国日报·史学专刊周报》等。

·中国王孟恕发表"中小学史地教材一个中心问题——中华民族是整体的"。

·中国将君章发表"地理教学与民族精神"。

·中国夏定域发表"地理研究与国防"。

·中国《史地丛刊》刊发"国内史地期刊简表"。介绍了《地学季刊》《地理学报》《地理杂志》《方志月刊》《禹贡》《地政月刊》《新亚细亚》《开发西北》《边事研究》等。

## 公元 1937 年

·中国全面抗日战争开始。之后毛泽东科学预见全面抗日战争的空间秩序、时间序列及动因机制,明确提出中国的抗日战争将经过战略防御、战略相持、战略进攻三个阶段。后被证明。

·苏联科学院成立地理研究所。由原苏联科学院自然地理研究所发展而来。1957 年苏联地理研究所在列宁格勒建立分所。

·苏联 Л. С. 贝尔格《苏联自然地理》(又译为《苏联自然界》)出版。系统阐述苏联自然地域分异格局,发展了自然地带学说。

·中国毛泽东在《矛盾论》中指出和阐述"社会和自然的矛盾,用发展生产力的方法去解决"的马克思主义人地关系理论。

·中国"中华地学会"停止活动。所办《地学季刊》停办。《地学季刊》曾发表多篇关于马克思辩证唯物主义地理学论译文。如:楚图南"人文地理学的发达及其流派""中国历史地理学的发展",李长傅"科学的地理学的新转向""自然与社会的关系""转型时期的地理学浅释",盛叙功"科学的经济地理学""经济地理学上的文化阶段及经济阶段""经济地理学的经济阶段与经济形态"。

·英国珀西·莫得·罗士培等提出"类型自然区划"和"地域自然区划"两类自然区划概念，是关于自然地理综合研究的"类型研究"和"区划研究"的最早的系统阐述。自然区划这两类概念在中国 20 世纪 80 年代后的综合自然地理区划研究及成果中有所反映。

·AAG 第三十四届主席乔尔格完成"地理学中的概括和综合"报告。

·美国罗伯特 B. 霍尔发表"日本帝国的扩张"。

·中国竺可桢与中研院院长、同济大学校长、交通大学校长、暨南大学校长联名致电华盛顿九国公约会议，呼吁制止日寇侵华暴行。

·英国 S. W. 伍里德里奇等《地理学的自然基础》出版。

·澳大利亚格里菲斯·泰勒发表"加拿大地理的结构基础"。

·苏联《世界大地图集》第一卷出版。1939 年出版第二卷。

·中国的中央大学（在重庆）、西南联合大学（在昆明）、浙江大学（在遵义）等校的地理专业研究生在全面抗战期间开展土地利用实地调查，撰写毕业论文。

·中国和缅甸之间的滇缅公路开始修筑。1938 年全线竣工。深刻深远影响中国发展特别是抗战胜利和世界地理格局。

·中国和苏联之间的中苏公路开始修筑。1943 年全线竣工。深刻深远影响中国发展特别是抗战胜利和世界地理格局。

·法国 R. 布朗夏尔《法国阿尔卑斯山区》（共 12 卷）开始陆续出版。为综合性地理著作。

·德国 R. 黑塞《生态动物地理学》第一版出版。

·中国张印堂《地理研究法》出版。

·中国金陵大学农学院美籍 J. L. 卜凯等编著的《中国土地利用》及其所附《中国土地利用地图集》出版。

·苏联 A. A. 格里高利耶夫发表"论某些基本的自然地理规律"。

·中国沈如生发表"中国都市之分布"。附中国城市分布图，为中国第一张城市分布地图。

·英国多位地理学家专门研究与讨论世界有关地区的自然区域划分。

·澳大利亚格里菲斯·泰勒《环境、人种和移民：人类分布的基础——加拿大和澳大利亚特定地区人种的分布额定居》出版。

·中国李四光完成《冰期之庐山》。因抗日战争爆发而致 1947 年出版。

·苏联 A. A. 包尔卓夫发表"地理学在苏联的地位"。

·中国黄秉维发表"中国的植物区系"（上、下）。是中国现代地理学意义的植物地理学的重要著作。

·瑞典开始出版《中瑞西北科学考察团报告集》。包括 11 大类 55 卷。

·中国中央研究院拟在庐山建立地理研究所之事因抗日战争开始而被搁置。之前，中央研究院聘请李四光为地理研究所所长。

·中国竺可桢、卢于道和李振翩《科学的民族复兴》出版。

·中国曹廷藩公费开始赴英国伦敦大学、牛津大学地理学院留学。其间参加法国西北部地区考察，访问参观英国几乎所有重要大学地理系。

·中国的中央大学因抗战迁至重庆。理学院地理系和研究所地理学部随之迁往。

·中国中央研究院拟筹建地理研究所。中央研究院院长蔡元培、总干事朱家骅签发聘书，聘请李四光为中央研究院地理研究所筹备处主任。最初考虑在庐山建立中央研究院地理研究所。1940 年在重庆建立中国地理研究所。

·中国北平师范大学（今北京师范大学）地理系《地理教学》创刊。1939 年在西北联合大学复刊。1947 年在北平师范大学再次复刊。任美锷、李旭旦、周廷儒、周立三、徐近之、王德基、张印堂、洪思齐等在该刊发表文章。

·中国清华大学、北京大学、南开大学迁往长沙，组建长沙临时大学。地理学人才等随之迁往。

·中国侯仁之开始师从中国洪业（煨莲），研究历史地理。

·中国浙江大学地理学开设国防地理班。

·中国浙江大学史地学系《史地杂志》创刊。

·美国路德维格·冯·贝塔朗菲提出和阐述一般系统论萌芽思想。

·国际科学史大会的"科学及其社会关系委员会"（CSSR）在英国成立。1938 年中国成立分会，中国张其昀为委员之一。

### 公元 1938 年

·第 15 届国际地理大会在荷兰阿姆斯特丹召开。

·AAG 第三十五届主席弗诺·芬奇发表"地理科学与社会哲学"。

·苏联共产党中央委员会《苏联共产党（布）历史简明教程》出版。И. В. 斯大林撰写其中"辩证唯物主义和历史唯物主义"部分。

·苏联 И. В. 斯大林《辩证唯物主义和历史唯物主义》出版。系统阐述地理环境及其与人类活动之间的关系。

·苏联 И. В. 斯大林系统阐述地理环境的概念。认为地理环境就是"围绕社会的自然界"。深远影响地理学关于地理环境的概念。

·苏联 И. В. 斯大林系统阐述地理环境对人类社会发展的作用："地理环境当然是社会发展的经常必要的条件之一，而且它无疑是能影响到社会的发展，加速或延缓社会进程。但他的影响并不是决定性的影响，因为社会的变更和发展要比地理环境的变更和发展快得不可计量。"该理论是具有代表性的马克思主义人地关系理论之一。

·中国毛泽东发表《论持久战》。他对当时中日两国的政治军事的空间秩序、时间序列和动因机制进行系统分析，发现并论述了中日战争发展客观规律，得出中日战争是持久战和中国最终胜利的科学结论。这是政治地理、经济地理和军事地理实际运用的典范。

·中国毛泽东发表《抗日游击战争的战略问题》。对抗日根据地作了细致的地理分类："抗日游击战争的根据地大体不外三种：山地、平地和河湖港汊地。"对敌我形势也进行了地理分析：敌人"除东三省等地外，实际只能占领大城市、大道和某些平地，依重要性说是一等的，依面积和人口来说可能只是敌占区中之小半，而普遍地发展的游击区，反居其大半"。为中国政治地理、军事地理著作。

·中国许卓山《中国抗战地理》由光明书局再版。

·苏联《苏联的植被》（多卷本）开始陆续出版。

·英国 G. H. T. 金布尔《中世纪的地理学》出版。

·德国 C. 特罗尔提出和使用"景观生态学"术语。

·德国阿尔弗雷德·吕尔遗著《经济地理学导论》出版。提出和阐述经济学是经济地理学的学科基础、演绎推理是经济地理学的方法论、经济地理学要摒弃地理环境决定论等观念和思想。

·德国 W. P. 柯本提出和使用"理想大陆"模式。

·苏联成立苏联地理学会。由1845年成立的俄国地理学会发展而来。设立苏联地理学会、李特契、普尔日瓦里斯基奖，П. П. 谢苗诺夫－天山斯基金质奖章和杰日涅夫奖金。主办《全苏地理学会通讯》等。设有若干分会、支会。

·中国长沙临时大学以"湘黔滇旅行团"形式迁往昆明。地理学人才等随之迁往。

·中国西南联合大学在昆明成立。西南联合大学理学院地质地理气象学系和师范学院史地系成为地理研究重要单位。张印堂、洪绂、林超、鲍觉民等陆续任教于西南联合大学。

·中国西北联合大学在西安成立。原名西安联合大学。西北联合大学理学院地理系成为地理研究重要单位。黄国璋、傅角今、薛贻源、王均衡、卢惠如等陆续任教于西北联合大学。

·中国林超研究和阐述聚落分类。

·中国涂长望研究中国气团并提出和阐述新的气团分类。

·美国霍普金斯提出和阐述"物候定律"。中国竺可桢《物候学》发展了物候定律。

·中国王庸《中国地理学史》出版。该著主要以中国古代地图史料为主。为商务印书馆《中国文化史丛书》中的第2卷。之后再版。

·中国顾颉刚和史念海《中国疆域沿革史》出版。2017年再版。

·来自美国尼苏达州（大学）的爱德华·普勒瓦到加拿大西安大略大学教授地理学课程。

·美国地理学会《现行地理出版物》创刊。

·美国艾赛亚·鲍曼按美国总统指示研究犹太人移民和定居问题。

·美国艾赛亚·鲍曼开始每周有三天在美国国务院工作，经常被总统等约请商谈。同期很多地理学家直接服务于美国政府。

·苏联科学院设立奥勃鲁契夫奖金。以纪念苏联 B. A. 奥勃鲁契夫。

·中国徐近之赴英国爱丁堡大学攻读地貌学。1940 年获得博士学位。至 1946 年期间，徐近之到耶鲁大学访问埃尔斯沃斯·亨廷顿，到哈佛大学访问德文特·惠特尔西，到威斯康星大学访问 G. 特里瓦萨；受聘美国地质调查所军事地质组、美国五角大楼东亚部。

·中国吴尚时在法国《法国区域地理评论》发表"法国里昂金山黄土研究"。

·美国爱德华·乌尔曼提出具有萌芽性质的中心地理论。20 世纪 40 年代将德国沃尔特·克里斯泰勒《德国南部中心地》译成英文并发表。

·汉斯·冯·姆齐克发表"克劳迪·托勒密的描述性地理简介：第一部分"。

·中国商务印书馆开始编纂出版《地理学丛书》。之后陆续出版《地理学》《人口地理学》《民族发展的地理因素》等。

·中国商务印书馆出版《地理哲学》（德国奥·格拉夫著，曹沉思译）。为商务印书馆王云五编纂的《地理学丛书》中的一卷。

·苏联国家地理学会更名为苏联地理学会。

·中国"亚光舆地学社"在上海成立。为私人地图出版机构。1942 年与顾颉刚合作，在重庆北碚创建"中国史地图表编纂社"。

·中国香港的香港大学设地理系。1954 年成立地理地质系。

## 公元 1939 年

·美国 R. 哈特向《地理学的性质》出版。1946 年出版第二版。提出并论述了地理学的研究对象是地域分异，区域的独特性是地理学的研究核心。1996 年根据第二版出版中译本。

·苏联科学院生产力研究委员会开始编纂《苏联自然的历史形成过程》（共 4 卷）。之前 Л. C. 贝尔格曾著《苏联自然地理》。

·苏联出版《苏联 1 : 1000 万地貌区划图》。1956 年中国开始的中国地貌区划工作，参考使用。

·中国商务印书馆重印由谭廉编绘的《最新世界地图集》。是针对日本侵占中国的海南岛和西沙群岛，再侵占南沙群岛的时局，以宣示海南岛、西沙群岛、南沙群岛为中国所有。

·英国开始编辑出版 L. 达德利·斯坦普 1931 年开始领导的英国第一次土地利用调查工作的系列地图"大不列颠大比例尺土地利用图"146 幅。部分地区"土地利用调查报告"9 卷。这些地图和报告为英国发展特别是农业发展提供基础科学支持。

·美国 H. 霍伊特 1939 年提出城市地域结构的扇形学说或扇形模型。有称楔形学说或楔形模型。

·美国马克·杰斐逊提出并阐述首位城市、城市首位度和城市首位律。之后城市首位度概念不断发展，成为地理特别是城市地理和区域地理研究工具。

·法国伊曼努尔·德·马东《自然地理学原理》出版。包括第一卷概论、气候、水文，第二卷地貌，第三卷生物地理。

·法国伊曼努尔·德·马东在其《自然地理学原理》中，阐述地理学的空间性、因果性和比较性原则。

·美国 R. 哈特向提出和阐述地缘政治学是"地理学在政治上的应用，它的价值和意义由它所服务的政治目的来决定"。

·《自然》发表"日地关系"。

·中国商务印书馆出版《民族发展的地理因素》（美国 O. D. V. 恩格伦著，林光澄译）。为王云五主编《地理学丛书》中的一卷。1971 年在中国台湾地区再版。

·美国范·瓦肯博格提出国家循环理论。国家依次补入幼年期、青春期、成熟期、老年期。

·中国西南联大地质地理气象学系与清华航空研究所，在中国嵩明县境内合办高空气象台，聘请李宪之、赵九章主持。

·中国西南联大师范学院史地系学生成立"史地学会"，编纂《史地月报》（后更名为《时与空》）。

·中国严钦尚发表"西康居住地理"。

·德国奥古斯特·施勒的《经济空间秩序》出版。1954 年英译本、2010 年中译本（译自英译本）出版。

·中国李四光《中国地质学》英文版出版。是他 1935—1936 年在英国讲学《中国地质学》的讲稿。1953 年中译本出版。

·英国政治经济学会《工业区位报告》出版。该书用历史归纳法分析了当时英国工业区位形成的有关因素。这些因素不仅包括经济因素，而且包括政治、社会、心理、行为等因素。是行为区位论的最早的系统著作。

·中国李四光系统提出和系统阐述东亚特别是中国的三大地势阶梯。

·中国李四光提出和阐述以地貌为主的中国（自然）区划。他将中国划分为西藏高原、准噶尔和塔里木盆地、蒙古草原、山东半岛、华北平原、山西高原、陕西盆地、甘肃走廊、长江下游谷地、东南沿海区、长江中游盆地、四川盆地、贵州高原、广西台地、西南高地和西康群山等 19 个（自然）地理区。

·中国黄秉维开始编撰《自然地理原理》。1941 年完成，共 3 卷。为中国第一部具有现代意义的普通自然地理学著作。作者以苏潘《自然地理原理》（德文）与马东《自然地理原理》（法文）为主要参考书。全书分为 3 册 7 编 27 章，包括第一编导论、第二编气候、第三编水理、第四编地形、第五编土壤地理、第六编植物地理、第七编陆上自然现象之组合。包括五大自然地理要素及其自然地理综合体，即五个部门自然地理学和综合自然地理学。其中，第一编导论中的第一章地理学之回顾与前瞻，包括中国地理学史略、欧西地理学之渊源、地理学之经典时代、19 世纪之后之地理学、地理学之最近趋势。最后按照 P. 詹姆士《地理学大纲》的方法，划分综合性的自然地理区划，阐述自然与人类生活与生产活动的关系。

·中国教育部颁布大学和高师《科目表》。规定大学历史系开设必修课程"中国地理"等，选修课程"世界地理""制图学"等。

·中国教育部颁布大学和高师《科目表》。规定师范院校史地系或部的地理专业开设"自然地理""人生地理""中国地理""世界地理""中国历史地理"等必修课程，开设"国防地理""经济地理""政治地理""地理考察""天文地理""测量学""地图读法""地貌（形）学""气候学""气象学"等选修课程。

· 中国中英庚款董事会组织中国的"川康科学考察团"。黄国璋任副团长。完成有关地理著作。

· 中国浙江大学成立文科研究所史地学部。招收研究生。

· 中国李旭旦从英国剑桥大学获得硕士学位后回国，开始在中央大学地理系教授。

· 中国刘恩兰留学英国牛津大学攻读自然地理学博士学位，后师从珀西·莫得·罗士培，1940 年获得博士学位。博士论文为《中国的降水波动：性质、原因和影响》。

· 日本增渊坚吉阐述中国华北黄土形成的水成学说。

· 中国葛绥成《乡土地理研究法》出版。

· 中国孙宕越和徐俊鸣《军事地理学》由国民政府中央军事委员会出版。

· 德国卡尔·豪斯霍弗《地缘政治学原理》出版。后日本翻译出版日文版。

· 美国开始开展对南方热带雨林的森林生态系统长期定位研究。

· 英国 J. 雷福特·沃森到加拿大麦克马斯特大学教授地理学课程。1942 年麦克马斯特大学成立地理系。

· 中国张印堂开始对拟修筑滇缅铁路沿线调查考察。后完成《滇缅铁路沿线经济地理调查报告》（上、下册）。

· 中国顾颉刚发表"中华民族是一个"。具有中华民族共同体的含义和意义。

· 中国黄国璋在《地理教学》发表"为什么地理是革命建国教育的中心学科"，系统阐述地理学的价值。

· 苏联苏共第十八次代表大会对苏联经济地理学家瓦秀金和费根等理论影响下的"大钢铁厂热""长途运输热"进行猛烈批评。

· 英国 J. D. 贝尔纳《科学的社会功能》出版。之后多次重印。深远影响地理学和地理学家。1982 年中国出版中译本。

· 开始出现"贝—波"争论开始爆发。即以贝尔纳《科学的社会功能》为代表的"计划科学"与以波兰尼"反计划科学"的"科学的权利与责任"为代表的"自由科学"之间争论开始爆发。前者强调和重视科学服务社会需求，后者强调和重视科学自由探索。著名期刊《自然》《科学》和爱因斯坦等参加争论。深远影响中国和许多国家地理学发展政策，中国地理科学发展的"任务代学科"就是反映。

· 中国自然科学社组织西康科学考察团。分设地理气象、农林畜牧、药物、工程四组。

· 中国西北大学设地质地理系。1947 年分为地质系和地理系。

· 中国西北师范大学设史地系。1950 年地理系单独设系。

· 中国邹豹君获利物浦大学硕士。回国后历任北京师范大学等多所大学教授。他提出科学的地理学是建国基础。

## 20 世纪 30 年代

· 美国伯克利大学一位地理学教授提出"气候年"概念。他认为真正影响植被分布的气候因素是各年的具体情况，而不是多年的平均。1997 年中国黄秉维提出中国的自然区划研究应该考虑和使用气候年概念。

· 苏联高调批判西方生产布局理论与方法，将杜能和韦伯等关于区位论等著作翻译成俄文出版。

· 苏联开始（至 20 世纪 60 年代）出现用经济地理学取代人文地理学、自然地理学和人文地理学割裂的地理哲学思潮。

· 中国林超在 20 世纪 30 年代初已牢牢建立起地理学的综合性思想。

· 中国黄秉维编纂《中国地理（长篇）》。进行各个自然地理要素的中国的自然区划。

· 中国童书业完成《中国疆域地理讲义》。2008 年中国天津古籍出版社出版。主要包括历代疆域沿革、历代地方行政区划、四裔民族等部分。

· 中国吴尚时在 20 世纪 30 年代末完成译著《江河之水文》。为中国近代水文地理学肇始。

· 英国 A. 赫乐曼《中国历史地图集》出版。

· 化学地理学开始创建。

· 中国李四光开始（至 20 世纪 40 年代）对中国东部地区第四纪研究。

· 中国周廷儒开始（至 20 世纪 40 年代）对历史时期环境的自然变化及人类活动所导致的环境变化的研究。

· 苏联冻土学包括普通冻土学和工程冻土学。

· 中国严德一、沈汝生等在此期间及 20 世纪 40 年代期间先后对中国西南国际交通路线进行实地考察。为中国抗战作出贡献。

· 中国翁文灏、李承三在 1938 年之前研究中苏边疆地理。

· 中国黄国璋、林超在 1938 年之后研究中缅边疆地理。为中国抗战作出贡献。

· 罗伯特·阿尔马吉亚发表"佛罗伦萨在 15 和 16 世纪的地理研究中的重要地位"。其中，阐述 15—16 世纪期间人文主义学者在地理学方面的学术活动和学术贡献。

## 第五节　地理学年表：公元 1940—1949 年

### 公元 1940 年

· 苏联 C. B. 卡列斯尼克提出和阐述，地理学是关于地理壳的构造及其形成规律和发展规律的科学。之后，他在其《普通地理学原理》中进一步阐述地理学，认为地理学是关于地理壳的结构形成、空间分布、发展规律的科学。

· 综合自然地理学的最初形态和名称"关于景观的学说"确立。"最初的"自然地理学分化出一系列部门自然地理学学科后的"那部分"自然地理学就是后来称谓的综合自然地理学。当时还没有"综合自然地理学"术语。

· 德国阿福雷德·赫特纳和黑格尔·克卢特主编的世界区域地理丛

书《地理科学书册》（共 11 卷）全部出版完成。

·苏联开始综合自然地理区划研究和编制工作。至 1947 年出版 4 卷本的《苏联自然地理区划》（也称《苏联自然历史区划》）。

·美国地理学家协会召开讨论会。讨论的主题之一是比较德国瓦尔特·彭克的地貌理论和威廉·莫里斯·戴维斯的地貌理论。

·中国地理研究所在四川重庆北碚成立。为中英庚款董事会（会长朱家骅，后改名为中英文教基金董事会）创办，隶属中英庚款董事会。黄国璋为首任所长。李承三任自然地理组组长，黄国璋和林超先后任人文地理组组长。之后隶属民国政府教育部。开展区域综合研究，包括区域自然条件和自然资源综合考察等。是中国科学院地理科学与资源研究所、中国科学院南京地理与湖泊研究所、中国科学院测量与地球物理研究所三所的前身。之后创办《地理》《地理集刊》。

·中国国民政府教育部成立部定大学用书编辑委员会。委员 53 人，张其昀和李四光为委员。之后开始出版。邹豹君《欧洲地理》出版。

·中国王维屏《中国抗战地理》由正中书局出版。

·中国《地理》发刊词阐述"近代地理学推求人地相关之理，不但是一门理论的科学，同时也是一门实用的学问"。

·中国地理研究所李承三、林超开始（至 1941 年）领导嘉陵江流域地理考察。后完成《嘉陵江流域地理考察报告》，编绘中国第一幅河流地貌图。

·中国地理研究所王德基开始（至 1941 年）领导汉中盆地考察。后完成《汉中盆地地理考察报告》，1946 年刊于《地理专刊》1946 年第 3 号。

·德国 A. 廖什《经济的空间秩序》出版。英译名称为《经济区位论》。1959 年苏联全文翻译出版。

·苏联巴尔扎克等《苏联经济地理》俄文版在莫斯科出版。1949 年美国出版英文版。

·苏联 C. B. 卡列斯尼克发表"地理学的任务和野外地理考察"。

·中国任美锷发表"地理学的性质与其在教育上的地位"。

· 德国 C. 特罗尔创立高山比较地理学。

· 英国地理学家按政府要求，在第二次世界大战期间编纂大量高水平高质量的区域地理著作。

· 英国科林·克拉克《经济进步的条件》出版。提出和使用购买力平价概念及其定义、单位和标准，进行国家间贫富水平比较并发现差距巨大。深远影响地理学和地理学家特别是计算经济地理学。

· 意大利出版意大利国家地图集。

· 中国李春芬留学加拿大多伦多大学研究生院，师从格里菲斯·泰勒。1943 年获该校第一个地理学博士学位。

· 中国鲍觉民获经济地理学博士学位。他留学英国伦敦大学政治经济学院。导师为英国 L. 达德利·斯坦普。

· 中国孙承烈发表"北碚聚落志"。

· 中国缩省规划《设计报告书》完成。胡焕庸等作为该报告书主要成员。

· 中国叶良辅、任美锷、涂长望等《地理学研究法（第一辑）》出版。

· 中国黄秉维编制《中国气候区域》挂图出版。

· 中国黄秉维发表"中国之植物区域"。这是首次出现中国的全国植被区域划分即中国植被区划。

· 美国约翰·贝茨·克拉克提出和阐述可行竞争并运用于经济分析。之后成为地理分析工具。

· 中国地理研究所林超等编纂《乡土地理调查手册》。1941 年刊于《地理》。

· 中国东北大学理学院成立地理学系。其前身为史地学系。

· 中国中华民国教育部成立史地教育委员会。

· 中国葛绥成主编《最新中外地名辞典》出版。

· 美国《洛杉矶观察报》12 月 8 日刊登《日本控制太平洋，令和平出现危机》的报道及相应地图。该地图表示出 1940 年日本在东亚扩张的势力范围，中国当时称为南威岛的岛屿用红色及更显著红色圈表示这里将是日本进攻东南亚的桥头堡。这种预见后来成为事实。

·德国沃尔特·克里斯泰勒加入德国纳粹组织。开始运用他自己的中心地理论与方法来研究德国东部地区的空间规划。

·美国战略服务局聘请数十位地理学家在工作，服务第二次世界大战。

·日本一些地理学家和地理工作者开始被招到总参谋部、陆军军官学校、陆军预备学校、日本殖民地和占领区的研究小组中工作。

### 公元 1941 年

·中国毛泽东在珍珠港事件发生时，科学预见世界与中国的政治地理和军事地理特别是战争地理的空间秩序及其时间序列。后被证实。

·中国开始以"地道战"形式抗日。为重要的军事地理工程。

·中国周立三发表"地理学之对象及其任务"。

·中国竺可桢在中国地理研究所演讲"抗战建国与地理"。

·中国胡焕庸《缩小省区方案研究》获中国教育部主持评审的国家最高学术奖二等奖。

·中国涂长望"中国气候之研究"获国民政府教育部主持评定的国家最高学术奖二等奖。

·中国张印堂"滇缅铁路沿线经济地理"获国民政府教育部主持评定的国家最高学术奖三等奖。

·中国林超、郑象铣、王德基、薛贻源在《地理》发表"乡土地理调查手册"。其中，阐明"地理现象，并非独立而不相关，而皆有密切关系""重人文轻自然、重自然轻经济甚至取消人文"都背离综合地理学思想的地理环境整体性思想、人地相互作用的人地关系思想。

·中国林超在《地理》发表"第二次世界大战的地理基础及其展望"。

·中国刘培桐发表"中国气候与土壤之关系"。具有自然地理环境要素整体性、共轭性、综合性思想。

·中国朱莲清、马溶之、李庆逵发表"中国之土壤概述"。给出"中国土壤图"。

· 中国竺可桢在《思想与时代》发表"科学之方法与精神"。

· 中国杨纫章在《地理学报》发表"重庆西郊小区域地理研究"。该文从自然地理要素和人文地理要素综合阐述小区域地理。该文援引了法国白吕纳"研究自然地理首重小区域研究"和英国恩斯德"研究区域地理主要的特性，最好的方法是研究小区域，观察其自然和人文因素之间的关系，以及各区域之间的相互影响，这些小区域应当能够充分表现出各种人与自然之间的关系，作为地理科学的研究对象"。

· 中国张印堂"滇缅铁路沿线经济地理"获中华民国教育部社会科学类三等奖。

· 中国李旭旦考察甘肃省白龙江中游地区。在"白龙江中游人生地理观察"一文中提出合理利用自然和协调人地关系。

· 中国李旭旦发现和提出甘肃省白龙江是我国南北重要分界线秦岭—淮河线的西延。

· 中国李旭旦发现和提出白龙江是中国东部农业区和西部牧业区的分界线。这一地理科学结论成为后来制定的《全国农业发展纲要》所采用。

· 中国中央大学设立地理学研究部。中国胡焕庸为主任。开始培养研究生。

· 中国《地理》杂志创刊。

· 中国出版（至1980年）地理译著中主要是苏联、美国、日本、英国、法国和德国。

· 开始出现和使用自然保护区缓冲区概念。

· 中国自然科学社组织西北科学考察团开展地理、森林和畜牧等考察。任美锷、李旭旦等负责。分设地理、森林、畜牧三组。之后，考察报告与中国地理学会联合刊出。

· 中国四川大学设立地学系。包括地理学。

· 中国大学设置的地理研究机构有中央大学理科研究所地理部、浙江大学文科研究所史地部、东北大学文科史地研究所。

· 国立中央大学理科研究所地理学部成立。以培养地理专门研究之人才及地理高等教育师资为目的。

· 中国《边政公论》创刊。成为地理论文发表期刊之一。

· "科学自由协会" 3月1日在牛津成立。协会形成了一份声明，提出五条信仰。强调与 "计划科学" 相反的观点。著名期刊《科学》《自然》曾介绍 "科学自由协会" 及其主张。深远影响地理学和地理学家。

· 德国进攻苏联。在此之前德国卡尔·豪斯浩弗等完成世界政治地图或生存空间地图将世界划分为不同的世界泛区，包括以美国为主导的泛美区、以日本为主导的泛亚区、以德国为主导的泛欧区、以苏联为主导的泛俄区。

· 苏联地理学家在卫国战争期间为前线服务。

· 中国时任浙江大学史地系主任张其昀等在迁徙到贵州的浙江大学创办《思想与时代》杂志。该杂志践行科学与人文的融合。在创刊号上竺可桢、张其昀、任美锷等发表论文。之后黄秉维、涂长望、沙学俊、鲍觉民、徐近之、李春芬、吴尚时、李旭旦、刘恩兰、李海晨等发表文章。

· 美国爱德华·乌尔曼受邀（至1946年）在美国战略服务办公室工作。


**公元 1942 年**

· 中国毛泽东在延安《解放日报》10月12日发表社论文章 "第二次世界大战的转折点"。科学预见苏德战争和世界政治军事地理时空秩序。为政治地理和军事地理重要论著。

· 美国吉尔伯特·怀特明确提出和阐述以人类调适为中心的人地关系理论 "地理环境调适论"。

· 苏联 B. И. 维尔纳茨基发表 "关于智慧圈的几句话"。明确提出和阐述 "智慧圈" 概念和理论。对智慧圈概念和思想的萌芽、产生、形成和发展有贡献的还有法国神父和法国哲学家。之后，他进一步阐述将地球的演化历史划分为三个阶段即生命产生前的 "地球圈" 阶段、生命产生后的"生物圈"阶段和人类产生后的"智慧圈"阶段。

·苏联 B. H. 苏卡乔夫提出和论述"生物地理群落"概念及理论。1944 年、1964 年明确其定义。逐渐建立生物地理群落学。

·苏联 B. H. 苏卡乔夫认为"生物地理群落"是最小的自然地理单位。在此前后 Л. C. 贝尔格认为是二级景观，Б. Б. 波雷诺夫认为是单元景观，И. B. 拉林认为是小景观。

·英国 R. L. 林德曼创立生态系统物质循环和能量流动的"十分之一定律"。之后被称为林德曼定律。

·美国 N. J. 斯皮克曼《美国在世界政治中的战略》出版。在整体分析美国的地理环境及其周边地区的基础上，提出和阐述美国只能与英国联合的结论。这一科学结论深远影响美国联合英国的国策。

·关于城市发展及其布局结构的有机疏散理论由沙里宁在《城市：它的生长、衰退和未来》中提出和阐述。

·中国民国政府教育部直接聘任第一批教授 30 位。胡焕庸是唯一一位地理学部聘教授。

·中国张印堂"滇缅铁路沿线经济地理"获民国政府教育部主持的最高学术奖民国三十一年度社会科学类三等奖。

·中国朱家骅在《地理》发表"中国地理研究之重要"。

·中国朱士嘉《国会图书馆藏中国地方志目录》出版。为美国国会图书馆藏中国地方志的目录。

·中国李旭旦《近代人生地理学之发达及其在我国之展望》出版。

·中国吴传钧《中国粮食地理》出版。将中国划分为 10 个粮食区。

·中国任美锷在《大公报》发表"地理研究与经济建设"。提出"建设地理"概念，使用"区域设计计划""地理工程师"术语。

·中国任美锷介绍和阐述美国和英国等地学家参加他们国家经济建设计划情况。

·中国周立三、侯学焘、陈泗桥编绘《四川经济地图集》。

·苏联 Б. Б. 波雷诺夫提出"地球化学景观"概念和理论。

·美国普拉特探讨"尺度转换"问题。这一时期还有其他人探讨。

·奥地利约瑟夫·熊彼特提出和阐述产品和生产方法不断变化是竞争资本主义的本质。他早年出版《经济发展理论》德文版和英文版，详细阐述创新。之后成为地理分析工具。

·中国刘恩兰考察川西闽江上游羌藏聚居区，开始形成对该地区的人地关系的认识。

·中国林超发表"现代地理学问题检讨"。系统阐述地理学的研究对象与内容、自然地理与人生地理、通论地理和区域地理、地理之研究与应用问题、景观论的评判、关于人生地理学的派别问题等地理学基本理论问题。

·美国《当代商业纵览》从 5 月开始发布国民生产总值的核算数据。直接影响地理学和地理学家。

·中国中央研究院历史语言所、中央博物院筹备处、中国地理研究所发起组建"西北史地考察团"。该团以甘肃、青海、宁夏、新疆等地为中心，着重调查陇西及河西走廊一带的历史遗迹、自然地理、自然资源等方面情况。1943 年考察团规模扩大，北京大学文科研究所正式加入，考察内容增加地质、矿产、动植物等，更名为"西北科学考察团"。

·中国"国父实业计划研究会"组织内蒙古新疆考察团。包括地理、气象等方面工作。

·中国民国政府教育部《师范学院章程》规定史地系是基本系别之一。

·中国《史地杂志》出版专刊《太平洋战争讨论集》。包括：张其昀"太平洋战争之新战备"，沙学俊"太平洋战争之地理基础"，任美锷"太平洋问题之回顾与前瞻"，黄秉维"太平洋战局前瞻"，涂长望"空军在现代战争之地位"。

·中国顾颉刚与亚光舆地学社合作，创建"中国史地图表编纂社"。

·中国西南联合大学"南开大学边疆人文研究室"开始创办，编纂《边疆人文》。包括边疆地理方面工作。

·中国西南联合大学师范学院与云南省教育厅合作，举办"云南省中等学校各科教员讲习研讨会"。分文史地、数理化、教育三个大组。中国西南联合大学 50 多名教授到会作专题报告。

·中国陈正祥从中国的中央大学理学院地理系毕业。之后，他在多国多所大学留学深造，在地理学的诸多方面开展重要工作，是国际地理联合会多个委员会委员，著《中国文化地理》等，是《大英百科全书》中国部分条目撰稿人。

·中国的华北联合大学教育学院设史地系。

·中国赵松乔从浙江大学史地系毕业，同时考取该校研究生，在竺可桢、张其昀等门下主攻人文地理学。

## 公元 1943 年

·美国职业地理学家协会（ASPG）成立。1948 年与 1904 年成立的美国地理学家协会（AAG）合并为新的美国地理学家协会（AAG）。

·美国约 300 名地理学家（工作者）在美国政府诸多部门工作，为第二次世界大战服务。

·苏联 В. И. 维尔纳茨基被授予"斯大林奖金"。

·加拿大战时信息部邀请地理学工作者进行工作。

·美国乔治·哈里斯提出美国城市分类系统。

·中国张其昀受美国国务院文化司邀请（至 1945 年）到哈佛大学等大学访学与研究。

·美国罗森斯坦·罗丹在其"东欧和东南欧国家工业化问题"中系统阐述"工业化"，提出经济发展需要工业化观点。之后成为地理特别是经济地理分析工具。

·英国哈尔福特·麦金德发表"周围的世界与赢得和平"。在世界政治地图变化基础上，修改完善其理论。

·中国蒋介石《中国之命运》出版。阐述建国计划，包括地理研究及地理人才问题。

·中国翁文灏编纂《中国经济建设论丛》。

·中国张印堂在《地理集刊》发表"目前我国地理教育的危机"。

·德国 W. 福克斯在中国辅仁大学出版中国分省地区图集。该图集的基础主要是中国清朝三大实测地图（集）。

·中国由中央研究院历史语言所、中央博物院筹备处、中国地理研究所、北京大学文科研究所等构成的"西北科学考察团"，各学科相对独立地开展工作，取得一定成绩。该科学考察团由"西北史地考察团"发展更名而来。

·中国李春芬留学获得加拿大多伦多大学地理学博士学位。到美国哈佛大学地质地理系在 D. 惠特莱西指导下从事博士后研究。

·中国自然科学社举办科学展览会。地理学为展览内容之一。

·中国民国政府教育部直接聘任第二批教授 15 位。张其昀受聘为地理学部聘教授。

·中国中央设计局组建西北建设考察团，对西北地区进行基础考察。

·中国中央设计局组建国父实业计划西北考察团，对西北地区进行基础考察。

·中国《地理季刊》创刊。

·中国中央研究院组织新疆地理考察工作。

·中国西南联合大学鲍觉民在中国国际同志会云南分会举行的现代问题公开演讲会上发表"中国地大物博之真相"。为较早科学阐释中国地理和资源问题的文献之一。

·中国西南联合大学张印堂在中国国际同志会云南分会举行的现代问题公开演讲会上发表"缅甸地理与滇西战场"。

·中国地理研究所《中国地理研究所地理专刊》创刊，刊期不定。

## 公元 1944 年

·美国 N. J. 斯皮克曼遗著《和平地理学》出版。提出与当时风行的心脏地带理论不同的边缘地区说即陆缘说。地缘政治学的"陆缘说"即控制边缘地区就可以控制欧亚大陆、就可以控制世界，阐述地缘政治学就是研究如何以地理因素为基础制定国家安全战略。他的理论对美国战略起到重要作用。

·中国中央设计局成立区域设计组。其工作重点之一是行政区划调整。黄国璋为首任组长。黄秉维、高泳源和薛贻源等地理学家曾参加工作。地理学（家）直接服务国家战略。

· 中国政府正式开始"缩省"（即缩小省的区域范围并调整界线的简称）。20 世纪初学界开始讨论"缩省"问题。

· 中国吴传钧发表"缩改省区之理论与实际"。

· 英国珀西·莫得·罗士培关于中国地理的巨著《中国手册》（共三卷）开始陆续完成。第一卷为自然地理、历史和民族，第二卷为近代史和政区，第三卷为经济、港口和交通。

· 美国乔治·葛德石《亚洲之地与人》英文版在美国出版。不久就成为美国一百多所大学的地理教科书。1946 年中国商务印书馆出版中文本。

· 美国乔治·葛德石《亚洲之地与人》提出和使用"地理策略"概念并阐述有关地区的地理策略。"地理策略"由 10 项要素构成。有文献表述为"地缘策略"。

· 中国罗开富获美国克拉克大学地理学博士学位。

· 中国史念海《中国的运河》出版。

· 中国陈正祥《印度地理》出版。

· 中国胡焕庸《德国地理》出版。

· 中国黄秉维发表"地理学之历史演变"。

· 中国任美锷发表"工业区位的理论与中国工业区域"。

· 日本山本政喜《民族经济地理》出版。

· 瑞典 G. 缪尔达尔开始提出和阐述后来被称为"回波效应""扩散效应"的区域发展理论。之后成为地理特别是经济地理分析工具。

· 中国任美锷阐述"政治的力量固然可以改变若干经济条件，但却不能违背环境"的人地关系思想。

· 中国任美锷在《地理学报》发表"工业区位的理论与中国工业区域"。提出和阐述中国工业地理区划方案。阐述了东北区、华北区、西北区、华中区、东南区、西南区共六个工业区域的经济条件、工业布局重点等。

·苏联莫斯科大学成立气候学教研室。

·中国李春芬开始（至 1945 年 8 月）应聘在美国内政部地名局工作，任专业四级区域地理学家（相当于州立大学教授）。

·美国艾赛亚·鲍曼作为美国代表团领土问题顾问，出席以讨论战后组建联合国问题为主的敦巴顿橡树园会议和 1945 年的旧金山会议。

·苏联成立专门出版地理文献的国立地理出版社。

·美国地理学家乔治·葛德石教授等率队访问中国西南联合大学。

·新西兰地理学会成立。


**公元 1945 年**

·美国华盛顿大学威廉·L. 加里森组织召开关于计量地理学会议。有的学者将其确定为计量革命的开始。20 世纪 30 年代开始，已有运用数学方法定量研究。

·美国乔治·哈里斯和爱德华·厄尔曼《城市的本质》出版。

·美国乔治·哈里斯和爱德华·厄尔曼提出多核城市概念、城市地域结构多核心说或多核论。

·中国李四光发表"从地质理学观点看中国山脉之形成"，提出和阐述中国的纬向构造所形成的东西走向的山脉、经向构造所形成的南北走向的山脉、扭动构造体系所形成的山脉。深远影响中国自然地理研究。

·美国科学研究局范内瓦·布什组织完成的、向总统罗斯福提交的关于科学研究及其发展的研究报告《科学——没有止境的前沿》正式发表。这份报告的重点，是特别强调基础研究——通常就是我们今天认为"没用的"那些学问，强调政府应该大力加强对基础研究的资助。该报告是 1950 年成立的美国国家科学基金会（NSF）的重要基础之一。之后国家体制科研范式成为国际主流，促成相互作用的"三化"即科学研究职业化、科学交流专业化、科研人员等级化。深远影响地理学发展及地理研究。

·世界银行（World Bank）成立。支持社会经济发展研究。之后连续出版《世界发展报告》，建立和完善各类世界发展指标体系。深远影响地理学和地理学家。

·美国乔治·葛德石《中国的地理基础：土地及其民族概论》的《总论》卷中译本（薛贻源译）出版。书名为《中国的地理基础》。

·美国 R. E. 霍顿提出和阐述水系定律——河流数目定律、河流长度定律、河流面积定律。

·中国吴传钧开始留学英国利物浦大学。师从珀西·莫得·罗士培、克利福德·达比。1948 年获得地理学博士学位。

·中国傅角今（时任方域司司长）带队考察勘测中国南海、中缅边界。提出南海诸岛、葱岭（帕米尔高原）和琉球群岛等本属中国及其依据。

·中国胡焕庸《缩小省区方案》出版。

·中国胡焕庸《苏联地理》出版。

·中国胡焕庸《法国地理》出版。

·中国胡焕庸《英国地理》出版。

·中国陈正祥《西比利亚地理》出版。

·中国程璐《中国地理概论》出版。

·英国 R. J. 约翰斯顿《地理学和地理学家》出版。之后多次再版。1991 年据第四版出版中译本。

·加拿大麦吉尔大学建立由来自英国的乔治·金布尔领导的地理系。

·美国格伦·特里瓦萨《日本：自然、文化和区域地理》出版。

·在美军陆军总部、盟军司令部的地理学家指导下，日本开展土地、水资源和地貌等方面工作。

·美国埃尔斯沃斯·亨廷顿《文明的主要动力》出版。阐述气候、居民的特性和文化是人类发展的三个主要原因。

·第二次世界大战结束。许多国家从殖民体系独立出来，出现许多新独立的国家，改变以前宗主国和附属国关系，一些国家开始建立地区性合作组织。世界的政治地理格局变化也促进了政治地理学的发展。

·第二次世界大战结束。区域人地关系和区际关系双重冲突逐渐加剧，构成现代地理学开始和发展的社会背景。

·第二次世界大战结束。英国在第二次世界大战期间为了战争需要建立了两个地理手册编纂中心即牛津和剑桥。1941—1945 年，牛津编纂 28 种地理手册，剑桥编纂 30 种地理手册。

·第二次世界大战结束。世界诸多国家疆域发生变化。深远影响世界地理格局及其地理研究。

·中国北京师范大学地理系主任黄国璋和辅仁大学历史系主任张星烺（张相文之子）联合，促成中国地学会重新开展活动。

·中国胡焕庸受邀在美国马里兰大学地理系教学与研究。访问美国多所著名大学地理系。

·世界建立布雷顿森林体系。深远影响世界地理格局和世界地理研究。

·国际组织"联合国（UN）"成立大会在美国圣弗朗西斯科（旧金山）举行。深远影响世界政治经济地理格局及其研究。

·联合国通过《联合国宪章》。在起草过程中的诸多阶段，地理学提供支持，地理学的观点被证明具有价值。

·国际组织"阿拉伯国家联盟"成立。简称"阿盟""阿拉伯联盟"。深远影响世界政治经济地理格局及其研究。是地理研究主题之一。

·中国（民国政府）与苏联签订《中苏友好同盟条约》并开始施行。深远影响世界地理格局特别是远东地区地理格局，影响世界地理研究。

·中国王云五和其他六位国民参政员致信毛泽东、周恩来，提出组团访问延安。

·中国"中国计划建设学会"成立。翁文灏和李四光等为发起人。


## 公元 1946 年

·苏联 A. Д. 哥热夫提出和阐释自然地理环境要素整体性的形成机制。1956 年 A. A. 格里高利耶夫也阐述了这个问题。这一时期还有其他人阐述。他们认为各个自然地理要素之间及其与外部环境之间的物质和能量的相互交换是形成自然地理环境的机制。

·苏联 И. B. 斯大林提出苏联共产主义建设伟大纲领，包括后来被称为的斯大林自然改造计划。斯大林自然改造计划为地理学提供了服务国家目标平台和机会，地理学特别是自然地理学得到很大发展。

·苏联地理学会莫斯科分会开始编撰论文集《地理学问题》。

·苏联 H. H. 巴朗斯基发表"地方志、自然地理和经济地理"。阐述综合性地理著作和综合研究的重要性和必要性以及实现综合地理途径。

·苏联 H. H. 巴朗斯基提出借鉴美国研究进行苏联城市分类。

·法国 R. 卡波 – 雷伊《大陆交通地理学》出版。

·中国任美锷《建设地理新论》出版，翁文灏作序。该书指出经济地理学与经济建设密切相关，其应用可以称为"建设地理学"。首次把阿尔弗雷德·韦伯的工业区位论等中心地理论介绍到中国。1947 年列入《新中学文库》。该书的目的是充分实现地理学，尤其是经济地理学对于战后中国强国之路的指导。主要研究的内容涉及地理区位与产业活动的关系分析、土地资源因地制宜的开发以及铁路系统的规划与社会现实意义；研究主要运用定量统计与定性描述相结合、自然科学与人文科学相借鉴的方法。主要的研究成果是将中国工业中心划分为渤海区、晋北区、松花区、中原区、关中区、兰州区、京沪区、湘鄂区、重庆区、西川区、滇黔区、广州区共 12 个区，并对各个区的资源环境优势及产业布局进行详细分析，这对当时及后续中国的工业化发展起到了重要的指导作用。

·苏联 Л. С. 贝尔格《俄国地理发现史论》出版。

·苏联 Л. С. 贝尔格《全苏地理学会百年史（1845—1945）》出版。

·中国的中国地理研究所王德基、薛贻源《汉中盆地地理考察报告》在《地理专刊》发表，为重要的区域地理著作。

·中国王德基系统阐述"地理区域"概念。

·中国卢鋈《中国气候图集》出版。

·中国马溶之开始（至 1949 年）编绘黄河流域土壤图和中国土壤图。提出和使用了土壤生物气候区、土壤亚区、土壤复域、土链等概念，并运用于土壤区划系统。

·中国熊毅主编完成《中国土壤概图》。共分为 13 个土壤类型和 32

个土壤复区。收入丁文江、翁文灏、曾世英主编《中国分省新图》。

·中国李春芬应竺可桢校长之邀开始任浙江大学史地系教授。开设地学通论、北美地理、地理学史、聚落地理等课程。

·中国的中国地理研究所改属中华民国教育部。

·中国地理研究所完成《嘉陵江流域地理考察报告》。上卷主要为自然地理，下卷主要为人文地理。主要作者李承三、周廷儒、郭令智、高泳源等。

·苏联完成《1∶100 万苏联地图》。

·法国出版法国国家地图集。

·英国克利福德·达比在利物浦大学发表就职演说"地理学的理论与实践"并出版。中国侯仁之将其翻译成中文并发表在 1947 年 3 月 18 日《益世报·史地周刊》上。

·中国严耕望开始研编《唐代交通图考》。1985 年中国台湾地区出版五卷本《唐代交通图考》，2007 年上海古籍出版社出版六卷本《唐代交通图考》。为历史地理著作。

·中国竺可桢致函美国威斯康星大学地理系，提出订立浙江大学地理系与威斯康星大学地理系合作办法。包括交换书籍、教授和讲师等。

·中国民国教育部成立大学课程标准委员会。系统研究和制定大学课程标准。影响大学地理教学。

·中国黄秉维获国民政府颁发的抗战胜利勋章。

·中国科学社决定与中华自然科学社合组中国科学促进会。影响地理学发展。

·中国周廷儒留学美国加利福尼亚大学伯克利分校，师从卡尔·奥特温·索尔。

·中国周立三在美国威斯康星大学进修。之前在中山大学曾跟随德国教授学习地理学。

·中国刘恩兰到美国讲学，并考察印第安人。

·中国侯仁之留学英国利物浦大学，师从克利福德·达比学习历史地理学。1949 年获博士学位。博士论文为《北平历史地理》，2018 年中文版出版。

·中国赵松乔开始留学美国克拉克地理研究院大学。1948 年获博士学位。

·英国约翰·希克斯提出和阐述绿色 GDP。后成为地理研究工具。

·盟军总司令部发布命令，清除曾用政治地理学支持政府的地理学家。

·美国完成拉丁美洲地图。

·世界上第一台计算机 ENIAC 在美国宾夕法尼亚大学制造出来。深远影响地理学和地理学家。

·中国兰州大学设地理系。首任系主任王德基。

·中国中华民国内政部设置方域司。地理学家傅角今任司长。地理学者开始参加各级政区更置、国界勘定和地图审定等方面工作。后聘请西北大学地理系郑资约为专门委员。

·中国黄秉维率员开展长江三峡库区淹没经济损失调查。主要参加人员有施雅风、蔡钟瑞、吕东明、钟功甫和黄秉成等。

·英国罗宾·乔治·科林伍德《历史的观念》出版。1994 年增订本出版。为科林伍德的历史哲学论文集。深远影响地理学和地理学家特别是地理学思想史和地理学思想史学家。2010 年中译本出版。

·苏联科学院设立道库恰耶夫金质奖章和奖金。

·中国李旭旦受邀开始（至 1947 年）在美国马里兰大学地理系任访问教授。对研究班讲授中国地理和经济地理等课程，指导该系研究生。后完成的"中国地理区之划分"发表在《美国地理学家协会汇刊》。该文将自然地理要素和人文地理要素综合起来进行中国综合地理区划。

·日本"民主主义科学家协会"在东京成立。创办会刊《民主主义科学》。1949 年设立了地学团体研究会等学部。

·澳大利亚国立大学成立。之后在太平洋研究院（后改称亚太研究院）下建立地理学系。至 20 世纪 60 年代期间，高度重视综合地理学和经验主义传统。

·广东省文理学院成立地理系。

·美国提出"大数据"概念及术语。之后深远影响地理学和地理学家。

·中国的中国地理研究所改署教育部和中英文教基金会。林超开始担任所长。

**公元 1947 年**

·苏联科学院生产力研究委员会完成全国自然地理区划。也称"苏联自然历史区划"。出版主要为农业生产服务的四卷本《苏联自然（自然历史）区划》，包括《苏联自然历史区划》《苏联地貌区划》《苏联地植物区划》《苏联水文区划》。1954 年开始第二阶段。

·苏联科学院生产力研究委员会完成的《苏联自然历史区划》中提出和使用自然历史地带（即自然地带）、自然历史区域（即自然区域）、自然历史省、自然历史州、自然历史区等自然历史区划等级单位。

·苏联 C. B. 卡列斯尼克的《普通自然地理学原理》由俄罗斯苏维埃联邦社会主义共和国教育部教育出版社出版。经由苏联高等教育部审定作为综合性大学和师范学院的地理系的教科书。1955 年出版修订本。1954 年第一版中译本以《普通地理学原理》为书名出版，1957 年和 1958 年第二版中译本以《普通地理学原理》为书名出版。

·苏联 C. B. 卡列斯尼克提出地理学是研究地球地理外壳结构的科学，是研究这个结构的构成法则、空间分布法则、发展法则的科学。蕴含着 20 世纪 90 年代后期中国地理家明确提出和系统阐述的空间秩序、时间序列和动因机制思想。

·苏联 C. B. 卡列斯尼克明确提出和系统阐述自然地理环境的整体性、变动性、发展的连续性、结构的地带性。

·苏联 C. B. 卡列斯尼克提出和阐述自然地域分异的地带性因素和非地带性因素及其二者的对立统一，自然地理区划要同时注意到地带性原则和非地带性原则的对立统一。

·德国 C. 特罗尔发表"1933—1945 年的德国地理学：评论与辩护"。

·苏联出版《苏联1∶1000万地貌区划图说明书》《苏联1∶1000万地貌区划图》。成为1956年中国自然区划委员会开始的中国地貌区划工作及《中国地貌区划（初稿）》的重要参考资料。

·中国吴尚时在《中国之山脉概论》中，对中国山脉的分布格局和总体特征概括为"一带三弧"，即"昆仑—秦岭为重要之轴线，北为向南突出的蒙古弧，南侧有藏滇、华南两弧，分据西东，融会于康定昆明道上"。同时探讨了山脉格局与地质构造的关系，提出"中华对角线"的创见：从大兴安岭至滇南谷地画一条直线，将中国分成西北与东南两大部分，阐明了中国地形的东西分异，并明确提出中国地势"三大地势阶梯"的总体格局，这是认识中国自然地理区域及其分异的重要依据。

·美国 L. E. 霍尔德里奇提出生命地带概念。根据在南美观察到的植被分布与气候间的关系，提出一种划分植被气候带的方法。该方法利用年生物温度、年平均降水量和可能蒸散率的三角关系来对陆地植被带进行划分。

·苏联 K. K. 马尔科夫完成《苏联地貌区划》。

·德国阿福雷德·赫特纳遗著《人文地理学》（也称《人的地理学》）开始陆续出版。包括《人文地理学基础》《运输地理学》《经济地理学》三卷。

·苏联 M. C. 波德纳尔斯基《俄国地学史论》的第一卷。为12世纪到19世纪末的地学史。

·中国田世英《地理学新论及其研究途径》出版。提出和系统阐述地理学的综合性和区域性等特点，阐述地理研究方法论即"分析、综合、比较"。

·中国张丕介《经济地理学导论》由商务印书馆出版。

·中国王维屏《中国政治地理》出版。

·英国 F. 马卡姆《气候与国力》出版。体现人地关系思想。

·美国 J. K. 莱特《地理学中物象空间》出版。提出和阐述个人的知觉世界与现实行为之间的关系。

·美国约翰·K. 赖特发表"未知领域：构想在地理学中的地位"。

提出"地理知识论"概念和"地理观念"概念。

·美国奥尔多·利奥波德《沙乡年鉴》出版。明确提出和系统阐述"大地伦理学"人地关系的理论。

·中国内政部方域司司长傅角今主编《方域丛书》开始出版。

·中国张其昀《中国人地关系概论》由大东书局出版。该书主要以中国的地势差异为划分基础，将中国划分为平原地带、丘陵地带、高原地带及高山地带四大地域单元。研究的指导思想主要有地域分异规律、因地制宜思想、人地关系调控思想、戴维斯的侵蚀循环理论、区位论、区域差异性等。研究主要运用定量与定性相结合、自然科学与人文科学相借鉴的方法。研究内容主要包括气候、水利、人口、资源、产业、交通、民族、都市等。具体内容为各地域单元内民族分布与民族融合、民族冲突与民族迁徙、气候分异与农业发展、政治中心与都市规模、人地适应与环境改造等。是一部具有系统性、综合性的地理学入门书籍，对当时及后续地理学者的成长具有重要意义。

·中国徐俊鸣《中国历代统一之地理观》出版。

·中国郑资约《南海诸岛地理志略》由上海商务印书馆出版。是傅角今主编的《方域丛书》中之一卷。包括：第一章序言，第二章地质地形，第三章气象气候，第四章岛屿滩险述要，第五章经济产物，第六章地位价值，第七章史之回顾。内附《南海诸岛位置图》《南海位置鸟瞰图》《南海等温线图》《南海诸岛新旧名称对照表》。其中，《南海诸岛位置图》为南海海域划界、定名：用 11 段国界线，圈定了中国南海海域范围，将中国的最南疆域国界线确立至北纬 4°；将"曾母滩"更名为"曾母暗沙"，划归中国海疆国界线以内。这是如今中国坚持的南海主权九段线的来源。

·美国乔治·葛德石《中国的地理基础：土地及其民族概论》的《分论》卷中译本出版。书名为《中国区域地理》。

·苏联 E. M. 拉甫林科等《苏联地植物区划》出版。该著作在三级区划单位上将苏联划分为 374 个植物地理州。

·中国翻译出版《苏联国力的基础》中文本。

·中国傅金角《世界经济地理》出版。为《世界经济丛书》中的一卷。

·中国傅角今（时任内政部方域司司长，地理学家）组织召开西沙、南沙群岛范围及主权确定与公布会议。

·中国第一个省级民族自治地方"内蒙古自治区"建立。

·中国王庸《中国地理图集丛考》出版。1956 年再版。

·苏联 Л. С. 贝尔格《气候与生命》出版。1991 年中国出版中译本。

·中国卢鋆发表"中国气候区域新论"。

·加拿大矿产资源部成立地理处。1950 年地理处升级为分支机构。

·德国杜梅勒出版社《地理学》创刊。

·中国地理学会在上海召开年会。讨论中学地理课程问题。

·中华地理教育研究会在上海成立。专门研究中学地理教育问题。中华地理教育研究会是上海地理教育研究会对外交流时的名称。

·苏联联共（布）中央指出先进的农业应该"按照农业生产的地带性来建设"。地理学的地带性思想深远影响国家发展战略、规划和计划。

·法国《地理学报》创刊。

·瑞典 T. 帕兰德开始在瑞典乌普萨拉大学任教授。之后因他在经济区位论方面的贡献，该大学特设帕拉德奖，以表彰优秀的区域经济地理学者。

·中国浙江大学成立地理研究所。主任为张其昀。

·中国鲍觉民应英国文化协会邀请赴英国讲学，并奉命考察英国土地利用工作等。

·中国任美锷《建设地理新论》 （1946 年出版）列入《新中学文库》。

·南太平洋委员会成立。1998 年改为"太平洋共同体（SPC）"。深远影响世界地理格局。

### 公元 1948 年

·法国伊曼努尔·德·马东《自然地理学通论》出版。

・苏联 A. A. 格里高利耶夫提出和阐述"地理圈是大气圈、岩石圈、水圈、生物圈相互作用和在很大程度上也是相互渗透的区域，以及发生在这些圈中的能量从一种形式向另一种形式转化的区域。正是这种渗透，地理圈才成为生命的唯一的基础和生命的最高形式即具有意识的人类活动场所"。

・中国徐特立 8 月在河北平山主持召开地理学座谈会。参加会议的有孙敬之、陈亚子、李松生等。徐特立强调地理教学中应贯彻马列主义思想，要学习斯大林的辩证唯物主义与历史唯物主义、毕吉根的地理环境在社会发展中的作用等，反对资产阶级地理学思想，使新中国的地理学有一个坚实的思想基础。有学者认为这次会议精神为新中国地理学的发展做了思想准备。

・中国胡焕庸阐述中国科学的地理学开始发展的条件。在理学院设置地理系是重要条件。

・中国李春芬发表"现代地理学及其展望"。阐述"地理学研究对象"是"地球表面"，并指出这个面是"三度空间"，是"水陆气三界的交错地带，即是土地空气阳光和生命聚合体的面体"。

・中国任美锷在《科学》发表"最近三十年来中国地理学之进步"。该文和张其昀 1935 年《地理学报》上"近二十年来中国的地理学之进步"论文等暗含和提出竺可桢在中国近现代地理学中的宗师地位。

・苏联 A. A. 格里高利耶夫提出和构建"地理地带性周期律"。后与 M. N. 布迪科等不断深入研究和系统表述。

・苏联 H. H. 科洛索夫斯基明确提出、系统阐述和使用地域生产综合体概念及其术语和理论。也称生产地域综合体。之后 B. B. 基斯丹诺夫补充完善。苏共代表大会使用和重视地域生产综合体，深远影响苏联经济地理研究及经济布局。这一理论深远影响中国 20 世纪 50—80 年代计划经济时期工业基地建设规划布局和区域经济地理学。

・苏联至 1950 年期间研究和阐述改造自然问题特别是向干旱区进军的一系列著作问世。

・苏联 K. K. 马尔科夫明确提出地貌水准面概念。

· 中国翁文波在《地理之友》发刊词中阐释地理学及中国地理学与教育。

· 中国许逸超在《地理之友》发表"地理学的因素和原则"。

· 中国洪绂在《地理之友》发表"地理教育之目的"。

· 中国马溶之完成《中国土壤图》。遵照土壤地理分布格局，将中国土壤地理划分为16个土壤区，每个土壤区下根据土壤组合情况划分为若干土壤亚区，每个土壤亚区下划分为若干土壤复区。

· 法国加洛瓦等人完成《世界地理大全》。为现代区域地理学经典著作。

· 苏联 K. K. 马尔科夫《地貌学基本问题》出版。

· 美国 E. M. 胡佛发表"经济活动区位"。

· 中国竺可桢、卢于道等的文集《科学概念新篇》出版。为科学哲学著作。

· 中国竺可桢《地理学家徐霞客》出版。

· 英国 H. L. 彭曼提出和阐述后来被称为的"彭曼蒸发公式"。该公式为水面蒸发计算公式。

· 中国徐特立阐述经济地理学主要研究物资分布和利用，政治地理学主要研究物资占有关系。

· 中国中央研究院选出第一批院士。竺可桢、顾颉刚为院士。

· 中国赵松乔提出和阐述中国的综合地理界线——"腾冲—瑷珲"线。

· 中国赵松乔完成博士论文《中国地理区域：它们的构成因素和主要特征》。该文综合考虑气候、地貌、水文、土壤、植被等自然地理要素以及种族（民族）和人口等人文地理要素，以"腾冲—瑷珲"线为界线将全国划分为大东南和大西北两大区域，再下分7组和23个地理区。

· 美国哈佛大学停办地理系。地理学学科的合法性合理性受到质疑。之后耶鲁大学等大学也停办地理系。英国、加拿大和苏联等国家的地理系也受到不同程度的影响。但哈佛大学的地理研究依然继续。

· 德国 C. 特罗尔系统阐述自然地理环境三维地带性。

·苏联提出和制订斯大林改造自然计划。该计划为苏联国土开发巨型规划，是人地关系地域系统协调共生的巨型工程，是综合地理工程。主要包括改良农业、营造防护林、灌溉系统、改造内河水系和利用河流发电等。苏联地理学特别是自然地理学发挥重大作用，也因此获得巨大发展。

·苏联联共（布）中央和苏联部长会议提出一系列苏联发展计划。苏联地理学开始对全国各经济区的经济和自然环境进行综合研究。

·美国出版具有可持续发展思想的《被剥削的地球》和《生存之道》。在 20 世纪 50 年代曾被中国某些地理学学家批判。

·苏联通过在森林草原和草原地区植造护田林带计划。地理学家特别是 B. B. 道库恰耶夫思想深远影响苏联国家发展规划。

·苏联 A. Γ. 伊萨钦科明确提出和系统阐述自然地理综合体的等级系统，从低级到高级包括乡、县、区、地方等。

·中国傅角今著《重划省区论》。系统阐述"缩省"方案。在划省原则上，主张以自然地理特征、历史因素及经济发展远景为特征。省区数目亦较当时 30 省为多，每一新省区，皆概述位置、境界、地理特征，并附一简图。在此期间，中国地理学家胡焕庸、黄国璋、洪绂、谌亚达、张其昀等均论述过"缩省"问题。

·中国李春芬阐述自然资源考察方法论，提出"先观察后推理，先分析后综合"。

·中国丁山发表"地理与中华民族之盛衰"。为丁山著《中国通史》第一章。

·中国孙敬之发表"地理教学应该注意到几个问题"。阐述地理与政治之间的关系。开始探讨建立马克思主义地理学。

·美国 R. S. 普拉特发表"地理学中的地理（环境）决定论"。

·英国汤姆逊《古代地理学史》出版。1953 年苏联出版俄文版。

·美国 R. H. 布朗《美国历史地理》出版。

·中国翻译出版中文本《苏联力量的基础》。

·中国邹豹君《欧洲地理》出版。为国民政府教育部《部定大学用书》之一。

·中国葛绥成《地理丛谈》出版。

·苏联《苏维埃地理学成就（1917—1947）》出版。

·在瑞典工作的埃德加·康德撰写"关于社会学的地方主义、社会时间与社会空间"。阐述社会时间和社会空间概念。

·中国青年互助总会发表《大学理学院地理学系、师范学院史地学系之性质、目的》。系统阐述地理学科和地理课程以及地理教育目的。

·东北师范大学（其前身为东北大学）设史地科。1949 年设地理系。张子桢为首任系主任。

·中国曹婉如毕业于金陵女子大学。为刘恩兰学生。

·英国汤姆逊《古代地理学史》出版。该书阐述了从公元前 3000 年到公元 6—7 世纪诸多古代文明的地理学史，其中包括比较系统地阐述了地理概念和地理理论的历史。

·中国《中央日报》12 月 10 日开辟《地学》栏目专版。杨宗干在此发表"云南农业经济之地理基础"。

·中国钱穆在抗日战争时期完成的《中国文化史导论》出版。专门有一章阐述中国文化的地理背景，将文化的特征与自然地理环境、地理位置等联系起来。

·中国地理教育研究会《地理之友》创刊。

·美国诺伯特·维纳《控制论》（全名《控制论——关于在动物和机器中控制和通讯的科学》）出版。是第四次科学革命的重要标志。深远影响地理学和地理学家。

·国际自然保护联盟成立。后变更为世界自然及自然资源保护联盟、世界保护联盟等。是与地理有关的国际组织。

·美洲国家组织成立。深远影响世界地理格局和世界地理研究。

·国际卫生组织（WHO）成立。是与地理有关的国际组织。

·联合国通过《世界人权宣言》。深远影响地理学和地理学家。

·南非国民党开始施行种族隔离政策。最初的隔离包括三个地理空间尺度即人身、城镇居民区和国家。影响地理格局和地理学研究。

**公元 1949 年**

·第 16 届国际地理大会在葡萄牙里斯本举行。

·中国毛泽东《中国革命战争的战略问题》由新华书店印刷出版。该著作 1936 年完成并发表。为中国政治地理和军事地理著作。

·中国林超代表中国地理学会参加第 16 届国际地理大会。

·中国地理学会成功申请为国际地理联合会会员国。后中断。1984 年恢复会员国资格。

·苏联《苏联大百科全书》第二版开始陆续出版。至 1958 年出版 51 卷。对中国影响重大，中国翻译一些重要条目并出版。内含丰富的地理学与地理相关内容。苏联 A. A. 格里高利耶夫撰写"地理学"条目。

·苏联 A. A. 格里高利耶夫为《苏联大百科全书》第二版撰写"地理学"条目。包括地理学的对象与方法、地理学史、苏联的地理学、最重要的地理发现和旅行大事年表、参考书目等。

·苏联 B. A. 玛格尼茨基、C. B. 卡列茨尼克等为《苏联大百科全书》第二版撰写"地球"条目。其中阐述了地球的基本地理特征：（1）指出大气圈、水圈、岩石圈和生物圈及其相互作用；（2）指出陆地与海洋分异、大陆形状显著向南缩小和成对组合、自然现象按纬度分带等自然地域分异格局或规律或现象；（3）自然地理环境受人类活动的影响（包括消极影响和积极影响）。深远影响中国的自然地理特别是综合自然地理学的认识和表述。

·俄国亚历山大·伊凡诺维奇·沃耶科夫关于自然和社会相互作用或人类活动对自然地理环境的影响方面的论著文集，由苏联的国家地理出版社再版。包括几十篇论著。是人地关系论中的一种人地关系理论。

·中国竺可桢登上天安门城楼，参加开国大典。

·中国科学院成立。竺可桢被任命为副院长。中国周立三、刘恩兰、李旭旦、任美锷、朱炳海、施雅风、吴传钧、赵松乔、高泳源等联名给竺可桢致信，建议在中国科学院中筹建中国科学院地理研究所。

·中国的原中国地理研究所正式收入中国科学院。

·苏联科学院组织规模巨大的种植防护林综合考察团。

·中国《新建设》创刊。其前身是 1947 年创刊的《中国建设》。毛泽东主席题写刊名。毛泽东、朱德、董必武、张澜等题词。曾发表黄秉维"论中国综合自然区划"。

·苏联 A. A. 格里高利耶夫主编论文集《为美帝国主义服务的资产阶级地理学》出版。

·苏联谢苗诺夫发表"为美帝国主义服务的法西斯政治地理学"。

·中国孙敬之在《人民日报》发表"人民地理教师怎样贯彻思想政治教育"。

·美国福格特《生存之路》提出"区域承载力"概念。

·阿根廷普雷维什提出和阐述中心—外围概念和理论。深远影响地理学。

·国际地理联合会成立世界土地调查委员会。

·英国开始全国土壤调查。

·苏联 B. H. 苏卡乔夫明确定义生物地理群落概念。他阐述道"地球表面凡是这样的地段都是生物地理群落,那里生物群落和与其相适应的大气圈、水圈、土壤圈的部分在一定范围内维持着相同的、有同一特点的彼此相互作用,因此共同形成一个统一的、内部互相制约的综合体"。具有鲜明的自然地理环境要素整体性思想。

·美国乔治·齐普夫提出和阐述城市规模及其排序的方程即等级—规模方程。之后被称为"齐普夫法则"。

·法国奥特维勒提出"荒漠化"概念。1994 年《联合国防治荒漠化公约》给出荒漠化的新定义。

·中国钱今昔《新哲学的地理观》出版。

·中国王守礼《新经济地理学》出版。

·美国翻译出版苏联巴尔扎克等 1940 年著俄文版《苏联经济地理》的英文版。

·苏联出版亚历山大·伊凡诺维奇·沃耶科夫论文集《人类对自然界的影响》。

·苏联 B. H. 苏卡乔夫《斯大林改造自然计划》出版。从地理学角度介绍斯大林改造自然计划。

·苏联《苏联历史地图集》开始出版。

·苏联 Л. C. 贝尔格《俄罗斯地理发现史概论》出版。

·苏联 И. П. 马格道维奇《地理发现史概论》出版。

·苏联 A. B. 叶菲莫夫《俄国人在太平洋探险史纲》由苏联武装部出版社出版。

·苏联 A. B. 叶菲莫夫《伟大的俄国地理发现史纲》出版。

·美国 D. 约翰逊《地理学的前瞻》出版。

·日本出版由美国爱德华·阿克曼指导的《日本自然资源：全面的调查》。

·中国编纂完成《南沙群岛区域地理志》。

·美国地理学家协会《职业地理学家》创刊。

·第一次世界自然资源利用大会召开。

·联合国开始编辑和出版《联合国统计年鉴》。之后不断编辑和出版。

·苏联部长会议决定将苏联中央地理观象台命名为"A. N. 沃耶科夫地理观象台"。

·中国张其昀根据台湾的地理条件提出国民党当局撤退至台湾的建议被采纳。

·国际地理联合会根据英国土地利用研究及制图经验成立了世界土地利用调查委员会。

·苏联组织一个巨大的种植防护林综合考察团，开始进行大规模考察。

·中国的人口城镇化率约为 10%。

·中国中央大学改称南京大学。重新组建南京大学地理系。

·中国北京举行地理学者座谈会。黄国璋主持，竺可桢、张星烺、任美锷、周立三等 20 余人参加。竺可桢提出中央研究院和北平研究院将来改为国家或人民研究院，应包括一个地理研究所。

·中国有关出版社开始出版《新中国百科丛书》。陆续出版《英国》《美国》等国家系列、《西北》等中国地区系列、《地震》等自然专题系列。

·国际组织"北大西洋公约组织（NATO）"成立。简称"北约"。其实现该理论基础是1924年英国哈尔福特·麦金德提出和阐述"大西洋共同体"概念。深远影响世界地理格局和世界地理研究。

·中国根据政治经济区域差异建立六大行政管理区即东北、华北、华东、西南、中南和西北大行政区并开始施行，每个大行政区辖数省。至1954年撤销大行政区。深远影响中国地理格局和中国地理研究。

·中国开始引进苏联援建的156个重点项目和900余个配套项目。奠定了中国工业化及其分布格局的基础。深远影响工业地理以及人文地理研究。

·中国开始现代标准化建设工作。中央人民政府政务院财政经济委员会成立，设有标准规格处。在第一个五年计划中提出设立国家管理技术标准的机构和逐步制定国家统一技术标准的任务。国务院科学规划委员会制订的年科学技术发展规划中明确指出"制定和推行国家统一的、先进的技术标准是迅速发展国民经济，保证实现工业生产计划的必要措施之一"。同年国家技术委员会成立。次年在该委员会设立标准局。之后，地理学家参加有关国家标准的研究和编制工作。

·苏联开始使用地貌术语。

·中国的中央人民政府出版总署设立编审局。开始进行地理教材编审工作。

·中国浙江大学地理系成立。由原史地系分开而成。

·中国的中央大学、北京师范大学、中山大学、清华大学、浙江大学、西北大学、东北大学、金陵女子文理学院、四川大学等设有地理系。

·欧洲委员会成立。也称欧洲理事会。深远影响世界地理格局。是地理研究主题之一。

·巴黎统筹委员会成立。简称"巴统"。深远影响世界地理格局。

### 20 世纪 40 年代

·苏联地理学家提出和阐释以及使用综合考虑热量和水分的综合指标——辐射干燥指数。这一指数之后成为自然地理综合研究的重要工具。

·美国地理学界普遍存在"排外主义",即认为地理学方法论有其独特性,不能为其他自然科学方法所替代。

·中国在 1949 年年底进行全国科学专家调查。其中地理学方面专家 77 人,大多集中在各高等院校的地理系中。

·中国广东省立文理学院地理系开设聚落地理学。梁溥讲授。

·中国开始现代冻土学研究。

·开始出现科学主义和反科学主义论战。深远影响地理学中的科学主义和人文主义两种思潮及其融合。

## 第六节　地理学年表: 公元 1950—1959 年

### 公元 1950 年

·中共中央召开全国自然科学界人士会议。商讨建立全国科学联合会及有关科普组织等。在这次会议上,中国地学会和中国地理学会商定组成新的全国性学会。

·新的中国地理学会成立。中国地学会 (1909 年成立于天津) 与原来的中国地理学会 (1934 年成立于南京) 合并为现在的中国地理学会。推举黄国璋为理事长。中国地理学会成立的时间可追溯到 1909 年。至 2019 年已设立奖项十余项。

·中国成立"学术名词统一工作委员会"。郭沫若为主任。继续开展中文学术名词统一工作。委员会下设自然科学、社会科学、医药卫生、时事和文学艺术五个工作组,分别由科学院、出版总署、卫生部、新闻总署和文化部负责。自然科学组的工作范围,主要包括天文学、数学、物理学、化学、动物学、植物学、地质学、地球物理学、古生物学、地理学、考古学、心理学、语言学、工程及农学等专门领域。随后,科学院在编译局成立学术名词编订室主持这项工作，先后聘请200多位科学家为工作委员。

· 中国科学院编译局成立。最初定名为出版编译局。其主要工作之一是编订科学名词。包括地理学方面科学名词。

· 中国科学院开始调查全国科学人才与研究机构，包括地理学人才与研究机构。

· 美国成立国家科学基金委员会（NSF）。其任务是通过对基础科学研究计划的资助，改进科学教育，发展科学信息和增进国际科学合作等办法促进美国科学的发展。主要包括基础研究计划、科学教育计划、应用研究计划、科学政策计划和国际合作计划等。后资助地理学研究，是地理学研究与发展的最重要支持机构。

· 美国成立国家科学委员会（NSB）。之后，提出和阐述"变革性研究"等。深远影响地理学及地理研究。

· 美国成立国家科学基金会（NSF）。之后支持地理学研究。

· 中国科学院决定组建各个专业委员会。为介于科学研究机关和行政管理部门之间的一种松散建制，大多为临时性组织。

· 中国开始批判旧地理学和建设新地理学方面的工作。是新中国科学批判的重要组成部分之一。树立正确观点，成为地理学者参加国家经济建设并推动地理学健康发展的前提条件。中国学者也认为，地理思想是跟着社会性质和生产关系的改变和发展而演化的。对地理学的改造最初是地理学者的自发式讨论，因其符合新中国对旧学术改造的需求，得到了中央政府的支持。后来，这一批判的规模越来越大并最终演变成政治批判，其间的抗美援朝和思想改造运动把地理学的学术批判推向高潮。新中国成立时即有学者提出要建立新地理学，而要建立新的地理学，必须先清算旧的地理学。对资产阶级地理学思想的批判，成为全国学术界开展宣传唯物主义思想、批判唯心主义思想运动的组成部分。虽然也有学者不认同这种方式，认为对资产阶级地理学的批判是只破坏不建设，但这种声音极其微弱。这一活动逐渐从对地理学研究方法的改进和理论水平的提高演变为对政治思想的改造。对中国地理学的理论发展和学科发展具有重要影响。

· 中国陈励 3 月在《光明日报》发表"地理学界的思想革命"。

· 苏联 И. И. 伊凡诺夫 – 欧姆斯基《历史唯物主义论地理环境在社会发展中的作用》由苏联国家政治书籍出版局出版。包括绪论、关于地理环境在社会发展中的作用的资产阶级理论的批判、地理环境对人类社会发展的影响以及社会对地理环境的影响、资本主义社会对地理环境的影响、社会主义社会对地理环境的改造和利用。

· 苏联 H. A. 宋采夫提出和阐述几乎所有著名的俄国自然科学家都跟地理科学有某种联系的观点和思想。

· 美国 R. 哈特向提出和阐述政治地理学研究方法和研究范式——政治地理学应当研究政治区域内的区域异同，强调向心力和离心力对政治单元的综合作用。

· 美国在人口普查时提出和使用城市化地区概念及术语。

· 苏联科学院开始（至 1951 年）组织苏联地理学家以及有关学科专家，参加苏联政府关于在苏联干旱地区改造自然和经济的伟大计划的决定。

· 中国科学院计划局召开八次科学家座谈会。王成组、周立三、竺可桢、涂长望、胡焕庸、曾世英、黄秉维、黄国章、赵九章等（注：按会议综述中名单顺序）先后参加。

· 美国《科利尔百科全书》开始出版。后多次再版。包括地理学和区域地理等知识。

· 中国政务院批准设立学术名词统一委员会。进行统一与审定自然科学名词工作，包括地理学名词。一些地理学家被聘为工作委员会委员。

· 中国地理学名词术语工作进行到《自然地理初审本》和《人文地理初审本》的整理阶段。

· 中国科学院成立中国科学院地理研究所筹备处。竺可桢任主任。

· 中国侯仁之发表"中国沿革地理课程商榷"，阐述"历史地理"与"沿革地理"之异同及历史地理学的性质和任务。

· 中国徐近之在《地理学报》发表"国际地理大会历次概况"。该文引起讨论。

· 苏联 И. И. 伊凡诺夫 – 欧姆斯基《历史唯物主义论地理环境在社会发展中的作用》出版。

· 中国孙敬之《地理学与地理教学》出版。

· 中国孙敬之在其"人与自然相互关系的几点认识"中阐述人地关系思想。

· 中国孙敬之等部分地理学工作者发起组织地理学"双周座谈会"。"双周座谈会"大致每两周举行一次，先后举行 20 多次。

· 中国徐特立（时任中共中央宣传部副部长）曾参加地理学"双周座谈会"部分活动，并就地理学问题进行阐述。

· 联合国教科文组织提出三大人种划分方案。

· 法国弗朗索瓦·佩鲁在其"经济空间：理论与应用"中开始提出和阐述后来被称为增长极理论的理论。他不断研究和阐述。之后成为地理学特别是经济地理学分析工具。

· 苏联开始出版综合性海洋地图集（共 3 卷），至 1963 年出齐。

· 中国李四光回国。任美锷组织南京地理学界欢迎李四光并座谈，请教李四光如何发展中国地理学。李四光阐述要掌握正确的科学研究方法，抓住有代表性的典型地区深入反复研究是很重要的经验等发展地理学的方法论。

· 中国开始选译《苏联大百科全书》有关条目，并由多家出版社出版。

· 美国 R. 哈特向开创了运用功能主义研究国家的政治地理学研究方向。

· 美国"麦卡锡主义"一词出现。美国参议院开始调查包括地理学家在内的科学家在国外的研究。1954 年美国麦卡锡主义运动达到高潮。

· 苏联 Ю. К. 叶夫列莫夫提出和使用地球景观壳概念。

· 中国胡焕庸开始（至 1952 年）在治淮委员会工作。

· 法国罗贝尔·舒曼提出和阐述"超国家"概念。

· 苏联 А. М. 斯米尔诺夫在苏联《哲学问题》发表"论地理科学的

基础"。也译为《地理科学原理》。

·苏联 A. M. 斯米尔诺夫批评苏联地理学的著作出版。他认为苏联地理科学的发展并没有立足于为过去伟大的俄罗斯唯物主义地理学者奠定基础的真正科学成就之上，却受到资产阶级理论的强烈影响。

·《世界气象组织公约》正式生效。

·中国和苏联签订《中苏友好同盟互助条约》并开始施行。深远影响中国地理格局和世界地理格局以及中国地理研究和世界地理研究。

·中国《人民日报》在 1950 年和 1952 年先后重新发表毛泽东的《实践论》和《矛盾论》。中国开始学习"两论"热潮。中国地理学及其工作者运用"两论"研究地理问题。

·中国抗美援朝开始，到 1953 年《朝鲜停战协议》签订。提升中国国际地位，深远影响世界地理格局和世界地理研究。

·美国斯克里普斯海洋研究所开始发起至 1958 年主持了包括北太平洋在内的一系列调查，是联合调查的先声。

·中国第一个地市级民族自治地方西康省藏族自治区建立。之后中国建立多个地市民族自治地方。深远影响民族地理研究。

·中国第一个县级民族自治地方甘肃省天祝藏族自治区建立。之后中国建立多个县级民族自治地方。深远影响民族地理研究。

·中国开始系统的民族识别工作。为民族地理研究奠定基础。

·中国开始系统的民族语言调查工作。为语言地理研究奠定基础。

·中国清华大学和竺可桢商量后聘请林超任清华大学地学系地理组组长。

·国际地理联合会主席乔治·葛德石分别给中国十余位地理学家写信。次年中国徐近之回信。他在回信中，介绍了他在中国《地理学报》上发表的关于国际地理学历次大会情况的论文。

·中国教育部在北京召开第一次全国高等教育会议。毛泽东、周恩来等和与会人员合影。会议认为，高等学校必须进行系统的基本的科学理论知识的教育，必须进行科学研究工作，不断提高教师与学生的水平，以便掌握现代科学和技术的最新成就。深远影响中国的高等地理教育。

·中国科学院地理研究所（筹备处）接受铁道部任务，派员参加成渝铁路等路线选线调查等方面工作。

·中国《中国科学》创刊。之后创刊《中国科学·地球科学》。

·中国湖南大学设地理系。首任系主任为曹廷藩。

·中国山东师范大学设地理系。其前身为山东师范学院史地系。

·中国河南大学设地理系。其前身为创始于1923年的河南大学地学系。首任系主任为冯景兰。

·中国《地理知识》创刊。最初为具有学术性科学杂志，后为科普大众杂志。1950年5月中共中央办公厅来信称赞并索要已出版的各期杂志。2000年更名为《中国国家地理》。

·中国《地理知识》在20世纪50年代刊登了很多批判旧地理思想、宣传辩证唯物主义的文章。

·中国李旭旦发表"我们迫切需要建立新的地理思想与方法"。

·中国施雅风发表"论地理学的阶级性"。

·中国《人民日报》发表中央人民政府出版总署编审局金灿然的"中学地理教本中的几个政治思想问题"。

·中国的中央决定成立人民教育出版社。设有地理等学科编辑室。负责编辑供全国中小学统一使用的地理教材。

·中国第一届全国自然科学工作者代表大会召开。

·中国成立中华全国自然科学专门联合会（科联）。

·中国成立中华全国科学技术普及协会。之后开始进行地理科学普及工作。

·德国社会统一党全体会议决议中把·德国亚历山大·冯·洪堡列为德国引以为豪的人物。在此前后命名洪堡河、洪堡山脉和洪堡洋流等。

·中国开始筹建全国科学联合会。

## 公元1951年

·美国R.哈特向提出地理学的定义。"地理学是提供对地球表面各种不同特征进行准确、有序及合理描述和解释的学科。"

·苏联地理学会自然地理部与列宁格勒大学地理系的哲学研究班举行两次会议，讨论斯大林语言学著作与苏联自然地理的一些理论问题的关系。属于地理学特别是自然地理学哲学范畴。

·苏联 И. П. 格拉西莫夫发表"地理学在苏联社会主义建设中的作用及其现代发展趋势"。他阐述道：科学地理知识的发展与其他自然科学和社会科学的发展密切相关。一方面，地理学针对自己的目的广泛利用其他学科的成就，并且在这种相互联系中不断用新的学术思想和方法丰富自己。另一方面，在研究自然科学和社会科学各种普遍性和局部的学术问题时也广泛利用地理学中的事实和法则。

·苏联 И. П. 格拉西莫夫发表"苏联地理学家在参加斯大林改造自然计划中的任务"。其中之一是系统阐述地理学"不仅需要应用一切已经积累的科学资料，而且还要在本质上来加以补充和扩大，专门研究一系列新问题，用许多新的工作方法来充实近代科学的地理研究"。

·苏联 Н. Н. 巴朗斯基《区域地理调查组织中的地理学原理》出版。

·苏联 Ю. Г. 萨乌什金《苏联伟大的改造自然工作》出版。系统介绍和阐述苏联自20世纪20年代到50年代改造自然的人地关系地域系统协调共生工程。1952年中译本第一次印刷。

·德国赫尔曼·劳藤萨赫开始系统阐述他的区域地理理论。其核心观念是，地理学是用发生、因素和作用的观点来研究地球上的地区，包括主要用于普通地理学的分析研究法和主要用于区域地理学的综合研究法。

·美国开始进行"土壤系统分类"研究工作。于1960年完成和提出"土壤系统分类第七次草案"。

·苏联斯米尔诺夫在《全苏地理学会刊》发表"关于地理学理论问题的若干错误观点"。

·苏联科学院组织地理学等学科专家考察咸海里海的考察团。为国家发展计划服务。

·苏联科学院组织地理学等学科专家考察苏联东南部的考察团。为国家发展计划服务。

·中国科学院院长郭沫若在《科学通报》发表"光荣属于科学研究者"，呼吁对于科学研究工作眼光要看得远一点。这一带有方针性的见解，也体现在他向政务院第 70 次政务会议所做的"中国科学院 1950 年工作总结与 1951 年工作计划要点"报告中。深远影响地理研究和地理工作者的成长。

·中国科学家开始独立自主考察青藏高原。中央人民政府向西藏派出了一支包括地质、地理、气象、水利、土壤、植物、农业、牧业、社会、历史、语言、文艺和医药卫生等专业在内的西藏工作队。对西藏自然条件、自然资源及社会人文状况等进行了近 3 年的考察研究。1956 年《国家十二年科学技术发展规划》把青藏高原综合考察列为重点项目。1972 年中国科学院制定了《青藏高原 1973—1980 年综合科学考察规划》。1972 年组建了中国科学院青藏高原综合科学考察队。20 世纪 80 年代编辑出版《青藏高原科学考察丛书》。

·中国王勤堉提出将"额非尔士峰（或埃弗勒斯峰）"正名为"珠穆朗玛峰"名称的建议。次年中国恢复使用珠穆朗玛峰名称。

·中国《人民日报》刊载王勤堉提出将"额非尔士峰（或埃弗勒斯峰）"正名为"珠穆朗玛峰"名称的建议。

·英国牛津大学出版社地图编辑部《牛津地图集》由牛津大学出版社出版。之后再版重印多次。1975 年出版《新牛津地图集》。

·中国《人民日报》召开"中国科学史座谈会"。中国竺可桢参加。

·中国竺可桢召集中国科学史座谈会。

·中国人民大学成立经济地理教研室。

·中国人民大学完成《经济地理学》（孙敬之主编）。后被教育部指定为全国大专院校地理专业参考教材之一。

·中国人民大学经济地理教研室开始开设经济地理研究生班。

·中国孙敬之《地理学的阶级性》出版。

·中国地理学会北京分会人民大学地理小组发表"关于地理教材和地理出版物中的反爱国主义思想"。

·苏联 B.H. 谢缅托夫斯基发表"关于自然地理学家的专业面"。阐述地理学内部过分专业化问题和地理学的理论薄弱问题。

·苏联全苏地理协会经济地理部组织讨论"斯大林的著作《马克思主义与语言学问题》与经济地理的任务"。有 19 人发言。

·苏联《哲学问题》发表"地理学最重要的方法论问题""论自然地理学的对象与方法""论地理科学问题"。

·苏联《全苏地理学会消息》发表"论地理学理论问题中的错误观点"。

·苏联《地理教学》发表"加里宁论地理教学"。

·澳大利亚格里菲斯·泰勒《20 世纪的地理学》出版。后多次再版。

·英国 G. 塔桑发表"19 世纪的地理学"。

·澳大利亚格里菲斯·泰勒提出和阐述人地关系论即以"自然地理环境给人类社会提供最初'基本框架'"为核心思想的"新地理环境决定论"。

·美国 A. 斯特拉勒《自然地理学》出版。

·苏联 И. A. 维特威尔《外国经济地理》教科书获斯大林奖金。该书中译本名为《世界经济地理》。

·苏联 B. A. 奥勃鲁契夫《亚洲地理著作选集》（第 1—3 卷）出版。

·《绘图学史》（利奥·巴格罗著）出版。

·描述城市人口密度梯度的负指数函数模型由克拉克提出并阐述。

·苏联《经济学问题》出版文集《为美帝国主义服务的资产阶级地理学》。

·加拿大地理学家协会成立。出版物为《加拿大地理学家》。

·中国李旭旦在中国地理学会南京分会做《美帝侵略的地理思想》报告。

·中国地理学界举行"美帝侵略的地理思想座谈会"。

·苏联科学院地理研究所完成论文集《为美帝服务的资产阶级地理学》。次年，中国出版中文本。

·苏联 H. H. 巴朗斯基的中学地理教科书《苏联经济地理》获斯大林奖金。该教科书的前期基础是他 1925 年完成的、体现苏联国家计划局观点的著作《苏联区域经济地理教程》。

·苏联 И. A. 维特维尔的大学地理教科书《外国经济地理》获斯大林奖金。之后中国的生活·读书·新知三联书店以《世界经济地理》为书名出版中文版。

·中国华东师范大学设立地理系。首任系主任为李春芬。

·中国华南师范大学设立地理系。其前身为 1933 年创建的勤勤大学博地系和 1946 年成立的广东省文理学院地理系。

·世界气象组织（WMO）成立。其前身是国际气象组织（IMO）。成为联合国专门机构。是与地理有关的国际组织。

·中国褚绍唐《新中国地理》出版。把全国分为 12 个自然经济区。1953 年苏联莫斯科外文出版社出版俄文本，1957 年日本古今书院出版日文本。


## 公元 1952 年

·第 17 届国际地理大会在华盛顿举行。

·AAG 第四十八届主席普雷斯顿·E. 詹姆斯发表"进一步理解区域概念"。

·中国科学院完成《中国科学院 1953 年工作计划（草案）》。该工作计划中将国家自然条件和自然资源的调查作为第一项重要工作。深远影响中国的地理科学发展。

·中国竺可桢与施雅风、周立三谈话时，指出地理科学具有局部性或地域性、综合性、社会科学与自然科学两方面的兼顾性。

·中国、匈牙利、波兰和罗马尼亚等被终止国际地理联合会会员国。

·中国开始扫盲运动。是广泛开展的全国群众文化工程，持续到 20 世纪 50 年代末。之前，1950—1953 年曾开展全军扫盲工程。深远促进中国发展。

·德国奥托·施吕特尔三卷本《早期欧洲聚落区域》开始陆续出版。为聚落地理学重要著作。

·美国卡尔·奥特温·索尔发表"农业的起源与传播"。阐述的核心问题之一是文化扩散。

·苏联 И. B. 斯大林《苏联社会主义经济问题》出版。中国 1961 年出版中译本。该著作阐述人地关系形成具有一定代表性的马克思主义人地关系综合理论。该理论主要包括：人们如果认识了自然法则，估计到它们，依靠它们，善于应用和利用它们，便能限制它们发生作用的范围，把自然的破坏力引导到另一方向，使自然的破坏力转而为社会造福。属于地理环境共生理论即人地共生理论。

·苏联科学院院长涅米扬诺夫致函中国科学院院长郭沫若，提出苏联与中国联合编纂《中华人民共和国地理志》意向。10 月获得中华人民共和国政务院批准，中苏开始联合编纂。

·中国毛泽东主席同意中国与苏联共同编纂《中华人民共和国地理志》。

·中国科学院院长会议决定《中华人民共和国地理志》以竺可桢和苏联贾伊齐科夫二人名义合作编撰，均以公开材料为依据。拟定包括三卷《中华人民共和国自然地理志》《中华人民共和国经济地理志》《中华人民共和国区域地理志》。

·苏联 Л. C. 贝尔格《苏联自然地带》出版。

·苏联 Ю. A. 日丹诺夫《人类对自然过程中的作用》出版。

·美国 A. 克罗伯和 C. 克鲁克洪《文化：概念和定义的回顾》出版。在对 164 个文化定义评论基础上，提出和阐述文化的概念及其定义。认为"文化是通过符号而获得，并通过符号而传播的行为模型，这种模型有显型的和隐型的。其符号也像人工制品一样体现了人类的成就。在历史上形成和选择的传统思想，特别是其所代表的价值，是文化的核心，文化系统一方面可以看作行动的产物，另一方面又是进一步行动的制约因素"。

·澳大利亚 O. H. K. 斯帕特提出和阐述作为人地关系论之一种理论的"地理环境或然论"，很多文献表述为"或然论"。这一理论观点介于"地理环境决定论"和"地理环境可能论"这两种理论之间，发展了"地理环境可能论"。

·美国 A. 斯特拉勒《地貌学的动力学基础》出版。重视和强调地貌研究中的自然科学调查方法。

·英国克利福德·达比等《清册地理》（共 7 卷）开始陆续出版。

·苏联全苏地理学大会决议认为自然地理学的研究对象是自然地理环境，各部门地理学之间相互联系。

·苏联 И. П. 格拉西莫夫发表"苏联科学院地理研究工作的任务"。针对如何发挥地理学在完成斯大林改造自然计划中的作用，系统阐述地理学的国家任务。

·苏联 А. Д. 哥热夫在《哲学问题》上发表"论地理环境"。

·苏联 Ф. Я. 基林在《哲学问题》上发表"论统一地理学"。

·苏联 В. Т. 沙伊奇柯夫在中国地理学会南京分会上发表"苏联地理学家在参加斯大林改造自然计划工作中的任务"。

·苏联 И. М. 查别林发表"地理环境、地理自然综合体与自然地理科学体系"。认为作为统一科学的地理学是不存在的，自然地理学是一门关于地理环境发展的最一般规律和关于人类社会与地理环境相互关系的科学。

·美国 A. H. 克拉克编纂《美国地理学：现状和前景》。之后出版。

·美国卡尔·奥特温·索尔阐述文化地理学中的重要概念"文化核心"。认为文化核心是通过反映了包括气候和植被在内的自然资源的适宜环境的组合而出现的，具有鲜明的人地关系思想基础。

·中国的诸多大学普遍开始开设植物地理学等课程。

·中国开始举办植物地理学等研修班。促进了中国植物地理学的发展。

·中国徐世珍译编的《地理学的任务和方法论问题》出版。文献来自苏联。这些文献政治性很强。

·中国黄秉维开始编制《黄河中游侵蚀分区图》。之后，中国罗来兴、朱震达主编《黄土高原水土流失和水土保持图（1：100 万）》。

·中国《新建设》发表时任中央人民政府出版总署编审局地理组组长田世英的"国际地理大会的透视——评徐近之'国际地理大会历次概

况’"。同年，中国《地理学报》全文转载。

· 中国孙敬之在《人民日报》发表批评徐近之"国际地理大会历次概况"的文章。

· 中国孙敬之在《人民日报》发表"肃清地理学中的崇美思想"。

· 中国孙敬之在《地理学报》发表"对徐近之'国际地理大会历次概况'检讨的意见"。

· 中国徐近之在《地理学报》发表"我对于'国际地理大会历次概况'一文的检讨"。

· 中国《地理学报》编辑委员会就发表徐近之"国际地理大会历次概况"在中国《地理学报》发表"地理学报编辑委员会的检讨"。

· 中国教育部公布《关于翻译苏联高等学校教材的暂行规定》。中国翻译大批地理学教科书，深远影响中国地理学发展。

· 苏联经济地理学家巴达绍夫应邀到中国人民大学经济地理教研室讲学。

· 中国成立国家计划委员会。次年开始工作。深远影响中国经济地理格局和中国地理研究。

· 中国地理学会北京分会成立。分会提出了为建立无产阶级的地理学而奋斗的目标。分会成立后，邀请正在中国人民大学经济地理教研室工作的苏联经济地理学家巴达邵夫对资产阶级地理学理论的批判问题进行演讲。巴达邵夫对西方的地理学理论进行了系统的批判。他还在报告中指出，中国地理学者伟大而光荣的任务是批判地改造地理学的著作，清洗这些著作中的资产阶级理论，并著述有价值的、具有丰富科学内容的地理书籍。苏联专家的观点对中国地理学界产生了影响，批判旧有理论成为建立新地理学的前提条件。

· 中国《地理知识》编辑委员会发表了"改造自己、改造地理学"。指出地理学者的自我改造和科学内容与方法的根本改造是地理学者的迫切任务，并号召学者批判资产阶级地理学思想。

· 中国政府正式恢复珠穆朗玛峰的名称。

· 中国开始院校、系、专业调整。深远影响中国高校系统的地理研究力量布局。

·中国北京大学创建地质地理系。清华大学地学系（包括教师和学生）并入北京大学，原燕京大学历史系部分教师加入。建系之初只设置自然地理专业。1978年地质系和地理系分别设立。

·中国南京大学地理系与并入的原浙江大学地理系、四川大学地理学和金陵女子大学地理学部分师生组建新的南京大学地理系。

·中国福建师范大学设地理系。其前身为创建于1907年的福建优级师范学堂史地专科。

·中国山东师范大学设地理系。其前身是山东师范学院史地系。

·中国西南师范大学设地理系。其前身是创建于1950年的西南师范学院史地系。

·中国兰州大学地理系设立自然地理专业。1958年更名为地质地理系。

·国际社会科学理事会（ISSC）成立。简称"国际社科联"。是与地理有关的国际组织。国际地理联合会积极参加该会活动。

·英国A.霍尔《科学革命》出版。系统阐述了他早些年提出的观点，即科学独立于经济压力和技术要求而发展的科学历史观即"科学独立发展的历史观"。这一观点在地理学史中有所体现。

·中国的中央和地方有关科学工作者开始对橡胶等热带生物资源进行调查研究。之后开展系统全面的综合科学考察。

## 公元1953年

·中国毛泽东主席指示要增加中小学教材编纂人员，"这么重要的工作，30个编辑太少了，增加到300人也不算多"。之后，竺可桢等编纂中学地理教材。

·中国开始实施第一个五年计划。其重大背景是苏联大规模援助军重工业、农村初级社、高级社、国家资本主义；与地理学有关的主题有工业的地区分布、城市建设、城市规划、城乡物资流通、资源勘探、宜耕地勘探、充分利用土地。促进中国地理学发展。

·中国《人民日报》社论指出，以学习苏联先进教学经验为主要内容的教学改革，正在全国高校进行。中国高等学校的地理教学教育工作开始全面苏化，全面引进教学计划、教学大纲、教材和教师。

·中国科学院院长郭沫若、副院长李四光等阐述科学规划。中国科学发展"按科学计划发展"成为中国科学的发展模式。深远影响中国的地理科学发展。

·德国弗雷德·舍费尔发表"地理学中的例外论：一个方法论的检视"。批判《地理学的性质》。认为地理学的本质和所有科学一样在于寻找客观规律，而知识的生成必须从科学经验中来，在实践中检验。之后，该文开始成为地理学专业学生的必读文献。

·中国陈天民在《人民日报》发表"评严重缺乏政治思想性的《地理学报》"。

·美国R. H. 惠特克提出植被演替的顶级配置格局假说。

·澳大利亚格里菲斯·泰勒主编文集《二十世纪的地理学》第二版出版。

·苏联A. Г. 伊萨钦科《自然地理学基本问题》出版。1958年中译本出版。全书包括关于地理景观的学说及其发展和现状、地理景观的基本规律、地理学的定量描述等部分。其中，在地理景观的基本规律中阐述的空间地理规律性，包括地带性和非地带性。

·苏联A. Г. 伊萨钦科阐述自然地域分异的基本因素——包括地带性自然地域分异因素和非地带性自然地域分异因素的内涵，没有形成相应的术语、自然地域分异的基本规律。

·德国E. 迈南和J. 施米提森开始（至1967年）主编出版《德国自然区域手册》。该书按自然地域分异格局划分为不同尺度和不同类型的自然区域单元。

·苏联M. C. 波德纳尔斯基《古代的地理学》出版。中译本由梁昭锡、赵鸣歧、齐思和译、校、审，由商务印书馆出版。1958年曾由生活·读书·新知三联书店出版。主要包括古希腊、古罗马时期的地理文献及其所表述的地理学。

· 中国地理学会召开中华人民共和国成立后的第一届全国代表大会。选举竺可桢为中国地理学会理事长，常务理事孙敬之、侯仁之、周立三、周廷儒、褚亚平、施雅风，理事 17 人。竺可桢在大会上作"中国地理学工作者当前的任务"的报告，后发表在《科学通报》《光明日报》上。

· 中国科学院《中国科学院 1953 年工作计划》拟定的主要研究工作有：国家自然条件与自然资源的调查、配合国家工业建设的科学研究、配合农林生产实践的研究、物理、化学、生物学、地学、社会学等方面的基础研究。深远影响地理学发展。

· 中国竺可桢在《科学通报》《光明日报》等发表"中国地理学工作者当前的任务"。其中，阐述和强调地理学基础理论研究的重要性；对于地理学研究中经常被动地按生产部门的要求从事具体任务的做法提出批评，属于地理学方法论论述；地理学不但要精确地叙述地面环境，还要指出如何去改造环境来为人类创造幸福生活，属于地理学价值论论述。

· 中国为适应国家"一五"国民经济发展计划开始研究全国农业区划问题。农业部组织中国科学院和有关省区开展跨农学、林学、地理学、气候学、水利学、植物学和经济学等多学科综合研究。深远影响中国的地理学特别是农业地理学发展。

· 中国有关部门召开研究西北水土保持综合考察团工作计划。竺可桢参加。中国地理学及工作者是主要力量之一。

· 中国综合性大学工作会议召开，并举行综合性大学座谈会。深远影响综合性大学地理学科和地理专业发展。

· 中国科学院对外论文交换委员会召开第一次会议。决定成立对外论文交换委员会。深远影响中国地理学科学论文的发表。

· 中国《中华地理志》召开自然区划会。研究和讨论自然区划互粉的方法和方法论，以及地貌区划、气候区划、水文区划、植物区划、土壤区划。

· 中国黄秉维发表"陕甘黄土区域土壤侵蚀的因素和方式"，编制 1∶400 万黄河中游土壤侵蚀分区和水力、风力侵蚀地图。中国水利水保部门应用此图开展工作 60 余年。

·瑞典托尔斯坦·哈格斯特朗发表"作为一种空间过程的革新传播"。提出和使用"革新波"概念，是文化扩散的一种形式。

·苏联 A. Г. 伊萨钦科阐述"地理综合体都是由它的组成成分之间相互作用结果而形成，这种相互作用的性质也决定了地理综合体的结构，因而也决定了它的性质"和"它的各个组成成分本身及其相互作用的性质不断发展变化着"等观点。

·荷兰 J. H. 伯克提出"二元经济结构"即工业化部门和非工业化部门。之后，本杰明·霍华德·希金斯、W. A. 刘易斯等学者不断研究和发展。成为地理特别是经济地理分析工具。

·中国第一个"中华人民共和国国民经济和社会发展五年计划纲要"（简称"五年计划"）开始编制与实施。后改称"五年规划"。地理学是主要支持学科之一，地理学家参加有关工作。2006 年成立国家发展规划专家委员会。深远影响中国产业和社会经济发展空间秩序、时间序列和动因机制，深远影响中国地理格局和中国地理研究。

·中国科学院编译局《自然地理名词草案（地形之部）》刊印。为之后研究与编制《地理学名词》的前期基础工作之一。

·中国李四光《中国地质学》中译本出版。张文佑翻译。该中译本将《中国地质学》英文本中的 19 个自然区中的蒙古草原自然区删掉，为 18 个自然区。施雅风批评这种处理。

·苏联 K. K. 马尔科夫在苏联《自然》发表"最新的地质时期——灵生纪"。

·英国克利福德·达比提出并阐述地理学与历史学结合起来的地理研究范式。曾在其"论地理与历史的关系"中论述历史地理研究的纵向专题法。

·中国总理周恩来在全国政协常务委员会所做报告《过渡时期的总路线》中阐述中国优先发展重工业的产业发展战略。深远影响中国社会经济发展空间秩序、地理学和地理学家。

·中国科学院编译《改造自然与自然地理学的任务》。为《科学译丛》之《地理学》中的第一册。苏联格拉西莫夫、卡列斯尼克等著，李文彦等译。

· 联合国开始接手 1：100 万地图绘制工作。

· 中国《中华地理志》研编工作启动，成立《中华地理志》编辑部。由中国科学院副院长竺可桢总负责。

· 中国国家计划委员会参考苏联国家计划编制经验，开始编制 1953 年中国的国家年度计划。深远影响中国经济地理格局和经济地理研究。

· 苏联斯大林逝世。之后赫鲁晓夫开始"去斯大林"计划。"斯大林改造自然计划"综合地理工程因政治因素被停止。

· 苏联开始赫鲁晓夫提出的粮食增产计划"赫鲁晓夫处女地开发工程"。该工程单一追求粮食增产。该工程因片面追求粮食增产而严重破坏生态环境稳定性，导致严重问题。该工程与"斯大林改造自然计划"工程内容完全不同。20 世纪 60 年代以来，处女地开发工程地区已成为沙尘暴源地，严重影响俄罗斯南部及其有关国家的生态环境。

· 中国"中华全国科学技术普及协会"主编《苏联的自然环境及其改造》出版。

· 中国科学院制定学科发展规划。此期间有部分人质疑地理学的合法性。

· 中国科学院地理研究所在南京成立。其主要基础是中国地理研究所。1958 年迁址北京。之后更名为中国科学院地理科学与资源研究所。

· 波兰科学院地理研究所成立。

· 苏联科学技术情报所《文摘杂志》创刊。现称俄罗斯《文摘杂志》，俗称《俄罗斯文摘》。收录地理学和区域地理方面文章。

· 中国和苏联正式签订援华 156 项协定。包括国防工业 44 项、冶金工业 20 项、能源工业 52 项、机械工业 24 项、化学工业和轻工业 10 项。这些项目遵循要发挥东北老工业基地作用、要尽可能利用一些老工业基础建设新工业基地、要避开沿海敌人可能骚扰范围等原则，进行布局。深远促进中国的工业化发展，深远影响世界地理格局和世界地理研究、中国工业地理格局和中国经济地理研究。地理学参加一些重大项目基地的规划布局研究。

·中国科学院黄河中游水土保持综合考察队进行以水土保持为中心的综合科学考察，取得丰富成果。这些成果在治黄规划、黄河中游水土保持规划中发挥了重要作用。

·德国瓦尔特·彭克（也称小彭克）遗著《地貌分析》英译本出版。

·中国《地理译丛》创刊。1955年更新为《地理译报》。1997年更新为《地理科学进展》。

## 公元1954年

·中国中共中央主席毛泽东批准吴晗"重编改绘杨守敬《历代舆地图》报告"。次年成立"重编改绘杨守敬《历代舆地图》委员会"。范文澜、吴晗和尹达等先后领导这项工作。

·中国召开第一次全国地理学术研讨会。

·中国地理学界研讨中国自然地理区划和中国经济地理区划。

·中国竺可桢指出，研究中国的自然地理区划和经济地理区划，不仅具有理论意义，而且具有实际意义，是紧密配合国家建设的需要。

·中国地理学开始突出为中国农业发展服务导向的发展道路。

·苏联科学院生产力研究委员会开始全国自然地理区划第二阶段工作。这一阶段主要是针对第三、四级区划单位，已具有自然—经济属性，是"自然经济区划"，直接为经济发展服务提供科学根据。1940年开始、1947年完成的全国自然地理区划第一阶段工作是"自然历史区划"。

·中国开始研究与编制具有现代意义的中国自然地理区划。

·中国林超等拟定大学地理教育使用的《中国自然地理区划方案》。该方案首先根据非地带性自然地域分异因素将中国自然地理环境划分为四大部分，其次根据地带性自然地域分异因素将中国自然地理环境划分为10个大地区，最后主要根据非地带性自然地域分异因素将中国自然地理环境划分为31个地区和105个亚地区。

·中国林超、冯绳武、关伯仁发表"中国自然地理区划大纲"。

·中国马溶之完成中国土壤地理区划方案。该方案将中国划分为7个土壤带38个土壤区。之后不断完善。

·苏联 П. С. 马克耶夫发表"论自然地带系统"。使用矩形自然地域分异和自然地带模式。1955 年中译本发表。

·美国 S. B. 琼斯发表"政治地理学的统一场论"。提出将政治学的研究与地理学的研究结合起来的思想及方法，政治观念、政治决策、政治运动、政治场、政治区域构成政治地理研究的基本关系。为政治地理学中的统一场论学派的代表论文。

·美国 B. 梅格斯发表"文化发展的环境限制"。提出和阐述人地关系论即以"人类文化与自然地理环境存在限定关系"为核心思想的"新地理环境决定论"。

·中国周廷儒、施雅风和陈述彭明确提出中国三大自然区。主要反映在罗开富主编的《中国自然区划草案》中。中国三大自然区的观念和概念确立，沿用至今。在《中国综合自然区划（草案）》中以 0 级自然区划单位表达。

·德国 A. 廖什著《区位经济学》出版。

·苏联《世界地图集》出版。

·中国《中华地理志》"经济地理分区（辑）"中的《内蒙古经济地理》出版。是最早出版的一卷。至 20 世纪 60 年代已出版大部分地区分卷。

·中国科学院编译局《自然地理名词（地形之部）》由中国科学院出版。该书为中国全国自然科学名词审定委员会《地理学名词》的基础。

·苏联 A. C. 巴尔科夫《自然地理辞典》第三版出版。1962 年中译本出版。

·美国爱德华·阿克曼发表《地理科学》。阐述地理学若干理论和学科问题。

·美国沃尔特·伊萨德发起成立"区域科学协会"。中国严重敏 20 世纪 90 年代将区域科学引入中国。1991 年陈宗兴等中译本《区域科学导论》出版。

·中国科学规划委员会开始研究和编制《地理学学科规划》。1956 年刊印。包括《地理学学科规划总论》《地理学学科规划说明书》。

·中国地理学界开始讨论和争论的经济地理学研究对象问题，形成了生产力配置论和生产配置论等学术派别。

·美国普·詹姆斯和克·琼斯《美国的地理学：回顾和展望》英文版在美国出版。1957 年苏联出版俄译本。该书阐明和坚持地理学的自然地理和人文地理的统一性观点和区域方法观点。

·中国孙敬之等在《地理学报》发表"冀南地区经济地理"。

·中国"中华地理志经济地理组"在孙敬之主持下，通过集体讨论，一致同意将中国划分为华北、东北、华东、华中、华南、西南、西北、内蒙古、新疆、西藏十大经济区。

·中国严钦尚提出"中国鄂尔多斯沙漠就地起沙"论。后被推荐参评中国《国家地理》"中国近百年地理大发现"。

·美国格伦·特里瓦萨《日本：地理学》出版。

·苏联《A. A. 包尔卓夫地理论文集》出版。他在不同时期阐述景观即为自然综合体、自然地理学包括自然地方志和普通自然地理、地理学的研究对象和研究范式等地理学基本理论问题或元问题。

·美国乔治·葛德石以"一个从事了三十年亚洲研究的地理学家的身份"上书美国总统。就当时的中美关系提出三点建议。近一个月后，美国助理国务卿代表总统给葛德石回信。葛德石收到回信后立即给助理国务卿回信，再次阐述自己的观点。

·中国《地理知识》因发表关于中国国内的工业地理文章，被认为是"泄密"而遭受限制。

·中国成立"重编改绘杨守敬《历代舆地图》委员会"。

·英国 J. D. 贝尔纳《历史上的科学》出版。是把"科学"作为一门学科加以研究的最早最系统的著作。深远影响地理学和地理学家。

·中国国家计划委员会成立黄河规划委员会。中国科学院决定由竺可桢参加该委员会工作。地理学是主要学科之一。

·中国科学院有关研究所负责人举行会议，研究和讨论黄河开发问题，特别是黄河开发中的科学问题。地理所参加。

·中国竺可桢发表"为什么要研究我国古代科学史"。

·中国陈述彭《中国地形鸟瞰图集》出版。

·中国黄秉维等编制黄河中游土壤侵蚀区域类型、水力侵蚀程度、风力侵蚀程度的三种地图。

·美国哈蒙德公司出版印制《哈蒙德大使世界地图集》。之后多次再版。

·苏联出版苏联共产党中央委员会批准的《世界地图集》。

·中国科学院召开中国科学史研究工作座谈会。深远影响中国的地理学史研究及学科发展。

·中国科学院决定在中国科学院领导下组织成立中国自然科学史研究委员会。竺可桢为主任委员。

·中国的第一届全国文教工作会议召开。深远影响地理学科和地理专业发展。

·中国钱学森《工程控制论》英文版出版。后多次再版。该书提出和阐述"用不完全可靠的元件组成高可靠性系统"。深远影响地理学思维特别是地理系统工程思维。

·德国 J. 丹豪瑟提出和使用解释学术语。也称诠释学。深远影响地理学特别是人文地理学和人文地理学家。

·苏联《哲学问题》作出"关于自然和经济地理学问题讨论的总结"。指出自然地理学是自然科学,经济地理学是社会科学,因而不存在作为伪科学的统一地理学。

·苏联科学院地理研究所《地理文摘》创刊。

·中国的地图出版社成立。

·中国南京师范大学设地理系。首任系主任为李旭旦。其前身是1919 年的南京高等师范学校文史部地理学科。由 1952 年设立的地理科发展而来。

·中国的湖南师范大学设地理系。其前身是 1938 年创办的国立湖南师范学院史地系。

·中国香港的香港大学设地理地质系。1938 年设立地理系。香港中文大学于 20 世纪 60 年代中期设地理系。

·中国的南京大学地理系成立自然地理专业。

·中国张镜湖获美国克拉克大学地理学博士学位。1999 年当选国际欧亚科学院院士。

·中国教育部《师范学院暂行教学计划》《师范专科学校暂行教学计划》规定开设地理课程。

·拉丁语联盟成立。深远影响世界地理格局和区域地理格局。是地理研究主题之一。

## 公元 1955 年

·中国毛泽东向全中国人民发出"绿化祖国，实行大地园林化"地理工程号召。中国开始大规划以植树造林为核心的人地关系地域系统协调共生工程。深远影响中国地理格局特别是生态地理格局和中国地理研究。

·中国科学院编制中国科学院 15 年发展远景计划。次年提出了《中国科学院 12 年内需要进行的重大科学研究项目》（自然科学与技术科学部分），共 53 项。涉及资源考察、开发与利用的项目有：中国自然区划与经济区划，西北与西南边疆经济区、西藏高原地区、主要江河流域和海洋的综合考察，淮河、秦岭、白龙江以北缺水地区的水源问题，中国重要矿产分布规律及其预测方法等。深远影响中国的地理科学发展。

·中国竺可桢指出和阐述地理环境整体性、地理研究综合性、地理工程的人地性。"自然界本身就是一个相互制约、相互依存的统一整体，是综合的，必须按照自然的原样去认识它""水土流失现象关系到地形、水文、植被、气候、土壤、地质等自然因素，采取改造措施的时候，就必须根据不同的自然特点，有重点地分别采取农、林、牧、水的综合措施，进行全面规划，这是既符合自然规律又符合农民的利益的"。

·中国竺可桢完成"从治理黄河问题看学习辩证唯物主义对自然科学研究的重要性"一文。以辩证唯物主义观点分析黄河的灾害和资历问题。

·中国科学院院长顾问、苏联科学家科夫达建议中国科学院应该规划全国的科学研究工作，编制"十五年科学发展远景计划"。深刻影响中国科学院的决策和工作。

·中国科学院通过《中国科学院关于制订十五年发展远景计划的指示》。中国开始科学规划编制。深远影响中国地理科学发展。

·中国竺可桢当选中国科学院院士。原称学部委员。

·中国黄秉维当选中国科学院院士。原称学部委员。

·中国涂长望当选中国科学院院士。原称学部委员。

·德国赫尔莫斯开展对全球林线雪线对比研究。

·美国西蒙·史密斯·库兹涅茨提出倒 U 形曲线。之后倒 U 形曲线内涵不断变化，称为地理分析工具。

·法国 F. 佩鲁明确提出和系统阐述"增长极"概念及其理论。同时代的其他学者提出和阐述类似的问题。布德维尔 1966 年 J. R. 把它转换为区域经济地理概念。D. F. 达温特 1969 年把它转换为"增长中心"。

·中国国务院批准成立中国科学院综合考察工作委员会。1957 年更名为中国科学院综合考察委员会。

·中国农业部组织多学科研究完成《中国农业区划的初步意见》。地理学是主要学科之一。地理学在参加这方面工作中，高度重视人地关系。这也是中国地理学运用人地关系思想理论的重要工作。该意见将中国划分为 6 个农业区地带即华南、华中、华北、华东、东北、西部；进而划分为 16 个农业区。

·中国农业部组织多学科研究完成《关于划分中国农业经济区划的初步方案》。地理学是主要学科之一。地理学在参加这方面工作中，高度重视人地关系。这也是中国地理学运用人地关系思想理论的重要工作。该方案将中国划分为 8 个农业经济区即东北、华北、华中、华南、内蒙古、西北、云贵川、青康藏。

·中国黄秉维在《科学通报》发表"编制黄河中游流域土壤侵蚀分区图的经验教训"。

·美国西蒙·史密斯·库兹涅茨提出"库兹涅茨曲线"，后发展出"环境库兹涅茨曲线"。

·美国 C. W. 索恩思韦特确定以降水和可能蒸发量等为指标的气候分类系统。他曾于 1931 年和 1948 年确定气候分类系统。

·美国乔治·葛德石出版中国地理著作《五亿人口的土地》。在该著作中阐述了地理学的价值和功能。

·苏联 A. И. 别列尔曼《景观地球化学概论》出版。1958 年中译本出版。

·美国 H. J. 纳尔逊提出美国城市统计分类系统。

·英国 J. 斯图尔德研究文化生态学问题。

·中国的国务院常务会议，研究和讨论中国的全国水土保持方案。

·中国建立中国科学院沙坡头沙漠试验研究站。1992 年成为中国生态系统研究网络（CERN）站，2006 年纳入国家野外科学观测研究站。

·苏联 П. Н. 斯捷潘诺夫《苏联工业地理》出版。

·中国孙敬之发表"论综合地理学与统一地理学"。既论述了自然地理学与经济地理学的科学性质不同，又从地理学发展史、实际需要和研究客体等三个方面论述了二者的密切关系同属于地理学。同时，提出和阐述将自然地理与经济地理割裂的危害。

·中国科学院成立。截至 2019 年，38 位中国地理学家当选为中国科学院院士（1993 年之前称学部委员）。

·中国科学院学部成立大会在北京召开。党和国家领导人周恩来、董必武、陈毅、陆定一、李济深等出席会议并讲话。周恩来总理在大会上讲话。国务院各部委负责人、苏联科学院代表团、波兰科学院代表团，捷克斯洛伐克、民主德国、蒙古、匈牙利和日本等国科学家以及帮助我国建设的苏联专家，国内有关研究单位、高等院校和中国科学院各研究机构的负责人应邀出席了大会。提出了第一个五年计划期间中国科学院的十项重点工作，其中有配合流域规划进行调查研究、热带植物园的调查和研究、中国自然区划和经济区划的研究。

·中国科学院成立生物学地学部。1957 年分为生物学部和地学部。

·中国科学院自然资源综合考察委员会成立。由中国国务院批准成立。其前身为 1955 年成立的中国科学院综合调查工作委员会和综合考察工作委员会。1969 年撤销。1975 年成立中国科学院自然资源综合考察组，1978 年恢复成立中国科学院自然资源综合考察委员会。1982 年由中国科学院和国家计委双重领导。1999 年与中国科学院地理研究所合并，改称"中国科学院地理科学与资源研究所"。

·中国科学院自然资源综合考察委员会开始编制与施行综合考察的十二年远景规划。把多项全国综合考察任务，归纳为五项：1. 西藏高原和康滇横断山区综合考察及开发方案的研究；2. 新疆、青海、甘肃、内蒙古地区的综合考察及开发方案的研究；3. 热带地区特种生物资源的研究和开发；4. 重要河流水利资源的综合考察；5. 中国自然区划与经济区划。综合考察委员会成立后至"文化大革命"前，科学院组织了二三十个综合考察队，按规划中确定的地区和任务，进行了大量的调查研究工作。

·中国科学院组建黄河中游水土保持综合考察队。由中国科学院的地质、地理、土壤、植物、地球物理、农业生物、经济共 7 个研究所，中央林业研究所、黄河水利委员会的测量组、农业大学、北京大学、南京大学、兰州大学等高等学校组成。马溶之和刘东生为队长。

·中国科学院制定了《黄河中游水土保持工作计划纲要》。

·中国科学院和苏联科学院"中苏云南紫胶工作队"到云南考察。

·美国威廉·L. 加里森在华盛顿大学开办第一个地理数量方法研讨班。

·美国威廉·L. 加里森《计量地理学》出版。

·中国出版第一张有系统资料支持的"中国民族分布地图"。2014 年潘玉君《中国民族地理》给出有系统数据支持的中国各民族地图。

·中国科学院地理研究所正式开始外国地理研究（后改称世界地理研究）。

·英国 W. G. 霍斯金斯等《英国地理景观的形成》出版。

·苏联 H. H. 科洛索夫斯基《地理学的科学问题》出版。提出和阐述的核心之一是，地理学学科过分专门化和地理专业过分细分等问题的危险。

·美国路德维格·冯·贝塔朗菲《一般系统论——基础、发展和应用》出版。是第四次科学革命重要标志。深远影响地理学和地理学家，是现代地理学的基础和核心。

·苏联地理学会第二届全国代表大会召开。会议形成对苏联地理学及其发展基本认识的结论。中国地理学会编辑翻译刊印《苏联地理学会第二届全国代表大会文件》。深远影响中国地理学和地理学家。

·中国地理学会代表团参加苏联地理学会第二届代表大会。中国孙敬之在会上作"中国地理学发展简史"报告。

·苏联科学院地理研究所所长 И. П. 格拉西莫夫一行等访问中国科学院地理研究所。并在中国科学院地理研究所所长黄秉维等陪同下考察中国西北地区。

·中国的中华地理志自然地理组人员全部参加自然区划工作。

·中国农业部向中国科学院地理研究所交办农业区划研究任务。周立三、邓静中撰写《中国农业区划初步意见》，将中国划分为 6 个农业地带 16 个农业区。为国家农业发展研究提供一定的科学根据。

·中国华东师范大学举办普通自然地理教师进修班。

·中国开始改编杨守敬《历代舆地图》工作暨《中国历史地图集》编纂工作。之后，中国谭其骧明确提出和阐述不能把历史上的中国与中原王朝等同起来的重要观点。

·日本综合性大百科全书《世界大百科事典》开始（至1963年）出版，共33卷。后陆续再版。

·苏联谢·米·祖波夫在中华华东师范大学举办的普通自然地理教师进修班上讲授《普通自然地理学》课程。他于1957年在中国商务印书馆出版《普通自然地理》中文本。

·中国北京大学开始设置经济地理专业。

·中国北京大学在此前后开设一门课程"人文地理学批判"。对人文地理学学科进行批判。在批判中传播人文地理学。

·中国陕西师范大学设地理系。从史地系分出单独设系。首任系主任为黄国璋。其前身是1944年陕西省师范专科学校设立的史地科。

·中国台湾大学设地理系。张其昀 1954 年发起、筹建。首任系主任为薛继壎。2000 年更名为地理环境资源学系。1981 年设地理研究所。

·苏联全苏地理大会对经济地理学定义采取大会决议方式表达。1976 年也是如此。

·华沙条约组织成立。简称"华约"。深远影响世界地理格局和世界地理研究。

·苏联将原国家计划委员会改组为国家计划委员会和国家经济委员会。前者主要负责编制国家中长期计划，后者主要负责编制和实施国家年度计划。深远影响苏联经济地理格局和苏联经济地理研究，深远影响中国政府职能部门划分。

·"亚非会议"在印尼的万隆召开。也称万隆会议。深远影响世界政治地理格局及其研究。

**公元 1956 年**

·中国毛泽东在中共中央政治局扩大会议上发表《论十大关系》。系统阐述中国区域社会经济发展中的产业关系和区域关系等若干重大问题，为战略地理学、政治地理学和经济地理学著作。深远影响中国地理及其研究和地理学家。1976 年正式发表。后收入《毛泽东选集》第五卷和《毛泽东文选》第七卷。

·中国周恩来总理召集和主持长江流域规划会议。中国科学院向周恩来总理汇报长江流域远景规划。地理学成为学科之一。

·中国开始"百家争鸣"热潮。深远影响中国地理学和地理学家。

·中国完成三大改造，开始社会主义制度。深远影响中国地理学和地理学发展。

·中国开始从农业国转变为工业国建设。深远影响中国地理学特别是经济地理学发展和经济地理学家成长。

·中国 1 月 21 日下午在中南海怀仁堂举行科学报告会。毛泽东主席、刘少奇委员长、周恩来总理、各位副总理、各部各省负责人等出席，约 1400 人。会上，竺可桢代表中国科学院生物学地学（部）报告"中国生物学地学的发展状况与前途"。

· 第 18 届国际地理大会在巴西里约热内卢举行。中国地理学会原拟派代表团参加这次大会，但由于中国台湾代表非法窃据着中国代表团的席位而未参加。匈牙利、埃及、摩洛哥、波兰、苏联、瑞典、捷克斯洛伐克、南斯拉夫、芬兰等国代表团团长在大会上发表联合声明，请求国际地理联合会采取必要措施保证中华人民共和国的地理学会能够参加下一届会议，以消除国际地理学组织中的这一巨大缺陷。

· 中国马溶之、文振旺、汪安球等阐述土壤区划中土壤带的划分原则。土壤带是以自然情况下土壤形成过程的主要阶段，也就是以主要土壤类型，及其相适合的植物群落，作为划分的标准。

· 中国钱崇澍、吴征镒、陈昌笃完成《中国植被区划草案》。阐述了影响植被分布格局的五项因子即气候、地形、土壤、历史、生物（包括人类活动），其中气候因子对植被群落的形成起着根本作用，其具体体现则依纬度、地形和海陆分布情况而不同，阐述了影响中国植被分布格局的主要因子即地形、寒潮、夏季风。该区划方案将中国植被区划划分为 12 个植被带。同时，在植被区划附言部分，给出了他们的结合中国土壤区划方案的新中国植被区划方案，这个新的方案将中国植被区划划分为 15 个区 44 个亚区。

· 德国 C. 特罗尔发表"地理科学的地位和它对现实问题研究的重要性"。

· 中国竺可桢阐述地理学的研究对象和研究核心——"地理学着重现代地球表面的岩石圈、水圈、气圈、生物、人类的相互作用"。

· 苏联 A. Г. 伊萨钦科阐述综合自然地理学与部门自然地理学的发展之间的关系。

· 中国地理学会召开第二次会员代表大会。选举徐特立为中国地理学会名誉理事长、竺可桢为中国地理学会理事长、孙敬之和黄秉维为副理事长。

· 中国竺可桢阐述自然综合考察的科学意义和应用价值。

· 中国黄秉维提出开展自然地理环境的物理过程、化学过程和生物过程的研究，然后加以综合的思想。这一"地理过程综合"思想比国际上后来形成的共识早约 25 年。

·中国自然地理学界开始依据黄秉维"地理过程综合"思想，广泛开展地理环境中的热量—水分平衡、化学元素迁移及其转换过程、生物群落及其与环境之间物质和能量转换三个地理过程的定量和半定量、定位和半定位研究。

·中国中共中央政治局公布《1956—1967 年全国农业发展纲要草案》。1957 年 10 月公布修正草案，1960 年 4 月经第二次全国人民代表大会第二次会议讨论通过，作为正式文件公布。《纲要》全文共 40 条，故习惯称为"40 条纲要"。向中国地理学提出要求，成为中国地理学发展动力。

·美国 W. 托马斯组织的以"人类在改变大地面貌中的角色"为主题的学术会议召开。卡尔·奥特温·索尔、L. 芒德福等联合担任大会主席。

·美国 W. 托马斯发表"人在改变地球中的作用"。

·美国克拉伦斯·格拉肯发表"可居世界之观念的变化"。对当时的地理学思想有重要影响。

·苏联 K. K. 马尔科夫《古地理学》出版。

·法国比埃尔·热奥《经济地理概要》出版。

·法国皮埃尔·比罗《20 世纪法国地理学》出版。该著作阐明，法国地理学关注和阐述植被自然地理要素要比关注和阐述地貌自然地理要素要晚很长时间。他曾宣称他自己是"自然科学家"。

·中国的国务院成立科学规划委员会。竺可桢、黄秉维、方俊、施雅风等参加有关工作。

·中国科学院中国自然区划工作委员会成立。委员会成员 23 人，竺可桢为主任，涂长望、黄秉维为副主任，黄秉维主持日常工作。该委员会的工作极大促进了中国自然地理学发展。

·中苏两国政府签订《关于中华人民共和国和苏维埃社会主义共和国联盟共同进行黑龙江流域自然资源和生产力发展远景科学研究工作及

编制额尔古纳河和黑龙江上游综合利用规划勘测设计工作的协定》。中苏
两国地理工作者是主要参加人员。促进了综合地理学发展。

·中国根据《协定》成立隶属于国务院的黑龙江流域综合研究委员
会。竺可桢为主任。

·中苏根据《协定》成立黑龙江流域综合考察联合学术委员会。

·中国成立黑龙江流域综合研究委员会。竺可桢任主席。

·中国科学院中华地理志经济地理丛书开始陆续出版。包括《华北
经济地理》（孙敬之、邓静中、胡序威等）、《内蒙古自治区经济地理》
（孙敬之、邓静中、胡序威等）、《华中地区经济地理》（孙盘寿、李文
彦、李慕贞等）、《华东地区经济地理》（胡序威、李润田等）、《华南地
区经济地理》（梁仁彩、黄勉、申维承等）、《东北地区经济地理》（吴传
钧、李振泉、梁仁采、李慕贞等）、《西南地区经济地理》（孙盘寿、孙承
烈、申维承、黄勉等）、《西北地区经济地理》（胡序威、刘再兴、李文彦
等）、《新疆维吾尔自治区经济地理》（周立三、佘之祥、蔡清泉、沈道齐
等）相继出版。反映了地理环境和自然资源与区域经济活动之间关系的
人地关系思想。

·中国商务印书馆和人民出版社分别出版《苏联大百科全书》中的
"地理学"条目。

·中国孙敬之发表"食物来源与人口增长"。该文被中共中央国际活
动指导委员会确定为对外宣传参考资料，多种中外文报纸期刊刊载。

·中华地理志编辑部（罗开富主持、主编）出版《中国自然区划草
案》。次年苏联出版俄译本。

·苏联 A. A. 格里高利耶夫和 M. И. 布迪科提出并阐释"自然地带
周期律"。从理论上系统阐述热量—水平平衡对（广义）自然地带特别是
植被地带的影响，具有自然地理环境要素整体性和分异性思想。

·苏联 П. С. 马克耶夫《自然地带与景观》出版。1963 年中译本
出版。

·苏联 П. С. 马克耶夫明确给出水平自然地带与垂直带之间关系理论
模型（包括大陆性和海洋性）。成为中国的综合自然地理学中的基本理论

模型。

·苏联 M. И. 布迪科出版《地表热量平衡》出版。中译本 1960 年出版。

·苏联 И. П. 格拉西莫夫编制了土壤生物气候带的世界（土壤）地图。反映了自然地理要素整体性思想、自然地理要素和自然地理小系统地域分异思想。

·美国爱德华·乌尔曼提出"乌尔曼相互作用理论"。该理论认为互补性、中介性和可运输性是影响空间相互作用的条件。

·苏联 Б. П. 阿里索夫提出综合考虑大气环流、景观、地理区域、地带的苏联气候区划。

·中国杨吾扬在《新建设》发表"地理科学的一个重要理论问题"。

·苏联 П. С. 马克耶夫提出和阐述"长方形理想大陆模式图"。之后有学者提出"卵形理想大陆模式图"。这些模式图是地理学研究的理论思维图形工具。

·中国王庸《中国地图史纲》出版。

·中国科学院自然区划工作委员会成立。1959 年后《中国综合自然区划（初稿）》等 8 种 9 卷区划方案陆续完成和出版。

·中国中共中央政治局批准竺可桢兼任中国科学院自然资源综合考察委员会主任。

·美国沃尔特·伊萨德《经济学的位置和空间》出版。提出"区域科学"概念。

·美国《人类在地表改变中所扮演的角色》出版。同期出版《被人类行为所改变的地球：过去三百年中全球和区域变化》。这些地理著作深受 1864 年《人与自然：人类活动所改变的自然地理》的影响。

·美国华盛顿大学召开研究生数学统计专题研讨会，是计量革命的重要标志。

·中国《1956—1967 年科学技术发展远景规划》（俗称《十二年规划》）明确提出"以任务为经，学科为纬"的"任务带学科"这一国家发展与学科发展之间关系的方针。其中，"任务"代表国家发展需求，

"学科"代表基础理论研究。深远影响中国的地理科学发展。

·中国《1956—1967 年科学技术发展远景规划》（俗称《十二年规划》）的四项关于自然资源综合开发规划项目的规划任务书中，明确提出要在全国建立"自然资源综合考察委员会"并隶属国务院。

·中国的科学规划委员会《1956—1967 年基础科学学科规划》确定地理学的基础学科地位。《1956—1967 年基础科学学科规划》为《1956—1967 年科学技术发展远景规划》中的核心文件之一。对中国地理学发展具有深远而重大的促进作用。

·中国《1956—1967 年科学技术发展远景规划》（俗称《十二年规划》）提出"任务代学科"观念。这里的"任务"就是国家需求，"学科"就是基础理论研究。《十二年规划》由《1956—1967 年科学技术发展远景规划纲要（草案）》（简称《纲要》）和四个《附件》组成。对中国地理学发展有深远而重大的作用。

·中国《1956—1967 年科学技术发展远景规划纲要（草案）》（简称《纲要》）涉及国家科学技术发展的 13 个方面，并从中提出 57 项重要的科学技术任务。

·中国《1956—1967 年科学技术发展远景规划》（俗称《十二年规划》）。其中的"国家重要科学技术任务"中有近二十项为地理学或与地理学有关的项目。第 1 项是"中国自然区划和经济区划"，包括中国综合自然区划、中国地貌等方面区划、中国气候区划、中国水文区划、中国土壤区划、中国植被区划、中国动物区划、中国农业区划、中国经济区划。对中国地理学发展有深远而重大作用。

·中国的科学规划委员会编制完成《1956—1967 年基础科学学科规划》。其中的《地理学学科规划》包括《地理学学科规划总论》《地理学学科规划说明书》两部分。

·中国的科学规划委员会《地理学学科规划总论》包括地理学学科内容和意义、国际和国内期刊、发展方向、具体措施四个部分。该规划研编者有任美锷（执笔）、黄秉维、侯仁之、孙敬之、施雅风、李承三、郭敬辉、方俊、罗开富、周立三、夏坚白、陈述彭、周廷儒、冯景兰、刘培同、袁复礼、张之、竺可桢、王经、曾世英、杨韧章、朱炳海。对中国地理学发展有深远而重大作用。

· 中国的科学规划委员会《地理学学科规划总论》阐述地理学"以地球表面为研究对象，分为自然地理学和经济地理学""自然地理学属于自然科学""经济地理学属于社会科学""地理学在国民经济和科学发展上的意义是很重大的"等若干地理学基本问题。

· 中国的科学规划委员会《地理学学科规划总论》阐述"自然地理学除研究自然环境的整体的普通自然地理学和区域自然地理学以外，还包括许多专门的分支""这些专门的分支有地貌学、气候学、陆地水文学、海洋学、土壤地理学、植物地理学和动物地理学"，此外还有地图学、古地理学、历史地理学。

· 中国的科学规划委员会《地理学学科规划总论》阐述经济地理学分为中国经济地理学、苏联和人民民主国家经济地理学、资本主义国家经济地理学、人口地理学、都市地理学、工业地理学、农业地理学、运输地理学等门类和分支学科。

· 中国的科学规划委员会编制完成《地理学学科规划说明书》。包括黄秉维负责自然地理学、孙敬之负责经济地理学、方俊负责地图学、任美锷负责地貌学、朱炳海等负责气候学、郭敬辉和罗开富负责陆地水文学、马溶之负责土壤地理学、陈昌笃负责植物地理学、侯仁之负责历史地理学和地理学史。对中国地理学发展具有深远而重大作用。

· 中国《1956—1967 年哲学社会科学规划方案（草案）》（也称《十二年哲学社会科学规划》）把新的地方志编纂列为 12 项重要工作之一。地理学是地方志编纂的主要支持学科之一。

· 中国《1956—1967 年哲学社会科学规划方案（草案）》（也称《十二年哲学社会科学规划》）的《自然辩证法（数学和自然科学中的哲学问题）研究规划草案》中包括地理学哲学问题。

· 中国地理学界开始明确关注中国的热带北界问题。之后，出现"副热带""亚热带""准热带"等概念及其术语。势将促进气候学和自然地理学的理论发展。

·中国竺可桢阐述要将作为历史学附庸的历史地理学改造为现代科学的历史地理学。

·中国自然科学史研究委员会举行中国自然科学史第一次科学讨论会。深远影响地理学史研究、地理学史学科发展。

·苏联 Ф. H. 米尔科夫《自然地理区及其内容》出版。1959 年中译本出版。

·中国孙敬之《论经济地理学的科学性质》由新知识出版社出版。后由商务印书馆再版。该书内容涉及面甚广，包括经济地理学史、经济地理学的对象与任务、经济地理的区域和自然条件在经济地理学中的地位。对中国 20 世纪 50 年代前半期经济地理学理论研究和实践有较大影响。之后俄文译本出版。

·苏联 Л. C. 贝尔格《贝尔格院士选集》出版。

·苏联 Б. Б. 波雷诺夫《波雷诺夫院士选集》出版。

·中国顾颉刚和章巽编、谭其骧校的《中国历史地图集（古代史部分）》在地图出版社出版。因国界线等问题，最后为内部出版发行。

·中国钱崇澍、吴征镒、陈昌笃《中国植被的类型》出版。

·苏联 Б. Б. 波雷诺夫发表"景观学说"。这是他晚年所撰写，收入《波雷诺夫院士选集》。他在有关著作中批评自然地带学说，认为"地带性图式开始起着一种偏见作用"而影响对自然地理环境的科学认识。

·中国林业部颁布《天然林禁伐区（自然保护区）划定草案》。为中国自然保护区建设的开始。

·苏联 B. H. 苏卡乔夫在中国进行考察。阐述植被演替的三个基本类型。

·中国黄秉维提出要发展自然地理定位观测与实验。是中国实验地理学的重要工作。

·苏联科学技术情报研究所《文摘杂志·地理学》创刊。

·中国张同铸在《地理学报》发表"为帝国主义服务的人文地理学"。同年新知识出版社出版该文的单行本《为帝国主义服务的人文地理学》，1959 年商务印书馆出版该文的单行本《为帝国主义服务的人文地理学》。包括前言、人文地理学的产生、人文地理学为帝国主义服务（对人和自然关系的歪曲、对国内劳动人民的贫困与殖民地国家的落后的谎言、对于帝国主义侵略行为的辩护、唯心的形而上学的方法论），以及人文地理学思想在中国的影响。

· 中国胡兆量在《地理学报》发表"伪科学的白吕纳人地学思想"。

· 中国施雅风在《自然辩证法研究通讯》（后更名为《自然辩证法通讯》）发表"地学的特性与分类问题"。

· 中国教育部颁布《小学地理教学大纲（草案）》《中学地理教学大纲（草案）》。这两份大纲是在 1953 年编制的大纲基础上修订完成。

· 苏联成立的行政经济区国民经济委员会向地理学特别是综合自然地理学提出新的要求。

· 苏联共产党第 20 次代表大会提出在组织农业生产时要仔细考虑当地的自然条件和经济条件的因地制宜的人地关系思想。

· 中国李富春提出在计划体制上要实行分级管理并施行。深远影响中国地理格局和中国地理研究。

· 中国成立国家计划委员会和国家经济委员会。前者负责中长期计划编制，后者负责年度计划编制。深远影响中国政治经济地理格局和中国政治经济地理研究。

· 中国《自然辩证法研究通讯》创刊。是地理学哲学论文发表主要期刊之一。后更名为《自然辩证法通讯》。

· 中苏两国联合开展黑龙江流域科学考察。至 1960 年结束。根据中苏两国政府于 1956 年签订的《关于中华人民共和国和苏维埃社会主义共和国联盟共同进行黑龙江流域自然资源和生产力发展远景科学研究工作及编制额尔古纳河和黑龙江上游综合利用规划勘测设计工作的协定》，中国科学院综合考察委员会和苏联科学院生产力研究委员会共同开展考察工作。先后参加科学考察 500 余人，其中中方 400 余人，苏方 100 余人。

· 中国开展新疆综合科学考察。至 1960 年结束。中国科学院成立中国科学院新疆综合考察队。成立多个专业组或专业大组。完成了系统的包括自然条件、农业自然资源、农林牧业发展与问题、农业地域分异格局、地理区划等在内的科学资料，完成了系统的地图，出版 10 部科学著作 500 万字。第二次新疆综合科学考察时间从 1985 年至 1989 年。

·中国朱显谟、罗来兴等提出黄土地貌的类型与名称"塬""梁""峁"等。这些源于当地惯用名的科学概念及其术语已为国际所接受。

·中国华东师范大学成立人口地理研究室。此为胡焕庸所倡议。

·中国左大康等到苏联莫斯科大学地理系学习。后中国连续多年陆续派员前往苏联有关机构学习地理学和地图学等。

·中国第一个自然保护区"鼎湖山自然保护区"建立。

·中国召开全国第一次科学普及积极分子代表大会。毛泽东主席接见代表。杨纫章出席大会并在大会上发言，受到毛主席接见。

·苏联开始重新评价普列汉诺夫哲学思想。包括他的关于地理环境对社会发展作用的理论。他的这一理论是马克思主义地理环境学说的重要组成部分。

·中国科学院、水利部水土保持研究所成立。是中国科学院根据国家黄河治理的需求在西北建立的第一个研究所，是我国唯一的国家级水土保持研究机构。

·中国陈述彭建议从中学中招收人员，以为开展中华人民共和国大地图集的制图准备。之后，从江苏南通招收了 50 名高、初中生，并在南京大学和南京地质学校学习制图技术。竺可桢为他们讲授了第一课。

·中国出版新中国成立以来的第一套中小学通用教材。竺可桢为地理教材负责人。

·中华人民共和国教育部编订《中学地理教学大纲（草案）》由人民教育出版社出版。

**公元 1957 年**

·中国毛泽东主席邀请七省市教育厅局负责人座谈中小学教育问题。阐述中学地理等问题。

·中国北京大学和中山大学开始举办自然地理教师进修班。第一阶段在中山大学，第二阶段在北京大学。邀请苏联 A. Г. 伊萨钦科系统讲授自然地理学，包括课堂授课和野外实习等环节。他的讲稿后以《自然地理学基本问题》在中国以中文版出版。

·世界数据中心成立。之后发展成世界数据系统。是地理科学发展的重要科学数据库。

·中国林超提出和阐述"综合自然地理学"概念及其英文表达。中国地理学家开始创建"综合自然地理学"学科。它不同于西方近代地理学中的自然地理学，也不同于苏联近现代地理学中的自然地理学。

·苏联地理研究所列宁格勒建立分所——列宁格勒地理研究所。С. В. 卡列茨尼克为首任所长。

·中国科学院自然区划工作委员会顾问苏联 И. В. 萨莫依洛夫《自然区划方法论》在中国以中文版出版。该著作为作者在 1957 年 1—2 月间中国科学院自然区划工作委员会举行自然区划讨论会中的讲稿。

·中国侯学煜和马溶之编制《中国植被土壤分区图（1∶400 万）》。反映自然地理要素整体性思想、自然地理要素及其自然地理小系统地域分异性思想。

·中国马溶之开始系统阐述中国土壤地理分布格局、欧亚大陆土壤地理分布格局。受到国际土壤学界高度重视。

·捷克科学院召开经济区划专题会议。

·中国竺可桢根据中国自然地理环境的实际情况提出"亚热带"概念并进行具体划分。促进自然地域分异理论和自然地理区划理论的发展。

·中国任美锷根据中国自然地理环境的实际情况提出"准热带""热带山原"概念并进行具体划分。促进自然地域分异理论、自然地理区划理论和中国自然地域分异格局划分的发展。

·中国周廷儒、施雅风和陈述彭提出中国地形三大区划分思想和方案。促进自然地理区划理论发展和中国自然地理区划认识发展。

·中国竺可桢向全国人大提交《就广东视察所见向全国人大的报告》。指出，雷州半岛的森林有许多是 1952 年开始垦殖以后破坏的，强调要保护自然。

·中国《中华人民共和国地图集》出版。

·苏联 И. М. 查别林《自然地理学理论基本问题》出版。1959 年中译本出版。

·中国生活·读书·新知三联书店分两册内部出版苏联 Ю. Г. 萨乌什金 1955 年著《经济地理学导论》中译本。

·荷兰克里斯蒂安·范·范帕森《地理学的古典传统》出版。

·法国 J. 戈特曼在论文中创用大城市集群区或大都市带概念及其术语。1961 年《大城市集群区》出版。

·瑞典 G. 缪尔达尔在其《经济理论与不发达地区》中提出和阐述后来被称为"地理二元经济发展理论"的学说。之后成为地理特别是经济地理分析工具。

·中国张文奎《经济地理学概论》由新知识出版社出版。该书主要论述经济地理学的基本问题。对生产配置规律特别是社会主义生产配置规律做了较系统的分析。最后论述工业、农业、运输业、人口、城市研究在经济地理中的意义。并叙述了新中国经济地理研究取得的重要成就和经济地理如何为社会主义建设服务等问题。

·美国 A. O. 赫希曼（至 1958 年）《经济发展战略》中提出"极化效应""涓流效应"。之后成为地理特别是经济地理分析工具。

·中国马寅初发表"新人口论"。具有地理环境要素整体性、地理要素综合和可持续发展等思想。曾受到曲解和批判。

·中国李春芬发表"从发展过程中认识地理学的对象、任务和方法"。

·中国陈述彭在中国科学院地理研究所组建航空相片综合利用分析判读组。

·中国叶笃正等揭示青藏高原夏季是巨大热源。

·苏联 И. П. 格拉西莫夫提出中国黄土成因是风和土壤作用说。之后，黄土成因研究又出现一次高潮。中国的张伯声、杨杰、刘东生、张宗祜、曾昭璇、张天曾等分别提出不同假说。

·中国孙敬之在《自然辩证法研究通讯》（后更名为《自然辩证法通讯》）发表"地理科学争论中的哲学问题"。系统阐述地理学的综合性。

·中国胡兆量在《自然辩证法研究通讯》（后更名为《自然辩证法通讯》）发表"地理学中的几个哲学问题"。系统阐述的问题之一是地理学的学科地位。

·中国陈传康在《自然辩证法研究通讯》（后更名为《自然辩证法通讯》）发表"有关自然地理学的几个哲学问题"。

·美国科学信息研究所创办《科学引文索引》（SCI）。成为地理学主要信息平台之一。

·中国科学院自然科学史研究室成立。后发展为中国科学院自然科学史研究所。是地理学史研究的主要单位之一。1958 年创办《科学史集刊》，1982 年改为《自然科学史研究》。

·中国科学院成立地学部。生物学地学部分为生物学部和地学部。

·苏联 H. H. 巴朗斯基发表"关于地理系社会地理学部分的教学计划问题"。提出和阐述了地理学和地理专业课程过分细分的弊端。

·中国科学院地理研究所成立历史地理组。

·中国竺可桢（时任中国科学院副院长）在《科学大众》发表"要开发自然必须先了解自然"。阐述认识自然是改造自然的基础的人地关系思想。

·苏联出版《中国自然区划草案》俄译本。

·中国科学普及出版社开始出版《中国地理知识丛书》。包括《我国的地形》《我国的气候》《我国的资源地理》《我国的农业地理》《我国的轻工业地理》《我国的重工业地理》等。

·中国科学院综合考察工作委员会更名为中国科学院综合考察委员会。

·第三次国际地球物理年对南极进行大规模考察。

·英国大卫·哈维从剑桥大学毕业。获博士学位。

·美国段义孚从美国加州大学伯克利分校获博士学位。后出版《无边的恐惧》《逃避主义》《主导与情感》等人本主义地理著作。

·国际地球物理年（IGY）期间开展联合海洋科学考察。促进海洋地理学发展。

·海洋研究科学委员会（SCOR）成立。促进了海洋地理学的迅速发展。

·日本柴田武、贺登崧等开始对日本东西两大方言区接触地带进行语言地理调查。这次调查及其研究的主要成果之一是后来出版的《语言地理学方法》《丝语川语言地图》。

·中国李文华留学苏联。师从 B. H. 苏卡乔夫。在此前后中国到苏联学习地理学人员较多。

·中国反右运动开始。一些地理学家或地理工作者被错划为右派，受到冲击。

·中国登山队首次登上四川贡嘎山主峰，完成第一次高山考察。

·美国科学家 W. H. 蒙克和 H. H. 赫斯倡议并开始"莫霍计划"（MOHOLE）。用深海钻孔穿过莫霍面，以研究地幔的物质组成。该计划于 1961 年在美国加利福尼亚湾外试钻，接着在墨西哥西岸外钻到了玄武岩，以后虽因多种原因中途夭折，但为深海钻探积累了经验。

·中国科学院华南和云南热带生物资源综合考察队开始（至 1962年）对热带生物资源进行综合科学考察。80 多家单位 20 多个专业 1000多人参加考察。

·中国的全国人大常委会和全国政协常委会联合会议，讨论《全国农业发展纲要》。地理学是农业发展纲要的基础学科之一。

·中国农业科学院成立。促进农业地理学发展。

·中国科学院有关机构与人员至苏联科学院地理研究所、苏联生产力委员会等单位研讨中国的地理区划、十二年科学技术发展远景规划、中华地理志，编纂中国大地图集、中国自然地理，派研究生，综合考察等方面问题。

**公元 1958 年**

·中国毛泽东、刘少奇、周恩来等参观中国科学院科技成果展览会参观地学展台。

·中国毛泽东（中共中央主席、国家主席）在中央工作会议上倡议全国各地编修地方志。地理学是地方志编纂主要支持学科之一。

·中国毛泽东与有关专家和政府人员研究和讨论中国的领海特别是领海宽度问题。毛泽东赞同法学家关于中国的领海宽度为 12 海里的意见。

·中国宣布"中华人民共和国领海宽度为 12 海里"。深远影响世界地理格局和中国国家安全。1982 年《联合国海洋法公约》规定 12 海里领海。

·中国中共中央和毛泽东主席提出"农业八字宪法",即"土、肥、水、种、密、保、工、管"。是伟大的农业地理工程。促进中国农业地理学发展。

·中国中共中央第八届全国代表大会第二次会议,通过"鼓足干劲,力争上游,多快好省地建设社会主义"的总路线。会后,全国迅速掀起了"大跃进"和人民公社化运动。

·中国科学院地理研究所等完成《1:400 万中国地貌类型图》。图例系统分为三级,制图单元包括 45 个形态成因类型。

·地理学开始参加城市规划、农村居民点规划、区域规划等方面的空间规划工作。这时期的空间规划又称"快速规划"。

·中国开始"快速规划"的空间规划。这类规划主要解决功能分区、工厂选址、干道系统、城市发展等方面的宏观性、战略性问题。

·中国中共中央第八届第六次会议"关于人民公社若干问题的决议"中指出,要逐步改造现有的旧式住房,分期分批地建设新型的园林化的乡镇和村的居民点。开始了新农村建设。

·中国开始实施"二五"计划。其中,重大背景是苏联撤资、中央财政危机、地方"大跃进"、三年自然灾害、大饥荒、调整、中印边境自卫反击战;与地理学有关的主题主要有生产力分布、农业生产发展、城市发展、协调沿海与内地的关系。促进了地理学的发展,地理学也作出了贡献。

·中国科学院组建中国科学院青甘综合考察队,开始对青海和甘肃地区综合科学考察研究。该地区综合科学考察是根据 1956—1967 年国家

12 年科学技术发展规划任务（即"新疆、青海、甘肃、内蒙古地区的综合考察及其开发方案的研究"）进行的。

· 美国 R. 哈特向发表"作为一门空间科学的地理学概念：从康德和洪堡到赫特纳"，关注和阐述地理学若干基本理论问题。

· 中国自然地理区划首先划分为三个自然大区即三大自然区的概念的术语开始出现。其概念的内涵萌芽于 1930 年竺可桢提出的"中国气候区域论"。

· 中国科学院黄河中游水土保持综合考察队完成的成果开始陆续出版。主要有《黄河中游黄土高原的自然、农业、经济和水土保持土地合理利用区划》《黄河中游黄土》《黄河中游黄土地区水土保持手册》《陕西西部水土保持调查报告》《黄河中游的林业》等。

· 中国科学院地理研究所由南京迁至北京。

· 中国竺可桢提出和阐述"地理工作者应该是向地球进军的先锋"。系统阐述若干元地理学问题：研究地球外壳的结构及其组成部分的发生、发展、分布和各组成部分之间的相互制约与相互转化的过程，要结合生产实践来认识和改造自然，努力为经济建设服务。地理学是一门综合性的科学，要成为一个现代的地理学家，必须具有地貌、水文、气候、土壤、地植物、经济地理等一般知识和其中一门比较专门的知识，要善于应用其他自然科学的研究成果武装自己。

· 中国叶笃正等发现和提出东亚季风和南亚季风系统。

· 美国建立了美国国家航空航天局（NASA）。之后的工作促进了地球系统科学发展。

· 中国吴传钧提出"经济地理工程师"术语。

· 中国陈传康提出和阐述"自然地理学是研究整体的自然地理环境"、"地理环境在时间和空间上是统一的"、要"使其自然科学化"等自然地理学思想。

· 中国成立"中华人民共和国国家大地图集编纂委员会"。编纂国家大地图集是 1956 年列入"中国十二年科学技术发展远景规划"中的国家重点科研项目之一。编委会主任为竺可桢，副主任为白敏、黄秉维、孙冶方、李秉枢，另有 31 位委员。陈述彭为编委会常务编委兼学术秘书。成立普通地图集专门委员会、自然地图集专门委员会、经济地图集专门委员会、历史地图集专门委员会、制图工艺专门委员会、地名译音专门委员会。

· 中国 "中华人民共和国国家大地图集编纂委员会" 确定中华人民共和国国家大地图集包括《中华人民共和国国家普通地图集》《中华人民共和国国家自然地图集》《中华人民共和国国家经济地图集》《中华人民共和国国家历史地图集》。

· 中国 "中华人民共和国国家大地图集编纂委员会" 确定编纂世界大地图集。

· 中国 "中华人民共和国国家大地图集编纂委员会" 组织代表团访问苏联，征求编纂意见。

· 中国 "中华人民共和国国家大地图集" 的《中华人民共和国国家普通地图集》编辑工作启动。由地图出版社和中国科学院地理研究所等承担，在地图出版社成立 "国家大地图集普通地图集编辑部"，张思俊任主任，陈述彭、刘德隆任副主任。1959 年陈述彭领导并执笔完成《〈中华人民共和国国家普通地图集〉技术总设计书》。1960 年全面开始编纂工作。阶段性成果于 1969 年以《中华人民共和国分省地图集》形式内部出版。

· 中国沈玉昌建立中国地貌分类系统。包括中国陆地地貌成因类型、海岸地貌成因类型、海底地貌成因类型。每一类型之下又分为若干亚类。

· 中国施雅风建立中国地貌分类系统。其中，平地地貌包括 12 种地貌类型，山地地貌包括 11 种地貌类型。

· 美国汉逊提出 "种群结构演替顶级" 概念。

· 中国崔之久在 1956 年贡嘎山登山考察基础上完成发表第一篇现代冰川地貌论文。

· 中国 "中国人民大学书报资料中心" 成立。之后出版《地理学》《中国地理》《世界地理》等。

· 中国科学院南京地理研究所正式成立，1988 年后改称中国科学院南京地理与湖泊研究所。

·中国科学院高山冰雪利用研究队成立。开始对中国冰雪资源进行考察、研究。是兰州冰川冻土沙漠研究所的前身。现已发展成"中国科学院寒区旱区环境与工程研究所"。

·中国竺可桢在《科学通报》发表"中国的亚热带"。发展了自然地域分异的基本认识和基本理论，认识和解决了发生观点与实用观点的矛盾与兼顾问题。

·中国曹廷藩阐述经济地理学研究"生产配置"。之后又进一步阐述了经济地理学的研究对象和性质。

·苏联 И. В. 萨莫依洛夫在中国《地理学报》发表"苏联地理学的发展过程"。其中，提出"地理科学系统"概念。

·苏联 И. В. 萨莫依洛夫《苏联地理学四十年》出版中文版。附录有黄秉维"学习苏联，感谢苏联"和孙敬之"学习苏联经济地理学的先进成果，争取 1967 年左右赶上国际水平"两篇文章。

·中国林超发表"珠穆朗玛峰的发现与命名"。

·中国钟功甫发表论文，系统总结和研究珠江三角洲地区"桑基鱼塘""蔗基鱼塘"。

·中国徐兆奎在《地理学报》发表"葛德石反动地理学思想批判"。

·中国朱震达发表"应用数量方法来研究黄土丘陵地区的侵蚀地貌"。为中国第一篇计算地理学论文。

·中国太行山地区开始修筑长约 868 千米的井陉绵右渠，历时 19 年。为重要地理工程。

·中国开始第一次全国土壤普查。以土壤农业性状为基础，提出中国的全国第一个农业土壤分类系统。1979 年开始第二次土壤普查。

·中国开始出版《中华人民共和国水文年鉴》。

·中国《中华地理志》的《华北经济地理》俄文版出版。

·苏联 Ю. Г. 萨乌什金《经济地理学导论》由莫斯科大学出版社出版。1960 年商务印书馆出版中文版。在中文版中作者略有修补。在中文版出版之前，孙敬之曾就翻译中文本事宜征求 Ю. Г. 萨乌什金的意见。

Ю. Г. 萨乌什金为中译本撰写前言。

· 苏联 Ю. Г. 萨乌什金《经济地理学导论》十分重视人地关系，其第二章标题是"地理环境与人类社会的相互作用"。表明人地关系及其研究不是狭义的人文地理学的专有研究问题。

· 苏联 Ю. Г. 萨乌什金系统阐述地理学的研究对象、自然综合体、生产综合体、地域综合体等地理学基本问题。

· 中国允白（编辑和翻译）《地理学基本问题》出版。包括苏联斯米尔诺夫 1950 年发表在苏联《哲学问题》上的"地理科学原理"和 A. A. 格里高利耶夫 1951 年发表在苏联《哲学问题》上的"自然地理学的基本问题"。

· 加拿大罗斯·麦凯发表"多年冻土与地下水之间相互作用学说"。

· 美国艾伯特·赫尔希曼（出生于德国）提出和阐述"不平衡增长理论"，使用战略部门和主导部门等术语。之后成为地理特别是经济地理分析工具。

· 中国许多地区开始大规模毁林开垦、围海造田、围湖填塘，以求扩大粮食生产。

· 中国孙敬之在《自然辩证法研究通讯》（后更名为《自然辩证法通讯》）发表"把地理科学的理论争论向前推进一步"。批评在地理学理论争论中的不严肃性等问题。

· 中国科学院地理专业会议在北京召开。

· 联合国领海会议定义"毗邻区"。对地理研究有一定影响。

· 中国国务院科学规划委员会成立地方志小组。

· 中国国务院在内蒙古呼和浩特召开内蒙古、新疆、甘肃、青海、陕西、宁夏六省区治沙规划会议。

· 中国华中师范大学开始设地理系。其前身为 1924 年建立的私立华中大学史地专业。

· 国际地球物理合作（IGC）联合海洋考察。促进海洋地理学的发展。

· 中国教育部《高等学校专业目录》调整高等师范学校 17 个专业，

其中包括地理学专业。

·苏联科学院通讯院士、列宁格勒大学卡列斯尼克致信中国科学院副院长竺可桢，商量地理考察有关事宜。

·国际地理联合会召开国家地图集研讨会。

### 公元 1959 年

·中国中共中央面对国家经济困难时期态势再次强调发展国民经济要以农业为基础的方针。为农业地理研究提出任务和要求，也促进了农业地理的发展。

·中国科学院自然区划工作委员会《中国综合自然区划（初稿）》由科学出版社出版。主要研编单位为中国科学院地理研究所，主编黄秉维。给出了中国综合自然地理区划方案。该方案突出地显示出自然地理地带性规律，除两个零级外，区划至第三级，将全国划分为 3 大自然区、6 个热量带、18 个自然地区和亚地区、28 个自然地带和亚地带、90 个自然省。阐述了第四、第五级和生物气候类型的划分，系统说明了全国自然区划在实践中的作用及在科学认识上的意义。《中国综合自然区划（初稿）》按照生物气候原则，在复杂的自然条件下揭示了中国自然地理地带性规律，在理论和方法上都有很大的创新和突破，是我国最详尽而系统的自然区划专著，一直为农、林、牧、水、交通运输及国防等有关部门作为查询、应用和研究的重要依据，影响巨大，有力地推动了全国和地方自然区划工作的深入，国外迄今未见有类似著作。

·中国科学院地理研究所沈玉昌主编《中国地貌区划（初稿）》出版。全书包括中国地貌区划图、总论、分论三部分。总论主要阐述地貌区划的意义、地貌分类原则、地貌分区原则、中国地貌基本特征、地貌的内外营力、地貌发育史、地貌区划系统（18 个一级区、44 个二级区、114 个三级区）。其中，在地貌区划的意义部分给出了地貌区划的概念的定义：地貌区划是根据地表形态成因的相似性和差异性将地表加以划分，并进而按区划单位来认识各个地貌区的发生、发展与分布规律。分论包括每一个一级地貌区所辖的二级地貌区的地貌类型及所辖的三级地貌区的简况。

· 中国科学院地球物理研究所和中国科学院地理研究所主编《中国气候区划（初稿）》出版。全书包括中国气候区划图、总论、分论三部分。总论主要阐述气候区划方法论及方法、气候区划系统（包括 8 个气候区、32 个气候省、68 个气候州）。阐述了气候区划的目的和原则：气候区域划分的目的在于了解各样气候的区域组合与差异，探讨其发生发展规律，从而为农、林、牧、水利等生产建设部门提供远景规划所必需的科学根据；气候区域划分的原则，以分析综合各地区的气候特征和考虑它的形成过程为划分原则。分论主要阐述东北地区气候、内蒙古地区气候、甘新地区气候、华北地区气候、华中地区气候、华南地区气候、康滇地区气候、青藏地区气候的总体特征及其气候省和气候州的简况。

· 中国竺可桢在《人民日报》发表"综合考察是建设计划的计划"。阐述科学考察的成果是建议性的远景方案。深远影响中国的地理科学发展。

· 中国陈云在《红旗》发表"当前基本建设工作中的几个重大问题"。精辟论述中国工业布局问题。之后，中国正式使用"生产（力）布局"概念及其术语。

· 中国地理学会向全国地理学界发出"地理学要为农业服务"的号召。

· 美国国家科学基金会开始高度重视科学方法。开始资助包括地理学在内的新的科学研究方法的研讨会和讨论会。

· 中国科学院召开综合考察工作会议。中国科学院党组副书记、秘书长杜润生在会议上阐述任务与学科之间的关系，指出，综合考察可以带动学科，但真正重大的理论问题，还是需要研究机构去解决。深远影响中国地理科学的发展。

· 苏联米哈依洛夫给出"自然地理综合体"（也称"自然综合体"）概念的定义。

· 中国竺可桢提出和阐述地理概念包括术语和内涵的一致性等地理学基础问题，特别是热带和湿润等基本概念在不同自然地理学科之间的一致性和通用性问题。

· 中国科学院和中国地理学会联合举行人民公社规划工作学术报告会。

· 中国竺可桢发表 "地理学工作者武装起来向地球进军"。其中，阐述了地理学的学科性质和现代地理学家的知识构成，指出地理学是一门综合性的科学，一个现代的地理学家，必须具有地貌、水文、气候、土壤、地植物、经济地理等一般知识和其中某一门比较专门的知识。

· 中国科学院副院长竺可桢发表 "纪念德国地理学家和博物学家亚历山大·洪堡逝世 100 周年"。

· 中国黄秉维系统揭示了中国的自然地理环境的能量—物质迁移转化规律、地域分异规律、时间变化规律，建立了具有中国特色的自然地域分异理论。蕴含地理研究的空间秩序维度、时间序列维度和动因机制维度等地理研究范式思想。21 世纪初叶中国地理学家开始系统阐述地理研究基本范式理论。

· 中国科学院自然区划委员会阐述作为综合自然地理区划单位的自然带科学概念。自然带是按地表热量的分布及其对整个自然地理环境的影响而划分出来的大空间尺度的自然地理区划单位和自然地理综合体单位。

· 中国科学院自然区划委员会阐述作为综合自然地理区划单位的自然地带科学概念。自然地带是包括一个可以代表自然界水平分异特征的土类和植被群系纲的自然地理区划单位和自然地理综合体单位。

· 中国自然区划委员会《中国地貌区划（初稿）》出版。该区划方案将中国划分为 18 个一级地貌区、44 个二级地貌区、114 个三级地貌区。其中一级地貌区的划分主要根据非地带性标志。

· 中国自然区划委员会《中国土壤区划（初稿）》出版。该区划方案拟定土壤气候带、生物气候地区、土壤地带、土壤省、土壤区、土壤片、土壤块等 7 级土壤区划单位。

· 中国科学院地理研究所和中国科学院南京地理与湖泊研究所《中国地貌类型图（1∶100 万）》出版。

· 中国黄秉维发表"亚历山大·洪堡的生平及其贡献"。其中将洪堡的自然科学哲学概括为：自然界是一个统一的整体；这个统一体由千差万别的现象组成，这些现象的联系，存在着内在的因果关系；地球上任何一块地方的自然现象也处于相互联系中，构成天然的统一体；地表上任何一块地方的自然是整个自然界的一部分。

· 美国 A. N. 斯特拉勒提出以气团源地、分布和气候锋的位置等为基础的气候分类系统。

· 中国黄锡畴研究长白山高山自然景观类型，并命名为"高山苔原"景观。

· 美国 R. 哈特向《地理学性质的透视》出版。1963 年出版中译本。系统阐述将自然和人文统一起来的统一地理学。

· 苏联 Ф. Н. 米尔科夫《自然地理学基本问题》出版。

· 德国 C. 特罗尔《热带山地——他们的气候与植物地理的三维地带性》出版。

· 法国皮埃尔·比罗《自然地理学概论》出版。阐述自然地理环境要素整体性。

· 苏联编制 1959—1965 年科学发展规划中的地理学规划。苏联地理研究所 A. A. 格里高利耶夫和 И. П. 格拉西莫夫、列宁格勒大学卡列斯尼克、莫斯科大学萨乌什金等参加。

· 中国自然区划委员会 9 种自然区划方案出版。为中国自然地理环境及自然地理环境要素的空间秩序的系统识别的典型研究及成果。包括《中国综合自然区划（初稿）》《中国地貌区划（初稿）》《中国气候区划（初稿）》《中国水文区划（初稿）》《中国潜水区划（初稿）》《中国土壤区划（初稿）》《中国植被区划（初稿）》《中国动物区划（初稿）》《中国昆虫区划（初稿）》。

· 中国自然区划委员会构建出自然地理区划（包括自然地理要素区划和综合自然地理区划）的理论和方法，发展了自然地理区划理论和方法，促进了自然地理学理论和学科发展。

· 中国黄秉维提出和运用地带性自然地域分异因素为第一因素，非地带性自然地域分异因素为第二因素的思想和原则。

·中国科学院新疆综合考察队和苏联科学院地理研究所《新疆维吾尔自治区的自然条件论文集》（中文）由中国科学出版社出版。

·中国《地理学报》发表"中苏专家对'中国综合自然区划草案'的意见摘要"。

·中国科学院自然科学名词编订室《自然地理名词（俄汉对照试用本）》出版。为之后全国自然科学名词审定委员会《地理学名词》的基础。

·中国编制出版《中国植被图（1：400 万）》。

·中国首次对喜马拉雅山珠穆朗玛峰地区进行科学考察。

·中国建立中国科学院天山冰川观测试验站。是中国唯一专门以冰川和冰川作用区位主要观测、试验和研究对象的野外台站。是国际冰川监测网络中的中亚内陆冰川的代表观测站点。

·国际地图学协会（ICA）成立。中国于 1980 年加入。下设地图制度教育与培训、地图生产技术、先进技术、地图学史、卫星影像专题制图、城市制图、触觉与低视力制图、海洋制图、人口制图、地图学概念与方法论、地图与空间数据应用、环境地图与地图集、地图学文献等多个专门委员会和工作组。

·中国科学院治沙综合考察队成立。开始对中国沙漠和戈壁进行考察、研究，中国科学院的 11 个研究所、15 所大专院校、60 多个生产部门和地方科技力量 1000 多人参加。组建 7 个综合试验站、24 个中心试验站、32 个考察小分队。是兰州沙漠研究所的前身。

·中国开始（至 1963 年）开展中国西部地区南水北调的引水路线和该区域资源开发利用的科学考察。郭敬辉副队长主持日常工作。共 114 家单位 38 个专业 800 余人参加，许多地理学家和地理工作者参加。核心成果是提出了中国西部地区南水北调的可能引水路线即"南水北调西线"。

·美国 C. P. 斯诺在剑桥大学作了学术报告"两种文化和科学革命"。之后，科学主义与人文主义之间的关系成为地理科学发展议题之一。

·美国 C. 赖特·米歇尔《社会学的想象力》出版。为后现代主义重要著作。影响 20 世纪 90 年代后现代地理学。

·德国出版《国际社会学家辞典》。1980 年再版。上卷中文版 1987 年出版。其中包括介绍社会地理学家。

·美国 G. W. S. 罗宾逊提出飞地分类体系。

·德国 G. 施瓦茨提出"城市化村"概念。改变了将聚落仅分为城市和乡村的思想。

·中国地理学会举行德国亚历山大·冯·洪堡逝世 100 周年纪念会。

·中国科学院综合考察委员会组织"论综合考察"研讨会。

·中国科学院地理研究所《十年来的中国科学·地理学》出版。包括总论（黄秉维、施雅风、高泳源撰）、综合自然地理学（林超、陈传康、黄秉维撰）、地貌学（沈玉昌、施雅风、王乃梁、陈吉余、陈梦熊、朱震达撰）、水文地理学（郭敬辉撰）、动物地理学（郑作新、张荣祖撰）、经济地理学（周立三、吴传钧撰）、历史地理学（侯仁之撰）。

·中国科学院综合考察委员会《十年来的中国科学·综合考察》出版。包括总论（竺可桢）、黑龙江流域综合考察报告（冯仲云、朱济凡、吴传钧、王守礼撰）、新疆综合考察报告（周立三撰）、黄河中上游水土保持综合考察报告（林镕、马溶之、楼桐茂撰）、西藏综合考察（李璞、李连捷、锺补求、贾慎修撰）、云南热带亚热带生物资源综合考察（吴征镒、刘崇乐、吕炯撰）、华南热带亚热带生物资源综合考察（张肇骞、吴征镒、吕炯撰）、青海甘肃综合考察（侯德封、李文彦撰）和沙漠的综合考察（黄秉维、陈道明、高尚武撰）等。

·中国严重敏系统论述了中国城市地理学的理论体系、基本方法和主要应用领域。之后，引进克里斯泰勒中心地理论、开启中国城镇化、城镇体系、城镇人口布局、大城市研究方面有关研究。

·中国科学院和国家档案局联合成立中国地方志小组。

·中国科学院治沙队成立。

·中国出版中文版《地质学原理》（英国 C. 莱伊尔著）。

·苏联科学院土壤地理研究所完成《中国土壤概图》。

·中国中华人民共和国国家大地图集编纂委员会成立大会召开。竺可桢任主任委员。

·中国竺可桢阐述中国历史地图集的编纂思想与原则，强调要厚今薄古。

·中国全国人大常委会扩大会议召开。讨论了中印边界问题。竺可桢之前准备发言稿，对麦克马洪线从 1914 年到 1950 年在地图上的变动做了详细说明。之后中国科学院地理研究所对中印边界历史进行研究。

·中国科学院地理工作会议召开。会议提出和确定各个地理研究所的主要工作方向。其中，北京所是基本科学、尖端和综考，东北所是沼泽、沙矿、冻土，华东所是河口、海岸，南京所是湖泊，广东所是热带资源，兰州所是冰雪、冻土和治沙。

·委内瑞拉政府建立洪堡纪念馆。以纪念德国亚历山大·冯·洪堡 1799 年的考察和发现。

·中国上海图书馆《中国丛书综录》开始陆续出版。为中国历史地理研究重要文献。

·中国地理学会召开人民公社规划学术工作会议。在此前后，中国地理研究单位开始全国范围的人民公社规划工作。之后编纂《区域规划工作手册》《农村人民公社建设规划方法》。在这方面中国地理工作者强调了人定胜天思想。

·中国黄秉维被推选为全国政协委员。

·德国 A. 格劳特吾德在《经济地理》发表"回顾杜能"。

·部分国家或组织开始（至 1965 年）国际印度洋考察（IIOE）。促进海洋地理学发展。

·联合国通过《南极条约》。1961 年生效。1983 年中国加入。深远影响世界地理格局和世界地理研究。

·英国卡尔·波普尔《科学发现的逻辑》出版。深远影响地理学特别是地理哲学、地理学家特别是地理哲学家。

·国际开发协会（IDA）成立。

**20 世纪 50 年代**

· 中国的地理学学科及地理教育"全盘苏化"。在一定程度上极大促进了中国的自然地理学及其教育、经济地理学及其教育的发展,也极大地阻碍和扼杀了中国的人文地理学及其教育。

· 中国经济地理学界深受苏联两大经济地理学派关于经济地理学研究对象等基本认识的影响。这两个学派是以地理学家巴朗斯基、科洛索夫斯基和萨乌什金为主的区域学派,以经济学家费根、康斯坦丁诺夫为主的部门统计学派。

· 德国奥特伦巴《德国自然区划原理》、德国米素森《德国自然区划研究和表述的原理》《德国自然区划手册》等相继出版。

· 许多地理学家认为地理学应该是研究人与地的相互联系即人地关系的科学。

· 苏联自然地理综合研究或综合自然地理有显著进步,但人文地理与人文地理的综合的统一地理学受到非难。

· 苏联 М. И. 布迪科、A. A. 格里高利耶夫开始提出自然地带周期律。之后系统阐述。

· 中国乃至世界的自然地理学处于部分自然地理学高速发展时期。在这一学科背景下,黄秉维后来提出和阐述自然地理学的三个方向。

· 中国经济地理学 20 世纪 50 年代后期参加四川、江苏、辽宁等省有关地区以工业布局为中心、结合城市发展的规划工作,开始形成产业、城市、区域综合的思想。

· 中国开始(至 20 世纪 70 年代)出现人文地理学被取消的态势。

· 中国 20 世纪 50 年代后期开始农业区划工作。地理学是主要学科之一。

· 中国谢家泽、郭敬辉、罗开富、施成熙等在 20 世纪 50 年代初为推动中国水文地理研究作出巨大贡献。

· 中国开始系统的动物地理研究。迄今已在动物区系的分异规律、动物地理区划及种的分布型、生态动物地理、动物地理专题等方面取得成果。

· 中国地理学家在中国综合自然地理区划研究中，开始认识综合自然地理区划的若干原则并开始系统阐述。包括地带性原则、非地带性原则、地带性与非地带性统一性原则、发生性原则、区域共轭性原则等。

· 中国从 20 世纪 50 年代初开始系统研究荒地土地资源。包括荒地资源的分类、分等、分布、利用等。地理学是主要参加学科之一。

· 在 20 世纪上半期，中外科学家已开始关注和研究中国冰川。

· 中国逐渐开始形成对外国地理的研究的一定的分工：华东师范大学主要对西欧、北美，南京大学主要对非洲，东北师范大学主要对苏联、日本，南开大学主要对大洋洲，中国科学院地理科学与资源研究所对东南亚、日本等，都先后出版了所研究区域的专著。

· 中国 20 世纪五六十年代由于自然灾害等诸多原因出现粮食短缺的严峻态势。这一严峻态势的科学解决，促进中国的农业地理学和农业地理的发展。中国农业地理学为农业科学发展作出了重要贡献。

· 人口地理学发展成为地理学中的独立的分支学科。

# 第 8 章

# 地理学年表：公元 20 世纪（下）

## 第一节　地理学年表：公元 1960—1969 年

**公元 1960 年**

· 第 19 届国际地理大会在斯德哥尔摩举行。

· 苏联 M. И. 布迪科、A. A. 格里高利耶夫系统阐述他们所提出和构建的"辐射干燥指数"和"地理地带周期律"理论和方法。

· 苏联 B. A. 阿努钦批评"非自然的人文地理学"和"非人文的自然地理学"，指出地理环境包括自然地理要素和人文地理要素。成为 21 世纪初叶科学主义和人文主义的地理学思想基础。

· 苏联 B. A. 阿努钦系统阐述地理环境及其在人类、区域发展中的作用。

· 国际地理联合会在瑞典隆德大学召开学术研讨会。德国沃尔特·克里斯泰勒作主旨发言，美国爱德华·乌尔曼是评论人。

· 苏联 И. П. 格拉西莫夫提出和阐述地球系统科学思想和科学研究构想。提出由中苏科学家合作研究从北极、西伯利亚、蒙古、中国到东西亚，讨论跨南北两半球从极地穿越赤道的第四纪地质大断面的构想。

· 英国大卫·哈维获得博士学位。之后，他开始在大学开设地理学方法论课程。以此为基础完成地理学哲学著作《地理学中的解释》。

· 中国黄秉维发表"自然地理学的一些最主要趋势"。提出和阐述自然地理学要重视地表热量水分的分布和转化及其在地理环境中的作用、化学元素在地理环境中的迁移过程、生物群落与其环境间物质和能量交换这三个重要方向，也即热水联系与过程、地球化学联系与过程和生态联系与过程。这一思想最初反映在《1956—1957 年基础科学学科规划》中。

·苏联 B. A. 阿努钦向列宁格勒大学提交博士论文《地理学的理论问题》并出版。该论文因被苏联科学院地理所所长等反对而被否决。阐述"统一地理学问题"。引起苏联地理学方法论的讨论。在此之前苏联地理学会莫斯科分会曾在自然地理部和经济地理部联席会议上讨论了该书稿。美国 1977 年出版英译本，中国 1994 年出版中译本。

·中国孙敬之阐述要根据经济地理实践研究和定义经济地理学的学科方法论。20 年后美国地理学家提出和阐释这个问题。

·中国科学院地学部和中国地理学会召开全国地理学术会议。12 个地理研究机构、445 所高等学校和 61 个有关机构参加。研讨中国地理学发展战略和发展方向。

·德国 W. 哈格特发表"对地理学的意见——受德国研究协会的委托"。

·苏联地理学开始出现重要变化，包括地理学的生态化、经济地理学的社会化、以社会经济地理学的名义恢复了人文地理学。

·中国北京师范大学地理系开办化学地理学研究班。招收中国第一届化学地理硕士研究生。

·中国很多高校开始开设化学地理学课程，部分研究机构创建化学地理研究室，数所高校开始开设化学地理专业。

·中国吴传钧提出和阐述经济地理学的基本性质和研究范式：经济地理学是边缘学科，"具有自然—技术—经济相结合的特点"，具有社会科学与自然科学交叉的特点。

·中国吴传钧提出和阐述技术进步是人文与经济地理学发展的重要推动因素的地理学发展思想。21 世纪初叶中国陆大道进一步系统阐述。

·中国吴传钧发表"经济地理学——生产布局的科学"。

·中国林超提出"自上而下"与"自下而上"相结合的地理区域思

想并加以论述。

·中国周廷儒提出发展自然地理学的古地理学方向。之后在北京师范大学开设古地理学课程。

·苏联 K. A. 萨里谢夫《国家地图集》出版。系统阐述国家地图集的历史发展、国家地图集的完善途径与方法、国家地图集的标准化等。

·中国"中华人民共和国国家大地图集编纂委员会"决定《中华人民共和国国家自然地图集》（改称《中华人民共和国自然地图集》）由中国科学院地理研究所承担。黄秉维任编委会主任。1967 年以《中华人民共和国自然地图集》之名完成制印，内部发行。

·苏联 H. H. 巴朗斯基《经济地理学：经济地图学》第二版出版。

·苏联 И. П. 格拉西莫夫发表"苏联地理学发展的理论和任务"。提出和阐述建设地理学。

·苏联 И. П. 格拉西莫夫主编《苏联地理学（总结与任务）》出版。1964 年中译本出版。

·苏联《简明地理百科全书》开始陆续出版。

·中国钱崇澍《中国植被区划》出版。

·中国侯学煜《中国的植被》出版。

·美国地理学会《苏联地理学：评论和翻译》创刊（有译为《苏联地理学》）。将苏联地理学思想介绍和引入美国。

·美国沃尔德·伊萨德《区域分析方法：区域科学概论》出版。

·中国科学院地理研究所《热水平衡及其在地理环境中的作用》开始出版。至 1963 年共出版 4 卷。

·中国黄秉维阐述自 19 世纪末至 20 世纪 60 年代初以来，自然地理学分解为若干部分自然地理，而自然地理学的综合性严重退化。

·中国刘德生《亚洲自然地理》出版。

·美国 H. H. 赫斯和 R. S. 迪茨创立海底扩张说。1963 年英国瓦因等通过海底磁异常进一步论证。

·中国竺可桢阐述地理学方法论。之后，系统阐述地理学方法包括地理研究中的归纳法和演绎法。他认为，从事科学研究的正确方法，除必要的归纳法以外，演绎法更为重要。

·中国黄秉维阐述地理综合的重要意义。他指出综合是地理学存在的根据，综合研究地理环境是辩证地认识地理环境形成与发展的根本途径。

·苏联 B. A. 奥勃鲁契夫致信中国刘东生，讨论和阐述黄土研究中的一些问题。他在此前后阐述了第四纪以来气候带的形成和移动、动植物的分布和迁移、土壤的形成和时间上的变化，特别是后者，它是地表各圈层交互作用的结果。这是自然地理学的概念和思想，蕴含地球系统科学思想。

·美国 W. W. 罗斯托在其《经济增长的阶段》中提出和使用"主导部门"概念。之后成为地理特别是经济地理分析工具。

·中国成立中国科学院冰川积雪冻土研究所筹备委员会。

·中国开始沼泽的系统研究。后逐渐发展为沼泽学。

·自然生产潜力专著出现。P. W. 瓦任和 J. P. 库博最早发表自然生产潜力专著。

·英国 L. 达德利·斯坦普《应用地理学》出版。阐述以全面的方法来观察作为一个整体的人和环境之间的关系及其随之产生的各种问题。

·苏联 B. A. 科夫达《中国土壤与自然条件概论》（中文版）在中国出版。

·中国邓静中等《中国农业区划方法论研究》出版。系统阐述农业区划的概念和任务、介绍和评价国外农业区划的成果和经验、系统阐述中国农业区划的原则和种类、农业配置和农业发展规划等。为农业地理重要著作。

·中国邓静中主持中国山西省离石和甘肃省民勤县有关人民公社规划。在这一时期，中国很多地理学研究机构开展人民公社规划研究。

·苏联尼基晓夫《苏联农业地图集》出版。

·美国芝加哥大学在 G. F. 怀特组织下进行大量"把对自然风险的感知作为人类行为指导"的研究。

·美国华尔特·惠特曼·罗斯托在其《经济成长的阶段》中提出了

"经济成长阶段论"，将一个国家的经济发展过程分为 5 个阶段。1971 年他在《政治和成长阶段》中增加了第 6 阶段。经济发展的 6 个阶段依次是传统社会阶段、准备起飞阶段、起飞阶段、走向成熟阶段、大众消费阶段和超越大众消费阶段。之后成为地理分析工具。

· 从经济学角度阐述人口迁居问题的互补理论由阿索隆提出。

· 苏联莫斯科大学《莫斯科大学学报·第 5 辑·地理学》出版。

· 国际地理联合会国家地图集委员会制定和推荐国家地图集编纂规范。

· 中国中华人民共和国国家大地图集编委会举办《国家大地图集·自然地图集》学习班。

· 中国科学院地学部召开会议，讨论地学部的理论规划，要超过世界水平就必须以基础理论为重点。

· 中国"全国地理学术会议"讨论了综合考察的科学性质和学科构建问题，认为综合考察在目前是多学科的综合的科学研究工作，是一项国家任务，它尚未形成一门独立的学科，因此很难找出其研究的客观规律和特殊矛盾。

· 中国科学院组织西藏综合考察队开始（至 1962 年）对西藏进行综合考察。主要对藏南地区的水土资源和矿产资源进行科学考察。孙鸿烈等参加。这次考察是根据 1956 年制定的《十二年科学规划》进行的。

· 中国陈传康编纂《综合自然地理学讲义》。是陈传康 1993 年高等教育出版社《综合自然地理学》的重要基础。

· 中国曾昭璇编纂完成《综合自然地理学（上）》。

· 中国红旗渠开始施工。1967 年竣工。是重要地理工程之一。

· 政府间海洋学委员会（IOC）成立。促进了海洋地理学的迅速发展。

· 德国汉斯－格奥尔格·伽达默尔《真理与方法》出版。也称《真理与方法——哲学解释学的基本特征》。为解释学重要著作。解释学深远影响地理学特别是人文地理学和人文地理学家。

· 国际组织"石油输出国组织"成立。简称欧佩克。深远影响世界地理格局。

　　·埃及阿斯旺水坝开工。是重要地理工程之一。


## 公元 1961 年

　　·中国开始提出"三线"发展构想和战略。根据社会经济发展和战略军事地理，中国划分为"三线"空间格局：一线地区指位于沿边沿海的前线地区；二线地区指一线地区与京广铁路之间的安徽、江西及河北、河南、湖北、湖南四省的东半部；三线地区指长城以南、广东韶关以北、京广铁路以西、甘肃乌鞘岭以东的广大地区，主要包括四川（含重庆）、贵州、云南、陕西、甘肃、宁夏、青海等省区以及山西、河北、河南、湖南、湖北、广西、广东等省区的部分地区，其中西南的川、贵、云和西北的陕、甘、宁、青俗称为"大三线"，一、二线地区的腹地俗称为"小三线"。

　　·中共中央批准下发《科学十四条》。《科学十四条》被誉为"科学宪法"。《科学十四条》的内容概要是：（1）研究机构的根本任务是提供科学成果、培养研究人才（后简称"出成果、出人才"）；（2）保持科研工作相对稳定；（3）正确贯彻理论联系实际的原则；（4）计划的制订和检查要从实际出发，适应科学工作的特点；（5）发扬敢想、敢说、敢干的精神，坚持工作的严肃性、严格性和严密性（简称"三敢三严"）；（6）坚决保证科学研究工作时间；（7）建立系统的干部培养制度；（8）加强协作、发展交流；（9）勤俭办科学；（10）百花齐放、百家争鸣；（11）团结、教育和改造知识分子；（12）加强思想政治工作；（13）大兴调查研究；（14）健全领导制度。在当时的历史条件下，"十四条"中最关键、最敏感的问题有四个。第一，明确研究机构的根本任务是"出成果、出人才"；第二，尊重科学家、保护科学家，提出"初步红"的标准（拥护党，拥护社会主义，用自己的专业为社会主义服务）；第三，明确所一级党委才有领导权，基层党组织只起保证作用，党员要尊重非党科学家的意见；第四，认真贯彻"双百方针"，区分政治问题和学术问题的界限、思想问题和行动问题的界限。对地理科学及地理学工作者有深远影响。

·中国开始系统研究亚热带、热带北界等自然地域分异问题，属于中国地理空间秩序的基础科学问题，具有世界性科学意义。

·中国国务院根据中国盐碱土等基本国情，成立盐碱土小组。地理学是支撑学科之一。

·中国科学院制定与施行《七十二条》。中国科学院为了贯彻《十四条》，又进一步制定了《中国科学院自然科学研究所暂行条例》（简称《七十二条》）。并于 1961 年 9 月 15 日颁发到院属各所。《七十二条》的内容包括总则、所务委员会、学术委员会、研究室、研究工作的管理、研究技术人员、研究生和在职干部的培养、科学服务机构、党的组织和附则等部分，每部分各有若干条款。深远影响地理学发展和地理人才培养以及地理学服务国家建设能力的提升。

·中国地理学会经济地理专业委员会在上海召开学术会议。会议重点研讨的学科问题之一是经济地理学研究对象等基本问题。形成了中国地理学对这一问题的基本认识。

·苏联人造地球卫星拍摄地球表面图像。

·苏联 C. B. 卡列斯尼克发表"地理景观"。

·美国 S. M. 加恩提出"小人种"概念。建立人种分类系统，包括 9 个地理人种、32 个地域人种和若干小人种。

·美国《美国地理学家协会年刊》发表 F. 勒克曼"古典地理学中的位置概念"。

·法国戈特曼《城市群：城市化的美国东北海岸》出版。

·法国戈特曼提出和使用"城市群"的概念及术语。具体是指人口规模在 2500 万以上和人口密度超过每平方千米 250 人的特大城市。

·美国 A. 夏德格《理论地貌学》出版。该书阐述了基于力学原则推导出的地貌过程的数学公式。

·中国任美锷等完成《全国综合自然区划方案》。该方案根据中国不同空间尺度自然地理环境的要素和主要因素的不同以及人地共生的不同，将中国自然地理环境划分为 8 个自然区、23 个自然地区、65 个自然省。

其中，在自然区上充分考虑地带性和非地带性的统一，高度重视非地带性自然地域分异因素。之后多次修订。

·中国科学院地理研究所在竺可桢组织主持下开始建立中国现代物候观测网。开始建立物候资料数据库。

·美国约翰·K. 赖特向通过问卷方式调查美国艾伦·丘吉尔·森普尔的著作对当时地理学的影响。

·中国地理学会开始设立专业委员会。地貌、经济地理、历史地理专业委员会成立。

·中国科学院组建中国科学院内蒙古宁夏综合考察队，开始对内蒙古和宁夏地区综合科学考察研究。该地区综合科学考察是根据 1956—1967 年国家 12 年科学技术发展规划任务（即"新疆、青海、甘肃、内蒙古地区的综合考察及其开发方案的研究"）进行的。分别提出了两个地区的农业地理分区和工业地理分区等科学问题。

·中国科学院等完成云南和华南热带生物资源综合考察计划。"热带地区特种生物资源的研究与开发"是十二年规划中四大综合考察任务之一。1952 年起在华南地区先对海南岛、粤西和广西沿海地区进行了三叶橡胶树宜林区的踏查，1953 年起在滇南进行了橡胶树种植条件的考察，1955 年，中苏两国科学院合作组织紫胶工作队，进行考察。1956 年重新组建的华南生物资源综合考察队、云南两个热带生物资源综合考察队，在原有考察工作的基础上，对中国热带、亚热带地区，全面开展了以橡胶树宜林地选择为主的热带生物资源考察。两考察队除分别编写了有关省（区）热带、亚热带植物资源考察报告、开发方案、专题研究和学科专著外，还共同编写了《我国南方六省（区）热带亚热带地区以橡胶为主的植物资源综合开发方案》。为国家和地方有关部门开发这一地区资源提供了科学依据。历年参加考察的有 100 多个单位、近 4000 人次，竺可桢副院长以及熊毅、马溶之、任美锷、吴征镒、蔡希陶、席承藩、吴传钧、张同铸等著名科学家以及苏联学者 H. B. 苏卡乔夫都先后参加了此项工作。为国家发展提供科学根据。

·中国张其昀《中华五千年史》（计划 23 卷，实际 9 卷）开始陆续出版。为历史地理著作。

·美国乔治·葛德石预言中苏关系将彻底破裂、中国将成为工业大国、制造原子弹，提醒美国要欢迎中国加入联合国。

·美国段义孚将法国 G. 马舍拉尔提出的"恋地情结"概念及其术语引入文化地理学并提出分析研究方法。

·中国科学院提出"学科带任务"观点。但这一观点没有得到重视，深远影响中国地理科学的发展。

·苏联古尔维奇出版指责普列汉诺夫地理环境作用理论的著作。指责他的理论是地理环境决定论。

·世界自然基金会（WWF）成立。是与地理有关的国际组织。

·经济合作与发展组织（OECD）成立。是与地理有关的国际组织。其前身是 1948 年成立的欧洲经济合作组织。1970 年设立环境委员会。

·中国中华书局出版王谟（1731—1817）《汉唐地理书钞》。该著作收集、整理中国汉唐以来若干地理著作。

·《工程索引》（EI）和《科技会议录索引》（ISTP）由美国信息科学研究所创办。成为地理学信息平台。与《科学引文索引》合称《引文索引》。

·中国地理学界开始（至 1965 年）分别召开全国性的地貌、经济地理、历史地理、水文地理、自然地理、地图制图、气候和世界地理等学术研讨会。分别成立中国地理学会相关专业委员会。

·中国《光明日报》刊载竺可桢"历史时代世界气候波动"。

·中国科学院新疆生物土壤沙漠研究所成立。1998 年与 1965 年成立的中国科学院新疆地理研究所合并为中国科学院新疆生物与地理研究所。

·世界"不结盟运动"开始。深远影响世界地理格局及其研究。

**公元 1962 年**

·中国的国家科委和国防科委开始编制《1963—1972 年十年科学规划》（简称《十年规划》）。

·中国编制《1963—1972 年地理学科基础科学规划》。该规划是

《1963—1972 年十年科学规划》（简称《十年规划》）的组成部分。

·中国地理学会成立自然地理专业委员会。黄秉维任主任。

·中国地理学会成立水文地理专业委员会。

·中国地理学会成立气候专业委员会。

·中国地理学会成立地理制图专业委员会。

·中国李春芬《南美洲地理环境的结构》出版。提出和阐述"地理环境结构整体性与差异性理论"。刘德生等进一步阐述了这一理论。

·中国科学院地理研究所在竺可桢组织主持下建立了中国现代物候观测网。

·德国奥斯卡·施米德修订版《美洲地理》（多卷）开始陆续出版。原版在 20 世纪 30 年代出版。

·苏联 И. П. 格拉西莫夫主编《苏联地理学：成就与任务》出版。

·中国陈才发表"试论经济地理学的发展趋向"。提出和阐述经济地理学应该研究人地关系、生产配置、经济区划与区域三个方面。

·瑞典托尔斯坦·哈格斯特朗发表"创造波的传播"。

·美国威廉·邦奇《理论地理学》出版。1991 年中译本出版。

·美国埃尔曼·塞维斯《原始社会的组织》出版。后《国家与文明的起源》1975 年出版。提出和阐述人类社会的政治组织阶段论即包括游群、部落、酋邦、国家。

·美国 R. 卡逊《寂静的春天》出版。蕴含和提出可持续发展思想。

·巴西卡斯特罗《饥饿地理》出版。划分出世界上的余粮区和缺粮区。

·中国总理周恩来在人民大会堂接见中苏黑龙江流域综合科学考察队有关人员。

·中国国家科学技术委员会组织"论综合考察"研讨会。

·美国托马斯·库恩《科学革命的结构》出版。1980 年中译本出版。提出和阐述范式概念。范式也称规范、学科母体。深远影响地理学和地理学家理论思维以及地理科学发展战略研究（如美国的地理科学变革性研究界定委员会、地理科学委员会、地球科学和资源委员会、地球和生命研究部、国家科学院、工程院、医学院开展的促进地理科学的变革性研究中，就运用了库恩的常规性科学和革命性科学阶段）。

·德国施密特《马克思的自然概念》出版。系统诠释马克思人地关系思想和理论。深远影响地理学和地理学家，特别是人地关系理论研究以及人地关系地域系统共生理论。

·中国科学院地理研究所为中国农业部编制了《全国农业现状区划（草案）》。

·中国邓静中在《光明日报》发表"农业区划——因地制宜地领导农业生产的重要科学依据"。其中的主要观点，被次年召开的全国农业科技工作会议制定十年农业科技规划所采纳。

·中国沈玉昌在《科学通报》发表"我国地貌学的任务与方向问题的商讨"。提出和阐述中国地貌发展方向和重点研究的 11 个问题，要重视外力作用和内力作用、历史过程和现代过程。

·中国谭其骧在《学术月刊》发表"何以黄河在东汉以后出现一个长期安流的局面——从历史上论证黄河中游土地合理利用是消弭下游水灾的决定性因素"。体现了地理环境要素整体性和地域整体性思想，阐述了中国历史上自觉—自发贯彻这一地理思想的成功案例。

·中国科学院长春地理所和东北师范大学开始系统考察中国沼泽。

·中国在南水北调考察中，沈玉昌和杨逸畴考察和研究滇西金沙江袭夺问题。

·中国《珠穆朗玛峰地区科学考察报告》出版。20 世纪 70 年代陆续出版专题报告。

·英国钱伯斯出版社编制的《钱伯斯世界历史地图集》在挪威出版。后经英国和美国的两家出版社修订再版，数次重印。中国根据 1975 年新版的 1977 年重印本翻译出版。

·中国科学院地理研究所卢其尧、杨荣祥、李雁芳《中国农业气候资源图集》由科学出版社出版。

·中国中华书局出版张国淦《中国古方志考》。该书辑录中国从秦汉到元代的方志。

·中国侯仁之《中国古代地理学简史》出版。之前，北京大学地质地理系刊印油印稿。

·中国吴晗主编、侯仁之副主编、北京教师进修学院编撰的《地理小丛书》由中国青年出版社开始陆续出版。至 1966 年已出版 30 种。1984年开始继续编纂工作。

·中国地理学会召开自然区划学术讨论会。1964 年出版《中国地理学会一九六二年自然区划讨论会论文集》。

·国际地图制图协会（ICA）举办的国际地图制图学会议（ICC）第一次会议在联邦德国召开。

·中国科学院地球物理研究所季风气候研究组《东亚季风的若干问题》出版。中国划分为 8 个季风区。

·中国北京师范大学开始开设古地理学课程。周廷儒负责和主讲。之后北京师范大学设置古地理研究室。

·中国向达《蛮书校注》出版。《蛮书》为清朝樊绰所著，是关于云南地区的历史地理著作，也称《云南志》。

·中国台湾《地理学报》创刊。

·中国台湾的台湾师范大学开始设地理系。沙学浚任主任。其前身为 1947 年建立的台湾师范学院史地系。1970 年设地理研究所。

·联合国《公海公约》《大陆架公约》开始生效。深远影响地理格局和地理研究。

·中国张其昀在中国台湾地区创办中国文化大学。之后设立地理系。

·苏联 B. A. 阿努钦向莫斯科大学提交博士论文"地理学的理论问题"。因被苏联科学院地理所所长格拉西莫夫等反对而第二次被否决。

·中国徐近之《地理文献学浅论》由商务印书馆出版。

·中国的国家科学技术委员会在广州召开全国科学技术工作会议。简称"广州会议"。会议原定主题是研究讨论 1963—1972 年十年科学技术发展规划制定的有关问题。会议增加一个主题即进一步贯彻《十四条》和突出调整与知识分子关系。周恩来、陈毅先后在大会上着重讲了知识分子问题。周恩来在会上的讲话中指出十二年来"我国大多数知识分子已有了根本的转变和很大的进步"。后来，陈毅受周恩来嘱托，作了为知识分子"脱帽加冕"的讲话，他说：你们是人民的科学家、社会主义的科学家、无产阶级的科学家，是革命的知识分子，应该取消"资产阶级知识分子"的帽子，今天我给你们行"脱帽礼"。广大科学家对此欢欣鼓舞、反应强烈，主人翁的责任感大大提高。广州会议对科学院的工作起了很大推动作用。促进了地理科学队伍建设与发展。

## 公元 1963 年

· 美国国家科学院和国家研究委员会成立以 E. A. 阿克曼为主席的"地理学特设委员会"。考察地理研究对科学进步的潜在贡献等问题。

· 美国爱德华·阿克曼发表"地理学的研究前沿在哪里"。其中强调理论地理学的地位和作用。

· 美国爱德华·阿克曼指出"地理学关注的主要是人—地关系这个大系统"。蕴含地理学的研究核心是人地关系地域系统的思想。

· 法国 P. 乔治《乡村地理学概论》出版。最早采用"乡村地理学"这一名词。

· 中国地理学会召开第三次代表大会。选举竺可桢为中国地理学会理事长。

· 中共中央召开全国农业工作会议。侯学煜等《以发展农林牧副渔为目的的中国自然区划概要》一文，毛泽东、周恩来等看后指示加印4000 册分发各省领导参考学习。这是侯学煜提倡"大农业"思想的开始，其主要内容是呼吁国家要充分利用 15 亿亩耕地以外的农业自然资源。

· 中国竺可桢开始系统阐述地理学若干元问题。在此前后，系统阐述了地理学具有综合性和地区性；阐述地理学的研究特点是地球表面的各项自然要素的相互联系的整体性；阐述地理研究范式——通过对各地理现象在空间和时间上的分布作出对比分析探讨其相互关系，通过不同自然现象出现的时间先后追溯其因果关系，通过能量和物质的流动转换探求其在数量和性质上的关系，具有空间秩序研究维度、时间序列研究维度和动因机制研究维度思想。

·加拿大伊恩·伯顿发表"计量革命和理论地理学"。提出"地理学数量革命"概念。

·中国毛泽东主席指示，要编制社会科学规划，要给经费支持。

·中国毛泽东主席开始撰写著作《人的正确思想是从哪里来的?》。原是《中共中央关于目前农村工作中若干问题的决定（草案）》的一部分，约 1000 字。1964 年 6 月，收入中国青年出版社《毛泽东著作选读》乙种本，同时出版了单行本。深远影响地理学理论思维。

·中共中央和国务院召开的全国农业科学技术工作会议上，地理学家关于开展中国农业区划研究的倡议，受到高度重视。由此揭开了中国人文与经济地理学家发挥自然与人文交叉研究特色，遵循区域性和综合性学术思想，通过农业区划研究为国家农业生产布局和农业生产结构优化服务的序幕。

·中共中央和国务院召开的全国农业科学技术工作会议确立"农业自然资源和农业区划"为支农第一任务。为地理学提出国家任务，也促进了地理学的发展。

·中国地理学会召开第三届代表大会暨支援农业综合性学术年会。大会明确指出地理学要开展农业自然条件与自然资源分区评价研究。

·中国开始（至 1966 年）大规模农业区划工作。经济地理学成为骨干学科。

·中国开始开展"全国农业区划重要界线的调查"研究。1963 年开展中国农作物复种地理北界调查，1964 年开展中国秦岭淮河农业地理界线调查。邓静中、郭焕成、曾尊固、毛汉英、叶舜赞等为上述两条界线的主要研究人员。

·中国侯学煜、姜恕、陈昌笃等发表"对于中国各自然区的农、林、牧、副、渔业发展方向的意见"。内含服务于大农业的《全国综合自然区划方案》。

·中国侯学煜提出中国综合自然地理区划方案。该方案将中国划分为 7 个一级自然地理区划单位即 6 个自然带和 1 个自然区域、29 个自然区。1988 年完善修改。

·中国周廷儒发表"中国自然区域分异规律和区划原则"，以气候—构造为"主导因素"划分全国为五大地域，特别强调了"各地域内自然地带历史发展过程"和"现代过程"。

·中国赵松乔等翻译的美国 R. 哈特向著《地理学性质的透视》中文版出版。当时二元论是主流意识，该译著内部发行。该著作系统阐述将自然和人文统一起来的统一地理学。赵松乔主张、践行将自然和人文、经济统一起来的统一地理学。

·中国科学院组建中国科学院西南地区综合考察队，开始对西南地区进行第一次综合科学考察。13 个专业 50 多家单位 300 多人参加。第二次综合科学考察始于 1985 年。

·中国陈述彭率领科学小组在海南岛开展 1∶20 万航空相片系列制图的实验研究并获得成功。

·苏联道库恰耶夫土壤研究所完成《苏联统一土壤分类草案》。为土壤发生学分类代表性方案之一。

·中国竺可桢和宛敏渭《物候学》出版。

·中国张其昀《中国地理大纲》出版。

·苏联出版《简明俄英地理学词典》。

·中国竺可桢、侯学煜、赵松乔、秦仁昌等 24 位科学家署名致中共中央和国务院"关于自然资源破坏情况及今后加强利用与保护的意见"。提出应采取的六项措施。该意见被列为全国农业科技工作会议重要文件。

·中国《光明日报》讨论科学名词。

·中国黄培华在《科学通报》发表论文，对长江以南的第四纪冰川遗迹提出全面怀疑，反对庐山冰川说。

·英国 J. N. L. 贝克《地理学史》出版。

·中国任美锷发表"中国的准热带"。

·中国科学院建立冻土长年观测站。

·国际赤道大西洋合作调查（ICITA）开始。至 1965 年完成。促进海洋地理学发展。

·国际组织"非洲统一组织"建立。完成《非洲统一组织宪章》。深远影响世界格局和世界地理研究。

**公元 1964 年**

·第 20 届国际地理大会在伦敦举行。

·中国毛泽东主席提出和指示中国工业布局战略调整。之后中国开始三线建设战略布局。深远影响中国地理格局和中国地理研究。

·中国毛泽东主席 2 月 6 日在中南海住地，就竺可桢"我国的气候特点与粮食作物生产关系"与其讨论。毛泽东指出，在原来"农业八字宪法"中要增加日光和气候。

·中国毛泽东主席发出"农业学大寨"号召。地理学的研究工作开始涉及这方面内容。

·英国《简明牛津字典》中定义地理学，是研究"地球表面形态、自然特征、自然和政治分工、气候、生产、人口等的学科"。

·美国国家工程院成立。根据国家科学院的章程成立，旨在为国家提供工程实践方面的建议。2019 年与美国国家科学院等出版《促进地理科学的变革性研究》。

·中国完成《中华人民共和国自然地图集》。这部地图作为一种基本资料，可供有关的经济规划部门、科学研究机关和高等学校，作为全面研究自然资源、农业区划、生产配置，以及进行国防、工业、交通、水利建设的科学依据。

·中国地理学会决定编纂《中国自然地理》丛书。成立《中国自然地理》编辑委员会，竺可桢任主编，黄秉维、周廷儒、王乃梁任副主编。1972 年中国科学院办公会议决定成立《中国自然地理》编纂委员会，竺可桢任主任，黄秉维、郭敬辉任副主任。

·中国赵松乔开始进行甘肃民勤干旱地区典型绿洲区域土地类型研究，之后完成把自然地理区划与土地类型相结合的研究成果。中国第一次系统开展自下而上综合自然地理区划的代表性成果。

·中国科学院自然区划小组会议展开。形成了科学概念及其术语需要统一起来的共识。主要包括半干旱地区、半湿润区、亚热带、热带、干草原、草原、黑土、淡色栗钙土等。规范科学概念及其术语，对地理学的科学发展具有重大意义。

· 国际地理联合会成立"地理学计量方法委员会"。

· 美国威廉·帕蒂森发表"地理学的四种传统"。他基于探索与回答地理学的研究核心这个地理学元问题，提出和阐述空间传统、区域传统、人地关系传统、地球科学传统等四种地理学传统，这四个传统不是截然分割，而是互相补充和统一。

· 苏联 B. A. 阿努钦在苏联《哲学问题》上发表"地理学中综合问题"。

· 德国 H. 瓦尔特开始研制（至 1968 年）世界植被带地图。

· 英国研制成自动制图系统。

· 苏联《世界自然地图集》出版。

· 美国《国防教育法令》规定实行地理教育。

· 加拿大 R. I. 沃尔夫阐述旅游地理学和经济地理学的关系。

· 中国《人民日报》发表社论"用严格的科学态度领导农业生产"，号召大力开展农业区划，中国高度重视包括农业区划在内的农业地理研究与应用。

· 中国《新建设》发表竺可桢"物候学与农业生产"。

· 中国地理学会《一九六二年自然区划讨论会论文集》出版。为中国地理学家 20 世纪 60 年代阐述自然地理区划重要著作。是世界地理学史上以阐述自然地理区划和自然地域分异（规律）为核心的论文集式的最重要的自然地理学理论著作。

· 中国地理学会经济地理专业委员会《资本主义国家经济地理学的研究动向》出版。

· 中国施雅风、谢自楚把中国冰川分为大陆性冰川和海洋型冰川并系统阐述。

· 中国科学院新疆综合考察队《新疆综合考察的方法与经验》出版。

· 中国胡焕庸阐述"地带性和非地带性的含义""非地带性因素在中国自然区划中的意义"。

· 中国高泳源发表"关于我国自然区划等级单位的若干意见"。

· 中国竺可桢发表"论我国气候的几个特点及其与粮食作物生产的关系"。受到毛泽东主席好评。

· 中国竺可桢提出中国农业生产潜力研究的理论模型。

· 中国周立三发表"试论农业区域形成演变、内部结构及其区划体系"。阐述"农业具有明显的地域性，严格的节律性，较长的周期性和生产上的不稳定性。现代化的农业必须实行区域化、专业化生产，而这种区域化和专业化又必须结合我国国情因地制宜有计划逐步实现"完整的农业地理学和中国农业地理的理论。

· 中国黄国璋发表"论历史地理学一些基本理论问题"。

· 中国陈传康阐述"空间地理规律性是（自然）区划的理论基础"。

· 中国李治武阐述自然区划中的"类型与区域的关系"。

· 中国景贵和阐述"（中国的）自然地带都是区域性（自然）地带"。

· 中国陈桥驿发表"水经注的地理学资料与地理学方法"。

· 中国施雅风等在希夏邦马峰考察中于 5700 米处发现上新世高山栎化石，由此推断该地区自上新世以来大约上升了 3000 米。这是中国学者第一次给出喜马拉雅山地区上升幅度的定量数据。

· 中国全国农业区划工作会议在北京召开。

· 中国关于开展农业机械化区划正式立项并启动。20 世纪 50 年代曾提出要开展这方面工作。1978 年再立课题，继续开展研究。地理学是主要学科之一。

· 中国科学院等完成内蒙古、宁夏综合考察计划。提出了内蒙古、宁夏地区有关自然资源及其开发利用和工农业发展布局的总体报告、专题研究报告，以及草场、水资源、畜牧等科学专著。考察成果成为该地区经济发展的主要参考资料，发挥了重要作用。同时，也为半干旱草原地区地学、生物学以及资源科学的学科发展积累了资料。在查明自然资源的基础上，考察队就以下问题提出建议：内蒙古、宁夏地区农林牧分区发展的方向、布局和措施；宁夏工业发展方向应以煤炭采掘和以煤炭作基础原料的化学工业为主导部门，与包头、兰州、酒泉合作组建中国大西北未来的钢铁—采煤—化工工业基地；根据包头钢铁公司矿石中铁与稀土并存的特点，提出包钢应以综合利用白云矿床和逐步由普通钢向合金钢基地过渡。这些建议均得到采纳。

· 中国科学院地理研究所成立物候组。

· 苏联出版《世界民族地图集》。促进民族地理学发展。

· 英国开始出版四卷本的地理学史著作。

· 《英国大百科全书》提出和阐述自然资源分类。1973 年修改。

· 中国李旭旦翻译德国阿尔弗雷德·魏格纳《海陆的起源》出版。后多次再版印刷。

· 中国中山大学地质地理系《景观概念和景观学的一般问题》出版。为苏联贝尔格、波雷诺夫、宋采夫、格里高利耶夫、伊萨钦科、卡列斯尼克等院士专家的论文集。

· 国际地理联合会成立农业类型委员会。

· 国际科学联合会理事会设立国际生物学计划。研究全球各类生态系统生产力和人类福利的生物基础，对唤醒科学家注意生物圈所面临的威胁和危险产生了重大影响，促进人地关系实证研究。

· 苏联 B. A. 阿努钦在莫斯科大学进行了长达两天的答辩，通过并获科学博士学位。这是他第 3 次提交博士论文，前两次因苏联地理学二元论主流意思而被否定。

· 苏联苏共中央负责意识形态的发言人到苏联科学院主席团作报告批判苏联地理学的发展的二元论（即自然地理学与经济地理学的二元论）。

· 世界"七十七国集团"成立。是一个为扭转发展中国家在国际贸易中被动地位的经济组织，是发展中国家在反对超级大国的控制、剥削、掠夺的斗争中，逐渐形成和发展起来的一个国际集团。深远影响世界地理格局和世界地理研究。

**公元 1965 年**

· 美国国家科学院和国家研究委员会"地理学特设委员会"出版研究报告《地理学的科学》。

· 国际区域研究协会（RSA）在英国成立。该协会是研究区域和区域问题的国际学术组织，致力于区域问题的理论发展、经验分析以及政策相关领域的研究，涵盖区域经济发展、区域管理政策、区域不平等等研究主题。主要刊物为《区域研究》。2014 年中国分会成立。

· 法国 J. L. F. 特里卡尔和 A. 凯勒《气候地貌学导论》出版。标志着气候地貌学的建立。

· 苏联 A. E. 费季纳《自然地理区划》出版。

· 苏联 A. Г. 伊萨钦科系统阐述自然区划的五个基本特征。

· 苏联 A. Г. 伊萨钦科阐述自然区划既可以自上而下划分，也可以自下而上合并。

· 中国黄秉维在《新建设》发表"论中国综合自然区划"。

· 中国开始宜农荒地与天然草地资源综合科学考察与研究。

· 中国自然资源综合考察委员会和甘肃省河西建设规划委员会共同组织河西荒地考察队，对河西走廊地区进行综合科学考察。8 家单位 9 个专业 60 人参加。

· 中国自然资源综合考察委员会等开始对西北炼焦煤基地进行综合科学考察与研究。李文彦任组长。次年完成综合考察报告和 7 种专题报告。

· 中国科学院等多家单位开展并确定封丘作为综合治理黄淮海平原的试点。中国科学院的土壤所、地质所、植物所、地理所、植物生理所、动物所、南京植物所、遗传所、广州地理所河南分所 9 个研究所的 70 多名研究技术人员，与水利水电科学院、河南省水文地质大队、省水利科学研究所、新乡专区农业科学研究所、新乡师范学院等单位合作，选择河南封丘进行综合治理的试点工作。后因"文化大革命"受阻而停顿。直到 1983 年，国家才再次把黄淮海平原的综合治理和综合发展研究列入重点。

·意大利 N. 布鲁诺提出和阐述旅游地理研究问题。

·美国爱德华·阿克曼提出和阐述地理学从空间—时间的视角处理人—环境系统。蕴含人地关系地域系统思想。

·苏联 A. Г. 伊萨钦科明确提出和阐述俄国 B. B. 道库恰耶夫是自然地带学说的创立者。

·一些地理学家提出和阐述，地理学家有时混淆具有抽象意义的"地理符号"与它所代表的"地理事实"。

·英国 D. 麦尼西提出和阐述文化区地域空间结构概念，将其划分为核心区、外围区和边缘区等。

·美国 D. W. 米尼格提出和阐述文化区地域空间结构概念，将其划分为核心区、领地、势力范围和边缘地带。

·中国科学院地理工作会议召开。中国科学院地理研究所、南京地理研究所、广州地理研究所、东北地理研究所、华北地理研究所、新疆地质地理研究所等单位有关同志参加。中国科学院副院长竺可桢作"中国科学院地理研究工作方向和任务的初步设想"报告。

·作为城市地域概念的城市场概念由弗里德曼和米勒提出和阐述。

·中国竺可桢在中国科学院地理研究所作"科学院地理研究工作方向和任务"的报告。阐述地理学研究对象、地理学基本性质和地理学基本价值等地理学基本理论问题。"地理学是研究地理环境的形成、发展和区域分异以及生产布局的科学，它具有鲜明的地域性和综合性的特点，同时有明显的实践作用，与国民经济建设的各个部门有极其密切关系。"

·竺可桢定义和阐述"自然综合体"概念。也称"自然地理综合体""自然地域综合体"等术语。

·苏联 A. Г. 伊萨钦科提出和定义"表层地圈"概念。

·美国研制着重人的影响的土地利用分类系统《标准土地利用标准手册》。体现人地关系内涵。

·美国开展对贫困区阿帕拉契亚山区的研究。标志着地理学开始系统研究贫困区或区域贫困。

·中国竺可桢完成"地理学的地位"。其中，阐述了赶超世界地理学先进水平有应用和理论两个方面，批判了地缘政治学。

·中国黄秉维提出和使用作为综合自然地理区划单位的温度带概念，代替自然区划中的"热量带"概念。

·中国编制出版《中国植被图（1∶1000 万）》。

·中国林超和李昌文发表"北京山区土地类型及自然区划初步研究"。为中国最早以土地类型为基础、自下而上进行山区自然地理区划的成果。

·中国林超和李昌文从综合自然地理角度系统阐述阴阳坡问题。

·中国张其昀《政治地理学》出版。

·中国钱纪良、林之光发表"关于中国湿润气候区划的初步意见"。

·中国卢其尧、卫林、杜仲朴等发表"中国干湿期与干湿区划的研究"。形成和阐述干湿的地理时空概念和理论认识。

·中国刘东生《中国的黄土堆积》出版。

·中国沈玉昌等《长江上游河谷地貌》出版。

·中国颁布《少数民族语地名的汉语拼音字母音译转写法（草案）》。

·中国商务印书馆以内部读物形式出版美国 N. S. 斯皮克曼的地缘政治学著作《和平地理学》中文版。

·中国商务印书馆以内部读物形式出版英国哈尔福特·麦金德的地缘政治学著作《民主的理想与实现》中文版。

·英国授予地理学家 L. 达德利·斯坦普勋爵爵位。以表彰他为国家生存所作出的贡献——主要是始于 1931 年的英国第一次土地利用调查和始于 1939 年的土地系列地图方面的工作成就。

·英国彼得·哈格特和 R. J. 乔莱《地理学教学的边界》出版。系统阐述实证主义地理学。

·英国彼得·哈格特《人文地理学中的区位分析》出版。

·《自然》发表"大洋中脊的形成"。

·中国施雅风在考察云南省禄劝县金沙江支流发生的大型山崩中发现，大型山崩可以形成非常深刻、非常强烈的"擦痕"。这成为他后来否定"庐山冰川说"的重要科学根据之一。

·国际组织"欧洲共同体（EC）"成立。发源于1951年。深远影响世界政治经济地理格局及其研究。

·美国哈佛大学和麻省理工学院联合建立计算机图形与空间分析实验室。开展地理学及多学科研究。

·英国威廉姆森提出和阐述关于区域结构的区域趋同理论。

·法国斯特拉斯堡大学创建应用地理研究中心。

·中国科学院新疆地理研究所成立。1998年与1961年成立的中国科学院新疆生物土壤沙漠研究所合并为中国科学院新疆生态与地理研究所。

·中国科学院地理研究所冰川冻土研究室成立。1978年发展为中国科学院兰州冻土研究所、中国科学院兰州沙漠研究所。

## 公元1966年

·"人与生物圈计划（MAB）"概念提出。

·法国乔治《社会学与地理学》出版。该书认为地理学不存在统一性。

·美国的彼得·哈格特发表《人文地理学中的区位分析》。后来单独出版其中的《区位模型》。

·中国开始施行"三五"计划。其中，主要背景是地缘关系紧张、三线建设、"文化大革命"、中苏珍宝岛战役、大规模上山下乡；与地理学有关的主题是改变工业布局，进行三线建设。促进地理学发展，地理学也作出了贡献。

·中国竺可桢完成"中国近五千年来气候变迁的初步研究"。1972年发表。该文研究了人类活动影响下的气候变迁规律。

·美国 J. R. 弗里德曼提出和阐释人文—经济地理学的"核心—边缘论"。主要是关于区域经济发展的理论和城市发展的理论。主要包括空间经济增长阶段的划分与识别、区域经济类型的划分与识别、核心区和边缘区的相互作用机制等。

·英国卡尔多开始提出和阐述后来被称为"卡尔多定律"的关于经

济增长的三个经验规则。强调和重视制造业在经济增长中的重要作用。之后成为地理特别是经济地理分析工具。

·联合国开发计划署（UNDP）成立。之后陆续出版有关年份的《人类发展报告》。1979 年在北京设立代表处。

·国际数据委员会（CODATA）成立。原称国际科技数据委员会。2018 年改为此名。秘书处设在巴黎。1984 年中国加入该委员会并成立国际数据委员会中华全国委员会。

·美国弗农提出和阐述关于工业生产的产品生命周期理论。后被引入区域经济研究中，被发展为关于区域结构的梯度转移理论。

·描述城市人口密度梯度的二次指数函数模型由纽林格提出并阐述。

·苏联格·姆·多勃罗夫《科学的科学——普通科学学导论》出版。后多次再版。1984 年中国出版该书第二版中译本。影响科学地理学研究。

·苏联基辅大学《经济地理》开始发行。

·中国科学院成都山地灾害与环境研究所成立。最初名称为中国科学院地理研究所西南分所，1978 年曾命名为中国科学院成都地理研究所，1987 年改为现名。

·中国竺可桢和黄秉维获罗马尼亚科学院院士称号。是中国科学院推荐。

·德国狄奥多·阿多诺《否定的辩证法》出版。包括对人与自然关系的哲学讨论。

·中国在兰州建立冻土低温实验室。

·德国《布罗克豪斯百科全书》出版。共 20 卷。1976 年出版一卷地图卷。1977—1984 年出版第 18 版，包括地图卷。1986—1994 年出版第 19 版，包括地图卷。2005—2006 年出版第 21 版，共 30 万条目，4 万幅插图。

## 公元 1967 年

·美国国家科学院等组建以 E. J. 推夫为首的地理学六人小组。该小组完成的研究报告《地理学》于 1970 年出版。

·苏联 Ю. Г. 萨乌什金发现和阐述地理学的"整体化"与"部门化"周期性规律。

·中国《中华人民共和国自然地图集》内部发行。是《中华人民共和国国家大地图集》原来计划编纂出版的《中华人民共和国国家自然地图集》的编纂成果。该地图集有约 50 家单位参加编纂。该地图集包括序图、地质、地貌、气候、水文、土壤、生物、海洋 8 个图组，222 幅彩色地图和 36 万字的地图说明，集中反映了中华人民共和国成立之初的 15 年的地学研究成果。是国家自然科学奖二等奖"中国自然环境及其地域分异的综合研究"的组成部分。

·美国 R. H. 麦克阿瑟和 E. D. 威尔逊构建岛屿生物地理学平衡理论。

·美国 L. E. 霍尔德里奇提出生命地带图示。

·苏联 H. H. 罗佐夫和 E. H. 伊万诺娃《苏联土壤分类》出版。为土壤发生学分类代表性方案之一。

·英国明歇尔发表《区域地理》，反映"区域地理学术范式"的确定。

·美国 D. E. 索弗《宗教地理学》出版。

·英国 R. J. 乔莱和 P. 哈格特《地理学的模型》出版。强调和阐述对地理系统的要素结构和地理过程的识别与描述的实证主义方法。

·加拿大出版《加拿大：地理学的解释》。

·美国 J. 赞姆斯等《美国地理学：总结与展望》出版。

·苏联《苏联大百科全书》第三版开始陆续出版。至 1978 年共出版 30 卷。约 10 万个条目。包括丰富的地理学和区域地理知识，条目数量约占条目总数量的 18%。1973—1982 年翻译和出版英文版，2001 年出版电子版。

·美国 W. J. 摩根、D. P. 麦肯齐、R. L. 帕克和法国 X. 勒皮雄等根据海底扩张学说提出板块构造学说。

·加拿大研发出世界第一个真正投入使用的地理信息系统。罗杰·汤姆森曾于 1962 年提出地理信息系统思想和方法，但没有提出和使用地理信息系统术语。

·美国普雷德《行为与区位》出版。阐述"行为工业区位论"。之后，有学者探讨"战略区位论"和"组织结构区位论"等现当代区位理论。

·美国普雷德提出和使用用于行为区位研究的行为矩阵。

·联合国教科文组织通过《种族宣言》。

·美国建成世界标准地震台网。

·英国明歇尔《区域地理》出版。

·日本地志研究所《日本地志》开始编纂出版。

·美国克拉伦斯·格拉肯《罗德岛海岸的痕迹》出版。

·法国雅克·德里达《言语与现象》等解构主义著作出版。解构主义是 20 世纪 90 年代解构主义地理学的基础和核心。

·法国提出"突变论"自组织理论。1969 年比利时提出"耗散结构理论"自组织理论，1976 年德国提出"协同学"自组织理论。自组织理论深远影响地理学和地理学家发展。

·东南亚国家联盟（ASEAN）成立。简称"东盟"。深远影响世界地理格局，是地理研究主题之一。

·东非共同体（EAC）成立。之后多次变动。深远影响世界地理格局，是地理研究主题之一。

### 公元 1968 年

·第 21 届国际地理大会在印度新德里举行。

·国际地理联合会成立"高山地生态学委员会"。后改称"山地生态学委员会"。

·苏联莫斯科大学地理系完成《苏联自然地理区划》。该区划将苏联划分为 19 个自然区域、88 个自然地带（段）和地区、305 个自然地区。

·英国耶茨提出和阐述地理学的定义。"地理学是一种有关解释和预测地球表面各种特征的空间分布和区位的合理发展和实践的学科"。

·加拿大罗杰·汤姆森《区域规划地理信息系统》出版。正式提出

"地理信息系统"概念的术语。在地理信息系统概念的形成过程中，于20世纪60年代在哈佛大学创建计算机图形学实验室的哈沃森·费舍尔、于1969年创办环境系统研究所的杰克·丹格蒙德、于1970年从事人口普查软件开发的美国人口调查局的一个研究小组，这三者作出重要贡献。

· 苏联伊萨钦科、格拉西莫夫等阐述"景观"和"景观科学"。"景观科学"与"区域科学"在研究内容和方法论上近似。

· 美国布赖恩·贝里和杜南·马布尔《空间分析》出版。

· 美国和英国出版《地表形态学百科全书》。

· 瑞典中央银行在成立300年之际设立一项用于资助有关人文环境与人类未来的科学研究的基金，促进瑞典地理学和地理机构发展。

· 英国彼得·哈格特和R. J. 乔莱提出和使用地理学网络。

· 美国约翰·威尔班克斯等提出"空间系统"概念。

· K. M. 克里塞尔提出孟德斯鸠不是地理环境决定论者而是地理环境或然论者的观点。

· 中国张镜湖《气候与农业》出版。体现人地关系思想。之后《科学》发表该书书评。

· 国际科学联合会理事会设立环境科学委员会。

· "罗马俱乐部"成立。是关于未来研究的国际性民间学术团体，也是一个研讨全球问题的全球智囊组织。宗旨是研究未来的科学技术革命对人类发展的影响，阐明人类面临的主要困难以引起政策制定者和舆论的注意。目前主要从事有关全球性问题的宣传、预测和研究活动。总部设在意大利罗马。深远影响地理学和地理研究。

· 瑞士让·皮亚杰《结构主义》出版。对路德维希·威特格斯特《逻辑哲学》提出结构主义内涵以来的结构主义进行系统阐述，深远影响地理学哲学和地理学家，是结构主义地理学的直接的哲学基础。

· 中国开始大规模知识青年上山下乡。至20世纪70年代人口移动约2000万人。对农村和边疆地区社会经济发展和人地关系有一定作用。

· 美国国会建立威尔逊国际学者中心。为世界级智库。

· 中国开始（至1968年）再次进行珠穆朗玛峰地区科学考察。特高

山区科学考察主要是在中国西部特高海拔山区的科学空白地带进行，其
主要任务是收集地学、生物学等方面的基础科学资料并开展有关学科的
基础理论研究。最终的成果《珠穆朗玛峰地区科学考察报告》（1966—
1968），按地质、古生物、第四纪地质、自然地理、现代冰川与地貌、生
物与高山生理、气象与太阳辐射等专题分册，于 1975 年由科学出版社出
版。这次珠穆朗玛地区科学考察队伍由全国 30 个单位的 130 人组成，参
加考察人员的专业包括地质、地质构造、地貌与第四纪、水文、植被与
土壤、鸟兽、冰川活动、古生物、自然地理、气象、高山生理等。在本
次考察前后，1959—1960 年和 1975—1976 年还有两次考察。珠峰考察是
中国对一个高山区进行的学科专业最多、规模空前的综合科学考察。

·中国竺可桢 2 月 6 日将《历史时代世界气候的波动》《物候学》呈
送毛泽东主席。

·美国国家科学基金会发起（至 1983 年）"深海钻探计划"。证实了
大陆漂移说和海底扩展说，完善了板块构造说，建立了全球冰量变化的
深海沉积物的氧同位素曲线，揭示了全球变化的一致性和旋回性，为地
球环境科学和全球构造带来了一场革命。之后，发展为大洋钻探计划
（ODP），该计划于 1985 年开始实施。

## 公元 1969 年

·英国大卫·哈维著《地理学中的解释》出版。1971 年出版第二版。
1996 年根据第二版出版中译本。为实证主义地理学理论著作，系统阐述
地理实证研究方法论和方法。1974 年苏联出版俄文译本。1996 年中国出
版中文译本，高泳源、刘立华、蔡运龙译，高泳源校。

·美国沃尔多·托布勒在国际地理联合会数量方法专业委员会会议
上提出后来被称为的"地理学第一定律"（也称托布勒定律），即"万物
皆有联系，但是近者比远者的相关度高"。次年发表在《经济地理》上。
之后有人提出和阐述地理学第二定律、第三定律。

·美国 D. 贾内尔系统提出和阐述地理空间收缩。

·欧亚大陆高山会议在德国美因茨举行。德国 C. 特罗尔的三向地带

性自然地域分异理论受到广泛关注。

·马克思主义地理学诞生。其宗旨为不仅在于认识世界，而且在于改造世界。

·英国《地理学进展》创刊。1977 年分设为《自然地理学进展》《人文地理学进展》。

·美国克拉克大学学生创办《对立面》杂志。成为激进主义或马克思主义地理学平台。

·美国俄亥俄大学创办《地理分析》杂志。

·法国米歇尔·福柯《知识考古学》出版。为后现代主义重要著作。后现代主义是 20 世纪 90 年代后现代地理学的基础和核心。

·英国罗伯特·迪金森《近代地理学创建人》出版。中译本 1980 年出版。

·美国莱·J. 金《地理学的统计分析》出版。1979 年中国台湾地区中译本出版。

·英国哈德森提出和阐释等级扩散理论。

·美国马文·米克赛尔综述很多社会学家和社会公众对地理学的认识问题。

·中国竺可桢致函中国总理周恩来，建议中国声明钓鱼岛地区石油开采权属于中国。

·中国《中华人民共和国分省地图集》内部出版。是作为《中华人民共和国国家大地图集》之一的《中华人民共和国普通地理集》的阶段性成果。

·中国科学院地理所等多家单位组成的研究组开始（至 1985 年）进行对克山病和大骨节病病因及防治对策的研究。

·中国香港成立香港地理学会。

·日本柴田武《语言地理学方法》出版。之后再版。

·联合国大学（UNU）成立。中国吴传钧 1980—1983 年受聘担任该校校长顾问委员。

·联合国通过《社会进步和发展宣言》。深远影响地理学和地理学家。

·比利时伊利亚·普利高津提出"耗散结构理论"。对地理学和地理学家有深远影响。

### 20 世纪 60 年代

·世界大多数地理学者开始强调和重视人地关系的协调和共生，逐渐形成人地关系论中的人地共生理论特别是人地协调共生理论。20 世纪 90 年代中期中国地理学家开始提出和阐述人地关系地域系统协调共生概念及其理论。

·为了谋求改善人类生存条件，西方地理学出现人本主义思想倾向。主张发展行为地理学、应用心理学和社会学理论方法研究和解释人类对环境的反映。

·美国土壤系统分类学派开始。20 世纪 70 年代开始具有世界影响。

·苏联地理学的学科二元论开始受到批判。之前，学科二元论即自然地理学和人文地理学特别是经济地理学截然分界。

·中国开始在高等学校设置气候学专业，建立专门的气候研究机构。

·中国赵松乔为敦煌莫高窟保护提出重要科学根据，被国家采用。

## 第二节　地理学年表：公元 1970—1979 年

### 公元 1970 年

·美国国家科学院于 1967 年组建的地理学六人小组的研究报告《地理学》出版。

·联合国教科文组织第 16 届大会决议设立"人与生物圈计划（MAB）"。次年正式实施。

·中国的周恩来总理指示中国科学院要完成的任务。包括：中国科学院的任务，是负责组织科技战线的典型经验调查，组织开展学术批判与学术交流，管理科技情报、计量和标准化工作；抓住一些综合性、长远性、探索性的重大课题，紧密联系生产实际，把科学研究往高里提，搞点基础理论，把丰富的实际提高到应有的理论程度，用毛主席的光辉思想批判地继承和发展自然科学理论。深远影响地理学发展。

· 英国 C. 费谢尔发表"区域地理往何处去"。

· 英国 C. 费谢尔主张复兴以分析人与地理环境之间关系为主的区域地理学，认为它是地理学的研究核心。这里的它就是以分析人与地理环境之间关系为主的区域，这是人地关系地域系统的早期概念。他的观点是区域地理学复兴、重振的重要代表。

· 美国 B. 贝莱主张重振区域地理学这一地理学伟大传统。

· 瑞典托尔斯坦·哈格斯特朗发表"如何看待区域科学中的人"。系统介绍隆德学派时间地理学方法使其影响扩大，提出人的行为时空约束、空间—时间棱柱等，创建时间地理学。他在 20 世纪 60 年代后期提出和阐述时间地理学问题。

· 美国沃尔多·托布勒在《经济地理》上发表他所提出和阐述的地理学第一定律：任何事物都与其他事物相联系，但邻近的事物比较远事物联系更为紧密。

· 英国 A. N. 达克哈姆和 G. B. 梅斯菲尔《世界耕作制度》出版。

· 苏联 C. B. 卡列斯尼克《地球的基本地理规律》出版。

· 美国 L. J. 康特瑞和 S. L. 斯比格《地区国际政治》出版。该著作将世界划分为三个政治体系即统治体系、从属体系、内部体系，美国、苏联和中国为统治体系中的三个强大力量。

· 苏联基特尼科夫《农业地理学》出版。

· 美国 G. 克鲁梅《区位论》出版。提出和阐述区位因子包括外部因子和内部因子。

· 瑞士 F. 米勒等《世界永久性雪冰体资料编辑指南》出版。1977 年出版修订版。为国际冰川编目规范。之后，世界多个国家完成冰川目录编纂工作。

· 美国开始建立全球定位系统（GPS）。于 1994 年全面建成。

· 加拿大成立环境部。很多地理学家加入。之后地理学家进入 30 余个政府部门工作。

·加拿大爱德华·雷尔夫发表"现象学与地理学的关系"。

·英国 C. 费谢尔主张复兴以人地关系为主旨的区域地理学，并认为它是地理学的核心。

·中国竺可桢函告中国施雅风"中国冰川第四纪时代的分期方法不能拘泥于欧洲、北美办法，因为我们是大陆性气候，冬天雪少，夏季天热雨量多，所以比欧美造成冰川要难得多"。

·中国台湾地区沙学浚撰文阐述钓鱼岛属于中国。之后完成系统阐述这一主题的论文集《钓鱼岛属中国之历史、地理与法律根据论丛》。

·美国约翰·冯·诺依曼的《元胞自动机随笔》出版。由其学生整理。深远影响地理元胞机发展。

·大规模集成电路开始促进电子计算机发展。电子计算机发展促进地理学和地理学家发展。

·美国国家医学院（原医学研究所）根据国家科学院章程成立。旨在为国家提供医疗和健康方面的咨询。2019 年美国的国家科学院、国家工程院和国家医学院等出版《促进地理科学的变革性研究》。深远影响地理科学发展与地理学家思维。

·中国第一颗人造地球卫星发射成功。深远影响地理研究。

·北非五国绿色坝工程开始进行。为综合地理工程，为实现人地关系地域系统协调工程的巨型工程。以阿尔及利亚为主体的北非五国决定用 20 年建设一条横贯北非的绿色植物带，以恢复这一地区的生态稳定，最终目的是建成农林牧相结合，比例协调发展的绿色综合体，使该地区绿化面积翻一番。

·中国台湾地区的中国文化大学设地理系。其前身是张其昀 1962 年创办的华冈学园。

·法语国家国际组织及法语国家首脑会议成立。深远影响世界地理格局和区域地理格局。是地理研究主题之一。

·中国科学院的南京地理所、广州地理所、河南地理分所、东北地理所、地理所西南分所、地质地理所、冰川冻土沙漠所、华北地理所等分别下放地方。

### 公元1971年

·联合国教科文组织发起成立"人与生物圈计划（MAB）"。1972年中国成为该计划的理事国。1978年中国成立"中华人民共和国人与生物圈国家委员会"。

·苏联 A. Г. 伊萨钦科发表"国外地理学著作中的决定论和非决定论"。

·中国开始实行"四五"计划。其中，其重要背景是三线建设、中美建交、恢复联合国席位、"四三方案"、财政赤字、三个世界理论；与地理学有关的主题是改变工业布局、十大协作区。促进地理学发展，地理学也作出了贡献。

·苏联 B. A. 柯夫达完成《亚洲土壤图》。1975年完成《世界土壤图》。

·美国 O. S. 欧文《自然资源保护》出版。之后多次再版。

·美国《区域预测》出版。

·美国 R. F. 阿布勒、J. S. 亚当斯和 P. R. 古尔德《空间组织：地理学家关于世界的视角》出版。

·英国 D. M. 史密斯《工业区位：经济地理分析》出版。也译为《工业区位论》。1981年修订再版。他系统阐述区位因素，认为区位因素包括在生产过程中与投入有关的土地、资本、原料、动力、劳动力、税收、企业经营者能力等在内的因素，市场因素，运输费用，聚集和外部经济，公共政策和计划，历史的偶然与个人行为优选等在内的其他因素。

·英国 F. E. 汉密尔顿《地理模型》出版。

·美国 W. A. D. 杰克逊《政治与地理的关系》出版。指出政治地理学在地域有关特性的关系中研究具有地域特征的国家。

·瑞典托尔斯坦·哈格斯特朗发表"区域预测与社会工程"。

·美国 W. A. 阿伯奇提出"生态农业"术语。

·联合国教科文组织提出"生物圈保护区"概念。1976年世界第一批生物圈保护区确立。

·加拿大 L. 恩尔克发表"地理学中科学解释问题"。

·美国德伯里阐述"尺度转换"问题。

·中国开展边疆地理系统研究。

·中国台湾商务印书馆开始出版《云五社会科学大辞典》（共 12 卷）。其中第 11 卷为《地理学》卷，沙学浚任主编。

·美国地理学家协会成立文献和历史委员会。后创办《地理学史研究通讯》，1988 年改为《地理学史杂志》。

·中国《中华人民共和国地图集》明确将钓鱼岛海域划入中国版图并用醒目大字标识。之后，中国台湾地区出版的地图也明确标识钓鱼岛海域属于中国台湾宜兰县。

·中国台湾地区沙学浚婉拒为《大英百科全书》撰写"台湾"条目。《大英百科全书》邀请他撰写"台湾"条目，但须按编号预定的详细纲要撰写。详细纲要中规定有国防、外交、政党、司法等项目。沙学浚认为这俨然是将台湾地区作为一个国家形式撰写。

·美国莱基《地理学与资源》出版。

·中国北京大学地质地理系开始招生。"生产任务带学科"观念严重影响地理各专业招生。

·开始出现过度强调地理计量模型的倾向。之后受到批评批判。

·伊斯兰会议组织成立。简称"伊斯兰会议"。深远影响世界地理格局。是地理研究主题之一。

·太平洋岛国论坛（PIF）成立。深远影响世界地理研究主题之一。

**公元 1972 年**

·第 22 届国际地理大会在加拿大蒙特利尔举行。

·中国周恩来总理指示中国科学院应重视基础研究，把基础科学和理论研究抓起来，同时又要把理论研究同科学实验结合起来。深远影响中国的地理科学及其事业发展。

·中国科学院竺可桢之前提出的编纂《中国自然地理》系列学术著

作的计划得以落实，该计划被列入中国科学院 1973—1980 年重点科研规划之中。

·中国科学院青藏高原综合科学考察队成立。次年开始，有 50 多个专业参加。是人类历史上第一次全面地、系统地开始对青藏高原的科学考察，青藏高原研究真正进入科学发展阶段。

·美国劳伦斯·弗雷克斯和伊丽莎白·肯普在《自然》发表"大陆位置对早第三纪气候的影响"。

·国际地理联合会编纂完成《百年国际会议上的地理问题》。

·中国黄秉维发表"关于自然地理学理论研究问题"。系统阐述自然地理学的研究对象、学科性质、地带性规律与非地带性规律、地理环境综合研究与分析研究等若干自然地理学基本理论问题。

·联合国环境规划署（UNEP）成立。1976 年在环境规划署设立了中国驻环境规划署代表处。

·法国克·杜布瓦主编法国大百科全书《拉鲁斯大百科全书》（共22 卷，包括索引卷和补遗卷）开始陆续出版。包括丰富地理学和区域地理知识。

·美国 W. K. D. 戴维斯《地理学概念革命》出版。

·法国保罗·克拉瓦尔《地理思想及其历史概论》出版。

·中国黄秉维系统阐述地理环境概念和地理环境的地理研究范式。

·美国 E. J. 詹姆斯著《地理学思想史》由美国鲍勃斯—梅李尔出版公司出版。中译本李旭旦翻译，1982 年出版。全书包括序言、一门称为地理的学科、第一篇古典时期（古典地理学的发轫、中世纪的地理学、地理大发现时代、地理大发现的影响、继往开来：亚历山大·冯·洪堡和卡尔·李特尔）、第二篇近代时期（什么是新地理学、德国的新地理学、法国和英国的新地理学、苏联的新地理学、世界其他各国的地理学、第一次世界大战以前的美国新地理学、美国的新地理学——从第一次世界大战到本世纪中叶、应用地理学）、第三篇现代地理学（居住空间的概念、观察与分析的新方法、创新与传统）、附录：人名表。

·美国 E. J. 詹姆斯提出和阐述新地理学 1874 年在德国开创的著名论断。

·美国 E. J. 詹姆斯在其所著《地理学思想史》中，介绍和阐述竺可桢对中国地理学的贡献：在哈佛大学他通过罗伯特·华德学习和掌握了汉恩的描述气候学思想和方法，从罗伯特·华德那里学习和形成了气候条件对人类影响的思想；他受亨廷顿的气候循环说的启示，论述了中国旱涝的变化周期；他在中央大学时向他的学生们指出了中国境内的巨大的气候差异对居民生活的影响。

·英国芭芭拉·沃德和美国勒内·杜博斯完成《只有一个地球——对一个小小行星的关怀和维护》。该书是受联合国人类环境会议秘书长 M. 斯特朗委托，为 1972 年在斯德哥尔摩召开的联合国人类环境会议上由 40 个国家提供的背景材料和 58 个国家、152 名专家组成的通信顾问委员会协助下完成的，提出和阐述从整个地球以及社会、经济和政治的角度来探讨环境问题，要求人类明智地管理地球。

·苏联 B. B. 罗多曼 "地域系统" 一文发表。

·苏联 C. B. 卡列斯尼克在《自然地理学和经济地理学理论问题》发表 "地理科学的研究对象及其体系和分类"。

·英国 P. 海格特类比物理学中热传导的三种方式，提出和阐述空间相互作用的三种形式即对流式空间相互作用、传导式空间相互作用和辐射式空间相互作用。

·联合国教科文组织 "世界遗产委员会" 成立。通过《保护世界文化和自然遗产公约》。中国 1985 年加入该公约。深远影响地理学和地理学家。

·中国的《地理知识》复刊。1975 年恢复为月刊。

·瑞典皇家科学院开始创办《AMBIO—人类环境杂志》。中国科学院地理科学与资源研究所自 1994 年起出版该杂志中文版并在国内外公开发行。

·世界遗产委员会批准第一批世界遗产。

·英国的 P. 哈格特的《地理学：现代的综合》出版。

·中国竺可桢发表 "中国近五千年气候变迁的初步研究"。

·苏联 K. K. 马尔科夫发表 "地理学的今天和明天"。指出 "地理学是综合性科学，离开综合性就没有地理学"。

· 中国科学院《中国自然地理》编辑委员会成立。至 1988 年编辑出版《总论》《地貌》《气候》《地表水》《地下水》《土壤地理》《植物地理（上、下）》《动物地理》《古地理（上、下）》《历史自然地理》《海洋地理》共 11 卷 13 册。

· 英国 A. G. 威尔逊阐述理论地理学纲领要建立在波普尔证伪原则基础上。

· 中国开始开展地球资源卫星的接收、判读、利用及计算机辅助制图的研制。

· 罗马俱乐部第一份研究报告《增长的极限》出版。提出和阐述增长的极限问题，为"增长极限论"开端。深远影响地理学和地理学家。

· 联合国环境规划署定义"自然资源"概念。

· 联合国在瑞典斯德哥尔摩举行第一次"人类与环境会议"。通过《联合国人类环境宣言》（简称《人类环境宣言》）和《人类环境行动计划》（包括 109 条建议）。之后，形成"世界环境日"。促进地理科学发展。

· 苏联明茨《自然资源的经济评价》。强调自然资源评价必须把地理观点和经济观点结合起来。

· 美国发射全球第一颗地球资源勘测技术卫星。开始航天遥感。

· 英国洛夫洛克提出盖娅假说。认为地球系统具有自我调解功能。

· 中国竺可桢与中国科学院地理科学研究所左大康等四人谈话。他强调地理研究必须注意理论研究的提高，把重点放在影响全局的战略问题上。

· 中国竺可桢在《考古学报》发表"中国近五千年来气候变迁的初步研究"。做重要修改后又发表在翌年 2 月复刊的《中国科学》外文版和中文版的第一期上。

· 美国地理学家协会、英国地理学家协会等地理组织开始较多承担地理学与公共政策方面研究课题。

· 普通系统论创建者美国路德维格·冯·贝塔朗菲提出和阐述马克

思辩证法对系统论理论观念发展具有重要贡献。深远影响地理学和地理学家。

·第 27 届联合国大会根据斯德哥尔摩会议的建议，确定每年的 6 月 5 日为"世界环境日"。促进地理科学文化发展。

·第 27 届联合国大会根据斯德哥尔摩会议的建议，决定成立联合国环境规划署（UNEP）。次年正式成立。促进地理科学对人类发展贡献制度化。

## 公元 1973 年

·中国毛泽东高度重视与评价侯学煜等着眼于大农业发展的中国自然区划研究与工作。

·美国 S. B. 科恩提出地缘政治战略区模型。

·苏联 B. A. 柯夫达《土壤学理论基础》出版。为土壤历史发生学派代表性著作。

·苏联 B. A. 柯夫达完成《世界土壤分类系统》。为土壤历史发生学分类系统。

·中国竺可桢按周恩来总理关于气候变化及其对人类影响的指示，约请黄秉维、张丕远、郑斯中、彭公炳等讨论"近来气候变化及其对人类的关系"问题。

·中国科学院地理研究所在中国科学院和农业部领导下开始组织研究与编纂《中国农业地理丛书》。包括吴传钧、邓静中、郭焕成等编著的《中国农业地理总论》卷和中国省市区卷。部分已由美国国会图书馆英译并收藏。

·中国科学院"中国自然地理编辑委员会"开始组织编著《中国自然地理》系列专著。全书计划 12 卷。编委会主任为竺可桢，副主任为黄秉维、郭敬辉，委员有任美锷、刘东生、陈述彭、周廷儒、施雅风、陈吉余、侯学煜、林超等。

·中国科学院地理研究所郭焕成、黄勉等 7 人开始（至 1975 年），到宁夏并与宁夏同仁开展全区农业地理大调查，编纂出《宁夏农业地理》。这一工作和著作，为《中国农业地理丛书》之各省区农业地理卷的研究与编纂提供经验和范例。

·中国开始（至1992年）第一次大规模青藏高原综合科学考察。中国科学院自然资源综合考察委员会联合全国近80个单位50多个专业的上千名科技人员参加。考察的中心任务是：青藏高原形成、演变及其对自然环境与人类活动的影响。考察分三个阶段：1973—1979年考察西藏自治区，1981—1985年考察横断山地区，1987—1991年考察喀喇昆仑山—昆仑山区地区。之后完成、出版《青藏高原科学考察丛书》《珠穆朗玛峰地区科学考察报告》等。获1987年国家自然科学奖一等奖。

·中国黄秉维明确提出和系统阐述"光合潜力"概念及计算公式。

·中国台湾商务印书馆出版《中山自然科学大辞典》之《地球科学》卷。

·中国台湾商务印书馆出版《中山自然科学大辞典》之《地球科学》卷给出气候定义、气候要素、气候因素等重要概念。

·中国台湾商务印书馆出版《中山自然科学大辞典》之《地球科学》卷给出地貌公式：地貌＝原地貌·地貌作用·时间。

·英国R.J.乔莱著《地理学的方向》出版。

·英国M.M.斯威廷《喀斯特地貌》出版。

·德国S.B.科恩《分裂世界中的政治和地理》出版。为系统性政治地理学著作。将世界划分为两种类型即地缘战略区和地缘政治区。

·英国克利福德·达比《英格兰历史地理新编》出版。该著作综合运用剖面法研究稳定状态和转变状态，将描述和解释综合起来。

·美国H.J.布里吉《系统政治地理学》出版。提出政治地理学应该研究人类行为及其空间的表现系统，包括宏观和微观两种空间尺度、横向联系和纵向联系两种联系。为政治地理学的系统政治地理学学派代表著作。

·英国大卫·哈维《社会公正与城市》出版。提出和阐述价值维度问题。

·美国威尔伯·泽林斯基的《地理学中的妇女：简要的事实陈述》

出版。

·中国植物地理学家在青藏高原发现世界"最高林线"（海拔 4600
米）和世界最高"树线"（海拔 4900 米）。

·中国植物地理学家开始在青藏高原发现"世界上最完整最简单的
植被垂直带"。

·中国黄秉维组织研究并计算出 $C_4$ 和 $C_3$ 植物的光合效率。

·加拿大 D. J. 沃姆斯利发表"人文地理学中的实证主义和现象学"。

·苏联科洛蒂耶夫提出和阐述广义理论地理学和狭义理论地理学以
及地理哲学与地理方法论等。

·英国弗莱明和罗伯茨在《自然》发表"构造—海平面和海
底扩张"。

·《自然》发表"地核的形成"。

·《社会科学引文索引》（SSCI）由美国科学信息研究所创办。成为
地理学信息平台。

·联合国环境规划署（UNEP）成立。全世界绝大多数国家或地区参
加其活动。其使命是"激发、推动和促进各国及其人民在不损害子孙后
代生活质量的前提下提高生活质量，领导并推动各国建立环境保护的伙
伴关系"，其任务是"作为全球环境的权威代言人行事，帮助各国政府设
定全球环境议程，以及促进在联合国系统内协调一致地施行环境方面的
可持续发展"。促进地理科学对人类发展贡献制度化和地理科学文化的
发展。

·国际水资源协会（IWRA）在美国芝加哥成立。是以水资源为活动
对象的国际民间学术团体。它调整水资源领域各种组织之间的活动。该
协会宗旨为：推动水资源在规划、开发、管理、科研、教育等方面的发
展，为水资源工作者提供国际论坛、开展在水资源领域内的国际合作。
协会包括个人会员及团体会员，协会下成立地区委员 31 个。1986 年 6 月
经该协会执行局理事会同意成立中国地区委员会。中国夏军曾任主席。

**公元 1974 年**

· 中国中共中央主席毛泽东提出和阐述"三个世界"概念和理论。其中，美国和苏联属于第一世界，日本、欧洲、澳大利亚、加拿大是属于第二世界，其他是第三世界。是政治地理学、经济地理学的重要贡献，为世界政治经济地理空间秩序的区划和规划确定原则。

· 美国卡尔·奥特温·索尔发表"地理学的第四维度"。其中，提出和阐述时间维度是地理认识的一部分。具有地理科学研究综合范式理论中的时间序列维度的含义。

· 美国成立了社会主义地理学家联合会（USG）。为激进主义或马克思主义地理学的组织。

· 德国阿诺—彼得斯完成后来被称为《彼得斯世界地图》的地图。该幅地图较合理地反映了各大陆的面积，还突出了第三世界。

· 美国段义孚《恋地情结：环境感知、态度和价值》出版。

· 美国 A. 蒲缇梅《地理学中的价值》出版。

· 苏联 Б. A. 巴里科夫《莫斯科的俄罗斯地图》出版。

· 苏联 B. Б. 索恰瓦发表"预测——现代地理学的一个重要方面"。

· 苏联普斯塔里科夫出版指责普列汉诺夫地理环境作用理论的著作。指责他的理论是地理环境决定论。

· 美国 G. 华爱德在《专业地理学家》发表"地理学和公共政策"。主张发展行为地理学。

· 美国 P. 柯尔德《意境地图》出版。主张发展行为地理学。

· 中国台湾沙学浚主编《云五社会科学大辞典》之《地理学》卷出版。

· 中国台湾沙学浚在其所主编《云五社会科学大辞典》之《地理学》卷的序言中，阐述"地理学是一门统合的科学，包括自然地理学与人文地理学两部分"。

· 中国台湾沙学浚所主编《云五社会科学大辞典》之《地理学》卷阐述地理学。地理学是研究地球表面的空间差异之学问，此种差异表现为地貌、气候、水文、土壤、自然植被、经济活动、交通条件、聚落、人口、国家等要素在全球的性质、分布和相互作用，以及这些要素的复合体所形成的单位区域。

·中国台湾沙学浚所主编《云五社会科学大辞典》之《地理学》卷阐述地理环境。地理环境是构成地表各种条件的地理要素的总和，包括自然（地理）环境和人文（地理）环境。

·中国科学院地理研究所黄秉维、杨勤业等开始组织研究和编纂《中国自然地理丛书》中的《自然条件与农业生产》卷。当时设想在这部著作中将自然地理各要素综合起来。参加这项研究和编纂工作的主要有东北师范大学景贵和和刘蕴薰、西北大学李治武和许惠芳、云南大学杨一光、华中师范学院的邓先瑞、广州地理研究所余显芳和周武昌。

·中国《中国历史地图集编辑》工作组《中国历史地图集》由中华地图学社出版，内部发行。为 6 卷 8 开本。

·中国《中国沙漠概论》出版。由中国朱震达等负责。之后，中国朱震达、吴正、刘恕等《中国沙漠概论（第二版）》1980 年出版，中国朱震达、吴正、刘恕等《中国沙漠概论（典藏版）》2018 年出版。

·中国以施雅风为首的考察队开展了对巴基斯坦冰川研究。之后一些冰川学工作者到尼泊尔开展研究。

·中国黄秉维率中国科教代表团访问新西兰。

·国际能源组织（IEA）成立。是与地理有关的国际组织。

·联合国通过《关于科学研究地位的建议》。深远影响地理学和地理学家。

**公元 1975 年**

·国际水文计划开始执行。人类活动对水资源水环境的影响是其主要内容之一。中国设有国际水文计划中国委员会。

·国际自然保护联盟牵头完成世界生物地理地图。被人与生物圈计划（MAB）所采纳。

·苏联 B. A. 柯夫达完成《世界土壤图》。

·中国科学院西藏科学考察队《珠穆朗玛峰地区科学考察报告》（共12 卷）开始陆续出版。

·英国 P. 哈格特《地理学——现代综合论述》出版。

·英国 R. 缪尔《当代政治地理》出版。为系统性政治地理著作，将国家作为一个政治区域进行研究。

·苏联科学院地理研究所（至 1980 年）出版了 15 期《建设地理问题》。

·世界气象组织——国际科学联盟理事会（WMO—ICSC）在斯德哥尔摩召开会议，提出和使用"气候系统"概念。

·中国郑度等《珠穆朗玛峰地区科学考察报告（1966—1968）》之《自然地理》出版。为第一部系统阐述珠穆朗玛峰地区自然地理著作。

·中国郑度发现和开始论证青藏高原三维地带性。发展自然地域分异基本理论。

·苏联 B. A. 阿努钦在《哲学问题》发表"地理环境中社会与自然的关系以及地理学的哲学问题"。阐述人地关系问题，认为决定地理环境持续发展的原因是生产发展规律和地球上自然性综合体演变规律的综合作用。

·中国科学院自然资源综合考察组成立。

·英国 J. R. V. 普雷斯科特《海洋政治地理》出版。

·美国 W. H. 莫迪在《科学》上发表"人类中心主义：现代变化"。提出和阐述现代人类中心主义。深远影响地理学家思维。

·中国测量出珠穆朗玛峰海拔高度为 8848.13 米。先后被世界各国使用。

·中国程国栋《冻土》出版。附小比例尺《中国冻土分布图》。

·英国 J. H. 伯德阐述波普尔科学哲学理论与库恩科学哲学理论对地理学的作用和意义有很大不同。

·美国霍尔姆斯·罗尔斯顿在《伦理学》期刊发表"存在一种生态伦理学吗？"。深远影响生态伦理学或环境伦理学发展。

·中国科学院地理研究所完成《中国克山病分布图（1：600 万）》

及说明书。

·苏联苏共中央第二十五次大会决议阐述人地关系问题并提出协调关系的重大任务。

·英国《历史地理学杂志》创刊。

·苏联《人与自然》创刊。

·中国谭其骧在《中华文史论丛》上发表"山经河水下游及其支流考"。提出和阐述了《山海经·山经》记录的大河即黄河。

·西非国家经济共同体（ECOWAS）成立。深远影响世界地理格局。是地理研究主题之一。

**公元 1976 年**

·第 23 届国际地理大会在苏联莫斯科举行。

·第 23 届国际地理大会上有些地理学家提出要"重新评价计量地理学"。

·中国毛泽东《论十大关系》正式公开发表。

·国际地理联合会取消 1964 年成立的地理学计量方法委员会。

·苏联 И. П. 格拉西莫夫提出和阐述地理学研究核心是研究人与自然或社会与自然的相互作用规律。

·中国开始实行"五五"计划。地理学参与调整工业结构、协调农轻重关系等方面研究。促进地理学发展。

·苏联 И. П. 格拉西莫夫《苏联地理学简史》出版。

·苏联 И. П. 格拉西莫夫《建设地理学》出版。他于 20 世纪 50 年代提出的建设地理学思想主张地理学研究人与自然或社会与自然的相互作用规律。

·苏联 Ф. Н. 米里科夫《现代自然地理区划原则》出版。

·美国乔丹《人文景观——文化地理学导论》出版。系统阐述文化区、文化扩散、文化生态、文化整合、文化景观等基础理论问题。之后该著作多次再版。

·法国 M. 德罗《人文地理学》出版。将人文地理学分为人口地理学、城市地理学、农业地理学、非农业活动地理学。

· 美国 R. 贝利提出生态区划概念并进行美国生态区划。他认为区划是按照其空间关系来组合自然单元的过程。他根据区划目的、区划指标、等级系统等将美国划分为地域、区、省、地段四个区划等级单位的生态区划。之后不断修改完善。

· 美国段义孚发表 "人文主义地理学"。提出了人文主义地理学概念体系，反思实证主义地理学。李旭旦和汤茂林的中译本 2008 年发表在中国《中国城市评论》上。

· 苏联 Ю. Г. 萨乌什金《地理科学的历史和方法论》出版。

· 苏联 E. H. 伊万诺娃《苏联土壤分类原则、系统与命名》出版。为土壤地理发生学派主要代表之一。综合考虑土壤形成条件、成土过程和土壤属性，建立包括土类、亚类、土属、亚属、土种、亚种、变种、土组、土相等分类单元的土壤地理发生分类系统。

· 苏联科学院《环境研究的遥感方法》（共 5 卷）开始出版。

· 中国台湾陈幼璞翻译的《现代地理学观念》出版。

· 美国 R. 贝利提出 "真正意义的生态区划方案" 的《美国生态区域图》出版。

· "土地利用/覆被变化" 概念开始在国际地理界使用。

· 美国 B. J. 贝里提出和使用 "逆城市化" 概念及其术语。

· 中国科学院地理研究所黄秉维、杨勤业等为了研究和编纂《中国自然地理丛书》中的《自然条件与农业生产》卷，先后到山西大寨、广东五华、湖北武汉、河南南阳、湖南韶山等地实地考察。

· 国际地理联合会成立工业系统委员会。其前身为 1972 年成立的工业地理工作组。1984 年更名为工业变化委员会，1992 年更名为工业空间组织委员会。

· 国际地理联合会成立 "乡村地理委员会"。

· 国际地理联合会设立 "桂冠荣誉奖"。

· 英国剑桥大学东亚科学史馆成立。其中包括地理学。

· 中国的长江流域规划办公室组织长江源考察。

·英国开始发展海洋地理学。

·德国提出"协同学"自组织理论。深远影响地理学和地理学家发展。

### 公元 1977 年

·国际地理联合会编纂的《地理概念的发展》出版。

·英国 J. 卡德诺《自然地理学》出版。提出和阐述了自然地理研究尺度，包括全球尺度、区域尺度、地方尺度。

·联合国召开世界荒漠化大会。提出治理荒漠化行动纲领，编制《1∶2500 万世界荒漠化地图》。

·联合国召开世界荒漠化大会给出荒漠化官方定义。

·地理学界开始出现和使用"荒漠化"概念及其术语。在中国有的也称"沙漠化"。

·国际地理联合会主席 M. J. 怀斯发表"国际规模的地理学"。指出"在会员名单中，最引人注目的缺憾是中华人民共和国未包括在内，希望这一情况得到改正"。

·苏联 И. П. 格拉西莫夫在《哲学问题》发表"技术革命与地理研究的发展趋势"。

·苏联道库恰耶夫土壤研究所编纂的《苏联土壤分类与诊断》出版。为土壤发生学分类代表性方案之一。

·英国戴维·斯密斯《人文地理学：一种福利的探索》。提出和阐述福利地理学，主要包括不同地理环境中的社会福利水平、各项地理政策对社会福利水平的作用等问题。

·苏联 E. M. 波洛维茨卡娅《美国科学研究的地理学》出版。1983年中国出版中文版。

·美国翻译出版苏联 B. A. 阿努钦《地理学的理论问题》。

·美国迈阿密大学 H. J. 德伯里《人文地理学》出版。全书将人文地理学的内容划分为人口、文化、居民点、生活方式、政治等单元。

·英国 D. M. 史密斯《人文地理学》出版。该书阐明人文地理学研究不同地理环境下人们生活水平以及各项人为制度对改善人民生活所起的作用等问题。运用函数分析方法研究"何人在何处获得何利"问题。

·苏联恰金《普列汉诺夫对马克思主义一般社会理论的分析》出版。批评了指责普列汉诺夫地理环境作用理论是地理环境决定论的著作。

·中国赵松乔明确提出和系统论述"自下而上"综合自然地理区划的理论与方法。

·国际地理联合会地理学思想史委员会《地理学家：传记研究》出版。

·中国台湾周春堤《地理现象与地理思想》出版。

·英国爱德华·阿诺德出版公司《自然地理学进展》《人文地理学进展》创刊。

·中国时任副主席、副总理邓小平邀请科教工作者在人民大会堂举行座谈会。30 余人参加，其中包括中国科学院地理研究所黄秉维。深远影响中国地理学发展。

·中国开始恢复科技人员的技术职称晋升制度。深远影响地理学发展。

·中国高考制度恢复。深远影响高等地理教育发展。

·中国成立地名委员会。负责管理全国地名工作。之后多位地理学工作者参加有关工作。

·中国制定《全国地学规划》。包括地理学规划。

·中国社会科学院成立。前身是中国科学院社会科学部。

·美国 E. A. 费根鲍姆提出"知识工程"即以知识为基础的人工智能系统。深远影响地理学和地理学家。

·爱尔兰安·布蒂默和瑞典托尔斯坦·哈格斯特朗开始发起为期十年的国际对话项目。该项目旨在探索科学（家）与人文学（家）之间、学者与公众之间的交流，集中的学科是地理学。之后，以《地理学与人文精神》出版。2019 年中文本出版。

·联合国召开沙漠化大会。

·中国自然辩证法研究会成立。研究会以马克思主义哲学为指导，探索自然界和科技发展的普遍规律。研究领域遍及自然哲学、科学哲学、技术哲学、工程哲学和科学技术方法论等基础研究，数学哲学、物理哲学、化学哲学、地学哲学、医学哲学、生物哲学等应用研究。科学社会学、科学技术与社会（STS）、科学伦理学、生态哲学、环境哲学、经济哲学，以及各个产业、行业领域的一些哲学、方法论、科技政策、发展战略等都是研究会研究的范围。会刊《自然辩证法研究》1985 年创刊。之后，中国的地理学界多位同人加入。

·美国国家地理学会开始创办"国家地理频道（NGC）"。其中，长期的标志性节目有"国家地理任务"。

·中国自然资源考察委员会等开始对东北地区宜农荒地资源进行综合科学考察。8 家单位 10 个专业 150 余人参加。提交了 33 份有关报告及其相关图件。

·中国中央电视台"世界各地"开播。是以国家和地区为主要内容的节目，对增进中国电视观众对世界的了解，起到了很大的作用。对公众地理教育有重要作用。

·英国的布赖恩·哈利和美国戴维·伍德沃德开始构想编撰出版《世界地图学史》。之后，开始工作。计划编纂出版 6 卷 8 部 11 册。已经出版的有第一卷《史前、古典和中世纪欧洲及地中海地区的地图学》，第二卷第一部《传统伊斯兰和南亚社会的地图学》、第二卷第二部《传统东亚和东南亚社会的地图学》、第二卷第三部《传统非洲、美洲、北极地区、澳大利亚和太平洋社会的地图学》，第三卷《欧洲文艺复兴时期的地图学》（上、下），第四卷《欧洲启蒙运动时期的地图学》（上、下），第五卷《19 世纪的地图学》，第六卷《20 世纪的地图学》（上、下）。中国 2014 年开始翻译出版工作。

### 公元 1978 年

·中国召开"全国科学大会"。在大会的文件以及我国后来的科学技术政策文件中不再使用"任务带学科"的提法。深远影响中国地理科学的发展。

· 中国制定和发布《全国自然科学和基础科学发展规划》。包括地理学学科任务。之后按着有关规划任务，中国地理学界开展了编制中国的1:100万土地类型图、1:100万土地资源图、1:100万土地利用图等系统研究。

· 中国科学院组织有关单位开始（至1985年）进行中国资源环境和能源遥感应用的全国性大规模遥感应用示范工程，包括云南腾冲遥感综合实验、天津城市环境遥感监测、四川二滩水电站遥感试验。

· 苏联 K. K. 马尔科夫发表"现代地理学的一般问题"。倡议统一地理学，提出和阐述地理研究横断方向即把自然—经济—应用连贯起来。

· 苏联 B. C. 利亚明的地理学哲学著作《地理学和社会：地理学的哲学和社会学问题》出版。

· 苏联 B. A. 洛斯的地理哲学著作《人与自然：生态学的社会学和哲学问题》出版。

· 苏联 B. Б. 索恰瓦《地理系统学说导论》出版。1991年中译本出版。

· 苏联 B. Б. 索恰瓦提出和阐述地理系统的空间尺度，包括行星级序、区域级序、局地级序。

· 苏联 И. B. 克鲁学《地理通论：地理学系统组织程度》出版。

· 英国 R. J. 约翰斯顿《地理学与地理学家》出版。从科学哲学和科学社会学阐述地理学和地理学家。之后多次再版。1999年中文版根据第四版翻译。

· 中国开始改革开放。之后中国一些大学地理系开设城市规划专业。

· 中国地理学会经济地理专业委员会会议召开。1980年出版《中国地理学会一九七八年经济地理专业委员会会议论文选编》。

· 中国科学院南京土壤研究所《中国土壤》出版。这是《中国土壤》第一版。

· 中国陈传康发表"地理学的新理论和实践方向"。

· 中国陈传康开始系统阐述建设地理学。他认为"有关地理环境的改造利用和区域规划设计的综合研究称为建设地理学"。

·中国张新时提出和阐述高原地带性。

·美国 A. N. 斯特拉勒和 A. H. 斯特拉勒《现代自然地理学》出版。中译本 1983 年出版。

·苏联 M. И. 布迪科《全球生态学》出版。

·苏联莫斯科大学《自然界的物质循环及其在经济活动影响下的变化》出版。

·苏联科学院地理研究所《生态学最优化问题》出版。

·苏联 E. A. 科特立亚罗夫《休憩与旅游地理》出版。提出和阐述"旅游地域系统"概念。

·苏联 И. 费多罗夫在《哲学问题》发表"从描述自然到规划自然"。

·苏联 A. 阿斯兰尼卡什维利发表"地理学认识的对象"。

·美国 R. G. 戈利奇提出城市空间行为模型。

·美国 J. E. 斯潘塞和 W. L. J. 托马斯提出和阐述文化大区、文化区和文化副区等文化区分类系统。

·中国曾昭璇在 1928 年冯景兰命名"丹霞层"和 1938 年陈国达命名"丹霞地形"的基础上正式命名"丹霞地貌"。黄进开始丹霞地貌考察。

·瑞典汤米·卡斯坦《时间中的空间和空间中的时间》出版。对托尔斯坦·哈格斯特朗等 20 世纪 60 年代以来创立的时间地理学和时间地理研究进行系统总结。兰德大学时间地理学研究成为地理学高地。

·英国《泰晤士世界历史地图集》出版。之后多次再版印刷，有多种语言版本。1982 年中译本出版。

·日本桥本万太郎《语言类型地理论》出版。2008 年中文版以《语言地理类型学》为名出版。

·美国创办"应用地理学会议"。至 2002 年已出版《应用地理学会议论文和会议纪要》25 卷。2003 年改为《应用地理学会议论文集》。

·中国国务院决定编辑出版《中国大百科全书》第一版，共 74 卷，包括《地理学》卷、《中国地理》卷和《世界地理》卷。

· 中国全国科学大会通过《1978—1985 年全国科学技术发展规划纲要（草案）》。

· 中国全国科学大会《1978—1985 年全国科学技术发展规划纲要（草案）》将"农业资源调查和农业区划"列为 108 项重点项目中的第 1 项。该项目的核心工作是编制全国 1∶100 万土地资源图。进一步明确了中国的地理学为农业发展服务的方向。中国开始第三次农业区划高潮。

· 中国"中国自然区划"获全国科学大会重大科技成果奖。黄秉维、张宝堃、沈玉昌、罗开富、郑作新、马世骏、周廷儒、张荣祖等在 1956 年至 1959 年完成。

· 中国"中国自然区划"获中国科学院重大科技成果奖。

· 中国陈述彭提出将地理信息系统作为地理学的新学科和技术领域分支。

· 中国"三北"防护林体系建设工程开始进行。为最大的以植树造林为主的综合地理工程，是人地关系地域系统协调共生的巨型工程。分三期工程：1979—1984 年为一期工程，1985—1994 年为二期工程，1995—1999 年为三期工程，2000—2009 年为四期工程，2010—2019 年为五期工程，2020—2029 年为六期工程，2030—2039 年为七期工程，2040—2049 年为八期工程。

· "中华人民共和国人与生物圈国家委员会"成立。创办高级科普刊物《人与生物圈》。

· 中国召开"全国科学大会"。"中国自然区划""近五百年旱涝研究及超长期天气预报试验""山区大气污染与气象研究""青藏高原气候学的研究""贵州独山县喀斯特地下水的开发利用研究""小流域暴雨洪水研究""珠峰科学考察中的表生地球化学研究"等分别获得全国科学大会重大科技成果奖。

· 中国地理学会组织代表团访问美国，开展学术交流。

· 中国黄秉维在美国演讲"中国农业生产力"。

· 中国陆大道提出和阐述"不同社会制度下具有相同的生产布局规律"思想。

· 中国科学院地理研究所开始研究旅游地理学，组建旅游地理学学科组。

· 中国周廷儒、严钦尚、赵济等《新疆地貌》出版。

· 中国地理学会在上海举行世界地理工作会议。会议期间，商务印书馆陈江把英文版《地理学思想史》带到会上，征求译者，交李旭旦翻译。

· 加拿大格雷戈里《意识形态、科学和人文地理学》出版。

· 中国有关部门组织编制全国森林生态站发展规划草案。1992 年修订。

· 中国开始正式参加国际冰川目录工作。

· 中国国家科委开始（至 1986 年）组织完成"全国海岸带和海涂资源调查"。完成了系列研究报告。

· 美国科学信息研究所创办《艺术与人文科学引文索引》（AHCI）。成为地理学信息平台。

· 英国 I. 拉卡托斯《科学研究纲领方法论》出版。提出和系统阐述科学哲学中的科学研究纲领。影响地理学家的理论构建与评价。

· 英国哈珀马斯提出和阐述将科学研究方法论分为三类即经验—分析方法、历史—解释学方法、批判性方法。对地理学方法论特别是人文地理学方法论影响深远。

· 中国黄秉维当选全国人大常委。1982 年春夏之交主动辞去全国人大常委职务。

· 中国科学院自然资源综合考察委员会成立。中共中央批准在中国科学院自然资源综合考察组基础上，恢复成立中国科学院自然资源综合考察委员会。

· 中国科学院兰州沙漠研究所成立。由 1965 年成立的中国科学院地理研究所冰川冻土研究室发展而来。

· 中国科学院兰州冻土研究所成立。由 1965 年成立的中国科学院地理研究所冰川冻土研究室发展而来。

· 世界建立牙买加体系。深远影响世界和世界地理研究。

·美国全国人文研究中心成立。得到美国艺术和科学院赞助成立。为著名人文科学研究中心。

·中国赵松乔在《地理科技情报》发表"近年地理学研究的发展趋势""近年地理学研究的活跃领域"二文。

·中国科学院于1978年颁设"中国科学院重大成果奖",科技奖励工作开始制度化。

### 公元 1979 年

·中国地理学会在广州召开第四届代表大会。选举黄秉维为中国地理学会理事长。这次会议是中国复兴人文地理学的重要会议。广东省领导杨尚昆和习仲勋与全体参会人员合影。

·欧洲地理学家协会(EUROGEO)成立。

·中国开始新的选拔优秀人才出国进修和留学工作。中国的地理学工作者开始出国进修和留学。促进中国地理科学发展。

·全球气候变化研究计划(WCRP)开始启动。"全球变化"概念同期形成。

·中国国务院批准"全国海岸带和海涂资源综合调查"的项目,后列入国家"六五""七五"计划重点科研项目。地理学是主要支持学科之一,吴传钧、陈吉余、唐永銮、胡序威、薛凤旋等是主要成员。1990年完成,1992年获国家科技进步奖一等奖。

·中国李旭旦在中国地理学会第四届代表大会上发表"人地关系的回顾与前瞻——兼论人文地理学的创新"。对20世纪50年代对人文地理学的批判进行了评价,并建议复兴人文地理学。

·中国吴传钧在中国地理学会第四届代表大会报告中提出并初步阐述地理学研究核心是人地关系地域系统。关于地理学研究核心是什么这个问题,是第二次世界大战以来地理学理论研究或哲学研究关注的问题之一。吴传钧1991年发表"论地理学研究核心——人地关系地域系统",明确地系统地加以阐述。

·中国吴传钧在中国地理学会第四届代表大会报告中提出和阐述地

理学研究方法论，包括分类研究、分区研究、定量研究、建立模型和评价等。

·中国《光明日报》《人民日报》头版头条发表中国侯学煜"对我国农业发展的意见"。1979年年初，侯学煜受科学院学部邀请作报告，他用在全国各地拍摄的彩色幻灯片说明中国农业自然条件的复杂性，并指出中国山多虽有不利的一面，但可以发展立体大农业，搞多种经营，按生态规律合理利用南方的丘陵和有计划地营造西北防护林体系。这篇报告以《对我国农业发展的意见》为题，发表在7月24日的《光明日报》、25日的《人民日报》的头版头条。

·中国农业区划工作重新开始。中国农业地理研究、农业地理学理论、农业地理学学科因此得到很大发展。

·中国吴传钧提出和阐述了中国1:100万土地利用现状图分类体系与表达方法、中国的土地利用结构。之后成为国家土地管理局土地利用分类的重要依据。

·英国E.维尔特《理论地理学》出版。

·中国任美锷《中国自然地理纲要》出版。后多次再版、重印和外译。

·中国郭沫若主编《中国史稿地图册》（上、下）开始出版。

·英国布鲁斯·米切尔《地理学与资源分析》出版。之后多次再版。

·联合国提出城市化划分分区。

·世界银行提出贫困线的营养标准即每人每天摄入2250卡路里。之后成为地理特别是社会地理分析工具。

·联合国提出贫困线的经济标准即人均年收入200美元（按照1970年价格）。之后成为地理特别是社会地理分析工具。

·美国沃尔多·托布勒发表"元胞地理学"。

·德国J.M.布劳特认为地理学的传统还包括地图学和行为地理学传统。

·元胞自动机首次运用于地理空间分析。

·世界银行开始发布《世界发展报告》。不同年份有不同主题。

·中国提出创建经济特区。1980 年中国正式设立经济特区。

·中国科学院地质研究所出版《中国岩溶研究》。

·美国詹姆斯·布劳恩发表"异端的传统"。阐明激进地理学若干基本理论问题。

·美国唐纳德·迈尼希的"注视之眼：同一景象的十个版本"一文发表，提出阐述"任何景观不仅反映眼中所见，而且反映心中所想"。

·美国 R. A. 布里顿提出休憩地理学概念。

·英国 F. E. 汉密尔顿和 G. J. R. 林奇的三卷本《空间分析：工业和工业环境》开始出版。

·中国李旭旦和吴传钧等提出"复兴中国人文地理"。

·中国吴征镒完成"中国植物区系"划分。

·中国开始"中国冰川编目"工作。自 1981 年开始陆续出版《中国冰川目录》各卷，至 2002 年全部出齐，共 12 卷 22 册。

·中国李吉均等发表"青藏高原隆起时代、幅度和形式的探讨"。系统阐述青藏高原发育问题。这是 1977 年施雅风主持在山东威海召开"青藏高原隆起时代、幅度和形式问题"学术研讨会的学术总结性论文。1987 年该文观点被写进美国地质学教科书。

·中国谭见安等先后发表文章，指出克山病、大骨节病和低硒带分布规律及其吻合规律，提出了"地方病环境病因学说"。

·中国科学院地理研究所组建旅游地理学科组。吴传钧、郭来喜发表"开发我国旅游资源，开展旅游地理研究"。

·中国《中华人民共和国气候图集》出版。1966 年曾出版《中国气候图集》，2002 年出版《中华人民共和国气候图集》。

·中国《中华人民共和国水文地质图集》出版。

·中国邓小平在接见不列颠百科全书出版社代表团时，指出中国部分由我们自己来写。

·中国地理学会第四届代表大会在广州召开。300 多位地理学家和地理工作者参会，提交 900 多篇论文，许多著名科学家在大会上作了精彩报告。是中国地理学史上的重要会议。

·中国广东省委省政府领导习仲勋、杨尚昆会见中国地理学会第四届代表大会与会人员，并合影留念。

·中国李旭旦在中国地理学会第四届代表大会上作大会报告"人地关系回顾与前瞻——兼论人文地理学的创新"。

·中国吴传钧在中国地理学会第四届代表大会上作大会报告"地理学的昨天、今天和明天"。后以论文"地理学的特殊研究领域和今后任务"发表。

·中国李旭旦在其"人地关系回顾与前瞻——兼论人文地理学的创新"阐述了人文地理学的学科体系，包括经济地理学、人口地理学、聚落地理学、民族地理学、历史地理学、文化地理学、社会地理学、疾病地理学、感应地理学、行为地理学等。

·中国李旭旦在其"人地关系回顾与前瞻——兼论人文地理学的创新"系统阐述要创立一门中国式的人文地理学。其内容应在正确的人地关系理论基础上，分析研究如何按照自然规律与社会经济规律，利用自然、改造自然、因地制宜地使自然为人类谋福利，而不受自然惩罚，把自然地理环境引向有利于提高全民族的物质文化水平的方向，研究在不同民族和文化区内的有关人文地理论题等。

·中国科学院和国家计划委员会自然资源综合考察委员会开始"中华人民共和国 1∶100 万土地资源图研究与编制"项目（石玉林主持）。该项目由全国农业区划委员会和中国科学院共同批准，国家计划委员会国土综合开发规划司和国家自然科学基金委给予资助。

·中国科学院《中国自然地理》编辑委员会著《中国自然地理》（共 11 卷、13 册）开始陆续出版。中国地理学会主持编纂。编委会主任竺可桢，副主任黄秉维、郭敬辉，编委左大康、任美锷、刘东生等。参加撰写的有中国科学院地理研究所、北京大学、东北师范大学、云南大学等科研院所和高等院校以及产业部门 30 多个单位，200 多名知名作者。全书约 400 万字，共 13 分册。是一套内容丰富的综合性地理学经典著作，是新中国成立后我国地理学成果的一次大总结。包括：《中国自然地理·总论》《中国自然地理·地貌》《中国自然地理·气候》《中国自然地理·海洋地理》《中国自然地理·土壤地理》《中国自然地理·动物地理》《中国自然地理·地表水》《中国自然地理·地下水》《中国自然地理·植物地理》（上、下册）、《中国自然地理·历史自然地理》《中国自然地理·古地理》（上、下册）。其中一些被国外翻译出版。

·中国第一次"全国地名普查"开始，1985年结束。第二次2014年开始。

·中国开始全国第二次土壤普查。以成土条件、成土过程、土壤属性等为土壤分类依据。后陆续出版《中国土壤》等。

·中国建立山东禹城综合试验站。以此站为平台开展一系列重大研究。

·中国郑度、张荣祖、杨勤业发表"试论青藏高原自然地带"。发现和论述青藏高原自然地域分异规律，发展了C.特罗尔创建"三维地带性"理论，是中国青藏高原三维地带性系统研究的开端。发展了自然地理环境分异性理论。

·中国郑度等认为，从三维地带性出发，高原边缘的垂直带与毗邻低地的水平地带有联系，在内部其基带及优势垂直带在高原面上联结、展布，反映出自然地带的水平分异，反过来又制约着垂直自然地带的特点。这是三维地带性在高原上的体现。

·中国李文华等建立欧亚大陆暗针叶林分布上限与纬度之间关系的模型，发展了自然地域分异理论。

·中国国务院成立"全国农业自然资源与农业区划委员会"。地理学是主要支撑学科之一。中国诸多地理研究机构的多位地理学家和许多地理工作者或直接或间接参加国家有关机构安排的应用研究任务。

·中国全国农业自然资源调查与农业区划工作展开。成立全国农业区划编写组。

·中国开始启动"编制《中国1∶100万土地类型图》"。赵松乔为主持、主编，陈传康、景贵和等为副主编，46个单位、300余人参加。

·中国全国农业区划工作会议召开。

·中国的全国农业区划委员会组成了以周立三、黄秉维和陶鼎来为首的三个专家组。之后完成了《中国农业综合区划》《中国综合自然区划（概要）》《中国农业机械化区划》。

·苏联开始出版《海洋地理丛书》，计划共 6 卷。前两卷是《世界海洋经济地理》《世界海洋自然地理》。

·中国科学院地理研究所组成以沈玉昌为组长的中国地貌图集工作组。研编《1∶100 万中国地貌图制图规范》《1∶100 万中国地貌图分类系统与图例系统说明（讨论稿）》。这些工作是《中华人民共和国地貌图集》研编的基础。

·中国钱学森提出建立国民经济总体设计部的建议。

·中国首次进行青藏高原气象科学实验。有 20 多个国际单位参加。主要研究四个科学问题。

·中国云南省气象学会组织季风问题专题报告会。为中国首次。

·中国气象局支持成立中国夏季风研究组。有近 20 个单位参加。

·中国的《中学地理教学参考》创刊。由陕西师范大学主办。

·中国《自然辩证法通讯》创刊。前身为 1956 年创刊《自然辩证法研究通讯》。由中国科学院研究生院主办。是地理学哲学论文发表主要期刊之一。

·中国科学院遥感应用研究所成立。其前身为中国科学院地理研究所二部。

·中国新疆大学设地理系。其前身是新疆师范学院，1952 年设史地系。

·中国遥感卫星地面站开始建设。属于中国科学院重大科技基础设施共享服务平台。

·中国恢复研究生制度。对中国地理学人才培养和地理学发展有重要作用。

·中国社会科学院发起编纂《中国历史大辞典》。次年开始编纂。分卷本依据历史朝代和专门领域分为先秦、秦汉、魏晋南北朝、隋唐五代、宋、辽夏金元、明、清（上、下）、民族史、历史地理、思想史、史学史、科技史等 14 卷。

### 20 世纪 70 年代

·中国总理周恩来提出把总体设计部组织管理方法运用到国民经济有关部门。总体设计部的概念和实践起源于 20 世纪 50 年代后期开始的原子弹、导弹等大规模科学技术工程实践。

·人文社会科学开始出现空间转向萌芽。开始对地理学产生影响。

·苏联 Ю. Г. 萨乌什金明确提出和系统阐述社会经济系统概念及理论。成为地理学莫斯科学派的主要组成部分。

·较多的地理学家开始担任一些大学的跨学科研究中心主任。如国际研究中心、城市与区域研究中心、东亚研究中心、交通系统分析及环境研究中心等。

·中国"天地生相互作用研究"开始。影响地理学和地理学家。

·在此之前，美国和欧洲的地理学的各个分支发展较快，而地理综合严重不足。

·美国和欧洲在此之前长期批判地理环境决定论的倾向或态势开始得到纠正。

·中国黄秉维等提出和构建农田自然生产潜力理论、基本研究方法，提出和构建了光和潜力计算新的公式。

·麻省理工学院举办"关键环境问题研究"研讨会。随后在瑞典斯德哥尔摩举办第二次会议，会议形成了《不知不觉的气候变化——人类对气候影响研究的会议报告》。促进全球气候变化研究。

·美国和欧洲的人文地理与自然地理相互脱节现象开始得到系统纠正。

·中国开始系统考虑与研究高原自然地理区划问题。之后，中国郑度等提出和阐述高原自然地理区划若干理论问题。

# 第三节　地理学年表：公元 1980—1989 年

**公元 1980 年**

·第 24 届国际地理大会在日本东京举行。

·第 24 届国际地理大会倡议协调人类与地理环境之间关系，复兴区域地理学问题被提出作为重点讨论。

·第 24 届国际地理大会成立了经济地理、人口地理、历史地理、城市地理和社会文化地理等小组。

·第 24 届国际地理大会设立"复兴区域地理学"小组。多数认为要从人地关系角度研究区域地理。具有人地关系地域系统萌芽思想。

·国际地理联合会主席 M. J. 怀斯指出如何和谐处理好人地关系已成为国际地理学所面临的主要任务。

·中国十七位全国政协委员提出"国家地图集应列入国家规划，继续编纂和公开出版"的提案，得到全国五届政协常委会第十四次会议通过。

·中国科学家形成并阐述黄土高原土壤侵蚀的一些系统观点。主要有：地质学观点认为黄土高原土壤侵蚀始于地质历史时期，与人类活动无直接关系；社会学观点认为黄土高原今天的土壤侵蚀始于人类历史时期；地质—社会学观点认为黄土高原土壤侵蚀始于地质历史时期，发展于人类历史时期；自然—人文观点认为，黄土高原的水土流失是自然侵蚀和加速侵蚀的综合。

·中国王荫庭在《哲学研究》发表"普列汉诺夫对马克思主义地理环境学说的重大贡献"，系统阐述了普列汉诺夫地理环境作用学说。是马克思主义地理学重要文献，深远影响人地关系的哲学研究、理论研究和实证研究。

·中国北京大学和东北师范大学联合举办中国第一个综合自然地理研讨班。此后，中国各大学地理专业开始开设综合自然地理学课程，有关大学编纂综合自然地理学讲义或教材。

· "米兰科维奇与气候"国际会议在纽约举行。米兰科维奇之子受邀作"纪念我的父亲"的报告。

· 中国北京召开"青藏高原科学讨论会"。19 个国家和地区的科学家参加。邓小平在人民大会堂接见参加会议的中外科学家。

· 中国科学院自 1951 年开始（至 1980 年）组织过 6 次对青藏高原的多学科综合考察。

· 苏联全苏地理大会作出"号召并持续鼓励地理科学的社会化"决议，开始重视社会地理。之后，Ю. Г. 萨乌什金提议该经济地理学为"社会经济地理学"。

· 中国周立三当选中国科学院院士。

· 中国周廷儒当选中国科学院院士。

· 中国侯仁之当选中国科学院院士。

· 中国叶笃正当选中国科学院院士。

· 中国刘东生当选中国科学院院士。

· 中国任美锷当选中国科学院院士。

· 中国侯学煜当选中国科学院院士。

· 中国谭其骧当选中国科学院院士。

· 中国施雅风当选中国科学院院士。

· 中国陈吉余当选中国科学院院士。

· 中国科学院南京地理研究所《中华人民共和国恶性肿瘤地图集》出版。为中国医学地理研究重要成果之一。

· 中国《中国社会科学》创刊。中国地理学家曾在该刊发表文章。

· 国际山地学会（IMS）成立。次年与联合国大学开始创办《山地研究与开发》。

· 中国召开第二次全国农业区划工作会议。

· 中国成立全国农业自然资源调查与农业区划委员会。下设九个专业组。地理学是主要支持学科之一。

· 中国全国农业区划委员会举办农业区划学习班。周立三、邓静中等授课，讲授农业地理与农业区划方面内容。

·中国开始全国土地资源调查制图工作。中国科学院地理研究所、中国科学院综合考察委员会等是主要参加单位之一。

·中国科学院地理研究所经济地理研究室《中国农业地理总论》出版。

·美国长期生态学研究网络（LTER）建立。此后，中国生态系统研究网络（CERN）1988 年开始建立，英国环境变化观测网络（ECN）1992 年建立，国际长期生态学研究网络（ILTER）1993 年建立。

·"世界气候研究计划（WCRP）"设立。为世界气候计划（WCP）的世界气候资料计划（WCDP）、世界气候应用计划（WCAP）、世界气候影响计划（WCIP）和世界气候研究计划（WCRP）的四个子计划中的最重要部分。

·中国任美锷提出和阐述"人类是一个重要的地质营力，特别是最近二三千年来，人类活动对地质现象有巨大影响"。

·美国贝里发表"创造未来的地理学"。

·中国吴传钧在《人民日报》发表"要因地制宜利用土地资源"。

·苏联 K. K. 马尔科夫发表"现代地理学"。指出统一地理学就是现代地理学。

·中国李春芬发表"区域地理：问题和展望"。

·苏联叶·费道罗夫《人与自然：生态危机和社会进步》（简称《人与自然》）由苏联的前进出版社出版。他是苏联科学院院士，苏联最高苏维埃主席团成员，苏联科学院地球物理研究所和苏联水文气象与自然环境保护国家委员会的领导人，曾任世界气象组织副主席，专长于人与自然间相互作用问题的研究。中译本 1986 年环境科学出版社出版。

·中国施雅风等完成《中国冰川雪线分布图》。

·国际自然保护同盟（IUCN）的《世界自然资源保护大纲》明确提出和使用"可持续发展"初步概念包括术语或名词。

·国际自然保护同盟发布《世界自然保护大纲》。

·第 24 届国际地理大会在日本东京举行。倡议协调人类与地理环境的关系，复兴区域地理学问题被提出作为重点讨论。

·美国政府出版局《全球 2000 年：给总统的报告》出版。

·苏联 Ю. Г. 萨乌什金《地理学的过去、现在和未来》出版。

·苏联《地理学研究空间方法的主要基础》出版。

·中国地理学会经济地理专业委员会《中国地理学会一九七八年经济地理专业委员会会议论文选编》出版。

·苏联叶·费道罗夫《人与自然：生态危机与社会进步》出版。1986 年中译本出版。他在此前后的《社会与自然的相互作用》出版。

·苏联 Э. E. 泽尼斯《社会经济地理研究的方法论和方法》出版。

·苏联《地理学和人类学向地理系统转化》出版。

·苏联《地理学和自然资源》出版。

·苏联 M. K. 班德曼《地域生产综合体——计划前期研究的理论和实践》出版。

·美国乔治·哈里斯《国际地理学期刊总目》出版。

·中国李旭旦阐述区域地理学是地理学核心和区域地理要重视解释分析的观点。在此前后，他曾阐述人地关系是人文地理学的核心问题、人地关系论是人文地理学的基础理论，地理学宗旨是协调人地关系。

·中国朱震达、吴正等《中国沙漠概论》（第二版）出版。《中国沙漠概论》（第一版）1974 年出版。2018 年《中国沙漠概论》（典藏版）出版。

·中国牛文元发表"自然地带性的理论分析"。初步建立水平地带和垂直带关系的数学模型。张荣祖等 1982 年、李文华等 1983 年也建立了有关模型。

·美国爱德华·厄尔曼提出空间相互作用概念及其原理。

·中国张青松等代表中国首次参加南极科学考察。

·中国科学院地理研究所《中国农业地理总论》出版。为《中国农业地理丛书》系列学术著作中的一卷。

·中国吴征镒等《中国植被》出版。系统阐述中国的主要植被类型和中国植被区划。

·苏联 B. A. 茹奇凯维奇《普通地名学》出版。中译本 1983 年出版。

· 英国《不列颠诸岛周围海区图集》出版。为以海洋资源开发为目的的区域性综合海洋地图集。

· 中国张宏达完成地球表层"植物区系"划分方案。

· 中国牛文元发表自然地理环境空间秩序的地带性定量研究模型。1982 年蒋忠信提出不同意见。

· 中国全国政协曾世英、武衡等 17 位政协委员提出"国家地图集应列入国家规划，继续编纂和公开出版"的提案。

· 中国陈传康建议发展"建设地理学"，认为建设地理学是"综合地理学的应用理论研究"，其核心内容是"区域社会工程研究"。

· 中文地理文献中出现"区域社会工程"概念。

· 中国自然资源研究会成立。1993 年更名为"中国自然资源学会"。

· 中国全国经济地理科学与教育研究会成立。孙敬之为首任会长。之后改名为全国经济地理研究会。

· 中国郑度到德国波恩大学访学。主要从事山地生态学研究工作。

· 中国陆大道到德国波鸿鲁尔大学访学。主要从事区位理论和区域分析方法研究工作。为之后完成《区域论及区域研究方法》和创建社会经济发展的点—轴渐进式扩散理论奠定基础。

· 中国《汉语主题词表》出版。共 10 卷。涵盖地理学及各个分支学科主题词。

· 中国系统工程学会成立。现有专业委员会 27 个：军事系统工程专业委员会、系统理论专业委员会、社会经济系统工程专业委员会、模糊数学与模糊系统专业委员会、农业系统工程专业委员会、教育系统工程专业委员会、信息系统工程专业委员会、科技系统工程专业委员会、交通运输系统工程专业委员会、过程系统工程专业委员会、决策科学专业委员会、人—机—环境系统工程专业委员会、林业系统工程专业委员会、草业系统工程专业委员会、系统动力学专业委员会、医疗卫生系统工程专业委员会、金融系统工程专业委员会、船舶和海洋系统工程专业委员会、能源资源系统工程分会、服务系统工程分会、物流系统工程专业委员会、水利系统工程专业委员会和应急管理系统工程专业委员会、港航经济系统工程专业委员会、可持续运营与管理系统分会、系统可靠性工程专业委员会和智能制造系统工程专业委员会。工作委员会 6 个：学术工作委员会、国际学术交流工作委员会、教育与普及工作委员会、编辑出版工作委员会、青年工作委员会、应用咨询工作委员会。深远影响诸多学科的理论和方法。部分中国地理学工作者参与有关工作。

· 中国科学院组建"中国科学院南方山地综合科学考察队"。开始进行第一期综合科学考察。之后为了验证有关观点和建议，建立了千烟洲红壤丘陵综合开发治理试验站。

· 中国地理学会主办的首届中学地理教师暑期培训班在北京举行。侯仁之、黄秉维、吴传钧、陈尔寿等作学术报告。

· 中国兰州大学邀请英国地貌学家 E. Derbyshire 访问兰州大学，举办为期三个月的全国高校冰川沉积学研讨班。

· 中国科学院地理研究所主持召开第一次 1：100 万中国地貌制图工作学术讨论会。之后召开多次。为《中华人民共和国地貌图集》的基础。

· 中国崔之久系统总结冰缘地貌的类型、分布、分区。

· 中国的《地理教育》创刊。由四川省地理学会与重庆师范学院联合主办。

· 有关文献中开始出现和使用"旅游地生命周期"概念。

## 公元 1981 年

· 中国把国土的开发整治规划等提到国家议事日程。之后，中国地理学会向地理学界发出"地理学要为国土开发整治服务"的号召。中国30 多个地理单位 200 多地理工作者开始参加各级国土规划整治研究工作，很多单位成立了国土研究机构。

· 中国国务院批准了国家科委、国家测绘总局、中国科学院、中国社会科学院"关于继续编纂出版国家地图集的请示报告"。拟定分国家普通地图集、国家自然地图集、国家历史地图集、国家农业地图集、国家经济地图集五卷编纂出版。

· 中国《中华人民共和国国家地图集》编纂委员会成立。主任委员为武衡，副主任委员有王大钧、何康、陈俊勇、张涛、张友渔、黄秉维、曾世英，委员有吴传钧、侯仁之、谭其骧、方俊、孙鸿烈、周立三、吴征镒、陆淑芬、史念海、李海晨、郑作新、张文佑等。

·中国《中华人民共和国国民经济和社会发展第六个五年计划（1981—1985）》（简称"六五"计划）中将人文地理学列为要加强研究和建设的薄弱学科之一。

·中国开始实行"六五"计划。其中，主要背景是乡镇企业兴起、价格双轨制、严打；与地理学有关主题主要有环境保护、人口控制（计划生育）、三北防护林、地区经济协作、国土开发和整治、城乡建设、节约能源。促进地理学发展，地理学也作出贡献。

·美国彼得·哈格特定义地理学，是"研究作为人口居住的地球表面空间的学科"。

·中国侯学煜提出"大农业""大粮食"观点。中央书记处讨论后，指示将他的文章发表在 1981 年 3 月 6 日《人民日报》，题为《如何看待粮食增产问题》。4 月 6 日，中共中央和国务院发出"一手抓粮食，一手抓多种经营"的指示，纠正在发展农业政策上的错误观念。

·中国林超发表"试论地理学的性质"。阐述地理要素综合等若干问题。

·美国 G. 威廉斯提出气候变迁的大循环说。

·中国史念海在《红旗》杂志上发表"黄河中游森林的变迁及其经验教训"。

·中国地理学家开始研究、设计和编制《1：100 万中国土地利用图（集）》。

·美国《美国学院地理学的起源》出版。

·苏联 Л. 库德里亚舍瓦主编论文集《现代苏联地理学的理论问题》出版。同期翻译成英文版。1987 年中国根据英文版翻译成中文出版。

·美国杰弗里·马丁《所有可能的世界：地理学思想史》出版。2008 年出版中译本。

·中华人民共和国国务院学位委员会学科评议组成立。理科组评议组包括地理学，黄秉维、李春芬等为理科组成员。

· 中华人民共和国国务院学位委员会批准第一批博士学位授予权单位和第一批博士生导师。中国科学院地理研究所、北京大学、复旦大学等获批博士学位授予权单位。黄秉维、吴传钧、谭其骧、侯仁之、林超、王乃樑、任美锷等为第一批博士生导师。

· 中国科学院成立"中国科学院科学基金委员会"。1986 年发展为中国"国家自然科学基金委员会"。开始资助地理学研究。

· 中国科学院青藏高原科学考察队《青藏高原科学考察丛书》开始陆续出版。主要包括《西藏自然地理》《西藏地貌》《西藏气候》《西藏河流与湖泊》《西藏植被》《西藏农业地理》等 32 部，约 2200 万字。系统地反映了考察所得到的资料和观点，对我国地学和生物学的发展，对西藏的建设事业作出了重要贡献。

· 中国科学院青藏高原科学考察队开始（至 1984 年）对横断山地区科学考察。由李文华负责。该次综合科学考察主要包括：横断山脉形成的原因和地质历史、横断山区自然地理及其与青藏高原隆起的关系、横断山区自然垂直地带的结构及其规律、横断山区生物区系的组成、横断山区自然保护与自然保护区、横断山区自然资源的评价及其合理开发利用。之后陆续出版系列科学考察报告《横断山区自然地理》《横断山区干旱河谷》《横断山区土壤》《横断山区冰川》《横断山区垂直气候与森林气候》等。促进自然地理学发展。

· 中国地理学家开始阐述自然地域空间秩序及其时间序列。张荣祖阐述青藏高原自上新世以来水平地带和垂直带变化（1981 年），邢嘉明阐述华北平原更新世以来水平地带变化（1988 年），杨勤业阐述黄土高原不同时期自然地带空间秩序及其变化（1990 年）。

· 中国的全国农业区划委员会《中国综合农业区划》编写组《中国综合农业区划》出版。系统揭示中国农业地域分异格局，将中国划分为10 个一级综合农业区和 38 个二级综合农业区，识别和确定出 8 条中国重要农业地理区划界线。同时，全国诸多省级、县级农业区划开始研编和出版。

·中国《1 : 100 万中国土地利用图》编辑委员会成立。1990 年出版。

·中国席承藩、黄金荣等完成中国土壤地理区划。这是《中国自然地理丛书》之《土壤地理》卷重要组成部分。1982 年完善修改。

·中国施雅风、张祥松提出新增加一个冰川类型即复合型冰川。1964 年施雅风、谢自楚提出中国冰川分为大陆型冰川和海洋型冰川。

·第一次国际景观生态学讨论会在荷兰召开。

·中国自然辩证法研究会成立。次年成立地学哲学专业组。1983 年成立地学哲学委员会，也称全国地学哲学委员会。

·中国成立国家南极考察委员会。

·中国曾世英《中国地名拼写法的研究》出版。

·中国孙鸿烈、张丕远和张荣祖以联合国大学访问学者名义派往美国科罗拉多大学，分别作有关领域的学术报告，参加科罗拉多高原考察。

·中国国务院批准成立"中华人民共和国国家大地图集编纂委员会"。委员会决定按普通地图集、自然地图集、农业地图集、经济地图集、历史地图集等分别编制。

·中国科学院地理研究所与东京联合国大学举办"中国南水北调对自然环境影响预测"会议。

·中国《世界农业地理丛书》编委会开始编撰《世界农业地理丛书》。之后还出版了《世界农业地理总论》《苏联农业地理》《非洲农业地理》《英国农业地理》《印度农业地理》等。

·中国中央气象局气象科学研究院主编《中国近五百年旱涝分布图集》出版。在此之前，中央气象局完成了中国 120 个站点的长达 500 年的逐年旱涝等级序列，研制出历史资料记载的定量化方法。

·中国黄秉维发表"确切地估计森林的作用"。1982 年发表"再谈森林的作用"。纠正对森林作用的不科学认识。

·中国任美锷发表"北京周口店洞穴发育及其与古人类生活的关系"。具有鲜明的人地关系思想特别是自然地理环境对古人群活动的决定作用思想。

·中国《经济地理》创刊。由中国地理学会经济地理专业委员会和湖南省经济地理研究所合作创刊。曾发表吴传钧"论地理学研究核心——人地关系地域系统"。

·中国《历史地理》创刊。由中国地理学会历史地理专业委员会和复旦大学历史地理研究所合作创刊。

·英国《应用地理学》创刊。

·美国地理学家协会《应用地理学家辞典》出版。

·英国 R. J. 约翰斯顿《人文地理学词典（第一版）》出版。包括 500 多个词条，由 18 位撰稿人分别撰写。中文版根据第三版（1994 年）译出和出版。

·瑞典阿伦·普雷特主编《地理学中的空间和时间：托尔斯坦·哈格斯特朗纪念文集》出版。

·中国地理学会经济地理专业委员会在杭州会议上决定成立人文地理研究筹备组，推举 8 位学者为成员、李旭旦为组长。会议期间召开人文地理学学术研讨会。

·中国孙敬之提出和阐述编纂《中国经济地理概论》的计划。

·中国《自然辩证法通讯》开始发表关于庐山有无第四纪冰川的学术争论方面的论文。

·中国施雅风在《自然辩证法通讯》发表"庐山真的有第四纪冰川吗?"

·中国景才瑞在《自然辩证法通讯》发表"庐山没有第四纪冰川吗?"

·荷兰公布自然资源核算数据。21 世纪初中国开始编制自然资源资产负债表。

·中国出版（至 2015 年）地理学译著，主要是美国、英国、日本、苏联、法国、德国和其他国家或地区的。

·中华人民共和国设国土局。最初隶属于国家建设委员会。

·中国全国第五届人民代表大会四次会议通过的《政府工作报告》指出：各级学校都要加强中国历史和地理的教学，这是向学生进行爱国主义教育的一个重要内容。

·海湾阿拉伯国家合作委员会成立。简称"海合会"。深远影响世界地理格局。

·中国国家建设委员会举办国土整治研究班。吴传钧主讲"因地制宜整治国土",胡序威主讲"国土规划与区域规划",孙惠南主讲"中国自然地理概况"。

·中国国家建设委员会主任韩光听取吴传钧和胡序威等地理学能为国土整治做哪些工作的建议,明确表示"国土工作与地理研究的关系最为密切"。之后,地理学成为国土研究与工作的主要学科之一,也在国土研究与工作中得到发展。

·中国成立中国国土经济研究会。吴传钧、胡序威分别为正、副秘书长。

·中国《系统科学理论与实践》创刊。

·中国张其昀负责《中华百科全书》(共10卷)的出版工作。

·中国开始系统引进景观生态学。

·中国科协第二次代表大会上,全国地理、地质、天文、气象、海洋沼泽、土壤、植物等学会联合建议加强中学地学教育。

·中国教育学会地理教学研究会成立。简称地理教学研究会。推选东北师范大学张子祯为理事长。

·中国华东师范大学成立人口地理研究所。前身为1956年成立的人口地理研究室。

·中国张镜湖担任联合国教科文组织"热带水文与气候委员会"召集人。

·中国地理学会主办的第二届中学地理教师暑期培训班在浙江举行。

·海湾阿拉伯国家合作委员会成立。简称"海合会"。海合会各成员国充分发挥语言和宗教相同、经济结构相似等方面的优势,积极推动经济一体化进程。深远影响区域地理格局和区域地理研究。

**公元 1982 年**

·中国中共中央、国务院发出《关于进一步做好计划生育工作的指示》，将计划生育定为基本国策，并设定了到 20 世纪末把人口控制在 12 亿以内这个硬目标。1982 年宪法有两处规定了计划生育，分别是第 25 条："国家推行计划生育，使人口的增长同经济和社会发展计划相适应。"第 49 条："夫妻双方有实行计划生育的义务。"深远影响中国的社会经济发展和地理研究。有的地理学家对独生子女政策的长远人口效应担忧。

·《联合国海洋法公约》宣布 12 海里领海宽度，各国有权确定不超过 12 海里的领海。

·中国邓小平提出和阐述"一国两制"。之后不断完善和论述。他根据当代中国的政治地理格局即内地与香港和澳门、大陆与台湾在区位、人口、面积、军事、政治、经济、历史、文化等政治地理因素以及地理因素，从和平统一和共同发展的大局出发形成并阐述"一国两制"。深远影响中国乃至世界的地理格局和地理研究。

·联合国在肯尼亚召开人类环境特别会议，通过《内罗毕宣言》。该宣言深远影响世界格局以及地理学家思维。

·美国密歇根大学地理学停办。世界多国一些大学也出现停办地理系或地理系更名的现象。地理学学科的合法性合理性再次受到质疑。

·美国约翰·哈特发表"地理学家艺术的最高形式"。重申地理学重在区域研究的传统。

·中国陈传康提出和阐述"综合地理学"和"地理学向精密科学发展"。

·中国杨吾扬和江美球提出地理学研究对象"是以人类社会为主体的地理环境"。

·美国国家科学委员会（NSB）指出"要保持美国研究工作的活力，就需要有与许多国家的杰出科学家进行广泛合作的计划"。深远影响地理学研究的国际合作。

·中国李春芬发表"地理学的传统与近今发展"。提出和阐述地理学的"三种分析"和"二大系统"思想和理论。潜含人地关系地域系统思想。

·中国李旭旦发表"大力开展人地关系与人文地理的研究"。明确提出和阐述人地关系（论）是人文地理学的基本理论。

·英国李约瑟等《中国科学技术史》获中国国家自然科学奖一等奖。包括地理学。《中国科学技术史》包含《第一卷 导论》《第二卷 科学思想史》《第三卷 数学、天文和地学》《第四卷 物理学及相关技术》《第五卷 化学及相关技术》《第六卷 生物学及相关技术》《第七卷 社会背景》。

·中国谭其骧主编《中国历史地图集》（共 8 册）开始出版和公开发行。至 1988 年出齐。曾于 1974 年中华地图学社内部发行。后多次印刷。是《中华人民共和国国家历史地图集》的重要基础。

·中国胡焕庸、张善余《世界人口地理》出版。

·中国周幼吾等编制完成《中国冻土分布图》。包括高纬度多年冻土和高海拔多年冻土。

·英国 R. J. 约翰斯顿《地理与国家》出版。为系统性的政治地理著作，将国家作为一个政治区域进行深入研究。

·中国周廷儒《古地理学》出版。

·中国编制出版《中国植被图（1∶400 万）》。1959 年中国曾编制出版《中国植被图（1∶400 万）》。

·苏联莫斯科大学地理学家提出和阐述按自然—综合考虑的苏联地理分区。这个分区是综合性地理区划。

·苏联列宁格勒大学地理学家提出和阐述当代苏联地理学的两个主要发展趋势：生态学发展趋势和社会学发展趋势。

·中国植物地理学家在青藏高原发现世界分布最北（北纬 29 度）的热带雨林。

·中国席承藩、张俊民完成中国土壤地理区划完善方案。是对 1981 年席承藩和黄金荣方案的完善。该方案将中国划分为 4 个土壤区域、15 个土壤带、90 个土壤区。

·中国侯学煜《中国农业土壤概论》出版。提出中国土壤地理区划方案。该方案将中国划分为土壤区域、土壤地区、土壤区三级土壤区划单位。

· 中国"全国综合自然地理学教学研究会"成立。会刊为《土地类型与自然区划》。

· 中国程国栋提出冻土形成的重复分凝机制学说。

· 商用地理信息系统软件出现。

· 中国第一批理学类地理学博士研究生招生。

· 中国刘东生等提出黄土高原240万年前开始堆积黄土，建立完整的黄土沉积序列。

· 中国孙敬之主编《中国省市区经济地理丛书》（共30余卷）开始编纂。为中国国家计划委员会委托项目，为区域经济地理科学巨著。1986年开始陆续出版。

· 中国商务印书馆开始出版《汉译世界学术名著丛书》系列。其中包括地理学系列。

· 中国胡焕庸发表"中国八大区人口密度与人口政策"。阐述中国现代地理学意义的第一个人口区划方案。

· 中国任美锷、刘泽纯、王富葆在《自然辩证法通讯》发表"对庐山第四纪冰川问题的几点意见"。

· 中国刘昌茂在《自然辩证法通讯》发表"也谈庐山第四纪冰川"。

· 国际《湿地公约》提出湿地分类系统。

· 美国成立世界资源研究所（WRI）。

· 中国国家教委批准复旦大学中国历史地理研究所成立。其前身是建立于1957年的复旦大学历史系中国历史地理研究室。谭其骧为首任所长。

· 中国社会科学院主持、谭其骧主编《中华人民共和国国家历史地图集》（计划三卷）开始编纂。

· 联合国通过《世界自然宪章》。深远影响地理学和地理学家。

· 中国山西大学黄土高原地理研究所成立。

· 中国《中华人民共和国国民经济和社会发展第六个五年计划

（1981—985）》首次专列一章（第 24 章）阐述"国土开发和整治"，明确提出在"六五"期间要编制若干重要地区的国土开发整治规划。地理学（家）发挥重要作用，也受到深远影响。

·中国吴传钧建议将国家建设委员会更改为类似苏联的生产力研究委员会，胡序威建议改为国土建设委员会。

·中国科学院地理研究所组成由吴传钧、胡序威、孙盘寿负责的"京津唐地区国土开发与整治的综合研究"课题组。京津唐一体化概念和思想初步形成，后来发展为京津冀一体化概念。

·中国科学院开始设立中国科学院科学基金。促进地理科学发展。

·中国《地理研究》创刊。

·中国科学院自然科学史研究所《自然科学史研究》创刊。其前身为 1958 年创刊的《科学史集刊》。是地理学史研究成果主要发表期刊之一。

·联合国海洋法公约发布。定义领海、大陆架、专属经济区和领海主权等地理概念。深远影响世界地理格局和世界地理研究。

·美国保罗·诺克斯和史蒂文·平奇《城市社会地理学导论》由英国朗文出版社出版。第四版由英国培生教育出版集团旗下的普伦蒂斯霍尔出版社于 2000 年出版。中译本译自第四版，由柴彦威等翻译，商务印书馆于 2005 年出版。

·中国地理学会主办的第三届中学地理教师暑期培训班在新疆乌鲁木齐举行。

**公元 1983 年**

·美国国家航空航天局顾问委员会成立地球系统科学委员会。使用"地球系统科学"名词术语。

·中国钱学森提出建立地球表层学，阐述地理科学的研究对象是地球表层。之后许多文献中将地球表层与地球表层系统并用。

·中国科学院陈述彭主持完成《资源与环境国家信息系统规范报告》。是中国地理信息系统及其标准化的纲领。

·中国胡乔木在中央党校讲话中要求领导干部学习人文地理学。成为促进中国的人文地理学发展的重要因素。直接促成中国地理学会决定成立人文地理学研究组和人文地理学专业委员会。

·中国胡乔木明确阐述人文地理学学科远比经济地理学学科广大，要重视人文地理学。

·中国钱学森提出和阐述地球表层学的理论基础是系统科学特别是系统学。

·中国李文华、沈长江提出和阐述"自然资源多级分类系统"。

·苏联 T. Ф. 特廖施科瓦主编《地理学百科辞典》出版。

·爱尔兰安·布蒂默《地理学实践》出版。

·中国科学院地理科学研究所气候变化组《历史时期气候变化研究方法》出版。

·地理学界开始重新重视区域地理学并着眼于人地关系。

·中国赵松乔发表"中国综合自然区划的一个新方案"。该方案将中国划分为 3 个大自然区、7 个自然地区、33 个自然区。该方案后用于系列学术著作《中国自然地理丛书》之《中国自然地理·总论》卷。

·中国赵松乔提出和阐述以土地类型为基础的自下而上的综合自然地理区划思想、理论和中国综合自然地理区划方案。

·中国浦汉昕在《自然杂志》发表"地球表层的系统与进化"。明确提出和阐述地球表层是具有耗散结构的开放系统、地球表层的进化发展过程、地球表层进化的基本特征。

·中国韩慕康发现并命名河流阶地新类型"复合阶地"。

·中国李吉均发表"庐山第四纪环境演变与地貌发育问题研究"。他利用热带亚热带地貌发育理论解释庐山等中国东部山地第四纪沉积现象和地貌演化。

·中国李旭旦和陆诚发表"论十九世纪德国地理学的统一性观点"。该文阐述了哲学、自然科学的发展对地理学发展的重要作用，特别是对德国统一地理学发展的重要作用。

·中国李旭旦和陆诚认为，洪堡主张灵活应用归纳法和演绎法进行科学研究的科学方法论。

·国际冻土学会成立。中国地理学会冰川冻土分会作为国际冻土学会创会会员加入国际冻土协会。

·国家将黄土高原的考察研究列入"七五"重点科技攻关项目。

·中国科学院南方山地综合科学考察队开始进行第二期综合科学考察。本次综合科学考察的任务是，中国亚热带东部丘陵山区自然资源合理利用与治理途径的综合考察研究。设置 5 个考察队，分别考察研究 5 个课题。共编写、出版 30 部科考专著。

·中国科学院设立"竺可桢野外科学工作奖"。鉴于竺可桢在开创和主持新中国的综合考察工作方面的卓越贡献，1983 年 4 月中国科学院在第一次野外工作会议上决定设立"竺可桢野外科学工作奖"，用于表彰中国科学院长期参加野外科学工作并作出显著成绩的人员。自首次颁发后，以后安排每两年在 3 月 7 日（竺可桢诞辰纪念日）颁发一次。已有郑度、秦大河等多位地理学家获奖。

·中国科学院地理研究所、遥感应用研究所、北京大学遥感所等《中国陆地卫星假彩色影像图集》由科学出版社出版。

·中国魏心镇《工业地理学：工业布局原理》由北京大学出版社出版。

·美国 A. 蒲缇梅《地理学的实践》出版。

·中国彭公秉、陆魏《气候变化的第四类自然因子》出版。阐述地极移动和地球自转速度变化对气候影响。

·英国大卫·格里格《农业地理学导论》出版。1992 年中译本出版。

·中国孙敬之主编《中国经济地理概论》出版。之后英国出版该书英文版。

·中国陈正祥《中国文化地理》出版。

·中国科学院和联合国大学在北京举办"区域发展规划的理论和实践"学术研讨会。

·中国赵松乔阐述自然地域分异和自然区划问题。认为自然地理环境是一个统一整体，必须将地带性因素和非地带性因素、外生因素和内生因素、现代因素和历史因素结合起来，进行综合分析。

·苏联完成《1∶800万苏联自然区划图》。按自然国、自然区、自然省分类系统将全国分为19个自然国，91个平原和山地区以及342自然省。

·中国植物地理学家在青藏高原发现"半常绿阔叶林"和"半常绿阔叶林植被垂直带"。

·中国李文华初步建立水平地带和垂直带关系的数学模型。

·以色列希伯来大学道夫尼尔提出人类活动强度指数（HAI）。指标包括代表发展强度的城市人口百分比和代表人对自然演替缺乏知识感应度的文盲人口百分比。

·中国第一批理学类地理学博士研究生入学。

·中国宋正海在《百科知识》发表"历史自然学"。

·中国"全国地学哲学委员会"成立大会召开。

·中国第一届全国地学哲学研讨会召开。

·中国第一届全国天地生人相互关系学术研讨会召开。

·中国"中国科学院禹城综合试验站"建立。

·国际山地综合开发中心（ICIMOD）在尼泊尔和联合国教科文组织的倡导下成立。1984年正式开始工作。中心设在尼泊尔。

·美国地理学会主席格罗夫纳在美国地理学家协会年会上，提出了加强学会与协会之间合作计划，高度重视美国中学地理教育。

·中国吴传钧、邓静中、李文彦、胡序威、孙盘寿五人联名给国务院写信，希望能给予中国科学院地理研究所的经济地理研究机构以较大支持。

·中国的全国农业区划委员会成立科学顾问组。中国科学院南京地理研究所周立三任副组长，中国科学院地理研究所黄秉维、邓静中任委员。

·中国科学院批准在中国科学院地理研究所内成立经济地理部。下设农业地理、工业与交通地理、城市与人文地理3个研究室。

·美国西南得克萨斯州州立大学设立应用地理学硕士学位。同期确定应用地理学概念。

·"第三世界科学院"成立。总部设在意大利的里雅斯特，是非政府、非政治和非营利性的国际科学组织。2004 年更名为"发展中国家科学院（TWAS）"。有文献称"世界科学院"。TWAS 院士分布在数学、物理学、化学、天文学、地学、生物学、农学、医学、工程科学、社会和经济学十大领域。之后，中国多位地理学工作者当选该院院士。

·中国中共中央宣传部批转《中国地理》丛书编写出版工作会议纪要。丛书主编为侯仁之。该丛书是胡乔木倡议编写、向广大干部群众特别是青年进行爱国主义教育的读物。1985 年开始陆续出版。

·中国地理学会在南宁举行人文地理学学术研讨会。吴传钧代表中国地理学会宣布中国地理学会人文地理学研究组成立，李旭旦为组长。

·中国地理学会在南宁举行的人文地理学学术研讨会，专门研讨非经济地理学的人文地理学即狭义的人文地理学发展问题，主要包括政治地理学、农村地理学、民族地理学、社会地理学等以及计算地理方法在狭义人文地理学中的运用。

·中国魏宏森《系统科学方法论导论》出版。深远影响中国地理学发展和地理学家。

·中国地方志小组更名为中国地方志指导小组。之后侯仁之、黄秉维、左大康、郑度、邹逸麟等为指导小组成员。

·中国侯学煜开始任全国人大常委。

·国际地理联合会成立了自称"世界政治地图委员会"的政治地理学家学术组。自称"世界政治地图委员会"在于该小组与卡尔·豪斯霍弗的地缘政治学乃至鲍曼的科学的政治地理学无关。

·中国王明远提出地方性甲状腺肿瘤的地理流行与饮用水中碘含量异常之间呈抛物线函数关系。

·中国南京大学自然资源专业开始招生，成立自然资源专业。

·中国地理学会主办的第四届中学地理教师暑期培训班在四川乐山举行。

**公元** 1984 **年**

· 第 25 届国际地理大会在法国巴黎举行。中国吴传钧、李文彦代表中国地理学会参加。

· 国际地理联合会正式恢复中国地理学会会籍即合法席位。之后，中国的吴传钧（1988—1996）、刘昌明（2000—2008）、秦大河（2008—2014）、周成虎（2014—2018）、傅伯杰（2018—2026）担任国际地理联合会执行委员会副主席。

· 中国钱学森阐述"前科学""实践经验知识库""不成文实践感受"等及其在科学发展中的重要作用。这些思想在其《关于思维科学》中进一步阐述。深远影响地理学和地理学家特别是地理学思想学和地理学思想史学家。

· 苏联安年科夫等发表"美国和苏联地理学家关系的发展（从 20 世纪 50 年代到 80 年代）"。

· 中国大百科全书总编委会《地理学》编辑委员会人文地理学编写组《人文地理学》出版。该书为《中国大百科全书》第一版《地理学》卷《人文地理学》部分的单行本。主编李旭旦，副主编周立三、吴传钧，特约编辑陈桥驿、王嗣均。

· 中国科学院地理研究所经济地理部在吴传钧主持下召开学术讨论会。

· 中国陆大道开始提出和不断阐述区域发展的"'点—轴系统'社会经济空间结构理论"和"中国国土开发与经济布局'T'字形构架"。发展了区域发展空间结构的一般理论，提升了地理学服务于国家和区域发展的能力。

· 中国侯学煜《生态学与大农业发展》出版。全面阐述了他的"大农业""大粮食"观点，为国家发展经济和农业的决策提供了参考意见。

· 中国胡焕庸从人地关系角度阐述中国人口分布及布局问题。他阐述道，平衡应该是指人口与经济的平衡，人口与生态的平衡；合理也应该是指资源的合理开发，生态的合理安排，而不是说人口密度必须各地一样，才算平衡，才算合理……研究人口，研究移民，不能忘记地理实际与生态环境；空泛地谈平衡、谈合理，就会引起人口与生态失去平衡，造成灾难性后果。

·中国开始研究"中国土壤系统分类"。有别于土壤发生学分类和土壤诊断学分类。促进土壤地理学和土壤地理研究。

·以色列 Z. 纳沃和美国 A. S. 利伯曼《景观生态学：理论与应用》出版。

·英国朵琳·玛西的《劳动的空间分化：社会结构与生产地理学》出版。

·法国 F. 拉马丹《自然资源生态学》出版。

·印度拉马什《资源地理学》出版。

·美国圣塔菲研究所（Santa Fe Institute，SFI）成立。这是研究复杂性科学的研究所。深远影响地理学理论研究。

·中国在南极建立南极科学考察站"长城站"。

·中国地理学会成立山地研究委员会。

·中国地理学会人文地理学专业委员会成立并在南京召开第一次专业委员会会议。

·中国加入国际数据委员会（CODATA）。

·国际数据委员会中国委员会成立。

·国际地理联合会成立政治地理研究小组。1988 年成立政治地理委员会。

·中国启动"国家重点实验室"建设计划。之后，多个地理科学方面的国家重点实验室开始建设。

·中国提出"信息产业"概念。

·英国大卫·哈维发表"论地理学的历史和现状：历史唯物主义宣言"。

·中国陈传康发表"哲学发展和科学变革的关系"。

·中国科学院自然科学史研究所地学史组主编《中国古代地理学史》出版。1991 年该著获中国科学院自然科学奖二等奖。参编单位主要有中国科学院地理研究所、华南师范大学地理系、南京气象学院大气物理系等。负责统稿人员（按姓氏笔画排列）有杨文衡、钮仲勋、唐锡仁、曹婉如。科学出版社 1984 年出版。该书包括概论、地形学史、气候学史、陆地水文地理学史、生物地理学史、土壤地理学史、海洋地理学史、方志的发展与地理价值、边疆和域外地理考察、书名索引、人名索引等。其中，概论中阐述了地理知识的产生、地理知识的迅速积累、地理知识形成为一门学科、地理知识通过实地考察得到较大发展、近代地理学萌芽等时期及其主要特征。

· 中国曹婉如在《中国古代地理学史》中首次明确提出和系统阐述"中国地理学发展五阶段说"。

· 英国大卫·哈维《非均衡发展》出版。

· 美国加里·盖勒和科特·威尔默特《空间统计与模型》出版。

· 中国胡焕庸、张善余《中国人口地理》出版。

· 美国出版由 24 位科学家编著的《丰富的地球》。

· 中国丁锡祉提出"山地学"概念，指出山地是一个"自然经济综合体"。

· 中国牛文元提出和阐述"自然地理面"概念。

· 中国李旭旦发表"政治地理学"。提出和阐述政治地理学是"研究国家和地区等各种类型的领土内与领土间的政治活动现象的地理分布或空间分布的一门科学"。

· 中国李旭旦发表"世界各国人文地理流派"。

· 中国李旭旦对美国埃尔斯沃斯·亨廷顿和 C. 森普尔是德国 F. 拉采尔的流派的观点，提出批评。认为这种观点是不正确的，因为他们是把 F. 拉采尔的观点片面加重甚至歪曲。

· 中国马世骏等提出"社会—经济—自然复合生态系统"概念。

· 中国吴传钧提出和阐述"国土整治区划是国土规划的基础"。

· 中国《资源与环境信息系统国家规范研究报告》（俗称《中国 GIS 蓝皮书》出版。提出中国 GIS 标准化研究方向和设计。

· 中国黄秉维就如何开展气候变化研究问题致函中共中央书记处研

究室。

·中国吴传钧开始计划系统研究编制中国经济地理区划。中国经济地理区划是国家十二年科学规划中的首项任务"中国地理区划"中的重要组成部分。

·中国科学院成立黄土高原综合科学考察队。1953—1958 年中国科学院黄河中游水土保持综合考察队曾开展综合科学考察。次年开始本次科学考察。50 多家单位 300 余人参加。将综合科学考察范围扩大为"黄土高原地区"。考察研究的主要内容包括：①黄土高原地区综合治理开发的重大问题研究及总体方案设计；②黄土高原地区资源与环境遥感调查与制图；③黄土高原地区国土资源数据库及信息系统的建立等三方面。1985—1988 年历时 4 年完成。后出版一系列学术著作。1992 年考察研究成果获中国科学院科技进步奖一等奖，1997 年获国家科技进步奖二等奖。

·中国科学院"竺可桢野外科学工作奖"首次颁发。中国科学院、中国科协和浙江大学在北京联合举行"竺可桢逝世十周年纪念会"。中国科学院在纪念会上向 38 位科研人员首次颁发"竺可桢野外科学工作奖"，授予获奖者奖章、证书和奖金。

·中国席承藩等提出中国综合自然地理区划方案。该方案将中国划分为 3 个大自然区域、14 个自然地带、44 个自然区域。

·中国地理学会提出发展海洋地理学。中国地理学会第五届建立海洋地理专业委员会。

·中国《农业地理丛书》编委会开始出版《农业地理丛书》。迄今已出版《中国水利与农业》《中国烟草地理》《中国热带作物地理》《中国甜菜地理》《中国甘蔗地理》《中国棉花地理》等。

·中国的气象科学研究院《中国农业气候资源图集·热量部分》由气象出版社出版。

·中国的气象科学研究院《中国农业气候资源图集·光能部分》由气象出版社出版。

·中国中共中央书记处会议讨论决定，拟在中国建立院士制度，将中国科学院学部委员改为院士。1949 年以前中国曾有院士制度。

·中国侯仁之在美国康奈尔大学讲学。其间接触到《保护世界文化和自然遗产公约》。

·中国符淙斌和叶笃正提出"全球变化敏感带"概念。

·中国社会科学院在《社会学通讯》中提出和使用"农民工"概念及其术语。之后成为地理特别是社会地理研究问题。

·中国地理学会主办的第五届中学地理教师暑期培训班在甘肃举行。

·中国中央电视台举办"伟大的祖国"电视讲座。由地理教师主讲。

·中国南京师范大学编辑出版《南京师范大学学报》（人文地理专辑）。

·中国商业地理研究会第一次代表大会在延吉市召开。成立以杨吾扬为理事长的理事会。

**公元 1985 年**

·中国国务院批准成立全国自然科学名词审定委员会。包括地理学。1996 年更名为全国科学技术名词审定委员会。从第一届到第七届委员会委员中有林超（第一届）、吴传钧（第二、第三届）、陆大道（第四届）、郑度（第五、第六届）、傅伯杰（第七届）等。

·中国地理学会表彰全国从事地理工作 50 年的老科学家 33 人。包括王维屏、王成祖、方俊、叶汇、李旭旦、李海晨、李良骐、刘恩兰、刘愈之、任美锷、朱炳海、吕炯、杨曾威、杨克毅、严德一、余俊生、周立三、周廷儒、林超、林观得、赵耀如、胡焕庸、梁溥、梁祖荫、梁希杰、黄秉维、盛叙功、曾世英、谢家泽、鲍觉民、楼桐茂、厨绍堂、谭其骧。

·中国《中国大百科全书》第一版《地理学》卷《人文地理》分册（李旭旦主编）单独出版。

·中国开始研究建立国内生产总值 GDP 核算制度。1993 年开始正式使用。之后成为中国地理研究重要指标工具。

·中国地理学会在北京召开第五次会员代表大会。选举黄秉维为中国地理学会理事长。

·中国钱学森在致北京大学江美球信中，阐述地球表层学运用系统科学的定量方法，沟通自然科学和社会科学，也可以换一个名字"数量地理学"。

·中国宋家泰、崔功豪等《城市总体规划》出版。为中国地理学界研究城市总体规划的第一部著作，也是中国第一部理学背景的城市总体规划原理的著作，具有注重分析、逻辑严谨、系统综合等鲜明特征。

·中国赵松乔在《中国自然地理》之《总论》卷中，定义"自然地理环境"概念。自然地理环境是"整个地球表面或某一特定地域，包括气候、地貌、地表水、地下水、土壤、植被、动物等全部自然要素相互联系、相互作用的自然综合体，还包括过去和现代人类活动的影响在内"。

·中国赵松乔在《中国自然地理》之《总论》卷中，阐述中国的四大地势阶梯。

·英国 R. J. 约翰斯顿《地理学的未来》出版。

·中国赵松乔主编的《中国干旱地区自然地理》出版。

·中国刘东生《黄土与环境》出版。之前著有《黄河中游黄土》《中国的黄土堆积》《黄土的物质成分和结构》。他系统提出和构建了反映第四纪全球变化的黄土系列。黄土磁化率系列、深海沉积氧同位素系列、极地冰芯系列是反映和研究第四纪全球变化的三大系列。

·中国杨吾扬《产业和城市区位导论》出版。首次全面系统介绍西方区位理论。

·中国科学院北京天文台主编的《中国地方志联合目录》由中华书局出版。

·挪威阿伦·奈斯明确提出和阐述"深层生态学"人地关系理论。

·中国胡焕庸关注"只生一个"的人口政策的长远效应，和有关青年地理工作者说，就怕将来只生一个就不好了。

·中国鲍觉民发表"政治地理学研究的若干问题"。系统阐述政治地理学若干基本理论问题。

·中国王煦柽发表"试论文化地理学的性质和内容"。

· 《自然》发表"海洋—大气系统是否存在不止一种稳定运行模式?"。

· 《自然》发表"南极冰芯记录的过去 15 万年以来的气候变化"。

· 中国郭来喜等发表"中国旅游区划方案"。

· 国际地震与地球内部物理学委员会提出全球地学断面计划（GGT）。

· 美国皮尔斯·刘易斯的"超越描述"一文发表。阐述了要准确生动地描述地理事物的思想。

· 中国《中国大百科全书》第一版《地理学》卷《人文地理》分册收入"旅游地理学"条目。

· 中国周立三、孙颔、沈煜清、邓静中、石玉林等撰写的"中国综合农业区划"获中国国家科技进步奖一等奖。

· 以中国科学院遥感研究所、中国科学院地理研究所等单位的陈述彭、赵松乔等为主要完成人完成的"腾冲区域航空遥感应用技术"获国家科技进步奖二等奖。

· 中国国务院批准"关于编制全国国土总体规划纲要的报告"。郑度、胡序威、陆大道、王景华和任鸿遵等参加《全国国土总体规划纲要》综合组工作，吴传钧作为知名专家参加评审工作。

· 中国南极长城站建成。其后又先后建成中山站（1989 年）、昆仑站（2009 年）、泰山站（2014 年）和罗斯海新站（2018 年）。

· 中文文献出现"社会—经济地理学"术语。

· 美国 T. J. 威尔班克斯阐述地理学应用价值的多态性。

· 中国黄秉维提出和阐述光合潜力计算公式。

· 中国北京图书馆《中国国家书目》编委会编写的《中国国家书目》开始陆续出版。包括地理著作。

· 中国钱信忠主编《中华人民共和国血吸虫病地图集》出版。

· 中国《中国地理科学文摘》创刊。是地理学文摘刊物。旨在为读者迅速提供有关中国地理科学文献的基本情况和科技动向，推动我国地理科学事业的发展。主要报道中国学者近期在国内外发表的有关我国地理学科及相关学科的科研成果、报告、论文、专著等。后更名为《中国地理与资源文摘》。

·中国《青年地理学家》内部刊物创刊。刘树人给予重要支持。严钦尚题写刊名"青年地理学家"。多位地理学家和许多青年地理学家在该刊发表理论地理学、应用地理学和实际应用等方面的学术论文。东北师范大学本科生曾在此刊发表理论地理学方面论文。

·中国陆大道《区位论及区域研究方法》出版。

·美国彼得·古尔德《工作中的地理学家》出版。阐述问题之一是地理学核心的缺失。

·英国 P. J. 泰勒《政治地理学》出版。后多次再版。

·中国开始出版《世界石油地理丛书》。已出版《苏联石油地理》《非洲石油地理》等。

·中国史念海等《黄土高原森林与草原的变迁》出版。

·中国西安外国语学院（现西安外国语大学）设人文地理研究所。中国科学院地理研究所吴传钧为名誉所长。

·中国《中国地理丛书》编委会《中国地理丛书》开始陆续出版。包括自然地理类、人文地理类、区域地理类等。

·中国自然辩证法研究会《自然辩证法研究》创刊。是地理学哲学学术论文主要发表刊物之一。

·中国新疆资源开发综合考察开始。至 1989 年结束。完成《新疆资源开发与生产布局》《新疆区域经济发展战略》等考察报告。

·中国自然资源研究会成立干旱区半干旱区委员会。

·中国胡序威、蔡清泉登门向时任厦门市副市长习近平介绍和汇报地理学有能力为厦门市发展战略贡献力量。

·厦门市政府很快致函中国科学院邀请中国科学院地理研究所承担厦门市发展战略研究项目。

·美国发起多国参加的"大洋钻探计划（ODP）"开始实施。其研究及成果创立了古海洋学学科。中国于 1998 年春加入了大洋钻探计划（ODP）。

·中美人文地理学学术研讨会由中国地理学会（人文地理学专业委员会）、西安外国语大学（人文地理研究所）、美国地理学会、美国加州北岭大学（地理系）联合举办。至2003年共举办3次。

·英国朱迪·丽丝《自然资源：分配、经济学与政策》由英国劳特利奇出版社出版。第二版由英国劳特利奇出版社1990年出版。其中，中译本译自第二版，由蔡运龙等翻译，商务印书馆于2002年出版。

·英国科林·弗林特和皮特·泰勒《政治地理学》由英国培生教育出版集团出版。第六版由英国培生教育出版集团于2011年出版。中译本译自第六版，由刘云刚翻译，商务印书馆于2016年出版。

·中国国务院批准在全国正式推行博士后制度。

·中国第一家地理科技开发公司"大地科技开发公司"创办。

·中国地理学会主办的第六届中学地理教师暑期培训班在上海举行。

·南亚区域合作联盟（SAARC）成立。简称"南盟"。深远影响世界地理格局，是地理研究主题之一。

·中国科学院颁设中国科学院科学技术进步奖。

### 公元1986年

·国际地理联合会在西班牙巴塞罗那召开区域会议。

·国际地圈—生物圈计划（IGBP）设立。为由国际科学联盟理事会（ICSU）发起并组织的重大国际科学计划。1983年提出。1990年正式实施。该计划以描述和理解控制整个地球系统的关键的相互作用的物理、化学和生物学过程，描述和理解支持生命系统的独特地球环境，描述和理解发生在地球系统中重大全球变化及人类活动的影响方式等为科学目标；以增强对未来几十年至百年重大全球变化的预测能力，为国家一级的资源管理和环境决策服务为应用目标。

·中国开始实行"七五"计划。与地理学有关的主题有降低能耗、国土整治、资源合理开发、防治污染、东中西分区、城乡建设、国土整治和开发、城乡建设、经济特区、旅游、环境保护等。促进了地理学的发展，地理学也作出了应有贡献。

·中国成立国家自然科学基金委员会。其前身为 1981 年成立的中国科学院科学基金委员会。开始资助地理学研究项目。1987 年成立地理学第一届评审组。

·中国科学院地理研究所变更为中国科学院和国家计划委员会地理研究所，即开始以科学院为主的双重领导。之后，某些省地理研究所也开始实行省科学院和省计划委员会的双重领导。双重领导为地理学更好地服务国家和地区发展服务提供制度条件，也促进中国的应用地理学发展。

·中国"地理学名词审定委员会"第一届委员会成立。林超为主任，左大康、吴传钧、王恩涌为副主任，任美锷、陈述彭、郑度、李春芬等任委员。开始《地理学名词（第一版）》编纂工作。

·中国《简明不列颠百科全书（中文版）》出版。其中，关于中国的条目由中国专家学者撰写。包括丰富的地理学方面内容。

·努马·布罗克《文艺复兴时期的地理学》出版。

·中华人民共和国国家土地管理局成立。负责全国土地、城乡地政的统一管理工作。是地理学直接服务国家发展并对接的主要机构。中国吴传钧 1979 年提出和阐述的中国 1:100 万土地利用现状图分类体系与表达方法、中国的土地利用结构，成为国家土地管理局土地利用分类的重要依据。为世界各国编制全国土地利用图提供范例。

·中国赵松乔《中国自然地理》（英文版）在美国出版。为第一部中国人著述的中国自然地理英文著作。该著作和后来出版的著作体现了自然地理与人文地理融合的统一地理学精神。被美国多所大学列为教科书或教学参考书。

·苏联科学院地理研究所编制科学研究五年规划。规划主题之一是人地关系研究。

·加拿大维金完成加拿大全国生态区划方案。该方案将全国划分为生态地带、生态省、生态区域、生态小区等各级生态区划单位。之后不断修改完善。

·美国 R. T. T 福曼和法国 M. 戈德龙《景观生态学》出版。

·中国杨吾扬、张国伍、张文尝等《交通运输地理学》出版。为孙敬之主编《经济地理学理论丛书》中之一卷。

·中国钱学森提出"地理科学"概念，提出"从定性到定量综合集成法"是研究地理系统可行方法的重要观点。

·中国黄秉维在德国讲学。讲授"中国气候区划与自然地理区划的回顾与展望"。

·中国黄秉维提出和阐述地理概念的术语混乱、内涵歧义，特别是"区域种类"太多等关于地理概念的问题。

·中国黄秉维提出中国综合自然区划要不断更新和每五年一个新版本的设想。

·中国钱学森7月16日致信中国地理学会理事长黄秉维。提出三峡工程不是水坝问题，而是地区开发问题。

·中国《中华人民共和国国民经济和社会发展第七个五年计划》出现中国社会经济发展的"三大地带"概念和思想，成为我国宏观区域政策的重要地域范畴。根据经济发展水平和在国家发展中的地位及任务的差异而划分的沿海地带、中部地带和西部地带这一概念和思想，是地理学中的基本概念和思想。深远影响地理学和地理学家。

·中国中共中央和国务院发出了《关于三峡工程论证工作有关问题的通知》，责成主管三峡工程的原水利电力部组织更广泛的论证，重新提出可行性报告，报国务院审查。水电部立即成立了论证领导小组，聘请400多名专家、顾问，组成14个专题专家组开始开展论证工作。一些地理学家或地理工作者参加有关工作。

·中国地理学家从综合地理学等多学科角度研究和论证三峡工程问题。之后，黄秉维、侯学煜受聘为长江三峡工程论证生态与环境组顾问，陈昌笃受聘为生态与环境组专家，郭来喜受聘为长江三峡工程论证综合经济组专家。部分或持反对意见或没有签字。

·中国科学院西南资源开发考察队正式成立。全面启动西南国土资源综合考察工作。综考会、地理所、地球化学所、成都分院、昆明分院、南京分院等院内外十几个单位，在昆明审议和论证围绕"西南地区国土资源综合考察和发展战略的研究"提出的 26 个研究课题。9 月 22 日，中国科学院西南资源开发考察队正式成立。

·中国李吉均、谢应钦建立中国冰川分类的 18 项指标，把中国的冰川分为西风海洋型冰川、季风海洋型冰川、季风大陆型冰川、内陆大陆型冰川。

·中国开始研究与编制《中国地貌图（1∶400 万）》，1994 年完成，科学出版社出版。李炳元主编，李钜章副主编。将地貌类型划分为平原、台地、丘陵、小起伏山地、中起伏山地、大起伏山地、极大起伏山地等类型。

·中国科学院组建中国科学院西南资源开发考察队，开始第二次西南地区综合科学考察。其背景为：1984 年川、滇、黔、桂、渝联合向中央提出开展"西南地区国土资源综合考察和发展战略研究"建议。同年国务院批准，要求中国科学院牵头组织；中国科学院成立了项目领导小组，组长为孙鸿烈。该项目分成 3 层 26 个研究课题。完成综合科学考察报告、27 部专著等，约 1000 万字，国土资源图集、遥感图集等。

·中国"黄土高原综合治理"获批国家"七五"重点科技攻关项目。

·中国景贵和阐述自然地域分异规律（他当时称空间地理规律）。包括五种自然地域空间范围尺度：全球尺度的自然地域分异规律（海陆对比性自然地域分异规律、人力分带性自然地域分异规律）、大陆和大洋尺度的自然地域分异规律（大陆的自然地域分异规律、大洋的自然地域分异规律）、区域尺度的自然地域分异规律（地带段性自然地域分异规律、地区性自然地域分异规律、垂直带性自然地域分异规律）、地方尺度自然地域分异规律（系列性自然地域分异规律、组合性自然地域分异规律）、局地尺度的自然地域分异规律（微域性自然地域分异规律、坡向性自然地域分异规律）。

·中国景贵和阐述自然地域分异因素。包括自然地域分异的基本因素、自然地域分异的派生因素、自然地域分异的局地因素。其中，自然地域分异的基本因素包括自然地域分异的地带性因素和自然地域分异的非地带性因素。

·中国景贵和阐述大陆尺度的自然地域分异规律，包括纬度地带性自然地域分异规律、经度省性自然地域分异规律。

·中国沈玉昌、龚国元《河流地貌学概论》出版。

·中国《中国1:100万土地资源图》（分幅）开始陆续出版。

·中国褚亚平主编《地名学论稿》出版。

·中国宛敏渭等《中国自然历选编》（上、下）开始出版。

·中国宛敏渭、刘秀珍《中国动植物物候图集》出版。

·美国 D. W. 米尼格《美国的定型》开始出版。

·中国鲍觉民发表"政治地理学研究的若干问题"。提出和阐述政治地理学是研究"人类社会政治活动和政治现象与地理环境之间的关系"的学科，这一关系包括地理环境对人类社会政治行为和决策的影响和人类社会政治行为和决策对地理环境的影响。

·中国陈传康发表"区域概念及其研究途径"。

·中国科学家发起成立"中国青藏高原研究会"倡议。1988年成立。

·中国建立"遥感飞机"平台。

·中国《全国国土总体规划纲要》中提出和划分了中国的三大经济地带，提出了开发布局的主要轴线。

·中国《中华人民共和国国民经济与社会发展第七个五年计划（1986—1990）》中首次专设一章"国土开发与整治"。

·中国制定《国家高技术研究发展计划纲要》。简称"863计划"。促进地理科学发展。

·中国孙敬之主编《经济地理学理论丛书》开始陆续出版。已经出版胡兆量等《经济地理学导论》、杨吾扬和张国伍等《交通运输地理》、刘再兴等《工业地理学》等。

·美国苏珊·汉森和吉纳维夫·朱利亚诺《城市交通地理学》由英国劳特利奇出版社出版。第三版由美国吉尔福德出版社2004年出版。中译本译自第三版，由金凤君等翻译，商务印书馆于2014年出版刊行。

·中国开始国家级重点学科评选工作。之后，北京大学、北京师范大学和华东师范大学等的地理学学科评选为地理学重点学科，南京大学、兰州大学等的自然地理学评选为自然地理学重点学科，中山大学等的人文地理学学科评选为人文地理学重点学科，南京师范大学和武汉大学等的地图学与地理信息科学评选为地图学与地理信息科学重点学科，南京师范大学的人文地理学学科评选为人文地理学培育重点学科。

·国际地理联合会成立海洋地理研究组。

·美国霍尔姆斯·罗尔斯顿《哲学走向荒野》出版。主要是他在 20世纪 60 年代初到 80 年代中发表的关于环境伦理方面的论文集。阐述他的环境伦理学。深远影响地理学和地理学家。

·中国《人文地理》创刊。由中国地理学会人文地理专业委员会和西安外国语学院人文地理研究所合作创刊。原名《国外人文地理》。

·中国《地理新论》内部刊物创刊。至 1990 年共 5 年。黄秉维等曾在此发表论文。

·联合国通过《发展权利宣言》。深远影响地理学和地理学家。

·中国确定 "863 计划"。次年开始施行。

·中国的第一座遥感卫星地面站建成。促进地理科学发展。

·中国启动国家级可持续发展实验区。由国家社会发展综合实验区改为现名。

·中国科学院生态环境研究中心成立。其前身为 1975 年成立的环境化学研究所和 1980 年成立的生态学研究中心筹备组。

·中国赵松乔被加拿大多伦多大学聘请为访问教授，为期六个月。其间，为研究生开设 3 门课程，访问多所大学。

·中国毛汉英开始到苏联列宁格勒大学访学，从事区域区划学习与研究。

·中国《中国汉语大辞典》开始陆续出版。对许多地理名词进行解释。

·中国地理学会主办的第七届中学地理教师暑期培训班在内蒙古呼伦贝尔盟举行。

**公元** 1987 **年**

·中国"青藏高原隆起及其对自然环境与人类活动影响的综合研究"成果获得国家自然科学奖一等奖。主要完成人员有刘东生、施雅风、孙鸿烈、郑度、吴征镒、杨逸畴、李炳元、张荣祖、李吉均、李文华、藤吉文等。参加这项综合研究的单位有中国科学院内外有关研究所、大专院校和生产部门共 79 个单位，野外考察人数达 400 余人，参与室内研究人员共达 1500 多人。在积累了丰富的第一手科学资料的基础上，经过室内鉴定、分析、测试和总结研究，编著了《丛书》和《报告》共 46 部 56 本，3000 多万字。该成果主要包括高原岩石圈结构和形成演化、晚新生代以来的隆起过程与环境变迁、高原自然环境及其地域分异、生物区系组成与演化及生物对高原环境的适应、自然资源的评价及其开发利用。这些成果和进展填补了青藏高原区域研究的空白，丰富和发展了地学、生物学以及资源与环境科学的基础理论和应用实践，于 1980 年在北京举行的"青藏高原国际科学讨论会"上，引起国际学术界的关注和重视，产生了广泛的影响。从而使我国对青藏高原的综合科学研究处于世界前列和领先地位。

·中国"中国自然环境及其地域分异的综合研究"成果获得国家自然科学奖二等奖。获奖成果包括《中国自然区划》《中国自然地理》《中华人民共和国自然地图集》。主要完成人有黄秉维、陈述彭、侯学煜、沈玉昌、周廷儒、廖克、陈昱等。其中，《中国自然区划》分别对地貌、气候、水文、潜水、土壤、植被、动物和昆虫八大要素进行区划，连同综合自然区划一起，分 9 册于 1959 年出版。其中《中国综合自然区划（初稿）》（1957—1958，黄秉维、高泳源、赵松乔等著），说明了中国综合自然区划的意义和目的，并据此拟订区划的原则和方法，阐述 3 个自然区 6 个热量带与 18 个自然地区的主要特点；讨论 28 个自然地带的划分；提出自然省与自然州的定义和划分方法；指出综合自然区划在实践上和综合上的作用。并对自然的利用与改造问题作简要的讨论。《中华人民共和国自然地图集》包括序图、地质、地貌、气候、水文、土壤、生物、海洋 8

个图组 222 幅地图和 36 万字的说明。图集全面系统地反映了我国复杂的自然条件、丰富的自然资源及地理环境的特点，阐明各种自然现象的分布规律及其相互联系。选题完整，内容丰富，结构严谨，制印精细，从科学内容到表现形式做到了有机地协调统一，达到国际先进水平。《中国自然地理系列专著（13 册）》包括自然地理总论、地貌、气候、地表水、地下水、土壤地理、植物地理、动物地理、古地理、历史自然地理和海洋地理等，是作者在参加实践的基础上分析大量资料去粗存精，分别对各要素进行规律性总结和评价，特别是各要素在农业生产中的作用，力求深入化并使之带上条理性的研究成果。系列专著是 1949 年中华人民共和国成立后的第一套完整又有较高水平的中国自然地理著作。三项工作表达方式不同，自成一体，互相补充。由此可以全面了解中国自然环境，成果被农、林、水及军事部门参考应用。

·中国钱学森在中国科学院地学部委员大会上发表"关于地学发展问题"。提出和阐释"地理科学是自然科学和社会科学的汇合（或交叉）"思想。

·中国钱学森发表"发展地理科学的建议"。他在第二次全国天地生相互关系学术研讨会上报告"发展地理科学的建议"。之后发表在《地理学报》上。提出和阐释"地理科学就是一门综合性的科学，地理科学的研究对象就是地球表层"。之后，提出和阐释地球表层、地理系统、地理建设等概念。

·中国钱学森提出要建立"地理学哲学"观点。认为地理学要进行更高一层次的概括即地理科学的哲学概括就需要一门学问。这门学问就是地理学哲学或元地理学。

·中国钱学森明确阐述地球表层学是自然科学和社会科学的交叉。

·中国黄秉维在中国科协三届二次会议上发表"关于地球表层研究的一些看法"。

·世界气候变化及其对策国际学术讨论会提出以南北纬 24° 之间作为热带范围。

·美国"地球系统科学"概念首次被定义。1983 年首次使用"地球系统科学"名词。

·中国叶笃正提出和阐述"有序人类活动"思想。之后定义其概念，创建"有序人类活动与生存环境"理论。有序人类活动是指通过合理安排和组织，使自然环境能在长时期、大范围内不发生明显退化，甚至能够持续好转，同时又能满足当时社会经济发展对自然资源和环境的需求的人类活动。

·中国钱学森5月24日、5月31日分别致信中国地理学会理事长黄秉维。讨论地理系统工程和地球表层学问题。

·中共中央和国务院提出和号召科技扶贫。地理学是主要学科之一。

·中国黄秉维在全国人大会议上提出"华南坡地改良与利用研究"议案。得到时任广东省省长叶选平的积极支持，欢迎该项目在广东落户开展工作。

·中国的国务院农村发展中心委托中国科学院对中国农村长期发展战略进行研究。中国科学院成立了以周立三院士为组长的国情分析研究小组。中国科学院1990年5月3日决定将"国情分析研究"列为院重大项目，由资源环境科学局组织实施；并成立"国情分析研究项目领导小组"，周立三任组长，李松华任副组长，成员还有石玉林、陈锡康、胡鞍钢。

·中国完成的《1∶100万中国分幅地貌图》开始陆续出版。

·中国王铮、韦省民、史培军在《青年地理学家》发表"论地理工程"。

·世界环境与发展委员会（WECD）向联合国大会提交《我们共同的未来》报告，正式明确提出和阐述可持续发展的科学内涵。

·中国"国土开发与经济布局的'T型'空间框架"概念和思想进入《全国国土规划纲要》。

·中国科学院和国家计划委员会地理研究所开始从事贫困地区发展综合研究。1989年完成出版《中国的贫困地区类型及开发》。

·中国胡兆量等《经济地理学导论》出版。1992年获国家教育委员会优秀教材一等奖。

· 中国吴正《风沙地貌》出版。

· 中国"万里长城"进入《世界文化遗产名录》。

· 中国杨吾扬、陆大道、牛文元、左大康等发表"理论地理学六人谈"。

· 中国陈昌笃命名"极旱荒漠"并论证其划分。

· 中国国务院环境保护委员会发表《中国自然保护纲要》。

· 中国《中华人民共和国地名辞典》（按省级行政区共 31 卷）开始出版。

· 中国国务院人口普查委员会和中国科学院地理研究所主编的《中国人口地图集》中文版出版。英文版由牛津大学出版社出版。图集以 1982 年中国全国人口普查资料为主要依据。刘岳、廖克、蔡建明等为主要完成人。1989 年获国家科技进步奖二等奖。

· 中国张福春、王德辉、丘宝剑《中国农业物候图集》出版。第一本全国农业物候图集，是国内出版的项目比较齐全的全国农业物候图集。图集中有 18 种稻米、玉米等农作物，37 种树木和草本植物，以及 10 种候鸟昆虫等全国物候图 300 余幅。黄秉维作序。

· 美国约翰·阿格纽《世界经济中的美国：区域地理学》出版。

· 《自然》发表"HIV 的传播动力学"。

· 美国地理学家协会主席 R. F. 阿布勒阐述地理学研究核心问题。

· 苏联《古老的俄罗斯和大草原》出版。

· 英国 R. W. 斯蒂尔《英国地理学》出版。

· 中国熊毅、李庆逵《中国土壤（第二版）》出版。

· 联合国第 42 届大会通过把 1990—2000 年确定为"国际减轻自然灾害十年"。简称"国际减灾十年计划"。1989 年联合国大会通过了《国际减轻自然灾害十年国际行动纲领》，进一步指出，其目的是通过一致的国际行动，特别是在发展中家，减轻由地震、风灾、海啸、水灾、土崩、火山爆发、森林火灾、蚱蜢和蝗灾、旱灾和沙漠化，以及其他自然灾害所造成的生命财产损失和社会经济失调。地理学是"国际减灾十年计划"的主要支持学科之一，也获得发展机遇和条件。

·中国成立国家气候委员会。国家气候委员会由国家科委、国家计委、国家经委、国家气象局、中国科学院、国家教委、国家海洋局、水电部、国家环保局、农牧渔业部、林业部、地质矿产部、总参气象局等部门的领导和专家组成。国家气候委员会挂靠在国家气象局。

·中国颁布施行《全国国土总体规划纲要》。

·中国颁布《公路自然区划标准》。

·中国始建于 1985 年的"资源与环境信息系统国家重点实验室"建成，正式向国内外开放。依托单位为中国科学院地理科学与资源研究所。首届学术委员会主任为陈述彭。该实验室以承担国家重大科研任务和国际合作研究为重点，积极推进地球信息科学的发展。

·中国科学院成立"国情研究小组"。地理学家周立三为组长。

·联合国环境规划署（UNEP）与中国签订协议，以兰州沙漠所为依托建立"联合国国际沙漠化治理研究培训中心"。该中心迄今已经举办 20 多期国际沙漠化防治培训班，培训 500 多位来自 50 多个国家和地区的学员。培训内容包括沙漠化原因、过程和防治的可能性等理论知识，系统介绍中国防治沙漠化的基本原理、技术体系和管理经验等实践知识。根据联合国环境规划署和荒漠化公约要求，派遣专家组帮助发展中国家制订"荒漠化防治国家行动计划"。

·中国叶笃正开始开展属于地球系统科学研究的中国的全球变化研究。

·中国科学院受中共中央农村研究室和国务院农村发展研究中心委托，成立由周立三负责的国情分析小组。后完成和出版多部国情分析著作。包括：1989 年、1991 年、1994 年和 1996 年先后提交和发表了 4 篇国情研究报告：第一号报告《生存与发展——中国长期发展问题研究》，第二号报告《开源与节约——中国自然资源与人类资源的潜力与对策》，第三号报告《城市与乡村——中国城乡矛盾与协调发展研究》，第四号报告《机遇与挑战——中国走向 21 世纪的经济发展目标和基本发展战略研究》。

·北京国际地理信息系统学术讨论会召开。

· 中国《中华人民共和国地名词典》（多卷本）开始陆续出版。

· 加拿大 R. 科尔·哈里斯主编《加拿大历史地图集》出版。

· 皮尔斯·布莱基和布鲁克菲尔德《土地退化和社会》出版。为政治生态学方面的地理学著作。

· 皮尔斯·布莱基和布鲁克菲尔德从地理学角度定义了政治生态学。

· 中国科学院等开展南沙群岛及邻近海域的综合考察。国务会议听取汇报。对捍卫国家海洋权益、保卫南沙群岛领土主权等方面，也有重大政治、经济和军事意义。

· 中国科学院批准成立以成都、昆明分院为主体的中国科学院西南资源环境综合研究中心。

· 中国开始对塔克拉玛干沙漠进行综合考察。成立塔克拉玛干沙漠综合考察队。中国科学院新疆生物土壤沙漠所所长夏训诚任队长。

· 联合国环境规划署的提议和国务院批准同意，在中国兰州沙漠研究所建立"国际沙漠化治理研究培训中心"。

· 中国科学院长春地理研究所在三江平原建立沼泽生态站。

· 中国牛文元计算了中国 1100 个县的平均临接数为 5.71，接近六边形网络中的临接数 6.0。

· 英国 P. 哈格特计算了巴西 100 个县的平均临接数为 5.89，接近六边形网络中的临接数 6.0。

· 国家自然科学基金委批准"经济区划理论与方法"课题。

· 中国《中国大百科全书》第一版《哲学》卷中，阐述"科学分类"。

· 中国楼宏在致钱学森的信中，阐述中国地理学水平问题，并提出留学生可以为中外地理科学学术交流贡献力量。


**公元 1988 年**

· 第 26 届国际地理大会在悉尼举行。

· 中国吴传钧在第 26 届国际地理大会上当选为国际地理联合会副主席（1988—1996）。之后当选为该会副主席的有刘昌明（2000—2008）、秦大河（2008—2014）、周成虎（2014—2018）、傅伯杰（2018—2022）。

·中国全国科学技术名词审定委员会审定与公布《地理学名词》（第一版）出版。全国自然科学名词审定委员会公布。编委会主任为林超，副主任有左大康、吴传钧、王恩涌，委员有任美锷、刘昌明、李春芬、陈述彭、周立三、郑度、郭来喜等。

·国际地理联合会成立政治地理委员会（CPG）。其前身为国际地理联合会于1984年成立的政治地理研究小组。该委员会是一个全面研究权力、政治与空间关系的权威性学术团体。

·美国霍尔姆斯·罗尔斯顿《环境伦理学：大自然的价值以及人对大自然的义务》出版。明确提出和系统阐述"自然价值论"的人地关系理论。该著作有多种语言版本。

·美国国家航空航天局顾问委员会领导下的地球系统科学委员会出版《地球系统科学》。给出反映大气、海洋和生物圈之间及其物理过程和生物地球化学过程的模式图。1992年中译本出版。

·中国杨勤业等发表"试论黄土高原的自然地带"，提出和系统阐述对黄土高原的地理认识。他把黄土高原作为一个完整的、独立的自然地理区域，并考虑水土流失为主的环境治理、农业发展、土地利用、自然保护等问题，将全区识别和划分为温暖的亚湿润落叶林地带、温暖的半干旱草原地带、中温的干旱半荒漠地带三个地带及其相应的亚地带和自然区。同时，他依据干湿程度的不同识别和划分出亚湿润地区和半干旱地区的界线。

·中国科学院承包黄淮海平原中低产地区综合治理开发任务。地理学是主要学科之一。

·中国陆大道《区位论及区域研究方法》出版。该书包括绪论、主要区位理论及其发展、区位因素在生产力布局实践中的作用、空间结构理论、区域分析及预测、区域模型等。其中，空间结构理论一章，系统阐述了区位理论向空间结构理论的发展、社会经济发展阶段及其空间结构特征、位置级差地租的理论模型及形成农业空间结构、居民点规模及规模结构、城市间和城市与区间间的相互作用及其形成的空间结构。对中国地理学工作者系统学习和研究区位论及区域研究方法有重要作用。

·美国维尔特·泽林斯基《民族到国家：美国民族主义象征基础的转移》出版。

·中国钱学森提出和阐述"城市及城市体系的形成地理因素非常重要"，城市学是地理科学体系中间层次的技术学科。

·中国黄秉维在长江三峡工程生态与环境专题论证专家组报告会上，做"关于三峡工程生态与环境影响的几个问题"的发言。

·中国吴传钧发表"发展具有中国特点的人文地理学"。

·中国李吉均等提出和阐述"季风三角"概念及其术语。系统阐述中国东部第四纪环境演变的空间秩序及其动因机制。

·中国侯学煜《中国自然生态区划与大农业发展战略》出版。系统阐述自然生态区划与大农业发展之间的关系，将中国划分为20个自然生态区。

·中国侯学煜以植被分布的地域差异为基础，进行全国自然生态区划，并与大农业的发展策略相结合，对自然生态区的划分进行了探讨。他认为任何自然生态区的划分单位都是长期以来历史自然发展形成的产物，是客观存在的现象，是不受人为活动或人们意志而转移的区域。自然生态区的高级单位基本取决于所处的自然地理位置，即纬度位置所联系的大气温度和与水汽来源相联系的大气湿度综合的结果。自然生态区在空间格局方面，原则上是连续分布的。因此，在一个自然生态区内可能包括多种多样的地貌及其相联系的不同局地气候、土壤、植物、动物等所形成的生境，当然，从生态系统观点出发，它们还是互相联系的。强调划分自然生态区的论据是：①从微观生态系统观点出发，要考虑生态区内目前人类还不能改造的大气热量和大气湿度资源及其有关的野生和人工的动、植物资源的相互联系性；②从宏观生态系统观点出发，要考虑生态区内同一流域的山、水、田、林、路、村或农、林、牧、副、渔业的相互联系性。

·中国侯学煜主编《中国植被地理》出版。

·中国施雅风主编《中国冰川概论》出版。

· 中国杨吾扬《地理学思想简史》出版。主要包括理论基础、古代地理学思想、近代地理学思想、现代地理学思想、中国近代和现代地理学思想、对地理学性质和体系的总括看法。明确提出中国近代地理学先天发育不足，是半殖民地半封建社会性质的必然产物。

· 中国施雅风等编制完成 1：400 万《中国冰雪冻土图》。

· 中国侯仁之《北京历史地图集》由北京出版社出版。2013 年出版《北京历史地图集》系列。

· 中国史念海《西安历史地图集》由西安地图出版社出版。

· 中国赵松乔、孙惠南、黄荣金、杨勤业等《现代自然地理》出版。

· 中国施雅风等完成《中国雪冰冻土图》。

· 中国侯仁之主编《锦绣中华》出版。为《中华大地丛书》之第一卷。

· 中国杨吾扬发表"理论地理学的科学问题"。

· 著名期刊《自然》发表"过去十年中全球变暖的证据"。

· 中国楚义芳《地理学报》上阐述"地理学公理"问题。该文明确提出地理学的集群公理、势能扩散公理、距离衰减公理、序动公理并系统阐述，阐述了地理学若干基本理论的地理学公理基础。之后，中国王铮等在《地理学报》发表商榷文章。

· 加拿大地理学家协会授予中国李春芬特别荣誉奖。

· 中国科学院开始建立中国生态系统研究网络（CERN）。包括森林生态系统研究站、草原生态系统研究站、沼泽生态系统研究站、荒漠生态系统研究站、湖泊生态系统研究站、海洋生态系统研究站、喀斯特生态系统研究站、农田生态系统研究站和城市生态系统研究站。

· 中国西藏自治区政府委托中国科学院青藏高原综合考察队编制《西藏自治区"一河两江"中部流域地区资源开发和经济发展规划》。

· 中国杨勤业等确定自然地理意义上的黄土高原范围和面积。

· 中国台湾王洪文《地理思想》在中国台北出版。

· 苏联《苏联地理学家词典》出版。为"研究地理学家"的著作。

· 英国霍尔特·詹森提出和阐述一般公众对地理学和地理学家的三

种共同性的错误观念。

·欧洲科学院（欧洲人文和自然科学院）成立。是国际上跨地域和学术领域最广泛、学术地位最高、影响最大的科学组织之一。该院院士主要从欧洲各个国家的科学院院士中选出。中国李召良于 2017 年当选院士。

·中国地质出版社开始出版《中华大地丛书》。陆续出版《锦绣中华》《丝绸之路》《世界屋脊》《东北大地》《大江上下》《长城内外》《黄河两岸》《南国风貌》。为具有学术性、科学性、普及性和艺术性的以图片为主的著作。

·美国 T. 佩奇在其"代际公平和社会贴现率"中提出和使用"代际公平"概念及其术语。

·美国电视《美国，你好》聘地理学家哈尔姆·J. 德伯里任地理编辑。

·英国克利福德·达比因在历史地理学上的贡献被封为爵士。

·瑞典托尔斯坦·哈格斯特朗等完成《北欧的地理学家：职业生涯中的反映》。为"研究地理学家"的著作。

·中国举行三峡工程论证会。孙鸿烈受聘为三峡工程论证领导小组特邀顾问。

·中国举行三峡工程生态与环境专题论证会。侯学煜、黄秉维作为顾问参加，陈昌笃、唐永銮、傅抱璞、刘培桐等作为专家参加。

·中国举行三峡工程综合经济评价专题论证会。郭来喜、马霭乃等作为专家参加。郭来喜没在论证报告上签字。

·中国举行三峡工程移民专题论证会。尤联元、浦汉昕、蔡运龙等作为专家参加。

·中国成立国际地圈—生物圈计划中国委员会（CNC–IGBP）。该委员会代表中国参加 IGBP 的有关活动。

·中国学者提出土地利用可能是人类诱发的全球变化的主要表现形式之一。在 IGBP 计划中得到反映。

·中国刘胤汉阐述自然地域分异规律。包括全球性的自然地域分异规律（热力分带性自然地域分异规律、海陆对比性自然地域分异规律、地表形态的分化性自然地域分异规律）、大陆和大洋的自然地域分异规律（全大陆的自然地域分异规律、全大洋的自然地域分异规律）、区域性的自然地域分异规律（大区域的自然地域分异规律、中区域的自然地域分异规律）、地方性自然地域分异规律（系列性自然地域分异规律、组合性自然地域分异规律、镶嵌性自然地域分异规律）。

·中国唐代杜佑《通典》由中华书局出版。该著作是历史地理研究重要文献。

·中国数学家谷超豪提出自然区划单位冗长问题。

·中国加入世界数据系统（WDS）科学委员会。并成立9个学科数据中心。

·中华人民共和国建设部设城市规划司成立。其前身是1982年设城乡建设环境保护部城市规划局。

·中华人民共和国建设部设城市建设司成立。其前身是1985年设城乡建设环境保护部城市建设局。

·中华人民共和国民政部设行政区划和地名管理司成立。该司同时为中国地名委员会办公室。

·《中国干旱区土地资源》英文版（赵松乔主编）创刊。在美国纽约出版。

·联合国成立政府间气候变化专门委员会（IPCC）。由世界气象组织（WMO）和联合国环境规划署（UNEP）建立。IPCC下设三个工作组和一个专题组：第一工作组评估气候系统和气候变化的科学问题，第二工作组评估社会经济体系和自然系统对气候变化的脆弱性、气候变化正负两方面的后果和适应气候变化的选择方案，第三工作组评估限制温室气体排放并减缓气候变化的选择方案，第四个小组即专题组是国家温室气体清单专题组，负责IPCC《国家温室气体清单》计划。

·中国科学院颁设中国科学院自然科学奖。次年评审和颁授了第一届中国科学院自然科学奖。

**公元 1989 年**

·中国钱学森阐述在马克思主义哲学与地理科学之间是地理哲学。2月 20 日在致中国社会科学院哲学研究所哲学与文化课题组的信中，阐述在马克思主义哲学与地理科学之间是地理哲学。

·国际合作研究计划"全球变化研究计划"开始。次年组成全球变化研究行动小组。该计划以地球系统科学理论为指导，涉及地球科学、生物科学、环境科学、数学和物理学、天体科学和遥感技术、极地科学、社会科学、数据库技术与网络化技术等学科领域，由全球气候研究计划、国际地圈—生物圈计划、全球环境变化的人文因素计划、生物多样性计划四个相对独立又相辅相成的分计划组成。

·美国 R. 贝利编制和阐述《世界生态区域图（1∶3000 万）》。1992—1995 年俄罗斯和美国科学家联合对《世界生态区域图》进行了修订。

·国际地貌学会成立。中国地理学会地貌与第四纪专业委员会作为创会会员加入国际地貌学家协会。

·美国总统乔治·赫伯特·布什等要求建立学校教育"国家标准"。其中涵盖地理学。

·中国国家地图集编纂委员会主持、中国科学院南京地理与湖泊研究所和地理研究所主编的《中华人民共和国国家农业地图集》出版。编委会主任何康，副主任周立三、吴传钧，委员石玉林、丘宝剑、邓静中、廖克、侯学焘、徐琦、张龙生等。主编周立三，副主编张龙生。图集分为 5 个图组：第一为序图，反映中国地理位置与疆域、行政区划、人口、民族、农业历史发展与成就，以及全国农业分区；第二是农业自然条件与自然资源，主要表示与农业密切相关的地貌、气候、水文、土壤、生物资源、农耕能源等分布状况及其质量特征；第三是农业社会经济条件和技术设施状况；第四是农业各部门、各作物的分布特征和生产水平；第五是农业土地利用，除全国农业土地利用图外，以较大比例尺选择了有代表性的各地区典型图幅。

·中国科学院副院长孙鸿烈开始任全国农业区划委员会委员。

·中国成立"中国国际减灾十年委员会"。中国的自然地理学提供支持，也为中国自然地理学发展提供条件。

·中国的中华人民共和国地方病与环境图集编纂委员会主编《中华人民共和国地方病与环境图集》出版。

·苏联《种族起源和地球的生物圈》出版。

·美国加里·盖勒和科特·威尔默特等《美国的地理学》出版。阐述地理学传统与创新，阐述"地理学的核心是一套地理学家用于各自教学和研究的假设、概念、模式和理论""自然地理学和人文地理学的区分，模糊了而不是澄清了地理学的真正性质"等地理学基本理论问题。

·英国德里克·格雷戈里的"地域差异与后现代人文地理学"一文发表。

·中国钱学森1月7日致信中国地理学会理事长黄秉维。讨论地理科学与自然科学和社会科学同等地位问题。在此前后钱学森形成和提出地理科学与自然科学、社会科学等具有同等重要地位。

·中国黄秉维发表"中国综合自然区划纲要"。提出修改后的《中国综合自然区划方案》。

·中国科学院、国家计委自然资源综合考察委员会开始（至1992年）刊印《中国国土资源数据集》。共四卷。

·中国国情著作《生存与发展》出版。为周立三领导的中国国情研究小组所完成的《中国国情分析报告》第1号。后陆续出版《开源与节约》（1992年）、《城市与乡村》（1994年）、《机遇与挑战》（1995年）、《农业与发展》（1997年）、《就业与发展》（1998年）、《民族与发展》（2000年）、《两种资源市场》（2001年）和《新机遇与新发展》（2005年）等第2号至第9号国情分析报告。

·中国《中国地理学专著丛书》编委会《中国地理学专著丛书》开始陆续出版。

·苏联列奥尼德·斯立亚金《美国的区域》出版。

·美国R.贝勒提出"世界各大陆生态分区方案"。

· 中国杨勤业、郑度、刘燕华《世界屋脊》出版。

· 中国科学院长春地理研究所《中国自然保护地图集》出版。

· 中国启动"长江中上游"防护林体系建设工程。

· 中国科学院国情分析小组开始出版国情研究报告。包括 1989 年、1991 年、1994 年和 1996 年先后提交和发表了 4 篇国情研究报告：第一号报告《生存与发展——中国长期发展问题研究》；第二号报告《开源与节约——中国自然资源与人类资源的潜力与对策》；第三号报告《城市与乡村——中国城乡矛盾与协调发展研究》；第四号报告《机遇与挑战——中国走向 21 世纪的经济发展目标和基本发展战略研究》。

· 美国的国际地球科学网络信息中心（CIESIN）在密歇根州建立。1998 年迁到纽约，成为哥伦比亚大学的一个数据中心。

· 中国谭其骧提出《划全国为 50 省的具体方案》。

· 中国施雅风、崔之久、李吉均等 30 多位专家《中国东部第四纪冰川与环境问题》出版。在识别出以前被称为冰川沉积的泥石流沉积基础上系统提出和阐述否定庐山冰川说。

· 中国白寿彝《中国通史》之《第一卷导论》阐述历史发展的地理条件。

· 英国戴维·皮尔斯等在《绿色经济蓝皮书》中提出和使用绿色经济概念及其术语。

· 世界冰川监测服务处（WGMS）《世界冰川目录》出版。

· 中国钱学森致信《地理新论》编辑部。

· 中国科学院建立植被数量生态学开放实验室。

· 苏联完成第一项选举地理学研究项目。

· 美国加里·盖勒等阐述地理学的核心。

· 中国与法国合作项目"中法喀喇昆仑—昆仑山合作考察"开始执行。首席科学家为郑度。

· 美国国际地圈—生物圈计划委员会主席访问中国科学院地理研究所。他与黄秉维交流后感叹中国在全球变化上的思想已先走了三十年。

· 中国科学院文献研究中心建立中国科学引文数据库（CSCD）。

· 亚太经合组织（APEC）成立。深远影响世界和地区的地理格局。是地理研究主题。

· 中国地理学家赵松乔到台湾地区开展学术活动。

· 中国召开全国首届景观生态学学术讨论会。


## 20 世纪 80 年代

· 第二次世界大战后地理事业明显发展，具有悠久地理学传统的法国和德国大学地理教师数量增长了 5—10 倍。美国在 20 世纪 80 年代初有 410 所大学设有地理系，150 所大学授硕士学位，48 所大学授博士学位。

· 中国在对待中国区域发展不平衡性问题上，20 世纪 80 年代初出现一股强大的战略大转移的思潮。"大转移战略"有"梯度推移战略""超越战略""两边夹击战略""中间突破，东西结合战略""一个半发展战略"（东部是重点，西部是半个重点）"均衡论（主张各地带各地区均衡发展）战略"。召开了几次关于西部发展问题的讨论会，规模超大，有诸多高层的管理人员与顶级学者出席，会上讨论非常激烈。

· 人文社会科学空间转向明显出现。深远影响地理学和地理学家。

· 中国科学院地理研究所（后更名为中国科学院地理科学与资源研究所）主持完成中国的国家扶贫开发规划，编制完成中国的贫困地区类型及开发方案。该方案的主要内容得到国家采纳和批准实施，直接支持了"国家八七扶贫攻坚计划"。

· 中国科学院、科技部、国家自然科学基金委、国土资源部、教育部、水利部、中国气象局、中国工地震局、国家海洋局、环境保护部、国家测绘局等单位，从 20 世纪 80 年代末分别提出了不同层次、不同学科的有关地球科学发展战略研究的报告、指南、规划或计划。

· 中国制定了中国 1：100 万土地类型图分类系统与制图规范。

· 中国开展县级农业区划工作。

· 中国开展的县级农业区划工作中广泛使用物候学方法。

· 中国杨吾扬在《中国大百科全书》第一版《地理学》卷等关于交通地理部分编纂过程中，组织全国交通地理工作者，对交通地理学的若干基本理论问题开展系统研究。

· 国际横穿南极考察队开始（至1990年）徒步横穿南极进行科学考察。法、苏、英、日、美、中等国家的六位科学家或探险家秦大河（中）、让·路易·艾迪安（法）、维尔·斯蒂格（美）、维克多·巴雅斯基（苏联）、杰夫·萨莫斯（英）、舟津圭三（日）组成的国际横穿南极考察队，于1989年7月27日从南极半岛北端出发，徒步横穿南极进行科学考察，历经220天，行程5986千米。1990年3月3日到达考察终点——南极苏联和平站，圆满完成了考察任务。

· 中国科学院开始设立青年科学家奖。之后多位青年地理工作者获奖。

· 中国科学院开始设立科学出版基金。之后多部地理学著作获资助。

## 第四节　地理学年表：公元1990—1999年

### 公元1990年

· 中国时任国家主席江泽民视察"一河两江"中部流域地区。1988年中国西藏自治区政府委托中国科学院青藏高原综合考察队编制《西藏自治区"一河两江"中部流域地区资源开发和经济发展规划》。

· 中国《中国大百科全书》（纸质）第一版《地理学》卷出版。顾问胡焕庸，主编林超，副主编任美锷、李旭旦、吴传钧，编委王乃梁、王成祖、王恩涌、丘宝剑、包浩生、朱震达、刘昌明、李春芬、宋家泰、张兰生、陈吉余、陈传康、陈述彭、周立三、周廷儒、赵松乔、侯仁之、施雅风、席承藩、黄秉维、曹婉如、梁溥、曾世英、廖克、谭其骧等，未担任该卷主编、副主编和编委的有关分支的主编或副主编或编委有景贵和、程国栋、李孝芳、陈昌笃、武吉华、郑作新、张荣祖、章申、谭见安、史念海、朱士嘉、郭来喜、鲍觉民、杨吾扬、胡序威、邓静中、李文彦、张国伍、王煦柽等。全书包括地理学、条目、地理学大事年表、汉字笔画索引、外文索引。其中，条目包括地理学（概述）、综论、地理学发展史、自然地理学、人文地理学、历史地理学、区域地理学、地图学、地名学、方志学。

·中国《中国大百科全书》（纸质）第一版《世界地理》卷出版。该书编委会主任李春芬，副主任鲍觉民、张景哲、张同铸、陆淑芬，委员王煦柽、刘德生、严重敏、陈桥驿、钱今昔、曾尊固、满颖之、张国华、徐成龙。蒋长瑜、孟春舫、汤建中、丁登山等为有关分支主编、副主编和成员。全书包括世界地理（概述）、条目、汉字笔画索引、外文索引、内容索引。世界地理（概述）由李春芬和蒋长瑜撰写。条目主要包括亚洲、欧洲、非洲、大洋洲、北美洲、拉丁美洲、南美洲、南极洲、太平洋、大西洋、印度洋、北冰洋、彩色插页等。在每一洲中主要包括山地、高原台地平原、河流湖泊、半岛、岛屿、其他国家地区和城市等项。

·中国林超、杨吾扬发表"地理学"。提出和阐述研究人与地理环境关系的学科即地理学，地球表面的概念及其特征，地理学具有综合性、区域性、动态性和方法的多样性等研究特点，给出了综合性的地理学体系，将地理学史划分为古代地理学、近代地理学和现代地理学三个时期。

·中国左大康主编《现代地理学辞典》出版。黄秉维、邓静中顾问。根据如下原则确定条目：①系统地介绍地理学及其分支学科体系；②反映现代地理学中出现的新学科、新理论、新概念、新方法；③保留基础性较强的传统词条，并尽可能在释文中充实新内容；④自然地理与人文地理两大学科并重；⑤适量吸收相邻学科的一些基本术语，而这些术语又是地理学研究中经常使用的。共2726条。分为地理学总论、自然地理学、人文地理与经济地理学、地图学及遥感与地理信息四大部分，涵盖28个分支学科及遥感遥测与地理信息系统。从设计、选辞，撰文直至定稿，如此全面、高端的专业工具书，绝非几个人所能完成的。

·联合国开发计划署（UNDP）发布《人类发展报告》。提出和使用"人类发展"概念。

·国际地理联合会亚太区域地理大会在中国北京召开。

·加拿大科灵顿大学建立地球信息科学中心。为地理信息科学创建于发展的重要活动之一。

·联合国政府间气候变化专门委员会（IPCC）发布《第一次评估报告》。该报告确认了对有关气候变化问题的科学基础。它促使联合国大会作出制定《联合国气候变化框架公约（UNFCCC）》的决定。

·联合国开发计划署（UNDP）提出和使用"人类发展指数（HDI）"测度区域发展。该指数是根据阿玛蒂亚·森的发展观设计的指数。为地理分析工具。

·世界银行提出贫困线的经济标准即人均年消费支出 370 美元（按照 1985 年购买力平价）。之后成为地理特别是社会地理分析工具。

·联合国环境规划署"政府间气候变化委员会"发布第一份报告。

·"国际全球环境变化人文因素计划"提出。

·《自然》发表"气候系统的自然变率与温室效应的检测"。

·中国王煦柽和王恩涌阐述文化扩散的类型与机制。

·中国陈述彭等《陆地卫星影像中国地学分析图集》出版。

·中国《1∶100 万中国土地利用图》编辑委员会《1∶100 万中国土地利用图（集）》出版。主编吴传钧。该图集是世界上第一个全国规模的小比例尺土地利用地图集，系统反映了中国土地利用的地域差异特点和分布格局（即中国的分布规律）。

·中国出版《地理集刊 21 号·自然区划方法论》。为黄秉维、郑度、赵名茶、杨勤业等 1987 年开始承担的国家自然科学基金项目"中国综合自然区划"的成果之一。

·中国科学院地理研究所《青藏高原地图集》出版。

·中国刘岳等《中国生活饮用水地图集》出版。"全国生活饮用水水质与水性疾病调查"成果获 1989 年国家科技进步奖一等奖，该图集是主要成果之一。

·周有尚主编《中国人口主要死因地图集》出版。

·中国陆大道等《中国工业布局的理论与实践》出版。

·中国科学院决定将"区域开发前期研究"作为特别支持领域之一。成立"中国科学院区域开发前期研究专家委员会"。孙鸿烈为主任。专家委员会办公室设在中国科学院自然资源综合考察委员会。

·中国《中国大百科全书》（纸质）第一版《地理学》卷中收入的中国古代地理学家有张骞、裴秀、法显、郦道元、玄奘、杜环、窦叔蒙、李吉甫、沈括、范成大、黄裳、赵汝适、耶律楚材、都实、朱思本、汪大渊、郑和、罗洪先、徐霞客、顾炎武、孙兰、顾祖禹、刘献庭、图里琛、郁永和、齐召南、李兆和、徐松、魏源、何秋涛、杨守敬等。

·中国《中国大百科全书》（纸质）第一版《地理学》卷中收入的中国近现代地理学家有邹代均、张相文、翁文灏、竺可桢、王庸、张其昀、胡焕庸、周廷儒、林超、周立三、谭其骧、李旭丹、侯仁之、李春芬、黄秉维、任美锷、吴传钧、施雅风、陈述彭。

·中国钱学森在《人民日报》上发表文章，论述地理学的性质和价值，指出"要从整体上考虑并解决问题"，"地理学不完全是自然科学，地理学是自然科学和社会科学的结合"。

·中国李旭旦提出"地理学是研究地球表面的自然现象和人文现象空间分布以及二者之间相互关系的一门学科"。

·中国钱学森在《自然杂志》上发表"一个科学新领域——开放的复杂巨系统及其方法论"。深远影响地理学家和地理学理论。

·中国地理学会人文地理专业委员会在江苏教育出版社支持下《人文地理学丛书》开始陆续出版。该丛书编委会主编吴传钧，副主编张文奎、王恩涌、郭来喜、金其铭，编委包浩生、崔功豪、罗辑、褚庆林，秘书董新。之后陆续出版《人文地理学》《国土开发整治与规划》《城市地理学》《政治地理学》《人地关系论》《区位论》《土地资源学》《文化地理学》《人文地理学导论》《自然资源学导论》《人口地理学》等。

·中国吴传钧、侯锋《国土开发整治与规划》出版。为吴传钧主编，张文奎、王恩涌、郭来喜、金其铭副主编的《人文地理学丛书》中的一卷。

·苏联《历史时期的种族地理》出版。

·中国陈述彭、赵英时《遥感地学分析》出版。该书包括遥感信息的地学评价、遥感与区域综合分析、遥感与地学宏观研究、遥感地学分析的比较研究。

·中国陈传康提出和阐述"地域结构对应变换分析"概念和理论。

·中国杨勤业阐述黄土高原不同时期自然地带空间秩序及其变化。蕴含地理研究范式的空间秩序维度和时间序列维度思想。

·法国设立国际地理节（International Geography Festival—IGF）。其目的在于促进地理科学研究和地理科学知识普及的进展。每年在法国东北部城市圣迪耶举行。地理学家们一直苦于没有充分的机会让大众了解他们的思想和工作，圣迪耶市力图弥补这个缺陷。

·中国颁布实施《中华人民共和国城市规划法》。中国魏心镇、周一星、胡序威等之前在区域城镇体系规划等方面提供建议。区域城镇体系规划属中国首创。

·中国召开第三次全国农业区划工作会议。

·英国 D. W. 皮尔斯和 R. K. 特纳在其《自然资源与环境经济学》中正式提出和使用"自然资源概念"及其术语。之后 R. 克斯坦萨（1991年）、H. E. 戴利（1996 年）、P. 霍肯（2008 年）、P. 伊金斯（2008 年）等不断发展自然资本概念和理论。成为地理分析工具。

·中国李文彦《中国工业地理》出版。1995 年英文版出版。

·美国迈克尔·波特《国家竞争优势》出版。深远影响区域经济地理学。

·意大利设立"艾托里·马约拉纳—伊利斯科学和平奖"。获奖人由世界科学家联合会选举产生。至 2018 年有 29 位诺贝尔奖获得者获得此奖。

·中国科学院地理研究所开始执行博茨瓦纳城乡土地规划援外任务。

·中国刘盛佳《地理学思想史》出版。该书将地理学划分为萌芽时期、初创时期、形成时期、发展时期。该书包括前言、绪论、地理知识的产生、初期的地理著作、地图的绘制与说明、区域地理——已知世界的描述、旅行记——探索未知世界的记录、中国是地理大发现的先驱、地理大发现、地理学说的出现、地理学科学基础的奠立、马克思主义与地理学、地理学的相关学科、地理学的结构体系、地理学的学科性质、中国形成时期的地理学、现代地理学的研究方法、战后地理学发展的趋势、现代地理学的构想、当代中国地理学综述、我国的人文地理学、我国的自然地理学等章。

·中国科学院兰州文献中心《世界地学工具书》出版。

·中国科学院兰州文献中心和中国科学院地学情报网《中国科学院地球科学家名录》出版。

·中国谭其骧主编《中国历代地理学家评传》（共三卷）开始陆续出版。

·中国生态系统研究网络综合研究中心成立。

·中国《中国地理杂志》英文版创刊。1994 年改由地理杂志社出版。

·英国环境变化研究网络（ECN）建立。开展长期生态定位研究。

·联合国政府间气候变化委员会发布第一次气候变化科学评估报告。迄今已发布第五次报告。第六次评估已经开始。

·美国《全球变化研究法案（1990）》通过。

·国际环境伦理学会（ISEE）成立。其会刊为《环境伦理学杂志》。深远影响地理学和地理学家。

·中国"天地生人学术讲座"成立。是一个主要由天文学、地学、生物学、人文社会科学等诸多方面的学者自发组成的民间性质的、全开放的、纯公益的多学科学术交流平台。

·中国的国家科委开始征求国家《中长期科学技术发展纲领》和《"八五"科技攻关计划》意见。地理学界参加。

·中国科学院批准"国情分析研究"列为院重大项目，由资源环境科学局组织实施。并成立"国情分析研究项目领导小组"，周立三任组长，李松华任副组长，成员还有石玉林、陈锡康、胡鞍钢。1987 年中国的国务院农村发展中心委托中国科学院对中国农村长期发展战略进行研究。中国科学院成立了以周立三院士为组长的国情分析研究小组。

**公元 1991 年**

·中国吴传钧发表"论地理学研究核心——人地关系地域系统"。明确提出和系统阐述地理科学研究核心是人地关系地域系统，并阐述人地关系地域系统的研究范式。包括：（1）人地关系地域系统的形成过程、结构特点和发展趋势的理论研究；（2）人地系统中各子系统相互作用强度的分析、潜力估算、后效评价和风险分析；（3）人与地二大系统之间相互作用和物质、能量传递与转换的机制，功能、结构和整体调控的途径与对策；（4）地域的人口承载能力分析，关键是预测粮食增产的幅度；（5）建立一定地域人地系统的动态仿真模型，根据系统内各要素相互作用的结构和潜力，预测特定的地域系统的演变趋势；（6）人地相关系统的地域分异规律和地域类型分析；（7）不同层次、不同尺度的各种类型地区人地关系协调发展的优化调控模型。他的这一观点在 1979 年已基本形成。成为影响中国地理学发展的重要概念和思想理论。

　·中国开始实行"八五"计划。其中，与地理学有关的主题主要有协调沿海和内地的关系、计划生育、资源管理与环境保护、提高经济效益、农业与水利、促进各地区间经济协作、城乡规划与建设、国土开发整治和环境保护、经济区的主体功能。促进了地理学的发展，地理学也作出了贡献。

　·中国地理学会举办地理建设理论与方法研讨班。为了响应钱学森院士关于建立"地理科学"的号召，推动地理科学进一步发展，中国地理学会委托华东师范大学地理系举办"地理建设理论与方法"研讨班。研讨班由许世远主持，王恩涌、瞿宁淑、张超以及来自全国 40 多个地理单位的 63 位代表参加了这届研讨班。地理学家李春芬、吴传钧和陈述彭分别以"地理学传统与近今发展""人地关系地域系统是地理学的研究核"和"地理科学的复杂性与系统性"为题，作了口头和书面报告。建议成立"中国地球表层科学研究会"，编辑出版《地球表层科学》期刊。

　·中国张超发表"地理系统研究的理论与实践"。其中，阐述了自然与人文尚未实现综合的态势。他指出：尽管传统地理学一再强调"地理学是人文世界与非人文世界的关联"，然而在人文地理学中，人文要素经常被作为结果，而自然要素被作为成因，从而产生了一个重要的实际上非常恶劣的后果，这就是使许多人文要素在区域系统中作为成因没有得到认识，虽然作为结果被详尽地做了叙述，这充分表明对社会事物作为成因的基本重要性质缺乏认识。

· 中国科学院自然资源综合考察委员会等多家单位建立世界最大的自然资源数据库系统。

· 中国地理学会在北京召开第六次会员大会。选举施雅风、张兰生、陈述彭、吴传钧为中国地理学会理事长。

· 中国钱学森9月28日致信中国地理学会理事长黄秉维。提出自然地理学家与经济地理学家的交叉协作问题。

· 中国钱学森2月20日、5月22日、5月29日、6月1日分别致信中国地理学会秘书长瞿宁淑。讨论、建议中国地理学和中国地理学会发展有关事宜。

· 中国吴传钧当选中国科学院院士。

· 中国孙鸿烈当选中国科学院院士。

· 中国安芷生当选中国科学院院士。

· 中国朱显谟当选中国科学院院士。

· 中国赵其国当选中国科学院院士。

· 中国李吉均当选中国科学院院士。

· 中国徐冠华当选中国科学院院士。

· 中国地理学会"地理科学"讲座讨论会召开。

· 中国钱学森在中国地理学会"地理科学"讲座讨论会上发表讲话"谈地理科学的内容及研究方法"。后在《地理学报》发表。

· 中国钱学森阐述构建科学技术体系及其重要意义。他阐述道，今天的科学技术不仅是自然科学工程技术，而且是人认识客观世界、改造客观世界的整个知识体系，这个体系在中国的社会主义建设中有重要作用。深远影响地理学发展。

· 中国佘之祥、董雅文、沈道齐在《地球科学进展》发表论文"地球表层的人地系统及其调控"。提出和阐述地球表层中人地系统是研究的核心。

· 美国S.C.艾肯特发表"当代知觉与行为地理学中的人与环境伦理——个性、态度和空间选择理论"。

·中国地理学会设立"全国青年地理科技奖"。至 2018 年共表彰 138 人。

·《全球变化：地理学的一种方法》出版。为美国和苏联地理学术交流的成果之一。

·美国邓巴·加里《现代地理学：全面的介绍》出版。

·中国曹廷藩等《经济地理学原理》出版。

·中国张文奎、刘继生、闫越《政治地理学》出版。为吴传钧主编，张文奎、王恩涌、郭来喜、金其铭副主编的《人文地理学丛书》中的一卷。提出政治地理学研究世界政治事件的区域分布、联系和差异形成规律，以及政治地区形成与地理环境的关系，并预测其发展变化的趋势。

·中国国家气象局编制《三大洋气候图集》（共 4 卷）。

·中国徐钦珂《天文气候学》出版。

·国际生物多样性计划（DIVERSITAS）设立。由国际生物科学联合会、环境问题科学委员会和联合国教科文组织发起。该计划包括生物编目与计划、生物发现、生态服务、保护与可持续发展 4 个方面。生物多样性计划中国委员会（CNC – DIVERSITAS）于 2004 年成立。

·中国申元村、张永涛、崔海亭等开始（至 1994 年）进行"中国脆弱生态环境区划"研究。完成中国生态环境区划系统和 1：900 万中国脆弱生态区划图。

·中国徐冠华开始（至 2007 年）担任中华人民共和国科学技术部部长。

·美国提出"信息社会"概念。

·美国调整经济统计核算方法，开始关注国内生产总值（GDP）。

·中国国家重大关键基础"攀登"计划开始施行。之后，地理学作为主要学科之一的地学类研究进入该计划。

·国际地理联合会成立"IGU 气候变化区域水文响应研究组"。刘昌明任组长。秘书处设在中国。

·中国科学院"区域开发前期研究"第一期安排多个项目。

·中国科学院黄土高原综合科学考察队《黄土高原地区自然环境及

其演变》出版。之后陆续出版《黄土高原地区土壤侵蚀特征及其治理》《黄土高原地区北部风沙区土地沙漠化综合治理》等 38 部黄土高原科学考察报告系列。

· 中国周立三阐述农业地理学。农业地理学就是以生态环境条件与社会经济发展的综合观点，探讨农业生产在不同类型区域或地带的布局现状、生产结构及其分布规律。

· 中国杨勤业等系统阐述黄土高原自然地域分异规律。发展了自然地域分异理论和对自然地理环境分异性的认识。

· 中国提出和发表《中国土壤系统分类（首次方案)》。之后不断完善，1995 年《中国土壤系统分类（修订方案)》出版。

· 中国开始设立国家理科基础研究与教学人才培养基地。至 2020 年北京大学、兰州大学、北京师范大学、华东师范大学、南京大学、武汉大学、福建师范大学等设立地理学国家理科基础研究与教学人才培养基地。

· 中国地理学会举行"自然地理学与建设地理学"学术研讨会。

· 中国陈传康提出和阐述建设地理学主要研究区域综合开发与发展战略。

· 以中国科学院地理研究所为主组建的中国援助博茨瓦纳土地测量与规划专家队在博茨瓦纳开始工作。

· 中国《中华人民共和国国家农业地图集》作为主要成果之一获国家科技进步奖二等奖。

· 美国彼得·古尔德完成"艾滋病预测地图"及其扩散研究。

· 中国肖笃宁《景观生态学的理论、方法及应用》出版。

· 中国科学院地理研究所左大康主编《现代地理学的理论与实践》系列学术著作开始陆续出版。

· 中国左大康等《地球表面辐射平衡研究》出版。为《现代地理学的理论与实践》中的一卷。

· 美国 B. 霍尔和 M. L. 凯尔在《1991—1992 绿色指数——对各州环境质量的评价》中明确提出"绿色指数"概念及其术语以及测度绿色经

济指标体系。

·美国保罗·克鲁格曼在《政治经济学杂志》发表"收益增长与经济地理"。之后出版《发展、地理学与经济理论》。是被称为"新经济地理学"学科的重要文献。

·中国王铮、丁金红、章可奇、沈建法、吴必虎发表"论现代地理学对象、内容、结构和基本方法"。提出地理学具有 PRED 性。

·苏联地理学会更名为俄罗斯地理学会。

·中国《地理新论》发表黄秉维"如何对待全球变暖——在没有把握的问题中寻求可以把握的东西"。

·开始设立瓦特林·路德国际地理学奖。瓦特林·路德又译为沃特兰·吕德。

·中国国务院批准全国农业区划委员会关于进一步加强农业区划工作的报告。地理学是支持主要学科之一。

·美国乔治·赫伯特·布什政府的教育方案中地理课程是核心课程。

·中国的国家科委宣布第一批国家基础性研究重大关键项目正式启动。亦称"攀登计划"。

·中国史惠泉等《英汉湖泊学词汇》出版。

·中国国务院决定每年的 6 月 25 日为中国的"全国土地日"。属于中国的国家法定节日。中国是世界上第一个为保护土地而设立的专门纪念日的国家。促进中国的地理科学文化发展。

·苏联解体成立陶宛、阿塞拜疆、格鲁吉亚、乌兹别克斯坦、吉尔吉斯斯坦、爱沙尼亚、塔吉克斯坦、拉脱维亚、亚美尼亚、乌克兰、土库曼斯坦、白俄罗斯、俄罗斯、摩尔多瓦、哈萨克斯坦 15 个国家。深远影响世界地理格局和世界地理研究。

·"独立国家联合体"（CIS）成立。简称"独联体"。其成员国多有变化。深远影响世界地理格局和世界地理研究。

·南部非洲发展共同体成立。简称"南共体"。前身为 1980 年成立的南部非洲发展协调会议。深远影响世界地理格局和区域地理格局。是地理研究主题之一。

·南方共同市场成立。深远影响世界地理格局和区域地理格局。是地理研究主题之一。

### 公元 1992 年

·第 27 届国际地理大会在华盛顿举行。

·国际地理联合会环境变迁的地貌响应委员会（GERTEC）成立。前身是国际地理联合会地貌观测理论和应用委员会。

·联合国在巴西里约热内卢召开环境与发展会议。通过《关于环境与发展的里约热内卢宣言》。

·联合国在巴西里约热内卢召开环境与发展大会。通过《21 世纪议程》。是"世界范围内可持续发展行动计划"，它是至 21 世纪在全球范围内各国政府、联合国组织、发展机构、非政府组织和独立团体在人类活动对环境产生影响的各个方面的综合的行动蓝图。深远影响地理学和地理学家。

·俄罗斯和美国科学家联合开始（至 1995 年）对 R. 贝利 1989 年编制的《世界生态区域图（1∶3000 万)》进行了修订。

·联合国环境与发展大会给出荒漠化定义。荒漠化是"由气候变化和人类活动等各种因素造成的干旱、半干旱及干燥亚湿润地区的土地退化"的过程及结果。这一概念至今仍是指导各国开展荒漠化研究的基本概念。早期的荒漠化概念是指"沙漠扩展、沙丘入侵及干旱等导致的土地生产力退化"的过程和结果。新的荒漠化概念与以前的荒漠化概念有很大不同。

·俄罗斯成立俄罗斯基础研究基金会（RFBR）。资助与地理学有关的主要领域有地球科学、人类学和社会学。会刊为《俄罗斯基础研究基金会》。1994 年人文和社会科学部分单独成立俄罗斯人文科学基金会。

·中国吴传钧在义务教育地理教育改革研讨会上作报告"地理学的发展"。

·中国刘昌明阐述地理过程研究（即时间序列研究)。认为可以划分为不停时域（态）即现在的、过去的、未来的，现在过程的研究是认识过去的钥匙，地质时期和历史时期的过程的研究有助于对现代过程的认识，现在和过去的地理过程的研究则是预测未来的根据。

·中国刘昌明阐述自然地理系统耦合。包括简单耦合和多系统耦合。

·中国国家重大关键基础"攀登"计划列入"青藏高原形成演化、环境变迁与生态系统研究"。中国孙鸿烈为首席科学家。1997 年该项目启动。包括 5 个课题：青藏高原岩石圈结构、演化和地球动力学研究，晚新生代以来环境变化研究，青藏高原近代气候变化、趋势预测及对环境影响的研究，青藏高原生态系统结构、功能和演化分异的研究，青藏高原隆起及其对资源、环境和人类活动影响的综合研究。该项目发表 500 余篇论文 5 部专著（即《青藏高原研究丛书》）。

·中国孙鸿烈强调以定性为主向定量定性相结合的研究，从静态、类型研究向动态、过程和机制研究，从单一学科研究向综合研究，从区域研究向与全球环境变化相联系研究的转化和深入。这些主张贯彻落实在该项研究中。

·中国郑度发现"中昆仑山南麓—北羌塘高原"为青藏高原寒冷干旱核心区域，并进行系统论证。在此前后中外多学科科学家们对亚洲寒冷干旱核心区域曾有多种猜测。

·中国郑度、杨勤业发表"干旱河谷类型及形成原因的探讨"。

·国际地理联合会发布《地理教育国际宪章》。规定地理教育内容包括基本态度和价值观念、知识、技能三个维度。1993 年中文版首发于《地理学报》。后又发布《2016 地理教育国际宪章》。

·中国李文彦、陆大道、胡序威、陈汉欣、赵令勋、陈航、张文尝、刘毅、张雷、周世宽等完成的"中国工业发展与布局研究"获国家科技进步奖三等奖。主要成果包括《中国工业地理》《中国工业布局的理论与实践》。

·国际地理联合会乡村系统可持续性研究小组成立。1996 年升级为国际地理联合会乡村系统可持续性委员会（CSRS）。

·联合国教科文组织召开第三次科学与文化国际学术会议。会议指出：社会和谐和国际理解要求尊重文化多样性，文化多样性中包括了人类在对待环境方面积累下来的经验储备，它们使共处和自信成为可能。

·日本国际研究中心召开"环境危机中的自然界与人类"国际研讨会。该会议以如何对待自然环境的思维问题为核心。

·中国钱学森1月3日、1月30日、3月25日、5月7日、6月23日、9月21日、10月8日、12月18日分别致信中国地理学会秘书长瞿宁淑。讨论、建议中国地理学和中国地理学会发展有关事宜。

·中国《中国自然资源丛书》开始编纂，1995年后陆续出版。国家计委国土司主持，房维中任主任，刘江、孙鸿烈、方磊和沈龙海任副主任。共42卷，1500万字。这是中国第一套自然资源巨著，包括地区卷、部门卷和综合卷三个部分。

·《美国和苏联城市地理学》出版。为美国和苏联地理学术交流的成果之一。

·《地理学的艺术和科学：苏联和美国地理学展望》出版。为美国和苏联地理学术交流的成果之一。

·中国李克让、张丕远主编《中国气候变化及其响应》出版。

·中国姚士谋《城市群新论》出版。"城市群"概念逐渐为中国学术界广泛采用。

·中国崔功豪等《城市地理学》出版。为吴传钧主编，张文奎、王恩涌、郭来喜、金其铭副主编的《人文地理学丛书》中的一卷。该书包括城市与城市地理学、城市的形成和发展、城市化、城市空间布局、城市职能与城市分类、城市地域结构、城镇体系、城市生态环境、新城建设等。

·美国国家航空航天局（NASA）提出地球系统过程概念化模式。包括几千年至几百万年模式、几十年至几百年模式。

·开始出现和使用"地理信息科学"概念及术语。

·《自然》发表"构造运动对晚新生代气候的影响"。

·《自然》发表"太阳活动周期长度、温室强迫与全球变暖"。

·《自然》发表"太阳辐射照度周期性变化对全球变暖的意义"。

·美国总统乔治·赫伯特·布什专门发布文件要求加强地理教育。

·美国托马斯·威尔班克斯发表"地理学的挑战与机遇"。

·中国牛文元《理论地理学》出版。该著作提出和阐述了如下问题：（1）提出了研究理论地理学应遵循的五大原则，它们是：地理系统的整体性原则，地理要素的最小限制原则，地理现象或地理事件的连续过渡原则，地理环境的趋稳性原则和地理过程的震荡节律原则。（2）总结了理论地理学在其发展过程中已形成了六种重要的观点，每一种观点都对理论地理学的范围及内容有所丰富和贡献，它们是：空间分布观点、景观学观点、生态学观点、区位论观点、计量学观点和系统论观点。（3）对理论地理学的科学地位作出了四点判断：①在各类学科之中，地理学几乎是唯一的既联系着自然环境、又联系着社会经济的独特学科，具有一种沟通自然与人文之间联系的桥梁作用；②在地理学的自身体系中，总是摆脱不了"二元性"的约束。不仅在研究内容上广泛地包括自然因素和人文因素这两个不同的范畴，而且在对于地理学的认知上，或单从"区域"观点出发，或单从"部门"观点出发，都无法圆满地解决地球表面范围内所涉及的问题，这就产生了地理学必然具备着高度综合性的特点；③在承认自然界是一架"精巧机器"的前提下，也就必然应当承认地理环境中的协同性。这种协同性不仅表现于各种自然要素之间的影响和匹配，更会表现在人与自然的关系之中。一种广延了的有序性分析，将会为理论地理学的发展开辟一条甚为宽广的道路；④地理学是空间分布研究与时间过程研究的统一体。毫无疑义，一方面，离开了空间分布的识别与探讨，一定会自然地消失其存在的价值；另一方面，离开了地理事件，随着时间的演进过程，也只能把地理学变成一种静态的、表象的科学。因此，理论地理学必然具有综合的、动态的、随机的和时空耦合的特征。（4）探索出的对理论地理学的研究方法，值得年轻学者学习和借鉴。主要是：①对于具体的地理空间和地理过程，已逐步地从表象的认识及定性的分析，转入朝向抽象思维与数量表达这样的方面发展，力图将研究对象的形态与本质、结构与功能、稳定与变化、激励与响应、时间与空间、自然与人文，有机地耦合在一起，形成具有动态变化的统一体系，并由此去发现新概念、新理论与新方法；②增加和重视了实验技术的比重，广泛地、连续地和准确地采集、贮存和处理地理信息，为区域地理数据库的建立和应用提供合理的思路及模式；③注意引进系统论、信息论、控制论以及耗散结构、突变论、协同论、组织学等基本原理和具体方法，对于地理空间的结构、对于地理过程的模拟、对于演化趋势的预测、对于区域质量的评判、对于地理决策的完善、对于空间行为的认识、对于基础理论的深入挖掘等，已经成为理论地理学家们不断追求的目标。当然，理论地理学的发展，具有一定的阶段性。在不同的阶段中会呈现出明显的继承性和递进性。

·中国张荣祖等《横断山区干旱河谷》出版。为青藏高原横断山区科学考察丛书之一。是中国第一部针对横断山区干旱河谷的自然地理专著。《横断山区干旱河谷》从自然地理综合研究出发，内容涉及在各有关学科的综合基础上，提出一个干旱河谷分类系统，以便较科学地反映干旱河谷的区域差异；提出关于干旱河谷形成原因的综合性见解，系统阐述干旱河谷各自然要素的规律性及其与农业生产的关系，讨论如何改善干旱河谷生态条件，分区阐述各干旱河谷农业结构及其与自然条件关系的基本现状，提出各区农业开发方向与进一步需要研究的问题。全书分为概论、干旱河谷类型及形成原因的探讨、干旱河谷的地貌、干旱河谷气候条件及其与农业生产的关系、干旱河谷的植被、干旱河谷的生物资源、干旱河谷的土壤及其改良利用、干旱河谷的土地资源及其利用、干旱河谷的水资源及扩大农业用水的途径、干旱河谷自然灾害及其防治、干旱河谷农业生产的特征及分区农业的发展方向等章节。

·中国任美锷和包浩生主编《中国自然区域及开发整治》出版。将中国划分为8个自然区、30个自然亚区、71个自然小区。以自然小区为重点进行说明，按自然区阐述资源利用和环境整治问题。

·中国任美锷和包浩生发表中国综合自然地理区划方案。该方案是他们1961年中国综合自然地理区划方案的调整和优化。将中国划分为8个自然区、30个自然亚区、71个自然小区。该方案高度重视非地带性自然地域分异因素的作用。

·美国组织22所大学完成的《地球系统科学百科全书》出版。

· 中国杨展、李希圣、黄伟雄主编《地理学大辞典》出版。

· 中国刘伉《五种语言地理学词典（英汉法德俄对照）》出版。

· 英国 N. 利文斯通发表"地理学传统"。

· 联合国通过《联合国气候变化框架公约》。1994 年开始生效。深远影响地理学和地理学家。

· 美国《地理学的内部世界：当代美国地理学中的普遍主题》出版。阐释了地理学是什么、地理学家做什么、地理学家如何思考和地理学家为什么这样思考。

· 美国地理数据委员会开始研究地理信息标准。

· 美国罗兰·罗伯特阐述"全球化"概念。

· 加拿大 W. E. 里斯提出"生态足迹"概念和定量方法，包括"生态占用"、生态承载力和生态盈亏等。之后其学生 M. 威克内尔格进一步完善、推广。使用"生物生产面积（BPA）"　"生态生产面积（EPA）"等。

· 中国牛文元提出和阐述反映人类活动强度的指数。指标主要包括反映自然情况的地理优势度、反映经济活动强度的区域开发度和反映社会发展的人文影响度三类指标。

· 中国海岸带和海涂资源综合调查完成。

· 中国科学院地理研究所陆大道、毛汉英、胡序威、刘毅、庞效民等开始（至 1997 年）完成"中国沿海地区区域开发与 21 世纪可持续发展研究"。为中国"国家'十五'经济社会发展规划"编制提供科学根据。该项研究成果包括"环渤海地区整体开发与综合治理""东南沿海地区外向型经济发展与区域投资环境综合研究""中国沿海地区 21 世纪持续发展研究"。

· 中国全国人大七届五次会议表决通过《关于兴建长江三峡工程决议》。

· 中国科学院颁发《中国科学院政策纲要》。深远影响地理学发展。

· 中国何培元等《庐山的第四纪冰期与环境》出版。坚持李四光庐山冰期观点。

·法国保罗·克拉瓦尔在中国台湾师范大学地理系开设地理学思想史课程。1995 年出版《地理学思想史》，后多次再版。

·国际华人地理信息科学大会在美国布法罗市召开。事后成立国际华人地理信息科学协会（CPGIS）。在参加了于美国华盛顿召开的第 27 届国际地理大会之后，华人地理学者齐聚美国布法罗，林珲牵头并与几位活跃的青年华人学者，组织了首届国际华人地理信息科学大会，中国陈述彭、徐冠华、郑度、张兰生、张国友、保继刚、王铮等出席。事后成立的国际华人地理信息科学协会（CPGIS），负责组织 CPGIS 系列年会至今。

·俄罗斯开始举办全俄中学生地理奥林匹克竞赛。

·中国开始设置国家级新区。上海浦东新区设置。至今已设置 17 个国家级新区。

·大湄公河次区域经济合作（GMS）由亚洲开发银行发起成立。大湄公河次区域经济合作建立在平等、互信、互利的基础上，是一个发展中国家互利合作、联合自强的机制，也是一个通过加强经济联系，促进次区域经济社会发展的务实的机制。深远影响地区地理格局及其研究。

·联合国通过《人文价值观世界宣言》。深远影响地理学和地理学家。

·联合国通过《生物多样性公约》。深远影响地理学和地理学家。

·中国开始设立"国家图书奖"。包括国家图书奖荣誉奖、国家图书奖、国家图书奖提名奖。《中华人民共和国国家自然地图集》《中国历史地图集》《青藏高原研究丛书》《中国土壤（第二版）》《中华人民共和国农业地图集》等在不同届次获奖。

·中国陈国达等主编《中国地学大事典》出版。

·帕特里克·戈蒂埃·达切尔发表"枢机主教的地理工作：发现初期对世界的表现和对地图的感知"。其中阐述了意大利是学术宇宙志的首要中心及其主要工作。

·中国的大陆和台湾地区开始两岸科学家互访。包括地理学家。

·联合国环境与发展大会，呼吁重视对海平面上升问题的研究和纳入政府决策议程。次年中国科学院开始开展研究。

### 公元 1993 年

·中国时任国家主席江泽民参观中国科学院成果展"自然资源综合考察委员会展区"。

·美国副总统艾伯特·戈尔提出数字地球概念。之后，1998 年明确提出和阐述并使用数字地球术语，2005 年成为现实。

·《中国大百科全书》（纸质）第一版《中国地理》卷出版。黄秉维任编委会主任，王成祖、陈尔寿、罗来兴、单树模、赵松乔、程潞为副主任，丁锡祉、邓绶林、杨利普、张子桢、高泳源、梁溥、景才瑞为委员。除该书编委会主任、副主任和编委外，李润田、李桢、沈灿燊、魏清泉、冯绳武、汪一鸣等为各地区主编、副主编。全书包括中国地理（概述）、条目、汉字笔画索引、外文索引、内容索引等。其中条目主要包括总论、一级行政区和特别行政区、重要地名、主要山脉和山峰、其他著名山脉和山峰、山地丘陵火山、主要河流、其他重要河流、湖泉沼泽地热、峡谷、海峡海湾、岛屿半岛、高原盆地平原三角洲草原沙漠、关隘山口、水利工程、自然保护区、名胜古迹遗址、其他，附有彩色插页。

·中国钱学森提出和阐述马克思主义哲学、地理哲学、地理科学、地理实践经验知识库及其哲学思维、地理不成文的实践感受等知识层次之间的关系，并手绘示意图。1995 年、1996 年不断修改完善示意图。深远影响地理学和地理学家。

·中国黄秉维阐述地球系统科学与自然地理学关系。他阐述道，研究全球环境变化的科学家于经历了 30 多年的探索之后在 3 年前倡议建立所谓地球系统科学，事实上就是全球规模的自然地理学，最近此方向的工作又扩大了范围，兼及有关的社会、经济、政治问题，其主旨其领域与地理学几无二致。

·中国科学院地理学部根据学部委员建议，开展海平面上升影响的考察。中国科学院地学部组织有关学部委员和由多学科专家组成的考察组，选择珠江、长江、黄河三个地势较低、经济发展快、人口稠密的三角洲作为重点考察对象。考察组提出了《海平面上升对我国沿海经济发展影响与对策》的报告。国务院有关部门和有关地区政府，对考察报告给予了高度重视。

·中国陈传康、伍光和、李昌文在《综合自然地理学》中，阐述自然地域分异。包括全球性自然地域分异（热力分带性自然地域分异、海陆分异、海陆起伏分异）、全大陆全大洋自然地域分异（纬度地带性规律、干湿度地带性和水平地带性）、区域性尺度自然地域分异（由区域性大地构造—地貌分异引起的景观分异、省性分异、带段性分异）、中尺度自然地域分异（由高原、山地和平地内部的地势地貌分异引起的区域分异，地方气候差异引起的区域分异，垂直带性分异）、小尺度自然地域分异（地貌部位和小气候引起的分异，岩性、土质和排水条件引起的分异、组合型景观和重复型景观分异）。

·中国《中国人文地理丛书》编委会成立。吴传钧为主编。

·中国孙鸿烈开始（至 1996 年）任国际科学联合会（ICSU）副主席。

·中国程国栋当选中国科学院院士。

·中国章申当选中国科学院院士。

·中国科学院组织的"香山科学会议"正式启动。香山科学会议是以"科学前沿和未来学术讨论会"为主的高层次学术会议。其宗旨是提供自由讨论的宽松环境，促进学科的交叉与融合，推进跨学科研究，面向科学前沿，促进知识创新。主要议题为基础研究和重大工程领域重大问题。地理科学是议题之一。

·中国国家地图集编纂委员会《中华人民共和国国家经济地图集》由中国地图出版社出版。英文版由牛津大学出版社出版。1996 年完成电子版。1997 年获国家科技进步奖三等奖。主持单位为中国科学院地理研究所。

·美国国家研究院（NRC）建立"重新发现地理学委员会"。专门开展对美国地理学进行综合评估的工作。评估包括确定地理学学科的关键问题和制约条件、澄清教学与科研的优先次序、把地理学作为一门科学的发展同国家对地理学教育的需求联系起来、在科学界增加对地理学的认识，与国际科学界就该学科在美国的未来发展方向进行交流。

·俄国 B. B. 道库恰耶夫《俄罗斯黑钙土》出版 100 周年。苏联召开了国际学术讨论会。

·苏联 A. Ⅱ. 谢尔巴柯夫等沿着 B. B. 道库恰耶夫 100 余年前的考察俄国黑钙土的路线，又一次进行了大规模黑钙土的研究。

·潘那约托发现和提出以及阐述环境库兹涅茨曲线（EKC）。表明自然环境质量与人均收入呈倒 U 形曲线关系。

·中国正式使用国内生产总值 GDP 作为国民经济核算的核心指标。之后称为地理研究重要指标工具。

·中国地理学界 9 位院士上书国家教委，要求在高考中恢复地理考试。

·中国地学界黄秉维、吴传钧等 32 位院士和中国地理学会全体理事联名致函全国各省、自治区和直辖市的省（区、市）委书记、省长（主席、市长），呼吁 1994 年各省高考文科类应考地理。

·中国《中华人民共和国国家经济地图集》出版。《中华人民共和国国家经济地图集》是"中华人民共和国国家地图集系列"的重要组成部分。以地图的形式全面系统地反映中国经济和社会发展概貌，表达中国社会经济现象的空间分布和地区特征，直观和形象地表示国民经济各部门的规模水平、比例结构、发展速度和分布格局。这是中国第一部反映国家经济和社会发展总貌的地图集。该图集是国家图集中图幅最多、编制复杂和备受关注的一部大型制图作品。它汇集了 1985—1990 年间的国民经济领域大量资料，共有 265 幅地图，20 万字的文字说明，是一部展现中国现代化建设光辉成就的巨幅画卷，为各主管决策部门进行宏观决策、制定经济政策、编制长远规划、合理配置生产力等提供科学依据。

·法国保罗·克拉瓦尔《区域地理学导论》出版。

·中国吴传钧、蔡清泉《中国海岸带土地利用》出版。为中国国家科委组织的"全国海岸带和海涂资源调查"成果之一。

·美国萨缪尔·亨廷顿发表"文明的冲突"。1996 年《文明的冲突与世界秩序的重建》出版。之后 40 余种语言译本出版,首次中译本于 1998 年出版。

·美国萨缪尔·亨廷顿提出和阐述冷战后的世界文明(包括中国文明、日本文明、印度文明、伊斯兰文明、西方文明、东正教文明、拉丁美洲文明和非洲文明)及其重要作用,并预言西方和中华文明及伊斯兰文明的冲突将构成世界秩序的主轴。

·中国周立三定义"地理区域"概念。认为地理区域是地球表层有边界的一个连续部分或地段。

·中国周立三主编《中国农业区划的理论与实践》出版。

·中国生物圈保护区网络成立。

·加拿大地理学家协会开始出版四卷本的加拿大地理著作《加拿大的冷环境》《加拿大城市社会地理变革》《加拿大和全球经济》《加拿大的地表气候》。

·中国包浩生、彭补拙《自然资源学导论》出版。为吴传钧主编,张文奎、王恩涌、郭来喜、金其铭副主编的《人文地理学丛书》中的一卷。该书包括绪论、气候资源、水资源、土地资源、生物资源、海洋资源、矿产资源、能源资源等。

·国际长期生态系统研究网络(ILTER)在美国成立。是一个以研究长期生态学现象为主要目标的国际性学术组织。目前有约 50 个国家和地区加入。中国傅伯杰 2009 年开始担任主席。

·中国钱学森 1 月 28 日、3 月 17 日、3 月 28 日、4 月 14 日、7 月 4 日、7 月 25 日、9 月 22 日、10 月 8 日、10 月 19 日分别致信中国地理学会秘书长瞿宁淑。讨论、建议中国地理学和中国地理学会发展有关事宜。

·中国发布中华人民共和国国家标准《自然保护区类型与级别划分原则(GB/T14529 - 93)》。

·中国科学院地理研究所(郑度主编)《自然地理综合研究——黄秉维学术思想探讨》出版。

·中国王正毅《现代政治地理学》出版。论述了政治区域、国家静态分析即空间形态和结构、国家动态分析即空间传统、国际组织、世界政治地图等。

·中国金其铭、杨山、杨雷《人地关系论》出版。为吴传钧主编，张文奎、王恩涌、郭来喜、金其铭副主编的《人文地理学丛书》中的一卷。该书包括地理学与人地关系论、人地关系研究史、地理环境决定论、人地相关论和文化景观论、适应论以及协调论、人地关系的哲学透视、人地关系的系统、人地关系的联结等。

·爱尔兰安·布蒂默《地理学与人文精神》出版。2019 年中国北京师范大学出版社出版中译本，为中国周尚意主编《人文地理学译丛》中的一卷。

·中国韩渊丰、张治勋和赵汝植主编《区域地理理论与方法》出版。

·英国利兹大学地理学院成立计算地理中心。

·中国和日本签订中日亚洲季风机制研究合作协议。开始开展合作研究。

·欧洲联盟（EU）成立。简称欧盟。深远影响世界地理格局。是地理研究主题之一。

·中国刘澎野、蔡建霞主编《中国现代地理科学人物辞典》出版。

·中国孙鸿烈开始任全国人大常委。

·中国孙鸿烈开始（至 2003 年）任全国人大常委并参加资源环境委员会工作期间，从立法角度对全国资源环境问题开展调研。

·中国石元春、贾大林、傅积平、辛德惠、谢承陶、宋兆民、程维新、史立本、王树安、魏由庆、张华一完成的"黄淮海平原中低产地区综合治理的研究与开发"项目获国家科技进步奖特等奖。

·中国科学院地理研究所、中国科学院南京土壤研究所、石家庄农业现代化研究所等完成的"黄淮海平原农业增产及农村经济发展"获第三世界科学组织网络（TWNSO）农业奖。

·中国成立国务院三峡工程建设委员会。这是国务院领导三峡工程建设和移民工作的高层次决策机构。设立很多服务三峡建设与发展的应用基础和应用方面研究项目，地理学是主要学科之一。

· "中国自然资源学会"由 1980 年成立的"中国自然资源研究会"于 1993 年更为此名。

· 联合国通过《波兹南学术自由宣言》。深远影响地理学和地理学家。

**公元 1994 年**

· 中国国家领导人会见中国科学院第七次院士大会和中国工程院成立暨首届院士大会的全体院士。

· 欧洲地理学会（EUGEO）成立。

· 南非地理学家协会成立。

· 中国钱学森等《论地理科学》出版。全面阐述地理科学有关基本问题。作者有钱学森、竺可桢、黄秉维、吴传钧、陈述彭、王恩涌、佘之祥、沈道齐等。该书阐述了地理科学的研究对象、地球表层及其进化、地球表层学、地球科学及其发展、地球科学系统建设、从定性到定量综合集成法、人地关系的发展与调控、地理科学的复杂性和系统性、地理系统研究内容和地理学整体思维等方面问题。

· 中国科学院决定在北京建立中国科学院现代地球科学研究中心。

· 中国黄秉维倡导研究"陆地表层系统科学"。在地球表层基础上明确提出地球陆地表层概念。

· 中国全国人民代表大会环境与资源保护委员会成立。推进了资源环境保护的法制化进程。

· 中国开始施行"八七扶贫计划"。中国国务院制定《国家八七攻坚计划》，这是今后 7 年全国扶贫开发工作的纲领，也是国民经济和社会发展计划的重要组成部分。"八七"的含义是：对当时全国农村 8000 万贫困人口的温饱问题，力争用 7 年左右的时间（从 1994 年到 2000 年）基本解决。

· 美国斯坦·奥本肖提出计算的人文地理学概念并使用该术语。

· 中国李德仁当选中国科学院院士。

· 美国 S. 夏平阐述定律及其提出者的社会背景问题。深远影响地理学哲学研究。

· 中国吴传钧、郭焕成等《中国土地利用》出版。

· 中国赵松乔《中国地理：环境、资源、人口和发展》（英文）在美国出版。为第一部中国人著的中国综合地理英文著作。

· 英国 R. J. 约翰斯顿《人文地理学词典（第三版）》出版。包括 700 个词条，其中 100 多个词条是第一次出现，有 45 位作者。2004 年中国出版柴彦威、唐晓峰等译校的中译本。

· 美国 J. B. 哈利和美国 D. 沃德武德《世界地图史》出版。

· 中国杨文衡《世界地理学史》出版。为《自然科学史丛书》之一卷。全书包括上古时期地理知识的萌芽和积累、古代地理学的产生和发展、中世纪的地理学、近代地理学等章。在上古时期地理知识的萌芽和积累中阐述了上古时期的中国、埃及、腓尼基等地理知识。

· 中国刘继生、张文奎、张文忠《区位论》出版。为吴传钧主编，张文奎、王恩涌、郭来喜、金其铭副主编的《人文地理学丛书》中的一卷。该书包括区位理论的基本概念及其研究的重要意义、区位论的产生与发展、农业区位论、工业区位论、经济区位论、运输区位论、城市区位论、商业区位论、行为区位论等。

· 中国商务印书馆翻译出版苏联 B. A. 阿努钦《地理学的理论问题》。李德美、包森铭译。

· 中国国家土地局土地利用规划司《全国土地利用总体规划研究》出版。

· 中国通过和颁布《中国 21 世纪议程》。成为中国区域可持续发展及其研究总纲。1992 年开始编制。深远影响地理学和地理学家。

· 中国成立"中国 21 世纪议程管理中心"。地理学为支持学科之一。

· 美国发布《美国国家地理标准》。该标准是《目标 2000：美国教育法》的一部分，它是美国公立学校的学生掌握基本地理知识的指南，提出 18 个地理标准。

· 国际地理联合会土地利用/土地覆被变化研究小组成立。1996 年升级为国际地理联合会土地利用/土地覆被变化委员会。

· 中国郑度在联合国举办的国际会议上作"中国的荒漠化及其整治"报告。之后在国际刊物上发表。

· 中国杨逸畴、高登义、李渤生等"发现"和提出，雅鲁藏布大峡谷（当时称为雅鲁藏布江下游大拐弯峡谷）为世界第一大峡谷。他们在实地考察探险、室内航测地图、航空照片、卫星影像分析的基础上，确认该峡谷的长度和宽度等。1998 年正式确定使用雅鲁藏布大峡谷名称。

· 国际地理联合会在捷克布拉格召开区域会议。波兰与荷兰地理学组织提议举办地理奥林匹克竞赛。1996 年举行第一届。

· 美国设计完成可视化虚拟实验室。

· 联合国《联合国防治荒漠化公约》给出荒漠化的新定义。

· 中国防治荒漠化协调领导小组组织中国林业科学院等单位开始中国荒漠化普查工作。1996 年完成。

· 中国黄淮海平原农业开发项目成果获第三世界科学组织网络年度农业奖。

· 中国叶青超主编《黄河流域环境演变与水沙运行规律研究》出版。为中国左大康主持国家自然科学基金重点项目的成果之一。该项目成果1995 年获中国科学院自然科学奖一等奖，为首次开展多学科综合研究。

· 美国国家地理学会等《生活的地理：国家地理标准》出版。

· 美国国会通过《2000 年目标：美国教育法》。地理学为美国学校教育核心课程。

· 《自然》发表"青藏高原的褶皱作用：来自重力和地形资料的证据"。

· 中国工程院成立。截至 2019 年，有 6 位中国地理学家当选中国工程院院士。

· 国际欧亚科学院（IEAS）成立。其组织结构主要由两大部分组成：一是按科学领域组成科学学部；二是按国家或大的区域范围建立科学中心。目前共划分 14 个学部，即（1）航空航天方法与地球遥感技术学部；（2）生态问题与环境评价学部；（3）研究地球的地学、生物、水域和大气层的航空航天与地面资料综合判读学部；（4）自然灾害现象与危险的技术过程预测预报学部；（5）地球信息科学和地理信息系统学部；（6）全球和局部地区通信系统科技问题学部；（7）预防医学、医学地理学、流行病学、病源生态学、微生物学、免疫学和卫生学学部；（8）经济地理学、国际经济联系和商业往来学部；（9）人口学、人种学、考古学和历史学学部；（10）文化学学部；（11）各国人民宗教联系学部；（12）地理政治和国际法学部；（13）当今社会的社会经济发展的共同原则学部；（14）自然资源和能源开发与保护技术学部。目前在以下国家建立了国际欧亚科学院国家科学中心：奥地利、白俄罗斯、保加利亚、英国、德国、以色列、中国、波兰、俄罗斯、斯洛伐克、乌克兰、法国、捷克、南斯拉夫、日本。国际欧亚科学院拟建立六个区域科学中心：远东科学中心（东京），亚太科学中心（北京）；近东科学中心（开罗），独联体科学中心（莫斯科），南欧科学中心（巴黎），北欧科学中心（德累斯顿）。多位地理学家当选该院院士，其中，中国有张镜湖、李文华、廖克、陈述彭、章申、何建邦、刘燕华、彭公炳、周成虎、毛汉英、钟耳顺、方创琳等。

·俄罗斯成立俄罗斯人文科学基金会。从 1992 年成立的俄罗斯基础研究基金会独立出来。会刊为《俄罗斯人文科学基金会》。2016 年并入俄罗斯基础研究基金会，会刊更名为《俄罗斯基础研究基金会：人文与社会科学》。

·中国地理信息系统协会（CAGIS）成立大会在北京召开。陈述彭、孙鸿烈、李德仁、史培军等分别为顾问、副会长和常务理事。

·中国开始设立国家杰出青年基金项目。截至 2018 年，累计资助 3988 项。其中，地学部 421 项，其依托单位 85 个。

·中国科学院寒区旱区环境与工程研究所姚檀栋获国家杰出青年基金项目资助。

·中国颁布《中华人民共和国自然保护区条例》。

·中国中央电视台"人与自然"开播。栏目内容定位为介绍动植物和自然知识以及探索人与自然之间的相互影响，相互作用，探讨社会、经济、生态协调发展和可持续性发展的有效途径。对公众地理教育有重要作用。

· 中国科学院召开第七次院士大会，选举产生首批外籍院士。

· 中国工程院成立暨首届院士大会在北京召开。

· 集体安全条约组织（CSTO）成立。深远影响世界地理格局，是地理研究主题之一。

· 加勒比国家联盟（ACS）成立。深远影响世界地理格局，是地理研究主题之一。

### 公元 1995 年

· 中国地理学会在北京召开第七次会员代表大会。选举吴传钧为中国地理学会理事长。

· 英国皇家地理学会和英国地理学家协会于 1995 年合并，仍称英国皇家地理学会。

· 联合国在德国柏林召开气候变化大会。会议通过了《柏林授权书》等文件，提出发达国家应减少温室气体排放，决定将联合国《气候变化框架公约》的办事机构常设秘书处设在德国波恩。

· 中国"国家地图编纂委员会"《中华人民共和国国家普通地图集》由中国地图出版社出版。为《中华人民共和国国家地图集》首卷，也是编制其他各分卷的基础。曾世英指导，喻沧主编，100 余位人员承担。该图集全面显示了中国自然地理面貌，详细地表现与工农业生产和人民生活息息相关的水文、地势、居民地、交通、政区、土质、植被等基本要素的分布，是全面了解国情、规划部署生产、进行国土开发利用和地学研究等的重要基础资料之一。其内容包括序图组（18 幅主题图和 20 个统计图表）、区域图组（地图 20 幅）、省区图组（9 个典型地区扩大图和108 个主要城市图）和地名索引（40000 多条）。该图集是一部集科学性、实用性、艺术性为一体的综合图集，是了解中国必不可少的参考资料之一。

· 中国国家自然科学基金委员会《地理科学》出版。吴传钧为组长，郑度为副组长，王恩涌、刘昌明、李文彦、李德美、吴祥定、胡序威、赵济、郭廷彬、章申为组员。为自然科学学科发展战略调研报告之一。为地理学基础理论和学科战略著作。该书包括前言、摘要、绪论、地理科学的发展历程与特点、中国地理学近期发展战略的构想、中国地理学近期发展战略重点领域、实施发展战略的基本措施与建议等部分。其中，未来战略包括：（1）环境演变及其效应研究：①全新世地理环境演变研究；②全球环境变化及其区域响应；③极地、高山与冰冻圈综合研究；④土地系统及土地人口承载力研究；⑤环境质量评价、预测与区划的综合研究；⑥自然灾害及减灾对策研究。（2）区域发展综合研究：①自然资源开发利用与生产力布局；②不同地区农村发展机制研究；③城市发展与城镇体系研究；④区域综合开发与规划；⑤经济社会文化结构时空演变；⑥国土开发整治的宏观调控。（3）地理学的基础理论研究：①人地关系地域系统的理论研究与调控；②自然地理过程研究；③元素化学地理及其效应研究；④自然地域系统综合研究；⑤地理学思想与方法论的研究。（4）地理信息技术研究：①地理科学中的地图学研究；②地理信息系统的综合研究。总体而言，全书阐述了地理科学的重要战略地位，国内外发展历史、现状及未来发展趋势。探讨和明确了我国地理科学近期发展的战略方向、重点领域及实施发展战略的措施与政策建议等。

·中国国家自然科学基金委员会《地理科学》明确提出和系统阐述人地关系地域系统是地理学的研究核心，也是地理学理论研究的一项长期任务。

·中国国家自然科学基金委员会《地理科学》明确提出和系统阐述地理学的区域学派、景观学派、生态学派、区位学派、数量学派等。

·中国《自然辩证法百科全书》出版。包括地理学哲学。

·中国刘昌明当选中国科学院院士。

·中国石玉林当选中国工程院院士。

·中国吴传钧、郭焕成、沈洪泉、沈象仁等完成的《1∶100 万中国土地利用图》和《中国土地利用》专著，获国家科技进步奖二等奖。

·中国钱学森阐述"前科学"及其与科学技术体系构建之间的辩证关系。首先阐述了人认识客观世界的过程是"实践—前科学—科学技术体系"，其次阐述前科学的重要作用和构建科学技术体系的重要作用。深远影响地理学和地理学家特别是理论地理学家和地理学思想史学家。

·中国地理学（家）提出和阐述地理学的"辩证综合"概念和思想。

·荷兰国际航空航天摄影测量与地学学院将地图学系改为地球信息科学系。同期加拿大、俄罗斯、捷克、澳大利亚、日本等国家的有关大学将测量与地图学系或专业改名为地理信息科学系或专业。这些都是地理信息科学创建和发展的重要活动。

·中国吴传钧和陈尔寿致信国务院主管教育工作副总理，呼吁在高考中恢复地理考试。促进中学地理教育发展。

·中国科学院区域可持续发展研究中心成立。地理学是主要支撑学科。孙鸿烈为主任。1998 年更名为中国科学院可持续发展研究中心。

·中国科学院可持续发展研究中心批准由陆大道牵头实施《中国区域发展报告》的研究与编纂工作。1996 年原国家科委社会发展司批准资助这项工作。陆大道和刘卫东主持。迄今已出版 10 卷。其中，2000 年的报告紧扣刚刚实施的西部大开发战略，系统分析了西部开发的基础、政策与态势；2002 年的报告聚焦战略性结构调整对区域发展格局的影响；2006 年的报告针对城镇化快速扩张态势，分析了中国的城镇化进程和空间扩张及其带来的问题；2007 年的报告结合中部崛起战略的实施，系统研究了中部地区发展的基础、态势与战略方向；2009 年的报告结合西部大开发"十二五"规划及到 2020 年中长期发展思路研究，回顾了西部大开发十年的成就和问题，提出了新十年西部大开发的走向和重点工作领域，划分了政策类型区；2011 年的报告探讨了全球金融危机爆发对我国区域发展态势的影响；2013 年的报告分析了全面深化改革的大背景下中国区域发展的态势；2015 年的报告剖析了"新常态"下的西部大开发的发展方向。这些报告在不同时期为国家的区域发展科学决策提供了重要支撑。

·中国施雅风主编的《中国气候与海平面变化及其趋势和影响》开始陆续出版。

·中国陆大道《区域发展及其空间结构》出版。主要包括区域发展是当代世界重大的社会经济问题、国外区域发展研究的进展、我国区域开发与区域发展研究的进展、产业结构与区域发展、资源环境与区域发展、空间结构与区域发展、位置级差地租与城市土地利用的空间结构、点—轴渐进式扩散及点—轴空间结构系统、技术创新与空间结构等。

·法国保罗·克拉瓦尔《地理学史》出版。

·中国《中国土壤系统分类（修订方案）》出版。该方案根据 11 个诊断层、20 个诊断表下层、2 个其他诊断层、25 个诊断特性等，划分出 14 个土纲、31 个亚纲、74 个土类、273 个亚类。

·中国王恩涌、李贵才、黄石鼎《文化地理学》出版。为吴传钧主编，张文奎、王恩涌、郭来喜、金其铭副主编的《人文地理学丛书》中的一卷。该书包括绪论、文化与文化地理学、世界上人口增长与迁移、农业与文化、工业交通与文化、语言、宗教地理、民间文化与流行文化、种族与民族地理、城市与文化、政治与文化等。

·中国陈述彭、廖克和何建邦当选首批国际欧亚科学院院士。国际欧亚科学院 1994 年成立，是由世界各国著名科学家、技术专家、文化活动家组成科学团体。

·中国《中国大百科全书》第二版编纂工作启动。2009 年出版。

·中国《中国自然资源百科全书》开始编纂。孙鸿烈任编委会主任，石玉林、赵士洞等任副主任。2000 年出版。

·中国科学院地理研究所、中国科学院兰州冰川冻土所和中国科学院成都山地灾害与环境研究所《地理科学叙词表》出版。1987 年开始编纂。为地理科学基础工具书。

·美国 R. 贝利《美国生态区域》出版。包括生态地理区划方面内容。

·中国地理学会地图学与 GIS 专业委员会学术会议在西安举行。陈述彭提出要发展地理信息科学的倡议。

·中国科学引文数据库（CSCD）出版纸质版《中国科学引文索引》（简称 CSCI）。2003 年推出网络版。成为地理学信息平台。

·世界银行提出和使用国家财富或国家人均资本。成为地理分析工具。

·中国可持续发展研究会由 1991 年成立的中国社会发展科学研究会更为此名。

·中国李春芬发表"区域联系——区域地理学的近期前沿"。

·中国胡兆量《经济地理学导论》出版。

·中国陆卓明《世界经济地理结构》出版。作者从 1981 年发表"当代世界政治经济地理结构"后陆续发表多篇阐述经济地理结构方面论文。

·中国杨勤业主编、吴传钧顾问的《地理博物馆》出版。

·中国商务印书馆《中国自然地理丛书》开始陆续出版。包括《中国的地形》《中国的海洋》《中国的沼泽》《中国的草原》《中国的森林》《中国的湖泊》《中国的河流》《中国的自然保护区》《中国的土壤》《中国的气候及其极值》《中国的沙漠》等。

·中国地理学家在中国《自然辩证法研究》上从人地关系角度提出和阐述"生态文明的地理科学基础"。

·中国台湾胡欣和江小群《中国地理学史》在中国台北出版。

·联合国政府间气候变化专门委员会（IPCC）发布《第二次评估报告》。为公约的《京都议定书》会议谈判作出了贡献。

·中国的国家气候中心成立。1994 年中国国务院批准。

·中国开始第一次全国湿地资源调查。调查结果为：全国湿地类型有 5 大类、28 个类型，湿地总面积 3848.55 万公顷（不包括水稻田湿地），其中，自然湿地共 3620.05 万公顷，占国土面积的 3.77%。

·法国地理学会代表团访华。中国地理学会和法国地理学会建立合作联系。

·俄罗斯地理学会会长由俄罗斯国防部部长担任。

·中国的近百名院士联名倡议做好科普工作。包括地理学院士和地理科普工作。

·世界贸易组织（WTO）成立。其前身是 1947 年确定的关税与贸易总协定。深远影响世界地理格局和世界地理研究。中国于 2002 年加入。

·中国《中国教育报》刊载国家教委考试中心一位副主任"为什么

文科高考取消地理，理科高考取消生物"的访谈。

·荷兰保罗·克鲁岑获诺贝尔化学奖。获奖理由是证明了氮的氧化物会加速平流层中保护地球不受太阳紫外线辐射的臭氧的分解。之后，他提出"人类世"概念。

·中国首都师范大学储亚平、北京师范大学邬翊光、华东师范大学孙大文三位教授，北京王树生、天津吕佩兰两位中学特级教师，以及人民教育出版社陈尔寿编审，联名致函《中国教育报》和国家教委领导，阐释高考取消地理的若干弊端。

·联合国通过《北京宣言》。深远影响地理研究。

·中国国务院《中华人民共和国国务院公报》创刊。

## 公元 1996 年

·第 28 届国际地理大会在荷兰海牙举行。

·中国国务院批准全国自然科学名词审定委员会更名为全国科学技术名词审定委员会。

·中国钱学敏通过图示表达了钱学森多年以来形成的关于地理科学的认识。钱学森认为地理科学包括地理哲学、地理科学、前地理科学（包括实践经验知识库、不成文的实践感受）。深远影响地理学和地理学家。

·中国开始实行"九五"计划。其中，主要背景是亚洲金融危机、生产过剩和劳动力过剩、一手印钞一手买债、1998 年洪水；与地理学有关的主题主要有控制环境污染和生态破坏、区域经济协调发展、城乡建设、减灾抗灾、计划生育、城乡劳动力流动、水土保持、防护林建设、扶贫攻坚、七个经济区域、可持续发展战略、国土资源保护和开发。促进地理学发展，地理学也作出贡献。

·国际地理联合会"乡村系统可持续性委员会（CSRS）"成立。前身为 1992—1996 年运行的乡村系统可持续性研究组。该委员会以世界不同地区发展和应用一项具有国际可比性的乡村系统可持续性的研究方案为基本任务。中国佘之祥、蔡运龙、龙花楼等在不同时期任该委员会执行委员。

·国际地理联合会拉丁美洲和加勒比海研究小组成立。2002 年升级为国际地理联合会拉丁美洲和加勒比海研究委员会。

·国际全球变化人文研究计划（IHDP）启动。由国际社会理事会 1990 年发起的"人文因素计划"演变而来。

·"全球陆地观测系统（GTOS）"由 4 个联合国组织和一个国际科学社团即联合国粮农组织（FAO）、环境规划署（UNEP）、教科文组织（UNESCO）、世界气象组织（WMO）和国际科学协会理事会（ICSU）共同创立。GTOS 所关注的涉及全球的五大问题为：土地质量的变化（覆盖、利用）、淡水资源的可利用性（有效性）、生物多样性减少、气候变化、污染与有毒物质。

·联合国《联合国防治荒漠化公约（UNCCD）》开始正式生效。

·中国钱学森提出和阐述系统论是还原论和整体论的辩证统一观点。深远影响地理学和地理学家。

·中国黄秉维发起和组织召开"香山'陆地系统科学与可持续发展研讨会'"。强调地球系统科学是区域可持续发展的科学基础，建议开展"中国陆地系统与区域可持续发展战略"研究。当年为期一年的预研究启动。1997 年正式列入中国科学院资源与生态环境研究重大项目，2000 年完成。

·中国黄秉维提出和阐述人和自然的相互作用以及所采取的对策是陆地表层系统科学的全部工作中心思想。

·中国黄秉维阐述地理科学综合思维，包括认识综合、理论综合、方法综合和组织综合。

·中国吴传钧阐述人类活动主体与自然环境构成了一个极其复杂的相互作用系统。

·中国孙鸿烈开始（至 1996 年）任国际山地综合发展中心（ICIMOD）理事。2000—2002 年任主席。

·中国马蔼乃在《北京大学学报（自然科学版）》发表"论地理科学的发展"。其中，提出和阐述了地理科学框架。

· 英国彼得·哈格特阐述要发展新的区域地理学。

· 《自然》发表"人类对大气温度结构影响的研究"。

· 美国 R. 贝勒提出"生态系统地理学"。

· 美国提出将地球系统科学列入教学计划。

· 法国国家科学中心完成《面对世界的地理学家：国际地理联合会和国际地理学大会》。

· 中国科学院青藏高原综合考察队《横断山冰川》出版。李吉均主编。

· 中国张丕远《中国历史气候变化》出版。

· 中国科学院地理研究所《中华人民共和国国家经济地图集（电子版)》出版。

· 中国全国自然科学名词审定委员会更名为全国科学技术名词审定委员会。

· 中国张小林、汤茂林、金其铭《人文地理学导论》出版。为中国《人文地理学丛书》之一卷。

· 中国《中国土种志》开始出版。

· 中国郑绵平《盐湖资源环境与全球变化》出版。提出青藏高原"泛湖期"。

· 中国地理学会第七届理事会全体理事联名致函国家教委主任，呼吁早日在全国普通高校招生考试中恢复地理科目。

· 中国全国人大 30 位代表和全国政协 18 位委员，分别致函全国人大和全国政协提出高考科目不宜取消地理科目的议案和提案。

· 国际地理联合会授予中国黄秉维荣誉勋章。

· 国际欧亚科学院中国科学中心成立。国际欧亚科学院中国科学中心已建成地球信息科学、科技发展战略、可持续发展、城市科学、东方文化、经济、技术与工程、资源与能源、生命科学医学和农学、国际关系 10 个学部。

· 美国成立美国国家影像与制图局（NIMA）。"9·11"事件后更名为美国国家地理空间情报局（NGA）。NIMA 更名为 NGA，反映了美国测绘科技从传统影像制图发展到对地理空间信息的快速获取与监测。

·美国《国家科学教育标准》出版。美国国家研究院负责牵头，参加人员包括与科学教育有关的各界人士。初稿拟定于 1991 年，经过多次修改后于 1996 年正式出版。共有 8 章内容。前两章是"导言"和"原则与定义"，后 6 章分别规定了科学教育的 6 个"标准"：科学教学标准、科学教师专业进修标准、科学教育评价标准、科学内容标准、科学教育大纲标准和科学教育系统标准。包括地理学科学教育标准。

·美国萨缪尔·亨廷顿《文明的冲突与世界秩序的重建》出版。为政治地理学著作。他 1993 年在《外交》发表"文明的冲突"。该书包括一个多文明的世界、变动中的各文明力量的对比、正在形成的文明秩序、文明的冲突、文明的未来等部分。

之后 40 余种语言译本出版，首次中译本于 1998 年出版。

·中国《地球信息科学学报》创刊。原名《地球信息科学》，2009年更名为现名。首任主编为陈述彭。

·国际地理联合会举办第一届国际地理奥林匹克竞赛（IGEO）。国际地理奥林匹克竞赛的举办目标是激发年轻人对地理与环境学习的兴趣、积极讨论地理作为高中课程的重要性，并吸引年轻人注重地理技能、为各国青年接触沟通提供条件、增强国与国之间的了解。国际地理竞赛官方语言是英语，将会为非英语为母语的学生提供额外的帮助。IGEO 竞赛包括主观笔试部分、现场问答和野外考察任务 3 个部分。

·葡萄牙语国家共同体（CPLP）成立。深远影响世界地理格局。是地理研究主题之一。

### 公元 1997 年

·美国国家研究院（NRC）地学、环境与资源委员会等《重新发现地理学——与科学和社会的新联系》出版。为地理学基础理论和学科战略著作。2002 年中国翻译出版。

·中国黄秉维发表"新时期区划工作应当注意的几个问题"。提出和倡导开展综合考虑自然地理和人文地理的综合地理区划研究与工作。

·中国吴传钧为《重新发现地理学——与科学和社会的新联系》中译本撰写中译本序言"我们更需要重新发现"。

·中国黄秉维提出中国的自然区划研究应该考虑和使用气候年概念。该概念是美国伯克利大学一位地理学教授在 20 世纪 30 年代提出的科学概念。这位教授认为真正影响植被分布的是气候因素在各年的具体情况，而不是多年的平均。

·中国童庆禧当选中国科学院院士。

·中国李文华当选中国工程院院士。

·美国国家研究院（NRC）地学、环境与资源委员会等《重新发现地理学——与科学和社会的新联系》提出和阐述地理研究维度：第一个维度包括地方综合、地方间的相互依赖、尺度间的相互依赖；第二个维度包括环境动态、环境/社会动态、人类/社会动态；第三个维度包括图像、语言、数学、认知等方法。

·美国苏珊·汉森等《改变世界的十大地理思想》出版。提出和阐述被某些学者认为的地域分异规律、区域要素综合、人地关系、人类干预的地球系统、地图方法、对地观测与地理信息技术、自然地理过程、空间结构是改变世界的十大地理思想。2009 年中译本出版。

·中国吴传钧、刘建一、甘国辉《现代经济地理学》出版。为吴传钧主编，张文奎、王恩涌、郭来喜、金其铭副主编的《人文地理学丛书》中的一卷。该书包括变动中的经济地理学、经济地理学研究的基础、经济地理学的基本原理、社会主义生产布局原理探讨、交通运输与经济区位、区位理论、区域经济发展、国际经济的地理研究、经济地理学的研究方法等。

·中国吴传钧等明确提出和系统阐述"社会经济地域综合体及其理论"。

·中国军事百科全书编委会《中国军事百科全书》第一版出版。之后出版第二版。包括军事地理方面内容。

·美国库克利斯提出和阐述传统的地理空间包括绝对空间和相对空间。绝对空间即笛卡尔空间，相对空间即莱布尼茨空间。

·联合国发布《京都议定书》。全称为《联合国气候变化框架公约京都议定书》，补充联合国《气候变化框架公约》有关条款。

·中国陈述彭等开始提出和研究"地学信息图谱"概念及理论。

·美国科学家阐述"生态系统服务"概念。

·《京都议定书》中提出和使用"碳汇"概念及其术语。碳汇包括森林碳汇、草地碳汇、耕地碳汇和海洋碳汇等。

·中国龚建华和陈述彭明确提出"虚拟地理环境"概念。

·联合国开发计划署首次发布《中国人类发展报告》。

·中国《中华人民共和国可持续发展国家报告》发布和出版。

·中国启动"国家重点基础研究发展计划"，简称"973"计划。1998年开始资助多项包括地理学在内的计划项目。

·中国成立"国家科学技术出版基金委员会"，其办公室在科技部，设立"国家科学技术学术著作出版基金"。至今已资助多部地理科学著作出版。

·中国国家重大关键基础"攀登"计划"青藏高原形成演化、环境变迁与生态系统研究"（中国孙鸿烈为首席科学家）启动。

·中国郑度、杨勤业等《自然地域系统研究》出版。为综合自然地理学理论著作，系统阐述综合自然地理学若干基本理论问题。为《现代地理学的理论与实践》中的一卷。该书包括绪论、自然地域分异规律、自然地域分异的能量和物质基础、自然地域的演变与排序、自然地域划分与合并、自然地域界线、自然地域单元的综合研究、新技术方法及其应用、研究实例评价。

·中国科学院成立黄土高原综合科学考察队完成的成果"黄土高原地区综合治理开发及总体方案研究"获国家科技进步奖二等奖。

·中国张荣祖、郑度、杨勤业、刘燕华等《横断山区自然地理》出版。为青藏高原横断山区科学考察丛书之一。中国第一部横断山区的自然地理专著。从自然地理综合研究出发，内容涉及前人对横断山区自然地理的认识、自然地理概论（含地质构造和地面抬升对地形的影响、地形和季风对区域气候的控制、河流的基本特征和水利潜力、生物和土壤

等内容）、地形（分西部高山峡谷、东北部山原峡谷和东南部湖盆山原等
三区）、气候（按气候形成因素、主要气候要素、气候区域差异等分别描
述）、河流和湖泊、植被（阐述了主要植被类型、植被分布规律和植被分
区）、动物（按横断山区北部、横断山区中部和横断山区南部分别描述）、
土壤（主要阐述了土壤类型与土壤分区）、自然区划（含地域分异特征、
区划系统和分区描述等内容）等章节。

　　·中国郑度明确提出和系统阐述自然综合体及其研究的三个角度即
过程、类型和区域。

　　·中国郑度明确提出和系统阐述自然综合体的区域研究即自然地域
系统的研究范式。

　　·中国郑度和杨勤业提出热量平衡随高度改变是垂直带性自然地域
分异的原因。

　　·中国国家自然科学基金委员会《全球变化——中国面临的机遇与
挑战》出版。为地理学基础理论和学科战略著作。

　　·中国马蔼乃提出和阐述地理系统工程由 8 个子系统构成，即生物
生态系统、自然环境系统（包括人工污染系统）、资源系统、灾害系统、
人类社会的人口系统、城镇系统、基础设施系统、产业结构系统。这 8
个子系统具有自然科学的属性和社会科学的属性。

　　·国际地理联合会在葡萄牙里斯本召开区域会议。

　　·中国开始进行三峡库区移民系统研究。地理学是主要学科之一。

　　·中国科学院地理研究所陆大道、刘卫东等《中国区域发展报告》
系列开始陆续出版。包括《1997 中国区域发展报告》（陆大道和薛凤旋
著）、《1999 中国区域发展报告》（陆大道、刘毅、樊杰、薛凤旋、金凤
君等著）、《2000 中国区域发展报告》（陆大道、刘毅、樊杰、金凤君、
刘卫东等著）、《2002 中国区域发展报告》（陆大道、樊杰、刘毅、金凤
君、陈田、刘卫东等著）、《2006 中国区域发展报告》（陆大道、姚士谋、
刘慧、高晓路、李国平、段进军等著）、《2007 中国区域发展报告》（刘
卫东、刘彦随、金凤君、陈田、于秀波、陆大道等著）、《2009 中国区域
发展报告》（刘卫东、刘毅、秦玉才、刘纪远、金凤君、陆大道等著）、

《2011 中国区域发展报告》（刘卫东、金凤君、刘彦随、刘慧、张文忠、陆大道等著）、《2013 中国区域发展报告》（刘卫东、龙花楼等著）、《2015 中国区域发展报告》（刘卫东、刘纪远等著）。

·中国《中国古代地图集》（共 3 卷）开始陆续出版。中国科学院自然科学史研究所、中国科学院地理研究所、北京图书馆、中国第一历史档案馆、国家文物局等多家单位为编委单位。包括：曹婉如、郑锡煌、黄盛璋、钮仲勋、任金城、鞠德源：《中国古代地理集（战国—元代）》，文物出版社 1990 年版；曹婉如、郑锡煌、黄盛璋、钮仲勋、任金城、秦国经、胡邦波：《中国古代地理集（明代）》，文物出版社 1995 年版；曹婉如、郑锡煌、黄盛璋、汪前进、钮仲勋、任金城、秦国经：《中国古代地理集（清代）》，文物出版社 1997 年版。编纂《中国古代地图集》是 1983 年由中国科学院自然科学史研究所提出并组织中国科学院地理研究所、北京图书馆、中国第一历史档案馆等单位，同时得到国务院古籍整理出版规划小组、文化部、外交部、国家档案馆以及全国有关博物馆、图书馆、档案馆的支持。1986 年和 1992 年两次获得国家自然科学基金项目。

·美国雷金纳德·戈列奇和澳大利亚罗伯特·斯廷森《空间行为的地理学》由美国吉尔福德出版社出版。中译本由柴彦威等翻译，商务印书馆于 2013 年出版刊行。

·美国贾雷德·戴蒙德《枪炮、病菌与钢铁：人类社会的命运》出版。从地理环境基础和人地关系角度等阐述文明历史。

·中国开展第一次全国农业普查。迄今已开展三次。

·全球陆地观测网（GTOS）开始系统建立。

·加拿大生态监测评估网（EMAN）开始建立。

·中美希夏邦珂峰冰芯科学考察队，在海拔 7000 米处的达索普冰川上钻取总长 480 米、重 5 吨冰芯样品，且安全运回兰州。

·联合国大陆架界限委员会（CLCS）成立。其工作及结果深远影响世界地理格局和世界地理研究。

·中国社会科学院可持续发展研究中心成立。主要研究领域包括可持续发展经济学、全球环境变化与经济发展、可持续发展的区域和实证研究、城市问题研究。

· 中国北京召开"国际地球信息科学学术会议"。来自中国、美国、英国、法国、德国、加拿大、俄罗斯、日本、泰国、越南等国家与地区及国际组织 200 余位专家学者参会。

· 中国香山科学会议召开以地理信息科学为主题的香山科学会议。该会议对地理信息科学的概念、内涵、意义、理论、应用等进行深入研讨。

· 中国科学院生态环境研究中心傅伯杰获国家杰出青年基金项目资助。

· 中国成立地名委员会。

· 中国开始设置特别行政区。中国设置中国香港特别行政区。

· 德国经济核算从倾向国民生产总值（GNP）转向国内生产总值（GDP）。

· 国家地理频道成立。之后陆续在世界诸多地方开播。

## 公元 1998 年

· 美国明确提出"数字地球"概念。美国副总统艾伯特·戈尔在美国洛杉矶加利福尼亚科学中心演讲"数字地球——认识 21 世纪的人类行星"中使用"数字地球"。

· 中国黄秉维在《科学》上发表"地理学与跨学科研究"。提出和阐述要高度重视自然地理的综合、自然地理和人文地理（社会文化地理）的综合，以抗衡地理学各个分支学科的离心倾向，同时综合也有助于各个分支学科的发展。

· 中国《青藏高原研究丛书》开始出版。是一部体现多学科、大跨度、多交叉的系统工程的学术专著，书中所涉及的研究在许多方面有突破性的进展，很多成果在青藏高原研究领域有重要学术价值。包括《青藏高原岩石圈结构演化与动力学》《青藏高原晚新生代隆升与环境变化》《青藏高原近代气候变化及对环境的影响》《青藏高原生态系统及优化利用模式》《青藏高原形成演化与发展》等。促进自然地理学发展。

·中国地理学会、以陈述彭牵头的专家学者联名向国务院学位委员会地学评议组申请地球信息科学博士专业。之后，国务院学位委员会批准地图学与地理信息系统博士专业。这是地理信息科学学科发展的重要活动。

·中国吴传钧主编《中国经济地理》出版。为"中国人文地理丛书"系列学术著作（吴传钧主编）中的一卷。"中国人文地理丛书"系列学术著作已出版：《中国文化地理》（王恩涌、胡兆量、周尚意、赫维人、刘岩等编著）、《中国农业地理》（周立三主编）、《中国政治地理》（王恩涌主编）、《中国社区地理》（刘君德、靳润成、张俊芳编著）、《中国政区地理》（刘君德、靳润成、周克瑜编著）、《中国人口地理》（张善余著）、《中国边疆地理（海疆）》（张耀光编著）、《中国资源地理》（李润田主编）、《中国交通地理》（陈航主编、张文尝副主编）、《中国历史人文地理》（邹逸麟主编）、《中国民族地理》（潘玉君等著）。

·中国郑度发表"关于地理学的区域性和地域分异研究"。

·中国郑度主持（中国）国家重点基础研究规划项目"青藏高原形成演化及其环境、资源效应"开始进行。该项目形成一批重要成果。该项目选择青藏高原为典型地区，特别注意高原与毗邻地区的联系，以从全球尺度探讨高原的各种过程，目标集中在大陆碰撞过程和高原隆升过程，以过程为主线贯通碰撞机制、环境变化和资源分布规律的研究；时间上着重新生代以来，在不同精细时间尺度上定量地描述碰撞和隆升的动态过程及环境变化。运用地球科学、生命科学、环境科学及各学科之间有机交叉、综合研究的方法，开展大陆碰撞动力学、环境变化、现代表生过程及各圈层相互作用等重大理论问题的研究，为青藏高原地区的资源开发和环境调控提供科学依据。按照统观全局、突出重点的原则，项目主要研究内容包括以下 4 个方面：大陆岩石圈碰撞过程及其成矿效应；高原隆升过程与东亚气候环境变化；青藏高原现代表生过程及相互作用机理；青藏高原区域系统相互作用的综合研究。在完成研究计划任务的基础上，项目取得如下的突出研究成果和创新性进展：印度大陆与欧亚大陆初始碰撞时限；青藏高原南北缘山盆岩石圈尺度的构造关系；青藏高原整合构造模型与成矿成藏评价；新生代高原北部重大的构造变形隆升事件序列；高原周边环境变化事件及高原隆升对亚洲季风发展变化的影响；高分辨率气候动态过程及变化趋势；高原主要生态系统碳过程对气候变化的响应；高原气候变化及冰冻圈变化与预测；高原土地覆被变化、恢复整治及管理。

·中国陈述彭主编《地球系统科学：中国进展·世纪展望》出版。多位院士为作者。

·中国陆大道、郭来喜阐述地理科学。认为地理学是一门研究人—地关系的科学，具有综合性、交叉性和区域性的特点。

·中国童庆禧、陈正宜、罗修岳、林恒章等完成的"黄淮海平原中低产地区综合治理和综合发展研究"项目获国家科技进步奖二等奖。

·中国科学院地理研究所郑度开始主持国家自然科学基金重点项目"中国生态地理区域系统及其在全球环境变化研究中的应用"。主要成员郑度、黄秉维、杨勤业、吴绍洪、李炳元、倪健等。主要成果之一是2008 年出版的《中国生态地理区域系统研究》。

·中国科学院地理研究所开始承担中国科学院重大项目"中国陆地表层系统与区域可持续发展"。黄秉维、杨勤业、张丕远、陆大道、葛全胜、张雷组成预研小组，开展了一年的预研究。项目顾问黄秉维，主要成员有陆大道（负责人）、杨勤业、葛全胜、陈田等。

·中国傅伯杰提出和阐述中国生态区划问题。

·中国傅伯杰系统提出和阐述土地的"格局与过程相互作用及尺度效应"地理研究范式。

·中国吴绍洪发表"综合区划的初步设想：以柴达木盆地为例"。阐述综合地理区划若干问题。

·中国许靖华发表"太阳，气候，饥荒与民族大迁移"。

·《自然》发表"过去六个世纪全球尺度上的气温分布型与气候强迫"。

·《自然》发表"未来使大气中 $CO_2$ 含量稳定的能源要求"。

·《科学》上发表论文，阐述了人类活动对自然影响的事实。所用工具为全球人类活动影响指数图。

·"青藏高原国际科学研讨会——青藏高原形成演化、环境变迁与可持续发展"召开。

·中国和瑞典合作出版的《AMBIO——人类环境杂志》中文版编辑部成立。中国李文华任中文版主编。

·中国《中华人民共和国地名大辞典》（共 5 卷）开始出版。

·中国钟敦伦、王成华、谢洪等《中国泥石流滑坡编目数据库与区域规律研究》出版。标志中国已完成滑坡泥石流编目工作。

·中国王恩涌、王正毅、沈伟烈等《政治地理学——时空中的政治格局》出版。系统阐述了政治地理学的研究对象、学科性质、发展历史，国家的起源与发展，民族和民主主义，国家的空间特征，国家政治体制、区划、政党和选举地理，综合国力，国家的政治理论，帝国主义和殖民主义，地缘政治各家学说，20 世纪以来的世界政治格局的变化与未来前景等。

·中国王苏民、窦鸿身《中国湖泊志》出版。

·中国毕思文《地球系统科学与可持续发展》出版。

·中国森林生态系统定位研究网络（CFERN）开始建立。起步于1950 年。目前 CFERN 已发展成为横跨 30 个纬度、代表不同气候带的由73 个森林生态站组成的网络，基本覆盖了中国主要典型生态区，涵盖了中国从寒温带到热带、湿润地区到极端干旱地区的最为完整和连续的植被和土壤地理地带系列，形成了由北向南以热量驱动和由东向西以水分驱动的生态梯度的大型生态学研究网络。

·美国哥伦比亚大学国际地球科学网络信息中心（CIESIN）建立。其前身为 1989 年在密歇根州建立的国际地球科学网络信息中心（CIESIN）在。接受美国航空航天局资助。

·国际通量观测研究网络（FLUXNET）建立。之后启动生物圈气息研究计划，建立全球通量数据库。中国通量观测研究网于 2001 年启动，2002 年创建。

·美国地理学家协会（AAG）开始设立"荣誉地理学家（HG）"奖项。

·中国科学院新疆生态与地理研究所成立。由 1965 年成立的中国科学院新疆生物土壤沙漠研究所和 1965 年成立的中国科学院新疆地理研究所合并而成。

·政治地理学期刊《地缘政治》创刊。期刊内容涵盖了地缘政治学的核心议题，如批判地缘政治理论和实践；政策、制度和选举地理学；女性主义批判政治、地缘政治环境；空间、空间与制图学分析；主权和国家地理；和平与冲突研究；政治经济学和传统地缘政治学的交叉研究等。该刊是致力于当代地缘政治研究的国际性期刊，提供了一个可以从各种学科和方法论角度对地理与全球政治的交叉进行分析的学术平台，并欢迎能增进对全球政治的地理和多尺度动态的理解的理论、方法和方法论。

·中国教育部启动长江学者奖励计划。2012 年启动新的长江学者奖励计划。包括特聘教授、讲座讲授和青年学者等。至 2021 年多位地理学工作者入选。

·中国的全国地名标准化技术委员会主持召开关于雅鲁藏布大峡谷的地名研讨会。

·中华人民共和国国务院批准使用"雅鲁藏布大峡谷"概念及术语。

·美国理查德·皮特《现代地理学思想》由英国布莱克韦尔出版公司出版。中译本由周尚意等翻译，由商务印书馆于 2007 年出版。

·中国开始出现和使用"人口红利"。

·中国季羡林主编《敦煌学大辞典》出版。包括区域地理。

·中国成立中国行政区划与地名学会。该学会由中国行政区划研究会和中国地名学会合并而成。

·中国林夏冰在《哲学研究》上发表"科学实验的新形势——计算机实验"。

·太平洋共同体（SPC）成立。前身为 1947 年成立的南太平洋委员会。深远影响世界地理格局及世界地理研究。

·耗散结构理论创建人伊利亚·普利高津提出和阐述我们需要一种更加辩证的自然观。深远影响地理学和地理学家。

·中国全国地学哲学委员会第七届学术年会召开。会议的主题是"地球科学与可持续发展"。

·中国科学院启动知识创新工程。确定知识创新工程首批启动 12 项试点工作。深远影响地理学的发展。

·中国于 1998 年春加入了大洋钻探计划（ODP）。该计划于 1985 年由美国发起多国参加。

·国际地理联合会水资源研究小组成立。2002 年升级为国际地理联合会水资源专业委员会。

**公元 1999 年**

·中国地理学会在北京召开第八次会员代表大会暨庆祝中国地理学会成立 80 周年大会。选举陆大道为中国地理学会理事长。来自中国、法国、韩国 300 余人参加大会。

·中国郑度提出和阐述从生态地理区域系统开展中国自然区划的科学见解。之后主持国家自然科学基金重点项目《中国生态地理区域系统及其在全球环境变化研究中的应用》，其核心成果是《中国生态地理区域系统研究》。发展了对中国自然地域空间规律的科学认识，发展了自然地域分异原理。

·中国科学技术协会举办的中国科协学术年会（第一届）在杭州召开。会议主题为面向 21 世纪的科技进步和经济、社会发展。中国地理学会参加。

·中国国家地图集编纂委员会《中华人民共和国国家自然地图集》由中国地图出版社出版。是"中华人民共和国国家地图集"中的一卷。中国科学院地理研究所为主编单位。编委会主任为孙鸿烈，副主任为黄秉维、陈述彭、左大康、廖克，委员有郑度、石玉林、赵松乔、章申、张荣祖、刘昌明、朱震达、席承藩等。廖克任主编。由中国国家地图集编纂委员会（1958 年成立）主持，中国科学院地理研究所主编，全国 48

个单位参加，1960 年开始，于 1965 年出版了内部版的《中华人民共和国自然地图集》，并于 1999 年根据近 30 年的研究积累重编，由地图出版社出版。图集包括 580 多幅地图及大量图表、照片和 20 多万字的地图说明，包括序图、地质、地貌、气候、陆地水文、土壤、生物、海洋等图组。它贯彻了为经济建设，特别是为农业服务的指导思想；用一套自然区划图，阐述了中国自然地带的基本规律与区域特点；海洋图组，显示了中国海洋资源开发利用的广阔前景；利用中国的古文献和考古资料，展现了各个历史时期自然环境的变迁；较全面系统地反映了中国复杂的自然条件、丰富的自然资源，阐明了中国自然地理环境的特点及其各要素之间的相互联系，展示了利用与保护自然所取得的巨大成就。该图集的编制还采用了计算机设计与制版新技术与新工艺，对推动中国地图学技术革命也具有十分重要的意义。

·英国杰弗里·巴勒克拉夫等编著《世界历史的时间地图》第五版由美国哈蒙德世界地图集出版公司出版。这本最权威的世界历史地图卷涵盖了从人类起源到今天的历史。包含了 600 多幅创新地图、彩色照片、插图、30 万字的叙述、7500 个条目的索引以及 10 万字的人物、事件和条约的词汇表。它还包括一个长达 12 页的从公元前 9000 年到 1999 年的世界历史年表。划分为 7 个历史时期：早期人类世界、文明的曙光、欧亚大陆的古典文明、隔阂的世界、崛起中的西方世界、欧洲统治的时代、全球文明的时代。

·第一届国际数字地球研讨会（ISDE）在中国北京召开。会议主题为走向数字地球。

·中国黄秉维、郑度等《现代自然地理》出版。阐述"地理综合"，包括自然方面综合、社会经济方面综合、自然科学和社会科学综合。

·美国地理学会授予中国侯仁之"乔治·戴维森勋章"。

·中国郑度当选中国科学院院士。

·中国高俊当选中国科学院院士。

·美国 C. 莎特阐述区域地理学重要性。

·《自然》发表"20 世纪近地表温度变化的原因"。

· 中国施雅风等在《科学通报》发表"距今 40—30Ka 青藏高原特强夏季风事件及其与岁差周期关系"。提出和阐述"青藏高原特强夏季风事件"。

· 中国正式开始建立系统的"国家野外科学观测研究站"及其网络。简称"国家野外站"。包括若干地理学方面国家野外站。

· 中国符淙斌、安芷生主持国家重点基础研究规划项目"我国生存环境演变和北方干旱化趋势预测研究"开始进行。2004 年完成。

· 中国刘昌明主持国家重点基础研究规划项目"黄河流域水资源演化规律与可再生性维持机理"开始进行。2004 年完成。

· 中国科学院可持续发展战略研究组开始出版《中国可持续发展战略报告》系列报告。不同年份主题不同。为中国科学院科学与社会系列报告之一。

· 中国黄秉维、郑度、李秀彬、杨勤业在中国科学院地理科学与资源研究所《地理学发展与创新——中国科学院地理科学与资源研究所伴随共和国成长的五十年》中发表"探索陆地表层格局、过程及其关系的自然地理学"。

· 中国郑度等发表"关于综合地理区划若干问题的探讨"。系统阐述地理综合体和综合地理区划若干问题。

· 中国周成虎阐述"地理元胞自动机"概念。

· 中国蔡运龙、蒙吉军发表"退化土地的生态重建：社会工程途径"。

· 中国张荣祖《中国动物地理》出版。2004 年再版。

· 美国彼得·古尔德《成为一名地理学家》出版。阐述问题之一是地理学核心的缺失。

· 中国国务院发布《全国土地总体规划纲要》。2008 年发布《全国土地利用总体规划纲要（2006—2020 年)》，2017 年发布《全国土地利用总体规划纲要（2016—2030 年)》。

· 中国赵魁义主编《中国沼泽志》出版。

· 中国地理学会《中国地理学 90 年发展回忆录》出版。吴传钧和施雅风主编。

·中国潘玉君在《光明日报》理论版发表"简论区域生态环境建设中的补偿问题"。

·中国启动"退耕还林"工程。

·中国颁布《中华人民共和国国家标准·旅游区（点）质量等级的划分与评定》《中华人民共和国国家标准·旅游资源分类、调查与评价》。地理学是主要支撑学科之一。

·美国安德鲁·H. 诺尔和肖恩·B. 卡罗尔在《科学》发表"早期动物进化：基于比较生物学和地质学的新观点"。

·中国科学院地理研究所与中国科学院自然资源综合考察委员会合并，改称中国科学院地理科学与资源研究所。

·中国《不列颠百科全书（国际中文版）》出版，国内外发行。至2006 年重印 7 次。2007 年出版《不列颠百科全书（国际中文版修订版）》。

·中国开始教育部重点实验室建设工作。之后，建立多个地理学类教育部重点实验室。

·中国开始"教育部人文社会科学重点研究基地"建设工作。其中，超过 50% 的重点研究基地成为后来启动"985 工程"国家哲学社会科学创新平台的核心和支撑。

·中国教育部人文社会科学重点研究基地复旦大学历史地理研究中心成立。2005 年，历史地理研究国家哲学社会科学创新基地正式挂牌。

·中国张家诚《地理环境与中国古代科学思想》出版。

·中国朱训阐述中国现代地学哲学的两个特点。

·中国科学院地理研究所与自然资源综合考察委员会合并，改称"中国科学院地理科学与资源研究所"。

·全球气候观测系统（GCOS）开始系统建立。1992 年有关科学家开始提出。

·中国国家林业局参照《湿地公约》的湿地分类系统提出中国的湿地分类系统。

·国际可持续发展研究学会（ISDRS）成立。源于 1994 年发起的国际可持续发展研究年会。

·中国科学院开始编纂《中国科学院院士建议》。地理学院士提出很多有重要意义的建议。

·爱尔兰罗伯·基钦和英国尼古拉斯·泰特《人文地理学研究方法》由英国罗德里奇出版社（Routledge）于 1999 年出版。第二版由英国培生教育出版集团旗下的普伦蒂斯霍尔出版社于 2000 年出版。中译本译自第二版，由蔡建辉翻译，商务印书馆于 2006 年出版。

·中国科学家（为主）的"南海季风实验"开始筹备。

·中国兰州大学方小敏获国家杰出青年基金项目资助。

·中国设置中国澳门特别行政区。

·世界"二十国集团（G20）"成立。深远影响世界地理格局。是地理研究主题之一。

·黑海经济合作组织（BSEC）成立。深远影响世界地理格局。

## 20 世纪期间

·苏联 И. П. 格拉西莫夫在 20 世纪 70 年代提出和阐述地理学综合方向。

·苏联 И. П. 格拉西莫夫在 20 世纪 80 年代提出和阐述 20 世纪的生物圈转换为 21 世纪智能圈思想。

·苏联 C. B. 卡列斯尼克在 20 世纪中期提出和阐述自然地理学和经济地理学是既独立又相互联系的两个学科。

·美国芝加哥学派在 20 世纪 20 年代倡导从人类生态学角度考察经济和社会因素对城市的影响研究。

·20 世纪 80 年代人地关系论中的地理环境协调论（也称地理环境适应论）因主张地理学的主要任务是研究如何协调自然地理环境与人类文化生活之间的关系而受到更为广泛的重视。之后，人地协调论、人地共生论、人地协调共生论和人地关系地域系统协调共生论等人地关系理论出现。

·苏联地理学界在 20 世纪 80 年代开始提出和使用"区域工业综合体"概念和理论，并运用于工业发展规划中。

·20 世纪中叶至 80 年代地理环境决定论受到曲解、歪曲、否定和粗暴批判。

·数学学科发生公理化运动。势必深远影响地理学理论建设和学科建设。

·20 世纪三四十年代科学史成为公认的独立学科。地理学史是组成部分之一。

·20 世纪初强调知识整体化、真与美的统一、人类的一体化的"新人文主义"开始形成思潮。深远影响地理学和地理学家。

———————— 国家自然科学基金项目

———————— 云南省"万人计划"教学名师潘玉君工作室

———————— 国家本科一流课程、云南省博士生优质课程

# 地理学思想史

以中国为中心的
地理学大事年表长表

下卷

潘玉君　郑　度　杨勤业　等著

中国社会科学出版社

# 下册目录

# 第 *9* 章

# 地理学年表：公元 21 世纪

## 第一节　地理学年表：公元 2000—2009 年

**公元 2000 年**

·中国开始施行"西部大开发战略"。西部大开发的范围包括重庆、四川、贵州、云南、西藏、陕西、甘肃、青海、宁夏、新疆、内蒙古、广西共 12 个省（自治区、直辖市），面积为 685 万平方千米，占全国的 71.4%。为中国乃至世界上重大人地关系地域系统协调共生工程之一。

·中国完成《全国基础研究"十五"计划和 2010 年远景规划》。把资源环境科学列为 18 个基础学科中的一个独立的科学领域。

·中国国务院要求开展全国生态功能区划工作。中国国务院颁布了《全国生态环境保护纲要》，明确了生态保护的指导思想、目标和任务，要求开展全国生态功能区划工作，为经济社会持续、健康发展和环境保护提供科学支持。

·《为了文化多样性的地理教育国际宣言》在第 29 届国际地理大会上发布。

·美国悉尼·莱维图斯等在《科学》发表"全球大洋增暖"。

·中国刘昌明在第 29 届国际地理大会当选国际地理联合会副主席。

·中国孙鸿烈开始（至 2002 年）任国际山地综合发展中心（ICIMOD）主席。1996—2000 年任理事。

·中国正式启动"天然林保护工程"。工程范围包括云南省、四川省、重庆市、贵州省、湖南省、湖北省、江西省、山西省、陕西省、甘肃省、青海省、宁夏回族自治区、新疆维吾尔自治区（含生产建设兵团）、内蒙古自治区、吉林省、黑龙江省（含大兴安岭）、海南省、河南省18个省（区、市）。是中国乃至世界上重大人地关系地域系统协调共生工程之一。

·中国吴传钧在中学地理教师优秀论文交流会上做题为"地理学是一门伟大的学问"的报告。

·中国李炳元在《地理学报》发表"青藏高原大湖期"。明确提出和阐述"青藏高原大湖期"。

·斯坦·奥本肖等的《计算地学》出版。

·英国K. J. 格雷戈里《变化中的自然地理学性质》由英国阿诺德出版公司和牛津大学出版社合作出版。中译本由蔡运龙等翻译，商务印书馆于2006年出版。

·美国大卫·哈维《希望的时间》出版。其中阐述了"时空压缩"。在此前后提出和阐述"时间模型"，注重社会实践或心理时间。

·英国W. 诺顿《文化地理学：主体、概念、分析》出版。

·中国孙鸿烈主编《中国资源科学百科全书》出版。

·中国孙鸿烈主编《中国资源科学百科全书》提出和阐述资源科学学科体系。

·中国唐锡仁、杨文衡《中国科学技术史》之《地学卷》出版。

·在世界气候研究计划（WCRP）下设冰冻圈计划（CLIC）。

·中国《地理知识》杂志更名为《中国国家地理》。2009年开始出版《中国国家地理》英文版。

·加拿大已有40多所大学设地理系。

·"计算地理学"术语由斯坦·奥本肖提出。

·荷兰保罗·克鲁岑（1995年获得诺贝尔化学奖）等在《全球变化通讯》发表的论文中提出"人类世"（又称"人类纪"）术语。之后其他学者阐述其内涵，逐渐形成概念，有多种学报专门探讨人类世创刊。

2004 年中国刘东生开始响应。

· 中国施雅风《中国冰川与环境》出版。

· 中国郑度、张青松、吴绍洪等《山地生态与青藏高原可持续发展》（英文版）在德国出版。

· 中国郑度、杨勤业《西藏地理（藏文版)》出版。

· 爱尔兰斯图尔特·福瑟林汉姆、爱尔兰克里斯·布伦斯登和英国马丁·查尔顿《计量地理学——空间数据分析透视》由英国塞奇出版公司出版。中译本由王远飞、陈雯、武占云、任小丽翻译，商务印书馆于 2021 年出版。

· 国家自然科学基金委员会完成《全国基础研究"十五"计划和 2015 年远景规划》。

· 中国科学技术协会举办的中国科协学术年会（第二届）在西安召开。会议主题为"西部大开发：科教先行与可持续发展"。中国地理学会参加。

· 美国宾夕法尼亚大学建立国际 Campbe II 协作网。为关于循证实践在社会科学领域应用即循证社会科学的国际组织。循证社会科学将深远影响地理学特别是地理学方法论。

· 中国《中国社会科学引文索引》创办。成为地理学信息平台。

· 第 29 届国际地理大会在韩国汉城（现首尔）举行。中国地理学会组织 100 多位中国地理学者参会。

· 中国南京大学成立国际地球系统科学研究所。

· 北极和北冰洋的大部分地区属于中立领土。之后开始变化。

· 中国科学院水利部成都山地灾害与环境研究所崔鹏、中国兰州大学冯兆东、南京大学顾朝林、浙江大学何振立等获国家杰出青年基金项目资助。

· 美国开始出现"地理藏宝"活动。

### 公元 2001 年

· 第二届国际数字地球研讨会（ISDE）在加拿大新布伦兹维克召开。

会议主题为超越信息基础设施。

· 美国国家研究理事会《地球科学基础研究的机遇》出版。提出地球关键带概念。至 2009 年已建立 6 个关键带观测站，并定义关键带：森林冠层顶部到未风化岩石基部之间的范围，是地球表层中最活跃的部分。

· 中国原国家环境保护总局会同有关部门组织开展了全国生态现状调查。在调查的基础上，中国科学院以甘肃省为试点开展了省级生态功能区划研究，并编制了《全国生态功能区划规程》。

· 中国开始实行"十五"计划。其中，主要背景是加入 WTO、科学发展观、非典；与地理学有关的主题主要有农村经济全面发展、西部大开发、城镇化战略、人口资源环境。促进了地理学的发展，地理学也作出了贡献。

· 中国郑度和陈述彭发表"地理学研究进展与前沿领域"。

· 中国傅伯杰等发表《中国生态区划方案》。这一研究始于 20 世纪 90 年代。该方案重视中国的生态环境敏感和脆弱区域。

· 中国李小文当选中国科学院院士。

· 中国王颖当选中国科学院院士。

· 中国孙九林当选中国工程院院士。

· 中国《2000 年中国区域发展报告》出版。后陆续出版有关年度的《中国区域发展报告》。

· 中国汪永进、美国 H. 成、美国 R. L. 爱德华等在《科学》发表"中国葫芦洞晚更新世绝对测年的高分辨率季风气候记录"。

· 中国《中华人民共和国国民经济和社会发展第十个五年计划纲要》正式将"城镇化"提高到国家发展战略地位。在《中华人民共和国国民经济和社会发展第七个五年计划纲要》中曾出现过"城市化"概念。深远影响地理学和地理学家。

· 地球系统科学联盟（ESSP）成立。也称地球系统科学伙伴组织。

· 中国科学院院长路甬祥把"地球系统整体行为的集成研究"列为 21 世纪科学家要面对的第九大挑战。

· 联合国环境规划署等启动"千年生态系统评估"项目。

·中国开始"国家综合配套改革试验区"工作。这类地区也称"新特区"。

·著名期刊《科学》发表文章，提出一门正在孕育的科学——可持续发展科学。

·地理学中的英语霸权开始受到批评。

·中国《竺可桢全集》编委会成立。路甬祥为主任。《全集》得到国家自然科学基金委支持。

·中国谭其骧主编《正史地理志汇释丛刊》开始陆续出版。至 2020 年已出版《汉书地理志汇释》《续汉书郡国志汇释》《晋书地理志汇释》《宋书州郡志汇释》《隋书地理志汇释》《两唐书地理志汇释》《宋史地理志汇释》《辽史地理志汇释》。

·中国吴良镛《人居环境科学导论》出版。

·中国陈才《区域经济地理学》出版。系统阐述区域经济地理学基本原理（包括所创建的经济地域系统理论）。2009 年再版。

·中国潘玉君《地理学基础》出版。中国地理学会名誉理事长吴传钧院士作序。后多次重印，获云南省自然科学奖二等奖、云南省教学成果奖一等奖，收入"云南省百人百部"系列。

·加拿大布鲁斯·米切尔《资源与环境管理》由英国朗文出版社出版。第二版由英国培生教育出版集团于 2002 年出版刊行。中译本译自第二版，由蔡运龙等翻译，商务印书馆于 2005 年出版。

·联合国通过《世界文化多样性宣言》《不同文明对话全球议程》。深远影响地理学和地理学家。

·联合国政府间气候变化专门委员会（IPCC）发布《第三次评估报告》。包括三个工作组的有关"科学基础""影响、适应性和脆弱性"和"减缓"的报告，以及侧重于各种与政策有关的科学与技术问题的综合报告。

·中国科学院地理科学与资源研究所启动"中国数字地貌研究"项目。

·中国深圳大学教育部人文社会科学基地"中国特区经济研究中心"

获批。从 2006 年开始出版《中国经济特区发展报告》（蓝皮书），2016
年起由德国施普林格出版社出版海外版。

· 中国科学技术协会举办的中国科协学术年会（第三届）在长春召
开。会议主题为"新世纪、新机遇、新挑战——知识创新和高新技术产
业发展"。中国地理学会参加。

· 上海合作组织成立。深远影响地区的地理格局。是地理研究主题
之一。

· 中国兰州大学陈发虎、中山大学闫小培、中国科学院大气物理研
究所王会军等获国家杰出青年基金项目资助。

· 中国地理学会开始设立"全国优秀中学地理教育工作者"奖。


**公元 2002 年**

· 俄罗斯总统普京签署关于编纂出版《俄罗斯大百科全书》的命令。
总投资为 1800 万美元。

· 中国全国科学技术名词审定委员会审定与公布《地理信息系统名
词》（第一版）出版。编委会顾问陈述彭，主任徐冠华，副主任李德仁
等，委员周成虎、叶嘉安、林珲、宫辉力等。

· 中国《20 世纪中国学术大典》之《地理学》卷出版。吴传钧任主
编，杨勤业、鲁奇任副主编。为中国地理学史学术著作，是《20 世纪中
国学术大典》中的一卷。全书主要包括 20 世纪中国地理学研究、分类条
目、中国地理学大事年表、条目索引。其中，分类条目主要包括自然地
理学、人文地理学、区域地理学、历史地理学、地图、遥感和 GIS、地理
科学考察、学术人物、学术名著名篇、学术机构团体、学术刊物。其中，
学术人物包括杨守敬、邹代钧、张相文、翁文灏、竺可桢、顾颉刚、黄
国璋、曾世英、王庸、张其昀、胡焕庸、吴尚时、周廷儒、林超、周立
三、谭其骧、李旭旦、侯仁之、李春芬、史念海、黄秉维、任美锷、吴
传钧、施雅风、陈述彭。

· 中国国家科学技术名词审定委员会成立"资源科学技术名词审定
委员会"。

· 中国吴传钧、刘盛佳、杨勤业发表"20 世纪中国地理学研究"。主要包括外国近代地理学者对中国地理研究的影响、张相文和竺可桢对发展中国地理学的贡献、1949 年前促进中国地理学发展的代表人物、中国近代地理研究的主流、中国现代地理学两大支柱学科的发展、地理学基础理论的探索。

· 中国吴传钧、刘盛佳、杨勤业提出和阐述中国地理学在地理学基础理论方面的探索与成就，主要包括地球表层学和地理科学、地球陆地系统科学与区域可持续发展战略研究、人地关系地域系统研究。

· 中国郑度发表"21 世纪人地关系研究前瞻"。

· 中国吴传钧在《重新发现地理学》中文版序言中，阐述美国地理学在 20 世纪最后 30 年间得到迅速发展，其影响正在远远扩展到其他的专业，地理学的理论和方法在纷繁的学科前沿得到重视和应用。

· 中国国家环境保护总局会同国务院西部开发办公室联合下发了《关于开展生态功能区划工作的通知》，启动了西部 12 省、自治区、直辖市和新疆生产建设兵团的生态功能区划编制工作。

· 中国沙万英、邵雪梅、黄玫在《中国科学（D 辑）》发表"20 世纪 80 年代以来中国的气候变暖对自然区域界线的影响"。

· 中国杨建平、丁永建等在《地理学报》发表"近 50 年来中国干湿气候界线的 10 年际波动"。

· 中国王涛主持（中国）国家重点基础研究规划项目"中国北方沙漠化过程及其治理研究"开始进行。2005 年完成。

· 中国教育部开始进行"学科评估"。是教育部学位与研究生教育发展中心（简称学位中心）按照中华人民共和国教育部颁布的《学科目录》对具有博士学位和硕士学位授权点的一级学科进行整体水平的评估。至 2017 年完成了四轮学科评估工作。其中，第四轮学科评估于 2016 年 4 月启动。

· 中国毕思文和许强在其《地球系统科学》中提出和阐述"人地系统动力学"。

· 中国葛剑雄和华林甫发表"二十世纪的中国历史地理研究——回

顾与展望"。

·中国葛剑雄和华林甫指出中国自20世纪60年代以来在历史研究中不重视地理环境作用和在社会经济发展中对于人地关系片面宣扬人定胜天意识。

·美国雷金纳德·格里奇发表"地理知识性质"。阐述了地理知识性质变化的历史和地理学应关注的问题。

·中国明确提出和阐述"全面小康"概念。成为地理学研究主题之一。

·中国正式全面启动"退耕还林"工程。为中国地理工程或地理建设重要方面之一。

·中国国务院正式批复《南水北调总体规划》。为中国南水北调重大地理工程或地理建设规划之一。

·中国邵全琴、励惠国、沈新强、杨崇俊、陈卫忠、史忠植、杜云艳、樊伟、季民、党顺行完成的"海洋渔业遥感、地理信息系统技术应用服务系统"项目获国家科技进步奖二等奖。

·中国王桥、王文杰、郑丙辉、刘玉平、张林波、魏斌、陈向东、赵继成、朱琦、申文明完成的"中国西部地区生态环境现状遥感调查"项目获国家科技进步奖二等奖。

·美国比利·李·特纳发表"身份之争:人类—环境地理学及其学术重建含义"。

·中国《中国少数民族分布图集》出版。2014年《中国民族地理》完成一组以系统数据为支持的中国民族地图。

·中国《中华人民共和国气候图集》出版。

·中国《中国大百科全书·环境科学》修订版出版。

·中国秦大河等《中国西部环境演变评估》出版。

·中国毕思文和许强《地球系统科学》出版。

·英国自然环境委员会(NERC)提出地球系统科学研究计划"量化并理解地球系统"。2004年发布该计划的科学计划和实施计划。

·中国时任国务院总理温家宝阐述"地球系统科学"。

·联合国粮农组织启动"全球重要农业文化遗产（GIAHS）"。

·中国国家自然科学基金委提出了 21 世纪初的地球科学战略重点，拟定了"以地球系统各圈层的相互作用为主线，从我国具有优势的前沿领域寻找主攻目标"的优先资助领域战略。

·国际地理联合会在南非德班举行区域会议。

·中国科学技术协会举办的中国科协学术年会（第四届）在成都召开。会议主题为"加入世贸组织和中国科技与可持续发展——挑战与机遇、责任与对策"。中国地理学会参加。

·欧洲地球科学联合会（EGU）成立。由欧洲地球物理学会和欧洲地球科学联盟合并而成。该会致力于促进地球及其环境、星球和空间科学的研究与合作，以造福人类。设立洪堡奖章和米兰科维奇奖等。

·英国凯文·孟席斯《1421：中国发现世界》出版。系统阐述郑和七下西洋。

·英国凯文·孟席斯在英国皇家地理学会会议上公布他关于"郑和是环球航行第一人""美洲大陆和澳大利亚大陆都是中国人发现的""达·伽马、麦哲伦、哥伦布、库克等欧洲航海家及探险家所使用的海图都是中国人于 1421—1423 年所绘制的"等观点。

·非洲联盟（AU）成立。简称"非盟"。前身为 1963 年成立的非洲统一组织。深远影响世界地理格局和世界地理研究。是地理研究主题之一。

·中国科学院寒区旱区环境与工程研究所董治保、中国科学院地理科学与资源研究所周成虎等获国家杰出青年基金项目资助。

### 公元 2003 年

·中国时任国家主席胡锦涛提出和阐述科学发展观的科学内涵。

·国际地理联合会（IGU）成立应用地理学委员会。

·美国地理学家协会（AAG）年会专门成立一个分会讨论地理学第一定律（TFL）。出现否定派和完善修正派两个主要派别。

·中国开始了中东部地区生态功能区划的编制。

· 中国陆大道当选中国科学院院士。

· 中国秦大河当选中国科学院院士。

· 中国叶嘉安当选中国科学院院士。

· 美国特雷弗·巴恩斯从科学哲学角度分析世界的多样性和复杂性，提出了否定地理学第一定律（TFL）以及否定"地理学科学知识定律化"的观点。

· 美国隋殿志、乔纳森·菲利普森等从康德和波普尔等哲学观念出发对地理学第一定律（TFL）给以支持并提出完善意见。

· 美国乔纳森·菲利普森将地理学第一定律表述为两种形式。之后提出和阐述地理学第二定律。

· 第三届国际数字地球研讨会（ISDE）在捷克布尔诺召开。会议主题为全球可持续的信息资源。

· 美国特纳提出和阐述地理学传统：地方—空间研究传统，人类—环境研究传统，自然地理研究传统，地图科学研究传统。

· 英国罗恩·约翰斯顿发表"空间中的秩序：作为'距离'学科的地理学"。

· 中国何大明主持国家重点基础研究规划项目"纵向岭谷区生态系统变化及西南跨境生态安全"开始进行。2008年完成。

· 英国大卫·利文斯通《将科学置于地方：科学知识的地理》出版。

· 中国商务印书馆开始陆续出版《当代地理科学译丛》。包括"大学教材系列"和"学术专著系列"。蔡运龙作丛书序。《译丛》编委会委员有蔡运龙、柴彦威、樊杰、顾朝林、胡天新、李平、李秀彬、梁进社、刘宝元、刘卫东、汤茂林、唐晓峰、田文祝、王铮、张春梅、周尚意。

· 中国陆大道等著《中国区域发展的理论与实践》出版。系统阐述区域发展的理论与方法以及中国区域发展等问题。

· 中国黄秉维《关注人类家园——陆地系统与自然地理综合研究》出版。阐释地理学研究范式："地理学最基本的方法是在综合指导下分析，又在分析基础上综合"；"自然地理综合研究可以单独发挥一定作用，但只有与综合人文地理工作结合起来，才能发挥作用"。阐述地域系统思想：要照顾到地域与地域之间的联系。

·中国陈潮、陈洪玲主编，陈述彭作序的《中华人民共和国行政区划沿革地图集》由中国地图出版社出版。该图集介绍了 1949—1999 年 50 年来省、地、县三级行政区划的设置、变迁和现状，包括行政建制的设置和撤销、行政地名的更改、行政区域的调整、行政级别的升降、行政机构驻地的迁移等。

·法国保罗·克拉瓦尔《地理学思想史》出版。后多次再版。中文版也多次出版。该书系统阐述西方地理学从古希腊到现在的发展，主要包括绪论、古希腊时期的地理学、中世纪与近代初期的地理学、启蒙运动与地理学、科学的地理学兴起、国家学派时期、新地理学、最近演化出来的多样性、地理知识形式与制度关联、规范性空间思想与地理学史、全球化对地理学的挑战、地理学的前景等。

·中国孙喆《康雍乾时期舆地绘图与疆域形成研究》出版。

·中国任美锷发表"地理学——大有发展前景的科学"。

·中国李小文等提出地理"时空临近"概念。用"时空临近"替代"空间临近"。时空临近用时空临近度度量。发展了"地理学第一定律"。

·英国首相布莱尔发表的《我们能源的未来：创建低碳社会》白皮书明确提出和使用"低碳经济"概念及其术语。

·中国岳天祥主编《资源环境数学模型手册》出版。

·中国颁布国家标准《旅游资源分类、调查与评价（GBT/18972 - 2003）》。

·中国开展第一次全国经济普查。普查标准时间为 2004 年 12 月 31 日。

·中国国家标准《旅游资源分类、调查与评价（GB/T18972 - 2003）》颁布，主要是旅游地理学学者研制。

·中国地图出版社主编、陈述彭作序的《中华人民共和国行政区划沿革地图集》出版。

·中国葛全胜、赵名茶、郑景云等发表"中国陆地表层分区：对黄秉维陆地表层系统理论的学习与实践"。系统阐述地理综合体和综合地理区划若干问题。

· 英国剑桥大学《剑桥科学史》第七卷《现代社会科学》出版。包括地理学。

· 中国刘东生获中国国家最高科学技术奖。

· 中国林宗坚、程烨、张继贤、李英成、李紫薇、卢健、周一、邱志成、张炳智、孙杰完成的"地理空间信息的遥感高精度快速提取技术及产业化"项目获国家科技进步奖二等奖。

· 中国阎守邕、徐枫、曾澜、陈宣庆、王世新、庄大方、李浩川、陈蓓玉、王庆杰、杨丽沛完成的"资源环境、区域经济空间信息共享应用网络"项目获国家科技进步奖二等奖。

· 国际地理联合会应用地理学委员会《应用地理学：世界范围的展望》出版。

· 英国 R. J. 约翰斯顿等《英国地理学百年》出版。

· 美国《21 世纪之初的美国地理学》出版。阐述问题之一是地理学传统与创新。

· 中国杨勤业、郑度、王国振《西藏地理（法文版）》出版。

· 中国岳天祥主编《资源环境数学模型》出版。

· 中国科技部启动"省部共建国家重点实验室培育基地"计划。后有包括地理科学在内的建设项目。

· 加里·盖勒等阐述"地理学是一门研究环境和社会的动力、社会和环境的交互作用的学科"。

· 德国联邦政府教育与研究部和德国科学基金会（DFG）提出地球系统科学研究计划"地球工程学"。

· 中国开始建立"地球系统科学数据共享平台。

· 美国参议院环境委员会举行听证会。听取全球气候变化有关观点。

· 中国开始启动国家级和省级精品课程建设工作。之后地理科学专业类的多门课程成为国家级和省级精品课程。2012 年转换为国家级和省级精品开放课程（包括精品资源共享课程和精品视频公开课程）。

· 美国发起多国参加的"国际综合大洋钻探计划（Integrated Ocean

Drilling Program，IODP）"开始实施。该计划以地球系统科学思想为指导。2013 年更名为"国际大洋发现计划（International Ocean Discovery Plan，IODP）"。

·美国埃里克·谢波德和加拿大特雷弗·巴恩斯《经济地理学指南》由英国牛津布莱克韦尔出版公司出版。中译本由汤茂林、谈静华、李江涛等翻译，商务印书馆于 2008 年出版。

·英国凯·安德森、美国莫娜·多莫什、英国史蒂夫·派尔、英国奈杰尔·思里夫特《文化地理手册》由伦敦塞奇出版公司出版。中译本由李蕾蕾和张景秋翻译，商务印书馆于 2009 年出版。

·英国彼得·迪肯《全球性转变——重塑 21 世纪的全球经济地图》第四版，由美国吉尔福德出版社出版。中译本由刘卫东等翻译，商务印书馆于 2007 年出版。

·英国 G. L. 克拉克、美国 M. P. 费尔德曼和加拿大 M. S. 格特勒《牛津经济地理学手册》由英国牛津大学出版社出版。中译本由刘卫东、王缉慈、李小建、杜德斌等翻译，商务印书馆于 2010 年出版刊行。

·英国萨拉·霍洛韦、斯蒂芬·P. 赖斯和吉尔·瓦伦丁《当代地理学要义——概念、思维与方法》由英国塞奇出版公司出版。中译本由黄润华和孙颖翻译，商务印书馆于 2008 年出版。

·英国尼古拉斯·克里福德和吉尔·瓦伦丁《当代地理学方法》由英国塞奇出版公司出版。中译本由张百平等翻译，商务印书馆于 2012 年出版刊行。

·中国科学技术协会举办的中国科协学术年会（第五届）在沈阳召开。会议主题为"全年建设小康社会：中国科技工作者的历史使命"。中国地理学会参加。

## 公元 2004 年

·中国时任中共中央总书记胡锦涛强调指出"开展全国生态区划和规划工作，增强各类生态系统对经济社会发展的服务功能"。

·第 30 届国际地理大会在英国格拉斯哥举行。

· 美国乔纳森·菲利普斯提出地理学第二定律即包括空间依赖和距离衰减所导致地理事物聚集分散的空间异质性。

· 中国 31 个省、自治区、直辖市和新疆生产建设兵团全部完成了生态功能区划编制工作。

· 美国哈维·米勒阐述地理空间的自相似性和异质性。

· 美国 M. F. 古德柴尔德发表"地理信息科学·地理学·形态和过程"。其中，界定不同空间的区别，特别阐述地理空间。

· 中国孙鸿烈、郑度、陆大道等承担中国科学院咨询研究项目"全国功能区的划分及其发展的支持条件"。

· 中国孙鸿烈、郑度、陆大道等明确提出和阐述"主体功能区"科学概念。后成为中国《全国主体功能区规划》的科学概念和科学思想的基础。

· 中国刘昌明在第 30 届国际地理大会上连任国际地理联合会副主席。

· 中国地理学会设立"中国地理科学成就奖"，表彰对地理学和中国地理有重要贡献的地理学家，并进行第一届评选与颁发。至 2019 年已评选与颁发 10 届，共表彰 60 余人。

· 中国任美锷发表"气候变化对全新世以来中国东部政治、经济和社会发展影响的初步研究"。

· 中国任美锷提出和论述"地理科学系统理论"，阐明其与人地关系理论的不同。

· 中国孙鸿烈、张荣祖等《中国生态环境建设地带忖原理与实践》出版。系统阐述"生态环境建设地带性"思想与原理。

· 中国郑度和姚檀栋等《青藏高原隆升与环境效应》出版。

· 中国杨勤业、郑度等《西藏地理（英文版）》出版。

· 中国地理学会和中国科学院地理科学与资源研究所《地理学发展方略和理论建设》出版。

· 中国陆大道提出中国现代地理学发展存在明显的社会驱动。蔡运龙 2004 年、樊杰 2016 年也阐述了同样的观点。属于地理学发展动力范畴。

·中国蔡运龙、陆大道、周一星发表"地理科学的中国进展与国际态势"。

·中国伍光和在继承前辈学者的基础上阐述区域系统研究的区域划分和类型划分两种方法，指出类型区划的概念和思想不正确。

·美国《美国科学院院刊》刊发"发展土地变化科学——挑战与方法论"。

·美国 S. 帕卡拉和 R. 索科洛在《科学》发表"稳定楔：用现代技术解决未来 50 年的气候问题"。

·中国刘东生发表"开展'人类世'环境研究，做新时代的开拓者"。

·中国的"教育部高等教育教学评估中心"成立。其主要职责是负责组织实施高等学校本专科教育的评估工作，专业认证是其中重要内容之一。为推进师范类专业认证组织实施工作，2018 年 5 月，评估中心确定了 11 家具备开展第二级师范类专业认证工作资质的教育评估机构名单。

·中国方精云、李克让和曹明奎等"中国陆地生态系统生产力和碳循环研究"获国家自然科学奖二等奖。

·中国陈军、李志林、朱庆、蒋捷、王东华完成的"数字地表模型的多维动态构模研究"项目获国家自然科学奖二等奖。该项目针对多维动态数字地表模型构建这一国际学术前沿问题，以地理空间实体及相互间关系的抽象与表达为主线，研究了地表空间铺盖、地物空间关系理论、数字地形精度、多维动态空间数据建模、多尺度表达等基本问题。(1) 提出了在栅格空间生成空间实体的 Voronoi 铺盖之思想，并发展了一系列的栅格生成算法。(2) 最先发现了部分 GIS 空间关系经典模型的两大理论缺陷，通过引入空间目标的 Voronoi 区域，研究解决了这两大问题，发展形成了基于 Voronoi 图的空间关系模型。(3) 第一个发现了空间现象客观表达的"自然准则"，在此基础上发展了地形及地物多尺度表达的一系列算法，为多尺度表达提供了理论与数学基础。其中的线条多尺度表达算法被国际公认而写英文 GIS 教科书。（4）首次提出了顾及行为的时空数据建模思想、基于 k - 单纯形的三维拓扑 ER 模型、蕴含邻近关系的 Voronoi 动态数据模型等。（5）首次系统地用试验的方法揭示了 DEM 精度随采样密度及地形的变化，并对这样的变化做了严密的数学推导，建立了一种类似于地形图精度规范的既简单又可靠的 DEM 精度的理论预测模型，并用 DEM 规范的制定。（6）根据该研究成果，发展了 3 种多维数据建模工具（系统），开展了国家级 DEM 数据库等应用工程，研制了导航空间数据标准等国家标准。在国际核心学术刊物上发表了 38 篇论文，在其他国际正式出版物上发表了 8 篇论文，在国内核心学术刊物上发表了 46 篇论文，发表了学术专著 3 部；被 SCI 收录 30 次，EI 收录 29 次，ISTP 收录 3 次，中国科学引文收录 28 次。

·中国方精云、李克让、曹明奎、朴世龙、贺金生等完成的"中国陆地生态系统生产力和碳循环的研究"项目获国家自然科学奖二等奖。该项目属生态学和地学相交叉的研究领域。通过发展实际观测、定量估计和模型模拟的方法，全面、系统地研究了中国国家尺度的陆地生态系统碳循环的主要过程、碳储量、净吸收和净排放变化及其发生机理。创造性地建立了我国主要生物群区碳储量的估算方法，对其 $CO_2$ 源汇功能进行了评估：分别建立了区域森林、草地、农作物以及土壤碳储量的估算方法，创建了"连续生物量转换因子法"；利用这些方法及大量野外实测资料和森林清查资料，研究了中国 50 年来森林植被 $CO_2$ 源汇功能的动态变化，发现 20 世纪 70 年代中期以前，中国森林向大气净排放了 $CO_2$；但在 80 年代初到 90 年代末的近 20 年中，共净吸收了相当于同期中国工业 $CO_2$ 排放总量约 4% 的碳素。项目还首次发现气候及土地利用变化将导致我国陆地净吸收 0.73 亿—1.2 亿吨碳。

·中国王浩、陈敏建、何希吾、秦大庸、汪党献、唐克旺、尹明万、王芳、王研、甘泓完成的"西北地区水资源合理配置和承载能力研究"项目获国家科技进步奖二等奖。

·中国潘玉君完成的"地理学基础"获云南省自然科学奖二等奖。吴传钧院士为鉴定委员会主任。

·中国《2004—2010 年国家科技基础条件平台建设纲要》发布。其中包括地理科学平台建设。

·美国长期生态研究网络（LTER）在美国国家基金会资助下建立。目的是建成一个将生态学、社会学等学科有机结合起来的高度综合的研究网络。

·国际地球信息科学与地理系统建模会议暨第五届北京国际地理信息系统会议在中国科学院地理科学与资源研究所举行。这是国际地球信息科学与地理系统建模委员会首次在中国召开会议。

·中国开始进行全国生物物种资源调查工作。

·中国成立生物多样性计划中国委员会（CNC – DIVERSITAS）。

·中国开始建立大型样地的森林生物多样性监测网络（CForBio）。

·中国华东师范大学"中国现代城市研究中心"获批为教育部人文社会科学重点基地。该中心成立于 2003 年。2016 年入选中国智库索引（CTTI）来源智库。现任中心主任为曾刚。

·中国河南大学"黄河文明与可持续发展研究中心"获批为中国教育部人文社会科学重点基地。该中心成立于 2002 年。

·美国国家科学院发表《促进跨学科研究》。阐述研究人员、研究机构、专业学会和资助机构如何促进跨学科研究。

·中国开始出版《竺可桢全集》（共 24 卷）。

·中国地质科学院《中国地下水资源与环境图集》出版。

·中国科技部、国家计委、国家经贸委灾害综合研究组《中国重大自然灾害与社会图集》出版。

·加拿大特雷弗·巴恩斯等《经济地理学读本》由英国布莱克韦尔出版公司出版。中译本由童昕等翻译，由商务印书馆于 2007 年出版。

·美国成立美国国家地理空间情报局（NGA）。由 1996 年成立的美国国家影像与制图局（NIMA）变更而来。NIMA 更名为 NGA，反映了美国测绘科技从传统影像制图发展到对地理空间信息的快速获取与监测。NGA 常年招聘地理学方面的人才。

·中俄双方签署《中华人民共和国和俄罗斯联邦关于中俄国界东段

的补充协定》，达成关于黑瞎子岛的协议，黑瞎子岛一分为二，西侧靠近中国的一半岛屿归中国所有。中国收回半个黑瞎子岛的主权。深远影响东北亚地理格局及其地理研究。

·南美国家共同体成立。简称"南共体"。2007 年改称"南美国家联盟"，简称"南美联盟"。深远影响世界地理格局及其地理研究。

·中国科学技术协会举办的中国科协学术年会（第六届）召开。会议主题为"以人为本，协调发展"。中国地理学会参加。

·中国北京师范大学史培军、中国科学院地理科学与资源研究所曹明奎、南京大学杨修群等获国家杰出青年基金项目资助。

·南非国家联盟成立。深远影响世界地理格局，是地理研究主题之一。

## 公元 2005 年

·中国国务院《关于落实科学发展观 加强环境保护的决定》再次要求"抓紧编制全国生态功能区划"。

·联合国环境规划署等《千年生态系统评估综合报告》发布出版。

·美国国家科学理事会发表《长期保存的数字数据集合：支持 21 世纪的研究与教育》。蕴含"第四范式"科学研究方法。

·国际地球观测组织（GEO）成立。

·中国科技部启动"科学数据共享工程"。该工程 2001 年开始试点。该工程的总体目标是：坚持资源公开与共用的方针，以基地建设的思路，构建结构合理、面向全社会的、网络化、智能化的科学数据管理与共享服务体系；完善共享政策、法规体系和管理体系的建设，建立健全共享机制；培养一批能适应社会信息化的高素质的科学数据共享管理、技术人才。使科学数据资源的积累与共享达到基本满足科技创新和国家发展的需求，提高国家科技创新能力和竞争力，最大限度地发挥国家投入的效益。成立领导小组、专家委员会、工作组、办公室等。中国孙九林院士为专家委员会委员、中国刘闯研究员为工作组专家。办公室设置在中国 21 世纪议程管理中心。

·中国科学院汇总完成了《全国生态功能区划》初稿。中国科学院在全国各地区生态功能区划基础上，综合运用中华人民共和国成立以来自然区划、农业区划、气象区划，以及生态系统及其服务功能研究成果，汇总完成了《全国生态功能区划》初稿。之后，原国家环境保护总局会同中国科学院先后召开了十余次专家分析论证会，对《全国生态功能区划》初稿进行了反复修改和完善。

·美国国家科学基金会发布"地球关键带探索的前沿"报告。

·俄罗斯建设俄罗斯科学引文数据库（RSCI）。2008年开始全面使用。

·中国水利部、中国科学院、中国工程院联合组织开展"中国水土流失与生态安全综合科学考察"。至2008年完成。这次系统考察的目的是为中国的水土保持法的修订提供我国水土流失状况基础资料。这次系统考察，还提出了多方面的被中国水土保持法修订采纳的直接建议。孙鸿烈参加。地理学直接为国家立法提供科学支持。

·中国孙鸿烈明确提出和阐述"生态建设"概念及术语的科学性和通用性。生态建设的内涵包括修复、重建、建设等。

·中国科学院地理科学与资源研究所设立自然资源学博士、硕士学位点。

·中国唐守正阐述"生态环境"概念及其语境，进行纠正。

·中国孙九林开始主持国家科技基础条件平台项目"地球系统科学数据共享网"。该平台2009年通过国家科技单位评估和验收，开始进入运行服务阶段。

·中国姚檀栋主持的国家重点基础研究规划项目"青藏高原环境变化及其对全球变化的响应与适应对策"开始进行。2010年完成。

·中国吴绍洪、刘卫东发表"陆地表层综合地域系统划分的探讨：以青藏高原为例"。系统阐述地理综合体和综合地理区划问题。

·第四届国际数字地球研讨会（ISDE）在日本东京召开。会议主题为数字作为全球公产。

·美国哈佛大学建立地理分析中心。为地理学等跨学科研究机构，体现和发挥地理学空间思维。之后耶鲁大学、普林斯顿大学等常春藤大学分别建立地理信息和遥感中心。

·美国杰弗里·马丁《所有可能的世界：地理学思想史》出版。

·美国杰弗里·马丁提出地理学是创新和传统的复合体。

·国际地圈生物圈计划和全球变化人文因素计划联合推出"全球土地计划"。

·中国孙鸿烈等著《中国生态系统》（上、下卷）出版。全书包括前沿和总论、森林生态系统、草地生态系统、水体生态系统、农田生态系统、陆地生态系统养分循环、陆地生态系统水分循环和生态系统网络研究的理论与方法等8篇。每一篇下分为若干章。地域辽阔的中国在地带性自然地域分异因素和非地带性自然地域分异因素这两个基本自然地域分异因素以及若干非基本自然地域分异因素综合作用下，在地带性自然地域分异规律和非地带性自然地域分异规律等综合支配下，发生自然地域分异。陆地自然地域分异空间秩序为：（1）自北而南，从寒温带、温带、暖温带、亚热带到热带等热量带；（2）自东向西，由湿润区、半湿润区、半干旱区到干旱区等湿度带；（3）自低而高，高大山体形成丰富山地垂直带及其谱系。这些热量带与湿度带以及垂直带结合组成了丰富多彩的生态系统：（1）众多类型的森林生态系统从寒温带针叶林直到热带雨林；（2）东西延伸的草地生态系统由各类草原、荒漠、沼泽构成；（3）水体生态系统涵盖了众多河流、湖泊以及海洋；（4）农田生态系统则广泛分布于山地、丘陵、平原；（4）不同海拔高度的山地又孕育了各式各样的生态系统；（5）中国西南部还有青藏高原特有的高寒草甸、草原、荒漠等生态系统。海洋自然地域分异空间秩序为：渤海、黄海、东海和南海海域。每一海域形成丰富多样的海洋生态系统。《中国生态系统》为有关研究的系统总结和科学概述。

·中国陆大道受聘为国家"十一五"规划专家委员会委员。

·中国北京大学周一星给中共中央政治局集体学习班讲授"国外城市化发展模式和中国特色的城镇化道路"。

·中国的国家科技基础条件平台"国家生态系统观测研究网络"开

始建立。

·中国出版《中国古今地名大辞典》。1931 年商务印书馆曾出版《中国古今地名大辞典》。

·中国叶笃正获中国国家最高科学技术奖。

·中国傅伯杰、刘宝元、陈利顶、刘国彬、谢昆青"黄土丘陵沟壑区土地利用与土壤侵蚀"获国家自然科学奖二等奖。该成果紧密结合地理学的研究前沿和国家生态环境建设的重大需求，系统研究了土地利用对土壤水分、土壤养分和土壤侵蚀过程的影响。主要包括：（1）研究发现了黄土丘陵沟壑区土地利用与土壤水分时空变化规律及主要驱动因子；建立了黄土丘陵坡地土壤水分空间分布模型，为土壤水分空间分布预测提供了定量方法；揭示了土地利用与生态过程的相互作用机理，提出了黄土丘陵坡地和小流域土地合理利用模式；（2）建立了陡坡土壤侵蚀模型，解决了国际上通用土壤侵蚀模型对陡坡侵蚀预报的不准确性问题，填补了国际上陡坡土壤侵蚀预报的空白；（3）将土地适宜性评价与生态过程相结合，发展了土地可持续利用评价的理论。创建了综合生态评价、经济评价和社会评价的集成方法，并已将此方法成功应用于黄土丘陵沟壑区的土地可持续利用评价与规划。该项研究将自然地理的描述和分类研究深化到过程研究，为自然地理综合研究做出了重要贡献，推动了我国景观生态学的发展。

·中国龚子同、雷文进、陈志诚、高以信、曹升赓、张甘霖、肖笃宁、李述刚完成的"中国土壤系统分类研究"项目获国家自然科学奖二等奖。全国约 40 个单位的 240 多位研究者，历时 20 年，建立了全新的以诊断层和诊断特性为基础、以定量化为特点的"中国土壤系统分类"，成为我国土壤分类发展史上的"里程碑"。创建了一系列具有严格限定的诊断层和诊断特性，以此为基础来鉴别我国丰富的土壤类型，建立了一个全新的具有完整检索系统的谱系式土壤系统分类，体现了我国土壤分类从定性向定量的跨越。对我国特有的土壤类型进行了科学界定，建立多个人为土的诊断层用以界定我国历史悠久、类型复杂的人为土，建立低活性富铁层作为鉴别广泛分布于季风亚热带富铁土的依据，提出干旱表层代替干旱水分状况作为鉴别干旱土的依据。首次系统地建立了人为土纲的诊断体系，并被国际分类组织（WRB）全盘接受，成为其标准方案，对国际土壤分类作出了重要贡献。

·中国郭仁忠、刘耀林、艾廷华、李莉、唐新明、成建国、王洪、彭子凤、李兴林、潘俊杰完成的"空间数据自动综合技术及应用工程"项目获国家科技进步奖二等奖。

·中国秦大河、丁一汇、毛耀顺完成的"全球变化热门话题丛书"项目获国家科技进步奖二等奖。

·中国潘玉君完成的"地理学基础"获云南省优秀教学成果奖一等奖，并参加国家优秀教学成果奖会议答辩。吴传钧院士为鉴定委员会主任。

·中国马蔼乃《地理科学丛书》开始陆续出版。包括《地理科学导论——自然科学与社会科学的"桥梁科学"》《地理信息科学——天地人机信息一体化网络系统》《地理系统工程——可持续发展战略的基础》《理论地理科学与哲学——复杂性科学理论》等。

·中国宋长青、冷疏影发表"当代地理学特征、发展趋势及中国地理学研究进展"。

·中国"土壤与农业可持续发展国家重点实验室"获批。依托单位为中国科学院南京土壤研究所。

·中国"遥感科学国家重点实验室"获批。依托单位为中国科学院遥感与数字地球研究所和北京师范大学。

·中国建立"国家科技基础条件平台'地球系统科学数据共享平台'"。其前身为2003年建立的"地球系统科学数据共享平台"。

·中国提出"两型社会"即"建设资源节约型、环境友好型社会"。2006年获全国人大批准。

·美国詹姆斯·汉森等在《科学》发表"地球能量不平衡：证实与含义"。

·联合国环境规划署等《千年生态系统评估综合报告》将湿地列为全球退化现象最为突出的生态系统。

·中国国家生态系统网络（CNERN）开始举办以"传播新知识，交流新思想，展示新成果"为宗旨的"中国生态大讲堂（CEF）"。

·美国众议院委托美国科学院提出关于气候变化情况的报告。次年美国国家研究委员会发表由12位科学家和统计学家完成的《两千年来表层温度再造》的报告。

·中国国家测绘局应用3S及现代地球物理技术测量出珠穆朗玛峰海拔高度为8844.43米。得到联合国教科文组织和世界各国承认。

·中国开始施行《地理标志产品保护规定》。由中国的国家质量监督检验检疫总局局务会议审议通过。

·中国郑度主编、杨勤业等为编委《彩图科技百科全书》之《地球》卷出版。为地理科学高级科普著作。

·中国地理学会组编、陆大道主编《中国国家地理百科全书》（共6卷）出版。后多次印刷出版。为地理科学高级科普著作。

·中国郑度、杨勤业、李栓科《多彩中国》出版。为地理科学高级科普著作。

·中国有关单位举办"郑和下西洋600周年纪念活动"。600年前，郑和率27000余人组成庞大雄伟的船队七下西洋，是中国对世界文明进步作出的巨大贡献之举。郑和及其随行人员马欢、费信、巩珍等之后分别撰写《瀛涯胜览》《星槎胜览》《西洋番国志》等区域地理著作。促进了地理科学及其文化发展。

·中国国务院批准将每年的7月11日确立为"中国航海日"。也是"世界海事日"在中国的实施日期。美国、日本、英国、加拿大等有航海节。促进了地理科学文化的发展。

·联合国教科文组织大会通过决议，宣布每年11月的第三个星期四位"世界哲学日"。之后，世界哲学日系统关注人类与地理环境之间关系。促进了地理哲学文化的发展。

·中国科学技术协会举办的中国科协学术年会（第七届）在乌鲁木齐召开。会议主题为"科学发展观与资源环境可持续利用"。中国地理学会参加。

·中国"全国地理学研究生联合会（GPUC）"成立。是由全国广大地理学研究生自愿组成的公益性、学术性的社会团体。简称"全国地研联"。2015年创办电子期刊《地理学求索》。

·中国中山大学黎夏、北京大学王学军等获国家杰出青年基金项目资助。

## 公元 2006 年

·中国发布《中华人民共和国国民经济和社会发展第十一个五年规划纲要（2006—2010）》。将原来使用的"计划"术语更改为"规划"术语。深远影响中国地理格局和中国地理研究，促进地理学发展，地理学也作出贡献。

·中国《中华人民共和国国民经济和社会发展第十一个五年规划纲要（2006—2010）》中使用"主体功能区""空间秩序""空间结构""区划"等科学概念。这些科学概念是地理科学中的基本概念。深远影响中国地理格局和中国地理研究，促进地理学发展，地理学也作出贡献。

·中国《中华人民共和国国民经济和社会发展第十一个五年规划纲要（2006—2010）》提出编制主体功能区规划要求。深远影响中国地理格局和中国地理研究，促进地理学发展，地理学也作出贡献。

·中国《国家中长期科学和技术发展规划纲要（2006—2020）》实施。提出一系列需要地理学作出贡献的优先领域。促进地理学发展，地理学也作出贡献。

·中国开始实行"十一五"规划。其中，主要背景是美国次贷危机、促进乡村消费、2007年股灾、四万亿元投资；与地理学有关的主题有新农村建设，推进形成主体功能区资源节约型、环境友好型社会，城镇化健康发展，发展循环经济，修复自然生态加大环境保护力度，强化资源管理，人口工作，农业区域布局，农村环境保护，土壤综合治理、区域协调发展。

·中国全国科学技术名词审定委员会审定与公布《生态学名词》出版。顾问刘建康、阳含熙、李文华、宋永昌、张新时、庞兄飞，主编王祖望，副主编孙儒泳、肖笃宁等，编委方精云、陈昌笃等。主要包括（生态学）总论、生理生态学、行为生态学、进化生态学、种群生态学、群落生态学、生态系统生态学、景观生态学、全球生态学、数学生态学、化学生态学、分子生态学、保护生态学、污染生态学、农业生态学、水域生态学、城市生态学、生态工程学、产业生态学以及英汉索引和汉英索引。

·中国《全国生态功能区划》再次征求意见。中国科学院汇总并经过多次专家论证的《全国生态功能区划》再次征求国务院各有关部门和各省、自治区、直辖市的意见后，又进一步得到充实与完善。

·国际数字地球学会（ISDE）成立。中国、加拿大、美国、日本、捷克等十多个国家科学家的共同倡议下，由中国科学院发起，并联合国内外相关机构成立的非政府国际科学组织，总部设在北京。学会《国际数字地球学报》2008 年创刊。

·国际数字地球学会中国国家委员会（CNISDE）成立。

·国际数字地球峰会 2006 年在新西兰奥克兰召开。会议主题为全球可持续性的信息资源。

·中国陆大道完成关于中国城镇化咨询报告《关于遏制冒进式城镇化和空间失控的建议》。次年经中国科学院院长直接报送国家领导人。

·世界银行《东亚经济发展报告》提出"中等收入陷阱"概念。影响中国区域经济地理研究。

·中国《中国土地资源图集》由大地出版社出版。主编石玉林，副主编岳燕珍、石竹筠。包括序图组、土地利用现状与土地类型图组、土地资源与评价图组、潜力区土地资源与评价图组、流域片耕地资源评价图组、省（市、区）土地资源评价图组。

·中国石玉林主编《资源科学》出版。为中国工程院院士文库中的一卷。

·中国石玉林提出和阐述资源分类体系。其中一级分类包括自然资源和社会资源。

·中国颁布《国家中长期科学和技术发展规划纲要（2006—2020）》。

内含地理科学研究领域。

·中国首次发布"气候变化国家评估报告"。2007 年出版。

·中国吴传钧在中国科学院《院士建议》中阐述"地理学要重视人地关系地域系统的基础理论研究"。

·中国杨勤业、郑度和吴绍洪发表"关于中国的亚热带"。发展了自然地域分异的基本认识和基本理论以及中国自然地域分异格局认识。

·中国成立"国家发展规划专家委员会"。地理学是主要支持学科之一。陆大道、樊杰、牛文元和杨开忠等开始受聘担任委员。其中,陆大道受聘"十一五""十二五"委员,樊杰受聘"十一五""十二五""十三五""十四五"委员。

·中国刘丛强主持的国家重点基础研究规划项目"西南喀斯特山地石漠化与适应性生态系统调控"开始进行。2010 年完成。

·中国地理学会《中国地理学家及地理单位名录》出版。为研究地理学家著作。该书介绍了包括当时所有的地理科研院所、大专院校的地理院系和与地理学有密切关系的有关单位等在内的地理单位,介绍了当时有教授、研究员或相当技术职称的当代地理学家。该书包括地理学家名录、地理单位简介(地理专业院校简介、研究所简介、地理单位通讯录)。对于世界了解中国地理学具有重要作用和意义。

·中国周成虎主编《地貌学词典》出版。全书包括地貌通论、构造与岩石地貌、黄土地貌、喀斯特地貌、流水地貌、湖泊地貌、冰川冰缘地貌、干燥地貌、河口海岸地貌、重力地貌、地貌制图与数字地貌 11 个部分,附有学科分类目录和英文索引。

·中国王静爱主编《中国省市区地理》丛书启动。后陆续出版。

·《科学》发表"跨人类社会的高成本惩罚"。作者包括约瑟夫·亨利希(美国)、理查德·麦克尔里思(美国)、阿比盖尔·巴尔(英国)、吉恩·恩斯明格(美国)、克拉克·巴雷特(美国)、亚历山大·博利亚纳茨(美国)、胡安·卡米洛·卡德纳斯(哥伦比亚)、迈克尔·古尔文(美国)、爱德温·吉瓦科(美国)、娜塔莉·亨利希(美国)、卡洛林·来斯罗格(美国)、弗兰克·马洛(美国)、大卫·特雷瑟(美国)、约翰·基格（美国）。

·《科学》发表"制裁性制度的竞争优势"。作者为奥兹格·尤来克（德国）、伯恩·艾伦布施（英国）、贝蒂娜·罗肯巴赫（德国）。

·中国地理学会组编、陆大道主编的《环球国家地理百科全书（共6卷）》出版。后多次重印。为高级地理科学科普著作。

·中国地理学会发起创办"中日韩青年地理学家学术研讨会"，并在北京召开首次会议。

·国际地理联合会（IGU）在澳大利亚布里斯班召开区域会议。

·中国科学院城市环境研究所成立。

·美国艾伯特·戈尔（前副总统）主办的纪录片《难以忽视的真相》开始上演。警示全球变暖的后果，驳斥对全球变暖的怀疑。次年他获得2007年度诺贝尔和平奖。将全球变暖推向高潮。

·美国国家科学院研究理事会完成"学习空间思考"报告。提出和阐述空间学习问题，要实施和扩大重点培训教师的项目、对地理学观念和技术的资助、开发新的课程教材，创建有显著地理学成分的课程和学习方案，并跨课程地灌输地理学的思想方法。

·美国教育部资助项目"教师的现代地理学指南"，旨在将空间思维能力贯穿在数学、历史、自然科学等课程中。

·世界"亚洲议会大会"（APA）在伊朗德黑兰成立。由亚洲和太平洋地区的主权国家议会组成，拥有39个成员国，18个非成员国，前身为亚洲议会和平协会（AAPP）。宗旨是为亚洲和太平洋地区的各国议员提供一个相互交流、加强合作、增进友谊的论坛，促进本地区乃至世界的和平与发展。深远影响世界地理格局和世界地理研究。

·美国 B. 罗兹在《美国地理学家协会年刊》发表"重新审视地理学的动力基础"。作者的研究方向之一是地理学和自然地理学的哲学和概念等，主讲当代地理学思想等课程。

·中国王苏民、于革、沈吉、吴敬禄、杨向东完成的"湖泊沉积与区域环境变化"项目获国家自然科学奖二等奖。该成果瞄准"环境与发展"和"全球变化"国际基础科学前沿，针对我国不同区域严重的湖泊环境科学问题，充分利用湖泊沉积分辨率高、保存信息丰富、对环境变化响应敏感的特点，以及湖泊在我国分布面广且与人类活动密切相关的优势，依托科技部"973"工程、中国科学院创新工程、国家自然科学基金项目以及国际合作等项目，通过对我国不同大地貌阶梯6个湖泊深钻和岩芯及47个浅钻岩芯以及遍布全国200余个湖泊现代过程的研究，在开展湖泊沉积与古气候环境变化研究的同时，大力加强湖泊现代过程的研究，通过气候环境要素的定量化，实现了人与自然相互作用下湖泊古今环境研究的融合与深化，初步建立和形成了具有特色的湖泊沉积与环境研究体系与理论方法。该研究取得的重要创新进展有：创建了系列湖泊环境要素定量重建的方法，实现了古、今湖泊环境研究的有机结合，为我国古气候和湖泊环境演化的定量研究开拓了新路；建立了不同区域不同时间尺度（103—106年级）的湖泊环境演化序列和古湖泊数据库，揭示了我国不同时间尺度区域环境演化的过程与规律及其与青藏高原隆升、东季风变迁的关系以及人类活动的影响；开展了六个特征时段古气候模拟。阐明了控制我国区域湖泊环境时空演化格局的动力学机制。该成果是迄今为止我国湖泊沉积与区域环境变化研究方面最为系统且最具特色的成果，为中国湖泊沉积与古气候环境研究从理论到方法奠定了扎实的基础，丰富和推动了中国第四纪科学的发展，加强了湖泊科学与全球变化的理论联系，促进了湖泊科学的发展，对国际过去全球变化研究（PAGES）做出了贡献。

·中国周成虎、蒋兴伟、侯一筠、王钦敏、陈述彭、陈介中、王宏辉才兴、杨晓梅、苏奋振完成的"中国海岸带环境遥感监测与信息系统技术集成及其应用"项目获国家科技进步奖二等奖。

·美国理查德·P.格林和詹姆斯·B.皮克《城市地理学》由英国培生教育出版集团出版。中译本由中国地理学会城市地理专业委员会翻译，商务印书馆于2011年出版。

·美国斯图尔特·艾特肯和英国吉尔·瓦伦丁《人文地理学方法》由英国塞奇出版公司出版。中译本由柴彦威、周尚意等翻译，商务印书馆于2016年出版。

・中国兰州大学等地理科学专业开始"发现计划"联合实习活动。

・中国兰州大学地理科学专业开始"两地高校"联合实习活动。

・中国"城市和区域生态国家重点实验室"获批。依托单位是中国科学院生态环境研究中心。

・中国科学技术协会举办的中国科协年会（第八届）在北京召开。中国科协学术年会更换为中国科协年会。会议主题为"提高全民科学素养，建设创新型国家"。中国地理学会参加。

・中国科学院地理科学与资源研究所葛全胜、中国科学院南京土壤研究所张甘霖等获国家杰出青年基金项目资助。

・中国设置天津滨海新区。


**公元 2007 年**

・中国明确提出"科学发展观"概念及其术语和理论。

・美国吉姆・格雷发表演讲"科学方法的一次革命"。在此前后阐述"第四范式"研究方法。深远影响地理学和地理学家。

・中国吴传钧提出"主体功能区规划的基础是主体功能区区划""主体功能区区划就是以综合自然地理区划、综合经济地理区划和综合人文地理区划为基础的综合地理区划"等重要地理学思想。

・中国全国科学技术名词审定委员会审定与公布《地理学名词》第二版出版。为全国科学技术名词审定委员会公布。编委会顾问黄秉维、孙鸿烈、任美锷、吴传钧、陈述彭、施雅风，主任郑度，副主任陆大道、刘继远、许学强、蔡运龙、包浩生。主要包括地理学总论、自然地理学、地貌学、气候学、水文学、生物地理学、土壤地理学、医学地理学、环境地理学、化学地理学、冰川学、冻土学、沙漠学、湿地学、海洋地理学、古地理学、人文地理学、经济地理学、城市地理学、资源地理学、旅游地理学、人口地理学、历史地理学、社会与文化地理学、数量地理学、地球信息科学、地图学、地名学、遥感应用、地理信息系统等以及英汉索引和汉英索引。

・中国《全国生态功能区划》再次论证。中国国家环境保护总局与中国科学院联合主持了专家论证会，对修改完善的全国生态功能区区划进行了全面系统地评估，并得到了由 16 位院士、专家组成的专家组的充分肯定。

·联合国政府间气候变化专门委员会（IPCC）发布《第四次评估报告》。由于气候变化的明显表现，该报告在世界范围内引起极大反响。

·中国《不列颠百科全书（国际中文版修订版）》出版，国内外发行。其中，中国条目由中国专家学者撰写、修订，吴传钧、周一星等完成中国地理部分。包括丰富的地理方面内容。

·中国《不列颠百科全书（国际中文版修订版）》中阐述了"地理学"。认为地理学是描述地球表面的科学，地理学描述和分析发生在地球表面上的自然、生物和人文现象的空间变化，探讨他们之间的相互关系及其重要的区域类型，包括自然地理学、人文地理学和区域地理学三个分支。

·德国 A. M. 威特基、E. 奥尔斯豪森和 R. 希德拉克编著的《古代世界历史地图集》由德国 J. B. 梅茨勒出版社出版。中译本译自该版，由葛会鹏、古原驰、史湘洁、王聪等翻译，第一版由华东师范大学出版社于 2016 年出版刊行。

·中国成立国家气候变化委员会。召开第一次会议。

·中国姚檀栋当选中国科学院院士。

·中国刘兴土当选中国工程院院士。

·中国陈发虎、李吉均、张虎才、方小敏、潘保田"中国季风边缘区晚第四纪气候变化与环境演变"获国家自然科学奖二等奖。该项目属于地球科学的第四纪气候环境变化方向，该方向是第四纪研究的主线和全球变化研究的重点，经历了 20 世纪初的四次冰期理论、60—80 年代冰期—间冰期多旋回理论、90 年代兴起的气候快速变化学说。申报内容是研究群体 20 年来，利用我国西北季风边缘区的黄土和湖泊沉积记录对第四纪气候和环境变化研究的成果。成果包括：（1）晚第四纪气候快速变化：黄土记录发现末次冰期气候存在快速变化，不仅表现在冬季风，而且也表现在夏季风的变化上；全新世气候也存在千年尺度类似末次冰期的气候快速变化，温度存在较大幅度波动，季风边缘区早全新世湿润，而中全新世出现较强烈干旱事件；提出末次间冰期季风变化稳定，并被后来的研究证实。该研究成果对国际气候快速变化学说的发展有重要贡献，研究成果被广泛引用。（2）黄土高原西部黄土地层与第四纪气候变化：获得了黄土高原西部黄土地层和黄河阶地发育的可靠年代，建立了区域标准黄土剖面，较早提出岁差驱动早更新世土壤发育和季风变化的观点。该研究推动了我国黄土研究的发展，对国际冰期—间冰期多旋回气候变化理论的完善作出了重要贡献。（3）干旱区末次间冰段大湖期和环境变化：发现阿拉善高原沙漠中曾广泛发育大湖，年代在距今 2 万—4 万年间，湖泊总面积超过 2 万平方千米，当时黄土高原西部地区气候湿润，提出了末次冰期旋回季风气候的变化模式，推动了我国晚第四纪环境变化的研究。出版专著文集 4 部，发表论文 300 多篇，其中 *Nature* 杂志论文 1 篇，其他 SCI 论文 100 篇，主要是国际古气候古环境领域的权威杂志，如 QSR、JGR、Geology 等。80 篇主要论著被 SCI 刊物引用 875 次，10 篇代表论文被 SCI 刊物他引 276 次，单篇论文被 SCI 刊物最高他引 72 次。成果在国际学术界有较大影响，完成人任国际第四纪联合会工作组等主席，主持了 4 次国际会议，3 人获国家自然科学杰出青年基金，群体获国家自然科学创新群体计划，该成果曾获国家教委科技进步奖一等奖。培养研究生 120 人，其中许多成为学术骨干。主要发现点：该项目以理解我国西北季风边缘区（包括甘肃中西部、青海、宁夏和内蒙古西部）的晚第四纪气候和环境变化为主线，发现点包括 3 个方面：（1）晚第四纪气候快速变化：20 世纪 90 年代，欧美投入大量资金对格陵兰冰芯记录的气候变化研究取得新进展，发现末次冰期旋回内存在千年尺度的大幅度气候快速变化。研究群体利用黄土高原西部分辨率相对较高的黄土记录和西北季风边缘区的湖泊记录优势，在晚第四纪气候快速变化方面取得重大进展，成果包括：①发现末次冰期季风气候具有千年尺度的快速变化特征，变化幅度介于南北极之间。末次冰期冬季风和夏季风均存在类似于格陵兰冰芯记录到的气候不稳定性特征。②提出末次间冰期气候变化较为复杂，与末次冰期不同，冬、夏季风的变化相对稳定，不存在依据格陵兰冰芯等报道的气候不稳定性特征，并被后来的研究所证实。③提出季风边缘区全新世气候存在显著的千年尺度干湿波动，表现出类似于末次冰期的快速变化特征。发现早全新世季风强大，而传统认为的中全新世气候最宜期内存在显著干旱事件，湖泊普遍干涸，温度也存在较大幅度变化。距今4000年前后季风整体衰退，气候变化和人类活动共同导致季风边缘区的湖泊沙漠化。（2）黄土高原西部黄土地层与第四纪气候变化：20世纪六七十年代深海记录显示了轨道驱动的冰期—间冰期旋回变化的迹象，但因缺少大陆记录的支持而不完善。课题组利用季风边缘区高分辨率黄土记录的优势，获得了黄土高原西部地区黄土地层的可靠年代，建立了以兰州九洲台为主的区域黄土标准剖面和区域黄土—古土壤序列，发现不同于我国东部标准黄土剖面的新特点，建立了最近1.5Ma气候变化序列，开展了黄土记录与深海记录、南极冰芯记录的对比研究，在国内较早地提出了轨道驱动季风气候变化的事实，指出早更新世兰州九洲台黄土记录了约2.5万年岁差周期变化。建立了黄河上游河流阶地的发育年代，提出青藏高原隆升对我国自然环境分异和长尺度气候变化产生了重大影响。该研究发展了我国黄土研究，对国际轨道尺度多旋回气候变化理论的完善作出了贡献。（3）干旱区末次冰期间冰段大湖期与环境变化：发现我国阿拉善高原现代十分干旱的腾格里沙漠、巴丹吉林沙漠等夏季风边缘区曾经存在巨大古湖泊，C—14年龄为距今约2万—4万年间，并存在多次波动。发现末次冰期旋回季风气候的组合特征，指出末次冰期间冰段气候为冷湿组合，当时黄土高原西部地区针叶林植被发育，较早提出了末次冰期旋回季风的变化模式。

·美国国家科学委员会（NSB）发布报告"加强支持国家科学基金会变革性研究"。

·美国国家科学委员会（NSB）提出"变革性研究"概念或含义：第一，变革性研究涉及从根本上改变我们理解重要的科学或工程概念、教育方法的思想、方法或工具；第二，意味着会创建新的科学、工程、教育的范式或领域；第三，此类研究挑战了当前的理解或通向新研究前沿的路径。之后，英国经济和社会研究委员会（ESRC）提出了"变革性研究"的概念或含义：第一，社会科学前沿的研究设想，使研究能够挑战当前的思维；第二，社会科学的变革性研究包括理论探讨及创新、研究方法创新；第三，社会科学探索及创新存在一定风险。深远影响地理科学发展与地理学家思维。

·中国吴国雄、刘屹岷、李建平、宇如聪、周天军"海陆气相互作用及其对副热带高压和我国气候的影响"获中国国家自然科学奖二等奖。与其他纬度带不同，大气能量方程在副热带不能简化，发展副热带气候动力学是大气科学面临的挑战。开展海陆气相互作用的时空变化规律及其对平均副热带高压（简称副高）和我国气候影响的研究，能为提高我国短期气候预测水平提供理论基础，属当代"世界气候研究计划（WCRP）"的前沿。20 世纪 80 年代以来，项目组围绕上述问题进行系统研究，发展 FGOALS_ s 气候系统模式进行数值试验，开展理论研究和诊断分析，取得如下创新性或原创性成果：（1）建立全型涡度方程、热力适应、Sverdrup 热力平衡等理论对平均态副高进行系统研究；证明地球自转、非绝热加热及摩擦耗散等是其形成的根本原因；不同加热形式在副高形成中作用不同，其中地表感热起着基本作用。由此提出"四叶型加热"拼图理论去解释副高形成，被认为是"高度原创性"工作。（2）发展青藏高原气候动力学，建立"青藏高原感热气泵"理论。证明强大的"青藏高原感热气泵"调节着亚洲季风，锚定季风爆发地点，使亚洲季风呈现显著阶段性；证明青藏高原夏季是大气强大的负涡度源，调控着北半球大气定常环流的分布。（3）揭示两半球均存在"副热带环状活动带"和"高纬度环状活动带"，两者通过平均经圈环流相联系，形成环状涛动，其变化影响着春季中国西北地区沙尘暴和夏季长江中下游降水。2004 年被中国科学院知识创新工程成就展收录。（4）揭示东亚独特的中层云成因及其云辐射强迫特征，提出陆地层状云辐射反馈机制，发现并合理解释了全球变暖背景下中国东部变冷等特殊气候变化的成因；通过改进云参数化显著提高了耦合模式 FGOALS_ s 的性能，通过其数值试验研究，揭示青藏高原和海陆分布共同影响气候格局和亚洲季风爆发过程的新事实。项目组在 1984—2005 年期间发表 SCI 论文 80 篇；有 143 篇被

SCI 引用 796 次，其中他引 553 次；CSCD 收录论文 200 篇，有 206 篇被引用 1103 次，其中他引 647 次；10 篇代表性论文 SCI 他引 103 次、总他引 196 次。有关副高、海陆气相互作用影响我国气候的专著 5 部。主要发现点：（1）本研究构建了一个新的适用于研究非线性、开放、耗散系统的理论框架；拓展了动力学和热力学的整体观。用多圈层相互作用思想，采取理论研究、数值模拟和敏感性试验相结合的手段，突破传统的内部变量自相关和互相关研究方法的限制，通过揭示表面感热加热、潜热凝结加热、辐射冷却和云—辐射反馈的地区和季节变化规律及其垂直分布特点，揭示了海—陆—气相互作用的时空分布特征影响副热带高压和东亚季风环流的新机制，以及不同纬度带和南北半球相互作用影响我国短期气候变化的规律。（2）发展一系列研究副热带气候变化的新理论，包括导得可用于非线性开放耗散系统的全型涡度方程；建立"热力适应"理论及副热带 Sverdrup 加热平衡关系，去揭示外热源激发环流异常及副高单体形成的机理。证明垂直非均匀加热和地球自转是决定副高平均态的基本因子；引入 Ekman 耗散理论去揭示大洋西部副高近地层下沉运动的机制；建立夏季副热带"四叶型加热"拼图导致副高形成的"高度原创性"理论。（3）揭示了副热带海陆气相互作用对环流异常与气候的影响：建立"两级热力适应"和"Lindzen-Nigam"拓广理论去揭示海表温度异常（SSTA）影响副高异常的机理；揭示 SSTA 分布型影响大气环流异常的机制。建立"青藏高原感热气泵"（TP – SHAP）的理论，证明其为夏季大气的强大的负涡源，利用新一代气候系统模式 FGOALS_ s 进行气候模拟，揭示青藏高原和海陆分布共同影响气候格局和亚洲季风爆发的机制。（4）提出副热带和高纬度环状活动带的新概念，证明其跷跷板结构，建立其物理模型，揭示其与平均经圈环流的整体联系，证明异常 Ferrel 环流在环状涛动物理机制中占有重要角色。揭示环状涛动与我国气候相关的机制。发现前冬北半球环状涛动显著影响春季西北地区沙尘暴频率的年代际变化；提出"海洋桥"理论来解释春季南半球环状涛动影响夏季长江中下游降水的机制，为夏季降水预报提供新的非常有价值的预测信号。（5）揭示了东亚独特的中层云分布成因及其云辐射强迫特征和气候效应，提出了陆地层状云的云辐射反馈机制，合理解释了中国东部特殊的气候变化现象。发现在全球变暖背景下欧亚副热带变冷与北大西洋涛动（NAO）异常存在显著联系；青藏高原下游地区的春季变冷部分源自 NAO 在北非引起的温度变化信号的东传。改进对流和低云参数化方案，发展适用于东亚的气候系统模式 FGOALS_s 并开展东亚气候模拟。

· 中国史文中、童小华、朱长青、王新洲完成的"地球空间数据与空间分析的不确定性原理"项目获国家自然科学奖二等奖。针对空间数据与空间分析的不确定性这一国际学术前沿，以不确定性的产生机制、空间分布规律、表达理论模型、传播机理和质量控制理论为主线，全面、系统地研究了该领域的 5 个核心基础理论：位置不确定性、属性不确定性、空间关系不确定性、空间分析不确定性、质量控制。主要成果：（一）空间数据方面：（1）发现并证明了使用了近 40 年的经典 $\varepsilon$-带误差模型的理论缺陷，提出了新的误差带理论模型，解决了该领域一个国际理论难题，"为现阶段发展奠定了基石"。（2）发现了不规则三角网（TIN）模型的误差分布规律，首次推证了其精度理论公式，实现了从对简单规则 DEM 到复杂不规则 TIN 的精度估计的理论进步。（二）空间分析方面：系统地建立了空间叠置等空间分析不确定性理论，完成了不确定性研究从静态描述到动态分析的理论突破，被认为"对该领域不确定性估计作出了极有价值的贡献"。（三）质量控制理论方面：提出了基于几何和属性约束的空间数据质量控制理论，实现了不确定性理论研究从描述到控制的重要创新。（四）应用实践：成果已应用于中国《地质数据质量检查与评价》标准的制定；欧洲、中国香港、中国澳门等地及军事空间数据质量控制。科学价值：解决了地球空间信息科学中不确定性领域的一系列科学难题，为空间不确定性规律的认知、空间分析可靠性及数据质量控制等提供了基础理论支撑；构建了空间数据与空间分析不确定性理论体系，丰富和发展了地球空间信息科学。同行引用评价：美国国家地理信息与分析中心创始人、本领域权威科学家 M. Goodchild 院士评价我们在不确定性方面的研究"在国际上产生了重大的影响"，王家耀院士评价"是中国在该领域的代表性成果"。在国际重要期刊发表论文 63

篇（本领域顶尖刊物 IJGIS 有 8 篇），国内核心期刊 182 篇，专著 6 部。
SCI 收录 53 篇，EI 收录 112 篇。成果已被他人正面引用 870 次。应邀在
国际会议上作大会特邀报告 6 次。主要发现点：（1）系统地建立了位置
不确定性、空间分析不确定性、数字高程模型（DEM）不确定性、属性
不确定性、空间数据质量控制、空间关系不确定性等方面新的理论与方
法。构建了相对完备的空间数据与空间分析的不确定性理论体系，被认
为"是中国在该领域的代表性成果"。（2）位置不确定性：发现和证明了
国际上使用了近 40 年的经典 $\varepsilon$ - 带误差模型的理论缺陷（即均匀等宽的
几何形态，有限的误差范围）。在国际上首次提出了一系列新的线状要素
误差带理论（包括置信域带、G - 带、最大误差带及误差分布模型）；系
统地建立了空间点、线、面、体要素的不确定性理论模型；提出了 N - 维
空间线状要素的不确定性置信域带通用模型。解决了空间数据位置不确
定性中这一核心基础理论问题，国际同行认为"为现阶段发展奠定了基
石"。（3）空间分析不确定性：在国际上率先提出了从静态数据不确定性
表达发展到动态空间分析不确定性传播建模的重要理论思想，系统地建
立了空间叠置、缓冲区、特征提取等空间分析不确定性理论。国际同行
认为"毫无疑问对该领域不确定性估计理论作出了极有价值的贡献"，是
"最全面的研究成果之一"。（4）数字高程模型（DEM）不确定性：揭示
了不规则三角网地表模型的误差分布规律，推证了不规则三角网地表模
型的精度理论公式，解决了不规则三角网精度估计这个理论难题。成果
引起国际同行（如美国 M. Goodchild 院士等）的高度关注并跟随进一步
发展。（5）属性不确定性：提出了综合属性和位置不确定性"S - 带"模
型以及影像特征分类模型与精度评估的新方法。解决了属性和位置两种
不确定性综合建模的理论难题。（6）空间数据质量控制：原创性地提出
了极大可能性估计理论，发展了基于统计的参数估计理论。提出了基于
几何和属性约束的空间质量控制理论，实现了从空间数据误差描述到质
量控制的关键理论突破。

·第五届国际数字地球研讨会（ISDE）在美国伯克利和圣弗朗西斯
科召开。会议主题为将数字地区落地。

·亚洲开发银行提出和使用"包容性增长"概念。之后成为地理有关概念的基础。

·中国《气候变化国家评估报告》出版。这也是中国第一次气候变化国家评估报告。之后，中国《第二次气候变化国家评估报告》《第三次气候变化国家评估报告》《第四次气候变化国家评估报告》陆续研撰、发布和出版。

·中国地理学会《2006—2007 地理科学学科发展报告》出版。为关于地理学基本理论和学科发展方面的科学著作。

·中国人民革命军事博物馆编著《中国战争史地图集》由星球地图出版社出版。

·中国秦大河主持的国家重点基础研究规划项目"我国冰冻圈动态过程及其对气候、水文和生态的影响机理与适应对策"开始进行。2011年完成。

·中国科学院中国植被图编辑委员会《中华人民共和国植被图（1∶1000000）》出版。

·中国科学院中国植被图编辑委员会（张新时主编）《中国植被及其地理格局——中华人民共和国植被图（1∶1000000）说明书》出版。

·中国蔡运龙主持"地理学方法研究"项目启动。为中国科学技术部首批创新方法工作专项重点项目之一，是世界上首个专门系统研究地理学方法论的项目。该项目的总目标是"挖掘、梳理、凝练与集成古今中外地理学思想和方法之大成，促进地理学科技成果创新、科技教育创新、科技管理创新"。核心成果为后来陆续出版的"地理学思想方法丛书"。

·中国《中国自然资源综合科学考察与研究》由商务印书馆出版。主编孙鸿烈，副主编石玉林、李文华、郑度、成升魁等。约100万字。为系统阐述中华人民共和国成立以来自然资源综合科学考察与研究的著作。全书共分11章和2个附件。第一章简述了中国自然资源综合考察研究工作发展历史及其主要成就。第二、第三、第四、第五章为区域专门综合考察研究综述，分别论述了中国若干区域资源开发与环境整理综合考察工作与研究、中国特定资源开发与评价综合考察研究、区域开发与国情前期考察研究和青藏高原形成与发展等基础理论问题研究。第六、第七、第八、第九、第十章为自然资源系统专题方面考察研究，综合论述了有关自然资源分类系统评价，资源承载力与经济发展，资源环境与资源经济，资源信息系统与新技术应用，资源环境定位观测、试验与网络研究。最后一章综述了中国50年来自然资源综合考察研究基本经验与对未来展望等。

·中国《中国可持续发展总纲》（共20卷）出版。总主编路甬祥，执行总主编牛文元。包括《中国可持续发展总论》《中国能源与可持续发展》《中国水资源与可持续发展》《中国土地资源与可持续发展》《中国森林资源与可持续发展》《中国气候资源与可持续发展》《中国海洋资源与可持续发展》《中国矿产资源与可持续发展》《中国环境保护与可持续发展》《中国生态建设与可持续发展》《中国城市化与可持续发展》《中国农业与可持续发展》《中国地理多样性与可持续发展》《中国社会进步与可持续发展》《中国科技创新与可持续发展》《中国教育与可持续发展》《中国减灾与可持续发展与可持续发展》《中国反贫困与可持续发展》《中国循环经济与可持续发展》。

·美国地质调查局发布"直面明日挑战——美国地质调查局2007—2017年科学战略"报告。

·国际地理联合会地理教育委员会区域会议在瑞士卢塞恩召开。发布"为了可持续发展的地理教育卢塞恩宣言"。

·中国《大辞海》之《天文学·地球科学》卷出版。

·国际"冰冻圈科学学会"成立。

·中国刘东生获欧洲地球科学联合会洪堡奖章。

·中国汪品先获欧洲地球科学联合会米兰科维奇奖。

·中国国务院公布《东北地区振兴规划》。

·中国自然资源学会《2006—2007资源科学学科发展报告》出版。

·中国开始开展全国污染源普查。第一次普查标准时点为2007年12月31日，第二次普查标准时点为2017年12月31日。

·中国开展第二次全国经济普查。普查标准时间为 2008 年 12 月 31 日。

·《美国科学院院刊》刊发"土地变化科学的出现与全球环境变化和可持续性"。

·中国吴征镒获中国国家最高科学技术奖。

·中国国务院下发《国务院关于编制全国主体功能区规划的意见》。

·中国科学院地理科学与资源研究所樊杰给中共中央政治局集体学习讲授"国外区域发展情况和促进我国区域协调发展"。

·中国国务院发展研究中心隆国强给中共中央政治局集体学习讲授"扩大对外开放和维护国家经济安全"。

·英国尼尔·寇等《当代经济地理学导论》由英国布莱克韦尔出版公司出版。中译本由刘卫东等翻译，商务印书馆于 2012 年出版。

·中国设立"国家出版基金"。之后开始资助出版地理科学等著作。

·中国"地表过程与资源生态国家重点实验室"获批。依托单位为北京师范大学。

·中国的"冰冻圈科学国家重点实验室"获批。依托单位为中国科学院寒区旱区环境与工程研究所。

·中国科学院发布《关于科学理念的宣言》。促进中国地理学发展。

·联合国政府间气候变化专门委员会（IPCC）与美国前副总统阿尔·戈尔获诺贝尔和平奖。

·英国 BBC 电视台播出《全球变暖的大骗局》。

·中国科学技术协会举办的中国科协年会（第九届）在武汉召开。会议主题为"节能环保·和谐发展"。中国地理学会参加。

·中国科学院寒区旱区环境与工程研究所冯起、中国科学院地理科学与资源研究所黄河清、中国科学院新疆生态与地理研究所李彦等获国家杰出青年基金项目资助。

·第二届"中日韩青年地理学家学术研讨会"在日本熊本举行。

·中国地理学会举办"地球小博士"全国地理科普大赛。至 2019 年已举办 13 届。

**公元 2008 年**

· 第 31 届国际地理大会在突尼斯举行。

· 中国环境保护部和中国科学院联合发布《全国生态功能区划》。该区划将中国划分为生态功能一级区 3 类、生态功能二级区 9 类、生态功能三级区 216 个。

· 中国地理学会在第 31 届国际地理大会成功申办第 33 届国际地理大会（2016 年在北京召开）。

· 中国全面启动"创新方法工作专项"科学研究方法知识工程工作。2007 年 5 月 29 日时任科学技术部副部长的地理学家刘燕华在《科技日报》发表"大力开展创新方法工作，全面提升自主创新能力"。2007 年 6 月 8 日著名科学家王大珩、叶笃正、刘东生联名向时任国务院总理温家宝提出"关于加强创新方法工作的建议"。2007 年 7 月 3 日温家宝总理就此建议批示"三位老科学家提出的'自主创新，方法先行'，创新方法是自主创新的根本之源，这一重要观点应高度重视"。遵照温家宝总理重要批示精神，科学技术部、国家发展和改革委员会、教育部、中国科学技术协会于 2007 年 10 月向国务院呈报了《关于大力推进创新方法的报告》，中央有关领导人批转了这个报告。2008 年 4 月科学技术部联合国家发展和改革委员会、教育部、中国科学技术协会发布了《关于加强创新工作方法的若干意见》，明确了创新方法的指导思想、总体目标、工作任务、组织管理机构、保障措施，部署了一系列重点工作，全面启动了"创新方法工作专项"。

· 中国科学院、中国工程院等举行"钱学森'现代科学技术体系'总体框架科学会议"。5 月 27—29 日来自中国科学院、中国工程院、国内高等院校和军队与地方科技部门的系统科学、地理科学、思维科学、军事科学、建筑科学、自然科学和社会科学等领域的 40 多位学者专家，在北京香山饭店召开了以钱学森提出的"现代科学技术体系"为总体框架的学术交流和研讨会议。重点对系统科学、地理科学和思维科学进行了学术交流。

·美国经济学家保罗·克鲁格曼因在贸易模式及经济活动区位上的分析获 2008 年诺贝尔经济学奖。他的工作和成果促进了经济地理学发展。

·中国秦大河在第 31 届国际地理大会上当选国际地理联合会副主席。

·中国施雅风、崔之久、李吉均、郑本兴、周尚哲"中国第四纪冰川与环境变化研究"获中国国家自然科学奖二等奖。本项目将世界屋脊青藏高原的第四纪冰川与环境演变作为主要研究对象，以揭开中低纬度高亚洲季风区第四纪冰川活动的规模、次数，探讨其与全球冰期和高原隆升之间的关系。在此基础上，研究解决中国东部第四纪冰川问题。针对全球变暖，选择末次冰期间冰段和全新世大暖期两个高温的特殊时段进行"古相似"研究，以期对未来变暖前景的认识有所参照。主要发现点有：（1）基本查清了中国西部第四纪冰川的分布、特征和原因；详细重建了末次冰期最盛期冰川范围和环境特征；高原各山系各次冰川作用都有清楚的冰川沉积界线，也有冰缘、湖泊、雪线等多方面地貌证据，表明从未形成覆盖整个高原的大冰盖。（2）运用地貌学方法和多种定年技术其本建立了可与深海氧同位素阶段对比的第四纪冰川序列，确定青藏高原"昆仑冰期""中梁赣冰期""古乡冰期"和"大理冰期"分别发生于 MIS18 – 16，MIS12，MIS6 和 MIS4 – 2。确认"昆—黄运动"中青藏高原进入冰冻圈；"共和运动"使高原以东若干高山达到雪线以上，发生末次冰期冰川作用。确认中国东部第四纪冰川作用只存在于贺兰山、太白山、长白山和台湾高山。（3）发现 MIS3a 升温达到间冰期程度，而 MIS3b 降温导致冰进。指出岁差周期在中低纬度季风亚洲的特殊影响；首次对中国末次冰期后气候回暖过程，特别是中全新世作出全面系统的论述。科学价值在于，使国际学术界对作为地球第三极的青藏高原的第四纪冰川有了清楚认识，扬弃了大冰盖假说；树立了中低纬度高亚洲季风区气候变化—高原隆升构造合效应的典型例证；对 3 阶段和全新世大暖期的独到研究有助于我们对全球变暖的认识。这些研究推动了第四纪科学发展。论著被 SCI 引用 1564 次，其中他引 976 次；被 CSCD 引用 2569 次，其中他引次数 2034 次；共被引用 4133 次。代表性论著 SCI 他引 168

次，他引总次数 263 次。

· 中国安芷生、周卫健、刘晓东、刘卫国、刘禹 "晚中新世以来东亚季风的历史与变率" 获中国国家自然科学奖二等奖。系统研究了晚中新世以来不同时间尺度东亚季风的历史与变率，在短时间尺度上确认季风气候的不稳定性，较早指出千年尺度亚洲季风时空变率及其与高低纬气候和 ENSO 的联系，发现全新世季风适宜期的穿时性及其与太阳辐射的关系；集成研究了东亚季风与青藏高原隆升的耦合演化关系，提出高原是东亚季风轨道尺度气候变率的放大器，可为全球变暖提供早期信号；重建了最近 700 万年亚洲内陆干旱化的历史，探讨了含铁粉尘生物地球化学循环对海洋生物产率、大气 $CO_2$ 浓度乃至气候的影响；将过去与现代环境变化研究相结合探讨黄土高原生态与环境演化的历史和规律，恢复了过去 $C_4$ 植被多次扩张的历史；指出人类活动对半干旱带沙地活化的影响，进行了树轮季风气候预测的尝试，为西部生态与环境修复、重建和变化趋势等实践问题向中央和地方政府提交了有价值的咨询报告。科学意义和价值：该项研究成果在国际学术界产生了重要影响，明确了晚中新世以来东亚季风的历史、变率与机制，提高了我国在亚洲季风、内陆干旱化与高原隆升和全球变化关系研究中的国际地位；指出过去东亚季风与高低纬气候相互作用和南半球的联系，以及人类活动与自然变化对季风环境的影响，较早指出西部生态治理应遵循恢复自然面貌的原则，半干旱带是抑制荒漠化和沙尘暴的重点治理区，为制定西部大开发政策和黄土高原生态重建提供了重要科学依据。

· 中国郑度及其团队杨勤业、吴绍洪等《中国生态地理区域系统研究》出版。为郑度主持国家自然科学基金重点项目 "中国生态地理区域系统及其在全球环境变化研究中的应用" 的核心成果，提出《中国生态地理区域系统方案》。该方案将中国自然地理环境划分为温度带（区）、干湿地区、自然区三个自然地理区划等级单位，其中温度带（区）11 个。发展和创新了对中国自然地域分异格局的系统认识、自然地域分异基本理论、综合自然区划科学方法。

· 中国全国科学技术名词审定委员会审定与公布《资源科学技术名

词》出版。为中国国家科学技术名词审定委员会公布。编委会主任孙鸿烈，副主任石玉林、孙九林、史培军、刘纪远、成升魁等。主要包括资源科学总论、资源经济学、资源生态学、资源地学、资源管理学、资源法学、气候资源学、植物资源学、草地资源学、森林资源学、天然药物资源学、动物资源学、土地资源学、水资源学、矿产资源学、海洋资源学、能源资源学、旅游资源学、区域资源学、人力资源学等。

· 中国郑度和周成虎系统阐述自然地理区划。

· 中国在"黑河综合遥感联合试验"中开展"密集的航空—卫星遥感和地面同步试验"。

· 中国编制《陆地生态系统定位研究中长期发展规划（2008—2020年)》。

· 中国施雅风在中国地理学会长江分会 2008 学术年会上作报告"对李四光庐山冰川学说的修正"。

· 中国施雅风比较两幅（李四光的地貌图和施雅风的地貌图）庐山羊角岭大比例尺地貌图。

· 中国、俄罗斯、蒙古三国联合开始（至 2012 年）进行"中国北方及其毗邻地区综合科学考察"。中国科学院地理科学与资源研究所主持"中国北方及其毗邻地区综合科学考察"是国家科技基础性工作专项重点项目，项目首席科学家为中国科学院地理科学与资源研究所董锁成研究员，项目专家组组长为中国科学技术协会原副主席、中国—俄罗斯友好协会常务副会长刘恕研究员，副组长为中国工程院院士、中国科学院地理科学与资源研究所孙九林研究员。项目专家顾问委员会主任为中国科学院院士、中国科学院原常务副院长孙鸿烈研究员和中国科学院院士、国家自然科学基金委员会原主任陈宜瑜研究员。

· 世界银行提出贫困线的经济标准即人均日消费支出 1.25 美元（按2005 年购买力平价）。成为地理特别是社会地理分析工具。

· 中国国务院确定中国第一批资源枯竭型城市 12 个。2009 年确定第二批资源枯竭型城市 32 个，2011 年确定第三批资源枯竭型城市 25 个。这些城市转型发展内生动力不强。

·中国蔡祖聪、邢光熹、徐华、颜晓元、丁维新完成的"中国湿地生态系统温室气体（$CH_4$ 和 $N_2O$）排放规律研究"项目获国家自然科学奖二等奖。本项目属全球变化研究领域。针对国际上对我国稻田 $CH_4$ 排放造成的温室效应的严重关注，为科学地评估我国水稻生产对全球变化的影响，为国家环境外交谈判提供科学依据，系统地研究了我国人工湿地（稻田）和自然湿地生态系统 $CH_4$ 和 $N_2O$ 排放规律。发现冬季土壤水分是控制我国稻田 $CH_4$ 排放量时间和空间变化的关键因素，从理论上明确了冬灌田是一类 $CH_4$ 排放量最高的稻田，阐明了过去对我国稻田 $CH_4$ 排放量作出过高估算的原因，对我国稻田 $CH_4$ 排放量作出了合理的估算。政府间气候变化专门委员会（IPCC）2006 年版《国家温室气体排放清单编制指南》据此作出了重大修改，IPCC 第四次评估报告大量采纳了本项目提出并经过验证的稻田 $CH_4$ 减排措施。明确了稻田长期施用铵态氮肥而仍能保持氧化内源 $CH_4$ 能力的机理，国际学术界认为这是铵态氮与 $CH_4$ 排放关系研究中的最新进展。揭示了光合作用对自然湿地 $CH_4$ 排放量昼夜变化的驱动作用，发现温度、静水层深度和植物密度是分别在区域闻、植被类型间和同一植被类型内控制 $CH_4$ 排放量空间变化的主导因素。对我国自然湿地 $CH_4$ 排放量的估算结果成为国际上评估我国自然湿地 $CH_4$ 排放量的重要依据。证明稻田也是重要的 $N_2O$ 排放源，但排放系数小于旱地，改变了国际上稻田排放 $N_2O$ 可忽略不计的传统观点。明确水分和耕作制度是控制稻 $N_2O$ 排放量的关键因素，阐明了 $N_2O$ 排放途径和主要排放阶段，估算出了我国稻田 $N_2O$ 排放总量，为 TPCC 建立稻田和旱地 $N_2O$ 排放量分别估算的编制指南作出了重要贡献。在国际刊物上首次报道稻田 $CH_4$ 和 $N_2O$ 排放之间存在相互消长关系，促使国际上形成了必须综合评估稻田生态系统温室效应的共识。本项目发表 SCI 收录论文 62 篇，CSCD 收录论文 70 篇，被 SCI 收录论文引用 634 次，其中他引 444 次；被 CSCD 收录论文引用 653 次，其中他引 544 次。10 篇代表性论文被 SCI 收录论文他引 162 次。2 人获得国家杰出青年基金资助，培养的博士中 2 人获全国百篇优秀博士学位论文奖。主要发现点：（1）核心发现点：①发现冬季水分是在全国尺度上控制我稻田 $CH_4$ 排放量时间和空间变化的关键因素，随着冬季土壤水分含量的增加，水稻生长季 $CH_4$ 排放量增大，从理论上阐明了冬季淹水稻田是 $CH_4$ 排放量最高的一类稻田；②首次用田间测定数据证明稻田 $CH_4$ 和 $N_2O$ 排放存在相互消长关系，为形成评估稻田温室效应必须综合考虑 $CH_4$ 和 $N_2O$ 排放的共识提供了科学依据；③证明稻田也是大气 $N_2O$ 的重要排放源，但排放系数小于旱地，改变了国际上稻田基本不排放 $N_2O$ 的观点；发现稻田 $N_2O$ 排放量与氮肥施用量无必然联系，而与水分管理和耕作制度有密切关系；④揭示了我国自然湿地 $CH_4$ 排放的时间和空间分布规律，发现静水层深度和生物密度分别是决定不同植被类型和同一植被类型内 $CH_4$ 排放量空间变化的关键因素，从而为建立我国湿地 $CH_4$ 排放量的科学评估方法提供了重要的科学依据。（2）其他重要发现点：①发现铵态氮对稻田土壤氧化 $CH_4$ 具有抑制和促进双重作用；②发现稻田水层控制稻田 $N_2O$ 排放途径。在有水层时，$N_2O$ 主要通过水稻植株排放；无水层时主要通过扩散排放；③发现湿地开垦为旱地后，容重增加，透气性下降是导致氧化大气 $CH_4$ 能力下降的主要因素，铵态氮肥的施用是次要因素，改变了铵态氮肥施用是导致农田氧化大气 $CH_4$ 能力下降的主要因素的观点。

· 中国孙永福、李金城、程国栋等完成的"青藏铁路工程"项目获国家科学技术进步奖特等奖。

· 中国张小雷、陈亚宁、田长彦、尹林克、黄子蔚、陈曦、杨兆萍、李卫红、严成完成的"塔里木河中下游绿洲农业与生态综合治理技术"项目获国家科学技术进步奖二等奖。

· 中国李占斌、李勇、王全九、田均良、邵明安、李鹏、刘普灵、刘宝元、崔灵周、徐晓琴完成的"黄土高原水蚀动力过程及调控技术"项目获国家科学技术进步奖二等奖。

· 数字地球峰会 2008 年在德国波茨坦召开。会议主题为"地球信息科学：全球变化研究的工具"。

· 中国顾朝林、于涛方、李平《人文地理学流派》出版。全书由四部分组成：第一部分论述人文地理学的传统；第二部分重点介绍实证主义地理学以及第二次世界大战以来西方人文地理学流派，主要包括激进主义地理学、马克思主义地理学、结构主义地理学、行为主义地理学、人文主义地理学、后现代主义地理学、女性主义地理学和新自由主义政治经济地理学；第三部分重点介绍战后人文地理重点研究领域，包括现代区域研究学派、城市研究学派、新经济地理学和社会地理学研究方法；第四部分重点介绍西方发达国家战后地理学的发展，主要有战后美国地理学发展、战后英国地理学发展和战后法国地理学发展。

·中国葛全胜、邹铭、郑景云《中国自然灾害风险综合评估初步研究》出版。编绘中国综合灾害风险等级地图，揭示了中国综合风险及其防范的区域分异空间秩序，为区域防灾减灾决策制定提供一定的科学根据。

·中国（南宋）郑樵《通志》由浙江古籍出版社出版。为中国历史地理研究重要文献。

·国际科学理事会成立世界数据系统（WDS）科学委员会。其前身是 1957 年成立的世界数据中心（World Data Center，WDC）。中国 1988 年加入了 WDC，并于当年成立了 9 个学科数据中心。国际科学理事会世界数据系统的使命是支撑国际科学理事会的长期愿景，在自然科学、社会科学和人文科学等一系列学科之间，为科学数据、数据服务、产品和信息提供有质量保证的长期管理和平等访问，促进遵守相互协定的数据标准和实践，提供促进数据访问的机制，并采用"数据共享原则"推进其目标。

·国际地理联合会岩溶委员会成立。

·《自然》杂志出版"大数据专刊"。深远影响地理学和地理学家。

·《自然》杂志子刊《自然·地球科学》创刊。

·中国"中国国家地理中文网"开始运营。

·中国北京师范大学成立"全球变化与地球系统科学研究院"。

·中国科学技术协会举办的中国科协年会（第十届）在郑州召开。会议主题为"科学发展·社会责任"。中国地理学会参加。

·中国科学院南京与湖泊研究所秦伯强、中国科学院地理科学与资源研究所岳天祥、中国科学院青藏高原研究所马耀明、中国科学院寒区旱区环境与工程研究所侯书贵等获国家杰出青年基金项目资助。

·第三届"中日韩青年地理学家学术研讨会"在韩国清州举行。决定会议名称更改为"中日韩地理学国际学术研讨会"。

### 公元 2009 年

·中国地理学会在北京人民大会堂举办百年庆典。来自中国、美国、韩国等国的 2000 多人参会。

·中国时任国务院总理温家宝到中学听地理课时，指出中学地理教材中的问题。后引起广泛讨论。

·新的世界数据系统成立。原来的世界数据系统与天文和地球物理联合服务中心合并，成立新的世界数据系统。是地理科学研究的重要科学数据库之一。

·国际科学理事会发布报告《制定地球系统研究的新愿景及战略框架》。

·俄罗斯国防部部长谢尔盖·绍伊古开始担任俄罗斯地理学会会长。2010 年俄罗斯总统普京开始担任俄罗斯地理学会董事会董事长。

·中国孙鸿烈、郑度等论述"陆地表层现代自然地理过程及其资源环境效应"战略问题。

·中国陆大道论述"人地关系区域动力学"和"人地关系与区域可持续发展"战略问题。

·中国孙鸿烈、郑度、姚檀栋论述"青藏高原环境演变、表生过程及其影响"战略问题。

·中国陆大道阐述现代地理学在认识论和方法论上不仅重视因果关系而且重视相关关系，区域的差异性和相互依赖性是相关性解释的客观基础。

·中国陆大道和樊杰阐述中国人文与经济地理学将经历从"社会需求拉动型"向"社会发展需求"和"学科自身发展"双重拉动并重的形式转换。

·中国傅伯杰开始担任国际长期生态系统研究网络（ILTER）主席。

·中国傅伯杰主持的国家重点基础研究规划项目"中国主要陆地生

态服务功能与生态安全"开始进行。2013 年完成。

·中国王涛主持的国家重点基础研究规划项目"干旱区绿洲化、荒漠化过程及其对人类活动、气候变化的影响与调控"开始进行。2013 年完成。

·中国科学院发起"第三极环境（TPE）"国际计划。第三极以青藏高原为核心，是全球最独特、最重要的地学综合体（即地质—地理—资源—生态耦合系统）之一。中国姚檀栋目前担任科学委员会主席。

·中国陶澍当选中国科学院院士。

·中国地理学会等发起"中国地理百年大发现"征集评选活动。

·中国《中国国家地理》发行"中国地理百年大发现"专辑。

·中国《中国大百科全书》第二版出版。地理学科总主编郑度，包括地理学、中国地理和世界地理。

·中国《中华人民共和国国家标准·学科分类与代码》发布与出版。

·中国《中华人民共和国国家标准·学科分类与代码》中，地理学大部分属于地球科学，小部分属于其他若干学科。

·中国《中华人民共和国国家标准·学科分类与代码》中，将环境科学技术及资源科学技术列为一级学科。

·中国《中华人民共和国地貌图集》编委会（周成虎主编）《中华人民共和国地貌图集》出版。其比例尺为 1∶100 万。

·中国孙九林、林海《地球系统研究与科学数据》出版。

·中国国家林业局《中国荒漠化和沙漠化土地图集》出版。

·中国《中国教育地图集》出版。

·中国《山地垂直带信息图谱研究》出版。

·美国亚历山大·B. 墨菲《人文地理学：文化、社会和空间》（第 9版）出版。

·中国科学院地理科学与资源研究所开始（至 2013 年）进行"澜沧江中下游与大香格里拉地区综合科学考察"。揭示了该地区的自然资源、生态环境和社会经济梯度变化规律。

·世界银行《2009 年世界发展报告：重塑世界经济地理》出版。

·中国"极地测绘科学国家测绘局重点实验室"《南北极地图集》出版。

·中国香港中文大学林珲等《虚拟地理环境》出版。之后俄文版和捷克文版出版。

·中国潘玉君、武友德《地理科学导论》出版。吴传钧系统指导、郑度作序、陆大道主审。系统阐释地理科学的研究对象、研究核心、学科体系、基本价值、研究范式、基本原理、基本方法、现代发展。后多次再版。

·中国政府批准《西藏生态安全屏障保护与建设规划（2008—2030）》。地理学是该规划编制的主要学科之一。

·意大利西西里议会授予中国孙鸿烈"艾托里·马约拉纳—伊利斯科学和平奖"。

·中国科学院和国家自然科学基金委员会开始"2011—2020年我国学科发展战略研究"重大科学战略项目。成果于2012年出版《未来10年中国学科战略》，共20卷。包括地理科学方面内容。

·经中华人民共和国国务院批准，自2009年起，每年5月12日为全国防灾减灾日。

·中国朱永官、王子健、张淑贞、王春霞、陈保冬完成的"土壤—植物系统典型污染物迁移转化机制与控制原理"项目获国家自然科学奖二等奖。

·中国李增元、张煜星、周成虎、武红敢、黄国胜、陈尔学、韩爱惠、杨雪清、庞勇、骆剑承完成的"森林资源遥感监测技术与业务化应用"项目获国家科技进步奖二等奖。

·中国崔鹏、姚令侃、陈宁生、陈洪凯、韦方强、蒋忠信、陈晓清、刘云辉、唐伯明、胡凯衡完成的"西部山区公路铁路泥石流减灾理论与技术"项目获国家科学技术进步奖二等奖。

·中国李新荣、肖洪浪、王新平、刘立超、卢琦、张景光、张志山、樊恒文、何明珠、龚家栋完成的"干旱沙区土壤水循环的植被调控机理、关键技术及其应用"项目获国家科技进步奖二等奖。

·中国钟祥浩、刘淑珍、王小丹、李辉霞、李祥妹、鄢燕、朱万泽、张建国、陶和平完成的"西藏高原生态安全研究"项目获国家科技进步奖二等奖。

·中国周成虎、程维明、钱金凯、王钦敏、陈曦、李吉均、王颖、杨发相、潘保田、张百平完成的"中国1：100万数字地貌图研究及其应用"项目获国家科技进步奖二等奖。

·中国张继贤、李英成、李海涛、宫辉力、万幼川、田金文、燕琴、丁晓波、杨景辉、韩颜顺完成的"遥感测图业务平台研制及重大工程应用"项目获国家科技进步奖二等奖。

·中国中山大学《中山大学地理人物传》出版。

·中国的"湖泊与环境国家重点实验室"获批。依托单位为中国科学院南京地理与湖泊研究所。

·美国斯坦福大学的生态学家哈尔·穆尼提出和使用"地理学家的时代"概念。

·美国国家科学基金会发布《解决气候难题：研究全球的气候变化影响》报告。

·中国潘玉君提出和阐述地理科学研究创新的最高原则"历史与逻辑的同一"。

·中国香港大学地理系创建关于冰冻圈地缘政治的网站。

·第六届国际数字地球研讨会（ISDE）在中国北京召开。会议主题为"数字地球在行动"。

·中国开始第二次全国湿地资源调查。

·中国清华大学建立地球系统科学中心。

·中国科学技术协会举办的中国科协年会（第十一届）在重庆召开。会议主题为"自主创新与持续增长"。中国地理学会参加。

·中国北京大学、兰州大学、北京师范大学、南京大学、华东师范大学、武汉大学、福建师范大学等地理学基地开展"发现计划"联合实习活动。

·中国科学院生态环境研究中心陈利顶、中国兰州大学潘保田等获国家杰出青年基金项目资助。

·中国《中国古籍总目》编纂委员会《中国古籍总目》出版。为中国历史地理研究重要文献。

·第四届"中日韩地理学国际研讨会"在中国广州举行。

## 第二节　地理学年表：公元2010—2019年

**公元2010年**

·美国国家科学院国家研究理事会《理解正在变化的星球：地理科学的战略方向》出版。系统阐述了地理学在5个领域（全球变化，环境研究，高性能计算与通信，公共基础设施系统，科学、数学、工程与技术教育）中可以起到骨干作用，系统阐述地理科学的11个战略方向（如何改变自然地理环境，如何更好地保护生物多样性和濒危生态系统，气候等变化如何影响人地关系特别是脆弱的人地关系，100亿人口在地表如何生存和分布，地理环境如何养活这么多的人口，人类居住地如何影响人类健康，人口流动和物质流通以及思想传播如何影响和改变世界，经济全球化如何影响社会不平等，地缘政治变化如何影响和平与稳定，如何更好地观察、分析和可视化不断变化的世界，公民制图和绘制公民地图有哪些社会影响）。中译本2011年出版。

·美国国家科学院国家研究理事会强调"集成和综合研究是地理科学建立的标志"。

·美国国家科学院国家研究理事会指出，地理科学长期关注的不断变化着的地球表层的重要特征和空间结构，以及人类与环境之间的交互关系，正逐渐成为科学和社会的核心内容，一个显著的标志是越来越多其他学科的科学家运用地理学的概念和技术来完成工作，包括考古学家、经济学家、天体物理学家、流行病学家、生物学家、地质学家、景观建筑学家和计算机科学家等，他们的工作的集合或系统促进了地理科学的发展，产生了"跨学科的地理科学"。

·中国国务院完成《国务院关于下发全国主体功能区规划的通知》

文件。次年下发《全国主体功能区规划》。

·俄罗斯总统普京开始担任俄罗斯地理学会的董事会主席。俄罗斯每年都举办全民地理知识竞赛，每年参赛者达 10 万人。

·英国皇家地理学会授予中国地理学会"地理科学发展特别贡献奖"。

·中国陈骏、郑洪波、鹿化煜、季峻峰、杨杰东"风尘起源、沉积与风化的地球化学研究及古气候意义"获国家自然科学奖二等奖。

·中国王静、张继贤、刘顺喜、张建平、何挺、尤淑撑、刘正军、刘爱霞、唐程杰、吴洪桥完成的"国家土地资源遥感监测关键技术及重大工程应用"项目获国家科技进步奖二等奖。

·中国俞祁浩、赖远明、张明义、屈建军、喻文兵、何乃武完成的"冻土路基地温调控及冻融灾害防治新技术"项目获国家技术发明奖二等奖。

·中国《20 世纪中国知名科学家学术成就概览》之《地学卷》之《地理学》出版。钱伟长为《20 世纪中国知名科学家学术成就概览》总主编。孙鸿烈为《地学卷》主编、郑度等为副主编。责任编辑吴三保。该书收录了 46 位地理学家。确定传主的遴选原则和标准为：①中国科学院、中国工程院两院院士，含已故院士和 2007 年当选的院士；②对地理学某一学科领域有突出贡献的老一辈科学家。在征求地理学界有关单位、地理学会、相关专家学者的意见后，确定入选传主。书中收入传主 46 名（按出生先后）：张相文、竺可桢、曾世英、张其昀、吕炯、吴尚时、曹廷藩、马溶之、周廷儒、王德基、林超、周立三、谭其骧、李旭旦、侯仁之、冯绳武、黄秉维、任美锷、席承藩、丁锡祉、王乃樑、刘培桐、沈玉昌、严钦尚、钟功甫、杨怀仁、吴传钧、施雅风、唐永銮、赵松乔、陈述彭、邓静中、曾昭璇、左大康、张荣祖、赵其国、孙鸿烈、李吉均、刘昌明、王颖、郑度、李德仁、陆大道、程国栋、李小文、姚檀栋。其中，有 20 世纪上半叶地理学的开拓者张相文、曾世英、张其昀、吴尚时等；有近现代杰出的地理学家和领军人物竺可桢、黄秉维、吴传钧、施雅风、任美锷、孙鸿烈、林超等。此外，传文前列"20 世纪的中国地理学"简史，传文后置"20 世纪中国地理学大事记"，与传文两相映照，反映出中国地理学百年发展脉络。传文内容包含传文摘要、传主简历（或成长历程、成才之路）、学术成就和学术思想、传主主要论著等部分。

· 中国吴传钧、刘盛佳、杨勤业发表"20 世纪中国地理学研究"。

· 中国郑度、杨勤业发表"20 世纪的中国地理学"。

· 中国林珲、周成虎等《空间综合人文学与社会科学研究》出版。本书讨论了人文学与社会科学研究对于空间综合方法的需求、空间综合模型与方法，以及这些方法在历史学、语言学、人类学、社会学、城市学、文化遗产与景观资源学等方面的应用。

· 中国陈曦《中国干旱区自然地理》出版。

· 联合国《2010 年人类发展报告》提出和使用"多维贫困指数（MPI）"，包括健康、教育和生活标准 3 个维度的 10 个指标。并取代1997 年提出和开始使用的"人类贫困指数（HPI）"。成为地理特别是社会地理分析工具。

· 中国夏军主持的国家重点基础研究规划项目"气候变化对我国东部季风区陆地水循环与水资源安全的影响及其适应对策"开始进行。2014 年完成。

· 中国周尚意在其《人文地理学野外方法》中，系统阐述人文地理学方法论和人文地理学现场方法之间的关系。

· 荷兰让·博西玛和英国让·马丁《演化经济地理学手册》由英国阿德华埃尔加出版社出版。中译本由李小建、罗庆、李二玲等翻译，商务印书馆于 2016 年出版刊行。

· 中国郑冬子和郑慧子《区域的观念——时空秩序与伦理》出版。

· 中国杨修群主持的国家重大基础研究规划项目"我国东部沿海城市带的气候效应及其对策研究"开始进行。2014 年完成。

· 中国科学院遥感应用研究所、北京师范大学遥感科学国家重点实验室、中国科学院地理科学与资源研究所地球系统科学信息共享中心《中华人民共和国人口与环境变迁地图集》出版。

· 国际地理联合会在以色列特拉维夫召开区域会议。

· "数字地球峰会2010" 在澳大利亚内塞巴尔召开。会议主题为 "数字地球社会服务"。

· 中国国家林业局（贾志邦主编）《中国森林资源图集》出版。

· 中国科学院联合中国气象局、国家自然科学基金委员会、中国科学技术协会、浙江大学、上海科学教育出版社等单位在北京举行了纪念竺可桢先生诞辰120周年座谈会。全国人大常委会副委员长、中国科学院院长路甬祥出席并作报告，中国科学院副院长李静海、中国气象局局长郑国光、国家自然科学基金委员会主任陈宜瑜、中国科学院地学部主任秦大河、中国科学技术协会书记处书记程东红、浙江大学校长杨卫、上海科技教育出版社原社长翁经义，以及陶诗言、孙鸿烈等十余位院士以及40余位有关部门领导和竺可桢先生家属代表出席会议。

· 中国第二届国家气候变化专家委员会成立。

· 中国叶超和蔡运龙指出中国学位论文重视既有方法而忽视方法论倾向。

· 第一届地球系统科学大会（CESS）举行。至2020年已举行6次。

· 《自然》杂志子刊《自然·通讯》创刊。成为地理学发表成果刊物之一。

· 中国科学技术协会举办的中国科协年会（第十二届）在福州召开。会议主题为 "经济发展方式转变与自主创新"。中国地理学会参加。

· 第五届 "中日韩地理学国际研讨会" 在日本仙台举行。

· 中国第一次 "全国水利普查" 开始。

· 中国科学院青藏高原研究所田立德、北京大学胡永云等获国家杰出青年基金项目资助。

· 中国清华大学全球变化研究院成立。

· 中国 "老科学家学术成长采集工程" 正式启动。是由国务院批准，由中国科协牵头联合11家部委共同实施的一项科技历史人文工程。至今已有多位地理学家入选。

· 中国中央电视台《地理·中国》开始播送。《地理·中国》是中国中央电视台科教频道播出的科普类电视栏目。节目以地学科考为线索，以普及地学知识为宗旨，介绍地学的新发现、新成果、新探索，展示自然地理环境多样性。栏目在带着观众感受大自然神奇魅力的同时，传播科学知识，并传播人与自然和谐共生、相互依存的理念。

·英国国家图书馆展出十张改变世界的地图。包括彼得斯世界地图、伊夫舍姆世界地图、瓦尔德塞米勒世界地图、北美洲"红线图"、伦敦贫困人口分布图、亨利库斯—马特鲁斯世界地图、1623 年中国地球仪、苏联"警惕起来"宣传地图等。这些地图永远改变了人们看世界的方式。显示了地图的力量。

·中国设置重庆两江新区。

## 公元 2011 年

·中国发布《全国主体功能区规划》。地理学为规划编制提供科学支撑，也因此得到促进和发展。

·中国开始实行"十二五"规划。其中，主要背景是产能过剩、供给侧改革、"一带一路"、2015 年股灾；与地理学有关的主题主要有加快社会主义新农村、推动能源生产和利用方式变革、提高乡镇村庄规划管理水平、农村环境综合整治、优化能源开发布局、优化格局促进区域协调发展和城镇化健康发展、实施主体功能区战略、优化国土空间开发格局、积极稳妥推进城镇化、两型社会、全面做好人口工作。促进地理学发展，地理学也作出贡献。

·中国国务院扶贫办划定中国 14 个扶贫区，包括大兴安岭山区、燕山—太行山区、吕梁山区、大别山区、罗霄山区、六盘山区、秦巴山区、武陵山区、滇黔桂石漠化区、滇西边境山区、四省藏区、西藏地区、南疆三角地。

·美国国家科学院研究理事会提出和阐述美国的地理学发展以服务国家重大社会经济目标为主要驱动力。属于地理学发展动力范畴。

·国际地理联合会（IGU）在德国魏玛召开向联合国提议全球共识年（IYGU）活动的会议。中国周尚意参加并专门准备阐述"台湾是中国的一部分"的会议发言资料。

·国际科学理事会（ICSU）和国际社会科学理事会（ISSC）发起，联合国教科文组织、联合国环境规划署等组织共同牵头组建的为期十年的大型科学计划"未来地球研究计划（FE）"。目的是为应对全球环境变化给各区域、国家和社会带来的挑战，加强自然科学与社会科学的沟通与合作，为全球可持续发展提供必要的理论知识、研究手段和方法。之后设置动态地球、全球发展、向可持续发展转变三个研究领域。

·国际地理联合会地名学委员会成立。主要任务是从地理和制图的角度研究地名。

·中国国务院印发《兴边富民行动规划（2011—2015）》。

·中国傅伯杰当选中国科学院院士。

·中国郭华东当选中国科学院院士。

·中国赖远明当选中国工程院院士。

·中国方小敏、李吉均、潘保田、马玉贞、宋春晖"晚中新世以来青藏高原东北部隆升与环境变化"获国家自然科学奖二等奖。

·中国于贵瑞、孟伟、王跃思、孙波、何洪林、高吉喜、孙晓敏、岳燕珍、黎建辉、牛栋完成的"陆地生态系统变化观测的关键技术及其系统应用"项目获国家科技进步奖二等奖。

·美国国家研究会发布《地球科学的基础研究机遇》。

·中国《钱学森科学技术思想研究丛书》编委会《钱学森科学技术思想研究丛书》开始出版。为国家出版基金项目。该套丛书计划出版16种。其中，《现代科学技术体系总体框架的探索》重点对系统科学、思维科学和地理科学等领域的研究进展进行了介绍，对进一步推进我国现代科学技术体系建设的总体思路、方法和运行管理机制等有关问题进行了探讨。《马克思主义哲学与现代科学技术体系》主要从钱学森创建现代科学技术体系的历史背景、基本思想及其对中国现代化建设的重要意义等方面进行介绍。深远影响地理科学的理论发展和学科发展以及方法论发展。《地理建设与社会系统工程》在对社会主义建设总体设计部解读的基础上，定义社会工程包括社会系统工程与地理系统工程两部分，定义社会系统工程包括政治文明建设、物质文明建设和精神文明建设三部分，地理系统工程包括生态文明建设和科技文明建设两部分，共五部分。从系统与系统的环境来看，地理系统工程是社会系统工程的环境，或者说社会系统工程与地理系统工程互为环境。《钱学森思维科学思想》第一篇是钱学森对于思维科学理论体系、研究道路的全面论述；第二篇是钱学森关于思维科学的通信，与一些学者讨论了思维科学中的主要问题，重点讨论了从定性到定量综合集成法、从定性到定量综合集成研讨厅、大成智慧等新思想；第三篇是部分学者对思维科学若干问题的探索与实践，有助于深入了解思维科学。《从工程管理到社会管理》主要内容包括：上篇，从社会管理的时代背景，论述钱学森创建社会工程的基本设想。在现代科学技术革命新形势下，如何组织管理社会？处在社会主义初级阶段的中国，如何组织管理现代化建设？这是我们时代的新课题。中篇，论述钱学森创造性地提出的构建社会工程总体框架的思路。下篇，论述社会工程的基本思想与基本方法："开放复杂巨系统"概念；信息方法与大系统协调控制理论在"综合集成法"中的作用。深远影响地理学和地理学家。

·中国北京大学林坚为中共中央政治局集体学习讲授"完善我国土地管理制度问题"。

·著名期刊《科学》主编艾伯茨与《自然》杂志主编坎贝尔接受《环球时报》专访。其中阐述了如何看待文章数量与文章质量问题。艾伯茨阐述道："我们知道，依靠发表文章数量无法有效地衡量科研产出。事实上，首先注重发表文章数量的激励机制会严重阻碍创新。研究者在最初几年里都不应期望发表文章。衡量科学家的方法与各个国家的文化有关。维持一种赋有成效的科学文化十分重要。我会推荐这样一种制度：每个人一年平均只写一篇文章，这篇文章也应该让大家仔细地阅读和评价，这比一个只讲求文章数量的制度要可取得多。在评价科学家时应该强调的是质量而不是数量。"中国陆大道于 2022 年在中国的《地理学报》上发表论文正式引用。深远影响地理学和地理学家发展。

·中国"林超地理博物馆（网络版）"开始建设并逐步开放。为国际地理联合会（IGU）、国际科学技术数据委员会（CODATA）和中国地理学会联合签署的关于"共建数字化林超地理博物馆合作共识书"框架下建设的三方联合的长期国际科技合作计划。

·中国崔鹏主持的国家重点基础研究规划项目"中国西部特大山洪泥石流灾害形成机理与风险分析（两年）"开始进行。2012 年完成。

·中国拓万全主持的国家重点基础研究规划项目"黄河上游沙漠宽谷段风沙水沙过程与调控机理"开始进行。2015 年完成。

·中国蔡运龙主编"地理学思想方法"丛书开始陆续出版。包括《地理学方法论》《地理学：科学地位与社会功能》《自然地理学研究范式》《经济地理学思维》《城市地理学思想与方法》《地理信息科学方法论》《理论地理学》《地理科学导论》《高等人文地理学》《当代地理学方法》等。

·中国发布《第二次气候变化国家评估报告》。

·中国孙鸿烈等《中国生态问题与对策》出版。

·中国陆大道、樊杰等《中国地域空间、功能及其发展》出版。

·中国蔡运龙和美国 Bill Wyckoff《地理学思想经典解读》出版。

·中国刘彦随主编"现代农业与乡村地理丛书"开始陆续出版。吴传钧作序。至 2020 年首批已出版专著 10 部。

·中国葛全胜《中国历朝气候变化》出版。

·中国罗汝楠《历代地理志汇编》（共 16 册）由国家图书馆出版社出版。

·中国叶大年等《城市对称分布与中国城市化趋势》出版。提出和阐述以五条原理为核心的城市对称分布理论。

·中国"综合风险防范关键技术研究与示范丛书"出版。

·中国史培军《中国自然灾害系统地图集》出版。

·中国科学院生态环境研究中心、世界自然基金会《长江流域生物多样性格局与保护地图集》出版。

·中国黄河中上游管理局周月鲁主编《黄河流域水土保持图集》出版。

·中国"荒漠与绿洲生态国家重点实验室"获批。依托单位为中国科学院新疆生态与地理研究所。

·中国《中国气候公报（2010）》发布。

·国际地理联合会在智利圣地亚哥召开区域会议。

·国际景观生态学会授予中国傅伯杰杰出贡献奖。

·中国国务院《关于加强环境保护重点工作的意见》明确提出生态红线。

·联合国环境规划署《绿色经济报告》给出绿色经济概念的定义。

·《自然》杂志子刊《气候变化》创刊。

·中国（宋元）马端临《文献通考》（上海师范大学古籍研究所和华东师范大学古籍研究所点校）出版。为中国历史地理研究重要文献。

·《科学》杂志出版"大数据专刊"。深远影响地理学和地理学家。

·英国皇家地理学会向中国地理学会颁发英国皇家地理学会 2010 年特别贡献奖。

·中国周尚意发表"文化地理学研究方法及学科影响"。

·中国设立城乡规划学一级学科。

·国际地理联合会地名委员会成立。

·中国"青藏高原科学大讲堂"开始举办。由中国科学院青藏高原研究所、中国青藏高原研究会共同主办的青藏高原科学问题的学术论坛，该论坛主要目的在于体现青藏高原研究的高水平、国际化、学科交叉融合等特点，将聘请国内外知名科学家针对青藏高原科学的热点和前沿科学问题和研究进展做讲座和交流。

·英国迈克尔·伍兹《农村》由英国罗德里奇出版社出版。中译本由王鹏飞、鲁奇、龙花楼翻译，商务印书馆于 2019 年出版刊行。

·英国组织了 500 多位科学家对英格兰、苏格兰、北爱尔兰和威尔士进行了全面的生态系统评估。

·中国科学技术协会举办的中国科协年会（第十三届）在天津召开。会议主题为"科技创新与战略性新兴产业"。中国地理学会参加。

·中国科学院地理科学与资源研究所刘卫东、北京大学朴世龙、中国科学院东北地理与农业生态研究所宋长春、中国科学院青藏高原研究所徐柏青、中国科学院寒区旱区环境与工程研究所赵文智等获国家杰出青年基金项目资助。

· 中国教育部正式印发全国义务教育地理课程标准（2011版）。次年秋季开始施行。

· 中国同济大学开设"地球表层系统与演变"课程。由1996年开始开设的"全球变化"和2001年开始开设的"地球系统"两门课程合并而来。

· 中国华东师范大学举行严钦尚学术思想研讨会。

· 第七届国际数字地球研讨会（ISDE）在澳大利亚佩斯召开。会议主题为知识生成。

· 第六届"中日韩地理学国际学术研讨会"在韩国首尔举行。

· 中国设置浙江舟山群岛新区。


## 公元2012年

· 第32届国际地理大会在德国科隆举行。

· 中共十八大提出"人类命运共同体"概念。深远影响世界地理格局、地理学研究和地理学家。

· 中共十八大提出"美丽中国"执政理念。2015年"美丽中国"进入国家"十三五"规划。"美丽中国"成为地理学主要任务，也促进了地理学的发展。

· 国际科学联盟发起成立"未来地球研究计划"。

· 中国国家自然科学基金委员会和中国科学院《未来10年中国学科发展战略·地球科学》出版。是《国家科学思想库》中的一卷。战略研究组组长安芷生，副组长陈运泰、吴国雄。该书阐述了如下问题：地球科学特点、发展规律与战略定位，地球科学发展现状、发展趋势、战略目标，地球科学发展布局、优先发展领域、重大交叉领域，国际合作与交流以及保障措施。其中，地球科学发展布局、优先发展领域、重大交叉领域，分别阐述了大气科学、地理学、地质学、地球物理学、地球化学、地球系统科学等的重大交叉领域。在地理学部分，阐述了地理学的战略地位、地理学的发展规律与发展态势、我国地理学发展现状、地理学的学科发展布局、未来 5—10 年的优先发展领域与交叉研究领域、国际合作与竞争、保障学科发展的政策措施。

· 美国国家科学基金会资助"变革性研究：道德和社会影响"研讨会。深远影响地理科学发展与地理学家思维。

· 中国《中国自然地理系列专著》开始陆续出版。编委会主任为孙鸿烈、副主任为郑度。已出版《中国自然地理总论》《中国地貌》《中国气候》《中国水文地理》《中国土壤地理》《中国植物区系与植被地理》《中国动物地理》《中国古地理》《中国历史自然地理》《中国海洋地理》。

· 中国孙鸿烈、郑度、姚檀栋、张镱锂发表"青藏高原国家生态安全屏障保护与建设"。为后来的国家决策提供科学根据。

· 中国全国科学技术名词审定委员会审定与公布《地理信息系统名词（第二版）》出版。主任为宫辉力。主要包括基本概念、技术与应用两部分。

· 中国建立国家科技基础条件平台"地球系统科学数据共享平台（DSPESS）"。其前身为地球系统科学数据共享平台（2003 年）和国家科技基础条件平台"地球系统科学数据共享平台"（2005 年）。

· 中国国务院批准由中国环境保护部和中国科学院开始《全国生态环境十年变化（2000—2010 年）遥感调查与评估》项目。该项目的目的是"摸清家底，发现问题，找出原因，提出对策"。

· 中国葛全胜、王绍武、邵雪梅、郑景云、杨保"过去 2000 年中国气候变化研究"获中国国家自然科学奖二等奖。

· 中国孙鸿烈、陈宜瑜、沈善敏、赵士洞、赵剑平、韩兴国、张佳宝、于贵瑞、刘国彬、秦伯强、赵新全、马克平、欧阳竹、杨林章、李彦完成的"中国生态系统研究网络的创建及其观测研究和试验示范"项目获国家科技进步奖一等奖。

· 中国刘耀林、王静、唐新明、郭旭东、汪云甲、何建华、姜栋、焦利民、史绍雨、吕春艳完成的"全数字化土地资源评价关键技术与工程应用"项目获国家科技进步奖二等奖。

·中国杨桂山主持的国家重点基础研究规划项目"长江中游通江湖泊江湖关系演变及其环境生态效应与调控"开始进行。2016年完成。

·中国地理学会《2011—2012地理学学科发展报告：人文—经济地理学》出版。

·中国郑度主编、周成虎等副主编的《地理区划与规划词典》出版。全书包括绪论篇（地球系统、地理科学）、地理区划篇（通论、自然区划、人文与经济区划、环境和生态与灾害区划、海洋区划）、地理规划篇（通论、国土规划与区域规划、城乡规划、经济规划、资源规划、环境规划、生态与灾害防治规划、海洋规划）。

·中国地理学会《2012—2013地理学学科发展报告（地图学与地理信息系统）》出版。

·中国《大辞海》之《中国地理》卷出版。《大辞海·中国地理》共收词目10650余条，选收范围包括中国地理、历史地理、古代中西交通的基本名词术语、地名、著作、人物等。其中的"中国地理"部分的词目框架是以《辞海》（第六版）"中国地理"内容为基础，以学科分类为框架形成，包括总类（含国名、行政区划和人口、民族、自然、经济文化地理区及国家综合配套改革试验区）、政区地理（31个省、直辖市、自治区，香港和澳门特别行政区，台湾省，简称、别称）、自然地理（自然区，自然资源，矿区，山脉、河流、湖、海、岛屿、峡谷等自然地名和地形区）、经济地理（经济区，特区，新区，农业分区，城市群，交通运输和水利建设）、文化地理（文化区，名胜古迹、纪念地）等。《大辞海》"中国地理"收词总量达7000条，新增2000余条。其中政区地理含省、地、县级及重点镇等，收词量和字数占60%以上。本书首次收录了中国区域自然、经济、人文（城市群、文化）地理的内容，反映了改革开放以来中国创新发展的区域地理成就。"历史地理"部分的收词以《辞海》为基础进行了适当删减，以读者检查率高为收词标准，收录条目2000余条，包括总类、古国名、古地名、古道路名、历史政区名、历史自然地名、著作与人物等。"古代中西交通"收词约1000条，包括中国历史文献中记载的，与我国有交往的国家、人物、地名，以及中西交往中的物产、著作等。

·中国国家自然科学基金委员会和中国科学院《未来 10 年中国学科发展战略·地球科学》出版。其中包括地理科学。

·中国国家自然科学基金委员会和中国科学院《未来 10 年中国学科发展战略·资源与环境科学》出版。其中包括地理科学。

·中国测绘研究院、中国科学院地理科学与资源研究所、西安地图出版社、中国社会科学院民族学与人类学研究所《中国西部人文地图集》出版。

·中国提出"精准扶贫"概念和思想。之后成为地理学应用研究方向之一。

·中国"国家地图集编纂委员会"《中华人民共和国国家历史地图集》（共三卷）开始出版发行。《中华人民共和国国家历史地图集》（第一卷）是一部代表国家水平的空前的宏伟的历史地图巨著。全书共分三卷，共有 1300 多幅图。全书共有 21 个图组，分为民族、人口、都市分布、城市遗址、气候、自然灾害、地貌、沙漠、植被、动物、史前时期遗址、远古传说时期事迹、夏商西周时期遗址、疆域政区、农牧、工矿、交通、文化、宗教、古代战争、近代战争等图组。第一册有 400 余幅，涵盖民族、人口、都市分布、城市遗址、气候、自然灾害 6 个图组。

·中国蔡运龙在中国国家自然科学基金委员会和中国科学院《未来 10 年中国学科发展战略》之《地球科学》中阐述地理学。

·中国傅伯杰等《中国生态区划研究》出版。提出"中国生态区划方案"。

·中国张荣祖、李炳元等《中国自然保护区区划研究》出版。

·中国开展第三次全国经济普查。普查标准时间为 2013 年 12 月 31 日。

·中国《中国气候公报（2011）》发布。

·美国 R. 马立博《中国的环境和历史》出版。根据中国自然地理环境分异基本特征将中国划分为汉族为主和非汉族为主的人文地理环境并阐述历史过程。

·中国崔建新《气候与文化》出版。该书梳理了全新世气候变化以及环境考古研究的学术脉络，并且仔细分析和评价了环境考古研究中的常用技术方法。同时，在大量野外工作和室内实验的基础上，重建了京津冀地区全新世气候变迁历史，并将全新世气候演化序列和新石器文化发展序列进行了对比分析，采用 GIS 空间分析方法探讨了京津冀地区新石器时代文化分布规律及可能的生计模式。

·全球地理信息开发者大会（WGDC）第一届大会在中国国家中心举行。会议主题为"新技术新模式新商业"。之后被誉为"科技与产业跨界创新风向标"。

·国际"生物多样性和生态系统服务政府间科学—政策平台（IPBES）"成立。

·联合国等颁布资源环境综合核算体系（SEEA2010）。

·中国《中华大典·地学典》编委会成立。《中华大典·地学典》是《中华大典》一级典，包括《地质分典》《测绘分典》《自然地理分典》《海洋分典》《气象分典》。

·中国的广陵书社《中国历代历象典》出版。共 8 册。是关于古代气候、自然环境的资料汇编。收录《古今图书集成》《清朝通志》《清朝文献通考》《清朝续文献通考》等中的有关资料。

·中国科学院对地观测与数字地球科学中心（刘建波主编）《中国分省遥感影像地图集》出版。

·中国重庆市规划局、湖北省测绘局《三峡库区地图集》出版。

·中国命名"吴征镒星"。原因之一是他在植物地理学方面贡献。

·国际地理联合会健康与环境专业委员会成立。

·联合国统计委员会批准了"环境经济核算体系（SEEA）核心框架"，期望世界各国将来如同采纳国民经济核算体系一样执行"环境经济核算体系核心框架"。深远影响区域发展评价。

·美国维克多·迈尔·惠恩伯格《大数据时代》出版。深刻影响地理学和地理学家。

·中共中央组织部与人力资源和社会保障部等部门启动实施国家万

人计划。包括杰出人才、领军人才和青年拔尖人才。之后，各省、自治区、直辖市启动本地区的万人计划。至 2021 年多位地理学工作者入选国家、省级万人计划。

·中国教育部启动新的长江学者奖励计划。包括特聘教授、讲座讲授、青年学者。之后，诸多省、自治区、直辖市启动有关奖励计划。多位地理学工作者入选。

·中国地理学等发起"地理学与中国全球战略高层论坛"。至 2019 年已举办 7 次论坛。

·中国翟金良在《中国科学院院刊》发表"地理学：'出思想'的重要学科领域"。系统阐述了中国出地理思想的特征、案例和促进发展等方面问题。

·中国宫鹏详细讨论和系统阐述儒家思想对中国科学影响。

·中国教育部颁布《普通高等学校本科专业目录（2012）》。它规定专业划分、名称及所属门类。其中，地理科学类专业包括地理科学专业、自然地理学与资源环境管理专业、人文地理学与城乡规划专业、地理信息科学专业。

·中国科学院大学成立。由中国科学院研究生院更名。2014 年开始招收本科生。设资源与环境学院。

·中国开始启动国家级和省级精品开放课程（包括精品视频公开课程和精品资源共享课程）。由国家级和省级精品课程转换而来。地理科学专业类的多门课程成为国家级和省级精品开放课程。

·数字地球峰会（2012）在新西兰威灵顿召开。会议主题为数字地球与技术。

·中国科学技术协会举办的中国科协年会（第十四届）在石家庄召开。会议主题为"科技创新与经济结构调整"。中国地理学会参加。

·中国科学院青藏高原研究所康世昌、中国科学院地理科学与资源研究所王训明等获国家杰出青年基金项目资助。

·第七届"中日韩地理学国际学术研讨会"在中国长春举行。

·中国设置兰州新区、广州南沙新区。

·中国"国家图书馆中国边疆文献研究中心"成立。该中心致力于我国边疆文献资料的全面入藏、开发、建设和服务，履行以下主要职责：一是结合国家图书馆业已开展的中华古籍保护计划和民国文献保护计划，全面普查海内外中国边疆相关史料和研究文献，按照"统一计划、分步骤实施、边建设、边服务"的原则开展文献整理、研究和数字化建设与服务工作；二是了解边疆研究的历史、现状与发展趋势，关注海内外关于中国边疆问题研究的热点和成果，为国家立法与决策机构提供文献参考和信息咨询；三是加强并促进与国内外相关学术研究机构间的合作与交流，实现边疆文献信息资源的共建共享。主要成果之一是《国家图书馆中国边疆文献研究丛书》。

## 公元 2013 年

·中国中共中央总书记、国家主席习近平提出"一带一路"倡议构想。"一带一路"包括"丝绸之路经济带和 21 世纪海上丝绸之路"。后陆续有相应的规划和行动计划等。深远影响世界地理格局，是地理学研究领域之一。

·中国提出"人的城镇化"理念和概念。中国城镇化开始新的时期。地理学发挥作用并因此得到发展机遇。

·中国人与生物圈国家委员会设立"中国生物圈保护奖"。第一次颁奖。奖励国际上在生物圈方面有突出贡献者。联合国教科文组织生态与地球科学部原主任纳塔拉詹·伊希瓦兰、托马斯·萨尔福、俄罗斯人与生物圈国家委员会副主席纳罗诺夫·瓦夫利亚、韩国人与生物圈国家委员会主席周顺道、中国工程院院士李文华五位获奖。

·中国周成虎当选中国科学院院士。

·中国崔鹏当选中国科学院院士。

·中国地理学会获民政部"中国社会组织评估等级——4A"表彰。中国地理学会副理事长兼执行秘书长张国友代表中国地理学会接受颁奖。

·中国共产党十八届三中全会《中共中央关于全面深化改革若干重大问题的决定》提出"探索编制自然资源资产负债表，对领导干部实行自然资源资产离任审计"。

·俄罗斯成立俄罗斯科学基金会（RSF）。资助地理学研究。

·中国开展"全国地理国情普查"。第一次普查时段为 2013—2015年。普查标准时间点位 2015 年 6 月 30 日。

·中国启动新世纪版《中华人民共和国国家大地图集》研编科技基础工作专项。20 世纪五六十年代、八九十年代曾两次编纂出版国家地图集。

·中国建立亚洲生物多样性保护和数据库网络（ABCDNet）。

·中国中共中央召开城镇化工作会议。

·中国科学院地理科学与资源环境研究所注册为 DOI 科学数据出版单位。次年"全球变化科学研究数据出版系统"开始正式出版。

·中国陆大道在国务院总理李克强总理主持座谈会上，就关于走符合我国国情的城镇化道路的认知和建议发表咨询意见。

·中国邵明安、张建华、上官周平、黄明斌、康绍忠完成的"黄土区土壤—植物系统水动力学与调控机制"项目获国家自然科学奖二等奖。

·中国康绍忠、杜太生、粟晓玲、杨东、冯绍元、蔡焕杰、石培泽、彭治云、霍再林、刘树波完成的"干旱内陆河流域考虑生态的水资源配置理论与调控技术及其应用"项目获国家科学技术进步奖二等奖。

·中国科学院课题组和中国工程院课题组向国务院总理汇报中国城镇化问题。

·中国工程院、国家开发银行和清华大学共同组织开始启动"生态文明建设若干战略问题研究"重大咨询项目。2017 年出版《中国生态文明建设重大战略研究》（共九卷）由科学出版社出版。

·国际地理联合会在日本京都召开区域会议。

·中国《中共中央关于全面深化改革若干重大问题的决定》中提出和阐述生态保护红线概念并规定有关任务。

·中国国务院发布《全国资源型城市可持续发展规划（2013—2020）》。规划界定中国有 262 个资源型城市，包括成长型、成熟型、衰退型和再生型四类资源型城市。

·中国侯仁之主编、邓辉等副主编《北京历史地图集》系列由北京出版集团出版。包括《北京历史地图集·政区城市》《北京历史地图集·人文社会》《北京历史地图集·文化生态》三卷。

·中国孙鸿烈提出中国地理学会要宣传黄秉维中国综合自然地理区划以指导各方面建设特别是生态文明建设。

·中国杨萍《西藏综合自然与沙漠化地图集》出版。

·中国国家减灾委员会办公室、民政部国家减灾中心（张卫星主编）《2011年中国自然灾害地图集》出版。

·中国余谋昌《地学哲学：地球人文社会科学研究》出版。

·中国张九辰《自然资源综合考察委员会研究》出版。

·中国全国经济地理研究会《中国经济地理丛书》编纂工作启动。包括概论、四大板块、省市区三个系列。

·美国发起多国参加的"国际大洋发现计划（International Ocean Discovery Plan，IODP）"开始施行。其前身为2003年开始实施的"国际综合大洋钻探计划（Integrated Ocean Drilling Program，IODP）"开始实施。

·联合国统计委员会采纳了"环境经济核算体系试验性生态系统核算"。深远影响区域发展和区域贡献的评价以及区域地理学。

·中国欧阳志云等提出和阐述生态系统生产总值的概念、内涵和核算思路。深远影响区域发展和区域贡献的地理研究。

·中国科学技术协会举办的中国科协年会（第十五届）在贵阳召开。会议主题为"创新驱动与转型发展"。中国地理学会参加。

·中国南京大学举行任美锷百年诞辰纪念暨学术思想研讨会。

·中国科学院青藏高原研究所阳坤等获国家杰出青年基金项目资助。

·第八届"中日韩地理学国际研讨会"在日本福冈举行。

·中国《中国气候公报（2012）》发布。


**公元2014年**

·中国习近平总书记在中共中央国家安全委员会第一次会议上首次明确提出和阐述"总体国家安全观"。2022年由中共中央宣传部和中央国家安全委员会组织编写的《总体国家安全观学习纲要》出版。这是地理科学特别是区域地理学尤其是国家地理学的重大任务。

· 中国李克强总理就"胡焕庸线"做有关指示。他在国家博物馆参观人居科学研究展时，指着中国地图上的一条分界线"胡焕庸线"对在场的专家学者作出指示。

· 国际地理联合会在波兰克拉科夫举行区域会议。

· 中国中共中央和国务院发表《国家新型城镇化规划（2014—2020)》。中国地理学会参与前期研究。深远影响中国地理研究。

· 中国国家自然科学基金委员会与中国科学院地学部联合召开双清论坛"地表圈层相互作用带科学前沿探索"和科学与技术前沿论坛"地球关键带科学"。围绕地球关键带的形成、组成与演化，地球关键带功能及其演变和可持续性，地球关键带过程与物质循环和全球关键带网络建设与中国的地球关键带科学研究 4 个主题，探讨地球关键带相关领域的重大科学前沿和国家需求，以及相关基础研究可能的重大突破点与未来的重大基础性科学问题。

· 中国的全球变化科学研究数据出版系统开始正式出版。由中国科学院主管、中国科学院地理科学与资源研究所和中国地理学会主办的全球变化科学研究数据出版系统于 2014 年 6 月开始数据出版相关工作。数据出版载体包括：《全球变化数据学报》、《全球变化数据仓储电子杂志》、《全球变化数据与知识枢纽》和数据出版与共享平台。不仅是中国全球变化研究国家重大科学计划数据成果出版和传播平台，也是国际科学技术数据委员会发展中国家数据出版和共享基础设施，是国际科学理事会世界数据系统成员，是中国综合地球观测数据出版分中心，是国际地球观测组织数据贡献单位。

· 中国樊杰阐述人文与经济地理学将在综合认知和揭示人文与自然复合的地表过程及格局中发挥独特的价值。

· 中国周成虎当选国际地理联合会副主席。

· 中国傅伯杰发表"地理学综合研究的途径与方法：格局与过程耦合"。

· 中国樊杰阐述运用综合集成研究方法研究人地关系地域系统的工具，包括归纳过程、区域比较、定性分析、逻辑判断。

· 联合国环境规划署将中国库布其沙漠生态治理区确立为生态经济示范区。

· 中国夏军获国际水文科学奖—Volker 奖章。

· 俄罗斯举办为时一周的全俄罗斯地理节。中国地理学会秘书长张国友和《地理学报》常务副主编何书金代表中国地理学会应邀出席。

· 中国成立"未来地球研究计划中国委员会（CNC – FE）"。秦大河为主席。

· 中国成立"全球重要农业文化遗产专家委员会"。李文华为主任委员，闵庆文为副主任兼秘书长。

· 中国时任国务院总理温家宝在承德六道河中学作地理讲座《与中学生谈地理——自然地理》，以"仰观天文，附察地理"为主线，阐释了学好地理这门综合学科对一个人成长的重要性。

· 中国姚檀栋、秦大河、田立德、王宁练、康世昌"青藏高原冰芯高分辨率气候环境记录研究"获中国国家自然科学奖二等奖。

· 中国冯起、邓铭江、海米提·依米提、李元红、赵文智、田永祯、司建华、龙爱华、杜虎林、陈仁升完成的"干旱内陆河流域生态恢复的水调控机理、关键技术及应用"项目获国家科技进步奖二等奖。

· 中国唐华俊、黄诗峰、霍治国、黄敬峰、陈仲新、吴文斌、杨鹏、李召良、刘海启、李正国完成的"农业旱涝灾害遥感监测技术"项目获国家科技进步奖二等奖。

· 中国李满春、吴士存、苏奋振、刘永学、程亮、周成虎、赵焕庭、毛志华、沈固朝、李飞雪完成的"南海及周边地区遥感综合监测与决策支持分析"项目获国家科技进步奖二等奖。

· 中国孙九林、诸云强、闾国年、李晓波、杨雅萍、王卷乐、朱建钢、吴立宗、廖顺宝、曹彦荣完成的"地球系统科学数据共享国家平台构建、关键技术与应用服务"项目获国家科学技术进步奖二等奖。

· 中国陈军、王东华、商瑶玲、刘建军、廖安平、赵仁亮、肖平、于庆国、倪文辉、潘励完成的"国家基础地理信息更新技术体系与工程应用"项目获国家科学技术进步奖二等奖。

·中国唐华俊、黄诗峰、霍治国、黄敬峰、陈仲新、吴文斌、杨鹏、李召良、刘海启、李正国完成的"农业旱涝灾害遥感监测技术"项目获国家科学技术进步奖二等奖。

·联合国政府间气候变化专门委员会（IPCC）发布《第五次评估报告》。报告指出人类对气候系统的影响是明确的，而且这种影响在不断增强，在世界各个大洲都已观测到种种影响。

·中国《大辞海》之《世界地理》卷出版。为《大辞海》中的一卷。《大辞海》的编撰以《辞海》为基础，继承《辞海》的优点并加以拓展，以增设《辞海》尚未涉及的新领域和各学科的新词新义为重点，适当补充缺漏。全书按学科编排分 38 卷出版。地理学科分设中国地理卷和世界地理卷，地理学未单独设卷。按总编委会要求，地理学词目均归入世界地理卷。主编蒋长瑜、毛汉英。编写单位由华东师范大学地球科学部、中国科学院地理科学与资源研究所、中国社会科学院拉丁美洲研究所和东北师范大学地理科学学院组成。经反复甄别、斟酌，定下地理学名词目 1400 条，世界地理词目 4100 条，合计 5500 条。地理学词目包括地理学科，地理学家，自然地理学、人文地理学和区域地理学。其中，自然地理学除一般名词外，全面设立综合自然地理学、地貌学、气候学、水文地理学、土壤地理学、生物地理学、环境地理学、医学地理学、地图学和地理信息系统等分支学科的词目；人文地理学则设立总论和资源地理学、经济地理学、人口地理学、城市地理学、乡村地理学、旅游地理学、文化地理学、政治地理学等分支学科的词目。世界地理词目包括大洲、大洋、国家和地区及主要政区、城市、港口、山脉、丘陵、高原、沙漠、平原、低地、盆地、三角洲、河流、湖泊、水库、海洋、港湾、海峡、半岛、群岛、岛屿等；世界名胜古迹和历史地名酌收。

·中国科学院生态环境研究中心、世界自然基金会（欧阳志云、吴於松主编）《澜沧江流域生物多样性格局与保护地图集》出版。

·中国李锐、赵牡丹、杨勤科《中国土壤侵蚀地图集》由中国地图出版社出版。参加编制该图集的单位有水土保持研究所、西北大学、北京师范大学、中国科学院地理科学与自然资源研究所、北京林业大学、长江科学院、福建师范大学、中国科学院成都山地灾害与环境研究所等。是以国家"973"项目"中国主要水蚀区土壤侵蚀过程与调控研究"的成果为基础，同时系统地收集整理了全国和各地区土壤侵蚀调查制图成果设计编制而成的。是世界上第一部综合性土壤侵蚀研究地图集。

·中国社会科学院历史研究所和中国社会科学出版社联合启动《世界地图学史》翻译出版工程。《世界地图学史》（*The History of Cartography*）丛书由 J. B. 哈利（J. B. Harley）和大卫·伍德沃德（David Woodward）主编，芝加哥大学出版社出版，是已经持续了 30 多年的"地图学史项目"的主要成果。该项目原计划出版著作 6 卷，目前共出版了三卷六册，即第一卷《史前、古代与中世纪欧洲与地中海地区地图学史》、第二卷第三册《传统非洲、南美、北极、澳大利亚与太平洋地区地图学史》和第三卷《欧洲文艺复兴时期的地图学史》（上、下册），总字数达 600余万字，收录地图 2500 余幅。《世界地图学史》是目前世界地图学史方面的权威著作，丛书篇幅巨大，涵盖了世界上几乎所有地区的古代地图学，可谓真正意义上的"世界地图学史"，参与撰写的多数是世界各国地图学史以及相关领域的权威学者。此外，书中收录了大量散藏在世界各种藏图机构和个人手中的古代地图，其中大部分之前在国内甚至在全世界都没有披露过。

·美国国家研究委员会（NRC）完成报告《进一步推动美国研究企业》。

·中国秦大河等《冰冻圈科学辞典》出版。

·中国王涛、赵哈林《英汉沙漠科学词典》出版。

·中国国务院印发《关于深化中央财政科技计划管理改革的方案》。提出将在 2017 年将"973"计划和"863"计划合并为国家重点研发计划。《自然》杂志对此发表评论称其为"此次改革价值的标志性事件"。影响地理科学研究的国家支持。

·中华人民共和国林业行业标准《森林生态系统生物多样性监测与

评估规范（LY/T2241 – 2014）》开始实施。

·中国《中国气候公报（2013）》发布。

·中国史培军、吕丽莉、汪明等发表"灾害系统：灾害群、灾害链、灾害遭遇"。

·中国科学院青藏高原研究所刘勇勤、中国科学院地理科学与资源研究所汤秋鸿、中国科学院寒区旱区环境与工程研究所效存德等获国家杰出青年基金项目资助。

·国际灌溉排水委员会（ICID）开始评选"世界灌溉工程遗产"项目。该项目旨在更好地保护和利用在用古代灌溉工程，挖掘和宣传灌溉工程发展史及其对世界文明进程的影响，学习古人可持续性灌溉的智慧、保护珍贵的历史文化遗产。世界灌溉工程遗产是国际灌溉排水委员会于1950 年成立，旨在鼓励水资源可持续利用、促进水利遗产保护，拥有 110余个成员国。

·中国科学院发布《追求卓越科学》宣言。促进中国地理科学发展。

·国际区域研究协会（RSA）中国分会成立。刘卫东为中国分会理事长。

·中国科学院"率先行动计划"启动。计划内容之一是地学。

·中国国务院决定每年 10 月 27 日为"国家扶贫日"。是继续向贫困宣战的一个重要举措和广泛动员社会各方面力量参加扶贫开发的一项重要的制度安排。促进地理科学服务国家发展和地理科学文化发展。

·中国科学技术协会举办的中国科协年会（第十六届）在昆明召开。会议主题为"开放、创新与产业升级"。中国地理学会参加。

·第九届"中日韩地理学国际学术研讨会"在韩国釜山举行。

·中国设置西咸新区、贵安新区、西海岸新区、金普新区、天府新区。


**公元 2015 年**

·中国共产党第十八届五中全会提出把"美丽中国"纳入国家"十三五"规划。2012 年中国共产党第十八届全国代表大会提出"美丽中国"并开始作为执政理念。"美丽中国"成为地理学主要任务，也促进了地理学发展。

· 联合国通过《变革我们的世界：2030 年可持续发展议程》。该议程的核心是实现全球可持续发展目标（SDGs）。该目标包含经济、社会、环境三方面的 17 项目标、169 项具体目标和超过 230 个指标。17 项目标包括消除世界各地各种形式的贫困，消除饥饿、实现粮食安全和改善营养、促进可持续农业，确保所有年龄段所有人的健康生活并促进福祉，确保包容性和公平的素质教育并为所有人提供终身学习机会，实现性别平等并赋予所有妇女和女孩权力，确保所有人用水和卫生设施的可用性和可持续管理，确保所有人获得负担得起、可靠、可持续和现代化的能源，促进、包容和可持续的经济增长、充分就业和生产性就业以及人人享有体面工作，建设有弹性的基础设施、促进包容性和可持续工业化及创新，减少国家内部和国家之间的不平等，使城市和人类住区有包容性、安全性、弹性、可持续性，确保可持续消费和生产模式，采取紧急行动应对气候变化及其影响，保护和可持续利用海洋资源促进可持续发展，保护恢复和促进陆地生态系统的可持续利用、可持续管理森林、防止荒漠化、制止和扭转土地退化、制止生物多样性丧失，促进和平和包容性社会、促进社会可持续发展、为所有人提供诉诸司法的机会，并在各级建立有效负责和包容性的机构，加强执行手段、振兴全球可持续发展伙伴关系。深远影响地理学和地理学家。

· 亚洲地理学会（AGA）成立。

· 国际地理联合会《2016 地理教育国际宪章》在莫斯科举行的国际地理联合会区域会议上介绍。深远影响世界诸多国家的地理教育特别是中学地理教育教学发展。

· 中国国务院印发《国务院关于支持沿边重点地区开发开放若干政策措施的意见》。深远影响边疆地区发展和边疆地理研究及边疆地理学学科建设。

· 中国环境保护部和中国科学院发布《全国生态功能区划（修编版）》。该区划将全国划分为生态功能一级区 3 类、生态功能二级区 9 类、生态功能三级区 242 个，确定 63 个重要生态功能区，覆盖我国陆地国土面积的 49.4%。《全国生态功能区划》2008 版已不能适应新时期生态安全与保护的形势，为此，环境保护部和中国科学院决定，以 2014 年完成的全国生态环境十年变化（2000—2010 年）调查与评估为基础，由中国科学院生态环境研究中心负责对《全国生态功能区划》进行修编，完善全国生态功能区划方案，修订重要生态功能区的布局。确定新修编的区划，进一步强化生态系统服务功能保护的重要性，加强了与《全国主体功能区规划》的衔接。

· 中国环境保护部和中国科学院完成的《全国生态环境十年变化（2000—2010 年）调查评估报告》。该报告是中国国务院批准项目"全国生态环境十年变化（2000—2010 年）遥感调查与评估"的主要成果。调查评估结果显示，十年间，全国森林、灌丛、草地生态系统质量总体向好，城镇、农田生态系统格局变化剧烈，森林、湿地生态系统人工化趋势明显，农业生产与开发导致的水土流失、土地沙化、石漠化等问题依然严重，城镇化、工业化与资源开发导致的流域生态破坏、城镇人居环境恶化、自然海岸线丧失、野生动植物自然栖息地减少等问题加剧。全国生态安全形势依然严峻，生态环境风险增加，生态保护与发展矛盾突出。

· 中国陈发虎当选中国科学院院士。

· 中国夏军当选中国科学院院士。

· 中国科学院精准扶贫评估研究中心在中国科学院地理科学与资源研究所成立。团队负责人刘彦随。评估团队的工作得到中国科学院内外的充分肯定，先后获国务院扶贫办颁发的"先进集体"奖、2018 年度中国科学院科技促进发展奖。

· 世界银行根据世界发展指标（WDI）对世界上 214 个经济体进行发展水平分组，包括低收入经济组、下中等收入经济组、上中等收入经济组、高收入经济组。

· 中国傅伯杰提出和阐述地理学具有"解释过去，服务现在，预测未来"等特征。

·中国时任国务院总理温家宝来到河北省承德市兴隆县六道河中学，为学生们作了题为《与中学生谈地理——天气与气候》的两场讲座。

·中国胡建英、万祎、张照斌、常红完成的"典型内分泌干扰物质的环境行为与生态毒理效应"项目获国家自然科学奖二等奖。

·中国李成名、李维森、邵振峰、朱庆、钟耳顺、张新长、陈军、沈涛、刘晓丽、张叶廷完成的"国家数字城市地理空间框架技术体系构建与应用"项目获国家科学技术进步奖二等奖。

·联合国第 21 次气候变化大会召开并签署《巴黎协定》。

·国际数据委员会（CODATA）发布战略规划。提出三个工作重点：支持围绕开放数据和开放科学的原则、政策和实践；推动数据科学前沿领域的发展；通过能力建设提升各国数据技能和国家科研体系在支持开放数据中发挥的作用，促进开放科学的发展。

·中国《中国大百科全书》第三版《地理学》卷编撰启动。

·中国《中国大百科全书》第三版《中国地理》卷编撰启动。

·中国《中国大百科全书》第三版《世界地理》卷编撰启动。2019年启动会议在华东师范大学举行。《中国大百科全书（第一版）》之《世界地理》卷、《中国大百科全书（第二版）》之"世界地理"部分、《中国大百科全书（第三版）》之《世界地理》卷的主编单位是华东师范大学。

·欧洲研究理事会（ERC）强调"前沿研究"的重要性，它相当于美国提出和使用的"变革性研究"。它反映了对基础研究的新的认识，一方面基础研究及成果对经济和社会发展至关重要，另一方面前沿及其研究的本质具有一定探索性和风险性，不存在学科界限。深远影响地理科学发展与地理学家思维。

·俄罗斯"全俄地理听写大赛"开始进行。俄罗斯地理学会遵照学会董事长普京总统的提议，开始每年都在国内外举办地理知识竞赛即全俄地理听写大赛。该赛事是俄罗斯地理协会组织的一场大型地理知识竞赛，一年举办一次。参赛者共需回答 30 道题，内容涉及地理概念和术语、使用地图的技能和根据旅行日记摘录确定地理目标。

·俄罗斯发行一枚以俄罗斯地理学会为主题的纪念邮票。

·中国《京津冀协同发展规划纲要》印发。中共中央政治局讨论审定通过。

·中国完成《中国自然资源图集》和图集说明书。由中国地质调查局统筹部署、航遥中心具体承担的《中国自然资源图集》和图集说明书完成。该图集共有图件 58 张，涵盖土地、气候、水、矿产、生物、能源与海洋资源的分布、保护、开发与利用状况等多方面内容，每个专题地图均附有简要文字说明，是研究我国自然资源与生态环境的重要依据。41 套图集和图集说明被分别送至国土资源部领导和部相关业务司局领导、中国地质调查局领导和局相关业务部室。随后，按照国土资源部部长姜大明和中国地质调查局局长钟自然的指示，又有 29 套图集和图集说明被送至国家领导人手中，为国家自然资源管理体制改革提供了强有力的重要数据支撑。

·中国梅旭荣总主编《中国农业气候资源图集》的各个分卷开始陆续出版。包括《中国农业气候资源图集·总体卷》《中国农业气候资源图集·作物水分资源卷》《中国农业气候资源图集·农业气象灾害卷》《中国农业气候资源图集·作物光温资源卷》。

·中国国家林业局发布《中国荒漠化和沙化状况公告》。

·中国启动"国家重点研发计划"。开始资助地理学研究。

·中国国务院印发《编制自然资源资产负债表试点方案》文件。

·中国科学院学部和中国科学院地理研究所主办"孙鸿烈学术思想研讨会"。中国科学院和中国工程院院士李振声、石元春、陈宜瑜、赵其国、李文华、钟大赉、滕吉文、刘昌明、郑绵平、郑度、陆大道、吴国雄、王浩、傅伯杰、郭正堂、周成虎等出席研讨会。

·中国郑度、杨勤业发表"中国现代地理学的发展历程"。

·中国郑度、杨勤业发表"中国现代地理学研究与前瞻"。

·中国郑度、杨勤业、吴绍洪等在《中国自然地理·总论》中阐述地理科学研究对象。认为地理学重点研究对象是人类生存环境中的地球陆地表层自然环境系统，或者称为自然地理环境系统，研究对象既可以是地貌、水文、气候、生物、土壤等某一种自然环境要素，也可以针对景观、土地等自然地理综合体，还可以是以冰冻圈、干旱环境这样的典型对象为目标的区域自然环境。

· 中国郑度、杨勤业、吴绍洪在《中国自然地理·总论》中阐述地理科学的研究核心，认为探索陆地表层自然要素与人文要素之间相互作用及其规律的时空格局是地理科学的核心。

· 中国傅伯杰阐述地理学是研究地理要素或是地理综合体的空间分布规律、时间演变过程和区域特征的一门学科。

· 中国夏星辉、杨志峰、沈珍瑶、郭学军、陈静生"流域水沙条件对水质的影响过程及机理"获国家自然科学奖二等奖。

· 中国李成名、李维森、邵振峰、朱庆、钟耳顺、张新长、陈军、沈涛、刘晓丽、张叶廷完成的"国家数字城市地理空间框架技术体系构建与应用"项目获国家科技进步奖二等奖。

· 中国秦大河、张建云、闪淳等《中国极端气候事件和灾害风险管理与适应国家评估报告》出版。

· 中国杨文衡和杨勤业《中国地学史（古代卷）》出版。

· 中国杨勤业和杨文衡《中国地学史（近现代卷）》出版。

· 国家减灾委员会办公室、民政部救灾司、民政部国家减灾中心《2013 年中国自然灾害图集》出版。

· 中国丝绸之路经济带核心区域地图集编纂委员会（王晓国主编）《丝绸之路经济带核心区域地图集》出版。

· 中国《澜沧江流域与大香格里拉地区科学考察综合研究》丛书开始陆续出版。这套丛书为中国科学技术部基础性工作专项"澜沧江中下游与大香格里拉地区科学考察"（2008FY110300）的科学成果。

· 中国科学院南京地理与湖泊研究所《中国湖泊分布地图集》出版。

· 中国王涛《中国北方沙漠与沙漠化图集》出版。

· 中国陈发虎等发现和提出农业技术革命是促成史前人类大规模永久定居在青藏高原的主要原因，并进行系统阐述。

· 中国周成虎发表"全空间地理信息系统展望"。全文收入中国《新华文摘》并为封面标题文章。

·中国刘为东提出"包容性全球化"概念和理论,从全球化角度阐释"一带一路"倡议。

·中国国务院《全国地方志事业发展规划纲要(2015—2010 年)》印发。

·中国科学院地理科学与资源研究所《中国环境变化遥感影像图集》出版。

·中国地理学与资源学专家自主发起成立国情与发展战略研究组。新成立的研究组包括中科院地理资源所、南京地理与湖泊所、新疆生态与地理所、成都山地灾害所、东北地理与农业生态所以及华东师范大学、西北师范大学、云南大学、北京大学、西北大学、北京师范大学、南京师范大学、云南师范大学、中山大学等高校地理或相关专业的研究人员,由中国科学院院士陆大道担任组长。

·国家自然科学基金"特大城市群地区城镇化与生态环境耦合机理及胁迫效应"重大项目获批。中国科学院地理科学与资源研究所方创琳主持。

·中国《中国气候公报(2014)》发布。

·世界 193 个国家共同签署《改变我们的未来:2030 可持续发展》。提出 17 项可持续发展目标和 169 项具体目标。成为地理学研究内容之一。

·中国开始自然资源资产负债表试点工作。深远影响中国地理学发展。

·中国地理学会主办、中国地理学会青年工作委员会和全国地理学研究生联合会(GPUC)承办的电子期刊《地理学求索》创刊。刘毅、张国友、王铮、周尚义、柴彦威、曹广忠为顾问,刘云刚为主编,戴尔阜等为副主编。

·中国科学技术协会启动"青年人才托举工程"。"青年人才托举工程"项目是由中国科学技术协会于 2015 年 10 月立项的国家级青年人才计划,择优支持中国科协所属全国学会或学会联合体具体实施。该项目采用以奖代补、稳定支持的方式,连续三年资助 45 万元,大力扶持有较大创新能力和发展潜力的 32 岁以下青年科技人才，帮助他们在创造力黄金时期作出突出业绩，成长为国家主要科技领域高层次领军人才和高水平创新团队的重要后备力量。之后中国地理学会制定《中国地理学会"青年人才托举工程"管理办法》并启动该工程，并推举出多位青年地理学人才入选。截至 2020 年，项目已执行五届。

·中国科学技术协会举办的中国科协年会（第十七届）在广州召开。会议主题为"创新驱动先行"。中国地理学会参加。

·英国皇家地理学会等开始为中低收入国家地理学工作者提供学术写作方面课程培训。

·中国科学院学部、中国科学院地理科学与资源研究所、中国地理学会举行孙鸿烈院士学术思想研讨会。

·中国科学院学部、中国科学院地理科学与资源研究所、中国地理学会举行刘昌明院士学术思想研讨会。

·施雅风先生学术思想研讨会暨第三届施雅风科学基金颁奖大会在兰州举行。

·中国刘强主编《百年地学路  几代开山人——中国地学先驱者之精神及贡献》出版。郑度为顾问之一。

·第十届"中日韩地理学国际研讨会暨第一届亚洲地理大会"在中国上海举行。

·中国科学院青藏高原研究所梁尔源、中国科学院地理科学与资源研究所裴韬、北京大学王喜龙、北京师范大学王开存等获国家杰出青年基金项目资助。

·中国地理学会与中山大学联合在广州举办"中国高校地理科学展示大赛"。之后，先后在武汉、开封、天津（长春和常德）举办三届大赛。

·中国设置湘江新区、江北新区、福州新区、滇中新区、哈尔滨新区。

·亚洲基础设施投资银行（AIIB）成立。深远影响世界地理格局和区域地理格局。是地理研究主题之一。

## 公元2016年

·中共中央政治局审议通过《长江经济带发展规划纲要》。之后正式印发。纲要确定了"一轴两翼三极多点"发展空间秩序。"一轴"是以长江黄金水道为依托，发挥上海、武汉、重庆的核心作用，"两翼"分别指沪瑞和沪蓉南北两大运输通道，"三极"指的是长江三角洲、长江中游和成渝三个城市群，"多点"是指发挥三大城市群以外地级城市的支撑作用。深远影响中国的地理学研究及其发展。

·第33届国际地理大会在中国北京举行。大会主题是"构建我们的和谐世界"，目的是促进人类和国际社会对于人与自然和谐相处、尊重自然、尊重差异、尊重不同地域的科学与文化的理解，引导科技工作者深入开展对全球变化、未来地球和人类可持续发展的研究。来自全球101个国家和地区的5000多人参会。

·中国开始实行"十三五"规划。其中，主要背景是脱贫攻坚、精准扶贫与地理学有关的主题主要有新发展理念、耕地保护制度、永久基本农田、土地整治、农业可持续发展、新型城镇化、优化城镇化布局和形态、增强中心城市辐射带动功能、加快发展中小城市和特色镇、建设和谐宜居城市、推动城乡协调发展、推动区域协调发展、加快改善生态环境、加快建设主体功能区、推进资源节约利用、加大环境综合治理力度、加强生态保护修复、积极应对全球气候变化。促进地理学发展，地理学也作出贡献。

·国际地理联合会地理教育委员会（IGU－CGE）中国委员会成立。该委员会由中国教育学会地理教育专业委员会组织建立。

·国际地理联合会青年和早期职业地理学家工作组（IGU－YECG）成立。旨在促进世界各国地理学家早期职业生涯的发展，促进世界各国地理学家事业的发展。

·中国的二十四节气成为世界非物质文化遗产。

·中国教育部开始第四轮"学科评估"。这次评估的结果按"学科整体水平得分"的位次百分位，将前70%的学科分9档公布。其中，前2%

为 A＋，2%—5% 为 A，5%—10% 为 A－，10%—20% 为 B＋，20%—30% 为 B，30%—40% 为 B－，40%—50% 为 C＋，50%—60% 为 C－，60%—70% 为 C－。北京大学、北京师范大学为 A＋，华东师范大学为 A，南京大学、南京师范大学、武汉大学为 A－。

·中国冰冻圈科学学会（CSCS）成立。学会机构设置在中国科学院西北生态资源环境研究院的冰冻圈科学国家重点实验室。

·国际地理联合会发布《2016 地理教育国际宪章》。当年中译本发表在《中学地理教学参考》上。

·中国《中华人民共和国国民经济和社会发展第十三个五年（2016—2020 年）规划纲要》（简称《"十三五"规划纲要》）发布。提出和要求建立国家空间规划体系，以主体功能区规划为基础统筹各类空间性规划。地理学作出重大贡献，也因此获得重大发展机遇。

·中国《中华人民共和国国民经济和社会发展第十三个五年（2016—2020 年）规划纲要》（简称《"十三五"规划纲要》）发布。提出和要求建立美丽中国。

·中国科学家发起成立"'数字丝路'国际科学计划（DBAR）"。该计划将打造国内外对地观测卫星大数据平台，把科学成果应用在全球变化下生态环境监测、城市化监测、文化遗产监测、灾害监测等领域，为相关部门的决策过程提供战略支持。次年完成并发布由中国主持完成的《DBAR 科学规划书》。

·中国地理学会在中国陆大道倡议下召开了"变化大背景下我国人文与经济地理学发展高层论坛"。计划 2018 年出版《信息时代社会经济空间组织的变革》。

·国际科学理事会（ICSU）、国际社会科学理事会（ISSC）和国际地理联合会（IGU）等全球共识年（IYGU）计划启动仪式在德国耶拿举行。该计划源于全球可持续性研究，重点研究个人在改变自然环境中的作用。地理学是支持学科之一。中国周尚意是委员之一。

·中国郑度指出自然（地理）区划是对自然地域分异规律的刻画。

·中国安芷生、孙有斌、蔡演军、周卫健、沈吉"亚洲季风变迁与全球气候的联系"获中国国家自然科学奖二等奖。

·中国王桥、厉青、申文明、吴传庆、李云梅、陈良富、王昌佐、杨一鹏、张峰、江东完成的"国家环境质量遥感监测体系研究与业务化应用"项目获国家科技进步奖二等奖。

·中国顾行发、徐文、方洪宾、李虎、陈仲新、闵祥军、赵少华、甘甫平、柳钦火、王智勇完成的"国产陆地卫星定量遥感关键技术及应用"项目获国家科技进步奖二等奖。

·中国蒋捷、吴华意、李志刚、龚健雅、黄蔚、翟永、宋爱红，李京伟、张扬、查祝华完成的"国家地理信息公共服务平台（天地图）研发与系统建设"项目获国家科技进步奖二等奖。

·《自然·地球科学》发表"巨大的冰川施肥使南大洋海洋生产力增强"。该研究表明，巨型冰山可能在南大洋碳循环中发挥重要作用，南大洋海域五分之一的固碳量与冰山融水有关，如果巨型冰山崩解融化继续加剧，那么它对碳循环的作用将减弱。

·中国吴绍洪等发表"自然地理学综合研究理论与实践之继承与创新"。系统阐述了自然地理综合研究的内涵和意义，系统回顾地理学大家郑度先生半个多世纪以来在自然地理学综合研究的理论与实践成果，研究与参悟郑度先生自然地理综合研究的系统思想以及开拓进取、探索创新的科学研究方法论和系统的科学研究方法。

·中国吴绍洪等在《科学通报》发表"1960—2011 年中国陆地表层区域变动幅度与速率"。

·中国《长江经济带发展规划纲要》印发。中共中央政治局讨论审定通过。深远影响地理学发展，地理学为此有重要贡献。

·中国提出和施行五大战区。包括中国人民解放军东部战区、中国人民解放军南部战区、中国人民解放军西部战区、中国人民解放军北部战区、中国人民解放军中部战区。深远影响中国军事地理。

·中国开始启动国家生态文明试验区工程。中共中央办公厅、国务院办公厅印发了《关于设立统一规范的国家生态文明试验区的意见》。福建、江西和贵州三省作为生态基础较好、资源环境承载能力较强的地区，被纳入首批统一规范的国家生态文明试验区，探索形成可在全国复制推广的成功经验。

·中国刘卫东应邀参加中共中央推进"一带一路"建设工作座谈会。作为唯一专家向习近平总书记汇报"一带一路"研究及有关观点。

·中国启动"国家精准扶贫工作成效第三方评估"工作。中国科学院是负责单位，中国科学院地理科学与资源研究所刘彦随为研究团队负责人。地理科学是最主要的支持学科，也促进了地理学的发展。

·国际地理联合会"农业地理与土地工程委员会"成立。中国刘彦随任委员会主席。秘书处设在中国。

·俄罗斯政府宣布将人文科学基金会并入俄罗斯基础研究基金会，保留人文科学基金会专家委员会。

·中国科学院地理科学与资源研究所编纂的《中国科学院地理所所志（1949—1999）》出版。为《中国科学院地理科学与资源研究所所志系列》之一。全面、准确、真实地记录了地理研究所的发展过程。

·中国樊杰等《中国人文与经济地理学者的学术探究和社会贡献》出版。为中国地理学会系列出版物。商务印书馆2016年出版。该书以案例方式介绍与评价了新中国成立以来的若干学术探究和社会贡献。包括：产生于20世纪五六十年代的农业区划，始于七八十年代的城市规划和旅游产业，八九十年代重点研究的土地利用和点轴理论，21世纪正在开展的主体功能区和资源环境承载能力研究实践。其中，最后一章是中国人文与经济地理学发展脉络、主流学派及前景，系统阐述了中国人文与经济地理学的社会贡献、学科发展定位及发展脉络、从典型学术探究看中国与经济地理学主流学派的理论方法特征、对中国人文与经济地理学发展走势的探讨、未来重点研究领域等。是一部重要的地理学理论和地理学战略方面的学术著作。

·中国冷疏影等著《地理科学三十年：从经典到前沿》出版。同时英文版由施普林格和商务印书馆出版。

·中国张伟然等著《历史与现代的对接——中国历史地理学最新研究进展》出版。

·中国宋长青等著《土壤科学三十年：从经典到前沿》出版。

·中国《中国军事大百科全书（第二版）》出版。全书包含 19 个卷本、14 个知识门类、近 100 个学科单元、3 万余个条目、2 万余幅图片、3600 余万字。包括丰富军事地理知识。

·中国王树生《中国城市人居环境历史图典》（共 18 卷）出版。吴良镛作序。

·中国商务印书馆等开始出版《世界著名游记丛书》。至 2018 年已出版到第四辑。

·中国《退耕还林工程生态效益监测国家报告（2015）》正式发布。

·中国《中国气候公报（2015）》发布。

·中国安芷生当选美国国家科学院院士。

·中国第三届国家气候变化专家委员会成立。刘燕华任主任。

·中国清华大学成立地球系统科学系。

·中国肖超《翻译出版与学术传播：商务印书馆地理学译著出版史》出版。

·中国北京师范大学成立地理科学学部。部长傅伯杰，执行部长宋长青。源于 1902 年成立的中国京师大学堂史地类。以地理学为主体，包含测绘科学与技术和安全科学与工程等多个相关学科，是世界地理学教学、科研和社会服务的重要基地。

·中国的国家自然科学基金"中国冰冻圈服务功能形成机理与综合区划研究"重大项目获批。

·中国科学技术协会举办的中国科协年会（第十八届）在西安召开。会议主题为"创新发展·科技引领"。中国地理学会参加。

·中国北京大学刘瑜、南京师范大学袁林旺等获国家杰出青年基金项目资助。

·第十一届"中日韩地理学国家研讨会暨第二届亚洲地理大会"在日本北海道札幌举行。

·第 13 届国际地理奥林匹克竞赛在中国北京举行。

·中国设置长春新区、赣江新区。

**公元 2017 年**

·中国中共中央总书记、国家主席、中央军委主席习近平 8 月 19 日致信中国科学院青藏高原综合考察队，祝贺第二次青藏高原综合科学考察研究启动。贺信指出，青藏高原是世界屋脊、亚洲水塔，是地球第三极，是我国重要的生态安全屏障、战略资源储备基地，是中华民族特色文化的重要保护地。开展这次科学考察研究，揭示青藏高原环境变化机理，优化生态安全屏障体系，对推动青藏高原可持续发展、推进国家生态文明建设、促进全球生态环境保护将产生十分重要的影响。贺信提出，参加考察研究的全体科研专家、青年学生和保障人员发扬老一辈科学家艰苦奋斗、团结奋进、勇攀高峰的精神，聚焦水、生态、人类活动，着力解决青藏高原资源环境承载力、灾害风险、绿色发展途径等方面的问题，为守护好世界上最后一方净土、建设美丽的青藏高原作出新贡献，让青藏高原各族群众生活更加幸福安康。

·中国第二次青藏高原综合科学考察研究启动大会于 8 月 19 日在拉萨召开。中共中央政治局委员、国务院副总理刘延东在启动仪式上宣读了习近平总书记的贺信，宣布第二次青藏高原综合科学考察研究启动。她指出，参加科考的单位和队员要深刻学习贯彻习近平总书记重要指示精神，弘扬优良传统，服务国家战略，系统开展科学考察，注重综合交叉研究，加强协同创新和国际科技合作，努力取得重大科研突破，为青藏高原经济社会发展和生态环境保护作出新贡献。

·中国提出并开始施行乡村振兴战略。次年中共中央和国务院审议并印发《国家乡村振兴战略规划（2018—2022 年）》。中国刘彦随等参加规划编制咨询等工作。深远影响地理学特别是农业农村地理学发展。

·中国启动第二次青藏高原综合科学考察。第二次青藏高原综合科学考察研究由中国科学院青藏高原研究所牵头，将对青藏高原的水、生态、人类活动等环境问题进行考察研究，分析青藏高原环境变化对人类社会发展的影响，提出青藏高原生态安全屏障功能保护和第三极国家公园建设方案。首席科学家为中国科学院姚檀栋院士。

·中国全国启动实施师范类专业认证工作。教育部印发《普通高等学校师范类专业认证实施办法（暂行）》，在全国启动实施师范类专业认证。这是我国政府颁布的首个分级分类专业认证办法，构建了横向三类、纵向三级的认证标准体系，包括认证办法和中学、小学、学前教育 3 个相互衔接的认证标准。第一级定位于办学基本要求监测，包括 15 个专业办学核心数据监测指标，旨在促进各地各校加强师范类专业基本建设。第二级位于教学质量合格标准认证，以定性指标为主，旨在引导各地各校加强专业内涵建设，保证专业教学质量达到合格标准。第三级定位于教学质量卓越标准认证，旨在以评促强、追求卓越，打造一流质量标杆。促进地理科学（师范类）专业和地理科学发展。

·国际地理联合会非洲研究委员会成立。该机构的首要目标是促进非洲和非洲学者（也包括对非洲地理问题研究有浓厚兴趣的非非洲学者）在非洲及其周边问题上的学术研究，从社会科学到自然科学，但以地理、多学科和跨学科视角为基础。

·中国科学院组建北京冬奥会赛事用雪保障技术研究团队。在秦大河带领下开始研究。

·中国科学院地理研究所《中国科学院自然资源综合考察委员会会志（1956—1999）》出版。为《中国科学院地理科学与资源研究所所志系列》之一。

·国际地理联合会成立"面向未来地球的地理学：人地系统耦合与可持续发展委员会（IGU – GFE）"。中国傅伯杰任主席。该委员会秘书处设在中国。

·中国地理学会理事会党委成立。2017 年 3 月，由中国科协科技社团党委正式批准成立中国地理学会理事会党委。第一届（2017.3—2018.12）书记傅伯杰，副书记张国友，委员有陈发虎、刘敏、薛德升。第二届（2018.12—2023.12）书记陈发虎，副书记张国友，委员有刘敏、薛德升、贺灿飞。

·中国傅伯杰等共同倡导发起"全球干旱生态系统国际大科学计划"。它的科学目标是制订一项涵盖全球干旱生态系统优先研究领域和关键科学问题的科学计划和执行计划，为干旱生态系统研究提供全球合作平台。计划的特色是在全球和区域尺度下把生态系统结构和功能的动态变化与生态系统服务、可持续管理和人类福祉密切结合起来。从方法上把遥感数据、生态系统监测数据、野外调查数据及案例研究结合起来，以期把研究和应用、研究和决策紧密结合。该计划提出后，得到美国、澳大利亚、欧洲地中海沿岸国家、非洲、中亚等全球主要干旱地区的国家和地区的积极响应。

·中国傅伯杰发表"地理学：从知识、科学到决策"。系统阐述地理学从知识到科学的决策根据。

·中国吴绍洪、潘韬、刘燕华等在《地理学报》上发表"中国综合气候变化风险区划"。为应对气候变化和防灾减灾提供区域框架。

·中国李秀彬提出和阐述"人地关系空间网络系统"。之后，不断完善研究和系统阐述，至2021年初步构建"人地关系空间网络系统理论"。

·中国邵明安当选中国科学院院士。

·中国李召良当选欧洲科学院（欧洲人文和自然科学院）院士。

·中国夏军、刘昌明、莫兴国、王纲胜、占车生"流域径流形成与转化的非线性机理"获国家自然科学奖二等奖。

·中国程国栋、赖远明、马巍、吴青柏、牛富俊、俞祁浩、金会军、刘永智、盛煜、张建明、李东庆、温智、张明义、李国玉、喻文兵完成的"中国科学院寒区旱区环境与工程研究所冻土与寒区工程研究创新团队"项目获国家科学技术进步奖创新团队奖。

·中国崔丽娟、张曼胤、赵欣胜、李伟、刘润泽、张志明、黄三祥、雷茵茹、肖红叶、李胜男完成的"湿地北京"项目获国家科技进步奖二等奖。

·中国张永军、张祖勋、段延松、孙明伟、万幼川、张勇、柯涛、王博、程若奇、曹辉、胡晓东、胡翔云、雷一鸣、鲁妍林、岳雄、季铮、完成的"航空航天遥感影像摄影测量网格处理关键技术与应用"项目获国家科技进步奖二等奖。

·中国陈军、陈晋、廖安平、陈利军、曹鑫、张宏伟、彭舒、唐娉、武昊、陈学泓完成的"全球 30 米地表覆盖遥感制图关键技术与产品研发"项目获国家科技进步奖二等奖。

·中国地理学会主办、南京大学承办的全国自然地理学大会在南京召开。大会以"变化背景下自然地理学新发展与新挑战"为主题，呼唤学科回归。

·中国《中华人民共和国土地覆被地图集（1：1000000）》编委会编著的《中华人民共和国土地覆被地图集（1：1000000）》（中、英文）出版。这部以中、英文双语出版的地图集采用 2010 年、2000 年和 1990 年三个时期中国土地覆被数据集，完整、系统地记录了中国经济发展最快 20 年的变化，是世界首部国家土地覆被地图集，对研究我国土地覆被变化及其对生态环境安全的影响具有重要的参考价值。

·联合国环境规划署发布《中国库布其生态财富评估报告》。

·中国姚檀栋获"瑞典人类学和地理学会维加奖"。

·"一带一路"国际科学组织联盟（ANSO）成立。也称"一带一路"国际科学家联盟。中国孙九林任主席。ANSO 秘书处设置在中国科学院青藏高原研究所。"一带一路"国际科学组织联盟（ANSO）是在"一带一路"倡议下，由相关国家科研机构和国际组织于 2018 年 11 月 4 日在北京共同发起成立的综合性国际科技组织，其宗旨是：共建"一带一路"科技创新共同体，促进各国经济社会可持续、高质量发展；聚焦"一带一路"区域共性挑战和重大需求，促进各国科技创新政策沟通和战略对接，共同组织实施重大科技合作计划；推动科研创新能力平台的相互开放合作和创新资源、数据的开放共享；开展和促进创新人才联合培养，共同提升科技创新能力。

·中国科学院精准扶贫评估研究中心团体负责人刘彦随于 2017 年 10 月 18 日应邀走进 CCTV 新闻直播间"十九大时光"解读十九大报告中"精准扶贫、精准脱贫"部分。

·中国《中国生态文明建设重大战略研究》（共九卷）出版。为 2013 年中国工程院、国家开发银行和清华大学开始共同组织开展的"生态文明建设若干战略问题研究"重大咨询项目的成果。

·中国岳天祥等《地球表层系统模拟分析原理与方法》出版。

·中国国家科技基础资源调查专项"中国南北过渡带综合科学考察"获批。中国科学院地理科学与资源研究所牵头，陕西师范大学、兰州大学、河南大学和西北农林科技大学等 20 多个单位参加。主持人为张百平。研究 10 个科学问题：南北分界线与南北过渡带的关系，暖温带与亚热带划分指标如何改进，植被—土壤在南北方向上的渐变序列及其形成机理，全球变化与地区关键生物气候指标空间变动的关系，秦巴山地的多维地带性结构如何分解与综合，秦巴山区生物多样性、特有性的格局与机理，秦巴山地东西向廊道效应，秦巴山地的区域环境效应及对国家生态安全的意义，秦巴山地在中国历史发展中的特殊意义，西秦岭的地理结构与华夏文明起源的关系。

·中国傅伯杰阐述地理科学与科学决策。提高预测能力，架起科学和决策之间的桥梁，将成为地理科学学科发展中的最高境界。

·中国刘彦随及团队在《自然》上发表"振兴世界乡村"。为中国乡村振兴规划编制等提供科学支持。

·国家地理联合会危害与风险委员会成立。

·中国周尚意发表"四层一体：发掘传统乡村地方性的方法"。明确提出和系统阐述地方特性四层一体理论。其中，"四层"分别指自然层、生计层、制度层和精神层，"一体"指在开放系统中四层各要素在一地长期相互作用的复杂过程及其结果。

·中国国家自然科学基金委批准"文化地理学规范研究范式探究"项目。北京师范大学周尚意主持。

·中国地理学会主办、南京大学承办的全国自然地理学大会"资源环境情报分析与科学服务决策机制"专题会议在南京大学召开。

·中国地理学会获中国科学技术学会"全国科协系统先进集体"表彰。

·中华人民共和国国家标准《森林生态系统长期定位观测方法（GB/T33027-2016）》开始实施。

·中国国务院成立国家教材委员会。

·美国克拉伦斯·格拉肯《环境论的谱系》出版。

·中国秦大河、姚檀栋、丁永建等《冰冻圈科学概论》出版。

·中国周振鹤主编《中国行政区划通史》（共 18 卷）出版。

·中国地理学会协办、中央电视台主办的《绿水青山看中国》大型生态文明主题节目开播。聚焦"山""水""林""田""湖""乡愁""丝路""美丽中国"等主题，提倡人地关系地域系统协调共生。

·中国地理学会和中国科学院地理科学与资源研究所开始施行"地理大数据百校传播"工程。中国科学技术协会 2016 年聘请刘闯为"中国世界地理科学传播首席专家"。

·中国科学技术协会举办的中国科协年会（第十九届）在长春召开。会议主题为"创新驱动·全面振兴"。中国地理学会参加。

·中国主持完成《DBAR 科学规划书》（即《"'数字丝路'国际科学计划"科学规划书》）正式向全球发布。该科学规划书论证研讨和编撰涉及来自 26 个国家和十余个国际组织的 300 余位专家。规划书明确了DBAR 的愿景、目标及科学议程，为 DBAR 的实施确立了方向。DBAR 是利用地球大数据，服务于"一带一路"地区可持续发展的国际科学计划。这一为期十年的科学计划期望到 2025 年，在"一带一路"倡议框架内倡导把地球大数据应用于区域开发、环境保护和资源管理活动的设计和规划中。在实施过程中，将实现以下三个目标：一是解决制约"一带一路"沿线国家实现可持续发展目标的知识缺陷；二是推动先进的科学和决策支持服务，从庞大、多样和不断增长的地球大数据中提取有效信息；三是加强伙伴关系和科研网络体系内的能力建设和技术转让。

·中国开始第一个"文化和自然遗产日"（每年 6 月第二个星期六）。中国国务院同意将"文化遗产日"更改为"文化和自然遗产日"。

·中国教育部决定开展"全国高校黄大年式教师团队"创建活动。为深入贯彻落实习近平总书记对黄大年同志先进事迹重要指示精神，引导广大教师持续向黄大年同志学习，经研究，决定开展"全国高校黄大年式教师团队"创建活动。通过创建"全国高校黄大年式教师团队"，组织引导广大高校教师和科研工作者以黄大年同志为榜样，心有大我、至

诚报国，教书育人、敢为人先，淡泊名利、甘于奉献，把爱国之情、报
国之志融入祖国改革发展的伟大事业之中、融入人民创造历史的伟大奋
斗之中，从自己做起，从本职岗位做起，为实现"两个一百年"奋斗目
标、实现中华民族伟大复兴的中国梦贡献智慧和力量。深入学习贯彻习
近平总书记系列重要讲话精神和治国理政新理念新思想新战略，紧紧围
绕统筹推进"五位一体"总体布局和协调推进"四个全面"战略布局，
牢固树立和贯彻落实创新、协调、绿色、开放、共享的发展理念，全面
贯彻党的教育方针，坚持社会主义办学方向，落实立德树人根本任务，
注重加强教师队伍党的建设，重视大学生思想政治教育工作，在师德师
风、教育教学、科研创新、社会服务等方面成绩突出，为教育改革发展
稳定作出重要贡献的高校教学科研单位、创新团队。

·中蒙俄国际经济走廊多学科联合考察开始。中国国家科技基础资
源调查专项"中蒙俄国际经济走廊多学科联合考察"项目由中国科学院
地理科学与资源研究所主持，国内相关科研院所及大学等 12 家单位，以
及俄罗斯科学院相关研究所、莫斯科大学和蒙古科学院相关研究所等 11
个外方国立科研机构参加，项目执行期为 2017—2022 年，项目参与人数
达 140 余人。项目旨在系统获取中蒙俄经济走廊不同空间尺度地理环境本
底与格局、战略性资源格局与潜力、社会经济与投资环境、城市化与基
础设施相关数据，绘制专题图集，出版系列科学考察报告，建立信息网
络平台，为全球变化区域响应及中蒙俄跨境生态环境安全国际合作研究
提供基础科学数据支撑，为"一带一路"和中蒙俄经济走廊建设提供战
略咨询和决策支持，为我国东北振兴战略与俄罗斯远东开发战略合作提
供科学支撑，为"一带一路"和六大国际经济走廊多学科联合科学考察
探索模式、制定技术标准规范、建立国际协同创新信息网络平台和培养
人才提供样板。

·中国青海师范大学成立地理科学学院。中国科学院院士、中国地
理学会理事长傅伯杰研究员，中国地理学会副理事长、执行秘书长张国
友研究员等应邀出席了仪式接牌仪式。

·中国科学院地理科学与资源研究所张扬建、葛咏等获国家杰出青

年基金项目资助。

·中国北京发布"北京地区脑卒中求治地图"。为医学地理学应用成果。

·第十二届"中日韩地理学国际研讨会暨第三届亚洲地理大会"在韩国济州举行。

·中国设置雄安新区。编制《河北雄安新区规划纲要》。

·中国《中国气候公报（2016）》发布。

·全面与进步跨太平洋伙伴关系协定（CPTPP）成立。前身是跨太平洋伙伴关系协定（TPP）。深远影响世界地理格局和区域地理格局。是地理研究主题之一。

## 公元2018年

·中国国家主席习近平发表"加强生态文明建设必须坚持的原则"。系统阐述人地共生思想和理论，属于马克思主义人地关系理论，属于地理环境共生理论即人地关系共生理论。深远影响地理学和地理学家关于人地关系论研究与发展。

·中国国务院举行《青藏高原生态文明建设状况白皮书》发布会。地理学是主要支撑学科之一。中国郑度出席并阐述有关问题。

·中共中央、国务院发布《关于统一规划体系更好发挥国家发展规划战略导向作用的意见》。明确提出"国家规划体系"概念，阐明国土空间规划与发展规划之间的关系：建立以国家发展规划为统领，以空间规划为基础，以专项规划、区域规划为支撑，由国家、省、市、县各级规划共同组成，定位准确、边界清晰、功能互补、统一衔接的国家规划体系。

·俄罗斯地理学会颁奖典礼12月7日在克里姆林宫举行。董事会主席普京总统和会长谢尔盖·绍伊古出席颁奖仪式并颁奖。

·中国国务院印发《积极牵头组织国际大科学计划和大科学工程方案》。积极提出并牵头组织国际大科学计划和大科学工程是党中央、国务院做出的重大决策部署。《方案》提出，到2020年培育3—5个项目，研究遴选并启动1—2个我国牵头组织的国际大科学计划和大科学工程。为落实该《方案》，科技部2019年在"战略性国际科技创新合作"重点专项中专门部署牵头组织国际大科学计划和大科学工程培育项目。

·著名期刊《自然》发表"Mate分析及其科学综述"。作者为美国石溪大学生态与进化系杰西卡·古列维奇、英国伦敦皇家霍洛威大学生物科学学院茱莉亚·科里切娃、澳大利亚新南威尔士大学生物地球和环境科学学院进化与生态研究中心中川信一、英国纽卡斯尔大学自然与环境科学学院加文·斯图尔特。该文强调"Mata分析是对研究结果定量、科学的综合，是循证实践的基础，在许多科学领域中都产生了革命性的影响"。循证社会科学方法将对地理学特别是地理学方法论产生重大而深远影响。

·俄罗斯总统下令编制新版世界地理地图集。4月27日向联邦国家登记地籍和制图局、俄罗斯地理学会下达命令，要求这两家机构和俄罗斯国防部进行合作，编制一部没有丝毫历史歪曲的新版世界地理地图集。

·中国孙鸿烈总主编，吴国雄、郑度、滕吉文、苏纪兰副总主编《地学大辞典》出版。为科学出版社《自然科学大辞典系列》之一卷。按大气科学、地理学、地质学、地球物理学、海洋科学等学科编辑排列，每个学科由总论和分支方向构成。

·中国的教育部、科技部、财政部、中国科学院、中国社会科学院、中国科学技术协会联合发布《教育部等六部门关于实施基础学科拔尖学生培养计划2.0的意见》。2020年启动"国家基础学科拔尖学生培养计划2.0基地"计划。包括地理学拔尖人才培养。

·中国《第四次气候变化国家评估报告》专家委员会第一次会议在北京举行。专家委员会主任徐冠华院士，专家委员会副主任、编写专家组组长刘燕华参事，专家委员会委员杜祥琬院士、孙鸿烈院士、丁一汇院士、吕达仁院士、王浩院士、张建云院士、潘家华研究员，编写专家组副组长黄晶研究员和葛全胜研究员，评估报告领衔专家，编写工作领导小组成员单位代表，以及编写工作办公室相关人员共计130余人参加了会议。

·中国李增元、高志海、张煜星、陈尔学、张旭、覃先林、夏朝宗、李晓松、凌成星、李崇贵完成的"高分辨率遥感林业应用技术与服务平台"项目获国家科技进步奖二等奖。

·中国史培军、吴绍洪、范一大、刘连友、方伟华、姚庆海、杨思全、袁艺、王静爱、李宁完成的"综合自然灾害风险评估与重大自然灾害应对关键技术研究和应用"项目获国家科技进步奖二等奖。

·中国张兵、张立福、童庆禧、刘良云、张霞、高连如、黄文江、陈正超、张文娟、黄长平完成的"高光谱遥感信息机理与多学科应用"项目获国家科技进步奖二等奖。

·中国李增元、高志海、张煜星、陈尔学、张旭、覃先林、夏朝宗、李晓松、凌成星、李崇贵完成的"高分辨率遥感林业应用技术与服务平台"项目获国家科学技术进步奖二等奖。

·中国史培军、吴绍洪、范一大、刘连友、方伟华、姚庆海、杨思全、袁艺、王静爱、李宁完成的"综合自然灾害风险评估与重大自然灾害应对关键技术研究和应用"项目获国家科学技术进步奖二等奖。

·中国张兵、张立福、童庆禧、刘良云、张霞、高连如、黄文江、陈正超、张文娟、黄长平完成的"高光谱遥感信息机理与多学科应用"项目获国家科学技术进步奖二等奖。

·中国王涛、屈建军、王文彪、赵学勇、李新荣、赵哈林、蒋富强、王进昌、汪万福、尹成国完成的"风沙灾害防治理论与关键技术应用"项目获国家科学技术进步奖二等奖。

·中国科学 A 类战略性先导科技专项"地球大数据科学工程（CASEarth）"立项。项目负责人郭华东。该专项项目总体目标是建成国际地球大数据科学中心，设置 CASEarth 科学工程总体、CASEarth 小卫星、大数据云服务平台、数字"一带一路"、全景美丽中国、生物多样性与生态安全、三维信息海洋、时空三极环境、数字地球平台 9 个项目。

·中国傅伯杰发表"新时代自然地理学发展的思考"。提出和阐述了自然地理学是研究地表人类生存环境中的自然环境的空间特征、演变过程及其地域分异规律的一门自然科学，是地理学的基础学科，也是地理学综合研究的基石。

· 中国郭华东提出和阐述"美丽中国中脊带"科学概念。

· 中国郭华东负责的咨询团队通过中国科学院向国家上报"破解'胡焕庸线',缩小中国东西部发展不平衡问题"的报告。提出"承东启西、南北互济,构建'美丽中国中脊带'"等具体建议。

· 国际地理联合会经济空间动态委员会(DES)成立。

· 国际地理联合会在加拿大魁北克召开区域会议。

· 中国新华社全文发布《河北雄安新区规划纲要》。

· 中国《汉语主题词表:自然科学卷 第Ⅳ册 天文学、测绘学、大气科学、海洋学、自然地理学》出版。

· 中国傅伯杰当选国际地理联合会副主席。

· 中国《信息时代社会经济空间组织的变革》出版。

· 中国郑度主编,杨勤业和李志华执行副主编的《中国大百科全书》第三版《中国自然地理》卷(专题版)编纂启动。

· 中国郑度发表"学科融合提升地理学综合研究水平"。

· 中国陆大道发表对中国雄安新区规划建设中的困难的几点分析。从综合地理学角度系统分析雄安新区规划建设中的自然地理、经济地理和人文地理以及综合地理问题。

· 中国郭华东在《自然》发表"构建数字思路"评论文章。文章分析了"一带一路"区域在环境变化、粮食安全、自然灾害、城镇化进程、世界遗产保护等方面面临的挑战,阐述了"一带一路"沿线国家存在的数据资源共享不足、发达国家与发展中国家数字鸿沟、能力发展不均衡,以及缺乏有效合作交流机制等四方面问题。针对上述挑战,由郭华东任主席的 DBAR 国际科学计划,目标在于提高数据共享能力,监测生态环境变化,运用地球大数据支撑"一带一路"可持续发展,服务科学决策。

· 中国朱阿兴、闾国年、刘京、秦承志、周成虎在《国际地理信息科学期刊》发表"基于地理学第三定律的空间预测研究"。提出和阐述了地理学第三定律即地理环境越相似,地理目标变量特征越相近。也称地理环境相似性定律(或地理相似性定律)。之后朱阿兴等不断阐述,进一步对该定律及其作用作了详细的阐述。地理学第三定律的核心思想是当地理空间上两个点的地理环境特征越相似时，那么这两个点上的地理目标变量特征也越相似。定律中这两个点不一定在空间上相近相连，刻画两个点的地理环境的要素必须是与地理目标变量相关的地理变量。定律的一个主要作用是强调地理样本的个体代表性，也就是一个地理样本可以代表与它的地理环境相似的地区，相似程度越高，代表程度越强。

·中国孙鸿烈发表和阐述"重大资源开发工程必须遵循自然规律"。论述地理工程要遵循地理规律。

·中国郑度发表"不以伟大的自然规律为依据的人类计划只会带来灾难"，论述地理工程要遵循地理规律。

·中国杨勤业等发表"质疑：'红旗河'调水功能的可行性"。论述"红旗河"调水工程要遵循地理规律。

·中国陈发虎发表"资源重大工程建设必须遵循多重规律"。

·中国夏军发表"重大资源利用工程要深入开展资源科学问题的调查研究"。

·中国刘卫东团队提出和开始使用"中科连通性指数"。用于"一带一路"第三方评估。

·中国教育部公布第一批全国高校黄大年式教师团队入选名单。南京大学"国土与生态安全遥感教师团队"（李满春负责）、兰州大学"大气科学教师团队"（黄建平负责）、贵州师范大学"地理学教师团队"（周忠发负责）、河南大学"地理学教师团队"（秦耀辰负责）等入选。

·中国自然资源学会组织资源环境热点问题研讨会。主要成果以孙鸿烈、郑度、夏军、陈发虎等多位专家署名"专家笔谈：资源环境热点问题"发表。

·中国《自然资源学报》发表"专家笔谈：资源环境热点问题"。中国地理学家和资源科学家等从科学角度论述有关问题。孙鸿烈、郑度、夏军、陈发虎、成升魁、董锁成、闵庆文和李秀彬等发表和阐述有关观点。

·中国陈发虎当选中国地理学会第十二届理事会理事长。

·中国傅伯杰当选中国地理学会首届监事会监事长。

·中国地理学会成立"地理大数据工作委员会""自然灾害风险与综合减灾专业委员会""一带一路研究分会"。

·中国科学院倡议的"一带一路"国际科学组织联盟在北京成立。地理学是主要支持学科之一。

·中国"地域空间开发和功能区划研究"成果进入中国科学院改革开放四十年40项标志性科技成果。

·中国"中国生态系统研究网络"成果进入中国科学院改革开放四十年40项标志性科技成果。

·中国"青藏高原科学考察"成果进入中国科学院改革开放四十年40项标志性科技成果。

·中国第二次青藏高原综合科学考察研究首期成果评审会议召开。中国孙鸿烈主持。凝练提升形成了以重大科学发现和科学对策为主要内容的首期成果体系:一是揭开喜马拉雅造山带差异隆升历史,提出"走出西藏"和"高原枢纽"共存的生物演化模式;二是发现气候变暖变湿引起亚洲水塔的加速液化和失衡并伴生新灾巨灾频发;三是发现青藏高原暖湿化伴生生态系统趋好和潜在风险增加,青藏高原生态系统极为脆弱;四是提出色林错国家公园建设科学方案及第三极国家公园群建设建议。对第二次青藏科考将在后续工作中强化综合观测体系和能力建设、灾害风险评估预判,加大高寒生态系统保护与修复、第三极国家公园群和三江源区西藏区域等方面的科考工作,支撑青藏高原生态安全屏障优化体系建设,切实为地方经济社会发展作出新贡献。

·中国第二次青藏高原综合科学考察研究9月5日在拉萨发布了首期成果。首席科学家中国姚檀栋院士发布。

·中国完成第三代国家地图集即"新世纪版《中华人民共和国国家大地图集》"系列中的《中华人民共和国国家普通地图集》《中华人民共和国国家区划地图集》《中华人民共和国国家经济地图集》《中华人民共和国国家影像地图集》《中华人民共和国国家水文与水资源地图集》。

·中国科学院地理科学与资源研究所《中国环境变化遥感影像图集》

出版。

·中国《马克思主义大辞典》中"地理大发现""新航路开辟"词条中，明确指出这两个概念及术语实质上反映了欧洲中心主义的观念。

·联合国世界地理信息大会（UNWGIC）在中国浙江德江召开。发布《莫干山宣言》。

·中国陈发虎、陈建徽、李金豹、黄伟、靳立亚"亚洲中部干旱区多尺度气候环境变化的特征与机理"获中国国家自然科学奖二等奖。

·中国方创琳团队关于美丽中国研究报告得到习近平总书记的高度重视和实质性批示，由国家发改委等 11 部委具体落实，国务院专题会议研究提出意见和方案。

·中国刘彦随获"2018 年全国扶贫攻坚奖（创新奖）"。提出和构建"贫困化'孤岛效应'理论和工程扶贫模式"，创建多个扶贫示范基地。

·中国刘彦随获发展中国家科学院颁发的 2018 年社会学领域的 TWAS 奖。当选发展中国家科学院院士。

·国际科学理事会成立。由原国际科学理事会和原国际社会科学理事会合并组成。国际地理联合会曾是原国际科学理事会和原国际社会科学理事会的成员和积极参与者。

·中国开始"前沿科学中心"建设工作。前沿科学中心是以前沿科学问题为牵引，开展前瞻性、战略性、前沿性基础研究的科技创新基地。中心要建设成为具有国际"领跑者"地位的创新中心和人才摇篮，成为我国在相关基础前沿领域最具代表性的学术高峰，实现前瞻性基础研究、引领性原创成果的重大突破，支撑一批学科率先建成世界一流，推动高等教育内涵式发展。

·中国"中国国情与发展论坛"第三届学术年会在中国科学院地理科学与资源研究所召开。

·中国开始"高等学校基础研究珠峰计划"工作。该计划核心任务是组建世界一流创新大团队、建设世界领先科研大平台、培育抢占制高点科技大项目、持续产出引领性原创大成果。

·第四届亚洲地理大会在中国广州举行。中国地理学会等 22 个亚洲国家和地区地理学会的代表共同发起成立亚洲地理学会倡议。

· 亚洲地理学会在中国广州成立。亚洲地理学会是由亚洲国家和地区地理学会组织自愿组成的专业化区域性国际科技组织。目前拥有 23 个成员组织，包括中国、日本、韩国、蒙古、中国香港、中国澳门、印度、孟加拉国、巴基斯坦、尼泊尔、斯里兰卡、土耳其、以色列、伊朗、越南、泰国、菲律宾、柬埔寨、印度尼西亚、哈萨克斯坦、吉尔吉斯斯坦、塔吉克斯坦和阿塞拜疆。秘书处设在中国科学院地理科学与资源研究所。

· "中国地理学大会"（首届）在西安召开。成为世界性地理大会。其前身为中国地理学会学术年会。

· 中国开展第四次全国经济普查。普查标准时间为 2018 年 12 月 31 日。

· 中国南京大学成立自然资源研究院。

· 中国汪品先等《地球系统与演变》出版。

· 中国侯仁之著、邓辉等译《北平历史地理》中文版出版。该著作为侯仁之 1949 年完成英文版博士论文。侯仁之自称"我一生都在研究北京"。

· 中华人民共和国国家标准《森林生态系统长期定位观测指标体系（GB/T35377 – 2017）》开始实施。

· 中国国家气候中心启动国家气候标志评定。

· 中国"中国国情与发展论坛"在中国科学院地理科学与资源研究所成立。论坛学术委员会主任委员为秦大河，论坛组织委员会理事长为陆大道。该论坛由中国科学院学部工作局和中国科学院地理科学与资源研究所共同举办，以生态文明建设和实施可持续发展战略为基本宗旨，以探讨新时代国情与发展的关系为主线，客观分析我国国情，科学评估发展态势，服务国家宏观决策。论坛计划每年组织一次百人论坛，并针对国家重大发展战略等组织专题论坛。

· 中国"中国国情与发展论坛"暨首届学术年会召开。该年会主题为"长江大保护与长江经济带的可持续发展"。来自中国科学院、国家发改委、自然资源部、北京大学、南京大学等机构的 50 位论坛成员参加了年会。秦大河阐述，自然科学作为经济社会发展的基础非常重要，出口是人文社会，自然科学和人文科学两方面专家坐在一起共同为中国国情和人类福祉做贡献。陆大道阐述，"中国国情与发展论坛"的基本理念是：根据资源环境的基本状况与人—地关系的基本特点，我国必须建设资源节约型社会与创新型社会；我国在世界上的地位日益重要，需要具有全球观念；我国实行社会主义市场经济体制，正在建设全面小康社会并很快进入建设现代化社会的发展阶段。

·国际数字地球学会、中国科学院遥感地球所、中国科学院战略性先导科技专项"地球大数据科学工程"、中国科技出版传媒股份有限公司、英国泰勒弗朗西斯出版集团联合出版的国际学术刊物《地球大数据》创刊。首任主编为郭华东。

·联合国政府间气候变化专门委员会（IPCC）开始编纂《第六次报告》。

·中国《中国气候公报（2017）》发布。

·中国科学院寒区旱区环境与工程研究所张明义等获国家杰出青年基金项目资助。

·中国地理学会在天津召开举办科普工作会议。

·中国科学技术协会举办的中国科协年会（第二十届）在杭州召开。会议主题为"改革开放·创新引领"。中国地理学会参加。

·第 15 届国际地理奥林匹克竞赛在英国魁北克举行。中国队获 3 金 1 铜成绩。

·第十三届"中日韩地理学国际学术研讨会"在重庆举行。

·中国地理学会主办"全民地理科普摄影大赛"。全称"映像·新知"全民地理科普摄影大赛。参赛者围绕"映像·新知"主题，拍摄反映国家地理风貌、奇特地理现象、科学进步与创新、颂扬或反思人与自然关系、反映日常生活中的地理现象、科普活动情景或身边的地理人等相关作品，拍摄内容和表现手法上富有创意，并为作品配上有关地理知识和照片故事的文字阐释。鼓励采取无人机航拍、水下摄影等体现科技创新的拍摄手法，让公众深入感受科技给生活带来的美好。大赛邀请地理专业人员、专业摄影人担任评审。大赛设一等奖、二等奖、三等奖及网络人气奖。向获奖者颁发证书。

### 2019 年

·中国中共中央总书记、国家主席、中央军委主席习近平8月19日致信祝贺第一届国家公园论坛开幕。贺信指出，生态文明建设对人类文明发展进步具有十分重大的意义。近年来，中国坚持绿水青山就是金山银山的理念，坚持山水林田湖草系统治理，实行了国家公园体制。三江源国家公园就是中国第一个国家公园体制试点。中国实行国家公园体制，目的是保持自然生态系统的原真性和完整性，保护生物多样性，保护生态安全屏障，给子孙后代留下珍贵的自然资产。这是中国推进自然生态保护、建设美丽中国、促进人与自然和谐共生的一项重要举措。贺信强调，中国加强生态文明建设，既要紧密结合中国国情，又要广泛借鉴国外成功经验。希望本届论坛围绕"建立以国家公园为主体的自然保护地体系"这一主题，深入研讨、集思广益，为携手创造世界生态文明的美好未来、推动构建人类命运共同体作出贡献。

·中共中央总书记、国家主席、中央军委主席习近平9月18日上午在郑州主持召开黄河流域生态保护和高质量发展座谈会并发表重要讲话。他强调，要坚持绿水青山就是金山银山的理念，坚持生态优先、绿色发展，以水而定、量水而行，因地制宜、分类施策，上下游、干支流、左右岸统筹谋划，共同抓好大保护，协同推进大治理，着力加强生态保护治理、保障黄河长治久安、促进全流域高质量发展、改善人民群众生活、保护传承弘扬黄河文化，让黄河成为造福人民的幸福河。

·全球可持续发展目标（SDGs）至今只有大约45%的指标实现了既有方法又有数据，约39%处于有方法无数据状态，约16%既无统一方法也无数据。

·中国高校开始"双万计划"工程。教育部正式发布《关于实施一流本科专业建设"双万计划"的通知》，计划于2019—2021年，建设10000个左右国家级一流本科专业点和10000个左右省级一流本科专业点。同年，教育部将实施一流本科课程"双万计划"，认定万门左右国家级一流本科课程和万门左右省级一流本科课程。

·中国"十二五"国家重点图书出版规划项目和陕西出版资金资助项目《中国地学通鉴》开始陆续出版。编委会主任为刘昌明，总主编为徐冠华、郑度、陆大道、管诗华四位院士。傅伯杰院士、李廷栋院士、陈发虎院士、陈毓川院士等参与撰稿。陕西师范大学出版社出版。全书共 21 卷，已出版《地理卷》《地质卷（全 2 册）》《地貌卷》《水文卷》《土壤卷》《灾害卷》《环境卷》《人口卷》《民族卷》《文化地理卷》《旅游卷》《城市卷》《国土经济卷》《地理教育卷》。各卷内容包括地学各领域综合研究概况、各学科的发展状况和研究进展、区域状况及特征、科学研究的主要信息等。翔实记载了我国地学领域发生的重大变化，全面反映了我国地球科学各领域的研究成果、现状和发展趋势。对推动我国地球科学发展和社会经济建设具有重要意义和参考价值。

·中国郑度、蔡运龙主编《中国地学通鉴·地理卷》由陕西师范大学出版社出版。为《中国地学通鉴》中的一卷。"十二五"国家重点图书出版规划项目和陕西出版资金资助项目。

·中国的北京联合出版责任有限公司出版"青藏高原历史文化丛书"。包括《近代青海考察记与调查资料汇编》（全 40 册）、《汉藏历史辞书辑要》（全 20 册）、《清代伊犁将军奏议选编》（全 18 册）。是研究青藏高原和西北地区历史地理的重要文献。

·《中国地方志数据库》正式上线开放。由华中师范大学政治科学高等研究院/中国农村研究院建设而成。该数据库收录了共 31483 册、计82735 卷的内容。收录的地方志类型多样，其中部门志 2058 卷、专业志8808 卷、地方志 71327 卷。1949 年以后的新方志数量达 20068 卷，民国方志数量达 14786 卷，清代方志数量达 38606 卷，明代及以前的方志数量达 4696 卷。另外，数据库涵盖了全国 373 个地级市和全国 2374 个县，其中收录港澳台方志 1386 卷。

·中国"中国科技期刊卓越行动计划"启动。中国科协、财政部、教育部、科学技术部、国家新闻出版署、中国科学院、中国工程院联合下发通知，启动实施"中国科技期刊卓越行动计划"。该计划以 5 年为周期，将面向全国科技期刊系统构建支持体系，是迄今为止我国在科技期刊领域实施的力度最大、资金最多、范围最广的重大支持专项。

· "2019 年可持续发展论坛"在中国北京举行。国家主席习近平、联合国秘书长古特雷斯分别致贺信。

·中国于贵瑞当选中国科学院院士。

·中国朱永官当选中国科学院院士。

·中国郭华东主编《地球大数据支撑可持续发展目标报告（2019）》中英文版同时出版。被列为中国政府参加第 74 届联合国大会的四个文件之一和参加联合国可持续发展峰会的两个文件之一。

·俄罗斯联邦总统普京批准通过了一系列推广地理学的指令。包括计划设立"地理学家日""俄罗斯联邦杰出地理学家"荣誉称号、制定"地理学家职业标准"、采取一系列措施提高中小学地理教学质量、把地理学纳入更多高校更多专业入学考试科目。这一系列指令提升了社会公众对地理知识的需求和重视程度。

·俄罗斯政府正式设立"俄罗斯联邦杰出地理学家"荣誉称号。该荣誉称号是授予那些在地理及相关行业从业 20 年以上，在地理学领域已经取得过资深专家地位的奖励认证，以及在地理发现、地理科学考察与研究、编写地理学典籍、地图与地理科普书籍、参与旨在推进国家生产力部署的国家战略政策的制定与实施、推广俄罗斯联邦地理学的成就、培养地理专业人才等方面和领域取得新突破和重大成就的科学家。

·俄罗斯地理学会董事长普京总统和理事长谢尔盖·绍伊古 4 月 23 日主持第 11 届俄罗斯地理学会理事会议，并向副理事长颁发金质奖章。

·中国"中国国情与发展论坛"第二届学术年会在中国地质大学召开。

·中国外交部认为"《地球大数据支撑可持续发展目标报告（2019）》展示了中国利用地球大数据技术支持 2030 年议程落实和政策决策的探索和实践，揭示了有关技术和方法对监测评估可持续发展目标的应用价值和前景，为国际社会填补数据和方法论空白、加速落实 2030 年议程提供了新视角、新支撑"。

·中国蔡运龙在《综合自然地理学》中明确提出和系统阐述了地理学关键概念。包括人地关系、环境变化、全球化、发展、空间、时间、区域和地方、尺度、系统、景观、风险。

·中国吴绍洪等发表"'一带一路'陆域自然地域系统"。为应对气候变化和防灾减灾提供区域框架。

·国际第一届国家公园论坛在中国西宁市举行。由中国国家林业和草原局（国家公园管理局）、青海省人民政府主办。涉及以国家公园为主体的自然保护地体系建设与管理、自然保护地社区发展与全民共享、生物多样性保护、自然遗产地的未来等主题。

·中国地理学会、中国科学院地理科学与资源研究所和中国科学院青藏高原研究所联合举办"2019 年中国地理学大会暨中国地理学会成立 110 周年纪念活动"。21 个亚洲国家和地区地理学会主席或代表以及英国、美国、加拿大、南非、比利时、荷兰的专家学者等 3000 人出席大会。傅伯杰院士主持，陈发虎院士致开幕词。

·俄罗斯地理学会 9—11 月对从事地理学相关工作人员进行调查，在专业人群中征集对地理学家职业认证标准草案的建议。计划 2020 年秋正式提交地理学家职业认证标准草案。根据总统指示，该职业标准须在 2020 年 12 月 1 日获得俄罗斯联邦劳动和社会保障部的批准。

·中国傅伯杰获欧洲地球科学联合会（EGU）洪堡奖章。

·国际小行星委员会命名"侯仁之星"。

·中国陈发虎等在《自然》杂志发表文章称在海拔 3280 米的青藏高原东北部甘肃省夏河县白崖溶洞发现丹尼索瓦人下颌骨化石。这一成果表明青藏高原史前人类最早活动时间为距今 16 万年前。

·中国陈发虎等完成的夏河丹尼索瓦人研究成果入选《科学》2019 年十大新闻。

·中国地理学会理事长陈发虎院士在"2019 年中国地理学大会暨中国地理学会成立 110 周年纪念活动"上作主题报告《中国地理学会发展与中国地理科学研究》。

·中国樊杰、史培军在第一届国家公园论坛分别发表主题演讲。题目分别是"青藏第二次科考和地球第三极国家公园建设"和"建立青藏高原国家公园群和发展大生态产业的思考和建议"。

·中国陆大道阐述地理综合方法论。

·中国陆大道阐述自然地理环境对人类活动有重要影响的人地关系思想。

·中国《中国气候公报（2018）》发布。

·中国陆大道就国家"十四五"规划编制发表"国家发展大转型与'十四五'规划编制的若干思考"。

·中国傅伯杰等提出和阐述分类实现全球可持续发展目标途径。

·中国国家自然科学基金委员会举办论坛"人地系统耦合机理与区域可持续发展模拟"。

·中国傅伯杰等阐述"人地系统动力学与区域可持续发展"。

·中国傅伯杰当选美国人文与科学院外籍院士。

·中国李召良、唐伯惠、唐荣林、周成虎、吴骅"地表水热关键参数红外遥感反演理论与方法"获中国国家自然科学奖二等奖。

·中国科学院《关于中国国土开发与可持续发展的报告》出版。为国家科学思想科学库系列著作之一，是陆大道自20世纪八九十年代以来主持并起草的咨询报告及建议的汇总合集。

·中国工程院"国家生态文明建设指标体系研究与评估"课题组《国家生态文明建设指标体系研究与评估》出版。

·中国工程院"我国资源环境承载力与社会经济发展布局战略研究"课题组《我国资源环境承载力与社会经济发展布局战略研究》出版。

·中国丁永建主编、效存德副主编《冰冻圈变化及其影响研究》系统著作（共9卷）出版。为"十三五"国家重点出版物出版规划项目"。

·中国国家气象中心农业气象研究室权智秦《中国精细化农业气候资源图集》由气象出版社出版。本图集分为五部分：第一部分为全国冬小麦、油菜、早稻、晚稻、一季稻、玉米、大豆、棉花等农作物主要种植区分布图及该作物各省（自治区、直辖市）总产占全国总产量的比例。

第二部分为旬、月、季、年（1981—2010 年）平均气温。第三部分为旬、月、季、年（1981—2010 年）降水量，降水日数分布图及其评述。第四部分为旬、月、季、年（1981—2010 年）日照时数，日照百分率分布图及其评述。第五部分为（1981—2010 年）稳定通过 0℃、5℃、10℃、12℃、15℃等界限温度的积温、降水量、日照时数分布图及其评述。

·中国全国科学技术名词审定委员会《中华科学技术大辞典》之《地学卷》出版。获批国家出版基金项目。全国科学技术名词审定委员会编。中国大陆和中国台湾两岸专家学者共同完成。1993 年首轮"汪辜会谈"达成的协议中就有探讨两岸科技名词统一的内容。2010 年两岸科学技术领域专家学者议定，在前期合作基础上，合编《中华科学技术大辞典》等辞书。主编王存忠，副主编丁一汇、叶大年、程晓。包括大气科学、地质学、地理学、地球物理学、海洋科技、古生物学、矿物学、测绘学、地理信息系统等分支，约 4.25 万词条。全部词条按照大陆音序排序。每一名词按简体汉字、繁体汉字、英文编排。该辞书突出基础性、通用性、实用性，以广泛收录全球通用的现代科学概念及其术语为主，适当收录一些两岸所使用的术语。该书出版对两岸地学合作具有重要意义。

·美国的地理科学变革性研究界定委员会、地理科学委员年会、地球科学和资源委员会、地球和生命研究部、国家科学院、国家工程院、国家医学院《促进地理科学的变革性研究》出版。2021 年中译本（程昌秀、高培超、宋长青译，宋长青校）由商务印书馆出版。

·中国地理学会和中国科学院地理科学与资源研究所举行"地理学综合研究学术研讨会——纪念赵松乔先生诞辰 100 周年"。《赵松乔先生百年诞辰纪念文集》出版。

·中美俄三国地理学会负责人齐聚中国科协年会，谋划地理学发展。中国地理学会理事长陈发虎院士、美国地理学家协会主席雪莉·比奇教授、俄罗斯地理学会副会长彼得·巴克拉诺夫院士就地理学发展展开讨论。

·美国地理学家协会主席雪莉·比奇教授在中国科协年会上作"美

国地理学家协会：如何在 21 世纪为社会和环境服务"报告。

· 美国地理学家协会（AAG）至今拥有个人会员 13000 多人。按研究领域划分若干工作组，按地域划分为若干区域分会。

· 中国地理学会至今拥有个人会员 14000 多人、团体会员 31 个、分支机构 48 个、区域代表处 7 个。

· 中国拥有地理学专业的高校 319 所。其中，北京联合大学、中国地质大学、华东师范大学等部分高校拥有两个及以上学院开设地理学专业。

· 中国拥有地理学博士或硕士授权点的高校 85 所，拥有地理学博士学位授权点的高校 33 所。

· 中国的中国地质大学、北京师范大学、华南师范大学、华东师范大学、中山大学等约 40 所高校设置了地理科学类中的全部四个本科专业。

· 中国地理学大会在北京举行。

· 第一届中国生物地理学大会在北京举行。

· 中国国家自然科学基金委员会地球科学部提出和实施"杰青""优青"等人才项目的基础科学研究评价的四个维度：方法学创新、关键科学证据、理论认知或社会需求、学科发展。其中，方法学创新主要考察是否创立了原创性的科学研究方法，可被用来解决重要的科学问题；关键科学证据主要考察是否为重要科学问题的解决提供了新的、关键的、可靠的证据；理论认知或社会需求主要考察是否对所在学科的认知体系或对解决社会需求背后的基础科学问题有实质贡献；学科发展主要考察是否可以导致领域研究方向、范畴、视野视角的变革或者领域认知体系的显著进步，从而促进学科发展。

· 亚洲地理学会（AGA）第一届执行委员会成立。中国秦大河当选主席，日本、印度、土耳其、越南、哈萨克斯坦、韩国的地理学家当选副主席，中国张萱子当选秘书兼司库。

· "一带一路"国际科学组织联盟发布《建立"一带一路"国际科学家联盟倡议书》。

· 中国国家对地观测科学数据中心成立。依托单位为中国科学院遥感与数字地球研究所。

·中国国家极地科学数据中心成立。依托为单位中国极地研究中心。

·国家青藏高原科学数据中心成立。依托单位为中国科学院青藏高原研究所。

·中国国家生态科学数据中心成立。依托单位为中国科学院地理科学与资源研究所。

·中国国家冰川冻土沙漠科学数据中心成立。依托单位为中国科学院寒区旱区环境与工程研究所。

·中国国家地球系统科学数据中心成立。依托单位为中国科学院地理科学与资源研究所。中心按照"圈层系统—学科分类—典型区域"多层次开展数据资源的自主加工与整合集成，已建成涵盖大气圈、水圈、冰冻圈、岩石圈、陆地表层、海洋以及外层空间的 18 个一级学科的学科面广、多时空尺度、综合性国内规模最大的地球系统科学数据库群，建立了面向全球变化及应对、生态修复与环境保护、重大自然灾害监测与防范、自然资源（水、土、气、生、矿产、能源等）开发利用、地球观测与导航等多学科领域主题数据库 100 余个。

·中国国家气象科学数据中心成立。依托单位为国家气象信息中心。

·中国国家农业科学数据中心成立。依托单位为中国农业科学院农业信息研究所。

·中国国家林业和草原科学数据中心成立。依托单位为中国林业科学研究院资源信息研究所。

·中国国家地震科学数据中心成立。依托单位为中国地震台网中心。

·中国国家海洋科学数据中心成立。依托单位为国家海洋信息中心。

·中国科学院初步建成墨脱海拔 800—4300 米、平均间隔约 300 米的垂直气候观测体系。

·亚马孙森林发生严重火灾。巴西不合理经济活动是主要原因。

·中国地理学界截至 2019 年有两院院士（中国科学院院士 38 位和中国工程院院士 6 位）44 位。

·中国地理学家（2019 年统计）吴传钧（1988—1996）、刘昌明

（2000—2008）、秦大河（2008—2014）、周成虎（2014—2018）、傅伯杰（2018—2022）担任国际地理联合会（IGU）副主席。

·中国蔡运龙《综合自然地理学（第三版）》由高等教育出版社出版。第一版陈传康、伍光和、李昌文编著（高等教育出版社1993年出版），第二版伍光和、蔡运龙编著（高等教育出版社2004年出版）。

·中国国家自然科学基金委员会批准"中国地理学年表研编"面上项目。潘玉君主持。

·中国潘玉君《地理学思想史——通论和年表》出版。包括导论：地理学思想史研究、地理学通史：世界、地理学通史：中国、地理学年表（按世纪和年代）、非职业地理学家的地理学贡献等。

·联合国设立"土著语言国际年"。关注土著语言问题。为语言地理学提出任务。

·国家自然科学基金"全球化背景下城市移民的人地互动与地方协商研究"重点项目获批。朱弘主持。

·中国海洋大学"深海圈层与地球系统前沿科学中心"获批建设。该中心整合海洋高等研究院和四个教育部重点实验室的优势资源和力量，依托海洋一流学科，发挥大气、地质、化学、生物、信息等多学科综合优势，汇聚该领域高水平人才团队，聚焦深海能量物质循环及其气候效应、海底圈层耦合与板块俯冲、深海极端环境下的生命过程三大关键科学问题，以深海观测、探测、模拟以及大数据技术为支撑，率先切入深海战略要地，进行跨学科交叉融合研究，大胆开展"非共识项目"和"无人区"问题的探索，着力提升深海多圈层相互作用和地球系统科学研究原始创新能力，力争在深海圈层与地球系统重大前沿领域、国家深海战略和"一带一路"倡议的科技创新与服务支撑能力方面发挥引领作用。

·中国科学技术协会举办的中国科协年会（第二十一届）在哈尔滨及其周边城市召开。会议主题为"改革开放·创新驱动——科技助力新时代东北全面振兴"。中国地理学会参加。

·中国科学院A类战略性先导科技专项"美丽中国生态文明建设科技工程"立项并开始实施。中国科学院地理科学与资源研究所为牵头单位，葛全胜为负责人。专项对标中共十九大，科学刻画"美丽中国"生态文明建设"2035 目标"和"2050 愿景"的发展目标和实现途径，评估和诊断"美丽中国"建设的地理基础、差距和短板；创新突破"美丽中国"建设生态环境治理修复和资源循环利用关键技术与装备；建立并完善不同生态地理区生态文明建设模式，为国家打好防范化解重大风险、精准脱贫和污染防治三大攻坚战，为实施乡村振兴、区域协调及可持续发展战略，为打造山水林田湖草生命共同体、提升灾害风险防范与综合减灾能力提供有效科技支撑，为"美丽中国"生态文明建设提供科学蓝图与实施途径。专项围绕美丽中国生态文明建设的四大任务，共设置 10 个研发项目：重点污染区域大气环境与大型复杂场地的污染防控关键技术研发与示范、长三角区域生态环境协同管理与综合治理示范、粤港澳大湾区城市群生态建设工程与生态系统智能管理示范、长江经济带干流水环境水生态综合治理与应用示范、近海与海岸带环境综合治理及生态调控技术和示范、生态脆弱区绿色发展途径和区域综合示范、绿水青山提质增效与乡村振兴关键技术与示范、自然保护地健康管理与生态廊道设计技术、气候变化条件下山地致灾风险绿色调控关键技术与示范、生态文明建设地理图景技术与应用示范。通过重大技术集成和示范，树立生态文明建设的科技标杆，为生态文明建设四大任务的解决提供科技支撑，为引领国际绿色可持续发展和共谋全球生态文明建设提供战略服务。

·中国国家城乡融合发展试验区启动。国家发展改革委、中央农村工作领导小组办公室、农业农村部、公安部等 18 个部门联合印发《国家城乡融合发展试验区改革方案》，并公布 11 个国家城乡融合发展试验区名单，分别是：浙江嘉湖片区、福建福州东部片区、广东广清接合片区、江苏宁锡常接合片区、山东济青局部片区、河南许昌、江西鹰潭、四川成都西部片区、重庆西部片区、陕西西咸接合片区、吉林长吉接合片区。

·中国兰州大学成立"黄河流域绿色发展研究院""敦煌与西域文明研究院"。

·中国郑州大学成立"黄河生态保护与区域协调发展研究院"。

·中国华北水利水电大学成立"黄河流域生态保护和高质量发展研

究院"。

·中国国家自然科学基金委批准"发现计划地理研学夏令营"项目。

·中国北京大学赵鹏军、北京师范大学张立强、天津大学李思亮、南京大学袁增伟、青藏高原研究所王小萍、中国科学院生态环境研究中心郑华等获国家杰出青年基金项目资助。

·第 16 届国际地理奥林匹克竞赛（开始于 1996 年）7 月 30 日至 8 月 5 日在中国香港举行。由中国地理学会派出的中国代表队与来自 42 个国家和地区的 165 名选手参加。中国代表队取得 1 金 1 铜的优异成绩。

·在"一带一路"国际科学组织联盟（ANSO）支持下和中国科学院青藏高原研究所所长陈发虎倡议下，中国科学院青藏高原研究所牵头成立了"跨大陆交流与丝路文明联盟"（ATES）。ATES 是联合来自亚洲、欧洲、美洲等地区开展丝绸之路沿线气候环境变化、旧石器文化、新石器文化、历史地理、环境考古、技术考古等研究的多家科研院校的学者专家组成的科学研究联盟，旨在理解旧石器文化和人类扩散、新石器文明与农业传播、路网与城镇变迁、丝路科学技术交流，环境变化与丝路文明演进等重大科学问题，相对应设立五个工作组，分别负责协调相关专业的国际交流与合作，形成具有实质性合作的国际科学研究联盟，为丝绸之路沿线可持续发展提供历史借鉴，科技服务国家"一带一路"倡议。为进一步提升 ATES 联盟的国际影响力，加强与相关研究领域前沿一流科学家交流与互动，促进丝路文明研究国际合作平台建设，ATES 联盟与中国科学院青藏高原研究所牵头，与 ATES 其他合作单位联动，共同启动了"ATES 丝路文明国际大讲坛"活动。该论坛为系列的高水平学术报告，每 3 个月举办 1 期，每期论坛将邀请 1 位在气候环境变化、环境考古、考古学、历史学等相关学术领域有国际影响力的科学家做报告并互动交流，促进学科交叉融合，提升丝路文明研究领域的整体水平，科技服务国家"一带一路"倡议。

# 第三节　地理学年表：公元 2020 年至今

**公元 2020 年**

·中国中共中央总书记、国家主席、国家军委主席习近平《习近平谈治国理政》出版。其中第三卷包含促进人与自然和谐发展、携手共建人类命运共同体、推动共建"一带一路"走深走实等与地理科学有密切关系并作为促进地理学理论研究和学科发展的篇章。是马克思主义地理哲学的重要著作。

·世界 30 余位科学家联合在《自然》发表一份公开信，希望科学界和科技管理界关注关心"边缘科学""边缘科学家"。这可能深远影响地理学纯粹基础理论研究（主要指地理学思想方法与地理学思想史研究等，也可称元地理学研究）。

·中国中共中央全面深化改革委员会审议通过《全国重要生态系统保护和修复重大工程总体规划（2021—2035）》。简称"双重规划"。这一规划是地理工程国家规划。会议指出：推进生态保护和修复工作，要坚持新发展理念，统筹山水林田湖草一体化保护和修复，科学布局全国重要生态系统保护和修复重大工程，从自然生态系统演替规律和内在机理出发，统筹兼顾、整体实施，着力提高生态系统自我修复能力，增强生态系统稳定性，促进自然生态系统质量的整体改善和生态产品供给能力的全面增强。

·中国中共中央全面深化改革委员会审议通过《全国重要生态系统保护和修复重大工程总体规划（2021—2035）》确立"荒漠"作为陆地四大自然生态系统之一的重要地位。

·中国中共中央政治局审议通过《黄河流域生态保护和高质量发展总体规划》。这一规划是地理工程国家规划。会议强调：贯彻新发展理念，遵循自然规律和客观规律，统筹推进"山水林田湖草沙"综合治理、系统治理、源头治理，改善黄河流域生态环境，优化水资源配置，促进全流域高质量发展，改善人民群众生活，保护传承弘扬黄河文化，让黄河成为造福人民的幸福黄河。

·俄罗斯联邦政府通过决议，在国家范围内正式设立每年 8 月 18 日为行业性节日"地理学家日"。这一天是 1845 年 8 月 18 日俄罗斯地理学会成立纪念日。

·联合国发布《2020 年可持续发展目标进展报告》。报告包括从消除世界各地各种形式的贫困，消除饥饿、实现粮食安全和改善营养、促进可持续农业，确保所有年龄段所有人的健康生活并促进福祉，确保包容性和公平的素质教育并为所有人提供终身学习机会，实现性别平等并赋予所有妇女和女孩权利，确保所有人用水和卫生设施的可用性和可持续管理，确保所有人获得负担得起、可靠、可持续和现代化的能源，促进、包容和可持续的经济增长、充分就业和生产性就业以及人人享有体面工作，建设有弹性的基础设施、促进包容性和可持续工业化及创新，减少国家内部和国家之间的不平等，使城市和人类住区有包容性、安全性、弹性可持续性，确保可持续消费和生产模式，采取紧急行动应对气候变化及其影响，保护和持续利用海洋资源促进可持续发展，保护恢复和促进陆地生态系统的可持续利用、可持续管理森林、防止荒漠化、制止和扭转土地退化、制止生物多样性丧失，促进和平和包容性社会、促进社会可持续发展、为所有人提供诉诸司法的机会，并在各级建立有效负责和包容性的机构，加强执行手段、振兴全球可持续发展伙伴关系等 17 个方面阐述所存在的主要问题和今后任务。为地理研究提出要求。

·联合国发布《2020 亚太地区可持续发展目标进度报告》。报告表示，亚太地区急需在实现可持续发展目标领域加快进展，扭转当前的不良态势，尤其必须减少对环境资源的大肆消耗和破坏。为地理研究提出要求。

·国际科学理事会（ISC）设立科学奖。

·中国傅伯杰、陈利顶、吕一河、冯晓明、王帅完成的"黄土高原生态系统过程与服务"项目获国家自然科学奖二等奖。"黄土高原生态系统过程与服务"项目将生态系统过程与服务有机结合，建立了河流输沙量变化归因诊断方法，阐明了黄河输沙量大幅减少的驱动机制；定量揭示了植被恢复中固碳和产水的权衡关系，量化了水资源植被承载力阈值；研发了区域生态系统服务综合评估与优化模型，提出了多目标优化的土地利用配置方案。为黄土高原生态建设提供了科学依据，推动生态系统服务深化到过程机制研究，8 篇代表论文 4 篇入选 ESI 高被引论文。

·中国社会科学院生态文明研究所成立。经中央编制办批准，于 2020 年 3 月在原城市发展与环境研究所基础上更名成立，是中央批准设立的第一家专门从事生态文明研究的法人科研机构。

·中国地理学会入选世界一流学会。中国科学学与科技政策研究会完成的《世界一流科技社团评价报告》表明，中国地理学会位于全球一流学会排名第 84 位，居中国科技社团第 9 位，全球基础理科学会排名第 24 位，全球中等规模学会排名居第 38 位。

·中国地理学会开始施行会士制度。11 月 29 日，"首届中国地理学会会士授予仪式暨地理科学前沿论坛"在北京举行。徐冠华院士等 22 位科学家当选为中国地理学会会士，孙鸿烈院士等 20 位科学家当选为中国地理学会荣誉会士。中国地理学会理事长陈发虎、副理事长张国友向当选会士和荣誉会士颁授证牌。中国地理科学领域两院院士、全国主要地理机构负责人和学界著名专家学者 60 多人应邀参加颁授仪式，共同见证了这一重要历史时刻。

·国际"一带一路"减贫与发展联盟（APRD）成立。由"一带一路"国际科学组织（ANSO）批准成立。该联盟由中国科学院地理科学与资源研究所、中国科学院精准扶贫评估研究中心联合发展中国家科学院、波兰科学院农村与农业发展研究所、新西兰奥克兰大学、匈牙利科学院太空与地球科学研究所等"一带一路"地区 14 家科研机构与政府组织共同发起成立。联盟旨在开展"一带一路"地区减贫与发展的国际合作研究与技术研发，推进中国与"一带一路"沿线国家的扶贫开发经验和模式共享，开展科技扶贫交流与培训，探索建设"中国—南亚东南亚"跨境减贫与发展示范区、"中国—中亚西亚"国家减贫与发展联盟基地，打造"一带一路"国际减贫与发展合作新模式。

·中国地理学会理事长陈发虎和中国地理学会副理事长张国友发表

"中国地理学会 110 年发展历程"。

· 中国陆大道在中国区域经济 50 人论坛专题"西部大开发：新时期新格局"上，明确提出和阐述中国的三大自然区和三大地势阶梯对中国社会经济发展的不平衡性有重要作用。

· 中国傅伯杰等从分类、统筹、协作三个方面提出推进整体实现联合国 2015 年通过的《改变我们的世界：2030 年可持续发展议程》所确定的可持续发展目标（SDGs）的系统路径。

· 中国陈发虎、吴绍洪、崔鹏、蔡运龙等在《地理学报》上发表"1949—2019 年中国自然地理学与生存环境应用研究进展"。自然地理学是一门以基础研究见长的自然科学，其研究对象是与人类生存和发展密切相关的自然环境。中国的自然环境复杂多样，自然地理学家根据国家需求和区域发展在应用基础和应用研究方面同样取得显著成效，为国家重大经济建设、社会发展的规划，宏观生态系统与资源环境保护及区域可持续发展作出了重要贡献。本文总结了 1949—2019 年中国自然地理学在自然环境区域差异与自然区划、土地利用与覆被变化、自然灾害致灾因子和风险防控、荒漠化过程与防治、黄淮海中低产田改造、冻土区工程建设、地球化学元素异常和地方病防治、自然地理要素定位观测、地理空间分异性识别和地理探测器等方面的实践与应用，指出了未来自然地理学的应用研究方向。

· 中国彭建等阐述自然地理学的认知方式，主要包括以空间组织观念为核心、理性主义与经验主义相结合。

· 中国科学院和中国工程院院士投票评选出"2019 年中国、世界十大科技进展新闻"揭晓。

· 中国科学院陈发虎院士等带领团队的"发现 16 万年前丹妮索瓦人下颌骨化石"入选"2019 年中国十大科技进展新闻"。

· 中国安芷生因"创建环境变化的季风控制论，开辟了第四纪科学与全球变化相融合的研究方向"而获陕西省最高科学技术奖。

· 中国的现代出版社开始出版"美国国家地理全球史"系列著作。该系列著作由美国国家地理学会出品。该系列共包括 30 种图书——《最初的法老》《埃及帝国》《古埃及的终结》《美索不达米亚文明》《近东的王国和帝国》《希腊的起源》《古典希腊》《雅典的陷落》《亚历山大帝国》《罗马共和国》《地中海的罗马征服者》《罗马共和国的终结》《罗马帝国的崛起》《罗马统治世界》《罗马帝国的陨落》《拜占庭的辉煌》《中世纪欧洲》《伊斯兰的扩张》《基督教王国和十字军东征》《通往东方的新路线》《中世纪的终结》《征服美洲》《文艺复兴》《土耳其、俄罗斯帝国与明代中国》《绝对君权》《探险的时代》《启蒙运动》《法国大革命与拿破仑》《19 世纪的世界》《世界大战》。这套丛书立足于历史与文明的思索，以时间轴展开对世界各地文明及人类历史发展变量的解读和记录，可以说是美国国家地理学会有史以来规模最大、前所未有的一次历史丛书项目，是其 100 多年历史文化内容的培育与积累。30 种图书的丛书规模前所未有，是经过时间考验的历史内容的精髓。从人类文明的源起一直讲到 20 世纪的世界大战，不仅从整体上梳理了人类历史的发展轨迹，而且从单品图书上看，也是赋有研究价值的历史专题。

· 中国地理学会科技志愿服务团队走进宁夏盐池县。由中国地理学会党委副书记、副理事长兼秘书长张国友，学会党委委员、副理事长、中山大学地理科学与规划学院院长薛德升，学会理事、宁夏大学资源环境学院教授、原院长米文宝，学会理事、宁夏大学资源环境学院教授、副院长文琦，宁夏地理学会理事长、宁夏大学资源环境学院教授李陇堂，中国地理学会副秘书长、中科院地理资源所副编审王岱，中国地理学会党委秘书、中科院地理资源所副编审于信芳，中国地理学会农业地理与乡村发展专业委员会秘书长、中科院地理资源所副研究员李裕瑞等人组成的中国地理学会科技志愿服务团队走进宁夏盐池县，举办了盐池县脱贫攻坚与乡村振兴调研与咨询服务。盐池县委常委、宣传部部长马丽红一行迎接并全程陪同调研。

· 中国"美丽中国生态文明建设科技工程"第三方评估中心在中国科学院地理科学与资源研究所建立。葛全胜为首席科学家。

· 中国"国家精准扶贫工作成效第三方评估"专家团队负责人刘彦随组织开发《全国基层组织新冠肺炎疫情动态监测系统》。

·中国抗击新冠肺炎疫情期间，"国家精准扶贫工作成效第三方评估"专家团队继续开展工作。

·中国国家自然资源部聘请"国家自然资源监察专员"。有27位专员。

·联合国教科文组织等《联合国世界水发展报告》出版。报告提出，要减少气候变化的影响和驱动因素，就需要人类改变使用地球有限的水资源的方式。

·联合国教科文组织等通过《洛斯皮诺斯宣言》。该宣言旨在激励各方为"联合国土著语言十年（2022—2032）"制订全球行动计划等作出贡献，表示土著语言维系着人与自然和谐共处的古老智慧。为地理学特别是语言地理学发展提出任务。

·联合国教科文组织表示现有数据显示，全球7000多种语言中至少有40%处于某种程度的濒危状态。

·联合国教科文组织计划年内编制出几乎涵盖人类所有语言的《语言地图册》。

·中国杜德斌、秦大河等在《中国科学院院刊》发表"冰冻圈地缘政治时代的到来"。阐述了冰冻圈地缘政治概念：由于全球气候变暖导致的冰冻圈及其组成要素变化所产生的国际政治问题，以及由此引起的国家行为体或非国家行为体之间的竞争、冲突、协商、合作等互动行为。基于对这些问题进行系统研究形成的理论和知识体系可以称为冰冻圈地缘政治学。

·美国段义孚从人文主义地理学角度阐述新冠肺炎疫情。

·美国大卫·哈维从马克思主义地理学角度阐述新冠肺炎疫情。

·中国的《中学地理教学参考》开始连载中国顾朝林"地理学与地理学发展简史"。预计12讲。

·联合国各国议会联盟年度听证会召开。会议主题为"教育是实现和平与可持续发展的关键：朝着落实可持续发展目标4迈进"。是地理学特别是教育地理学研究的空间和任务。

·中国科学院地理科学与资源研究所召开所史研讨会暨所史馆开馆。

·中国启动"强基计划"。全称"基础学科招生改革试点"。"强基计划"即高校开展的基础学科招生计划，主要选拔培养有志于服务国家重大战略需求且综合素质优秀或基础学科拔尖的学生。

·联合国人权专家提出，必须让土著人和少数民族儿童用自己的母语学习。是地理学特别是民族地理学和语言地理学研究的空间和任务。

·中国国家自然科学基金委地学部开展地理学科分类及代码优化工作。

·中国自然资源部开始施行《自然资源部科技创新平台管理办法（试行）》。

·中国地理学会举办地理科学十大经典读本评选活动。

·中国地理学会和教育部高等学校地理科学类专业教育指导委员会联合举办"2020 年地理科学学科发展与高校地理学院院长论坛"。会议采用线上视频会议形式召开。中国地理学会副理事长、教育部高校地理科学类专业教学指导委员会副主任鹿化煜教授和中国地理学会副理事长兼秘书长张国友研究员主持。

·中国地理学会理事长陈发虎院士在"2020 年地理科学学科发展与高校地理学院院长论坛"作主旨报告"'十四五'地理学科发展规划"。

·中国地理学会副理事长、教育部高校地理科学类专业教学指导委员会主任贺灿飞教授在"2020 年地理科学学科发展与高校地理学院院长论坛"作主旨报告"新一轮学科评估准备与地理学发展"。

·中国科学院地理科学与资源研究所樊杰研究员在"2020 年地理科学学科发展与高校地理学院院长论坛"作"人文地理学发展战略"报告。

·中国南京师范大学闾国年教授在"2020 年地理科学学科发展与高校地理学院院长论坛"作"信息地理学发展思考"报告。

·中国住房与城乡建设部启动"第三方城市体检"工作。地理学提供支持，也获得发展机会。

·中国清华大学中国城市研究中心、中国科学院地理科学与资源研究所、中国城市规划研究院、中国城市规划协会等单位制定服务于"第三方城市体检"的《2020 年城市体验指标体系》。该指标体系包括生态宜居、健康舒适、安全韧性、交通便捷、风貌特色、整洁有序、多元包容和创新能力，其下有50个指标项。

·《自然·通讯》杂志发表"调和不同的审视经济复杂性的视角"。该文提出和阐释了国家尺度经济发展水平的新标准新算法，预测世界经济重心将向东方移动。将对世界经济地理和区域经济地理产生影响。

·中国科学院周成虎团队在《自然·通讯》上发表关于中国水质性缺水方面研究论文。

·中国匡文汇在《科学通报》上发表"新中国70年来城市扩展的轨迹、格局及其政策驱动"。

·中国张帅、张继峰在《科学通报》上发表"青藏高原'最大湖泊时期'的时空复杂性"。发现和提出"青藏高原最大湖泊时期的时空复杂性"。

·中国"国家基础学科拔尖学生培养计划2.0基地"建设启动。北京师范大学地理学获批。

·中国全国科学技术名词审定委员会《城乡规划学名词》出版。吴良镛为顾问，邹德慈为主任，崔愷、王瑞珠、叶嘉安为副主任，崔功豪、胡序威、周一星、樊杰等为委员。

·中国方创琳主编《中国城市群地图集》出版。该地图集从自然基础、战略地位、人口与城镇化、经济发展、社会发展、空间格局、发育程度、环境污染与减排等方面，采用遥感、GIS和大数据等先进制图手段，详细记述了不同规模、不同类型城市群形成发育的自然变化过程和人文变化过程。制图数据翔实，设计框架科学，技术结构合理，具有可读性与实用性；同时，大量的城市群地图是首次发布，具有创新性。该图集对推动我国城市群的健康发展和各类城市群规划的顺利实施具有重要意义和借鉴价值，对世界城市群的发展也提供了有益借鉴。

·中国农业农村部发布《全国乡村产业发展规划（2020—2025年)》。

·中国科学技术协会举办的中国科协年会（第二十二届）在青岛召开。会议主题为"改革开放·创新引领——科技赋能合作发展"。中国地理学会参加并主持区域协调发展论坛。

·中国闾国年、陈昊、周成虎、夏军、王桥等发起国产地理模型生态建设倡议。

·中国陈昊受聘担任国际地理联合会地理系统建模委员会（CMGS）主席。

·中国闾国年、王劲峰、李新、关美宝受聘担任国际地理联合会地理系统建模委员会（MGS）荣誉顾问委员。

·中国贺灿飞受聘担任国际地理联合会经济空间动态委员会（DES）执行委员，受聘担任国际著名期刊《经济地理》编委。

·中国龙花楼受聘担任国际地理联合会乡村系统可持续性委员会（CSRS）执行委员。

·中国刘云刚开始担任国际地理联合会政治地理委员会（CPG）委员、《地缘政治学》期刊编委。为中国学者首次受聘。

·中国赵鹏军受聘担任国际地理联合会交通地理委员会（TGC）执行委员会副主席。

·中国王卷乐受聘担任国际科学理事会世界数据系统（WDS）科学委员会委员。

·中国《云南大百科全书》之《地理》卷出版。主编为骆华松、潘玉君、吴国润。云南省委省政府 2010 年决定编纂《云南大百科全书》，其中包括《地理·生态》卷（上、下），吴国润、潘玉君、高正文为主编。之后，《地理·生态》卷（上、下）分为《地理》卷和《生态》卷。

·中国孙俊、潘玉君等《中国高校地理学系概览 1912—1949》出版。

·第五届全国地图学理论与方法研讨会 2020 年 12 月 5—6 日在武汉召开。本次研讨会由武汉大学、中国测绘学会地图学与地理信息系统专业委员会、中国地理信息产业协会地图工作委员会、中国地理学会地图学与地理信息系统专业委员会、中国自然资源学会资源制图专业委员会主办，由武汉大学资源与环境科学学院、地理信息系统教育部重点实验室和自然资源部数字制图与国土信息应用重点实验室承办。

·中国华东师范大学成立"世界地理与地缘战略研究中心"。中国秦大河院士担任中心主任，杜德斌担任常务副主任。该中心旨在对事关国家发展的全球性和区域性地理问题及大国地缘关系和地缘战略问题进行前瞻性和系统性研究，致力于构建体现中国智慧、中国风范和中国气派的世界地理学理论体系，为中央和地方重大战略决策及时提供智力支持。中国地理学会副理事长兼秘书长张国友研究员、秦大河院士、华东师范大学党委书记梅兵教授、华东师范大学校长钱旭红院士一同为华东师范大学世界地理与地缘战略研究中心揭牌。

· 中国地理学会代表团应邀访问了宁夏大学资源环境学院，与宁夏大学共同举办了"黄河流域生态保护与高质量发展先行区暨学科建设研讨会"。由中国地理学会党委副书记、副理事长兼秘书长张国友，学会党委委员、副理事长、中山大学地理科学与规划学院院长薛德升，学会党委委员、副理事长、华东师范大学地理科学学院院长刘敏，学会副秘书长、《地理学报》副主编、编辑部主任何书金，商务印书馆总经理李平，学会副秘书长、《地理研究》责任编辑王岱，学会党委秘书、《地理学报（英文版）》责任编辑于信芳等人组成的中国地理学会代表团应邀访问了宁夏大学资源环境学院，与宁夏大学共同举办了"黄河流域生态保护与高质量发展先行区暨学科建设研讨会"，并邀请了中国自然资源学会理事长成升魁、副理事长沈镭一行出席会议。

· 中国教育部公布首批国家一流课程。自然地理学、人文地理学、经济地理学、综合自然地理学、地图学等课程入选。

· 中国安宁、美国 N. 夏普等在《人文地理学对话》上发表"走向儒家地缘政治"。该文表达了儒家纲常伦理是地缘政治空间秩序、时间序列的主要动因机制之一的思想。

· 中国傅伯杰团队揭示近千年来黄土高原社会—生态系统演变过程及效应。该论文将其社会—生态系统演变划分为 5 个阶段："耕种快速扩张"（1100—18 世纪 50 年代）、"耕种持续扩张"（1750—20 世纪 50 年代）、"农田工程以增加粮食生产"（1950—20 世纪 70 年代）、"从粮食生产向生态保护转型"（1980—20 世纪 90 年代）、"植被恢复以保护生态环境"（2000 年至今）。研究还建立了黄土高原社会—生态系统状态与政策、气候、社会经济等驱动因素和本地粮食生产、黄河输沙量、径流量、三角洲面积、下游自然决堤次数等本地与溢出效应的经验联系。研究发现前三个阶段对粮食生产的追求破坏了当地生态环境，加剧了土壤侵蚀，对黄河下游和三角洲产生影响，而退耕还林还草等生态恢复和水土保持措施的实施减少了黄土高原土壤侵蚀和黄河泥沙，但同时也带来了径流减少、黄河三角洲蚀退等新的问题。

·中国傅伯杰团队提出社会—生态系统的动态演变是人地相互作用研究的核心内容，阐述稳态转换是指系统的结构和功能发生巨大、突然和持续的变化，是理解社会—生态系统变化的重要视角。

·美国国会法案《无止境前沿法》提议将国家科学基金会（NSF）更名为国家科学技术基金会（NSTF）。

·中国宁波大学中欧旅游文化学院更名为地理科学与旅游文化学院。

·中国北京师范大学地表过程与资源生态国家重点实验室傅伯杰团队在《科学通报》上发表"采取系统方案抗击全球新型冠状病毒肺炎"。

·中国北京师范大学地表过程与资源生态国家重点实验室何春阳团队在《自然·通讯》在线发表"中国需要进一步改善空气质量以减少PM2.5污染导致的人口死亡"。

·中国北京师范大学地理科学部杜恩副教授及合作者在《自然·地球科学》在线发表"全球陆地生态系统氮磷限制格局"。提出氮磷限制判定理论框架。

·中国广州大学地理科学学院学生声援意大利抗击新冠肺炎疫情。意大利多家媒体头版头条报道。


## 2021 年

·中共中央人才工作会议在北京召开。会议强调了要培养大批一流科技领军人才和创新团队，大力倡导科学家精神，强调中国科学研究的大方向是：坚持面向世界科技前沿、面向经济主战场、面向国家重大需求、面向人民生命健康。在需要什么样的科研人才与人才队伍方面指出：要赋予科学家更大技术路线决定权、更大经费支配权、更大资源调度权，同时要建立健全责任制和军令状制度，确保科研项目取得成效。会议还要求科学研究工作者爱党报国、敬业奉献及追求真理、严谨治学的求实精神，淡泊名利、潜心研究的奉献精神等。深远影响地理科学人才和地理科学发展。

·中国地理学会等主办的"2021 年中国地理学大会（CCG 2021）"以"线下＋线上"结合的形式举行，大会在福州设线下主会场。本届大会的主题是"时代挑战　理论创新　社会实践"，旨在研判在统筹国内国际两个大局、构建新发展格局中的地理科学问题，总结地理学理论方法、技术应用等方面的最新成果，谋划面向世界科技前沿、服务全球可持续发展目标的学科发展指向。来自国内外 300 多所教学科研机构的专家学者和学生 2300 多人参加会议，其中 300 余人亲临线下会场。同时，大会通过中国地理学会 B 站进行网络直播，有近 20 个国家和地区的超 16 万人在线收看了开幕式盛况和大会特邀报告。大会会期为 4 天，设立开幕式、相关发布、特邀报告、平行论坛和展览展示等多个板块。中国地理学会理事长、中国科学院院士、中科院青藏高原研究所所长陈发虎研究员，中国地理学会监事长、中国科学院院士、中科院生态环境研究中心傅伯杰研究员，国际地理联合会（IGU）主席、欧洲科学院院士 Michael Meadows 教授，中国工程院院士、自然资源部国家基础地理信息中心陈军研究员，中国科学院院士、北京大学朴世龙教授，中国地理学会副理事长兼秘书长张国友研究员，中国地理学会副理事长、陕西师范大学副校长董治宝教授，以及福建师范大学校长王长平教授，福建师范大学副校长陈庆华教授等领导和嘉宾亲临现场或以远程视频形式出席。

·中国傅伯杰阐述地理科学发展态势。他认为，第一，从格局研究走向过程研究的转变，印证了地理学从原有的知识性走向了科学；第二，从要素研究到系统研究的提升，综合作为下一阶段研究的根本，不仅要研究自然要素综合、社会要素综合，更主要的是研究自然和社会综合；第三，从理论研究到应用研究的链接，地理学是经世致用的，既要在理论上发展，又要在服务与决策上发展；第四，从知识创造到社会决策的贯通，最终目标应是使地理学从知识、科学走向决策。

·本年度的诺贝尔物理学奖颁布。其中，奖金的一半授予美国气象学家真锅淑郎和德国气象学家哈塞尔曼，以表彰他们对地球气候的物理模型、将可变性量化、可靠预测全球变暖方面的贡献。20世纪60年代真锅淑郎领导了对地球气候的物理模型开发，为气候模型设计奠定了基础。约10年后哈塞尔曼建造模型将天气与气候相关联，从而解答了为何天气不断变化而气候模型依然可靠问题。

·中国开始实行"十四五"规划。与地理学相关的主题主要有：国内国际双循环、新发展格局、乡村振兴、城乡融合、新型城镇化战略、提升城镇发展质量、完善城镇化空间布局、优化国土空间开发保护格局、区域协调发展战略、推动绿色发展、促进人与自然和谐共生、发展方式的绿色转型、"一带一路"高质量发展、全球治理体系、应对人口老龄化战略、新发展理念。

·中国科学院第七届学部学术年会地学部学术报告会在北京召开。于贵瑞院士作了题为《中国陆地碳储量/通量及碳汇功能研究》的报告，介绍了我国陆地碳储量、通量和碳汇功能时空格局、碳氮水耦合循环过程机制及环境影响等方面的研究进展，讨论了我国陆地生态系统的碳汇功能及其在"碳达峰"和"碳中和"行动中的潜在贡献和科学研究重点。戴永久院士作了题为《陆面模拟系统》的报告，介绍了研究组关于大气、陆面、水文、生态、生物地球化学和人类活动之间的相互作用过程和机理研究，从事相关数值模式的研发、耦合与应用，在区域陆—气相互作用、流域水文过程、生态、生物地球化学循环机制、全球地球系统和区域气候系统模式耦合和嵌套、气候模拟和预测评估等方面的经验积累和成果。

·中国姚檀栋主编"第二次青藏高原综合科学考察研究丛书"（第一批）正式出版。为国家出版基金资助项目。该《丛书》由第二次青藏科考队队长姚檀栋院士担任主编，第一次青藏科考队队长孙鸿烈院士、第二次青藏科考队队长姚檀栋院士分别为丛书作序。"第二次青藏高原综合科学考察研究丛书"（第一批）共计20分册，主要包括了亚洲水塔动态变化与影响、生态系统与生态安全、人类活动影响与环境安全、生态安全屏障功能与优化体系、生物多样性保护与可持续利用、西风—季风协同作用及其影响、高原生长与演化、资源能源与远景评估、地质环境与灾害、区域发展与绿色发展途径十大任务的相关内容。

·世界多家地理学会发表联合宣言。10 月 21 日，来自包括中国地理学会在内的全球 58 个国家的 79 家地理学会联合发表了应对气候与生物多样性危机的联合行动宣言。宣言由苏格兰皇家地理学会、英国皇家地理学会、国际地理联合会、加拿大皇家地理学会、美国国家地理杂志联合发起，鼓励国际地理界共同承诺并采取行动。宣言中强调全球地理学界、地理学家们应在气候变化、生物多样性危机中抓住机遇，通过携手合作，发挥更大作用。联合宣言主要内容如下：全球生物多样性和气候危机给地理学家带来了独特的机会和责任。地理学的特别之处在于，它是一门社会科学、自然科学和人文科学相交叉的综合性学科，这赋予了地理学家们系统思考者和跨学科研究者的双重身份。地理学是一门探究地球与人地关系的应用科学。这让地理学的研究、教学和实践与人类该如何应对全球气候与生物多样性危机的挑战这一主题紧密关联在一起。地理学家们能够就这些挑战提出分析意见，然而他们所能做的远不止这些。他们可以利用地理这一学科优势，为我们指明什么样的思想和行动可以让地球的明天更加美好。就人类共同体与地球的关系而言，2021 年的 10 月和 11 月将成为非常重要的时间段。10 月，世界各国政要在中国昆明齐聚一堂，为共同应对物种加速锐减及其栖息地的持续萎缩、生物多样性危机因气候变化的叠加影响而加剧等问题提出解决方案。希望这次会议为实现雄心勃勃的 2030 年可持续发展目标做好准备。大约同一时间，联合国气候变化大会筹备会在意大利米兰召开。11 月，各国政要在英国格拉斯哥将再次召开会议，共同就应对气候变化引发的生存挑战展开讨论。期待此次会议为 2030 年的温室气体排放制定更高、更紧迫的减排目标，并在缓解和适应气候变化方面发挥关键作用。地理学家，无论是作为学生、研究人员、教育工作者、作家、探险家、商业或政策从业者，还是旅行者，都要鼓励和呼吁国家领导人在这一关键时刻作出雄心勃勃的承诺，将保护自然和宜居气候置于世界经济和政治活动中优先考虑的重要位置。因此，我们保证，我们将加倍努力，在地理研究、教学和实践的独特之处应用到这一让全球各国政府聚焦的全球环境挑战中来。我们承诺竭尽所能，用积极的行动作出响应，在未来的十年中，将地理学强大学科力量投身和应用于这一充满希望的任务中。

·中国"中国城市地理丛书"（第一辑）由科学出版社出版。为国家出版基金项目。主编顾朝林，副主编柴彦威、周春山、方创琳，方创琳、冯健、高晓路、顾朝林、何深静、李王鸣、李志刚、刘云刚、宁越敏、孙斌栋、王德、于涛方、张小雷、张小林、甄峰、周春山、周尚意等人担任编委会委员（以姓氏汉语拼音为序）。傅伯杰院士、周成虎院士分别作序。"中国城市地理丛书"第一辑共 9 册，分别是：《中国城市地理基础》（张小雷等）、《中国城镇化》（顾朝林）、《中国新城》（周春山）、《中国村镇》（张小林等）、《中国城市空间结构》（柴彦威等）、《中国城市经济空间》（孙斌栋等）、《中国城市社会空间》（李志刚等）、《中国城市生活空间》（冯健等）和《中国城市问题》（高晓路等）。

·《中华人民共和国湿地保护法》由中华人民共和国第十三届全国人民代表大会常务委员会第三十二次会议于 2021 年 12 月 24 日通过，自 2022 年 6 月 1 日起施行。将深远影响地理学和中国地理。

·中国地理学会发布《中国地理学界碳中和科技行动福州宣言》。为深入贯彻习近平生态文明思想和党中央关于碳达峰碳中和的重大战略决策，响应教育部《高等学校碳中和科技创新行动计划》，"2021 年中国地理学大会（CCG 2021）"发布了《中国地理学界碳中和科技行动福州宣言》。

·中国"全国高校地理学课程思政研究中心"成立。为深入落实教育部《高等学校课程思政建设指导纲要》和立德树人根本任务，中国地理学会、福建师范大学和人民网共建"全国高校地理学课程思政研究中心"揭牌仪式。

·中国闾国年发表"地理认知与 GIS 创新"。该文从地理学三元空间视角，以揭示地理规律为目标，重构了地理信息模型，创新了具有时空、高维、表达与计算、几何与代数统一的地理数据模型；创建了具有地理空间分异与要素相互作用机制的地理数据结构；发展了以人眼脑认知与地理要素时空分布特征相结合，具有高效数据存储、分析与展示的多模态表达模型。

·2021 年的世界哲学日的主题是"人类与社会、文化、地理和政治环境的互动"。2005 年联合国教科文组织大会通过决议，宣布每年 11 月的第三个星期四为"世界哲学日"。

·中国全国人大代表殷红梅（地理学工作者）在两会期间提出西部高校突破人才困局的办法，呼吁要系统地建立西部高校稳定和引育高层次人才的政策机制。

·中国全国政协委员龚胜生（地理学工作者）在两会期间提出要抓紧制定传统村落空间规划指导意见和加快编制传统村落乡村振兴规划的建议。

·中国陆大道在《光明日报》5 月 11 日第一版上发表"国际热点代替不了国家急需 学术研究不可脱'实'向'虚'"。系统阐述了以 SCI 论文为评价导向给中国科技界带来的四大负面影响。

·中国"北斗三号全球卫星导航系统建成暨开通仪式"在北京人民大会堂举行。深远影响地理科学研究。

·中国傅伯杰、赵文武等著《自然地理学前沿》出版。该书为《地球科学学科前沿》中的一卷。属于国家科学思想库系列。专家咨询组（以姓氏拼音为序）有陈发虎、崔鹏、冷疏影、刘昌明、秦大河、宋长青、夏军、姚檀栋、张人禾、赵其国、郑度、周成虎。由傅伯杰、赵文武担任撰写组组长，由陈发虎、崔鹏、冷疏影、刘昌明、秦大河、宋长青、夏军、姚檀栋、张人禾、赵其国、郑度、周成虎担任咨询组成员，组织全国 50 余名学者共同撰写而成。全书共 42.3 万字，12 章。该专著首先从学科整体出发，论述地理学的基本内涵、发展态势与前沿领域，明确了当代自然地理学的科学意义与战略价值、发展规律与研究特点，揭示了当代自然地理学的国内外发展态势与关键科学问题，并提出发展思路、发展方向和政策建议；然后分别就地貌学、气候学、水文学、生物地理学、土壤地理学、综合自然地理学和地理系统模型模拟等自然地理学分支学科，明晰了各分支学科的研究任务、发展趋势、关键科学问题和优先研究领域。全书紧扣国际前沿科学问题和社会发展的迫切需求，从学科发展战略层面展现当代自然地理学的前沿方向，以期服务学科发展和人才培养需求。

　　·中国潘玉君《地理学思想史——以中国为中心的地理学大事年表（上、下卷）》出版。为潘玉君"地理学思想史系列著作"中的两卷。为国家自然科学基金资助项目部分成果。至 2021 年已出版《地理学思想史——通论和通史》《地理学思想史——专论与专史》《地理学思想史——以中国为中心的地理学大事年表（上、下卷）》。这些著作以地理学概念及其形成与发展、地理学规律发现及其阐述与不断提升、地理学理论构建及其发展、地理学方法的形成及其发展、地理学原理构建及其不断优化、地理学的群体的学术活动、地理学家的个体学术活动、地理学学会与有关学术会议、非职业地理学家的地理贡献、地理学及地理学家的知识贡献等为主要维度，系统阐述了地理学思想史及其形成发展。

　　·苏格兰皇家地理学会（RSGS）发起，英国皇家地理学会（RGS – IBG）、国际地理联合会（IGU）联合召集的"国际地理学会交流会"在线举办。28 个国家地理学会代表参会。中国地理学会理事长陈发虎委托厦门大学吕永龙、北京大学朴世龙、中国地理学会副理事长兼秘书长张国友、中国地理学会外事主管张萱子代表中国地理学会参加线上交流活动。

　　·国际科学理事会（ISC）首次授予科学家"国际科学理事会科学奖"。包括"可持续发展科学奖""科学服务政策奖""政策服务科学奖""科学自由与责任奖"各 1 名和科学家奖 6 名。中国郭华东获"可持续发展科学奖"。

　　·比利时布鲁塞尔布勒哲尔国际经济研究所西蒙尼·塔利亚皮耶特拉、贡特拉姆·沃尔夫发表"成立一个俱乐部：美国、欧盟、中国"。

　　·中国首届全国教材建设奖拟评选出优秀教材奖。中国秦大河、姚檀栋、丁永建、任贾文《冰冻圈科学概论（修订版）》获研究生教材特等奖，汤国安《地理信息系统教程》、熊伟等《空间信息系统建模仿真与评估技术》、李小建《经济地理学（第三版）》、伍光和和王乃昂等《自然地理学》分别获本科生教材二等奖，樊杰、王民、朱翔、高俊昌、韦志荣、刘新民等主编的基础地理教育教材分别获得基础地理教育一、二等奖。

· 中国北京大学朴世龙入选中国科学院院士。

· 中国科学院西北生态环境资源研究院冯起入选中国工程院院士。

· 中国首届国产地理分析模型培训班在线举办。本次培训班由南京师范大学、中国地理学会、中国自然资源学会、中国地理信息产业协会、国际数字地球学会中国国家委员会共同发起和主办。

· 法国地理学会成立 200 周年庆典活动在巴黎索邦大学举行。中国地理学会理事长陈发虎视频祝贺。

· 全球地理信息开发者大会（WGDC）在中国长沙召开。大会主题为"更智能、更泛在、更融合"。

· 中国第 13 个全国防灾减灾日的主题为"防范化解灾害风险，筑牢安全发展基础"。"全国防灾减灾日"始于 2009 年，中国国务院批准。

· 中国吕永龙被联合国任命为"联合国可持续发展目标技术促成机制 10 人组"成员。联合国设立的技术促进机制（TFM）始于 2015 年。

· 中国保继刚等长期研究的云南省元阳县阿者科村发展旅游业实现脱贫案例，成为高考文科综合试卷试题。

· 中国地理学会和《地理学报》编辑部举办的地理学理论与方法学术研讨会（沙龙）在中国科学院地理科学与资源研究所举行。

· 中国和欧盟《中欧地理标志协定》开始生效。协定附录纳入双方共计 500 个地理标志产品。

· 中国北京大学深圳研究生院"自然资源部陆表系统与人地关系重点实验室"获批。该实验室主要研究领域有陆表系统与人类活动强度、人地关系解析模拟、可持续性量化评价、国土空间战略与格局优化。

· 中国翻译出版《科学——没有止境的前沿》。该书为 1945 年美国科学研究局范内瓦·布什组织完成的、向总统罗斯福提交的关于科学研究及其发展的研究报告《科学——没有止境的前沿》。深远影响地理学和地理学家。

·中国严耕望《唐代交通图考》（全 6 册）出版。

·中国吴志锋、张盛达、章典发表"从地图看中国古代'华夷观'之演变"。

·中国"2021 年中国地理信息科学理论与方法学术年会"召开。

·中国广东人文地理学研究生暑期学校于 8 月 6—11 日以线上方式举行。该暑期学校由朱竑教授等发起。

**2022 年**

·中共中央总书记、国家主席习近平《论坚持人与自然和谐共生》出版。收入他在 2012 年至 2021 年期间关于坚持人与自然和谐共生的重要文献 79 篇。深远影响地理学和地理学家，促进地理学人地关系系统研究与创新。

·中共中央总书记、国家主席习近平《习近平谈治国理政（第四卷）》出版。收入他在 2020 年 2 月至 2022 年 5 月期间的讲话、谈话、演讲、致辞、指示、贺信等 109 篇，分为 21 个专题。由中共中央宣传部会同中央党史和文献研究院、中国外文局编辑。深远影响地理学和地理学家，促进地理学关于区域地理特别是国家地理系统研究与创新。

·中国中共中央政治局 5 月 27 日就深化中华文明探源工程进行集体学习。习近平强调，要加强统筹规划和科学布局，坚持多学科、多角度、多层次、全方位，密切考古学和历史学、人文科学和自然科学的联合攻关，拓宽研究时空范围和覆盖领域，进一步回答好中华文明起源、形成、发展的基本图景、内在机制以及各区域文明演进路径等重大问题。这是中国地理科学综合研究的重要领域之一。

·中共中央宣传部和中央国家安全委员会组织编写的《总体国家安全观学习纲要》出版。2014 年习近平总书记在中共中央国家安全委员会第一次会议上首次明确提出和阐述"总体国家安全观"。根据总体国家安全观，国家安全体系包括 16 种国家安全：政治安全、国土安全、军事安全、经济安全、文化安全、社会安全、科技安全、网络安全、生态安全、资源安全、核安全、海外利益安全、太空安全、深海安全、极地安全、生物安全等多个领域的安全。这是地理科学特别是区域地理学及国家地理学的重大任务。

·中国进行珠穆朗玛峰峰顶综合科学考察研究。为全球首次。这次科学考察研究，架设了全球海拔最高的自动气象站、完成了利用珠穆朗玛高精度雷达测量冰雪厚度、采集冰雪样品、采集珠穆朗玛峰顶部上空大气等峰顶科考任务。

·中国在珠穆朗玛峰8830米处架设了全球海拔最高的自动气象站。5月4日中午，第二次青藏科考"巅峰使命"珠穆朗玛峰科考登顶第一梯队12名队员成功登顶，在珠穆朗玛峰8830米架设了全球海拔最高的自动气象站。此次完成气象站架设后，就形成珠穆朗玛峰地区从海拔5200米至8830米8个自动气象站，其中4个在海拔7000米以上，实现了珠穆朗玛峰完整的海拔气象梯度观测，将为观测珠穆朗玛峰地区的气候环境变化提供珍贵的第一手数据。

·中国陆大道在《地理学报》上发表"关于学风与创新文化的几点认识"。（1）基于地理学方法论，阐述了地理学的理论观点与概念判断都是来自对地球表层实际存在的客体的运动特征与空间投影的变化轨迹的观察、分析与概括；（2）结合实际，指出了"博观而约取、厚积而薄发"的知识积累与运用观对学者们的重要性；（3）对科学创新及如何实现创新提出了新的观点；（4）探讨了如何正确处理科研个人与集体的关系；（5）提出人文与经济地理学研究要面向咨询。

·中国陆大道发表"关于区域协调发展若干问题"。他在中国地理学会承办"第二十四届中国科协年会——中西部地区协调发展论坛"上作大会报告。

·中国傅伯杰再次当选国际地理联合会（IGU）执行委员会副主席。

·国际地理联合会（IGU）截至2022年5月有会员组织105个，专业文员会44个和3个特别小组。共有30余位中国地理学者连任或新当选有关职位。

·中国姚檀栋指出"亚洲水塔失衡是第三极环境发生重大变化的一

个标志"。中国的第二次青藏高原科学综合考察成果之一，是发现和研究了亚洲水塔的库存比例变化。

·中国地理学会大讲堂启动。是传播科学知识的重要平台，设两个栏目：①致敬经典；②聚焦前沿。遴选地理科学最经典的学术观点、最前沿的研究成果和最有影响的应用研究，特别邀请地理学者进行学术演讲，重读经典唤初心，追求创新向卓越。中国地理学会大讲堂是中国地理学会设立的最高学术讲座，是学会为知名专家与学界同行及社会公众搭建的"线下＋线上"互动式交流平台。旨在提高我国地理科学的整体水平，让国内地理教育者和广大地理科技工作者，以及社会公众了解地理学的最新研究成果、学术动态和国家需求，推动我国地理科学事业发展，促进地理研究成果服务国家建设，活跃学术交流气氛，传播地理科学知识，打造学会活动品牌，助力中国特色一流学会建设。同时，号召地理学同人以专业研究和实际工作落实习近平总书记关于科技创新"四个面向"的重要指示。中国地理学会大讲堂 3 月 20 日在中国科学院地理科学与资源研究所举行了中国地理学会大讲堂启动仪式暨首期讲座。

·中国地理学会发布 2021 年度中国地理科学十大研究进展。包括国产地理建模与模拟软件平台、中国工业地理格局动态演化研究、中国旱区生态系统变化和驱动机制及影响、精准扶贫评估理论与关键技术研究及决策应用、青藏高原南部和北部区域环境演变联系的新发现、城市高精度暴雨洪涝实时模拟系统、中国城市地理学理论创新、全球生态环境遥感监测与保护 2021 年度报告及数据集产品、青藏高原邱桑温泉的 20 万年古人类手脚印、晚更新世以来塔克拉玛干沙漠中部地区的环境演变。

·中国地理学会发布"2020 和 2021 年度中国地理学会科学技术奖——终身成就奖"评选结果。高俊、王家耀、李炳元、刘君德、刘南威、周一星获奖。

·中国地理学会确定樊杰等 12 人当选中国地理学会会士，Michael Batty 等 3 人当选中国地理学会外籍会士，Ronald F. Abler 等 2 人当选中国地理学会外籍荣誉会士。

·国际地理联合会主席 Michael Meadows 院士入职南京大学。

·中国地理学会地理教育工作委员会和中国的教育部高等学校地理科学类专业教学指导委员会主办"新时代地理专业建设支撑地理学科发展研讨会（线上）"。研讨会的理念是：通过地理专业建设促进地理科学发展。大会报告有"地理学与可持续发展"（傅伯杰）、"新时代中国地理科学人才培养"（贺灿飞）、"重振高等学校地理学科的独特性"（朱鹤健）、"地理学科建设的时代理念与实践路径"（宋长青）、"全国高校 GIS 专业建设共同体的探索"（汤国安）。还有若干专题（分组）报告。

·中国地理学会承办"第二十四届中国科协年会——中西部地区协调发展论坛"。陆大道、陈发虎、张国友、夏军、樊杰、方创琳、杨开忠、何书金等作为嘉宾、报告人、主持人。该论坛以"开创中部地区崛起新局面"和"推动长江中游城市群协同发展"为主题，以长江经济带、长三角一体化、粤港澳大湾区、京津冀协同发展等国家战略和"一带一路"倡议为依托，探讨中部崛起特别是湘赣边革命老区振兴、湖南省区域经济布局和城乡区域协调发展等问题，把促进湖南自身发展与服务全国大局有机统一起来，立足国家战略谋划区域发展，为湖南形成区域经济发展新优势出谋划策，促进湖南实现在中部地区崛起中带头作用的发挥。

·中国等多国的"区域全面经济伙伴关系协定（RCEP）"正式生效。标志着全球人口最多、经贸规模最大、最具发展潜力的自由贸易区正式落地。将深远影响世界地理格局和世界地理研究。

·中国教育部公布第二批全国高校黄大年式教师团队入选名单。北京师范大学"区域地理理论与实践教师团队"（刘宝元负责）、南京师范大学"地理学教师团队"（汤国安负责）、福建师范大学"生态地理过程教师团队"（杨玉盛负责）、黄河水利职业技术学院"测绘地理信息教师团队"（陈琳负责）等入选。

·中国的全国人大代表崔鹏（中国科学院地理科学与资源研究所）在两会期间阐述全球防灾减灾。他阐述道，我国是世界上自然灾害较为严重的国家之一，中华民族生于忧患，我们党和政府对防灾减灾高度重视，中国人民在长期减灾实践中取得令人瞩目的成绩，形成行之有效的减灾模式。打造以"我"为主、支撑国际减灾合作与重大减灾实战的科技支撑体系，既是我国防灾减灾的现实需求，也是提升国家软实力、体现大国担当、为构建人类命运共同体贡献力量的重要内容。聚焦全球防灾减灾重点区域、重点国家和核心攻坚区，牵头创建新型国际减灾合作机制，推动建立和完善联合国国际减灾战略框架下的政府间、国际组织、不同利益相关者协同一体的国际减灾组织框架和平台体系。

·中国北京冬奥会举行。中国科学院北京冬奥会赛事用雪保障关键技术研究团队为赛事用雪提供科学技术支持。

·中国华南师范大学马克思主义学院和地理科学学院合作开始招收马克思主义地理学方向博士研究生。

·中国夏军获国际水资源与环境研究终身成就奖。第九届国际水资源与环境大会（ICWRER 2022）在美国佛罗里达大学通过线上线下方式举行。在这个大会上三位国际水文水资源学者分别获国际水资源与环境研究终身成就奖。

·华裔王亚平当选为英国爱丁堡皇家学会院士。他1977年考入陕西师范大学地理系。2013年至今，王亚平任格拉斯哥大学城市研究系世界城市未来讲席教授。

·中国陈发虎发表"人类发展与地理科学服务国家需求"。中国陈发虎受邀在齐鲁地理大讲堂上讲授"人类发展与地理科学服务国家需求"。

·中国地理学会大讲堂第5期举行。蔡运龙主讲"借鉴地理思想经典，助力理论方法发展"，樊杰主讲"百年来人地系统的综合人文地理学研究进展"。

·中国蔡运龙发表"借鉴地理思想经典，助力理论方法发展"。地理学的高质量发展和满足国家重大需求都需要注重地理学理论思想方法的建树。近现代地理学思想发展经历了四个主要阶段：经验归纳与区域综合、地理学的科学化、地理学的人本化、地理学的多元化。地理学思想不断经历着"否定之否定"的螺旋式上升过程，地理学者个人的思想和立场也如此发展着。每个阶段都涌现了一些思想经典，报告介绍了其中必读且易于获取的名著。学习这些名著，有助于我们开阔学科视野，提升思维高度，破除"内卷"倾向：也有利于我们在研究实践中提出新问题，创新研究思路和研究方法。借鉴这些经典，结合中国实际，中国地理学者正在努力建立中国的地理学理论和方法论体系，报告介绍了其中最近的一些重要著作。

·中国樊杰发表"百年来人地系统的综合人文地理学研究进展"。聚焦人地系统综合研究，讨论人文地理学学术思想和理论方法的进展。按照4个发展阶段，以代表性学术成果为解析对象，阐述人地系统综合研究的主要学术贡献，探讨其产生的原因和影响。归纳具有中国特色的综合人文地理学学术流派形成的脉络，展望未来人地系统研究的前景。

·国际地理联合会百年庆典特别大会在法国首都巴黎召开。2022年7月18日至22日，由国际地理联合会（IGU）、法国国家地理委员会（CNFG）、法国地理学会及索邦大学联合主办的国际地理联合会百年庆典特别大会在法国首都巴黎召开。来自100个国家与地区的2500余名学者以线下线上的形式参加了会议，其中现场参加的学者为2200余名。会议围绕"地理学家的时代"这一主题，就人类与人类生活以外的环境在空间和时间维度上的联系展开讨论与交流。中国地理学会副理事长兼秘书长张国友和中国地理学会外事主管张萱子作为中国大陆代表在线参加了会议，参见投票表决并阐述了中国立场。

·国际地理联合会百年庆典特别大会专门组织了一场"当代地理学的地位"的研讨会。

·美国菲利普·安德森发表"多者异也：破缺的对称性与科学层级结构的本质"发表50周年。《自然》7月邀请8位科学家分别陈述了他们各自领域中有趣的涌现现象，以此纪念。涌现的科学概念与基本原理的认识，势必深远影响地理学家理论思维和地理学学科的发展。

# 附录 1
# 非职业地理学家的地理学贡献

## 第一节　整体认识:非职业地理学家的地理学贡献

　　近代社会以来,职业和行业分化,出现地理学家职业。关注、研究和促进地理学发展的人包括职业地理学家和非职业地理学家以及兼有地理学职业性质的人员。他们在地理学的许多方面有所探究和阐述。之所以存在非职业地理学家对地理学有知识贡献的客观事实,这是多重原因共同作用的结果。其中,地理学以地球表层为研究对象、以人地关系地域系统为研究核心,有跨学科属性即兼具自然科学和人文社会科学属性,具有关注与研究人类生存与发展的学科价值。这在客观上决定了非职业地理学家同样可以具有地理学知识贡献。孟德斯鸠、康德、黑格尔、马克思、恩格斯、斯大林、普列汉诺夫、孙中山、毛泽东和钱学森等非职业地理学家,在他们的职业和事业中,或直接、或间接地探讨和阐述地理学的许多方面问题。康德和钱学森等对地理学有多方面贡献;孟德斯鸠、马克思、恩格斯、普列汉诺夫和斯大林所阐述地理环境对人类发展作用、地理环境与人类发展相互作用和人类发展对地理环境作用等思想对地理学人地关系论有重要贡献;孙中山《建国大纲》特别是"实业计划"和毛泽东《论十大关系》特别是"沿海与内陆关系"对地理空间规划有重要贡献。与地理学有关联学科的经济学家、民族学家、社会学家、历史学家和人口学家等所阐述的理论、规律和方法,对于地理学科学研究维度动因机制的深入阐释以及地理空间秩序和时间序列的科学阐释等具有重要作用。

## 第二节　具体认识：孟德斯鸠的地理学贡献

孟德斯鸠对地理学的贡献主要表现在地理学基本理论问题之一"人地关系论"方面。他在其《论法的精神》中用五章巨大篇幅系统地提出和系统阐述自然地理环境及其分异对人类社会诸多方面具有决定性或重要影响这个重要命题。他认为自然地理环境特别是气候要素、土壤要素、地貌要素和区域面积等自然地理要素和自然地理条件及其综合对某区域社会发展及其地域分异有重要影响。他的这些论述只是强调了自然地理要素及其综合的重要作用，而没有论述自然地理环境整体的重要作用。他的这些论述在地理学中逐渐被转换成"地理环境决定论"的典型代表，深刻影响地理学人地关系论的研究与发展。

## 第三节　具体认识：康德的地理学贡献

康德被认为是对欧洲最具影响力的思想家之一。他对地理学有多方面贡献，是近代地理学时期的代表，他的《自然地理学》及有关论述对近代地理学开山大师亚历山大·冯·洪堡和卡尔·李特尔有很大影响。1. 在地理学位置方面，他认为阐述和研究事物空间关系的地理学与阐述和研究事物顺序关系的历史学，是整个科学分类中的第二级分类，给予地理学很高位置。2. 在地理学价值方面，他阐述了地理学是理解人类对世界感性认识的重要基础学科，起着整理人类感性知识的作用。3. 在地理学性质方面，他认为地理学提供关于自然的系统知识，属于经验科学，阐述和研究特定的事物之间的具体关系而不是抽象关系。4. 在地理学体系方面，他认为地理学阐述和研究自然地理、人文地理和区域地理。5. 在地理教学和地理著作方面，他从 1756 年开始讲授自然地理学（他所讲授的自然地理学不仅包括斯特拉波的自然地理学，而且包括人文地理学的政治地理学、商业地理学、风俗地理学和神学地理学等若干分支领域，还包括对每一自然地带或自然带的区域地理），1802 年出版《自然地理学》。6. 在地理空间识别与划分方面，他认识到纬度地带性分异或沿纬度分异对地理空间或区域识别与划分的重要性，遵照自然地带或自然带阐释地理事物及其之间联系。

## 第四节 具体认识：黑格尔的地理学贡献

黑格尔对地理学的贡献主要表现在地理学基本理论问题之一"人地关系论"方面。他在其《历史哲学》中提出了"历史的地理基础"重要概念，系统阐述了地理环境对社会发展的重要影响的人地关系思想，系统阐述了区域差别以及区域比较的区域地理思想。他分别阐述了作为自然地理综合体的土地和海洋、作为自然地理要素的气候和地貌对人类和区域的社会经济发展的重要作用。在土地方面，他阐述要知道某一地方的自然类型和生长在这土地上的人民的类型和性格有着密切关系；在海洋方面，他阐述地中海"是世界历史的中心""是旧世界的心脏""是旧世界的中央和终极"；在气候方面，他阐述了寒带、热带和温带在世界历史上的不同作用，指出温带在人类发展历史上具有比寒带和热带更大的优越性；在地貌方面，他阐述"干燥的高地，同广阔的草原和平原""平原流域——是巨川大江流过的地方"和"和海相连的海岸区域"三大类地貌对人类活动作用的不同。他的这些人地关系思想和区域地理思想，对地理学有重要作用。

## 第五节 具体认识：马克思的地理学贡献

马克思［全名卡尔·海因里希·马克思（Karl Heinrich Marx）］，高度关注着自然科学的发展，尤其是在地理学领域有着较大的成就。马克思理性地认识分析了那个时代的特点，并且在《共产党宣言》《资本论》《德意志意识形态》《政治经济学批判》《1844 年的经济学哲学手稿》等专著中，阐述了与地理学有关的若干问题。这些问题的阐述对地理学的发展产生了深远的影响。第一，马克思对人与自然的关系即人地关系有着系统的认识。马克思在《资本论》等著作中系统阐述了社会发展与地理环境之间的关系。他认为人与自然并不是各自独立的王国，相反他们之间有着基本的相互关系——即通过社会劳动来实现自然与社会的统一，同时他还阐述了地理环境及其变化对社会发展的作用，也阐述了社会发展及其变化对地理环境的影响。第二，马克思对经济地理学有着系统的认识。马克思主义经济地理学摆脱了"区位论"中种种条件的假设，并对实证主义的空间分析持批评态度，忽略了空间环境在经济发展过程中的重要作用，他将空间问题置于资本主义发展不平衡这样一个核心框架内进行研究，即"非均衡地理"他认为每一种生产模式都会产生独特的空间安排，并且一连串的生产模型会改变任何给定空间的地貌，同时经济的发展也是一个涉及全球的地理问题，一切条件的假设都会在这种全球化的变化中受到冲击。第三，马克思对政治地理学有着系统的认识。马克思在其早期的著作《德意志意识形态》中提出"最早的所有制形式是部落所有制"，同时认为"父权"是人类最早的社会组织。在亚细亚与欧罗巴社会发展过程中，马克思认为农村的自给自足和把手工业与农业合为一体是东方专制和社会停滞不前的主要原因，而在欧罗巴社会则出现了自由市场、私有财产、协会组织和资产阶级法律等跟资产阶级兴起紧密联系的社会条件。第四，马克思为地理学家们提出了系统的哲学观。马克思在他的著作中，为地理学研究树立了辩证唯物主义和历史唯物主义的世界观，同时还正确地阐明了人与自然的关系。因此，无论是自然地理学，还是人文地理学；也不管是地理学的理论探讨，还是地理学的实际应用，马克思都为后续的地理学家们树立了更加科学与完善的方法论。

## 第六节　具体认识:恩格斯的地理学贡献

恩格斯［全名弗里德里希·恩格斯（Friedrich Engels）］，高度关注着自然科学的发展，尤其是在地理学领域有着较大的成就。恩格斯理性地认识分析了那个时代的特点，并且在《自然辩证法》《共产党宣言》《资本论》《家庭、私有制和国家的起源》等专著中，阐述了与地理学有关的若干问题，这些问题的阐述对地理学的发展产生了深远的影响。第一，恩格斯对地理学的学科地位与性质有着系统的认识。恩格斯把以洪堡德为代表所创立的科学地理作为打破"目的论"的六个打击力量之一，摧毁了"目的论"的保守僵硬自然观的统治，并且对自然观产生了新的看法，即"自然界一般地简直是被看作某种历史地发展着并且具有时间上的历史的东西"。从辩证唯物主义和历史唯物主义的角度对地理学的学科地位与性质做了系统的阐述，肯定了地理学的学科地位。第二，恩格斯对地理环境有着系统的认识。恩格斯认为自然界不仅是存在着，也是生成着并消灭着。并且整个自然界，从最小的东西到最大的东西，从沙粒到太阳，从原生生物到人，都处于永久的产生和消灭中，处于不间断的流动中，处于不休止的运动和变化中。无论是自然地理环境（生物、气候、土壤、地形等）还是人文地理环境（人口、民族、经济、交通等）都无时无刻的处在变化过程中，并且这种变化是连续不断的。第三，恩格斯对人与自然有着系统的认识。人与自然即使"人地关系"的雏形。恩格斯认为，人是自然界的一部分，应服从一般自然规律的制约。同时，恩格斯也写道："只有人才能在自然界上面打下自己的印记，因为他们不但变更了动物的位置，而且也改变了他们居住地方的面貌和气候，他们甚至还如此地改变了动物本身，以致人的活动的结果只能和地球的普遍死忙一起消灭。"这与人地关系中的"地理环境决定论""可能论""适应论""环境感知论"和"协调论"有着极大的相似性。第四，恩格斯为地理学家们提出了系统的哲学观。恩格斯在他的著作中，为地理学家们揭示了一个完整的自然观，包括了自然界的产生、形成和发展，也包括了自然界的消亡。他将自然科学从"神学论"中拯救出来，产生与形成了辩证唯物主义和历史唯物主义的自然观，同时也使地理学从唯心论的自然观进入唯物论的自然观，为地理学家们树立了更加科学的方法论。

## 第七节 具体认识:普列汉诺夫的地理学贡献

普列汉诺夫对地理学的贡献主要表现在地理学基本理论问题之一"人地关系论"方面。他在其《黑格尔逝世六十周年》《论一元论历史观之发展》《唯物史论丛》和《马克思主义基本问题》等中,系统阐述了不仅包括自然地理环境而且包括人文地理环境在内的综合地理环境对人类和区域的社会经济发展的重要作用,形成了系统的人地关系理论。第一,他科学分析与批判了巴当《共和国论》、孟德斯鸠《论法的精神》等所阐述的人地关系理论后,写道:他们的观点"仅仅局限于探究人们周围的自然界在心理方面或者生理方面对人的影响,而完全忽视了自然界对社会生产力状况,并且通过生产力状况而对人类的全部社会关系以及人类整个思想上层建筑的影响"。第二,他科学分析与提升了黑格尔《历史哲学》和马克思《资本论》等所阐述的人地关系理论后,写道:"地理环境是通过在一定地方,在一定生产力的基础上发生的生产关系来影响人的,而生产力发展的头项条件就是这种地理环境的特性。"第三,他科学分析与考察了不同发展阶段的地区后,写道:"地理环境不但对原始部落有这很大的影响,就是对于所谓开化民族也有着很大影响";"地理环境对于人类社会的影响是一种可变的量",随着生产力的发展,"增加了人类控制自然的权力,因而使人类对于周围的地理环境发生了一种新的关系"。

## 第八节 具体认识:钱学森的地理学贡献

钱学森,杰出科学家。20世纪80年代中,钱学森担任中国科学技术协会主席,关注与阐述地理科学若干问题,并指导青年地理工作开展研究。他注重的地理科学与地理学有所差别。第一,在地理学位置方面,他提出现代科学技术体系分为数学科学、自然科学、地理科学、社会科学、建筑科学、军事科学、人体科学、思维科学、行为科学、系统科学

与美学 11 个学科。其中，自然科学、社会科学和地理科学作为客体世界
的主要研究对象，地理学具有很高学科地位。第二，在地理学结构方面，
他认为每上述每一学科都包括基础理论、技术基础和实际应用三个层次，
地理科学亦不例外。第三，在地理学研究对象方面，他明确提出和系统
阐述了地球表层概念及其是地理科学研究对象。这一论述对中国当代地
理学有深远影响。第四，在地理学方法论方面，他认为地理系统是一个
开放的复杂巨系统，研究这个系统必须采用"从定性到定量综合集成
法"。第五，在地理学价值方面，他提出和阐述"地理建设"及其地理学
重要租用作用和价值。第六，在地理学发展和青年地理工作者指导方面，
他与中国地理学会和黄秉维和吴传钧等当代中国地理学家有很好的往来
和互动，指导和支持中国地理学发展；通过书信、谈话和讲话等多种方
式关怀和指导青年地理学工作者成长。第七，在地理学论著方面，他发
表的阐述地理科学的论文和谈话，收入《论地理科学》一书。

# 附录 2
# 地理学的研究对象 *

  古老而年轻的地理学，至今仍面临着"地理学的研究对象是什么"等问题没有形成全国乃至全世界范围内的共同答案的局面。具有中国特色和时代特色的中国地理学的形成与完善这一项学科建设工程，必须要回答的基本问题之一是"地理学的研究对象是什么"。这是因为"一门学科的研究对象问题之所以是这门学科的最根本问题，是因为它的内容、它与其他学科的关系、它的社会功能等都是由它的研究对象决定的。它的研究对象是否明确，直接决定着它的发展水平和成熟程度，决定着它的科学性的含量"。

  如何回答地理学的研究对象是什么这个问题呢？对于学科的研究对象的最一般认识、哲学认识和科学实践认识，是回答地理学的研究对象乃至任何一门学科的研究对象的重要理论基础。《现代汉语词典》最一般地对研究对象进行了解释：研究对象"是指行动或思考时，作为目标的人或事物"。《毛泽东选集·第一卷》从马克思主义哲学的角度，阐述了研究对象问题，写道："科学研究的区分，就是根据科学对象所具有的特殊矛盾性。因此，对于某一现象的领域所特有的某一矛盾的研究，就构成了某一门学科的对象。"杰出的科学家钱学森院士从科学哲学层面和科学实践角度，在其《论地理学》中更加精辟地论述了学科的研究对象问题。他论述道："各个学科所面对的研究对象都是客观实际，不同学科之间的差别，不在于研究对象，而在于它们研究的角度不同，研究的侧面

---

 \* 本附录内容引自潘玉君、武友德编著《地理科学导论》第一章，科学出版社 2014 年版。

有所不同。"所以，从研究对象的矛盾特殊性、研究角度的独特性和研究侧面的选择性等是回答地理学的研究对象的方法论。

地理学的研究对象到底是什么？对于这个地理学的基本问题，应该遵循马克思主义关于理论创新的最高原则——历史的与逻辑的统一——来进行回答。让我们（1）从地理学大师和优秀地理学家对地理学的研究对象的既有的科学认识、（2）地理学研究对象的圈层基础和（3）对地理学研究对象的逐级逻辑分析，来探索地理学的研究对象吧！

从"历史与逻辑的统一"的高度及其历史的角度和逻辑的角度，得到对地理学的第一个基本认识即"地理学的研究对象"的答案——地理学的研究对象是地球陆地表层空间系统。

## 第一节　地理学研究对象的既有认识

在漫长的地理学的发展历史中，自近代地理学以来，很多杰出地理学家在从事大量具体地理问题实证研究的同时，始终在关注地理学的研究对象是什么等方面的问题，并进行了探索，形成了具有一定地域特点、时代特点和学科特点的各种既有共性又有个性的观点。对地理学的研究对象的深度和系统程度，反映了对地理学本质的认识的深度和系统程度。他们对地理学研究对象问题的不断认识，促进了地理学的学科发展。这些地理学大师和地理家关于地理学研究对象的有关认识，构成了遵循马克思关于理论创新的最高原则——历史的与逻辑的统一——来回答地理学的研究对象这个地理学的基本命题的认识历史。

### 一　国外部分学者的主要观点

从近代地理学开始以来，很多有作为的地理学家思考并探索了地理学的研究对象问题。他们的答案或者是直接的或者是隐含在他们的地理学思想中。他们的观点影响深远。

（一）近代地理学开山大师的观点

近代地理学的开山大师亚历山大·冯·洪堡（Alexander von Humboldt，1769 – 1859）和卡尔·李特尔（Cari Ritter，1779 – 1859）在他们的地理学研究中，逐渐认识并阐明了地理学的研究对象。他们关于地理学的研究对象的思想深远地影响着今后那么多地理学家对地理学的研究对象是什么问题的探索，也是本书明确提出并阐释的地理学具有三个有一定逻辑顺序的研究维度的重要的学术历史基础。

1. 洪堡的观点

以自然地理学见长的洪堡，运用地理大发现所带来的大量资料和自己的系统的科学考察所得到的资料，毕生完成了大量的学术著作，其中之一是最重要的、5 卷本的科学巨著《宇宙：物质世界概要》（*Kosmos*，*Entwurteiner Physischen Wellbeschreibung*）。他受德国哲学家康德关于地理学研究区域联系与分布问题的思想和他的老师 A. G. 沃纳的关于某自然地理要素与其环境的关系的思想的影响，认为地理学是对地球的描述，研究位于地球上某一区域或者片段上的各种相互联系的现象的多样性。地理学史专家家刘盛佳教授在其《地理学思想史》中较多地引用了洪堡在《宇宙》中的原文。这些原文可以看到洪堡关于地理学的研究对象等方面的思想和概念。洪堡认为"……宇宙著作的基本法则，……就是企图把宇宙现象作为一个自然整体来认识，并揭示在这些现象的个体组织中，怎样认识他们所受到的共同制约——或者说大自然规律的支配，以及通过怎样的途径来从这些规律提高到因果关系的探讨"……"如果要正确地理解自然，我们就绝不把事物的现状与其过去的发展截然分开。不回顾事物的形成过程，就不可能获得对事物性质的正确理解。……对于地球的自然面貌进行描述时，现在和过去两者之间和明显地是相互渗透的"……"人类在生活上到处与土地发生最根本的联系……他借助于精神活动和智慧教养的提高来轻易地摆脱自然力的控制，还具有使他自身适应于各种气候下生活的惊人能力。"洪堡所探索的不是个别的空间现象，而是空间分布的各种现象的复合体。在他的与现在地理学的观念非常接近的思想观点中，鲜明地体现了地理环境整体性、地理要素及其关系、地域等级系统、地理事物发展历史即时间序列和人地关系等方面的观念或思想。

2. 李特尔的观点

以人文地理学见长的 C. 李特尔主要利用地理大发现所带来的地理资料，完成了一系列地理学论著，最早阐述了人地关系和地理学的综合性、统一性，奠定了地理学特别是人文地理学的理论基础。19 卷本的《地学通论》是其最重要的地理学著作，又名《地球科学与自然和人类历史》，全名为《地学通论——它同自然和人类历史的关系》或者《普通比较地理学——自然和历史科学研究与教学的坚实基础》。他认为，地理学是研究人类的家园即布满人的空间的地表空间的科学，不以整个地球为研究对象而以地球表层（Erdkunde）为研究对象，重点是研究和理解在地区上结合在一起的各个地理事物的相互联系和因果关系，人是整个地理研究的核心和顶点。在他们的地理学的观念和思想中，地理学不是研究整个地球而仅是研究地球的一个部分——地球表层——上的地理事物的区域分布及其联系、地理要素之间相互联系和因果关系的科学。

（二）其他学者的观点

1. 部分德国学者的主要观点

费迪南德·冯·李希霍芬（Ferdinand von Richthofen）是一位野外考察研究经验丰富的地理学家，认为地理学必须限于研究地球表层即岩石圈、水圈、大气圈和生物圈相互接触的地方，地理学的最高目标在于发掘人类和物质的地球以及与自然现象也有联系的生物现象之间的关系。弗里德里希·拉采尔（Friedrich Ratzel）出版了《人类地理学》和《政治地理学》等著作。他在关注各种自然现象对历史发展的影响和在某些地区文化的差异比自然特征的差异更重要的思想。这透射出，他所理解的地理学主要是研究人地关系的科学的思想。以《地理学：它的历史、性质和方法》著称的阿尔弗·赫特纳回答了这样的一个地理学的基本问题——地理学是否只限于叙述发生在空间联系上的独特事物？还是也应该设法创立一般的地理学概念？他认为，地理学研究的是地球表面的差异性，或者说地理学是按照总特性研究地球表面的不同地区，既要研究地理规律又要研究具体的地理事物，地理学是研究区域差异的科学。

2. 部分法国学者的观点

地理学家或人文地理学大家 P. V. 白兰士（Paul Vidal de Blache, 1845－1918）在其《人生地理学原理》（*Principes de geographie huonaine*）等论著中，阐述了地理学的目的是研究地面相关现象的因果关系和"或然论"或"可能论"的人地关系学说。他既反对拉采尔的地理环境决定论又反对佩舍尔的地理环境二元论，认为，在人和地理环境的关系中，除了地理环境的直接影响外，还有其他因素在起作用，自然环境提供了可能性的范围，而人类在创造他们居住地的时候，又反过来按照他们的需要、愿望和能力来利用这种可能性。他坚持认为，地理学的研究应集中在个别区域上，力求通过一系列具体区域的实证研究来阐明人地关系的一般关系或一般原理。

3. 部分俄苏学者的主要观点

苏联地理学家 C. B. 卡列斯尼科对自然地理学特别是综合自然地理学的发展有重要贡献，在其《普通地理学原理》中阐述道："地理学是研究地球地理外壳结构的科学，是研究这个结构的构成法则、空间分布法则以及发展法则的科学。"苏联地理学家马尔科夫在"苏联地理学第二次代表大会"上的报告《论大学地理系学生的培养》中阐述了地理学的研究对象问题，认为，"地理学研究各地方及整个地球表面的自然、经济和人口的相互依赖性"。A. Г. 伊萨钦科（А. Г. Исачек）在其《今日地理学》（*География сегодния*）中阐述了地理学的研究对象。他首先引述了《苏联大百科全书》中的定义——地理学是研究自然综合体和生产力地域综合体及其组成成分的自然科学和社会科学系统——的基础上，从结构和统一阐述了地理学。他写道"首先应该研究事物的真实情况，即研究历史上实际形成的现代地理学结构和组成这个结构的一系列部门；然后，应该阐明它们是如何联合的，即阐明地理学系统的统一是建立在什么基础上的"。В. Б. 索恰瓦（В. Б. Сочава）在其《地理系统学说导论》（*Введение в учение о геосистемах*）等论著中阐述了，随着系统科学在地理研究中的应用，人们逐渐认识到地理环境实质上是一个巨系统，可以用"地理系统"这个概念来表述地理学的研究对象。地理系统是位于地球表面附近由各种自然、经济和社会因素相互作用形成的统一体。

4. 部分美国学者的观点

主编长达一千余页的巨著《人类在改变地球面貌中的作用》（*Man's Role in Changing the Face of the Earth*）的伯克利学派地理学家 W. 托马斯（William Thomas）阐述了该学派对于地理学特别是地理学的研究对象的认识。他们认为，地理学是关于最近数百万年——人类栖息时期——在地球表面上发生之事的研究。它特别关注地球产生区域差距的自然—生物过程的结果，它通过了解与人类发展历史有关的问题——文化差别对资源认识和利用方式的的差别的作用和人的群体对地球的面貌的改变中的作用问题——而逐渐构建地理学知识体系。这样理解的地理学特别是它的研究对象，显然具有鲜明的文化背景和地理环境背景特色。R. 哈特向（Richard Hartshorne，1899－1992）对地理学的区域研究的范式进行了系统的理论总结，主要反映在其理论著作《地理学的性质》（*The Nature of Geography*）中。他认为，地理学是关于世界上区域分异的复杂知识，"地球表面就是岩石圈、水圈、气圈、人圈相互混合的地球外壳部分，这就是地理学的研究领域。"H. 巴罗斯认为，地理学应当致力于从考察多个要素之间关系的角度研究人类的生态或人类对其自然环境的适应等方面的问题，这些才是地理学的研究对象。以"景观的形态"（Morphology of Landscape）一文而有很大学术影响的卡尔·苏尔认为，地理学的研究对象是地球表面，主要研究自然事物和人文事物的区域特征以及他们的区域差别。詹母斯在其《地理学思想史》讨论美国的新地理学对他的观点进行了归纳阐述道：苏尔认为地理学研究区域，不仅于对各个区域的专门研究，而且在于对各个区域的一般特征和规律的研究。

## 二　国内部分学者的主要观点

自 20 世纪初叶以来特别是 20 世纪中叶以来，很多杰出的或优秀的地理学家诸如竺可桢院士、钱学森院士、黄秉维院士、吴传钧院士、陆大道院士、郑度院士、李春芬教授、李旭旦教授、陈传康教授、李振泉教授、蔡运龙教授……以地理学实践为客观基础，以马克思主义哲学为指导，在吸收历史和国外地理学思想的基础上，探讨和回答了地理学的研究对象这个问题。他们的这些观点，深远地影响着中国地理学在 20 世纪中和 21 世纪初叶的发展。

（一）竺可桢院士的观点

地理学家竺可桢院士既是科学家又是科学发展的管理者。他从地理学的学科属性和服务于国家社会经济发展特别是农业发展方面，阐述了地理学的研究对象和学科任务等方面的问题。他编撰了我国第一本地理学理论著作《地理学通论》。他在"中国地理学会第三次全国代表大会及1963 年综合性学术年会开幕词"中和在 1965 年中国科学院地理工作会议上的报告"中国科学院道理研究工作的方向"等论著中，阐述了地理学的研究对象等问题。他阐述道："地理学是一门面向各个自然要素和整个地理环境，综合性和地区性和强的科学"，"是研究地理环境的形成、发展与区域分异以及生产布局的科学，它具有鲜明的地域性与综合性特点，同时具有明显的实践作用，与国民经济建设的各个部门有着极其密切的关系……地理环境是各种自然条件有机结合而成的，是一个完整的自然综合体……因此，综合研究应当成为地理学发展的主要方向，只有这样才能充分发挥地理学综合性、地域性的特点……地理学综合水平的提高，有赖于地理学各分支学科的发展，因此在向综合研究方向发展的同时，亦应当注意各部门地理学的研究"，地理学是研究地面环境的科学，应着重研究地球表面的岩石圈、水圈、大气圈和人类的相互作用，其任务是研究地球外壳的结构及其组成部分的发生、发展和各组成成分之间的相互制约和相互转化。

（二）钱学森院士的观点

杰出的科学家钱学森院士和一切有社会责任和历史责任的科学家一样，长期以来在探索和思考人类的生存与发展方面的问题。他在诸多学科中认识到地理学是进行思考人类生存与发展问题的理想学科，所以，他特别关注地理学的基本问题，其中之一就是地理学的研究对象问题。他在其"发展地理学的建议"等论著中，明确提出并比较系统地阐述了"'地理学'就是一门综合性的科学，地理学的研究对象就是地球表层……地球表层对人的影响，对社会的发展都有密切的关系，地球表层往外的部分和地球表层更深的部分是地球表层的环境……地球表层是一个系统，而且是一个非常复杂的系统"和"地球表层学是自然科学和社会科学的交叉学科"等观点和思想。他的观点通过中国科协和中国地理学会而在中国地理学界有很大影响。

（三）黄秉维院士的观点

以主编《中国综合自然区划》而著称的地理学家黄秉维院士在《1956—1967 年基础科学学科规划》之《地理学学科规划说明书》和《自然地理学一些最主要趋势》等有关论著中，阐述了地理学的研究对象问题，认为"自然地理学是研究地理环境的成分及各成分之间物质、能量交换及其地域差异的科学"，"自然地理学全面研究由地貌、气候、水文、土壤、植被、动物等相互关联的因素所组成的自然综合体，研究它的类型及其发生、发展与分布的规律，并在此基础上，分析其对于人类社会的有利方面与不利方面，指出充分利用与改造的可能性与方向。"和地球陆地表层系统是地理学的研究对象的思想。他认为地球陆地表层研究的主要领域有：1. 地理学传统研究对象是作为人类居住的地表或作为人类生存的环境；2. 生态学研究生物与环境的关系，对象全在地球表层；3. 自然资源研究主要是研究自然界中物质和能量的利用与保存，对象是地球表层；4. 环境研究有狭义和广义之分，狭义是消除和避免环境污染，广义的就包括一切与人类活动有关的环境，这与地理学传统定义相同；5. 国土整治研究，其对象仍然在地球表层中；6. 地圈、气圈相互作用研究其内容是研究地表对大气的影响和大气变化对地表的影响。

（四）吴传钧院士的观点

地理学家吴传钧院士在其主编的"自然科学学科发展战略调研报告"《地理学》、在中国地理学会第四次代表大会上的报告《地理学的今天和明天》和在《经济地理》上发表的论文《地理学的特殊研究领域和今后任务》中，论述了地理学的研究对象问题。他在《地理学》中写道："地理学是一门研究地球表层自然要素与人文要素的交互关系与作用的科学。研究范围十分广泛，上至大气圈对流层的顶部，下至岩石圈的表层，处于大气、陆地、水域的交合面，由大气圈、水圈、岩石圈、生物圈与人类智慧圈五大圈层所构成……”在“地理学的今天和明天”论述道，第一，地理学着重研究有关事物的分布。地理学要回答的问题不仅是分布在哪里（where），而且要回答在什么时间条件下（when）、为什么分布在那里（why）和形成怎样的分布类型（what）等问题。地域结构和地域过程的统一是地域系统。人类就活动在地球表面的地域系统之中。第二，地理学所研究的地理环境，不限于狭义的自然环境，而是由无机的、有机的、社会的三方面要素构成的地理环境。这三方面要素分别受自然规律、生物规律和社会经济规律的支配，包括了自然环境、生态环境、人文（社会、经济、文化）环境。作为整体的地理环境，其发展是由于上述三方面要素相互作用的结果。有不少其他学科研究这些要素的个别方面，而地理学则综合研究其整体。地理学要分析研究地域综合体内部各个要素的相互关系、它的结构和地域分异规律。第三，地理学研究具有因果反馈性质的人地关系。

（五）陆大道院士的观点

地理学家陆大道院士在“地球表层系统研究与地理学理论发展”等论著中，从历史——地理学发展历史——与逻辑——遵从系统论的逻辑分析——相结合的角度，论述了地理学的研究对象问题。第一，他从历史的角度论述道：“无论古代、近代和现代，地理学的研究对象都在于地球表层。而且地理学研究的着眼点不是个别事物的规律，而是现象之间的联系。近代地理学的奠基人亚里历山大·洪堡……将地球作为一个整体……为地球表面相互联系的自然地理要素和自然现象的研究开辟了先河。美国地理学家哈特向认为地理学的焦点是区域差距，这种差距‘包括每个地方上现象的组合与任何其他地方上现象的总体组合之间的差异’。这里的‘总体组合’我们也可以理解为地球表层现象有机联系的‘综合’……”第二，他从逻辑的角度论述道：“一般认为，系统研究是1962年由乔莱首先引进地理学……‘系统研究的关键是事物的联结性’。‘系统分析一个系统包括三部分：一系列要素因子，要素因子之间的一系列联系（关系），系统与环境之间的一系列联系’。如果按照我国杰出科学家的解释，认为地球表层'这个巨大的范围是一个巨大系统，它并非是与其周围隔绝的，而是一开放的、运动的、有交换的系统'。这个'巨大系统'不仅是综合体系，而且具有'层次'和'层次结构'……"接着，他还从科学概念和理论课题孕育、萌芽和形成的一般规律，分析论述了，为什么在 20 世纪中叶之前没有出现"人—地"综合系统这一重要科学概念和重大理论课题的重要的客观原因。陆大道院士的这种历史与逻辑相统一的研究方法，完全符合马克思主义哲学所阐述的理论创新的最高原则——"'历史的'与'逻辑的'统一"。

（六）郑度院士的观点

地理学家郑度院士在《地球科学进展》和《地理学名词》（第二版）等论著中阐述了地理学的研究对象问题。他和陈述彭院士在《地理学研究进展与前沿领域》中写道："地理学是一门研究地球表层自然要素与人文要素相互作用与关系及其时空规律的科学。它所面对的是复杂的地球表层巨系统，是由大气圈、水圈、岩石圈、生物圈与人类圈所构成的统一整体，是由各种自然现象、人文现象组合在一起的复杂体系。因此，地理学是一门运用现代科学技术手段，具有跨越自然科学与社会科学性质的科学，向来以综合性和区域性为其特色，在当前的大学科体系中占有重要地位。"他主持审定的《地理学名词（第二版）》中对辞条"地理学"对地理学的研究对象进行了界定：地理学"研究地球表层自然要素与人文要素相互作用及其形成演化的特征、结构、格局、过程、地域分异与人地关系等。是一门复杂学科体系的总称"。他在"阐释地理学　护育人类家园"中写道："作为一门研究地球表层自然要素与人文要素相互作用及其时空规律的科学，地理学具有跨越自然科学与社会科学的性质，向来以综合性和区域性为其特色，在当今的大学科体系中占有重要地位。"

（七）林超和杨吾扬教授的观点

《中国大百科全书·地理学》的卷首辞条"地理学"是由地理学家林超和杨吾扬教授撰写的。他们阐述了，地理学是随着人类社会的发展和地理知识的积累而逐步发展起来的研究地球表面自然现象和人文现象以及它们之间的相互关系和区域分异的科学，就是研究人与地理环境关系的学科。地理研究的目的是为了更好地开发和保护地球表面的自然资源，协调自然与人类的关系，使人地关系向着有利于人类社会生活和生产的方向发展。

（八）李春芬教授的观点

以《南美洲地理环境的结构》区域地理研究著称的地理学家李春芬教授在"地理学的传统与近今发展"等论著中认为，"地理学的对象，是地球表面的地理环境。研究这个对象时，主要关注其组成要素的分布、组合和它们之间的空间关系。这里所谓的空间关系，即地域上的关系，……"，地球表层这个表面，不是几何学上的表面，而是指水、陆、气三界的交错地带，即是土地空气阳光和生命集合的面体。这个面体是立体的，不是平面的……是上下、左右、前后三度空间，相互联系形成一个整体。地理学对于地球表面的研究主要从空间与过程、人地关系即生态研究和区域研究三个角度去进行。

（九）李旭旦教授的观点

人文地理学家李旭旦教授致力于人文地理学、区域地理学和地理教育理论的研究，翻译了具有重要影响的《地理学思想史》。他在"现代地理学的几个问题"中，认为"但我们一致承认，地理学的研究对象是地球表面。地球表面既包括自然现象，如高山、大河、森林、草原等，也包括社会经济现象，如都市、农田、工厂、交通线等。因此，地理学既要论述自然现象，也要论述人类的社会经济现象。现代地理学显然趋向于着重研究人类的社会、经济问题……现代地理学走的是社会科学的道路，用的是自然科学的方法"。地理学研究的目的是谋求人地关系的协调。

（十）陈传康教授的观点

富有"综合探究的理性与激情"的英年早逝的地理学家陈传康教授在其"20世纪科学思潮的变革与地理学的发展"中比较系统地阐述了地理学的研究对象问题。他写道："作为地理学研究对象的地理环境，包括天然环境、人类作用于自然界后发生变化的人为环境，这两者合称为自然地理环境，还包括人类社会本身所形成的经济环境和社会文化环境。对地理环境可以进行分析研究，也可以进行综合研究。从系统论角度看，地理学研究对象包括下列三级层次（组织水平）：（1）部门地理学研究所构成的自然地理环境的各个成分（地貌、气候、水文、土壤、植被和动物等）和构成经济地理环境的各个成分（工业、农业、交通、服务行业等）；（2）综合研究地理环境的自然方面、经济方面和社会文化方面的综合自然地理学、综合经济地理学和综合社会文化地理学；（3）在更高一级层次上，对地理环境进行全面综合研究，这就是综合地理学。""综合地理学着重研究地域综合分异规律和地域综合单位的划分，自然资源的综合评价，人类活动与地理环境关系的综合分析，区域改造利用和综合开发规划的理论。综合地理学是提高区域地理研究水平的基础研究。"

（十一）李振泉教授的观点

以人地关系论理论研究著称的地理学家李振泉教授，在其"论统一地理学"等论著中，从地理思维角度，阐述了地理学的研究对象问题。他认为，"辩证唯物主义是地理思维的根本指导思想，矛盾对立统一规律是统一地理学的哲学基础。任何一门科学或一个科学体系，都必须研究一种特定的物质运动形式。毛泽东同志在《矛盾论》一文中提出的'科学研究的区分，就是根据科学对象所具有的特殊的矛盾性'。地理学研究的特殊矛盾，就是人地关系的运动形式，就是探讨人类社会与地理环境之间适应、协调、控制和改造的科学……人地关系的地域性或地域组合，是地理学研究的特殊对象。人地关系是控制整体地理学各分支学科的基因，也是维系地理学统一的基因。"

（十二）其他诸多学者的观点

除了上述学者对地理学的研究对象的阐述外，其他很多优秀的地理学家或学者也阐述了地理学的研究对象问题。

王铮和丁金宏等学者的《理论地理学概论》专门论述了地理学的研究对象问题，认为地理学的研究对象是以环境和区域为代表或表象的地理事物并专门阐述了由一般事物到地理事物的两条原理——地域化原理和景观化原理。他们在其《地理学导论》中明确提出，"地球表层是地理学所研究的主要对象"。刘南威教授在其主编的《自然地理学》中阐述道:"地球表层是人类赖以生存的地理环境。地理(科)学就是研究地理环境的科学……作为地理学研究对象的地理环境,是自然环境、经济环境和社会文化环境相互重叠、相互联系所构成的整体。"伍光和和田连恕等教授在其《自然地理学》中认为:"地理学是研究地理环境的科学,即只研究地球表层这一部分人类环境。所谓地球表层,实际上是指海陆表面上下具有一定厚度范围,而不包括地球高空和内部的地球表层。这个表层内存在着人类社会及各种地理要素,具有独特的地理环境结构和形式。"综合自然地理学家伍光和与蔡运龙教授的《综合自然地理学》秉承陈传康、伍光和与李昌文教授《综合自然地理学》的思想,认为:"地理学的研究对象是地球表面的地理环境……地理环境可以分成两部分即天然环境和人为环境。"景贵和教授、周人龙和徐樵利教授在其《综合自然地理学》认为:"地球表层,这个特殊的物质体系,过去是,今天仍然是包括自然地理学在内的地理学的研究对象。"陈效述教授在其《自然地理学》中认为:"现代科学意义上的地理学是研究地球表层物质系统与人类社会—经济—文化系统在组成、结构、功能、空间特征和时间动态等方面相互作用与相互依存的学科体系。"韩渊丰、张治勋和赵汝植教授在其《区域地理理论与方法》中认为:"地理学是一门以多种新的科学方法研究作为'人类之家'的地球表层及其改造利用的科学。地球表层中的人与自然关系是地理学研究的重点,也是地理学的优势。"刘艳芳教授等在其《经济地理学——原理、方法与应用》中认为:"地理学的研究对象……是研究地理环境在空间上的变化发展规律及人类活动与地理环境的关系……地理环境指包括大气圈、水圈、岩石圈、生物圈4个圈层的地球表面或地球外壳。"人文地理学家王恩涌教授和赵荣、张小林、刘继生、李贵才和韩茂林教授的《人文地理学》阐述道:"当代地理学是研究地球表面地理环境的结构、分布及其发展变化的规律性以及人地关系的学科。作为地理学研究对象的地球表面是一个多种要素相互作用的综合体……"自然地理学家王建教授在其主编的《自然地理学》认为:"地理学是研究人类赖以生存的地球表层环境,以及人与环境相互作用的学科。

也就是说，人类生存环境是地理学研究的主要对象与内容。"地理数学专家徐建华教授在其《现代地理学中的数学方法》认为："现代地理学，是现代科学技术社会，即信息社会的产物，他把地理环境及其与人类活动的相互关系看作统一的整体，采用定性与定量相结合的方法，规范研究与实证研究并举，是一门以解释地理现象的内在机制并预测未来演变的科学。"韦玉春教授等在《地理建模原理与方法》中认为地理学的研究对象包括"地理学研究人地关系、研究空间格局、研究地理现象在空间和时间上的演变等问题"。

### 三　简单的总结

上述古今中外地理学大师、杰出和优秀的地理学家以及杰出科学家们对于地理学研究对象的认识不断加深，观点逐渐统一。地理学的研究对象不是整个地球系统，而是地球系统的一个子系统——地球表层子系统。这个地球表层子系统是地球系统的诸多圈层子系统之间相互联系相互作用所形成的系统。这些圈层子系统包括哪些？它们有什么特征？地球表层子系统的全部，是地理学的研究对象吗？

## 第二节　地理学研究对象的基本认识

这些学者对地理学研究对象的不断追问和努力探求，表明了地理学的研究对象这个问题确实是地理学的基本理论问题之一。他们之所以追问和探求，就是想通过研究对象的明确确立，来逐渐建立具有严密体系的地理学。这些地理学家的各种观点，构成了回答地理学的研究对象的重要的认识基础。地球表层的圈层基础及其基本特征的认识，构成了回答地理学的研究对象的重要的客观基础。这两个基础实际上构成了理论创新的最高原则——历史的与逻辑的统一——中的"历史"。本节主要从逻辑的角度逐级分析对地理学研究对象的基本认识，力求实现"历史的与逻辑的统一"。地理学的研究对象不是地球系统，不是地球表层系统，也不是地球表层陆地系统，而是地球表层陆地空间系统。地理学在固守自己的学术家园——地球表层陆地空间系统——的同时，已向地球表层陆地系统、地球表层系统乃至地球系统适度拓展了研究空间。

## 一 基本认识 I：地球表层系统

### （一）地球表层的基本特征

地球表层或作为其一部分的地球表层陆地系统以及它们的一部分的区域或地域，具有鲜明的整体性、分异性和人地性以及变动性等基本特征。对于这些基本特征的系统认识，可以构建出地理学的系统的基本理论。在这些基本理论的基础上，还可以构建出运用这些基本理论寻求人类美好未来——人地关系地域系统的协调共生——的地理学的基本原理：地理环境整体性原理、地理环境分异性原理和地理环境人地性原理。古今中外很多杰出或优秀的地理学家在他们的论著中或系统、或零散地阐述了他们自己所认识到的地球表层或作为其一部分的地球表层陆地系统以及它们的一部分的区域或地域的基本特征。其中，作为我国当代地理学对它的基本特征的全面认识的《中国大百科全书·地理学》，系统介绍了地球表层或地球表层系统的基本特征。实际上，地球表层特别是地球陆地表层除了这些特征以外，还应该有其他的特征，比如地球表层的人地性。

### 1. 基本特征 I：地球表层的整体性

这六个圈层是大气对流层、岩石圈上部、水圈、生物圈、土壤圈和人类圈（又称智能圈）。每个圈层各由许多不同的要素组成，在地理综合体中具有不同的功能。大气对流层主要由气态物质组成，也包括部分液态水和固体颗粒。由于对流层直接同地面和水面接触，因此大气中各种要素（如气温、气压、湿度、风速、风向等）都受到下垫面的强烈影响。同时，大气对流层对地球表面其他圈层的性质和特征也有重要的制约作用。岩石圈上部主要由固体物质组成，包含部分气态、液态物质和微生物。它是生物和人类所依附的场所，也是各种圈层相互影响、相互作用最为集中的地方。水圈主要由液态水组成，也包括溶解和悬浮在水中的固体物质，以及部分气体和水生生物；以海洋为主，还有陆地地表水和地下水。水圈在地球表面物质和能量循环中起着十分重要的作用，并且是生物圈和人类圈得以存在和发展的基础。生物圈是有生命活动的圈层，包括植物、动物和微生物。生物的作用促进了大气圈、水圈和岩石圈的演化，为人类的生存和发展提供了物质基础。生物圈同大气对流层、岩石圈上部、水圈互相交错，组成一个巨大的复杂的自然综合体。人类圈与组成地球表面的其他圈层有显著的不同。第四纪初，人类的出现是在地球表面形成和发展过程中的一个重要转折。人类以其特有的智慧和劳动，通过社会生产和生活的各个方面对地球表层施加影响，创造了一个新的圈层——人类圈。其他四个圈层完全是物质自然发展的产物，人类虽然也由生物进化而来，但具有主动开发利用和保护自然的能力。随着人类圈的扩大，改造的范围由局部扩大到整个地球表层，现在地球表层已很少有不受人类影响的地方了，而且改造的深度和复杂程度也逐渐加强。

上述各圈层所组成的地球表层这个综合体，是自然历史发展的结果。各圈层的形成在时间上亦有一定的顺序：岩石圈、大气圈和水圈是无机的物质，首先出现；有机的生物圈及与其相关的土壤，是在无机圈层基础上发展起来的；人类则是生物圈发展到一定阶段的产物。这个顺序是不可逆的，而使这种发展得以进行的基本动力是来自地球内部的动力和来自地球外部的动力——太阳能。由于内力和外力的共同作用，才形成今天我们所见的地球表面的自然状态。从组成地球表面的要素的稳定性来看，可以区分为稳定要素和活动要素。岩石圈和地貌属于稳定要素，诚然从地质时间尺度讲它们是活动和有变化的，但是从现代地理环境来看它们是相对稳定的，例如大陆和山脉的轮廓。空气、水植物、动物以及一定程度上的土壤则是活动要素，虽然它们是由地质时期的物质发展而来，但是它们的分布格局和区域属性基本上缘由太阳能的分布，受着现代气候的控制。另外，人类出现后的各种活动也是影响上述要素的一个重要方面。人类属于哺乳动物，它既受到自然界的制约，又具有其他物质世界所没有的特点，即能主动地改造自然。地球表层的这三种主要影响力是互为联系和相互作用的，我们现在所见的各种地理现象就是它们共同作用的结果。实际的地理状况主要是地球表层太阳能分布、海陆分布和人类活动共同影响的结果。JIS 佐内维尔德认为可以把地球表层的综合体看作一个系统，在这个系统中上述三种影响力成为三个叠加的烙印。地壳和地貌是第一个烙印，为地表综合体提供基本的格局；气候是第二个烙印，在第一个烙印的基础上，不同气候带的水文和生物活动产生相关的土壤、水体、植被和动物的分布格局；人类活动则是第三个烙印，表现为不同技术水平的农业和工业，不同发展水平的社会和文化等。这三个烙印的相互作用和制约，要求地理学把地球表层的五个圈层作为一个整体加以研究，要求自然地理学和人文地理学之间紧密联系，使地理学成为一门统一的科学。

2. 基本特征Ⅱ：地球表层的分异性

造成地球表层不均一和区域分异的主要原因：一是太阳能在地球表面分布的不均匀性；二是控制海陆分布及其起伏、构造活动和岩浆活动过程的地球内能分布的不均匀性。地球是一个椭圆球体，使得太阳光线与地球表面构成不等的入射角，从而导致太阳能在地球表面分布的不均。赤道地区获得的太阳能最多，极地地区获得的太阳能最少，太阳能沿纬度而发生量的变化。太阳能分布的不均，影响着气温、气压、风向、湿度、降水等气候要素的区域差异，进而造成植被、土壤和农业的分布不均一。这种太阳能及受其影响的其他自然现象沿纬度分布的规律性称为纬度地带性。由地球内能引起的区域分异，最明显地表现在地球表面海陆分布的差异，这是自然环境的基本分异。地球表面有四个大洋和六块大陆，海洋面积远大于大陆，比值约为 2.41。大陆相对集中于北半球，海洋主要集中在南半球。对于生物和人类来说，这是两种截然不同的环境。生物，特别是高等植物和高等动物以及人类，主要集中在陆地。陆地的海拔高度和海洋的深度也不相同，一般说海洋深度大于陆地的高度。在陆地上和海洋底部也各有起伏，陆地上最高的山峰为珠穆朗玛峰（8848.13 米）。由于板块构造活动，高大的山脉多分布在陆地的边缘，且主要沿南北走向，但也有呈东西走向的。海洋中最大的深度是太平洋的马里亚纳海沟（11034 米），大洋盆一般深达 4000 米左右，大陆架深度只有200米左右。海陆的分异在地质、地貌、气候、水文、生物上都有表现。在陆地上，气候、生物、土壤还有从沿海向内陆呈规律性变化的现象，它在中纬度表现得最为明显。由陆地边缘向内陆中心，气候由湿润、半湿润、半干旱到干旱，植被由森林、森林草原、草原到荒漠，土壤也有相应的变化，这种现象称为干湿度地带性（经度地带性）。山地的存在，使自然环境成分和自然综合体出现随高度的差异。在小范围内，则有地方性的地貌、气候引起水文、生物和土壤的差异。上述各种不同等级的区域分异，都是在地带性因素与非地带性因素相互作用下形成的。

人类是在一定的自然地理环境中生存和发展的，因此人类的体质和社会、政治、经济、文化等活动，都存在着明显的区域差异。长期生活在热带的人群，具有暗黑色的皮肤，能保护皮肤免受日光的灼伤；卷曲的头发，能防止头部被晒得过热；宽鼻、厚唇、大嘴巴，便于散热。长期生活在寒带的人群，具有高窄的鼻子，使冷空气较慢地进入气管和肺部；肤色浅白，以防冻伤。人类的居住，如乡村、集镇和不同规模的城市以及不同性质的城市，其土地利用、工业布局、郊区农业结构、交通运输和商业格局、人口密度和构成、城市景观和民风习俗等，都是互不相同的。所以区域分异是地球表层最基本的特征。

3. 基本特征Ⅲ：地球表层的时间性

在地球表层形成过程中，大陆与海洋的面积和位置几经变迁，气候经历了炎热与寒冷、湿润与干旱的多次交替，生物由海洋发展到陆地，由简单到复杂，由低级到高级。就每一个地域而言，每年乃至每天、每时的气温、风向和风速是在变化的，每年、每季乃至每天的水流和植被情况也是在变化的。至于发生在社会、政治、经济、文化等方面的人文地理现象，其变化则更是频繁，变化的时间尺度远比自然地理现象小。自然地理的变化影响人文地理，人文地理的变化也反作用于自然地理。特别是在现代工业化时期，人类的活动使地球表层发生深刻的变化，一方面控制或减轻了某些自然灾害，另一方面诸如森林的砍伐、地理环境污染、荒漠化的出现和蔓延、动植物种的加速灭绝等，破坏了自然生态系统的平衡。随着人口的急剧增加、资源的大量消耗，人类影响的程度还在加剧。地球表层如何发展，已引起人们的高度重视。以地球表层为研究对象的地理学，面临着十分艰巨的任务。

（二）地球表层的既有概念

国内外特别是近年来国内很多学者都在使用地球表层这个概念，也有一些学者为这个概念下了定义。这些定义还是有一定差别的。理解这些定义，是比较科学地、规范地定义地球表层的重要基础。

1. 地球表层的近代概念

较早使用地球表层并给予定义的学者是费迪南德·冯·李希霍芬。他认为地理学必须限于研究地球表层并定义了地球表层：地球表层是岩石圈、水圈、大气圈和生物圈相互接触的地方。地理学的最高目标在于发掘人类和物质的地球以及与自然现象也有联系的生物现象之间的关系。他定义的地球表层虽然只涉及四个地球系统的子系统，但明确地阐明了地球表层是它们之间相互接触的地方即是这四个子系统的"交集"，也隐含了地球表层是与人类活动（即智慧圈）有关的含义。R. 哈特向认为，"地球表面就是岩石圈、水圈、气圈、人圈相互混合的地球外壳部分"。他的概念，突出强调了人类活动。

2. 地球表层的现代概念

（1）黄秉维和郑度两位院士在其《现代自然地理学》中定义了地球表层："地球表层是具有一定厚度的圈层，即为岩石圈、水圈、大气圈、生物圈相互作用、相互渗透区间内的一个特殊圈层。人类出现以后，它又成为人类居住和从事生产活动的环境"。这个定义中直接涉及的圈层有四个，间接涉及的圈层有一个即人类活动圈层。而且，阐明了前四个圈层与第五个圈层之间的发生顺序。郑度院士和陈述彭院士在"地理学研究进展与前沿领域"中写道："地理学……它所面对的是复杂的地球表层巨系统，是由大气圈、水圈、岩石圈、生物圈与人类圈所构成的统一整体，是由各种自然现象、人文现象组合在一起的复杂体系。"在这个概念中，明确提出了"人类圈"这一重要的圈层。

（2）王铮、吴必虎、丁金宏等教授在其《地理学导论》中定义了地球表层："地球表层是指由大气圈、生物圈、人群圈、土壤圈、水圈和岩石圈等六大圈层基本上自上而下但又相互嵌合形成的地球圈层。"在这个定义中明确提出了与地球表层有关的六个圈层，并且它们之间是相互作用的，是这六个圈层的"交集"。同时，将"人类圈"改为"人群圈"。

（3）潘玉君教授在其《地理学基础》中定义了地球表层："由地球诸多圈层——大气圈、岩石圈、水圈、土壤圈、生物圈和人类圈——相互作用所形成的、以人类活动为中心的、开放的复杂巨系统。"这里的基本圈层有六个，在强调了这六个圈层之间相互作用，是它们的"交集"的基础上，突出强调了"以人类活动为中心"和"开放的复杂巨系统"。

（4）陈效述教授在北京大学基础课教材《自然地理学》中定义了地球表层："地球系统是一个由众多要素组成的多层次系统，并且是具有不同时间尺度变化的动态系统和不同空间尺度分异的地域系统。系统的各个要素构成了一种网络的关系，某一要素的变化将会引起其它要素的一系列连锁变化。"

（5）《地理学名词》中给出了地球表层的定义："地球大气圈、水圈、岩石圈、生物圈、人类圈之间相互渗透、相互作用形成的统一整体，是人类活动最为集中的圈层。"也给出了地球表层系统的定义："地球系统中直接与人类的生存与发展相关联的表层部分，是由岩石圈、水圈、大气圈、生物圈和人类活动组成的一个相互渗透、相互作用的复杂系统。"这两个定义均直接阐明了地球表层是由五个圈层相互作用组成的系统，是它们的"交集"。

中国当代地理学家和地理工作者对地球表层的这些重要认识，是中国当代地理学对全世界地理学的重要贡献的组成部分，也是我们比较系统地阐述地球表层（系统）概念的认识基础。那么什么是地球表层或地球表层系统呢？

（三）地球表层的基本认识

1. 地球表层的定义

地球表层是地球的诸多圈层——大气圈、岩石圈、水圈、土壤圈、生物圈和智能圈——之间通过能量流、物质流和信息流而相互渗透、相互作用所形成的、逐级划分成若干地域的、以人类发展为中心的、开放的复杂巨系统。参照《地理学名词》（第二版）给出"地球表层"和"地球表层系统"的思路和方法，也可以定义地球表层系统。地球表层系统是指地球系统的诸多子系统——大气圈子系统、岩石圈子系统、水圈子系统、土壤圈子系统、生物圈子系统和智能圈子系统——之间通过能量流、物质流和信息流而相互渗透、相互作用所形成的、可以逐级划分成若干地域子系统的、以智能圈子系统的发展为中心的、开放的、复杂巨大的地球系统的子系统。

2. 地球表层的分析

（1）地球表层的基本圈层

地球表层系统是地球系统的子系统。与这个子系统有关的其他地球系统的子系统有大气圈子系统、岩石圈子系统、水圈子系统、土壤圈子系统、生物圈子系统和智能圈子系统。也可以换一种表述方式，即与地球表层有关的基本圈层有大气圈、岩石圈、水圈、土壤圈、生物圈和智能圈。这些圈层之间的等级是相同的，均是地球系统的子系统。

（2）地球表层的圈层关系

从这个定义可以看出，与地球表层系统与大气圈系统、岩石圈系统、水圈系统、土壤圈系统、生物圈系统和智能圈系统有密切关系，即地球表层系统是由大气圈系统、岩石圈系统、水圈系统、土壤圈系统、生物圈系统和智能圈系统这 6 个圈层系统决定的，可以理解成是它们的函数。从集合观点看，"地球表层系统"是"大气圈系统""岩石圈系统""水圈系统""土壤圈系统""生物圈系统"和"智能圈系统"的共同部分即"交集"，还是它们的全部即"并集"？从地球表层（系统）的定义可以看出，应该是它们的"交集"，而不是它们的"并集"。

它们相互作用，在地球表层中还形成了气候、地貌、水体、生物和土壤等自然地理要素，工业、农业和交通运输业等经济地理要素和语言、宗教和教育等社会文化地理要素。

（3）地球表层的人类中心

我们在《地理学》和《地理学与地理信息系统》等拙著中对地球表层的定义中尚没有"以人类发展为中心的"这个定语。而在拙著《地理学基础》第一版第一次印刷本中对地球表层的定义中开始增加了这个定语。之所以增加这个定语，是有学术背景的。20 世纪 80 年代开始，中国的学术界特别是生态伦理学界有关于人类中心主义的走出与走进的学术讨论。杰出的生态伦理学家余谋昌教授在《自然辩证法研究》上发表了颇有影响的学术论文"走出人类中心主义"。它的核心是由于人类中心主义思想支配下的人类的行为导致了制约人类今后可持续发展的可能性。作为以地理学为主要学科背景的一些学者也参加了学术讨论。我们提出了与余谋昌先生不同的观点——由于没有从全人类利益出发的人的集团的行为导致了困扰人类今后可持续发展的可能性。我们撰写了拙文《走进人类中心主义——兼向余谋昌先生请教》，发表在《自然辩证法研究》上。这样的学术讨论，使我认识到，应该在与地理学的研究对象有密切关系的"地球表层（系统）"这个概念中增加一种地理学关注人类发展含义，遂增加了"以人类发展为中心的"这个定语。同学们，这个分析表明一个人的学术思想也是不断发展——否定式的发展和完善式的发展——变化的。一个人要有学术勇气敢于发展自己的学术思想，哪怕是否定式的发展。

（4）地球表层的逐级地域

地球表层在各种地域分异因素——自然地域分异因素、经济地域分异因素、人文地域分异因素和综合地域分异因素——的综合作用下，分异出若干区域解析尺度的地域，构成了相应的地域系统——自然地域系统、经济地域系统、人文地域系统和综合地域系统。比如，从自然地域及其地带性分异的角度看，整个地球表层逐级分异出全球尺度的自然带、大陆尺度的自然地带和区域尺度的自然地带段，等等。在每一个等级的自然地域中又可以有不同的自然地域类型和各个自然地域个体。又如某山地自然综合体，在垂直分异因素的作用下，分异出若干垂直带或垂直带段等自然地域。这样，整个地球表层分异出若干等级的地域。同时，地球表层也还可以理解为是不同等级的地域在地域组合因素的作用下，逐级合并——较低等级的地域合并为较高等级的地域，直到地球表层。地球表层的逐级地域是它的基本属性，也是区域地理存在的根据。

作为地球一部分的地球表层或作为地球系统的重要子系统之一的地球表层子系统，已被很多地理学著作和地理学家确定为地理学的研究对象。事实上，地球表层或"地球表层系统"只是与地理学的研究对象愈加接近，但并不是地理学的研究对象。那么，地理学的研究对象是什么呢？

## 二　基本认识Ⅱ：地球表层陆地系统

### （一）科学共同体的二分

地球表层或作为地球系统的重要子系统之一的地球表层子系统，有两个基本的环境类型：陆地环境与海洋环境。对于这两类环境的长期的系统的研究，逐渐形成两套科学共同体，即以地球表层海洋系统为主要研究对象的海洋科学共同体和以地球表层陆地系统为主要研究对象的地理学共同体。这两个科学共同体之间在研究内容、研究区域和研究方法上确实存在一定的渗透和交叉，但海洋科学共同体的专门研究与地理学共同体的专门研究之间还是有很大差别的。

### （二）地球表层陆地系统

长期以来，职业地理学家们所专门研究的环境主要是陆地环境，而职业的海洋学家所专门研究的是海洋环境。目前乃至今后若干时期，职业地理学家所从事的专门研究也还是陆地环境而不是海洋环境，更不是陆地环境和海洋环境的全部。所以，地理学的研究对象，不是整个地球系统，而应该是地球系统中与人的群体活动比较密切的部分即地球表层系统；但也不是整个地球表层系统，而主要是地球表层的陆地部分即"地球表层陆地系统"。地理学的研究对象是地球表层陆地系统的全部吗？

## 三　基本认识Ⅲ：地球表层陆地空间系统

### （一）地球表层陆地系统的空间维度

地球系统是具有空间等级的系统：地球系统/地球表层系统/地球陆地表层系统。地理学主要研究的是地球系统的二级子系统——地球陆地表层系统即地球表层子系统的陆地子系统。对于地球陆地表层系统，应该如何进行研究呢？杰出的科学家钱学森院士在阐述学科的研究对象问题时，提出了各个学科所面对的研究对象在于它们研究的角度、侧面有所不同。地球陆地表层系统具有多重属性，具有多个研究角度或研究侧面。其主要角度之一是空间。白光润教授在其《地理学引论》中正确地阐述了地理学中的空间与数学、物理学和化学等中的空间概念的差别"地理学不同于物理学、化学，它不研究物质本身的结构、运动规律，也不同于数学、社会科学，它不研究抽象的数量概念和思想意识形态。它所研究的规律是区域的空间的规律，有其实在的空间存在形式，是受空间四维制约的。"其实，地理学所理解的空间也不同于哲学的空间概念。地理学主要关注并有能力研究的不是地球陆地表层的全部，主要是它的空间方面。因此，地理学的研究对象是"地球表层陆地空间系统（简称为陆地空间系统）"。

这个系统是"地球表层系统陆地系统"的子系统，而地球表层陆地系统又是"地球表层系统"的子系统，而地球表层系统又是"地球系统"的子系统。它们之间的关系为：｜地球陆地表层空间系统 A｜ ∈ ｜地球陆地表层系统 B｜ ∈ ｜地球表层系统 C｜ ∈ ｜地球系统 D｜。

（二）地理空间的基本类型

美国科学家 M. 杨曼在其《空间的概念》中，对空间提出了比较经典的概念：空间就是物质对象的一种秩序，空虚的空间没有意义。法国地理学家巴黎大学空间分析研究中心主任 B. 卡鲁妮埃更为明确地指出：空间同时包含具体的现象和抽象的过程两个方面。也就是说空间是四维的，即互成直角的三个方向和时间。空间有构成物质的一面，有位置的一面，还有过程的一面。法国地理界展开了一场跨学科的地理空间的讨论。大会的总结报告，提出了地理空间的四种类型：第一，土地空间——自然的、生态的和资源的空间；第二，基地空间——作为地表物质存在基地而言的，城市工业用地和居住用地等物质存在基础的空间；第三，距离空间——区位论和中心地论等研究中普遍使用的位置的空间；第四，形态空间——作为社会文化地理学关注的人类活动在地表上所留下的痕迹的空间。实际上，地理空间的类型还应该包括，第五，感应空间或心理空间。

　　（三）地理空间的分类系统

　　地理学应该对地理空间有更全面的理解或认识，即将上述五类地理空间与时间、与现实或期望结合起来理解或认识地理空间。第一，从与时间的结合看，地理空间可以从时间坐标角度进行划分，划分出不同时期的地理空间即历史时期的地理空间、现代时期的地理空间和未来时期的地理空间。第二，从与现实和期望的结合看，地理空间可以从"既有的现实"和"将要的期望"的角度划分出现实的地理空间和期望的地理空间。大家思考，可否在地理空间的基本类型 A 和地理空间的基本类型 B 的基础上，再构造出一个更为全面的地理空间分类系统呢？

## 四　基本认识Ⅳ：学术领地的适度扩张与固守核心

　　以地球表层陆地空间系统为研究对象的地理学，是否仅仅研究地球表层陆地空间系统中的问题而不涉及其他方面的内容呢？纵横观看地理学家的研究范围和学术视野，可以发现很多优秀的地理学家已将其学术研究渗透到了其他诸多领域，并已取得了重要成果。所以，地理学在以地球表层陆地空间系统为研究对象的科学研究过程中，已出现了学科边界的扩张的态势：向"地球陆地表层系统"的内涵扩张、向"地球海洋表层系统"的范围扩张、向"地球表层系统"的整体扩张、向"地球系统"的深入扩张、向经济学、社会学、教育学和伦理学等诸多学科的学科扩张。其中，地理学的学科扩张的重要基础特别是科学概念基础，是杰出的地理学家吴传钧院士等地理学家提出和阐述的地理学的核心概念——人地关系地域系统——及其协调共生理论。运用它，可以从崭新的角度比较系统地思考这些学科的问题。很多地理学家和地理工作者，诸如云南师范大学长期致力于地理学基础理论研究的教授们，在科研实践中已将地理学的"人地关系地域系统"及其协调共生思想理论，运用到了区域现代化、义务教育区域均衡、高等教育区域均衡、农民区域增收、区域语言地理和东西部地区协调发展等社会学、经济学、教育学和民族学以及语言学等学科的，国家哲学社会科学基金课题、国家教育科学基金课题和云南省重大课题的研究中。

地理学研究的这些扩张，是地理学具有生命力和创新力的表现，但地理学还应该固守自己的学术家园，保持"领域扩张"和"核心固守"之间的必要张力。

## 第三节　地球表层陆地空间系统的界限与结构

哲学、自然辩证法和物理学关于时间和空间的观念，使我们对地球表层陆地空间系统的界限与结构的研究也是从时间和空间的角度展开的，即地球表层陆地空间系统的空间界限和时间界限、地球表层陆地空间系统的空间结构和时间结构。综观地理学（家）对地球表层陆地空间系统的认识和调控，或自觉或不自觉地始终围绕着空间和时间。马克思主义哲学关于时间与空间的理论论述，是地理学今后更好地从空间和时间框架来思考地球表层陆地空间系统的认识和调控的指导思想。《哲学通论》《自然辩证法百科全书》和《系统科学大辞典》等论著比较系统地阐述了时间和空间的基本观念问题。时间和空间的概念与人类关于整个世界图景的认识密切相关，它不仅是哲学研究的对象，而且也是各门自然科学和人文社会科学研究的重要内容。

### 一　地球表层陆地空间系统的界限

（一）地球表层陆地空间系统的空间界限

地球表层因其本身的过渡性、模糊性，以及被地理学工作者所认识和研究的程度等存在着差别，其范围、界限的划分有很多困难，且存在多种不同的意见。下面所讨论的空间界限是地球表层陆地空间系统的上下界限。它的水平界限就是大陆的边界。

1. 早期部分学者的意见

他们根据地球表层的"外部影响"显著减弱至很微弱处为地球表层上、下界限的原则，划分出界限。上界是大气圈平流层下部的臭氧层（约在海平面以上 25km 的高度处），下界位于一般震源所在的深度处

（约在地下 70km）。

2. 现代多数学者的意见

现代多数地理学家特别是自然地理学家认为其上界在大气圈对流层顶部，下界为沉积岩石圈底部，厚度 30 千米—35 千米。其主要根据是：（1）对流层顶部是大气圈的物质成分和物理性质明显分异的界面之一；（2）沉积岩石圈底部则基本上是外营力——太阳能作用的最大深度；（3）在这个厚度内，太阳能是最根本的能源，发生多次转换和传递而使地球表层各部分和各要素发生紧密联系。

3. 现代部分学者的意见

近年来，一些学者认为前述给出的地球表层的厚度过大，缺乏实际意义，因而提出狭义的界限。

（1）近地面活动层

苏联学者 C. B. 卡列斯尼克认为地理壳即地球表层，应限于表生作用环境，其主要受太阳的辐射能的直接作用，其厚度只有几十米至几百米。

（2）直接相关环境

美国地理学家 A. N. 斯特拉勒认为地理学研究的厚度空间主要是人类生存的地理环境，其范围应限于同人类生产、生活活动直接相关的空间范围。这种观点反映了一种讲求实际的地理学见解。由于人类活动空间的差异性，直接相关环境的厚度则还难有一个统一的标准。

（3）自然地理面

我国学者牛文元在其《自然地理新论》著作中提出了自然地理面概念。其上限在地表以上 50—100 米高度的"近地面边界层"的顶部，下限为太阳辐射能影响的终止线（即多年平均的地下温度和水下温度的变辐稳定线）；在陆地上为地下 25—30 米的深处，海洋中为 100 米的深处。

4. 空间界限的多标准性

英国学者 J. S. 卡德诺 1977 年在《自然地理学》中把地理学的研究分为三种尺度：全球尺度、区域尺度和地方尺度。苏联的索恰瓦 1978 年在《地理系统学说导论》中把地理系统的研究分成三个等级：行星级序、区域级序和局地级序。E. 纳夫曾根据量纲提出地圈（行星）公理、景观

（区域）公理和方域公理。G. 哈泽引用他的观点，分出四种景观和土壤地理空间：局部空间、方域空间、区域空间和地圈空间。J. 德梅克也采取了 G. 哈泽的四尺度空间分法。我国学者陈传康教授和景贵和教授等也阐述了类似的见解。我们认为，地球表层可以分成不同级别或组织水平的地理系统，其三维空间有不同的尺度，上、下界限不能一概定死，而应因水平范围的大小有不同的上、下界限。同时，即使水平范围相同，而研究的问题不同，则其上、下界限也可不同。因此，地球表层陆地空间系统的界限是变化的。

（二）地球表层陆地空间系统的时间界限

地球表层陆地空间系统的时间界限即起始的时期在什么时代？对于这个问题，应该分成"纯粹自然地理意义"的地球表层陆地空间系统的时间界限和"综合地理意义"的地球表层陆地空间系统的时间界限两方面来思考。

从"纯粹自然地理"意义看，地球表层陆地空间系统的基本圈层包括五个，即大气圈、岩石圈、水圈、土壤圈和生物圈。地球表层陆地空间系统形成的时间应该是大气圈、岩石圈、水圈、土壤圈和生物圈这五个基本圈层中形成时间最晚的时间。在这五个圈层中，土壤圈和生物圈的时间较晚，是纯粹自然地理的地球表层陆地空间系统的形成的时间。古地理学的研究表明，喜山运动后，现代地表形态（海陆分布和山川形势）已基本形成，气候带的分异已很明显，被子植物空前繁茂，特别是禾本科和豆科植物的发展及无林草原的出现，不仅创造了肥沃的土壤，而且为人类的诞生提供了条件。所以，这种界限可定为喜山运动结束的时期。这个时间应该是自然地理历史过程研究的主要的起始时间。

从"综合地理"意义看，地球表层陆地空间系统的基本圈层包括个，即大气圈、岩石圈、水圈、土壤圈、生物圈和智能圈。地球表层陆地空间系统形成的时间应该是大气圈、岩石圈、水圈、土壤圈、生物圈和智能圈这六个基本圈层中形成时间最晚的时间。在这六个圈层中，智能圈的时间最晚，是"综合地理"意义的地球表层陆地空间系统的形成的时间。从文明演化史的角度看，这个时间可以大致确定为距今一万年前。

这个时间应该是人文历史过程研究的主要的起始时间。在研究具体问题或具体区域时，这个时间界限是可以变化的，如对第一产业的研究和对第二产业的研究以及第三产业的研究的时间界限就不相同。

## 二 地球表层陆地空间系统的结构

系统论关于系统的结构的理论是我们研究地球表层陆地空间系统的结构的理论基础。《系统科学大辞典》给出了结构的定义。结构是指系统的各个组成要素相对稳定的相互联系、相互作用的方式，即系统内部的组织形式、结合方式和秩序。系统结构的形成，在于各要素之间的相互联系与相互作用。现代科学证明，这种相互联系与相互作用的实质是物质、能量和信息的交换和转换。很多学者比较系统地研究了地球表层的结构，将其分成水平结构和垂直结构。这是成功的。我们认为，地球表层陆地空间系统的结构不仅具有空间结构，而且还有时间结构。所以，对地球表层陆地空间系统的结构的认识，要从空间结构和时间结构以及时空结构来认识。

### （一）地球表层陆地空间系统的空间结构

系统论认为，"空间结构是指系统各要素在空间上排列组合形成的稳定结构。它标志着系统的广延性，表现为各要素之间在数量上保持一定的比例关系和排列关系，在性质上相互协调与适应。"在研究地球表层陆地空间系统的空间结构时，对于系统论关于空间结构的定义中的"要素"应做宽泛的理解。一方面，要素是指组成地球表层或其某一级别子系统的各种地理要素（包括自然地理要素和人文地理要素）；另一方面，对地球表层陆地空间系统的非最末级的地域子系统而言，这里的要素除了上述的理解之外，还指这个地域子系统的下一级地域单元。所以，地球表层陆地空间系统及作为其子系统的"地域（或区域）"的空间结构，具有要素结构属性和地域结构属性。这两种属性决定了，应该从"要素结构"和"地域结构"两个方面来认识、研究和科学调控地球表层陆地空间系统及作为其子系统的"地域（或区域）"的空间结构。

1. 地球表层陆地空间系统的要素结构

地球表层陆地空间系统及作为其子系统的"地域（或区域）"的地理要素结构，是指其地理要素之间通过能量流、物质流和信息流而相互联系、相互作用形成的具有复杂因果反馈关系的空间结构。它包括自然地理要素结构、人文地理要素结构和综合地理要素结构。从地理要素结构与自然地理要素结构、人文地理要素结构和综合地理要素结构这四个概念之间的层位关系看，自然地理要素结构、人文地理要素结构和综合地理要素结构是地理要素结构的下位概念或子系统，地理要素结构是空间结构的下位概念或子系统。

（1）自然地理要素结构

地球表层陆地空间系统及作为其子系统的"地域（或区域）"的"自然地理要素结构"，是指其诸多自然地理要素之间通过能量流、物质流和信息流而相互联系、相互作用形成的具有复杂因果反馈关系的要素结构。它可以包括二自然地理要素结构、三自然地理要素结构、四自然地理要素结构和全自然地理要素结构。它影响或决定了这个地域的自然地理环境的总特点和功能，还在一定程度上决定了这个地域的人文地理要素结构和综合地理要素结构。

（2）人文地理要素结构

地球表层陆地空间系统及作为其子系统的"地域（或区域）"的"人文地理要素结构"，是指其诸多人文地理要素之间通过能量流、物质流和信息流而相互联系、相互作用形成的具有复杂因果反馈关系的要素结构。它可以包括二人文地理要素结构、多人文地理要素结构和全人文地理要素结构。它影响或决定了这个地域的人文地理环境的总特点和功能，还在一定程度上决定了这个地域的综合地理要素结构和自然地理要素结构。

（3）综合地理要素结构

地球表层陆地空间系统及作为其子系统的"地域（或区域）"的"综合地理要素结构"，是指其诸多自然地理要素与诸多人文地理要素之间通过能量流、物质流和信息流而相互联系、相互作用形成的具有复杂因果反馈关系的要素结构。它影响或决定了这个地域的综合地理环境的总特点和功能，还在一定程度上决定了这个地域的自然地理要素结构和人文地理要素结构。

（4）有待解决的科学问题

上述只是对地理要素结构进行分析的逻辑框架。迄今尚有很多这方面的科学问题没有解决。比如，缺少对地理要素结构、自然地理要素结构、人文地理要素结构和综合地理要素结构进行测度的方法和评价标准（即什么样的要素结构是好的以及好到什么程度的评价标准）。又如，从系统论关于"系统的结构决定系统的功能"的思想看，地球表层陆地空间系统及作为其子系统的"地域（或区域）"的功能，显然取决于其地理要素结构。这三种地理要素结构对于区域的功能的作用或影响是同等重要的，但作用的主次程度是否相同呢？主次程度如何测度呢？

2. 地球表层陆地空间系统的地域结构

（1）地域结构的事例分析

A．"地域的类型"的事例分析

A）地域系统及其构成

（a）从地域分异的角度看，某地域 R 在"地域分异因素"的作用下分异出 $R_1$、$R_2$ 和 $R_3$；$R_1$ 在地域分异因素的作用下分异出 $R_{11}$、$R_{12}$ 和 $R_{13}$，$R_2$ 在地域分异因素的作用下分异出 $R_{21}$、$R_{22}$、$R_{23}$ 和 $R_{24}$，$R_3$ 在地域分异因素的作用下分异出 $R_{31}$ 和 $R_{32}$。（b）从地域组合的角度看，地域 $R_{11}$、$R_{12}$ 和 $R_{13}$ 在"地域组合因素"的作用下组合成 $R_1$，$R_{21}$、$R_{22}$、$R_{23}$ 和 $R_{24}$ 在地域组合因素的作用下组合成 $R_2$，$R_{31}$ 和 $R_{32}$ 在地域组合因素的作用下组合成 $R_3$；地域 $R_1$、$R_2$ 和 $R_3$ 在地域组合因素的作用下组合成 R。这样构成了一个地域系统（如图1）。这个地域系统示意图很简单，但确非常重要，是地理学基本的理论思维图形工具。从图形分析，可以得到地理学关于地域或区域的一个基本认识即：任何地域都不是孤立的而是地域系统中的地域。这是地理学关于地域或区域的公理之一。

B）与 $R_2$ 有关的地域的种类

现在研究地域 $R_2$。$R_2$ 的发展显然与与其有关的地域有关系。请大家

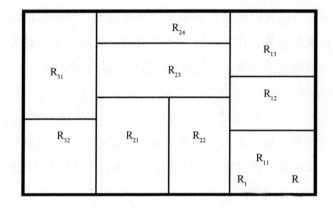

**图 1　地域系统示意图**

思考：（a）与地域 $R_2$ 可能有关的地域有哪几个？从地域系统示意图可以直观地看出，与地域 $R_2$ 可能有关的地域有 7 个：R，$R_1$ 和 $R_3$，$R_{21}$、$R_{22}$、$R_{23}$ 和 $R_{24}$。（b）与地域 $R_2$ 可能有关的地域有哪几类？从个数的分析可以知道，与地域 $R_2$ 可能有关的地域有 3 类：第一类是与地域 $R_2$ 同等级并同从属于较高级的地域 R 的 $R_1$ 和 $R_3$；第二类是比地域 $R_2$ 高一个等级并地域 $R_2$ 从属于的地域 R；第三类是比地域 $R_2$ 低一个等级并从属于地域 $R_2$ 的地域 $R_{21}$、$R_{22}$、$R_{23}$ 和 $R_{24}$。现在对这三类与地域 $R_2$ 有关的地域进行定义：第一类为地域 $R_2$ 的相关地域，第二类为地域 $R_2$ 的背景地域，第三类为地域 $R_2$ 的次级地域。另外，可以将地域 $R_2$ 定义为基本地域即所主要研究的地域。

　　B.　"地域结构的类型"的事例分析

　　与地域 $R_2$ 有关的地域结构包括：第一类地域结构是地域 $R_2$ 的相关地域结构即地域 $R_2$ 与它的相关地域 $R_1$ 和 $R_3$ 之间相互联系相互作用所形成的地域结构；第二类地域结构是地域 $R_2$ 的背景地域结构即地域 $R_2$ 与它的背景地域 R 之间相互联系相互作用所形成的地域结构；第三类地域结构是地域 $R_2$ 的次级地域结构即地域 $R_2$ 的次级地域 $R_{21}$、$R_{22}$、$R_{23}$ 和 $R_{24}$ 之间相互联系相互作用所形成的地域结构。

　　（2）地域结构的理论总结

　　现在，以事例分析为基础进行地域的类型和地域结构的类型的理论总结。将所主要研究的那个地域定义为基本地域。与基本地域有关的地域有三类：次级地域、相关地域和背景地域。与基本地域有关的地域结构有三类：次级地域结构、相关地域结构和背景地域结构。

A. 地域的类型

某基本地域的次级地域是比其低一个级别并从属于其本身的地域。某基本地域的相关地域是与其同级并共同从属于同一个级别较高地域的地域。某基本地域的背景地域是比其高一个级别并且其所从属的地域。

B. 地域结构的类型

这三级结构——空间结构、地域结构与次级地域结构、相关地域结构和背景地域结构——之间是：等级相同的次级地域结构、相关地域结构和背景地域结构分别是地域结构的子系统或下位概念；地域结构是空间结构的子系统或下位概念。

某基本地域的地域结构是指它与与其有关的地域之间通过能量流、物质流和信息流而形成的具有因果反馈关系的空间结构。某基本地域的次级地域结构是指它的次级地域之间通过能量流、物质流和信息流而形成的具有因果反馈关系的地域结构。某基本地域的相关地域结构是指它与它的相关地域之间通过能量流、物质流和信息流而形成的具有因果反馈关系的地域结构。某基本地域的背景地域结构是指它与它的背景地域之间通过能量流、物质流和信息流而形成的具有因果反馈关系的地域结构。

（3）有待解决的科学问题

地域是一个系统，其功能与它的地域结构有关。地域功能（G）决定于地域结构（J）等方面因素的综合作用。仅就地域功能（G）与地域结构（K）之间的关系看有：$G = f(J)$。而地域结构包括次级地域结构、相关地域结构和背景地域结构，这三种地域结构对地域功能所起的作用怎么样呢？这三种地域结构对地域功能的作用是同等重要的，但主要程度则不一定相同。可能的情况是这样的：第一，对于不同类型的地域，这三种地域结构所起的作用同等重要，但主要程度可能不同，有的类型起最主要作用的是相关地域结构，有的类型起最主要作用的是次级地域结构，有的类型起最主要作用的是背景地域结构；第二，对同一个地域而言，它在不同的发展阶段上，三种地域结构所起的作用同等重要，但主要程度可能不同，在有的发展阶段上起主要作用的是次级地域结构，在有的发展阶段上起主要作用的是相关地域结构，在有的发展阶段上起主要作用的是背景地域结构。

（二）地球表层陆地空间系统的时间结构

1. 时间结构的含义

地球表层陆地空间系统的时间结构，是指地球表层陆地空间系统及其作为其一部分的"区域"或"地域"按着时间的进程所呈现出来的有规律有秩序的流动性、变动性结构。时间结构的存在说明系统没有不变的结构，任何结构都有自己产生、发展到消亡的历史。根据协同学理论，地球表层陆地空间系统及其作为其一部分的"区域"或"地域"的时间维度，是由慢变量和快变量共同决定的。而慢变量和快变量又是相对的，如在这一层次上看，某变量是慢变量，而在高一级层次上的问题中可能是快变量。

2. 时间结构的事例

（1）时间结构的事例Ⅰ

图 2 给出了某一地理事物、过程、现象的最简单的一种抽象模式曲线。这条曲线可以分成二条曲线。一条曲线是一次函数（Ⅰ），另一条是正弦函数（Ⅱ）或 S 形曲线，因此这条曲线是以一次函数曲线（Ⅰ）为横轴的正弦函数曲线。那么，与一次函数曲线对应的参量就是慢变量，与正弦函数曲线对应的就是快变量。慢变量决定事物发展趋势，快变量只是影响慢变量，使地球表层表现节奏性，这种节律就是地球表层的时间结构。事实上，时间结构并不全是如正弦函数一样的标准周期函数，还有非标准函数的情况，即旋回性。因此，地球表层的时间结构应包括旋回性结构、周期性结构和阶段性结构。前者有地质旋回、气候旋回（又可细分成世纪内旋回、超世纪旋回和冰期—间冰期旋回）。后者则主要表现为昼夜节律、季节节律、经济节律等。另外，经济地理和人文地理学中也确存在各种周期结构或旋回结构或阶段结构。这是今后努力探讨的

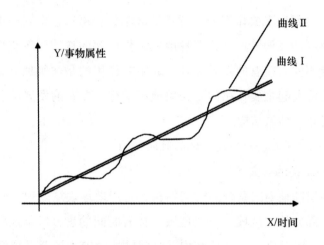

**图 2  时间结构曲线**

基础理论问题。认识和揭示地球表层各个不同空间尺度的时间结构，对于实现人地共生是有重要作用的。人类的行为应当遵循时间结构。

（2）时间结构的事例 II

方创琳在其〈区域发展战略论〉中阐述了区域发展的轮回性问题。综观古今中外区域发展的历史进程，特定区域的发展过程都大致经历了这样的发展轮回（如图 3）。第一发展周期：发展前期准备阶段 QD1→初步发展阶段 CD1→大规模加速发展阶段发展 JD1→发展鼎盛阶段 DD1→发展衰退阶段 SD1 ；第二发展周期：再发展前期准备阶段 QD2→再发展初步阶段 CD2→大规模加速再发展阶段发展 JD2→再发展鼎盛阶段 DD2→再发展衰退阶段 SD2→……第 N 发展周期：发展前期准备阶段 QDn→初步发展阶段 CDn→大规模加速发展阶段发展 JDn→发展鼎盛阶段 DDn→发展衰退阶段 SDn。后一周期是在前一周期发展结果的基础上的再发展周期。由于各个区域的资源禀赋条件、区位条件和市场空间条件等的不同，所以参与上述发展轮回的内容有很大区别。比如，在自然资源十分丰富的区域，先以资源开发为主体发展内容，资源开发到一定程度时再以产业发展为主体发展内容，产业发展到一定程度时转向市场开发、技术发展和知识发展为主体发展内容。而在没有自然资源优势而区位条件优越的区域，则直接以产业组织与产业发展为主体内容，以域外资源开发为依托，当产业发展到一定程度时，转向市场开发、技术发展和知识发展为主体发展内容。这只是一般的发展过程。而一个区域到底沿着什么样的路径去发展，这要具体情况具体分析。

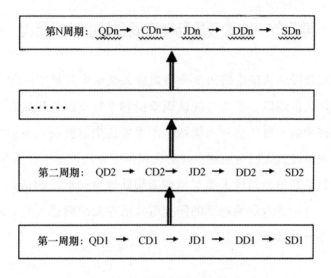

**图 3　区域发展的轮回性**

3. 有待解决的科学问题

从 20 世纪末叶以来，地理学高度重视了时间结构问题。时间结构的研究大致可以分成如下两个方面。

（1）地理事物 Y 及其主要影响因素或要素 X（X1、X2、…Xi…Xn），即有 Y = F（X1、X2、…Xi…Xn）。已知 X1、X2、…Xi…Xn 的时间结构 $S_{X1}$、$S_{X2}$、…$S_{Xi}$…$X_{Xn}$，求 Y 的时间结构 $S_Y$。从理论上看，这就要看 X（X1、X2、…Xi…Xn）对 Y 的作用的程度或贡献率。Y 的时间结构 $S_Y$ 取决于 X（X1、X2、…Xi…Xn）对 Y 作用程度或贡献率和它们作用的时间尺度。

（2）地理事物 Y 及其主要影响因素或要素 X（X1、X2、…Xi…Xn），即有 Y = F（X1、X2、…Xi…Xn）。已知 Y 的时间结构 $S_Y$，求

$X1$、$X2$、$\cdots Xi \cdots Xn$ 的时间结构 $S_{X1}$、$S_{X2}$、$\cdots S_{Xi} \cdots S_{Xn}$。从理论上看，这就要看 $X$（$X1$、$X2$、$\cdots Xi \cdots Xn$）对 $Y$ 的作用的程度或贡献率。$Y$ 的时间结构 $S_Y$ 取决于 $X$（$X1$、$X2$、$\cdots Xi \cdots Xn$）对 $Y$ 作用程度或贡献率和它们作用的时间尺度。

## 第四节  地球表层陆地空间系统的认识历程

白光润教授从认识论的角度正确地将人类认识陆地空间的历史划分为现象空间认识阶段、形态空间认识阶段和系统空间认识阶段等。这些阶段与地理学的发展历史和人类社会的发展历史有鲜明的对应关系。在不同的认识阶段，人们对地理空间的认识角度和认识程度是不尽相同的。在这节中只是简单地阐述人类对地球表层陆地空间系统的认识历程。各位同学在学习完第六章地理学的研究范式后在系统阐述人类对地球表层陆地空间系统的认识历程。

### 一  认识历程Ⅰ：现象空间认识阶段

在地理学产生之初，人们主要关注并研究的问题是关于地理事物的分布问题，即关注哪里有什么或在什么地方分布什么这样的问题，而很少关注为什么这样分布的原因问题。同时，即使是对所关注的具体分布（而不是分布规律）问题的回答，其答案之中也有很多猜测臆想的成分。这属于对地理空间认识的现象空间认识阶段。

### 二  认识历程Ⅱ：形态空间认识阶段

洪堡和李特尔时代后，地理学开始了近代时期。在这个时期，人们对地理空间的认识，不仅寻求地理事物的具体分布，而且寻求地理事物的分布规律以及这种分布规律的形成原因。同时，明确地注意到自然、社会的区域差异，弄清了地表的地带性结构等问题。这属于对地理空间认识的形态空间认识阶段。

### 三 认识历程Ⅲ：系统空间认识阶段

20世纪60年代，地理学进入了现代发展阶段，对地理空间的认识也开始了新的阶段——系统空间阶段。现代地理学对地理空间的系统认识，将地球表层空间系统作为一个有机联系的整体加以研究，对于地理事物的分布与分布规律以及成因的认识则借助于空间结构模型。同时，借助有关的模型，地理学开始了对地理事物的未来状况的认识即地理预测。

# 参考文献

蔡尚思：《中国思想研究法》，商务印书馆 1939 年版。

蔡运龙等：《地理学思想经典解读》，商务印书馆 2011 年版。

陈国达、陈述彭、李希圣、张立汉：《中国地学大事典》，山东科学技术出版社 1992 年版。

陈正祥：《中国地图学史》，商务印书馆 1979 年版。

邓晓芒：《哲学史方法论十四讲》，重庆大学出版社 2015 年版。

丁耘：《什么是思想史》，上海人民出版社 2006 年版。

丁耘、陈新：《思想史的元问题》，广西师范大学出版社 2005 年版。

杜石然主编：《中国古代科学家传记》（上），科学出版社 1992 年版。

杜石然主编：《中国古代科学家传记》（下），科学出版社 1993 年版。

杜石然主编、金秋鹏副主编：《中国科学技术史·通史卷》，科学出版社 2003 年版。

葛兆光：《思想史的写法——中国思想史导论》，复旦大学出版社 2004 年版。

桂起权：《科学思想的源流》，武汉大学出版社 1994 年版。

郭金彬：《科学思想的升华》，科学出版社 2005 年版。

郭双林：《西潮激荡下的晚清地理学》，北京大学出版社 2000 年版。

国家自然科学基金委员会：《自然科学学科发展战略调研报告·地理科学》，科学出版社 1995 年版。

何兆清：《科学思想概论》，商务印书馆 1946 年版。

洪世年、陈文言：《中国气象史》，农业出版社 1983 年版。

侯仁之：《中国古代地理名著选读》，科学出版社 1959 年版。

胡军：《知识论》，北京大学出版社 2006 年版。

金岳霖：《知识论》，中国人民大学出版社 2010 年版。

鞠继武：《中国地理学发展史》，江苏教育出版社 1987 年版。

李文范、宋正海：《地球科学年表》，石油工业出版社 1998 年版。

李喜先等：《科学系统论》，科学出版社 1995 年版。

李喜先等：《知识系统论》，科学出版社 2011 年版。

李醒民：《科学论：科学的三维世界》，中国人民大学出版社 2010 年版。

李学勤：《殷代地理简论》，科学出版社 1959 年版。

李宗焜：《甲骨文字编》，中华书局 2012 年版。

林德宏：《科学思想史》，江苏科学技术出版社 1985 年版。

刘大椿：《科学哲学》，中国人民大学出版社 2006 年版。

刘盛佳：《地理学思想史》，华中师范大学出版社 1990 年版。

吕思勉：《吕思勉讲思想史》，凤凰出版社 2008 年版。

马保春、宋久成：《中国最早的历史空间舞台：甲骨文地名体研究》，学苑出版社 2013 年版。

美国不列颠百科全书公司：《不列颠百科全书》（第 2 版），中国大百科全书出版社《不列颠百科全书》国际中文版编辑部译，中国大百科全书出版社 2007 年版。

美国国家科学院国家研究理事会：《理解正在变化的星球：地理科学的战略方向》，刘毅、刘卫东译，科学出版社 2011 年版。

美国国家研究院地学、环境与资源委员会、地球科学与资源局：《重新发现地理学：与科学和社会的新关联》，黄润华译，学苑出版社 2002 年版。

孟庆龙：《世界历史·第 38 册：世界历史大事年表》，江西人民出版社 2011 年版。

欧阳康：《哲学研究方法论》，武汉大学出版社 1998 年版。

潘玉君等：《地理科学》，哈尔滨地图出版社 1995 年版。

潘玉君等：《地理科学与地理信息系统》，哈尔滨工程大学出版社 1998 年版。

潘玉君：《地理学基础》，科学出版社 2001 年版。

潘玉君：《地理学思想史——通论和年表》，中国社会科学出版社 2019 年版。

潘玉君、武友德：《地理科学导论》（第三版），科学出版社 2021 年版。

潘玉君、武友德、汤茂林、孙俊等：《地理学思想史——专论和专史》，中国社会科学出版社 2019 年版。

钱学森等：《论地理科学》，浙江教育出版社 1994 年版。

孙鸿烈：《中国自然资源综合科学考察与研究》，商务印书馆 2007 年版。

孙鸿烈：《20 世纪中国知名科学家学术成就概览·地学卷：地理学册》，科学出版社 2010 年版。

孙正聿：《理论思维的前提批判：论辩证法的批判本质》，中国人民大学出版社 2010 年版。

谭其骧：《中国历代地理学家评传》（第 1—3 卷），山东教育出版社 1993 年版。

唐锡仁、杨文衡：《中国科学技术史·地学卷》，科学出版社 2000 年版。

童书业：《中国古代地理考证论文集》，中华书局 1962 年版。

王成组：《中国地理学史》（上），商务印书馆 1982 年版。

王淼洋：《比较科学思想论》，辽宁教育出版社 1992 年版。

王维：《科学基础论》，中国社会科学出版社 1996 年版。

王庸：《中国地理学史》，商务印书馆 1956 年版。

王庸、茅乃文：《中国地学论文索引（续编）》，国立北平师范大学、国立北平图书馆 1936 年版。

王庸、茅乃文：《中国地学论文索引》，国立北平师范大学、国立北平图书馆 1934 年版。

魏屹东：《科学思想史：一种基于语境论编史学的探讨》，科学出版社 2015 年版。

吴传钧主编：《世纪之交的中国地理学》，人民教育出版社 1999 年版。

吴传钧主编：《20 世纪中国学术大典·地理学》，福建教育出版社 2002 年版。

吴传钧：《发展中的中国现代人文地理学》，商务印书馆 2008 年版。

吴国盛：《科学思想史指南》，四川教育出版社 1994 年版。

吴汝康、吴新智、张森水：《中国远古人类》，科学出版社 1989 年版。

席泽宗：《科学编年史》，上海科技教育出版社 2010 年版。

席泽宗：《中国科学思想》，科学出版社 2009 年版。

杨文衡：《世界地理学史》，吉林教育出版社 1994 年版。

杨吾扬：《地理学思想简史》，高等教育出版社 1989 年版。

袁运开、周瀚光主编：《中国科学思想史》，安徽科学技术出版社 2000
    年版。

翟忠义：《中国地理学家》，山东教育出版社 1989 年版。

张嘉同、沈小峰：《规律新论》，中共中央党校出版社 1993 年版。

张西平：《中国与欧洲早期宗教和哲学交流史》，东方出版社 2001 年版。

张之恒、吴键民：《中国旧石器时代文化》，南京大学出版社 1991 年版。

赵红州：《大科学年表》，湖南教育科学出版社 1992 年版。

郑昭佩：《地理学思想史》，科学出版社 2008 年版。

中国大百科全书总编辑委员会《测绘学》编辑委员会、中国大百科全书
    出版社编辑部：《中国大百科全书·测绘学》，中国大百科全书出版社
    1985 年版。

中国大百科全书总编辑委员会《天文学》编辑委员会、中国大百科全书
    出版社编辑部：《中国大百科全书·天文学》，中国大百科全书出版社
    1985 年版。

中国大百科全书总编辑委员会《地理学》编辑委员会、中国大百科全书
    出版社编辑部：《中国大百科全书·地理学》，中国大百科全书出版社
    1990 年版。

中国大百科全书总编辑委员会《世界地理》编辑委员会、中国大百科全
    书出版社编辑部：《中国大百科全书·世界地理》，中国大百科全书出
    版社 1990 年版。

中国大百科全书总编辑委员会《中国地理》编辑委员会、中国大百科全
    书出版社编辑部：《中国大百科全书·中国地理》，中国大百科全书出

版社 1993 年版。

中国地理学会：《面向 21 世纪的中国地理科学》，上海教育出版社 1997 年版。

中国地理学会：《地理学发展方略和理论建设——世纪之初的回顾与展望》，商务印书馆 2004 年版。

中国科学技术协会主编、中国地理学会编著：《2006—2007 地理学学科发展报告》，中国科学技术出版社 2007 年版。

中国科学技术协会主编、中国地理学会编著：《2012—2013 地理学学科发展报告》，中国科学技术出版社 2014 年版。

中国科学院地理研究所所志编委会：《中国科学院地理研究所所志（1940—1999）》，科学出版社 2016 年版。

中国科学院地学部地球科学发展战略研究组：《21 世纪中国地球科学发展战略报告》，科学出版社 2009 年版。

中国科学院自然科学史研究所地学史组：《中国古代地理学史》，科学出版社 1984 年版。

中国科学院自然资源综合考察委员会会志编委会：《中国科学院自然资源综合考察委员会会志（1956—1999）》，科学出版社 2016 年版。

中国自然资源学会：《中国资源科学学科史》，中国科学技术出版社 2017 年版。

钟祥财：《中国土地思想史稿》，上海社会科学院出版社 1995 年版。

《自然科学大事年表》编辑组：《自然科学大事年表》，上海人民出版社 1975 年版。

［德］海德格尔，M.：《形而上学导论》，熊伟、王庆节译，商务印书馆 1996 年版。

［德］黑格尔，G.E.F.：《历史哲学》，张作成、车仁维译，北京出版社 2008 年版。

［德］康德：《纯粹理性批判》，邓晓芒译，杨祖陶校，人民出版社 2004 年版。

［德］康德：《未来形而上学导论》（注释本），李秋零译注，中国人民大

学出版社 2013 年版。

［德］李凯尔特，H.：《文化科学和自然科学》，涂纪亮译，杜任之校，商务印书馆 1986 年版。

［德］马克思：《哲学的贫困》，中共中央编译局译，人民出版社 1965 年版。

［法］安德烈·梅尼埃：《法国地理学思想史》，蔡宗夏译，商务印书馆 1999 年版。

［法］保罗·克拉瓦尔：《地理学思想史》（第四版），郑胜华、刘德美、刘清华等译，华昌宜校，北京大学出版社 2015 年版。

［法］米歇尔·福柯：《知识考古学》，谢强、马月译，顾嘉琛校，生活·读书·新知三联书店 2003 年版。

［法］彭加勒，J. H.：《科学的价值》，李醒民译，辽宁教育出版社 2000 年版。

［美］霍尔顿，G. J.：《科学思想史论集》，许良英译，河北教育出版社 1990 年版。

［美］瓦托夫斯基，M. W.：《科学思想的概念基础——科学哲学导论》，范岱年等译，求实出版社 1982 年版。

［美］沃克迈斯特，W. H.：《科学的哲学》，李德容、王梅、刘绪平译，周昌忠校，商务印书馆 1996 年版。

［美］詹姆斯，P. E.：《地理学思想史》，李旭旦译，商务印书馆 1982 年版。

［日］汤浅光朝：《科学文化史年表》，张利华译，樊洪业校，科学普及出版社 1984 年版。

［苏］贝尔格，Л. С.：《地理发现与地理学史译文集》，郝克琦等译，新知识出版社 1956 年版。

［苏］格拉西莫夫，И. П.：《苏联地理学》，杨郁华等译，科学出版社 1964 年版。

［苏］拉契科夫，И. А.：《科学学——问题·结构·基本原理》，韩秉成等译，徐新民校，科学出版社 1984 年版。

［英］拜纳姆，W. F. 等：《科学史词典》，宋子良等译，湖北科学技术出版社 1988 年版。

［英］贝尔纳，J. D.：《历史上的科学》，伍况甫等译，科学出版社 1959 年版。

［英］波普尔，K. R.：《科学知识进化论》，纪树立编译，生活·读书·新知三联书店 1987 年版。

［英］波普尔，K. R.：《客观知识——一个进化论的研究》，舒炜光等译，上海译文出版社 2001 年版。

［英］波普尔，K. R.：《历史主义贫困论》，何林、赵平等译，中国社会科学出版社 1998 年版。

［英］柯林武德，G. G.：《历史的观念》，何兆武、张文杰译，中国社会科学出版社 1986 年版。

［英］李约瑟：《中国科学技术史·第二卷：科学思想史》，科学出版社 1990 年版。

［英］罗伯特·迪金森：《近代地理学创建人》，葛以德等译，葛以德校，商务印书馆 1980 年版。

［英］罗素，B.：《论历史》，何兆武、肖巍、张文杰译，生活·读书·新知三联书店 1991 年版。

［英］培根，F.：《新工具》，许宝骙译，商务印书馆 1984 年版。

［英］约翰·齐曼：《元科学导论》，刘珺珺等译，湖南人民出版社 1988 年版。

［英］约翰斯顿，R. J.：《地理学与地理学家》，唐晓峰译，商务印书馆 1999 年版。

［英］约翰斯顿，R. J.：《哲学与人文地理学》，蔡运龙、江涛译，商务印书馆 2000 年版。

毛曦、何小连：《地理学思想史研究中值得注意的几个问题》，《中国历史地理论丛》2000 年第 3 期。

潘玉君、王兴中、刘盛佳、武友德：《试论人文地理学思想史的范式》，《人文地理》2006 年第 3 期。

潘玉君、张谦舵、武友德、明庆忠:《地理学元研究:地理学思想史的范式》,《云南师范大学学报》(自然科学版) 2003 年第 5 期。

宋长青、冷疏影:《21 世纪中国地理学综合研究的主要领域》,《地理学报》2005 年第 4 期。

孙俊、潘玉君、武友德、赫维人:《地理学史研究范式——科学地理学史与知识地理学史》,《地理学报》2014 年第 9 期。

Capel, H., Institutionalization of Geography and Strategies of Chang. In D. R. Stoddart (ed), *Geography, Ideology and Social Concern*. Oxford: Blackwell, 1981.

Dunbar, G. S., *Geography: Discipline, Profession and Subject since 1870*. Dordrecht: Kluwer Academic Publishers, 2005.

Edwin, R., Wallace, IV., *Historiography*. In: Edwin R., John G., *History of Psychiatry and Medical Psychology*. New York: Springer, 2008.

Gerike, M. J., *Explorations in Historiographies of Geographical Knowledges*. Manhattan: Doctoral Dissertation of Kansas State University, 2012.

Hostetler, L., *Qing Colonial Enterprise: Ethnography and Cartography in Early Modern China*. Chicago and London: The University of Chicago Press, 2001.

James, P. E., Martin, J., *All Possible Worlds: A History of Geographical Ideas*. 2nd ed. New York: The Bobbs-Merrill Company, 1981.

Johnston, R. J., Claval, P., *Geography Science the Second World War: An International Survey*. Kent: Croom Helm, 1984.

Kragh, H., *An Introduction to the Historiography of Science*. Cambridge: Cambridge University Press, 1987.

Laudan, L., *Progress and Its Problems: Towards A Theory of Scientific Growth*. Berkeley: University of California Press, 1977.

Livingstone, D. N., A Brief History of Geography. In Rogers A., Viles H. A. *The Student's Companion to Geography*. Oxford: Blackwell, 2003.

Livingstone, D. N., *Putting Science in its Place: Geographies of Scientific*

Knowledge. Chicago: University of Chicago Press, 2003.

Martin, G. J. , *All Possible Worlds: A History of Geographical Ideas.* 4th ed. Oxford: Oxford University Press, 2005.

Martin, J. , *American Geography and Geographers: Toward Geographical Science.* New York: Oxford University Press, 2015.

Mayhew, R. J. , *Enlightenment Geography: The Political Language of British Geography.* New York: St. Martin's Press, 2000.

Mayhew, R. J. , *Historical Cultures and Geography.* Bristol: Thoemmes Press, 2003.

Orr, L. , *Intimate Images: Subjectivity and History: Sta ël, Michelet and Tocqueville.* In: Ankersmit F. , Kellner H. (eds. ). *A New Philosophy of History.* Chicago: A New Philosophy of History, 1995.